Brechts Dramen · Neue Interpretationen

BRECHTS DRAMEN

Neue Interpretationen

Herausgegeben von
Walter Hinderer

Philipp Reclam jun. Stuttgart

CIP-Kurztitelaufnahme der Deutschen Bibliothek

Brechts Dramen: neue Interpretationen / hrsg.
von Walter Hinderer. – Stuttgart: Reclam, 1984.
  ISBN 3-15-010324-X

NE: Hinderer, Walter [Hrsg.]

Alle Rechte vorbehalten. © 1984 Philipp Reclam jun., Stuttgart
Gesamtherstellung: Reclam, Ditzingen. Printed in Germany 1984
Umschlaggestaltung: Hanns Lohrer, Stuttgart, unter Verwendung des
Brecht-Porträts von Rudolf Schlichter (Städtische Galerie im
Lenbachhaus, München)
ISBN 3-15-010324-X

Inhalt

Gesamtdarstellungen

Im Widerspruch der Meinungen: Ein Vorwort

Bertolt Brecht hat es als Dramatiker und Lyriker nicht immer leicht gehabt. Nicht selten galt er sowohl in ästhetischer als auch in politischer Hinsicht als Skandalon, als Bürgerschreck. Es dauerte überdies ziemlich lange, bis seine Stücke nach 1945 in Westdeutschland aufgeführt und seine Gedichte, den Einfluß von Gottfried Benns Lyrik ablösend, rezipiert wurden. Dabei hatte Herbert Ihering schon am 5. Oktober 1922 festgestellt: »Der vierundzwanzigjährige Dichter Bert Brecht hat über Nacht das dichterische Antlitz verändert. Mit Bert Brecht ist ein neuer Ton, eine neue Melodie, eine neue Vision in der Zeit.« Doch was war dieser neue Ton, diese neue Melodie, diese neue Vision? Ihering sah es damals so: »Brecht empfindet das Chaos und die Verwesung körperlich. Daher die beispiellose Bildkraft der Sprache. Diese Sprache fühlt man auf der Zunge, am Gaumen, im Ohr, im Rückgrat. Sie läßt Zwischenglieder weg und reißt Perspektiven auf. Sie ist brutal sinnlich und melancholisch zart. Gemeinheit ist in ihr und abgründige Trauer. Grimmiger Witz und klagende Lyrik. Brecht sieht den Menschen. Aber immer in seiner Wirkung auf den anderen Menschen. Niemals steht bei ihm eine Gestalt isoliert.«

Auch nach seiner kommunistischen Wende, welche die anarchistischen und chaotischen Tendenzen in ihm zugunsten einer optimistischen Geschichtsauffassung zurückdrängten, erlosch keineswegs seine »Lust an Widersprüchen«. Im Gegenteil: in Anlehnung an Karl Korsch formulierte er in den marxistischen Studien »kritischen Marxismus« als »Drängen auf die Krise hin, Herauswicklung der Widersprüche, die Kunst des praktischen Negierens, als eine Kritik, die [. . .] im Hinblick auf eine bestimmte mögliche Lösung kritisiert«. In den »Nachträgen zum Kleinen Organon« verkündet er außerdem programmatisch: »Das Theater des wissenschaftlichen Theaters vermag die Dialektik zum Genuß zu machen.« Das epische, nicht-aristotelische oder wissenschaftliche Theater waren im Grunde nur verschiedene Begriffe für das Dialektische in der Ästhetik. Gerade weil Welt und Geschichte sich ständig veränderten, mußten immer wieder neue ästhetische Möglichkeiten gefunden werden, um diese Veränderungen zu fassen und darzustellen. Brecht verlangte nicht nur »neue«, dialektische Darstellung, sondern auch eine, die »ihrem Stoff seine Widersprüche« ließ, »ihre lebendige, das heißt allseitige, nicht zu Ende zu formulierende Form«.

Sein Sinn für produktive Dialektik und seine angeborene Freude am Zweifel führten ihn nicht selten in Konfliktsituationen mit dem eigenen politischen Lager. Solcher Zwiespalt mit der Lehre taucht zuweilen sogar – beabsichtigt oder

unbeabsichtigt – in den Lehrstücken auf, in denen – wie etwa in der *Maßnahme* –
selbst die marxistischen Klassiker an der realen Praxis gemessen und wenigstens
für kurze Zeit außer Kurs gesetzt werden; »denn der Mensch, der lebendige,
brüllt, und sein Elend zerreißt alle Dämme der Lehre«. Brecht liebte es, wie auch
Marianne Kesting bei einem Besuch 1954 feststellen konnte, »eine ganze Welt
von Denkgewohnheiten zweifelhaft zu machen«, kurzum: festgefahrene Meinungen in Frage zu stellen. Nicht von ungefähr hält ihn Friedrich Dürrenmatt wie
ähnlich auch sein Landsmann Max Frisch für »die extremste Form des sentimentalischen Dichters«. Und wie wir wissen, hatte der junge Brecht in der Tat davon
gesprochen, ein »anderer Schiller« werden zu wollen. Wie bei dem Weimarer
Klassiker wird auch für ihn die Verbindung von dramatischen Experimenten und
ästhetischer Theorie selbstverständlich.

Doch wie steht es heute mit der Wirkung dieses inzwischen selbst zum Klassiker
avancierten Rebellen, der so ausdauernd vor der »Einschüchterung durch Klassizität« gewarnt hatte? Hellmuth Karasek stellte dazu im *Spiegel* am 27. Februar 1978 lakonisch fest: »In diesem Februar wäre Bertolt Brecht achtzig Jahre
alt geworden, und seine Wahlheimat, die DDR, feierte ihn wie einen Dichter-
fürsten.« Und in der Bundesrepublik? Bereits 1968 äußerte sich der junge Dramatiker Peter Handke über den Klassiker aus Augsburg ebenso selbstbewußt wie
herablassend: »Seine Denkmodelle scheinen mir, wenn ich an die Kompliziert-
heit meines eigenen Bewußtseins denke, allzu vereinfacht und widerspruchslos.«
Er spricht von Brechts »Idyllen« und »Weihnachtsmärchen«, die heute nicht
mehr viel bedeuteten. Selbst wenn Handkes Position nicht als repräsentativ für
die Einschätzung des Dramatikers Brecht gelten kann, es dürfte keine Frage
sein, daß seine Wirkung bei uns nachgelassen hat, daß seine Stücke im Gegensatz
zu früher weder zu provozieren noch anzuregen scheinen. Man konnte in der
Presse auch bereits die Schlagworte von einer »Eiszeit für Brecht«, von einer
allgemeinen »Brecht-Müdigkeit« lesen. Hellmuth Karasek meinte in diesem
Zusammenhang: »Brechts Stücke sind im Laufe der Jahre immer weniger
neugierig geworden, weil sie von vornherein schon alles wußten. Brecht, der in
der *Heiligen Johanna der Schlachthöfe* das Chicago des Hochkapitalismus auf die
Bühne baute, besuchte die Chicagoer Schlachthöfe während seiner amerikanischen Emigration nie: Seine Theorie kannte sie bereits besser.« Andererseits gibt
es auch in seiner Theorie immer wieder Risse, wird sie nicht selten ebenso von
Fragen und Zweifeln heimgesucht wie seine Stücke. Doch auch in der literarischen Börse folgt auf eine Hausse notwendigerweise eine Baisse. Man sollte sie
endlich nutzen, den Stückeschreiber und Theoretiker Bertolt Brecht jenseits der
jeweiligen Wechselkurse historisch zu sehen oder auch, wie Karasek vorschlägt,
zu »historisieren«.

Der vorliegende Sammelband, der in zehn Einzelinterpretationen und fünf
Gesamtdarstellungen das dramatische Werk Bertolt Brechts aufs neue nach den
historischen Bedingungen, den spezifischen Antworten und den ästhetischen

Qualitäten befragt, möchte dazu und ebenso zu einer unverstellten Lektüre und einer persönlichen Auseinandersetzung mit den Texten beitragen. Gerade weil es etwas stiller um diese geworden ist, ergeben sich aus der Distanz vielleicht Aspekte, die vorher nicht zu sehen waren. Kurswerte literarischer Inhalte und Formen werden ohnedies je nach Zeitgeschmack und Nachfrage hoch oder nieder notiert, so daß Schwankungen im Urteil zur Regel gehören. Den Interpretationen in diesem Band geht es nicht um die Feststellung von Mittel- oder Höchstwerten, sondern jenseits der literarischen Börse um nüchterne, informative Erkundigungen und die Ermittlung neuer Perspektiven des Dramatikers Bertolt Brecht. Es müßte sich dann nach der Lektüre der verschiedenen Beiträge auch leichter feststellen lassen, wer eigentlich recht behält bei diesem Streitfall: Friedrich Dürrenmatt oder Peter Handke. Der Schweizer Dramatiker rühmte nämlich in einer Schiller-Rede, neun Jahre vor dem vernichtenden Urteil des Verfassers der *Publikumsbeschimpfung*: »Brechts Dichtung ist eine Antwort auf unsere Welt, auf unsere Schuld, eine der wenigen ehrlichen Antworten auf unsere Phrasen, eine Darstellung dessen, was wir unterlassen haben, auch wenn es eine kommunistische Antwort ist.« Es wäre in diesem Zusammenhang freilich anzumerken, daß einerseits Dürrenmatts Rede vor der Hausse und Handkes Urteil andererseits vor der Baisse von Bertolt Brechts Werk liegt. Er selbst hätte angesichts dieses Widerspruchs der Meinungen jedoch sicher nicht seine Virginia »ausgehen lassen durch Bitterkeit«, sondern vielleicht nur folgende – seine – Verse zitiert:

> Ihr, die ihr auftauchen werdet aus der Flut
> In der wir untergegangen sind
> Gedenkt
> Wenn ihr von unseren Schwächen sprecht
> Auch der finsteren Zeit
> Der ihr entronnen seid.

> Gingen wir doch öfter als die Schuhe die Länder wechselnd
> Durch die Kriege der Klassen, verzweifelt
> Wenn da nur Unrecht war und keine Empörung.

> Dabei wissen wir doch:
> Auch der Haß gegen die Niedrigkeit
> Verzerrt die Züge.
> Auch der Zorn über das Unrecht
> Macht die Stimme heiser. Ach, wir
> Die wir den Boden bereiten wollten für Freundlichkeit
> Konnten selber nicht freundlich sein.

Ihr aber, wenn es soweit sein wird
Daß der Mensch dem Menschen ein Helfer ist
Gedenkt unser
Mit Nachsicht.

W. H.

REINHOLD GRIMM

Der katholische Einstein:
Brechts Dramen- und Theatertheorie

Wird man mir ein persönliches Wort gestatten? Aber man wird wohl kaum überrascht sein, wenn ich gestehe, daß ich Bertolt Brecht für den wichtigsten und einflußreichsten deutschsprachigen *Theaterdichter* des 20. Jahrhunderts halte. Was sein Schaffen vor allem auszeichnet, ist die Verbindung von Stückeschreiber und Bühnenpraktiker, die sich in ihm verkörperte: hauptsächlich zwar durch eigene Regietätigkeit, doch daneben, wenigstens ansatzweise, auch durch musikalische Beiträge. Und in *dieser* Hinsicht, der einer unauflöslichen Einheit von Dichter und Theatermann, läßt sich Brecht in der Tat nur mit den griechischen Klassikern, mit Shakespeare, mit Molière vergleichen – mögen die Unbelehrten und Unbekehrten zetern, soviel sie wollen.

Ich füge jedoch außerdem hinzu, daß Brecht als *Theoretiker* nicht minder groß und wichtig ist denn als *Praktiker*, und zwar eben wiederum des Dramas *und* des Theaters. Wer, vollends unter den Neueren, käme ihm darin auch nur gleich? Antonin Artaud, der französische Bühnenvisionär und Verkünder eines Theaters der Grausamkeit? Er war gewiß ein Theaterpraktiker, und ein besessener obendrein, auch allenfalls ein Theoretiker, aber ganz sicher kein dramatischer Dichter. (Das bedeutendste seiner ›Stücke‹ ist eine Bühnenfassung von Shelleys Schauerdrama *The Cenci*.) Oder etwa Erwin Piscator, der Begründer des politischen Theaters, mit dem Brecht befreundet war und zeitweilig zusammenarbeitete? Doch der war ausschließlich Regisseur, obschon ihn der Freund im Scherz – wegen der gravierenden Texteingriffe, die er vornahm – als »den einzigen fähigen Dramatiker außer ihm« bezeichnete.[1] (Ein theoretischer Kopf war Piscator ebenfalls nicht; sein Buch *Das politische Theater* ist ein Rechenschaftsbericht aus der Praxis, keine Theorie.) Ähnliches gilt auch, mutatis mutandis, für den Russen Konstantin Stanislavskij und den Iren George Bernard Shaw. Jener war unstreitig ein glänzender Praktiker wie auch Pädagoge des Theaters und namentlich einer auf Einfühlung beruhenden Schauspielkunst – und damit der Antipode Brechts, aller Widerrufe, zu denen der Augsburger sich später (scheinbar) herbeiließ, ungeachtet. Indes war Stanislavskij noch weniger als Piscator ein schöpferischer Dramatiker: er war und blieb für seine berühmten Inszenierungen, die ja zum Teil bis heute in Moskau laufen, auf die Stücke Anton Tschechows oder Gerhart Hauptmanns angewiesen. Freilich, die dichterische Größe Shaws, der nicht umsonst von Brecht bewundert und gefeiert wurde, ist über jeden Zweifel erhaben, qualitativ so gut wie quantitativ; sieht man aber von seiner frühen Programmschrift *The Quintessence of Ibsenism* ab, dann war selbst

er, mit all seinen Rezensionen, Kritiken und gelegentlichen Inszenierungsversuchen, weder ein Theatertheoretiker noch ein echter Praktiker des Theaters. Und so könnte man fortfahren, trotz Meyerhold einst und Beckett jetzt, um auch diese noch zu erwähnen. Im Grunde gibt es nur *einen* Vertreter des modernen Welttheaters, auf den die doppelte Brechtsche Personalunion – Theoretiker *und* Praktiker des Dramas *und* der Bühne – einigermaßen zutrifft: nämlich den Schweden August Strindberg. Sollte es also wirklich bloßer Zufall sein, daß man derzeit gerade ihn und sein Werk (das übrigens ebenfalls von Brecht sehr geschätzt wurde) wieder neu zu verstehen und zu bewerten beginnt?
Der Augsburger litt denn auch keineswegs an dem, was man ein Übermaß an Bescheidenheit zu nennen pflegt. Vielmehr eröffnete er seinem amerikanischen Bühnenbildner Mordecai Gorelik bereits 1935:»I am the Einstein of the new stage form.«[2] Es kam jedoch noch schlimmer; denn gegen Ende seines Lebens tat Brecht sogar die verblüffende Äußerung:»Ich bin der letzte katholische Schriftsteller.«[3] Worauf sich einerseits bestürztes Schweigen ausbreitete, andererseits – zumindest aus gewissen Kreisen und Gefilden – eitel Frohlocken erhob. Aber das eine erweist sich als so verfehlt wie das andere und beides zusammen als ebenso unbegründet wie die Empörung über den Vergleich mit Albert Einstein. Was die Brechtsche Katholizität angeht, so war sie natürlich, wie paradox und schockierend derlei zunächst auch klingen mußte, wortwörtlich gemeint. Er sei, wollte Brecht sagen, der letzte *allumfassende*[4] Schriftsteller. Und daran ist allerdings nicht nur etwas, sondern sehr viel Wahres. Dieser Autor war weitaus mehr als ein ungemein fruchtbarer und bedeutender Stückeschreiber wie auch Praktiker und Theoretiker des Theaters: er war überdies ein genialer Lyriker und hinreißender Balladensänger, scharfsinniger Kritiker und meisterhafter Geschichtenerzähler, der zudem nicht bloß Novellen und kleine, doch desto ausgefeiltere Prosa verfaßte, sondern immerhin auch zwei beachtliche Romane (obwohl der interessantere davon leider Fragment blieb). Kurzum, Brecht war tatsächlich ein ›katholischer‹ Schriftsteller insofern, als er sich beinahe sämtlicher Gattungen und Ausdrucksformen mit der gleichen vollendeten Souveränität bediente. Selbst der Bereich des Musikalischen ist ja darin eingeschlossen, denkt man an die Zusammenarbeit mit Kurt Weill und an Werke wie die Oper *Aufstieg und Fall der Stadt Mahagonny* und das Ballett *Die sieben Todsünden der Kleinbürger.* Daß Brecht über *alle* diese Dinge reflektiert und theoretisiert hat, beileibe nicht nur übers Drama und Theater, macht man sich selten zur Genüge klar.
Was Brechts andere Äußerung anbelangt, seine kühne, ja vermeintlich maßlose Behauptung, der einem Einstein ebenbürtige Theaterrevolutionär zu sein, so zeugt sie sicherlich nicht zuletzt vom gesunden Selbstbewußtsein des Dichters. (Lediglich Lumpen seien bescheiden, urteilte schon Goethe.) Trotzdem war jener frühe Brechtsche Ausspruch ebensosehr gezielte Provokation oder einfach heitere Übertreibung. Im Gegensatz zu den meisten aus seinem Metier war sich dieser Autor vollauf bewußt, wieviel er seinen verschiedenen Vorgängern ver-

dankte, zu welch hohem Grade er – mit seiner gesamten dichterischen Arbeit, insbesondere aber mit seiner Theorie und Praxis des Theaters – von der Vergangenheit zehrte und ihr Erbe in sich aufgenommen, ihre Ideen und Erfindungen, Techniken und Kunstmittel sich zunutze gemacht hatte. Er hat bekanntlich auch nie gezögert, solche Nachkommenschaft und Abhängigkeit, obzwar nicht durchweg ohne Einschränkung, offen zuzugeben. So bemerkte er ebenfalls Mitte der dreißiger Jahre, sozusagen in einem Atem mit seiner Einstein-Erklärung, »in stilistischer Hinsicht« sei sein Theater »nichts besonders Neues«. Denn:

> Mit seinem Ausstellungscharakter und seiner Betonung des Artistischen ist es dem uralten asiatischen Theater verwandt. Lehrhafte Tendenzen zeigte sowohl das mittelalterliche Mysterienspiel als auch das klassische spanische und das Jesuitentheater.[5]

Und einen wahren Katalog dieser Art bietet aus derselben Zeit das *Lied des Stück[e]schreibers*, das Brecht seiner Bühnendichtung und den Quellen und Einflüssen, die sie speisten, gewidmet hat. In ihm bekennt er:

> Um zeigen zu können, was ich sehe
> Lese ich nach die Darstellungen anderer Völker und anderer Zeitalter.
> Ein paar Stücke habe ich nachgeschrieben, genau
> Prüfend die jeweilige Technik und mir einprägend
> Das, was mir zustatten kommt.
> Ich studierte die Darstellungen der großen Feudalen
> Durch die Engländer, reicher Figuren
> Denen die Welt dazu dient, sich groß zu entfalten.
> Ich studierte die moralisierenden Spanier
> Die Inder, Meister der schönen Empfindungen
> Und die Chinesen, welche die Familien darstellen
> Und die bunten Schicksale in den Städten.[6]

Wie stets bei Brecht, so halten Stolz auf das Eigene und dessen Rang und Wert und freimütige Anerkennung des Vielfältig-Fremden und der Bedeutung, die es für ihn hatte, einander in beiden Fällen die Waage.

Dennoch darf nicht nur Brechts Leistung überhaupt, sondern auch und erst recht die Dramen- und Theater*theorie*, die er entwickelt hat, einzigartig heißen. Sie darf es zum einen auf Grund der faszinierenden und überaus wirkungsvollen Verschmelzung all jener Anregungen, zum andern aber im Hinblick auf deren Durchdringung mit einer gesellschaftskritischen Haltung. Brecht hat zweifelsohne, gestützt auf sein eigenes Dramenschaffen, einem neuen Begriff vom Theater Bahn gebrochen: dem eines »nichtaristotelischen«, »epischen«, »dialektischen« Theaters der »Verfremdung«, wie er es abwechselnd oder gleichzeitig

immer wieder nannte; eines Theaters überdies, das er mit aufschlußreicher
Wendung wiederholt und geradezu hartnäckig als das »Theater eines wissenschaftlichen Zeitalters« bestimmte. Die Impulse, die seither ihrerseits von seinen
Neuerungen ausgingen, sind heute schon unabsehbar, und sie mehren und
verstärken sich fortwährend. Sosehr man sich daher im Land ihrer Herkunft in
pessimistischen Unkenrufen gefällt: das moderne Welttheater ist ohne den
Brechtschen Theaterbegriff und das zu ihm gehörige Brechtsche Dramenschaffen
schlechterdings nicht mehr denkbar.[7]
Brechts komplexe Theorie kann im folgenden freilich bloß in ihren Grundzügen,
gewissermaßen ihrem Kern, nachgezeichnet werden, nicht hingegen in den
zahllosen Einzelheiten ihrer Verästelung. Schon allein die Menge des vom
Dichter hierzu Niedergeschriebenen und teils noch zu seinen Lebzeiten, teils erst
postum Veröffentlichten macht jeden Anspruch auf Vollständigkeit illusorisch.
(Namentlich etwa muß die Problematik des Lehrstücks, jedenfalls in seinem
engeren Sinne, ausgeklammert werden; sie wird jedoch dafür am entsprechenden
Ort gesondert behandelt.[8]) Bleiben wir also beim Grundsätzlichen, halten wir
uns an den besagten ›Kern‹! Von den für ein solches Verständnis wesentlichen
Schriften sind vor allem die zwei als selbständige Werke abgefaßten oder
konzipierten hervorzuheben, Brechts *Kleines Organon für das Theater* und *Der
Messingkauf*, daneben eine Reihe entweder in ihnen aufgegangener oder anderweitig verknüpfter Texte wie die *Anmerkungen zur Oper ›Aufstieg und Fall der
Stadt Mahagonny‹* von 1930 oder die im skandinavischen Exil entstandenen
Beiträge *Vergnügungstheater oder Lehrtheater?*, *Verfremdungseffekte in der chinesischen Schauspielkunst*, *Die Straßenszene* (mit dem Zusatz *Grundmodell einer
Szene des epischen Theaters*) und *Über experimentelles Theater*. In der Regel
sprechen diese Titel ja bereits für sich; zu ergänzen wäre in bezug auf die
kürzeren Texte höchstens, daß der zuerst genannte, bezeichnenderweise einem
Musikdrama geltende die vielleicht bedeutsamste und zugleich radikalste, darum
häufig mißverstandene Formulierung des *Früh*standes der Brechtschen Theorie
darstellt und der zuletzt genannte, ein 1939/40 vor schwedischen und finnischen
Studenten gehaltener Vortrag, die vielleicht knappste und bündigste allgemeine
Einführung in sie. Die beste und in sich geschlossenste, auch bekannteste
Darlegung des *Spät*standes der Theorie (oder, wenn man lieber will, ihrer
›reifen‹ Ausprägung) bildet fraglos das *Kleine Organon* von 1948, das indes
selber wieder als Zusammenfassung und gedrängter Auszug aus Brechts ehrgei-
zigstem und umfangreichstem theoretischem Versuch zu betrachten ist, dem
fragmentarischen *Messingkauf*, der ebenfalls jenen endenden dreißiger und
beginnenden vierziger Jahren entstammt. Formal lehnt sich dabei das als thesen-
hafter Traktat aufgebaute, aber mit Nachträgen versehene jüngere, das Hand-
werkliche schon im Titel betonende Werk (ὄργανον ›Werk[zeug], Gerät, Instrument, Apparat‹) an die *Essays* von Francis Bacon (1561–1626) an, während das
ihm zugrunde liegende ältere »Vierergespräch« (zwischen praktizierenden Thea-

terleuten und einem praktisch gesinnten Philosophen) unverkennbar und sogar eingestandenermaßen den *Discorsi* Galileo Galileis (1564–1642) verpflichtet ist.[9] Zu beiden, dem Engländer wie dem Italiener, muß später noch mehr bemerkt werden; vorläufig sei statt dessen bloß darauf hingewiesen, daß der zunächst so kryptisch klingende Titel *Der Messingkauf* einen weiteren, diesmal allerdings kritischen Aspekt des Brechtschen Verhältnisses zur Tradition enthüllt. Wie nämlich jemand eine Trompete wider Erwarten nicht deshalb kaufen möchte, weil sie ein schöngearbeitetes Musikinstrument ist, sondern einzig auf Grund ihres rohen Metallwertes, so möchte auch, soll Brechts Titel bekunden, der marxistische Theoretiker und Stückeschreiber vom bürgerlichen Repertoire und Theaterbetrieb lediglich das übernehmen, was für ihn reinen Rohstoffgehalt oder, wie er sich ausdrückt, »Materialwert« besitzt.[10] (Und unter diesem Zeichen scheute sich Brecht keineswegs, zum Beispiel mit Hebbels *Herodes und Mariamne* wie mit einer alten »Droschke« zu verfahren und selbst an solch geheiligten Gütern der Nation wie Goethes *Faust* und Schillers *Wallenstein* »nicht spurlos vorüberzugehen«.)[11]
Zweierlei dürfen wir trotzdem nie außer acht lassen, wenn wir uns nunmehr den Grundbegriffen der Brechtschen Theorie – »nichtaristotelisch«, »episch«, »dialektisch«, »Verfremdung« und schließlich »Theater eines wissenschaftlichen Zeitalters« – im einzelnen zuwenden. Zum ersten gilt hier, daß es sich bei allem Radikalismus, ja anfänglichen ›Vandalismus‹[12] nicht einmal im Extremfall der berüchtigten Antithese von »Gefühl« fürs alte, »Ratio« fürs neue Theater um »absolute Gegensätze« handelt, sondern um »Akzent-« oder »Gewichtsverschiebungen«, wie Brecht schon 1930 eigens (und vergeblich) beteuerte. (Denn die betreffende Fußnote haben die meisten seiner Kritiker konsequent überlesen.)[13] Noch 1953 mußte Brecht daher bekümmert wiederholen:

> Die Änderungen [. . .] waren, klein oder groß, immer nur Änderungen *innerhalb* des Theaterspielens, das heißt, eine Unmasse von alten Regeln blieb ›natürlich‹ ganz unverändert. In dem Wörtchen ›natürlich‹ steckt mein Fehler. Ich kam kaum je auf diese unverändert bleibenden Regeln zu sprechen, und viele Leser meiner Winke und Erklärungen nahmen an, ich wollte auch sie abschaffen.[14]

Zum zweiten – und damit eng zusammenhängend – gilt, daß Theorie und Praxis hier zwar beinah unauflöslich miteinander verbunden sind, daß aber im Zweifelsfall die »Praktizierbarkeit des Wissens«[15] für Brecht stets den Ausschlag gab. Einer seiner »Lieblingssätze«, aus dem Englischen übernommen, lautete mit gutem Grund, »daß der Pudding sich beim Essen beweist« (*that the proof of the pudding is in the eating*).[16] Nicht so sehr Brechts eigener Eifer als vielmehr der Übereifer seiner Schüler und Jünger war es, der des öfteren gegen diesen »ehernen Satz«[17] verstieß; jedenfalls soll der Dichter einmal einer allzu theorie-

beflissenen Schauspielerin ebenso derb wie düster-gelassen eröffnet haben:
»Wenn du nun nicht endlich anfängst, Theater zu spielen, so trete ich dir in den
Hintern.« Auf die bestürzte Frage der Adeptin, wo denn dann der Brechtsche
»Verfremdungseffekt« bleibe, habe dessen Propagator barsch erwidert: »Wir
inszenieren keinen Verfremdungseffekt, sondern ein Theaterstück.«[18] Angesichts solch doppelter *Rezeptionsschwierigkeiten* (wie man heute wohl sagen
muß) erscheint es durchaus begreiflich, daß Brecht seine theoretischen Bemühungen zuletzt sogar mit Ausrufen wie »o Kummer!« und »o Elend!« bedachte.[19]
Ihre Bedeutung, für ihn selber wie fürs Drama und Theater insgesamt, wird
dadurch freilich nicht im geringsten geschmälert.

Untersuchen wir also, Brechts kulinarische Formel beibehaltend, das *Rezept* des
besagten Puddings! Oder sollten wir lieber in der Mehrzahl reden? Obschon
nämlich jene Grundbegriffe eine vielfältig verflochtene Einheit bilden, so stehen
doch die des Nichtaristotelischen und des Epischen einander näher als die des
Dialektischen und der Verfremdung; beide Begriffspaare wiederum werden
überwölbt und zusammengefaßt von der allgemeinen Epochenbestimmung des
wissenschaftlichen Zeitalters. Das Brechtsche *nichtaristotelische Drama* (die
Koppelung ist wichtig) schließt dabei eine dreifache »Kritik der Poetik des
Aristoteles«[20] in sich. Abgelehnt oder drastisch eingeschränkt wird erstens die
aristotelische Katharsis, die der Dichter – ob zu Recht oder Unrecht, sei
dahingestellt – dem Erlebnis völliger »Einfühlung« gleichsetzt und damit einer
Erfahrung auf seiten der Zuschauer, die sich beruhigend, ja lähmend statt
aktivierend auswirkt; ihr werden deshalb mit Nachdruck kritischer Abstand und
eine wache, zu Einsichten und Aktionen drängende Haltung entgegengesetzt.
(Um sie zu erzielen, gab der passionierte Raucher Brecht bekanntlich bereits
früh den Rat, sich im Theater eine Zigarre anzuzünden.) Wovon sich der Dichter
ferner abkehrt, ist die aristotelische Vorstellung von der gleichsam ›organischen‹
Ganzheit jedweden Kunstwerks, die er durch eine technisch-konstruktive,
zugleich künstliche und kunstvolle ersetzen will: die Montage heterogener Elemente soll das Wachstum eines homogenen lebenden Organismus (dies ja die
berühmte Metapher des Aristoteles)[21] ablösen. Drittens wird von Brecht mit der
nur scheinbar dazu im Widerspruch befindlichen, ebenfalls echt aristotelischen,
jedoch durch bürgerliche Schulpoetiken wie Gustav Freytags *Technik des Dramas* (1863) trivialisierten Auffassung gebrochen, wonach die Struktur eines
Bühnenwerkes die eines fest und dicht gefügten und verfugten Bauwerkes sei –
etwa die »Form einer Pyramide« mit ihrer Geschlossenheit und wechselseitigen
(und daher letztlich unantastbaren) Abhängigkeit aller Teile voneinander (selbst
Brechts lebenslanger Freund und Mitarbeiter Lion Feuchtwanger baute ja noch
nach diesem Prinzip).[22] Die Brechtsche Strukturauffassung ist dagegen die von
einer losen, offenen Reihung weitgehend unabhängiger Szenen, deren jede die
Eigenart eines »Stückchens im Stück« besitzt[23] und die deshalb – was nach
Aristoteles gänzlich verfehlt und unstatthaft wäre – fast beliebig an- und umge-

ordnet, vermindert oder vermehrt werden können. Grob vereinfachend läßt sich
sagen: Brechts dramatische Ereignisse folgen lediglich *auf*einander; die Vorgänge entwickeln sich nicht mit zwingender aristotelischer Logik *aus*einander.
(Daraus ergeben sich beispielsweise die Möglichkeiten der – von Aristoteles
natürlich verworfenen – dramatischen Biographie und dramatischen Chronik,
d. h. Schilderungen des gesamten – oder doch des gesamten bedeutsamen –
Lebens eines Einzelmenschen oder einer isolierten Gruppe, die als selbständige
Protagonisten ohne individuell faßbare Antagonisten fungieren; ›Gegenspieler‹
ist vielmehr jeweils ein Ensemble anonymer gesellschaftlicher und geschichtlicher Mächte. Musterfälle bieten einerseits das *Leben des Galilei*, das sich im
Kräftefeld von Absolutismus und feudalistisch institutionalisierter Kirche vollzieht, und andererseits *Mutter Courage und ihre Kinder*, wo sich tatsächlich alles,
und zwar im buchstäblichsten Sinne, um den Dreißigjährigen Krieg und dessen
Weiterungen dreht.[24])
Es gibt im Grunde nur einen einzigen – allerdings entscheidenden – Schlüsselsatz
in der ganzen, jahrhundertelang als kanonisch anerkannten aristotelischen *Poetik*,[25] der in Brechts Theorie voll und ausdrücklich bejaht wird: ἀρχὴ μὲν οὖν καὶ
οἷον ψυχὴ ὁ μῦθος τῆς τραγῳδίας . . . Nicht bloß einmal, sondern zweimal sogar
wird diese Stelle im *Kleinen Organon* zitiert bzw. paraphrasiert und bekräftigt:

> [. . .] die Fabel ist nach Aristoteles – und wir denken da gleich – die Seele des
> Dramas.[26]
> Auf die Fabel kommt alles an. Sie ist das Herzstück der theatralischen
> Veranstaltung.[27]

Sieht man genauer zu, so sind diese Sätze indes nicht einfach nur thesenhafte
Behauptungen, sondern Aussagen einer Beziehung: nämlich der vom Primat der
Handlung (μῦθος oder *fabula*) gegenüber der Charakterdarstellung. Denn im
Gegensatz zur Shakespeare-Nachfolge des Sturm und Drang oder zum Naturalismus eines Hauptmann ist die Brechtsche Dramatik in erster Linie auf die
darzustellende ›Geschichte‹ ausgerichtet, d. h. aufs Spiel der Figuren mit anderen Figuren, auf die Auseinandersetzung zwischen ihnen, ja selbst auf die mit
blinden (oder als blind empfundenen) überpersönlichen Mächten. Es kommt
jedenfalls nicht auf das Innenleben der Menschen an, sondern auf das, »was
zwischen den Menschen vorgeht«.[28] Die durch die Handlung vermittelten sozialen und historischen Spannungen haben eindeutig und unwiderruflich den Vorrang vor allem noch so subtilen Nachgestalten individueller Seelenregungen; ja,
diese Spannungen, statt sich in abgeschlossenen, in sich gerundeten Charakteren
auszugleichen oder gar zu harmonisieren, gehen als zerreißende oder verzer-
rende mitten durch die Brechtsche Gestaltenwelt hindurch. Das bezeugt am
eindrucksvollsten der Reigen seiner sogenannten ›gespaltenen‹ Figuren: so die
Doppelheit der guten Shen Te und des bösen Shui Ta im *Guten Menschen von*

Sezuan, so die in Mutter und Händlerin auseinanderklaffende Courage oder der im betrunkenen Zustand menschliche, im nüchternen unmenschliche finnische Gutsbesitzer in *Herr Puntila und sein Knecht Matti*. Die aufschlußreichste Spaltung oder Verdoppelung (beides gehört ganz offensichtlich zusammen) ist aber wohl die der Sängerin Anna I und der Tänzerin Anna II im Ballett von den *Sieben Todsünden*; unmißverständlich und ebenso komisch wie sarkastisch erläutert dort die erstere:

> Meine Schwester ist schön, ich bin praktisch.
> Meine Schwester ist ein bißchen verrückt, ich bin bei Verstand.
> Wir sind eigentlich nicht zwei Personen
> Sondern nur eine einzige.
> Wir heißen beide Anna
> Wir haben eine Vergangenheit und eine Zukunft
> Ein Herz und ein Sparkassenbuch [. . .].[29]

Ins kahle Vokabular der Theorie übersetzt und entsprechend verallgemeinert, lautet jenes aristotelische Bekenntnis des Nichtaristotelikers:

> Das epische Theater ist hauptsächlich interessiert an dem Verhalten der Menschen zueinander, *wo es sozialhistorisch bedeutend (typisch) ist*. Es arbeitet Szenen heraus, in denen Menschen sich so verhalten, daß die sozialen Gesetze, unter denen sie stehen, sichtbar werden.[30]

Und damit sind wir beinah unmerklich und wie selbstverständlich auch schon beim zweiten der Brechtschen Grundbegriffe angelangt, dem des Epischen.

Daß Brechts *episches Theater* (die Koppelung ist abermals wichtig) mit seinem nichtaristotelischen Drama vieles gemeinsam hat, läßt sich bereits an diesem gleitenden Übergang ablesen; zusätzlich bestätigt wird beider Verwandtschaft durch die Formulierung »episches Drama«, die nämlich ebenfalls – obzwar ausschließlich zu Beginn der Brechtschen Theoriebildung, in deren Inkubationszeit gewissermaßen – gelegentlich begegnet.[31] Das gattungspoetische Moment greift also, wie auch gar nicht anders zu erwarten, vom Nichtaristotelischen aufs Epische über. Von letzterem heißt es zum Beispiel mit aller nur wünschbaren Deutlichkeit:

> Der Epiker Döblin gab ein vorzügliches Kennzeichen, als er sagte, Epik könne man im Gegensatz zu Dramatik sozusagen mit der Schere in einzelne Stücke schneiden, welche durchaus lebensfähig bleiben.[32]

Brecht hätte sich aber genausogut auf Goethe und Schiller berufen können und hat derlei mitunter auch getan; denn gerade hier ist unverkennbar, daß seine Terminologie (wie zum Teil seine Theorie) bewußt an die ästhetischen und gattungspoetischen Reflexionen und Debatten der deutschen Klassik anknüpft. Seine Verwendung der Genrebezeichnung ›episch‹ hat insbesondere im Ausland, wo man bei diesem Begriff weit eher den des ›heroischen Epos‹ oder ›Heldenge-dichts‹ assoziiert, manche Verwirrung gestiftet; auch deshalb ist es keineswegs unangebracht, die partielle Austauschbarkeit von ›episch‹ und ›erzählend‹ selbst auf die Gefahr der Überdeutlichkeit hin zu unterstreichen. Nicht minder offen-kundig dürfte allerdings sein, daß damit weder die Brechtsche Auffassung vom Epischen in Dramenstruktur und Theaterpraxis noch der implizierte Gattungsge-gensatz auch nur im entferntesten erschöpft ist. Namentlich anhand der ganz konkreten Darstellung durch die Schauspieler hat der Dichter solche Zusammen-hänge oder Gegensätze immer wieder beleuchtet und dabei gern summarisch die »drrrramatische Spielweise« (wie er sich verächtlich im rollenden Schmierenton ausdrückte)[33] mit der von ihm vertretenen »epischen«[34] konfrontiert. Jene ist, analog zur verabscheuten Katharsis bei den Zuschauern, durch die völlige Einfühlung der Darsteller in die von ihnen verkörperten Figuren, ja durch ihr (wirkliches oder vermeintliches) Einswerden mit ihnen und durch ein ständiges Streben nach Illusion gekennzeichnet; diese hingegen – Brecht wählt zur Veran-schaulichung die amerikanische Erstaufführung seines *Galilei*-Stückes – zeichnet sich dadurch aus, »daß der Schauspieler in zweifacher Gestalt auf der Bühne steht, als [Charles] Laughton und als Galilei, daß der zeigende Laughton nicht verschwindet in dem gezeigten Galilei«.[35] Überhaupt beherrscht der Zug zur Demonstration nicht bloß Brechts Spielweise, sondern seine gesamte Inszenie-rung; mit Fug und Recht konnte er daher von einem »allgemeinen Gestus des Zeigens«, ja geradezu einem deiktischen »Grundgestus« sprechen.[36] Künstleri-sche Darstellung und zugleich Zurschaustellung (die stets auch eine kritische sein muß) und die so ermöglichte Kritikfähigkeit der Zuschauer (deren Urteils-vermögen geweckt und intensiviert wird) bedingen und ergänzen einander hier.

Ein ähnliches Verhältnis von gegenseitiger Bedingung und Ergänzung waltet auch zwischen nichtaristotelischer oder epischer Dramenstruktur und epischer oder nichtaristotelischer Theaterpraxis. Doch läßt der Dichter keinerlei Zweifel daran, daß sich der Begriff des Nichtaristotelischen bei ihm primär auf den Stückebau, der des Epischen primär auf die Spiel- und Aufführungsweise, also die »theatralische Veranstaltung« als Ganzes, bezieht. Mit anderen, den Kausal-zusammenhang betonenden Worten: Die Epizität des nichtaristotelischen Textes ist die Voraussetzung seiner epischen Inszenierbarkeit, die ihrerseits eine nicht-aristotelische Aufnahme des Werkganzen beim Publikum gewährleistet (oder zumindest gewährleisten soll). Alles dient eben der einen und einzigen Absicht, die darzustellende ›Geschichte‹ möglichst wirkungsvoll auf die für Brecht spezifi-sche Art und in dem für ihn spezifischen Sinne zu ›erzählen‹. Es ist deshalb nicht mehr als folgerichtig, wenn schließlich im Rahmen des lockeren episch-dramati-schen Szenenablaufs der Epiker selber, das altvertraute, frei schaltende Erzähler-Ich, auf der Bühne erscheint. Im 8. Bild des Brechtschen *Sezuan*-Stückes, überschrieben »Shui Ta's Tabakfabrik«, lesen wir zum Beispiel:

> FRAU YANG *(zum Publikum).* Ich muß Ihnen berichten, wie mein Sohn Sun durch die Weisheit und Strenge des allgemein geachteten Herrn Shui Ta aus einem verkommenen Menschen in einen nützlichen verwandelt wurde.[37]

Gleichzeitig oder auch abwechselnd erzählend und darstellend, berichtet sodann das epische Bühnengeschehen in seiner Gesamtheit (nicht etwa Frau Yang allein) den angekündigten ›Aufstieg‹ des gescheiterten Fliegers Sun zum brutalen Antreiber in der von Shen Te alias Shui Ta gegründeten Fabrik. Während des ganzen Bildes durchdringen einander, indem sie den deiktischen Grundgestus von vornherein fixieren, erläuternder, auf das Gezeigte hinweisender Kommentar und anschauliche, dessen Gegenstand vorweisende und aufzeigende Verkörperung; in widersprüchlicher, das kritische Urteil des Zuschauers herausfordernder Einheit wirken beide zusammen. Und wie hier im kleinen einer einzelnen Szene, so kann das epische Ich auch im großen einer vollständigen, ja selbst mehrfachen Handlungsganzheit in Erscheinung treten und seine angestammten Funktionen ausüben. Am gelungensten ist dies zweifellos im *Kaukasischen Kreidekreis* der Fall, wo sich Brechts Bühnenepiker in der Tat, unterstützt von den ihn begleitenden Musikern, als der allwissende, allmächtige Erzähler des herkömmlichen »auktorialen Romans« (Franz Karl Stanzel) enthüllt und somit als jene übergeordnete, fast ›gottgleiche‹ Instanz, die nach Gutdünken die Zukunft vorwegnimmt und die Vergangenheit zurückholt, den einen Erzählstrang fallen läßt und den anderen aufgreift und sogar die unausgesprochenen Gefühle und keimenden Entschlüsse der Gestalten kennt und klar zum Ausdruck zu bringen vermag. »Kurz: es sind viele Erzählungsarten denkbar«, wie Brecht im *Kleinen Organon* schreibt, »bekannte und noch zu erfindende.«[38] Dieselbe Bemerkung gilt in noch erhöhtem Maße für die vielen Inszenierungsarten, d. h. die Bühnenmittel und Darstellungsformen des epischen Theaters, welche die ohnehin schon weitgespannten Möglichkeiten der auktorialen Erzählstruktur vollends ins nahezu Unbegrenzte erweitern. Jeder Aspekt der »theatralischen Veranstaltung« (die Wortwahl könnte nicht treffender sein) wird von Brecht ausgenutzt, um nicht zu sagen: ausgebeutet; alle nur irgend denkbaren Kunstgriffe und Bühneneffekte, ob alt oder neu, werden von ihm verwendet. Diese sämtlichen Mittel – Plakate, Projektionen, Filme usw. ebenso wie Songs, Kommentare in Vers oder Prosa, Chöre, auch Prologe, Epiloge und Zwischenspiele, um wenigstens einige zu nennen – helfen auf ihre je unterschiedliche Weise mit, den freien, ungehinderte Bewegung erlaubenden Bühnen- oder Theaterraum zu schaffen, in dem der Dichter seine Geschichten von den Menschen und deren Verhalten und Verhältnissen erzählt.

Und die *Verfremdung*? Brecht wies die Schauspielerin, die so beschwörend nach ihr fragte, schnöde ab, erinnern wir uns. Er inszeniere keinen Verfremdungseffekt, erklärte er, sondern ein Theaterstück . . . Gleichwohl heißt es gegen Schluß des *Kleinen Organons* zusammenfassend, ja krönend und überdies mit deutlichem Bezug auf die nichtaristotelische Dramenstruktur und die Vielfalt der epischen Bühnenmittel: »Die Auslegung der Fabel und ihre Vermittlung durch geeignete Verfremdungen ist das Hauptgeschäft des Theaters.«[39] Noch lapidarer lautet eine auf den *Messingkauf* gemünzte Äußerung des Dichters: »In der Mitte der V-Effekt.«[40] Brechts Verfremdung samt Verfremdungseffekt oder V-Effekt ist vermutlich die schwierigste Kategorie in seinen dramen- und theatertheoretischen Überlegungen und Lehren; die gewichtigste von allen und eine wahrhaft zentrale ist sie ganz sicher.

Zu unterscheiden sind einmal Wesen und Herkunft des Brechtschen Verfremdungsbegriffs, zum andern dessen Anwendung und Wirkungen. Was zunächst das *Wesen* der Verfremdung betrifft, so beruhen ihr Begriff und Kunstgriff auf Brechts Einsicht, daß uns Welt und Leben, besonders aber die gesellschaftlich-geschichtlichen Vorgänge in ihnen, zu vertraut sind, als daß wir sie noch wirklich zu erkennen und zu verstehen vermöchten. Wir nehmen zuviel als gegeben oder gar als selbstverständlich hin und stellen es nicht mehr (oder nicht mehr genug) in Frage. Was wir daher brauchen, ist ein Verfahren, das uns die Welt aufs neue, mit gleichsam frischen Augen, sehen lehrt: eine Methode, heißt das, die uns in einen neuerlichen Prozeß des Erkennens und Verstehens förmlich hineinzwingt. Um dieses Ziel zu erreichen, geht Brecht im besten Sinne *dialektisch* vor. Er verleiht nämlich dem Allzubekannten den Stempel des Fremden, macht das selbstverständlich Scheinende unvertraut und dadurch merkwürdig und fragwürdig. Erst hatten wir naiverweise geglaubt, wir verstünden; dann erfuhren wir, in einem plötzlichen Schock, Fremdheit und Nichtverstehen; zuletzt jedoch, indem wir beide Haltungen oder Erfahrungen miteinander verknüpfen und kritisch vergleichen, erlangen wir ein erneutes und nunmehr wirkliches Verstehen. Was beim Verfremden geschieht, ist demnach tatsächlich ein dialektischer Dreischritt, den Brecht auch demgemäß geradezu formalisiert hat. Lakonisch bestimmt ein Textstück, das nicht umsonst den Titel *Dialektik und Verfremdung* trägt: »Verfremdung als ein Verstehen (verstehen – nicht verstehen – verstehen), Negation der Negation.«[41] Oder wie dasselbe Textstück, jenen zweiten, den Umschlag bewirkenden Schritt zusätzlich verdeutlichend, unmittelbar hinzusetzt: »Häufung der Unverständlichkeiten, bis Verständnis eintritt [. . .].« These, Antithese und abschließende Synthese, die als letzter der drei Schritte die vorhergehenden in sich aufhebt, reihen sich aneinander. Stärker aufs Inhaltliche denn aufs Formale bezogen, ließe sich auch, mit einem anderen Stichwort aus *Dialektik und Verfremdung*, von der »Einheit der Gegensätze«[42] sprechen; so gesehen, erweist sich die Brechtsche Verfremdung als Dialektik des Aufdeckens und Bloßlegens: und zwar der im menschlichen Zusammenleben, in Geschichte und Gesellschaft, in der Welt überhaupt enthaltenen und verborgenen Widersprüche.

Prüft man des weiteren die *Herkunft* dieses Begriffs oder, genauer, Begriffskomplexes, so stößt man auf eine dreifache Wurzel. Brechts Vorstellung von Verfremdung ist erstens aus der Hegelschen Philosophie, zweitens aus der marxistischen Soziologie, drittens aus – und parallel zu – den Funden und Forderungen der russischen Formalisten erwachsen. Ihre beiden älteren, sozusagen einheimischen Ursprünge sind dabei vergleichsweise einfach und auch kaum umstritten; diffiziler und heikler verhält es sich mit ihrem jüngsten, sozusagen auswärtigen (oder vielleicht auch bloß auf solchen Umwegen vermittelten[43]) Ursprung. Folgendes wäre zu der abermaligen Dreiheit, die hier vorliegt, in aller Kürze zu bemerken. In der Vorrede zu Hegels *Phänomenologie des Geistes* steht der ebenso knappe wie klassische Satz:»Das *Be*kannte ist darum, *weil* es *be*kannt ist, nicht *er*kannt.«[44] Dieser Satz bildet die philosophische Basis und Grundformel – den dialektischen *discours de la méthode*, wenn man so will – für jegliche Brechtsche Verfremdung. Ihn zu erläutern ist sowenig notwendig wie ein Breittreten der soziologischen Verwurzelung von Brechts Verfremdungsbegriff; denn daß der Marxismus dem Dichter die geschichtlich-gesellschaftlichen Inhalte für seine Hegelsche Formel und Methode geliefert hat, ist inzwischen hinlänglich bekannt. Der maßgebliche, bereits bei Hegel auftauchende, aber selbstredend von Marx wie üblich vom Kopf auf die Füße gestellte Begriff ist jedenfalls der der ›*Ent*fremdung‹. Auf welche Weise diese durch Arbeitsteilung und Lohnarbeit entsteht und welche Folgen sich daraus ergeben, lese man in der *Deutschen Ideologie* und anderswo bei den marxistischen »Klassikern« (wie Brecht nicht bloß Marx und Engels, sondern auch Lenin zu nennen pflegte) im einzelnen nach; insgesamt umschreibt der soziologische Entfremdungsbegriff so formelhaft wie bündig alles, was nach marxistischem Geschichtsverständnis durch die Entwicklung der kapitalistischen Produktionsverhältnisse vom Bürgertum hervorgebracht worden ist und jetzt vom Proletariat durchschaut und erfaßt, revolutionär verändert und im Sozialismus aufgehoben werden soll. (Wem das zu simplifizierend klingt, der möge bedenken, daß auch die Verfremdung selber, bei aller sonstigen Differenziertheit, nicht selten plump und simplifizierend verfährt.) Problematischer, wie erwähnt, und keineswegs unumstritten ist dagegen die Herkunft der Brechtschen Verfremdung aus dem russischen Formalismus, ja bereits ihr bloßer Zusammenhang mit dieser Kritikerschule, die mit und neben den künstlerischen Avantgardebewegungen im Sowjetrußland der zwanziger Jahre ihre Blütezeit erlebte, aber bald darauf, ganz wie jene, von Stalin und dessen ästhetischem Inquisitor Ždanov, dem sich später noch Brechts vielfacher Opponent Georg Lukács zugesellte, im Namen eines sogenannten ›sozialistischen Realismus‹ offiziell verketzert und verteufelt wurde. (Seitdem sind, wie man weiß, ›Formalismus‹, ›Formalist‹ und ›formalistisch‹ pauschal verdammende und darum unwiderlegbare, auch häufig tödliche Schmähbegriffe; Unzähligen wurde derlei während der berüchtigten ›Säuberungsaktionen‹ der Stalinära zum Verhängnis: sie wurden entweder ›liquidiert‹, wie der infame Ausdruck lautet, oder verschwanden spurlos irgendwo in den Lagern des Archipels Gulag.) Davon braucht zum Glück nur am Rande die Rede zu sein; für uns von Belang ist vorerst allein der Kritiker Viktor Šklovskij, der überdies dem stalinistischen Terror zu entkommen vermochte. Šklovskijs mindestens schon seit 1917 voll entfaltete Theorie der verfremdenden Metapher zeigt eine frappierende Übereinstimmung nicht nur mit den einschlägigen Hegelschen und zum Teil selbst Marxschen Vorstellungen, sondern auch und insbesondere mit deren zentraler Brechtscher Entsprechung. In seinem Essay *Kunst als Kunstgriff* (*Iskusstvo kak priëm*, 1916) hat der Russe, fast drei Jahrzehnte ehe Brecht seinen eigenen Verfremdungsbegriff zu verwenden begann, einen Terminus geprägt, der diesem erstaunlich ähnelt, ja der sich auf weite Strecken sogar mit ihm deckt.[45] Zuzugeben ist allerdings, daß Šklovskijs Theorie eine wesenhaft ästhetische ist und sich auch beinah ganz auf die Bezirke der Ästhetik und Poetik beschränkt; denn ihr zufolge sollen die Dichter, wenn sie Bilder oder Metaphern schaffen und gebrauchen, aufs Fremdartige und Unerwartete, Überraschende und Verblüffende – man könnte generell sagen: aufs Paradoxe statt aufs Katadoxe[46] – ausgehen: da sie nämlich nur so imstande seien, unsere starren Denkschablonen und verhärteten Verhaltensnormen aus ihrer vorprogrammierten Automatik zu lösen und in eine heilsame Unordnung zu bringen. Poetische Bildlichkeit, welche, anstatt uns die Welt und die Dinge neu und frisch sehen zu lehren, darauf ausgeht, sie uns noch vertrauter erscheinen zu lassen, trägt nach Šklovskij lediglich dazu bei, die Trägheit der Menschen endgültig zu zementieren, ihre geistige Taubheit und Stumpfheit noch tauber und stumpfer zu machen. (Umgekehrt darf freilich ebensowenig unbeachtet bleiben, daß der russische Theoretiker zumindest an einer Stelle übers rein Ästhetisch-Poetische oder allenfalls Gnoseologische hinausblickt: und zwar dort, wo er eine Erzählung von Tolstoj behandelt, in der sich keimhaft bereits ausgesprochen gesellschaftskritische Züge abzeichnen. Auch insofern war mithin der Brückenschlag von der Šklovskijschen zur Brechtschen Vorstellung ein leichtes.)

Wie sich die drei Wurzeln von Brechts Verfremdung in dessen Theorie und Praxis miteinander verflechten und zu einer Einheit verbinden, dürfte nach alledem offensichtlich sein. Als Definition (die aber natürlich immer nur Postulat sein kann) bietet sich an: Brechtsche Verfremdung ist ein *ästhetischer* Kunstgriff, der es gestattet, mit Hilfe einer *philosophischen* Methode eine *gesellschaftlich-geschichtliche* Lage ins Bewußtsein zu heben. Der *Vorgang* der *Ver*fremdung bewirkt, vermittels einer triadischen *Dialektik*, eine verblüffte und verwunderte, *be*fremdete und schließlich befreiende *Einsicht* in den *Zustand* der *Ent*fremdung. Noch gedrängter und etymologisch konziser: *Ent*fremdung, *Ver*fremdung und *Be*fremdung hängen ursächlich wie zeitlich zusammen; sie folgen sowohl *aus*einander als auch *auf*einander. (Daß Brechts Verfremdung weder, wie man bisweilen zu hören bekommt, pures »Kunstmittel« ist oder sein soll, noch, was manchmal von anderer Seite verbreitet wird, bloße »soziale Maßnahme«, sondern stets beides zugleich,[47] geht aus dem Gesagten ebenfalls klar hervor; nicht ganz so klar, doch immerhin ahnbar ist, daß die Verfremdung mit dem Phänomen des Komischen genauso zusammengehört wie, zugespitzt formuliert, die von Brecht verbannte Einfühlung mit dem Phänomen des Tragischen – worauf hier indes nur hingewiesen, nicht des näheren eingegangen werden kann.[48]) Einige Ergänzungen zum Bisherigen sind jedoch unerläßlich. So ist es für den Werdegang des Dichters wiederum höchst erhellend, daß dieser um die Mitte der dreißiger Jahre, als sich seine Verfremdungstheorie allmählich zu festigen anfing, gleichwohl vereinzelt mit dem direkt von Marx und/oder Hegel entlehnten Begriff der Entfremdung operierte und solcherart nicht bloß von einem »Entfremdungsprozeß«, sondern ausdrücklich von der »Entfremdung, welche nötig ist, damit verstanden werden kann«,[49] sprach. Erst auf Grund der Erfahrungen bei seinem Moskaubesuch im Jahre 1935 nahm Brecht den Begriff der Verfremdung in sein Vokabular auf, um ihn alsbald auch ins Zentrum seiner Terminologie wie Theorie zu rücken. Empfangen aber hat er ihn bzw. dessen Äquivalent mit allergrößter Wahrscheinlichkeit von dem mit ihm befreundeten russischen Avantgardeschriftsteller Sergej Tretjakov, der später, anders als Šklovskij, ein Opfer des Stalinismus wurde. Sollte wirklich keine unmittelbare Begriffsübernahme vorliegen, so muß doch Tretjakov – oder das allgemeine avantgardistische und formalistische Klima, soweit es damals in Rußland noch fortbestand – Brecht die Anregung für seine begriffliche Neuprägung oder bloß Umprägung vermittelt haben.[50] (Denn es kommt hinzu, daß nicht nur ›Entfremdung‹ und ›entfremden‹, sondern auch ›Verfremdung‹ und ›verfremden‹ nachweislich schon im 19. Jahrhundert begegnen, und obendrein in Brechts heimatlicher schwäbischer Mundart sowie im Werk von aus dieser schöpfenden Autoren.[51]) Freilich, festzuhalten ist trotzdem mit aller Entschiedenheit, daß der Dichter die Vorstellung des Befremdlichen und Befremdenden wie überhaupt die Grundvorstellung des Verfremdens bereits etliche Jahre vor jenem Besuch in Moskau für sich entwickelt hatte. Den besten Beleg dafür bildet sein Lehrstück *Die Ausnahme und die Regel* von 1930, wo nämlich die Spieler zu Beginn wie am Schluß Chorverse wie die folgenden ans Publikum richten:

> Betrachtet genau das Verhalten dieser Leute:
> Findet es befremdend, wenn auch nicht fremd
> Unerklärlich, wenn auch gewöhnlich
> Unverständlich, wenn auch die Regel.
> [. . .]
> Was nicht fremd ist, findet befremdlich![52]

Aus solchen und ähnlichen Zeugnissen können wir ohne Zögern folgern, daß Brechts berühmte Theorie, all ihrer aufzeigbaren Wurzeln ungeachtet, nicht zuletzt auch unabhängig gewachsen ist und somit gleicherweise eine im wesentlichen eigenständige Leistung darstellt. Das, was er bei den Russen vorfand oder unter deren Einfluß auf den Begriff brachte, war im Grunde nur die erlösende Formel für etwas lange schon von ihm Geschaffenes; selbst das aus Marx und Hegel unleugbar von ihm Übernommene erweist sich eher als zusätzliche Bestätigung denn als Entdeckung oder gar Offenbarung von völlig Neuem. Kurzum: Dialektik und Verfremdung waren dem Dichter und Denker Brecht zuinnerst gemäß; sie waren ihm sozusagen – man wolle das Wort nicht mißverstehen – ›angeboren‹. Und ganz entsprechend liegen die Dinge auch bei einer zweiten, nun allerdings äußerst konkreten und so erst recht überaus folgenreichen Erfahrung, die Brecht während jenes Rußlandaufenthaltes machte. Ich meine sein Erlebnis der (wie der Titel des bereits früher genannten, aus der Rückschau verfaßten Aufsatzes ja lautet) *Verfremdungseffekte in der chinesischen Schauspielkunst.* Brecht sah zwar den gefeierten Mei Lan-fang, den sicherlich größten Bühnendarsteller des traditionellen chinesischen Theaters im 20. Jahrhundert, und er war von dessen Darbietungen fasziniert und hingerissen; aber was der Chinese ihm in Wirklichkeit bot, war eben letztlich dennoch nicht mehr – doch freilich auch nicht weniger – als eine meisterhafte, künstlerisch vollkommene Demonstration der Anwendbarkeit seiner eigenen Verfremdungstheorie.

Das von Mei in solcher Vollendung Vorgeführte beschränkte sich auf eine bestimmte Form – und zudem eine gleichsam naturwüchsige – der verfremdenden *Spielweise*; sie und ihre Wirkungen hatte Brecht im Auge, als er sich und uns in jenem Aufsatz Rechenschaft ablegte. Jedoch sind die Möglichkeiten der Verfremdung Legion: und zwar keineswegs bloß im Bereich der *Darstellung* und der dazugehörigen *Regie*, also der eigentlichen *Theaterarbeit*, sondern ebenso im Bereich des *Dramenbaus*, ja schon in dem der *Sprachgebung*. Das Verfremdungsprinzip durchdringt und durchwaltet die Inszenierung eines Brechtschen Stückes zur Gänze, von den hastig hingekritzelten Anfangsnotizen des Dramatikers bis zur endgültigen Bühnendarbietung des künstlerischen Gesamtgebildes durch das Ensemble der Ur- oder Erstaufführung – und mitunter sogar noch darüber hinaus. (Brecht pflegte nicht nur monatelang zu proben, sondern manchmal auch, wie vor allem das Beispiel seiner glanzvollen *Kreidekreis*-Inszenierung lehrt, die Proben nach einer ersten Versuchsaufführung wiederaufzunehmen.) Jedenfalls ergibt die genauere Prüfung der *Anwendungs*möglichkeiten und *Wirkungs*formen der Verfremdung abermals eine Dreiheit (was im übrigen nichts mit Zahlenmystizismus zu tun hat). Wenn man mir ein Bild erlaubt: Brechtsche Verfremdung geschieht auf drei Ebenen, die sich gleich einer geologischen Schichtenfolge übereinander ablagern. Ihre tiefste Schicht, die alle übrigen trägt, ist diejenige des dichterischen Textes in dem besagten Doppelsinn von Sprachform und Bauform. Buchstäblich bis ins einzelne Wort, ja Satzzeichen hinein färbt und tränkt das Verfahren der Verfremdung Brechts Sprache. So nennt er beispielsweise, eine vertraute idiomatische Wendung umbildend, den nur im Vollrausch erträglichen und gutmütigen, ohne Alkohol aber bösartigen und gefährlichen Puntila nicht etwa in jenem Zustand ›sternhagelbesoffen‹, sondern in diesem »sternhagelnüchtern« – und die Verfremdung derartiger »Anfälle« von Nüchternheit könnte wohl schwerlich schlagender und überzeugender sein.[53] Oder man erwäge das von Mutter Courage gesungene *Lied von der Großen Kapitulation* mit dem dreimaligen Refrain: »Der Mensch denkt: Gott lenkt – / Keine Red davon!«[54] Eine wahrhaft winzige Änderung hat Brecht hier vorgenommen, indem er statt des üblichen Kommas einen Doppelpunkt setzte; und doch ist damit das fromme, vom Glauben an die göttliche Vorsehung erfüllte Sprichwort so wirksam wie höhnisch in sein Gegenteil verkehrt. Daß solch verfremdende Sprachgebung aber beileibe nicht aufs Komische und Satirische beschränkt bleibt, sondern sich ebensosehr in poetischem Ernst und in höchster Bildkraft entfalten kann, beweist wie weniges sonst der wohl schönste Vers in Brechts *Kreidekreis*-Stück: nämlich die Rühmung des Armeleuterichters Azdak. Von ihm berichtet ja der Sänger: »Und so brach er die Gesetze wie ein Brot, daß er sie letze [. . .].«[55] Wiederum könnte die verfremdende Umbildung des vorgegebenen Sprachgutes (das überraschende In- und Miteinander von ›Gesetze brechen‹ und ›Brot brechen‹) schwerlich eindrucksvoller und zugleich aufschlußreicher sein – denn daß der sakrale, ja förmlich ans christliche Abendmahl gemahnende Anklang des Brechtschen Verses alles andere als unbewußt und ungewollt ist, dürfte ebenfalls außer Zweifel stehen. Die ehrwürdigen ›mythischen‹ Muster, zu denen der Marxist auch und gerade die Bibel zählte, dienen auf ihre Weise der Verfremdung.

Entsprechende Beispiele für die Bauform von Brechts Dramen, den zweiten, komplexeren Bereich der tragenden Grundschicht seiner Verfremdung, erübrigen sich, da sie teils bei der Behandlung des Nichtaristotelischen, teils bei der des Epischen bereits in genügender Menge beigebracht wurden. Wie die verfremdende Sprachgebung, so ließe sich der verfremdende Stückebau unschwer noch mit vielen Einzelheiten belegen.[56] Dasselbe gilt – um unser geologisches Bild vollends auszuspinnen – für die Mittelschicht der verfremdenden Inszenierung wie für die oberste, offen zutage liegende Schicht der verfremdenden Darbietung oder, wie der Dichter gern sagte, ›Ablieferung‹ des gemeinsam Erarbeiteten; auch sie sind mittlerweile schon in genügendem Umfang belegt und im einzelnen erörtert worden. Dialogführung, Bühnenbild, Musik, Choreographie, Kostüme, Masken, Beleuchtung, die Beiträge also des Regisseurs, des Komponisten, des Bühnenbildners oder -bauers und der Schauspieler selber: alle nur irgend verfügbaren und verwertbaren Bühnenmittel und -kräfte wirken im Sinne der Brechtschen Verfremdung zusammen. Oder wie der Dichter mit bezeichnender Gebärde, das Neue betonend und vom Alten abgrenzend, im *Kleinen Organon* schreibt:

So seien all die Schwesterkünste der Schauspielkunst hier eingeladen, nicht um ein ›Gesamtkunstwerk‹ herzustellen, in dem sich alle aufgeben und verlieren, sondern sie sollen, zusammen mit der Schauspielkunst, die gemeinsame Aufgabe in ihrer verschiedenen Weise fördern, und ihr Verkehr miteinander besteht darin, daß sie sich gegenseitig verfremden.[57]

Wovon sich Brecht so entschieden abgrenzt, ist – das Schlagwort verrät es unzweideutig – nichts anderes als das Wagnersche ›Gesamtkunstwerk‹. Denn in ihm wirken ja ebenfalls Text, Bild und Ton »in ihrer verschiedenen Weise« zusammen. Doch gerade der Gegensatz zum Schaffen Richard Wagners (der seinerseits, nicht ohne ironischen Nebensinn, ein ›katholischer‹ Künstler heißen könnte) läßt das für Brecht Spezifische, sein Ureigenstes und die halb ernste, halb spaßhafte Berufung auf Einstein Rechtfertigendes, nochmals in aller Schärfe hervortreten. In beiden Fällen wird zwar die Gesamtheit des Theatralischen aufgeboten und eingesetzt; aber während bei Wagner die Bühne gleichsam zum Schmelztiegel wird, in dem die verschiedenen Künste zu einer – oft trüben – Einheit zusammenrinnen, wird sie bei Brecht zu einem Ort des Experimentierens und Demonstrierens, ja gleichsam zum Hörsaal mit sauber getrennten Geräten und Materialien und bequem beobachtbaren Vorgängen und Resultaten. (Der Dichter hat das Aperçu, er sei eine Art auf die Bretter verpflanzter Physikprofessor, nicht bloß wohlwollend hingenommen, sondern ausdrücklich gebilligt.[58]) Trotzdem oder ebendeshalb – das muß in der Tat, der vielen Mißverständnisse wegen, eigens beteuert werden – markiert das Brechtsche, durch gegenseitige Verfremdung der Künste seine zwar jeweils widersprüchliche, doch auch helle und oft luzide Einheit erlangende ›Gesamtkunstwerk‹ eine grundsätzliche, sämtliche Bereiche erfassende »Retheatralisierung« (John Gassner) der Bühne als Bühne. Die Theaterform, von der sich Brechts Neuerungen damit absetzen, ist freilich nicht mehr (oder nicht mehr nur) die Wagnersche, sondern die auf bruchlose und widerspruchsfreie Bühnenillusion nebst Einfühlung der Schauspieler wie der Zuschauer bedachte des gemeineuropäischen Naturalismus, von der sich dann die extrem anti-illusionistische, obschon auf Einfühlung keineswegs verzichtende des deutschen und mitteleuropäischen Expressionismus ihrerseits absetzte. Wie gegen Richard Wagner, so hat der Dichter sich in Theorie und Praxis gegen beide gewandt. Man kann daher nicht bloß, sondern muß sogar noch ein weiteres Fazit ziehen. Von Wagner völlig absehend und auch Bewegungen wie den Symbolismus und die Neuromantik außer acht lassend, darf man nämlich, indem man allein Brechts unmittelbare Ausgangssituation berücksichtigt, zusammenfassend sagen: Das Brechtsche Verfremdungstheater, das wie der Naturalismus die wahre und ganze Wirklichkeit abzubilden sucht und dazu wie der Expressionismus ungescheut die kühnsten, nicht selten bis ins Groteske gesteigerten Bühnenmittel aufgreift oder einführt, ist gleichwohl weder naturalistisch noch expressionistisch. Es ist, in des Wortes vollster doppelter Bedeutung, *realistisches Theater*.[59]

Die Frage, warum der Dichter es zugleich als *Theater eines wissenschaftlichen Zeitalters* bezeichnen konnte, beantwortet sich nunmehr beinahe von selbst. Denn unverkennbar umreißt diese Bezeichnung die historische, ja *universalhistorische* Konstellation für die Bemühungen des Stückeschreibers wie des Dramen- und Theatertheoretikers. Mit Recht wurde unlängst erklärt:

> Wer in der Emanzipation mathematisch-naturwissenschaftlichen Denkens die entscheidende geschichtliche Kausalität der modernen Welt erblickt, müßte den Beginn der Neuzeit mit der ›scientific revolution‹ des 17. Jahrhunderts ansetzen.[60]

Genau das hat Brecht – und interessanterweise gleichzeitig mit dem Auftauchen jener Formel im englischen Sprachraum,[61] wo er sich damals aufhielt – sowohl in seinen theoretischen Schriften als auch in anderen seiner Werke getan. Immer wieder griff er auf die Zeit um 1600, die Morgendämmerung der modernen Welt, und namentlich auf Gestalten wie Francis Bacon und Galileo Galilei (die uns ja nicht umsonst bereits eingangs begegnet sind) zurück. Was den Engländer anbelangt, über den Brecht eine leider zuwenig beachtete Kurzgeschichte oder kürzere Novelle, *Das Experiment*, verfaßt hat,[62] so lieferte er unter anderm das Stichwort für Brechts *Kleines Organon für das Theater*; denn nicht nur folgen dessen Form und Methode Bacons *Essays*, sondern schon der Titel ist außerdem aus Bacons berühmtem, von 1620 datierendem Traktat *Novum Organum scientiarum* abgeleitet, den man mit vollem Recht ebenfalls als einen nichtaristotelischen, ja dezidiert anti-aristotelischen *discours de la méthode* bestimmen darf. Bacon bot mit dieser Schrift nichts Geringeres als die erste Methodenlehre, in der das neue experimentelle Verfahren der Naturwissenschaften erörtert wurde (und im Vorbeigehen wenigstens sei angemerkt, daß der Dichter jene »baconische form«, wie er sich ausdrückte, geradezu als »epische wissenschaft« definierte[63]). Was hinwiederum den Italiener betrifft, den vielfältig schillernden Helden in Brechts *Leben des Galilei*, so gab ja er die formale Anregung für das Brechtsche »Vierergespräch« *Der Messingkauf*; darüber hinaus aber haben Galilei und sein Leben und Schaffen auch im *Kleinen Organon*, und zwar im Text selber, eine dominierende, den Einfluß Bacons fast noch überschattende Stellung inne. Denn ihnen verdankt der Dichter unter anderm[64] eins der besten, den Zusammenhang seines epischen Theaters mit solch ›epischer Wissenschaft‹ besonders einprägsam veranschaulichenden Beispiele für das Prinzip der Verfremdung. Gemeint ist natürlich die berühmte Anekdote vom schwingenden Kronleuchter im Dom zu Pisa, bei dessen Anblick Galilei das Gravitationsgesetz entdeckt haben soll. An sie anknüpfend, führt Brecht in § 44 seiner eigenen Methodenlehre aus:

Damit all dies viele Gegebene ihm [dem Menschen] als ebensoviel Zweifelhaftes erscheinen könnte, müßte er jenen fremden Blick entwickeln, mit
dem der große Galilei einen ins Pendeln gekommenen Kronleuchter
betrachtete. Den verwunderten diese Schwingungen, als hätte er sie so nicht
erwartet und verstünde es nicht von ihnen, wodurch er dann auf die
Gesetzmäßigkeiten kam. Diesen Blick, so schwierig wie produktiv, muß das
Theater mit seinen Abbildungen des menschlichen Zusammenlebens provozieren. Es muß sein Publikum wundern machen, und dies geschieht vermittels einer Technik der Verfremdungen des Vertrauten.[65]

Das Theater ist nach Brecht dazu aufgerufen, solche Erfahrungen und ihre
Ergebnisse – Verfremdungseffekte und verfremdende Wirkungen – auf der
Bühne wie im Zuschauerraum hervorzubringen; jedoch soll der »neue Blick« sich
eben nicht mehr bloß, wie einst bei Galilei oder Bacon, auf die »Natur«, sondern
auch und erst recht auf die »Gesellschaft« richten.[66] Signalisierte Anfang des
17. Jahrhunderts das Aufkommen der neuen Vorstellungen in den *Naturwissenschaften* die erste »entscheidende geschichtliche Kausalität« und damit den
Beginn der Neuzeit, so rund dreihundert Jahre später, Mitte des 19. Jahrhunderts, das der neuen Vorstellungen in den *Gesellschaftswissenschaften* die zweite
derartige Kausalität und damit den *Höhe- oder Wendepunkt* der modernen Welt.
Es sei höchste Zeit, verkündete Brecht, jene neuen, dem Menschen die Beherrschung der Natur wie der Gesellschaft und Geschichte ermöglichenden Einsichten endlich auch auf die ästhetische Welt und die Bezirke der Kunst zu übertragen, insbesondere aber sie auf die Bühne anzuwenden. Darin besteht im Kern
der Gedankengang, auf den der Dichter seinen Anspruch gründete, das »Theater
eines wissenschaftlichen Zeitalters« entworfen und geschaffen zu haben.
Und ebenso zwingend folgt zu guter Letzt, daß Genuß einerseits, Lernen und
Lehren andererseits, will sagen das Vergnügliche und das Nützliche – oder, mit
Brechts geliebtem Horaz zu reden, das *delectare* und das *prodesse* – einander bei
diesem Dichter niemals feindlich gegenübertreten können, sondern sich stets
ergänzen und bereichern und dabei abermals ›gegenseitig verfremden‹. Das
Didaktische war für Brecht wie das Dialektische immer auch eine genußvoll-
vergnügliche ästhetische Erfahrung, ja eine der menschlich genußvollsten und
vergnüglichsten überhaupt. Er schwelgte förmlich im Erwerb neuer Kenntnisse,
im Denken neuer Gedanken – genau besehen, in Wechsel und Veränderung
schlechthin. Nichts, empfand er, ist dauerhaft, geschweige denn ewig; alles ist
wandelbar und im Wandel; ewig ist einzig der unablässige »Fluß des Geschehens«.[67] Mit demselben Recht, mit dem man den Dichter einen konstitutionellen
Hegelianer genannt hat,[68] könnte man ihn am Ende auch, mit aller gebotenen
Vorsicht, einen konstitutionellen Nietzscheaner nennen.[69] Er erlebte und lobte
in nahezu Nietzschescher Genugtuung das ständig und überall sich ändernde, nie
und nirgends endende Wechselspiel der Widersprüche, die auseinanderklaffen,

zusammenprallen und sich wieder ineinander lösen, nur um sich aufs neue dialektisch zu entfalten. Die Schlußsätze gerade des konzentriertesten theoretischen Brecht-Textes, die dem Menschen die »Schrecken seiner unaufhörlichen Verwandlung« preisen, die er dennoch und ebendeswegen als »Kunst«, ja »Unterhaltung« erfahren und »genießen« soll,[70] bilden für diese Haltung eins der beredtesten Zeugnisse. Das Paradox eines umfassenden Jasagens aus grenzenloser Veränderungswilligkeit, ja Veränderungssucht, wie es hier im *Kleinen Organon* zum Ausdruck gelangt, war es denn auch, was den Künstler Brecht ebenso befähigte wie nötigte, die Grenzen seiner eigenen ideologischen Bindung fortwährend zu sprengen und zu überschreiten. Brecht war ein marxistischer Künstler, kein Zweifel; der Marxismus wurde und blieb für ihn jene »starke und gleichmäßige Philosophie«, die er sich früh gewünscht hatte.[71] Aber Brecht war zugleich ein marxistischer Häretiker und somit einer, der mit dem Marxismus über den Marxismus hinausging. Das wird, allem orthodoxen Widerstreben zum Trotz, durch nichts nachhaltiger erwiesen als durch sein Verhältnis zu Karl Korsch, dem zumindest im deutschen Sprachraum neben Ernst Bloch bedeutendsten häretischen Marxisten. Immerhin nahm Brecht seine Studien mit Korsch zur selben Zeit auf, als es zwischen diesem und dem Parteikommunismus zum unheilbaren Bruch kam! Und dessenungeachtet blieb der Dichter – was noch viel beweiskräftiger ist – seinem Lehrer bis zum Tode nicht nur persönlich treu, sondern, obzwar nicht ohne Einwände, auch ideologisch! Doch ich will die schon seit Jahrzehnten schwelende ›Korsch-Debatte‹ nicht erneut anfachen; ich will statt dessen lieber, so wie ich mit Brechtschen Provokationen begann, mit solchen und mit Anekdotischem schließen. Unser katholischer Einstein hatte ja ebenfalls, nicht anders als jeder große Dichter und Denker, unter vielerlei Unverständnis zu leiden. Unentwegt versuchten gewisse Kritiker ihm klarzumachen, daß seine Stücke und Theorien eigentlich nur für eine kapitalistische Gesellschaft gälten, in einer sozialistischen aber ihren Sinn und ihre Funktion unweigerlich verlieren müßten. Worauf Brecht seinerseits erklärte (oder erklärt haben soll – denn wenn es nicht wahr ist, so ist es gut erfunden):

> Diese Herren können offenbar nicht dialektisch denken. Meine Stücke und Theorien gelten fürs Bürgertum und unterm Kapitalismus; sie gelten für eine sozialistische, eine kommunistische, eine klassenlose Gesellschaft – und in allen darauf folgenden Gesellschaftsformen.[72]

Anmerkungen

1 Vgl. Bertolt Brecht: Gesammelte Werke in 20 Bänden. werkausgabe edition suhrkamp. Hrsg. vom Suhrkamp Verlag in Zsarb. mit Elisabeth Hauptmann. Frankfurt a. M. 1967. Bd. 16. S. 598. Im folgenden mit Band- und Seitenzahl. Zit. als: GW 16,598.

2 Mordecai Gorelik: Brecht. In: Theatre Arts (March 1967). Zit. nach: John Fuegi: The Essential Brecht. Los Angeles 1972. S. 214.
3 Zit. nach: Siegfried Melchinger: Drama zwischen Shaw und Brecht. Ein Leitfaden durch das zeitgenössische Schauspiel. Bremen 1957. S. 174.
4 »Katholisch« von καϑ'όλου, »aufs Ganze bezüglich«.
5 GW 15,272.
6 GW 9,789.
7 Zur sogenannten »Brecht-Müdigkeit« in Deutschland vgl. etwa Reinhold Grimm: Brecht in Frankfurt anno 78. Ein Rückblick in historisch-polemischer Absicht. In: Brecht-Jahrbuch 1980. Frankfurt a. M. 1981. S. 217 ff. Zur außereuropäischen Wirkung des Dichters vgl. etwa Wolfram Schlenker: Brecht hinter der Großen Mauer. Zu seiner Rezeption in der Volksrepublik China. In: Ebd., S. 43 ff.; ferner zuletzt die drei einschlägigen Beiträge in der Frühjahrsnummer 1983 der Zeitschrift *Monatshefte*.
8 Vgl. auch S. 24, 300–319.
9 Vgl. GW 16,1*.
10 Vgl. GW 15,105.
11 Vgl. GW 15,106.
12 Vgl. GW 15,105.
13 Vgl. [Bertolt] Brecht: Versuche. Heft 2 [1930]. Zit. nach dem Neudr.: [Bertolt] Brecht: Versuche 1–12. Frankfurt a. M. 1959. S. 103 f. – Das anstößige Gegensatzpaar wurde vom Dichter allerdings später gestrichen; vgl. GW 17,1009 f.
14 GW 16,815 f. (Hervorhebung von mir.)
15 Vgl. GW 15,361; in Klammern setzte Brecht bezeichnenderweise erläuternd hinzu: »Einheit von Theorie und Praxis«.
16 Vgl. GW 16,815; ferner: John Willett (Hrsg.): Brecht on Theatre. The Development of an Aesthetic. London 1964. [S. V].
17 Vgl. GW 16,815.
18 Vgl. André Müller / Gerd Semmer (Hrsg.): Geschichten vom Herrn B. Hundert neue Brecht-Anekdoten. München 1968. S. 57.
19 Vgl. GW 16,816.
20 Vgl. GW 15,240 f.
21 Vgl. Kap. 23 der *Poetik*, wo es heißt, das Kunstwerk sei ὥσπερ ζῷον ἕν ὅλον.
22 Vgl. Feuchtwangers einschlägige Äußerung bei Helge Hultberg: Die ästhetischen Anschauungen Bertolt Brechts. Kopenhagen 1962. S. 102.
23 Vgl. GW 16,694.
24 Man vergleiche hierzu auch Brechts Verwendung der Drehbühne, wie sie etwa im entsprechenden *Modellbuch* dokumentiert ist.
25 Selbst die aristotelische Mimesis lehnte Brecht – zumindest zeitweilig – ab; vgl. GW 18,171.
26 GW 16,667.
27 GW 16,693.
28 Ebd.
29 GW 7,2860.
30 GW 15,474.
31 Vgl. hierzu Reinhold Grimm: Naturalismus und episches Drama. In: R. G. (Hrsg.): Episches Theater. Köln 1966. S. 13 ff.
32 GW 15,263.
33 Vgl. Brechts Brief vom 7. Februar 1948.
34 Vgl. GW 16,683.
35 Ebd.
36 Vgl. GW 16,697, 693.
37 GW 4,1578.
38 GW 16,695.
39 GW 16,696.
40 GW 16,1*.
41 GW 15,360; dort auch das folgende Zitat.
42 Vgl. GW 15,361.
43 Eine neuere Untersuchung scheint eine Vermittlung dieser Art (etwa von Novalis zu den Russen) und damit zumindest die Möglichkeit eines ›rein deutschen‹ Ursprungs der Brechtschen Verfrem-

dung nahelegen zu wollen; vgl. Tamás Ungvári: The Origins of the Theory of »Verfremdung«. In: Neohelicon 7 (1979) H. 1. S. 171 ff.; bes. S. 217 ff.

44 Georg Wilhelm Friedrich Hegel: Phänomenologie des Geistes. Nach dem Text der Originalausgabe hrsg. von Johannes Hoffmeister. Hamburg [6]1952. S. 28. (Hervorhebungen zum Teil von mir.)

45 Einzelheiten bei Viktor Erlich: Russian Formalism: History – Doctrine. 's Gravenhage 1955. – Wie ich bei einer frühen Durchsicht der Bestände des Berliner Brecht-Archivs feststellen konnte, befand sich dieses erst ein Jahr vor des Dichters Tod erschienene Buch in Brechts Besitz.

46 So Heinz Otto Burger in Frankfurter Vorlesungen während der sechziger Jahre.

47 Vgl. dazu Reinhold Grimm: Bertolt Brecht. In: Benno von Wiese (Hrsg): Deutsche Dichter der Moderne. Ihr Leben und Werk. Berlin [3]1975. S. 561 ff.

48 Vgl. hierzu vor allem Brechts Gespräch mit Giorgio Strehler von 1955. In: Siegfried Unseld (Hrsg.): Bertolt Brechts Dreigroschenbuch. Texte, Materialien, Dokumente. Frankfurt a. M. 1960. S. 134; ferner ergänzend Reinhold Grimm: Strukturen. Essays zur deutschen Literatur. Göttingen 1963. S. 226 ff., sowie Peter Christian Giese: Das ›Gesellschaftlich-Komische‹. Zu Komik und Komödie am Beispiel der Stücke und Bearbeitungen Brechts. Stuttgart 1974.

49 Vgl. GW 15,263.

50 Wichtig und, wie mir scheint, unwiderleglich ist vor allem das Zeugnis von Bernhard Reich: Im Wettlauf mit der Zeit. Erinnerungen aus fünf Jahrzehnten deutscher Theatergeschichte. Berlin 1970. S. 371 f.

51 Vgl. hierzu Grimm (Anm. 31) S. 13 ff.; außerdem Ernst Bloch: Verfremdungen I. Frankfurt a. M. 1962. S. 81 ff.

52 GW 2,793 bzw. 822.

53 Vgl. GW 4,1615.

54 GW 4,1394 ff.

55 GW 5,2086.

56 Hierzu und zum Folgenden vgl. bes. Walter Hinck: Die Dramaturgie des späten Brecht. Göttingen 1959; sowie Reinhold Grimm: Bertolt Brecht. Die Struktur seines Werkes. Nürnberg 1959.

57 GW 16,698 f.

58 Vgl. Günter Anders: Bert Brecht. Gespräche und Erinnerungen. Zürich 1962. S. 17.

59 Man vergleiche etwa – um nur an einen besonders charakteristischen Zug zu erinnern – Brechts Beharren auf der Realistik, Konkretheit, ja Echtheit der Bühnenrequisiten bei gleichzeitiger konsequenter Ablehnung jeglicher Bühnenillusion.

60 Stephan Skalweit: Der Beginn der Neuzeit. Darmstadt 1982. S. 28.

61 Als Stichjahr wird 1943 angegeben; vgl. ebd., S. 27.

62 Vgl. GW 11,264 ff.

63 So in einem Brief vom April 1948; hier zit. nach: Wolfdietrich Rasch: Bertolt Brechts marxistischer Lehrer. In: Merkur 17 (1963) S. 988 ff.

64 Vgl. etwa GW 16,690 ff.

65 GW 16,681 ff.

66 Vgl. GW 16,669.

67 Vgl. GW 9,587 ff.

68 Vgl. Anders (Anm. 58) S. 37.

69 Vgl. Reinhold Grimm: Brecht und Nietzsche oder Geständnisse eines Dichters. Fünf Essays und ein Bruchstück. Frankfurt 1979; ferner inzwischen vor allem Christof Šubik: Einverständnis, Verfremdung und Produktivität. Versuche über die Philosophie Bertolt Brechts. Wien 1982.

70 Vgl. GW 16,700.

71 Bertolt Brecht: Tagebücher 1920–1922. Autobiographische Aufzeichnungen 1920–1954. Hrsg. von Herta Ramthun. Frankfurt a. M. 1975. S. 188.

72 So wurde mir diese Anekdote vor langen Jahren von einem früheren Mitarbeiter Brechts, den ich besser ungenannt lasse, erzählt. Sie dürfte abschließend noch einmal verdeutlichen, daß die Rede schon der ältesten wie noch der jüngsten, durch ihren Jargon fast unverständlichen Brecht-Scholastik vom »qualitativen Sprung« des Brechtschen Schaffens, das »Teil einer kopernikanischen Wende« sei, einseitig und übertrieben und damit letztlich verfehlt ist. Die »historisch radikale Andersheit«, die es ihr zufolge auszeichnet, ist trotz aller Neuerungen stets auch historisch bewahrende Gleichheit – um es einmal ebenso radikal auszudrücken. Zu den Zitaten vgl. Klaus Kocks: Brechts literarische Evolution. Untersuchungen zum ästhetisch-ideologischen Bruch in den Dreigroschen-Bearbeitungen. München 1981. S. 212, 215.

WOLFGANG FRÜHWALD

Eine Moritat vom Ende des Individuums:
Das Theaterstück »Baal«

Im März 1918 – an der Westfront herrschte trügerische Ruhe, ehe das deutsche Oberkommando mit einer verzweifelten Offensive seine ›letzte Karte‹ im Ersten Weltkrieg spielte und verlor – schrieb Bertolt Brecht an seinen Freund Caspar Neher, der seit 1915 als Freiwilliger an der Front stand: »Ich will ein Stück schreiben über François Villon, der im XV. Jahrhundert in der Bretagne Mörder, Straßenräuber und Balladendichter war.«[1] Dieser ersten Erwähnung des später *Baal* genannten Theaterstückes folgte am 1. Mai 1918 schon die Nachricht, daß »die halbe Komödie *Baal* [. . .] fertig« sei;[2] am 5. Mai fand Brecht den Titel »Baal frißt! Baal tanzt!! Baal verklärt sich!!!«,[3] und Mitte Juni 1918 meldete er Neher, daß die vierundzwanzig Szenen dieses Titels »fertig und getippt« seien, »– ein stattlicher Schmöker! Ich hoffe damit einiges zu erreichen.«[4] Diese erste Fassung des *Baal*, von Brecht in übermütiger Konkurrenz mit Goethe »Ur-Baal«[5] genannt, aber für unaufführbar und abschreckend gehalten, legte er am Ende des Sommersemesters 1918 dem Münchener Privatdozenten Arthur Kutscher vor, der sich allerdings höchst ungnädig über das Elaborat jenes unbotmäßigen Studenten äußerte, vor dem schon der Direktor des Augsburger Realgymnasiums die Münchener Universität »in einer Art Steckbrief« gewarnt haben soll.[6] An seinen Freund Hans Otto Münsterer, der durch das Buch *Bert Brecht. Erinnerungen aus den Jahren 1917–22* so viel zur Legendenbildung um den jungen Brecht beigetragen hat, schrieb Brecht im August 1918, in dem er täglich sein »Todesurteil«, das heißt die Einberufung zum Kriegsdienst, erwartete: »Bitte schreiben Sie mir was über den Leichen-Kutscher! Er hat mir etwas über den *Baal* geschrieben. Zum Speien! Er ist der flachste Kumpan, der mir je vorgekommen ist.«[7]
Brechts für das Gesamtwerk des Autors so charakteristische Figur des Baal also ist von dem zwanzigjährigen Dichter vor dem Hintergrund des ihn existentiell

bedrohenden Kriegsgeschehens entworfen worden, das ihn bereits im Dezember 1917 zu dem im *Baal* dann wieder aufgegriffenen Motto eines elementaren Vitalismus bestimmte: »Das Höchste, was man kann, ist: das zu nehmen, was man nehmen kann.«[8] Aus dieser Lebenshaltung erklärt sich auch die im Kontext zeitgenössischer Trivialliteratur keineswegs ungewöhnliche Titelgebung, die – in deutlicher Adaption der Formelsprache naturalistischer Kunsttheorie und mit bibelparodistischem Vokabular[9] – Natur (das Fressen) und Kunst (den Tanz) so einander zuordnet, daß in der Selbstverklärung eines ungeheuren Lüstlings und Genießers das der Natur immanente Zerstörungsprinzip zugleich als das Prinzip des Lebens erscheint: als das Prinzip der Wollust des Untergangs. In diesem Sinne versteht Brecht, der eifrige Leser des Konversationslexikons, den Namen seines Titelhelden vielleicht sogar in der ursprünglichen Bedeutung des »Herrn« – auch und gerade – über die Genüsse des Leibes und des Geistes um den Preis der auch sonst eintretenden, jetzt nur beschleunigten Selbstzerstörung, nicht so sehr als Anspielung auf die vom Alten Testament nahegelegte Abgötterei und den Kult orgiastischer Naturreligion.

Im Frühjahr 1919, als in Bayern die Räterepublik – nach der Ermordung Kurt Eisners – errichtet wurde, arbeitete Brecht seinen dramatischen Bilderbogen um: »Ich bin mit dem Pferd gestürzt und zur Zeit halb lahm. Das gab mir die Muße, zwischen Fluchen und Stöhnen in einem halbdunklen Zimmer den *Baal* umzuarbeiten [. . .]. Jedenfalls hat *Baal* viel gewonnen, besonders in der Kurve, aber auch im Detail, es sind Szenen ganz umgeändert, andre rausgeschmissen, etliche eingefügt. Er ist überhaupt erst jetzt aufführbar. [. . .] (Von Verlaine und Johst ist das Stück jetzt ziemlich gesäubert. Bleibt zu letzterem nur mehr die Antithese.)«[10] Diese zweite, nach Ansicht der Freunde Brechts und der ihnen folgenden Forschungsliteratur, poetisch geschlossenste Fassung des *Baal*[11] entstand unter dem unmittelbaren Eindruck jenes Enthusiasmus intellektueller Anarchie, der – ausgehend vom Kreise Mühsams, Landauers, Tollers, Hartigs, Schrimpfs und Kaisers – wenige Monate lang das politische Klima im Zentrum Bayerns bestimmte. Für kurze Zeit, im Grunde nur für wenige Wochen schien es, als treffe dieser Enthusiasmus potenzierend auf das jugendlich-anarchische Lebensgefühl von Brechts Freundeskreis, der sich aber schon früh in der Übersteigerung eines rauschhaft genossenen Individualismus auch von der geordneten Anarchie des Volksstaates Bayern distanzierte.

Im April 1919 hatte Gustav Landauer in der ersten Münchener Räterepublik das Amt des Volksbeauftragten für Volksaufklärung übernommen, der in seiner berühmten *Ansprache an die Dichter* im Oktober 1918 gegen den bürokratischen Traum eines öden Patentsozialismus die Führungsrolle des Dichters in einem Gemeinwesen der Zukunft verkündet hatte:

> Wir aber brauchen in Wahrheit die immer wiederkehrende Erneuerung, wir
> brauchen die Bereitschaft zur Erschütterung, wir brauchen den großen Ruf

der Seisachtheia über die Lande weg, wir brauchen die Posaune des Gottes-
mannes Mose, die von Zeiten zu Zeiten das große Jubeljahr ausruft, wir
brauchen den Frühling, den Wahn und den Rausch und die Tollheit, wir
brauchen – wieder und wieder und wieder – die Revolution, wir brauchen
den Dichter.[12]

Nur in den von der Presse aufgebauschten ›Orgien‹ in den bayerischen Festungs-
haftanstalten – nach dem Sturz der zweiten Räterepublik –, in den ordinären, mit
fäkalem und homosexuellem Vokabular gefüllten Songs, mit denen Erich Müh-
sam und seine Freunde gegen eine gewalttätige, sich alsbald auch faschistisch
demaskierende Philisterwelt protestierten, ist nach dem April 1919 dieser Enthusiasmus der Anarchie noch erkennbar. Für den kurzfristigen Gleichklang des
Weltgefühles von Brechts Freundeskreis mit dieser öffentlich gewordenen – vom
bürgerlichen München als beängstigend empfundenen – Atmosphäre spricht
unter anderem Caspar Nehers Beschreibung des von Schüssen widerhallenden
München am Begräbnistag des ermordeten Ministerpräsidenten Kurt Eisner:»Es
war wie ein Schmerz, wie wenn die rohe Gewalt dies alles noch zurückholen
wollte, was sie verloren hatte. Unsäglich ergreifend.«[13]
Das »Baalische Weltgefühl« aber, von dem Hans Otto Münsterer in verklärender
Erinnerung an die eigene Jugend den ganzen Frühsommer des Jahres 1919
durchpulst sah,[14] stand relativ früh in Widerspruch zum Menschheitspathos des
aktivistischen Expressionismus, von dem sich der intellektuelle Anarchismus
Vokabular und Rhetorik entliehen hatte. Von November 1918 bis etwa Mitte
April 1919 wurde das politische Vokabular des Volksstaates Bayern von aktivi-
stisch-individualistischer Expressivität geprägt, wobei die Bildkunst der Wortkunst als ein – selbst von den Arbeitern abgelehntes – Agitationsmittel zu folgen
suchte.[15] Den Expressionismus fand Brecht schon im Juni 1918 »furchtbar. Alles
Gefühl für den schönen runden, oder prächtig ungeschlachten Leib welkt dahin
wie die Hoffnung auf Frieden. Der Geist siegt auf der ganzen Linie über das
Vitale. Das Mystische, Geistreiche, Schwindsüchtige, Geschwollene, Ekstatische bläht sich, und alles stinkt nach Knoblauch. Man wird mich ausstoßen aus
dem Himmel dieser Edlen und Idealen und Geistigen, aus diesen Strindhügeln
und Wedebabies [. . .].«[16] Nicht ohne einen Anflug von Antisemitismus also
kritisierte Brecht die idealistische Tradition des Expressionismus und nahm für
sich die von diesem nur behauptete Nähe zu Strindberg und Wedekind in Anspruch. »Eine Orgie der Ethik« erblickte er 1920 selbst in der Gesinnungstragö-
die Georg Kaisers, der zum Künstlerrat der Bayerischen Republik gehört hatte,
und an Tollers Erstlingsdrama *Die Wandlung. Das Ringen eines Menschen*,
zeitgleich mit dem *Baal* entstanden, störte ihn die Abstraktion des Vitalen, die
durch den bekenntnishaften Ton des Stationendramas nur geringfügig relativiert
wurde:»Gedichtete Zeitung, bestenfalls. Flache Visionen, sofort zu vergessen.
Kosmos dünn. Der Mensch als Objekt, Proklamation statt: als Mensch. Der

abstrahierte Mensch, der Singular von Menschheit. Seine Sache liegt in schwachen Händen.«[17] Der neovitalistisch orientierte junge Brecht übernahm alle Stilmittel der literarischen Moderne, konstruierte sich aber eine Ahnenreihe, die Vagantendichtung, Volkskunst, Symbolismus und literarische Artistik zugleich umfaßte. Nicht nur den leiblichen, vor allem den geistigen Genüssen ist der Autor dieses *Baal* zugetan; für Brecht steigt aus diesem Stück der berauschende Verwesungsgeruch literarischer Tradition. So entstand Brechts *Baal* bekanntlich in kritischer Aneignung von Hanns Johsts ekstatischem Szenarium *Der Einsame. Ein Menschenuntergang*, doch hat der Autor die zweite Fassung seines Stückes so weitgehend von der fast idealtypisch expressionistischen Vorlage gesäubert, daß er sie dem ihm persönlich gut bekannten Hanns Johst mit dem Angebot zusenden konnte, »die Nabelschnur noch vollends abzubeißen«.[18]

In der dritten, Ende 1919 / Anfang 1920 entstandenen Fassung des Stückes hat Brecht dann Johsts – offenkundig nicht überlieferte – Kritik des *Baal* beherzigt »und z. B. alle Szenen mit der Mutter herausgeschmissen«. Dadurch verscheuchte er »das Gespenst des *Einsamen* ziemlich an die Peripherie«[19] und schuf sich einen einflußreichen Gesprächspartner für seine Theaterpläne. Durch die langsame Lösung vom zunächst übermächtigen Vorbild also fand Brecht den Weg zur eigenen Form, doch ist die Folie von Johsts Grabbe-Drama noch in den spätesten Fassungen des *Baal* erkennbar. Schließlich mußte – nach dem Willen des Autors – »ein Rest bleiben [. . .], aber den hat *Peer Gynt* und manches andere«.[20] Grabbes – bei Johst gegebene – Definition des Helden (»Ein vielfaches vom Mörder!!«[21]) bleibt im Antihelden Brechtscher Prägung präsent, und Grabbes Definition der Tragödie (»ein Menschenleben, das gelebt sein will – ein Leben lang«[22]) hat die kritische Antithese von Baals Lebenslauf provoziert, der noch den Tod in den Genuß des Lebens einzubeziehen wagt.

Auch wenn Johsts Einfluß im Laufe der Entstehungsgeschichte stark zurückgedrängt wurde, blieb *Baal* doch streng an Vorbildern orientiert, welche die fast aufdringlich genauen autobiographischen Parallelen des Textes zu objektivieren suchten. Schon im Brief an Caspar Neher vom 30. Mai 1918 ist ja Baals Erlebnis des Himmels als das des eigenen Weltgefühles vorformuliert, wie sich überhaupt in Briefen, Tagebüchern und Aufzeichnungen die Zitatparallelen häufen: »Wir baden im Lech, in den Strudeln, und auf dem Rücken dahinschießend (das habe ich Dir wohl schon geschrieben? Es ist ein unendlicher Eindruck), sieht man nackten Himmel, offen, hungrig, ewigstill, tagsüber mit metallischer Strahlung, abends violett.«[23] In diesem Fronleichnamsbrief des Jahres 1918 bricht sich bereits das Selbstbewußtsein des jungen Lyrikers Bahn, der sich mit der Geschichte seines Baal – »ein Hamster [. . .], ein ungeheurer Genüßling, ein Kloß, der am Himmel Fettflecken hinterläßt, ein maitoller Bursche mit unsterblichen Gedärmen!«[24] – die Bühnen seiner Zeit erobern wollte, auf denen Bühnenexpressionismus und Lichtregie noch weitgehend unbekannt waren: »Im übrigen

ist Gott sei Dank wenig Pathos da. Ich studiere Medizin. Die Theater spielen
Mist. Sie warten . . .«[25]
Die Ahnenreihe, welche sich Brecht zur Abwehr des expressionistischen Pathos
zuschrieb, reicht von François Villon, dem Vagantendichter im Frankreich des
15. Jahrhunderts, über Paul Verlaine und Frank Wedekind bis zu Karl Valentin,
für Brecht »eine der eindringlichsten geistigen Figuren der Zeit«, welche »den
Einfältigen die Zusammenhänge zwischen Gelassenheit, Dummheit und *Lebensgenuß* leibhaftig vor Augen führt«.[26] Insbesondere Verlaines, an Villon erinnern-
des Vagabundenleben mit Rimbaud, sein Ausbruch aus der Bürgerlichkeit seiner
Ehe, seine Trunksucht, sein Mordversuch an Rimbaud und die Genialität seiner
Lyrik, strukturieren die Szenenfolge des *Baal*. In der letzten, 1954 hergestellten
Überarbeitung des Stückes wird daher Baals Verwandtschaft mit dem Vorläufer
des französischen Symbolismus nicht nur beiläufig, wie in den frühen Fassungen
des Textes, erwähnt,[27] sondern die Parallelität des Lebenslaufes dezidiert aus der
von Brecht zitierten physiognomischen Ähnlichkeit seines Baal mit Eugène
Carrières berühmtem Porträt von Paul Verlaine begründet:

EINE JUNGE DAME. Mich erinnern Sie eher an Walt Whitman. Aber Sie sind
   bedeutender. Ich finde das.
EIN ANDERER MANN. Dann hat er aber eher etwas von Verhaeren, finde ich.
PILLER. Verlaine! Verlaine! Schon physiognomisch. Vergessen Sie nicht
   unsern Lombroso.[28]

Der Mediziner und Anthropologe Cesare Lombroso, durch den die These über
den Zusammenhang von Genie und Wahnsinn weithin bekannt geworden ist,
galt noch bei den Zeitgenossen Brechts als eine Autorität ersten Ranges. Seit
gegen Ende des Jahrhunderts sein *L'uomo delinquente* ins Deutsche übersetzt
worden war, spekulierten auch die deutschen Autoren – unter anderen Thomas
Mann in *Tonio Kröger* und noch in den *Bekenntnissen des Hochstaplers Felix
Krull*[29] – über den Zusammenhang von Künstlertum und Verbrechen. Lombroso
vertrat die schon im 19. Jahrhundert widerlegte These, daß »die Ursachen der
Verbrechen in der körperlichen Beschaffenheit der Täter« zu suchen sei,[30] so daß
die von Brecht konstruierten körperlichen Ähnlichkeiten zwischen Baal und
Verlaine auf ein vergleichbares Schicksal verweisen. Nach Eugène Carrières
Verlaine-Porträt hat Caspar Neher auch das Umschlagbild der zweiten Kiepen-
heuer-Ausgabe des *Baal* (von 1922)[31] gestaltet: »Es ist der peinliche Schädel des
Sokrates und des Verlaine.«[32] Auch wenn nach Dieter Schmidts scharfsinniger
Quellenkritik Brecht das »eigenartige Nebeneinander von Sokrates und Verlaine« der Verlaine-Auswahl von Otto Hauser entnommen hat,[33] so verweist
diese Parallele doch auf die lehrhafte Komponente des *Baal*, in dem die Biographie eines Dichters und eines genießenden Denkers beschrieben wird, der von
den ›Bürgern‹ als ein Weiser und ein Genie gepriesen wird, der sich aber Haß

und Verfolgung in dem Augenblick zuzieht, in dem er aus dem Gefängnis der Konventionen ausbricht. Brecht arbeitet in den Einzelszenen des Stückes mit Metaphern- und Bildverdichtung, da er stets dem Publikum der Zeit bekannte Situationen und Figuren mit der alles verschlingenden Genußsucht Baals konfrontiert. So erleben wir Baal in der »Gefängniszelle« – im expressionistischen Drama das allzu häufig verwendete Bild für die Einkerkerung des Individuums durch Gesellschaft und Konvention – im Gespräch mit dem Geistlichen, der Triebunterdrückung, bürgerliche Herrschaft und Moral konfiguriert:

> BAAL. Ich lebe von Feindschaft. Mich interessiert alles, soweit ich es fressen
> kann. Töten ist keine Kunst. Aber auffressen! Aus den Hirnschalen
> meiner Feinde, in denen ein schmackhaftes Hirn einst listig meinen
> Untergang bedachte, trinke ich mir Mut und Kraft zu. Ihre Bäuche fresse
> ich auf, und mit ihren Därmen bespanne ich meine Klampfe. Mit ihrem
> Fett schmiere ich meine Schuhe, daß sie beim Freudentanz nicht drücken
> und nicht knarren bei der Flucht. [. . .]
> DER GEISTLICHE. Nichts ist so furchtbar als Einsamkeit. Bei uns ist keiner
> allein. Wir sind Brüder.
> BAAL. Daß ich allein war, war bis jetzt mein Vorsprung. Ich möchte keinen
> zweiten Mann in meiner Haut haben.
> DER GEISTLICHE. Ich komme, um Ihnen die Ruhe Ihrer Seele wieder zu
> geben.
> BAAL. Geben Sie mir den blauen Himmel und eine Hand voll Ähren, weiche
> Frauenarme und Freiheit, hinzugehen wo ich will! Das ist Ruhe der
> Seele![34]

In dieser dezidierten Absage Baals an das Grundgebot des Christentums, in der Absage an das Gebot der Gottes-, der Nächsten-, ja der Feindesliebe, wird der anarchische Ursprung Baals, die Zerstörung des Individuums durch die Überpotenzierung des Subjektivismus, kenntlich. Baal hat als Bühnenfigur vor allem deshalb wenig Eigenleben, weil er in allem und jedem die totale Antiposition zu der von ihm provozierten sozialen Welt darstellt, in der er lebt und durch die er vagabundiert. Mit dieser Welt – eines spätwilhelminischen Bürgertums – wird er leben und untergehen. In diesem Baal also zieht Brecht die radikale Konsequenz aus der Außenseiterthematik des 19. Jahrhunderts, da er einen Lyriker vorführt, der auf alle Versuche zur Eingliederung in das bürgerliche Lebenssystem mit dem ästhetischen Schock antwortet, da er zwischen Fiktion und Existenz keinen Abstand duldet, sondern die Kunst als integrierten Teil des Lebensgenusses lebt.
Die Satire der Erlöserrolle des Dichters, die in späteren häufigen Abwandlungen des Baal im Werke Brechts wiederkehrt, zumal in dem Kriegsheimkehrer Andreas Kragler in *Trommeln in der Nacht*,[35] ist schon in Brechts erstem Stück,

dessen Entstehung sich ja mit der Ausarbeitung von *Trommeln in der Nacht* überschneidet, erkennbar und unmittelbar aus dem Lebenslauf des Verlaine gewonnen. Die Parallele zum öffentlichen Auftreten Jesu und zum Scheidungs-datum Verlaines, durch das sich auch äußerlich dessen Bruch mit der bürger-lichen Welt dokumentierte, ist im Vorspruch zur zweiten Fassung des *Baal* zu erkennen: »Der Mann ist kein besonders moderner Dichter. Baal ist von der Natur nicht benachteiligt. Man muß wissen, daß er bis über sein 30. Lebensjahr hinaus völlig unbescholten dahinlebte.«[36] Doch auch sonst sind die bibel- und frömmigkeits-parodistischen Elemente – nicht nur in der ursprünglichen Titelan-spielung auf die Verklärung Christi – in großer Zahl in das Stück eingearbeitet. So ist von der »befleckten Empfängnis« die Rede, und die Szene, in welcher Baal seine tote Mutter auf den Knien wiegt, ist nicht zufällig eine Verkehrung der Pietà.[37] Die satirische Perversion der expressionistischen Dichter-Erlöser-Figur, hier stärker an Bildern aus der Frömmigkeitsgeschichte als am Wort der Schrift selbst exemplifiziert, weist demnach schon in *Baal* auf Brechts Absicht, »das Selbstopfermotiv und den Chiliasmus« der Verkündigungsdramatik vitalistisch »zu deflationieren«[38]. Doch ist Baal mehr als der »Satan des Spießers«[39], mehr auch als die bloße Antithese der Künstler- und Leidensgestalten des expressioni-stischen Dramas. Brecht widerspricht in der grotesken Häßlichkeit und in der Genußfreudigkeit seiner Dichterfigur auch dem ästhetizistischen Credo der von Richard Wagner und Friedrich Nietzsche geprägten Literatur der Jahrhundert-wende, dem Psychologismus und dem Schönheitskult der impressionistischen Moderne ebenso wie der unfreiwilligen Komik trivialer Unterhaltungsliteratur. »Die schöne Welt jenes ästhetisierenden Zeitabschnitts«, der – nach Heinrich Mann – schon Frank Wedekind provozierend und schockierend entgegengetre-ten war,[40] wurde von Brecht nochmals desillusioniert; sein Baal wendet gleich-sam die Gedanken von Thomas Manns ästhetizismus-kritischer Gestalt Gustav von Aschenbach nach außen, lebt und genießt dessen wollüstige Träume, verach-tet dessen »Aufstieg zur Würde«[41] und verkehrt das bürgerliche Leistungsethos Aschenbachs in das individualistische Ethos des Genusses. Es ist, als hätte Brecht auch stilistisch jene berühmte Charakteristik Aschenbachs parodiert, die – bei Thomas Mann – »ein feiner Beobachter« in Wien »in Gesellschaft« über den Repräsentanten des wilhelminischen Bürgertums verkündet: »›Sehen Sie, Aschenbach hat von jeher nur so gelebt‹ – und der Sprecher schloß die Finger seiner Linken fest zur Faust –; ›niemals so‹ – und er ließ die geöffnete Hand bequem von der Lehne des Sessels hängen.«[42] Die von Brecht *Das Urbild Baals* überschriebene Skizze aus dem Jahre 1926 enthält kaum zufällig das Datum 1911 – also das Jahr, in das Thomas Mann den *Tod in Venedig* situiert hat – als das Jahr, in dem Baal »nach A.« zurückkehrte, wo er dann »in einer Schankwirt-schaft am Lauterlech« seinen Freund erstochen haben soll.[43] Leistungsethik wird in Brechts Text mit dem Namen Richard Wagner gekenn-zeichnet, dessen *Tristan* der junge Brecht mit einer »Arie an seine Wolfshündin

Ina« so unnachahmlich parodiert haben soll.[44] »Sie kennen nur Transpirationen und Inspirationen!« – sagt der Neger John »hinter den Kulissen eines Kabaretts« zu Baal. »Gott sei Dank fällt das bei Ihnen nicht zusammen, wie bei Richard Wagner!«[45] Die »Leistung« Baals und all seiner Nachfolgefiguren im Werke Brechts, bis hin zu Puntila, dem Azdak und Galileo Galilei, ist die Fähigkeit des Genusses; sie allein bedingt auch Kraft und Wirkung des künstlerischen Werkes – als eines natürlichen Verdauungsvorganges. Intellektualität und Sinnlichkeit also sind in dieser schmatzenden Philosophie des Lebensgenusses miteinander identifiziert. Mit dem Küchenlied vom Rasenplatz am Elterngrab hat Heinrich Mann im *Untertan* eine die Brutalität und die Geldsackgesinnung des wilhelminischen Bürgertums maskierende Sentimentalität verdeutlicht, auf die nun auch Brecht mit der ordinären Parodie dieses Küchenliedes in Baals Lied über den liebsten Ort auf Erden zielte.[46] Die Fuhrleute in der Branntweinschenke, denen Baal den Song vom Aborte vorträgt, klatschen Beifall:

> EIN 2. FUHRMANN. So einen Kopf müßte man halt haben!
> BAAL. Machen Sie sich nichts draus. Dazu gehört auch ein Bauch und das übrige! Prost, Luise![47]

So nimmt schon Brechts dramatischer Erstling die immanent tragische Konstellation des Schauspieles *Leben des Galilei* vorweg, in dem die Titelfigur dadurch charakterisiert wird, daß für sie »Genießen [...] eine Leistung« ist.[48] Galileis Feinde aber erkennen den offenkundigen Zusammenhang von Sinnlichkeit und Wissenschaft in der Wollust dieses Denkens und erpressen ihn mit der Drohung des Entzugs leiblicher und damit auch geistiger Genüsse: »Er kennt mehr Genüsse als irgendein Mann, den ich getroffen habe« – sagt der Papst in diesem Stück. »Er denkt aus Sinnlichkeit. Zu einem alten Wein oder einem neuen Gedanken könnte er nicht nein sagen.«[49]

Auch wenn der sich zum Marxismus bekennende Brecht bemüht war, die Haltung Galileis als die eines sozialen Verbrechertums zu kennzeichnen, so ist doch die Nähe des Autors zu den Baal-Figuren auch seiner späteren Dramen an den – von ihm selbst so genannten – gestalterischen »Unfällen« kenntlich, die ihm bei einer für Zuschauer und Leser allzu sympathischen Figurencharakterisierung unterliefen. Die Bedeutung des *Baal* gründet nicht zuletzt darin, daß es im Gesamtwerk Brechts eine Baal-Struktur gibt, eine Struktur elementar-vitalistischen Bekenntnisses zum Lebensgenuß, die – jeweils stärker oder schwächer hervortretend – auch die späteren Texte Brechts, vor allem die der Exilzeit, unterlagert.[50]

Obwohl wir seit Dieter Schmidts textkritischen Analysen wenigstens fünf Fassungen des Textes *Baal* (von 1918 bis 1954) unterscheiden, wird doch gerade an diesen Analysen der prozeßhafte Charakter von Brechts Arbeitsweise deutlich, da bei einer engeren Definition des Fassungsbegriffes, als sie Schmidt gebraucht, eine weit größere Zahl von ›Fassungen‹ anzusetzen wäre. Kein Manuskript, kein Typoskript und kein Druck kann als der endgültig autorisierte Text bezeichnet werden; der Baal-Stoff ist ein Lebensthema Bertolt Brechts.

Wirkungsgeschichtlich ist nicht nur die letzte, 1955 erschienene Ausgabe, welche die neueren Auseinandersetzungen mit dem Text bestimmte, von Bedeutung, sondern vor allem die dritte und die vierte Fassung von 1920 und 1926. Die dritte, der Aufführbarkeit und dem eine Konfiszierung fürchtenden Verlag zuliebe von »Inkonsequenzen und Anstößigkeiten«[51] befreite Fassung ist nicht nur die Basis für den nicht ausgelieferten Druck bei Georg Müller (1920) und den Erstdruck bei Kiepenheuer (1922), sondern auch für die Uraufführung des Stückes am 8. Dezember 1923 im Alten Theater in Leipzig, die – im Umfeld der Reichsexekution gegen Sachsen, also in einer politisch ungemein erregten Atmosphäre – zu Skandal und heftigen Kritikerkontroversen führte. Brecht hat selbst erkannt, daß er mit dieser Fassung dem *Baal* viel von seiner Ursprünglichkeit genommen hat; er schien ihm »nimmer frisch und ursprünglich, viel zu abgeschliffen, verfeinert, verflacht«,[52] doch wurde ihm offenkundig bewußt, daß die Fassungs-Rotationen dieses ersten Stückes nicht nur die eigene literarische und politische Entwicklung, sondern auch die der Weimarer Republik widerspiegelten. So setzte die vierte, *Lebenslauf des Mannes Baal* überschriebene Fassung – entstanden im Jahr der Wahl des »Ersatzkaisers« Paul von Hindenburg zum Reichspräsidenten – völlig neu an, da der Autor nun die mythische Titelfigur ironisch historisierte, ihr ein »Urbild«, eine historische Situation (1904–12, also die Jahre des sterbenden Friedens) und ein zeitnahes Milieu geschaffen hat. Brecht wollte mit dieser Fassung die Chance wahrnehmen, die sich ihm mit der Berliner Aufführung seines Stückes durch die *Junge Bühne* im Deutschen Theater, am 14. Februar 1926, bot, »eine von ihm schon geformte Figur umfunktionieren, sie den Bedingungen des technischen Zeitalters unterwerfen und mit ihr so seine neue Ansicht vom Theater demonstrieren, deren Grundlage die ›unliterarische‹ Tradition ist [. . .].«[53] So hat sich am Stoff des *Baal* nicht nur der Theaterautor Brecht, sondern auch der Regisseur und der Zeitkritiker Brecht geübt, der, bei aller Skepsis sich selbst gegenüber, noch 1922 in seinem Stück die Praxis des epischen Theaters realisiert sah:

> Einen großen Fehler sonstiger Kunst hoffe ich im *Baal* und *Dickicht* vermieden zu haben: ihre Bemühung mitzureißen. Instinktiv lasse ich hier Abstände und sorge, daß meine Effekte (poetischer und philosophischer Art) auf die Bühne begrenzt bleiben. Die splendid isolation des Zuschauers wird nicht angetastet, es ist nicht sua res, quae agitur, er wird nicht beruhigt dadurch, daß er eingeladen wird mitzuempfinden, sich im Helden zu inkarnieren und, indem er sich gleichzeitig betrachtet, in 2 Exemplaren, unausrottbar und bedeutsam aufzutreten. Es gibt eine höhere Art von Interesse: das am Gleichnis, das am andern, Unübersehbaren, Verwunderlichen.[54]

Auch die von Brecht selbst inszenierte Berliner Aufführung aber endete mit einem Eklat, einem vorbereiteten Skandal, wie Herbert Ihering meinte.[55] Schließlich gab es das Theater, das sich Brecht für seine Stücke vorgestellt hatte, noch nicht; nach Ihering war es »die Idee eines Rauchtheaters. Eines einfachen Theaters, wo die Zuschauer rauchen und trinken wie im Varieté«;[56] eine solche Bühne hatte Brecht im Theater Karl Valentins bewundern gelernt. Doch es fehlte auch noch das Publikum, das bereit war, Brecht auf dem Wege zu einem solchen »Rauchtheater« zu folgen und die Feierlichkeit des Theaterkultes aufzugeben. In Leipzig wurde *Baal* im Dezember 1923 »zur Verhütung weiterer Skandals« durch einen Beschluß des »Gemischten Theaterausschusses« des Stadtverordnetenkollegiums nach der Uraufführung abgesetzt, in Berlin aber griff das Bühnengeschehen auf den Zuschauerraum über, aus dem Hans Henny Jahnn berichtete:

> Der Raum war mit Spannung und Ungeduld geladen, geradezu vergiftet. Es war heiß. Es war unnatürlich. Irgendwann, ich glaube, es war nach dem Gesang Orges: ›Der liebste Ort, den er auf Erden hab / Sei nicht die Rasenbank am Elterngrab‹, brach der Tumult aus. Baal war abgetreten, die Chansonette war allein auf der Bühne. Man pfiff, schrie, heulte, klatschte im Zuschauerraum. Die Schauspielerin schwang sich aufs Klavier, bearbeitete mit den Füßen die Tasten und sang dazu: ›Allons, enfants de la patrie!‹ Der Lärm wurde ungeheuer. Ich glaubte, eine Panik werde ausbrechen. [. . .] Aber es blieb bei diesem ohrenbetäubenden Lärm, und er hielt an, bis die Urheber davon erschöpft waren. Es trat plötzlich vollkommene Stille ein, und darin hörte man von irgendeinem der Ränge herunter die Worte: ›Sie sind ja gar nicht entrüstet, Sie tun nur so . . .‹. Es folgte das Geräusch einer nicht lautlosen Ohrfeige. Applaus setzte ein, steigerte sich, und das Stück auf der Bühne ging weiter.[57]

Brecht hatte schon im Vorspruch zur ersten Fassung darauf hingewiesen, daß sein Stück »weder die Geschichte einer noch die vieler Episoden, sondern die eines Lebens« sei,[58] und mußte nun in den Kritiken, selbst in denen seines konsequenten Förderers Ihering, lesen, daß er eine »genialische, szenische Ballade«, »ein Stück der losen Szenen«, einen »naturschlemmenden Bilderbogen« geschrieben habe;[59] so suchte er in der Berliner Bühnenfassung durch das eingezogene Zeit- und Milieugerüst deutlicher eine »dramatische Biographie« zu gestalten, die lyrisch-dramatische Moritat »durch Szenenansagen auf Tatsachengehalt« zu stellen und »hinter der versinkenden Naturwelt des *Baal* [. . .] das Nahen einer eisernen, steinernen, mathematischen Zeit« anzudeuten.[60] Dieses Experiment scheiterte nicht nur an einem Publikum, das *Baal* als ein Ingredienz der orgiastischen Nachkriegsentspannung in den ›roaring twenties‹ verstand, sondern auch an der Intention des Autors, anstelle der Biographie *eines* Menschen die Biographie *des* abendländischen Individuums im Augenblick seiner Selbstzerstörung einzufangen. Hugo von Hofmannsthals Vorspiel für die Wiener Aufführung des *Baal*, auf der Studiobühne des Theaters in der Josefstadt am 21. März 1926, scheint diese Intention von Brechts Szenenfolge, das heißt die Entlassung des im 16. Jahrhundert entstandenen und im 19. Jahrhundert vollendeten Begriffes des Individuums aus all seinen »herkömmlichen historischen und sozialen Grenzen«[61], am klarsten erkannt zu haben.[62] In der *Das Theater des Neuen* programmatisch überschriebenen *Ankündigung* diskutieren Regisseur, Dramaturg und Schauspieler des Theaters in der Josefstadt über die bevorstehende, in Leipzig und Berlin mit so viel Unverständnis und Mißfallen aufgenommene Aufführung des – eben dadurch – schon berüchtigten Stückes und kommentieren in einem Vorspiel, in dem »sozusagen jeder sich selbst« spielt,[63] das Experiment ihrer avantgardistischen Bühne. Sie alle halten – in dem von Hofmannsthal fingierten Gespräch – »die ominösen Vorgänge in Europa«, denen sie seit zwölf Jahren, das heißt seit dem Ausbruch des Ersten Weltkrieges (1914), beiwohnen, für nichts anderes »als eine sehr umständliche Art, den lebensmüden Begriff des europäischen Individuums in das Grab zu legen, das er sich selbst geschaufelt hat«.[64] Die Sehnsucht der Zeit also, die im *Baal* ihren Ausdruck findet, zielt auf die Erlösung vom abendländischen Begriff des Individuums. Dabei ist Hofmannsthals Brecht-Deutung zufolge dieser Begriff, der Ich-Rolle der Schauspieler im Vorspiel vergleichbar, eine der geschichtsmächtigen Menschheitsrollen, die nun an ihr natürliches Ende gekommen ist. Indikator für eine solche epochale Wende ist die Sprache, die es satt hat, »in aller Mund zu sein«[65]. Die kraftvoll-elementare Lyriksprache des *Baal* also ist ebenso Zeichen des ausgebrochenen Chaos wie Vordeutung einer neuen – noch kaum bestimmbaren – Menschheitsrolle. In diesem Sinne ist der Schauspieler »die Amöbe unter den Lebewesen und darum [...] der symbolische Mensch«, da er nur ganz er selbst sein kann, wenn er »immer ein anderer wird [...]«.[66] Baal aber, der alle seine szenisch begrenzten und episodisch gereihten Rollen, die des Genießers, des Verführers, des Poeten, des Leidenden, des Vagabunden, des Individuums, des Lebenden wie des Sterbenden, reflektierend genießt, ist in der Stunde seiner Bühnenrealisation die Potenzierung des so verstandenen Schauspielers und zugleich mythische Konfiguration aller Menschheitsrollen, in welcher das »sich gebärende Zukünftige, Überpersönliche das zufällige Ich zersprengen kann und muß«[67]. Den hohen Anspruch, den diese Interpretation an die Inszenierung stellte, konnte auch die Wiener Aufführung nicht einlösen. Für die gesamte frühe Schaffensperiode Brechts aber, bis in die Zeit der Lehrstücke hinein, ist die von Hofmannsthal erkannte Demontage des Individuums, der seit der Jahrhundertwende sich vollziehende »Umbau eines Individuums in ein Dividuum« – wie es Brecht im Zusammenhang mit seinem noch immer weithin unverstandenen Stück *Im Dickicht*[68] formulierte – leitende Gestaltungsidee.

Für Hofmannsthal, der *Baal* an das Ende einer langen Reihe von Krisenkonfigurationen der bürgerlichen Welt des 19. Jahrhunderts gestellt hat, mag inhaltlich die Darstellung von Verwesung und Untergang in diesem Text dominiert haben, formal und sprachlich sah er das »Theater des Neuen« am Werk, da der in *Baal* dargestellte Kreislauf der Natur ja das Gesetz des Lebens aus der Zerstörung des Lebens sinnbildlich darstellt. Die Kreisstruktur des »Chorals vom großen Baal«, der in der ersten Fassung die überlegte Szenenfolge dort teilte, wo Baal, nachdem er zu seiner Portion (Leben) gekommen ist, zu »zahlen« beginnt – und selbst dies noch zu genießen scheint[69] –, ist einem so sensiblen Kunstinterpreten wie Hofmannsthal mit Sicherheit nicht entgangen:

Als im weißen Mutterschoße aufwuchs Baal
war der Himmel schon so groß und still und fahl
jung und nackt und ungeheuer wundersam
wie ihn Baal dann liebte, als Baal kam.

Und der Himmel blieb in Lust und Kummer da
und wenn Baal schlief, selig war und ihn nicht sah:
nachts er violett und trunken Baal
Baal früh fromm, er aprikosenfahl.

[. . .]

Als im dunklen Erdenschoße faulte Baal
war der Himmel noch so groß und still und fahl
jung und nackt und ungeheuer wunderbar
wie ihn Baal einst liebte, als Baal war.[70]

In allen späteren Fassungen, auch in der von 1926, die Hofmannsthal vermutlich kannte, wurde der »Choral vom großen Baal« an den Beginn des Stückes gestellt, da die Szenenfolge des Bilderbogens lediglich die Strophen des in der Tat künstlerisch »großen« Chorals« in Handlung umsetzt.[71] Im »Choral vom großen Baal« feiert die Farbsymbolik der Dekadenzliteratur Triumphe, doch herrscht bei Brecht nicht der dort bis zum Exzeß getriebene Rot-Weiß-Gegensatz als Abbild für den Antagonismus von Leben und Geist, für den Neovitalisten korrespondieren »violett« und »aprikosenfahl«, die subjektiv gesehenen und vom jeweiligen körperlichen Zustand Baals abhängigen Farben, mit Abend und Morgen, den Zeiten des Übergangs. Weiß und Schwarz, Hell und Dunkel stehen für Geburt und Tod, doch sind die gemischten Farben die Farben des Lebens, die allein zwischen Hell und Dunkel für kurze Zeit zu sehen und zu genießen sind. Brecht übersteigert die Stilmittel des Ästhetizismus und seiner Kritiker und gewinnt, wie die Décadence-Literatur, Schönheit aus dem Untergang, gerade

– und hier sogar ausschließlich – aus dem eigenen Untergang. Zu diesen Untergängen, aus denen Baal – im Anschluß an Wedekind – »direkten und naiven Genuß«[72] zieht, gehören für den Autor des *Baal* auch alle literarischen Untergänge vom 19. Jahrhundert bis in die unmittelbare Gegenwart Brechts, man könnte zugespitzt formulieren, von Hebbel bis zum Expressionismus. Das Aas, von dem der geniale Nachkomme des bürgerlichen Zeitalters der deutschen Literatur sich nährt, ist verwesende, untergehende, oft auch schon untergegangene und vergessene Literatur. Noch der Geier, der sich vom Aas nährt, verfällt dem Genußtrieb Baals, der alles Leben gierig in sich hineinsaugt und es sogleich wieder ausspeit, den eigenen Untergang lustvoll beschleunigend. Der auf sein Aas wartende Geier ist Baals »Abendmahl« – noch einmal eine pervertierende Reminiszenz an die Erlöserrolle des Dichters! –; das heißt: ehe er selbst zum Aas wird, vertilgt der Mensch das sich von der Verwesung nährende Tier, Baal ist das »Urtier«:

> Zu den feisten Geiern blinzelt Baal hinauf
> die im Sternenhimmel warten auf den Leichnam Baal.
> Manchmal stellt sich Baal tot. Stürzt ein Geier drauf
> speist Baal einen Geier, stumm, zum Abendmahl.[73]

So ist Baal der gierige Schlund des Daseins selbst, in dem Leben und Tod, Kunst und Natur ununterscheidbar ineinander übergehen, in dem strudelnd die Epochen der Menschheitsgeschichte ebenso verschwinden wie die Epochen der Naturgeschichte. Im Sinnbild eines »Lebenslaufes«, der letztlich doch ein »Menschenuntergang« geworden ist, hat der junge Brecht, mit seinem Spürsinn für Untergang und Neubeginn von Menschheitsepochen, das Schauspiel *Baal* an das Ende einer alten und den Beginn einer neuen Epoche auch der deutschen Literatur gestellt.

Anmerkungen

1 Bertolt Brecht: Briefe. Hrsg. und komm. von Günter Glaeser. Frankfurt a. M. 1981. S. 32 (Brief an Caspar Neher, datiert: »Zwinger, März 18«). Zit. als: B und Seitenzahl.
2 B 37 (Brief an Hans Otto Münsterer, datiert: »Mai 18«).
3 B 38 (Brief an Hans Otto Münsterer, vom Hrsg. auf »5. Mai 1918« datiert).
4 B 47 (Brief an Caspar Neher, datiert: »Mitte Juni 18«). Diese Fassung soll nach Tagebuchaufzeichnungen von Brechts Freund Andreas Bezold von Brecht und Bezold bereits am 20. Mai 1918 in einem fertigen Typoskript durchgesehen worden sein. Vgl. Bertolt Brecht: Baal. Drei Fassungen. Krit. ed. und komm. von Dieter Schmidt. Frankfurt a. M. 1966. S. 191. (Zit. als: Schmidt II.)
5 B 55 (Brief an Jacob Geis, datiert: »Augsburg, Bleichstr. 2, 28. 4. 19«).
6 Hans Otto Münsterer: Bert Brecht. Erinnerungen aus den Jahren 1917–22. Mit Photos, Briefen und Faksimiles. Zürich 1963. S. 30.
7 B 54 (Brief an Hans Otto Münsterer, datiert: »August 18«).
8 B 26 (Brief an Caspar Neher, datiert: »München, Wolfsgrube, 18. 12. 17, am Tag des Empfangs Deines Briefes vom 15. 12.«).

9 Vgl. B 26: »Vergessen ist Kraft = Flucht aus – Schwäche.« Baals Verklärung wird unter Anspielung auf die Taborszene der Bibel dezidiert als Selbstverklärung dargestellt.

10 B 55 f. (Brief an Jacob Geis; s. Anm. 5).

11 Vgl. Münsterer (Anm. 6) S. 109; Schmidt II (Anm. 4) S. 204; Jan Knopf: Brecht-Handbuch. Theater. Eine Ästhetik der Widersprüche. Stuttgart 1980. S. 13.

12 Gustav Landauer: Eine Ansprache an die Dichter. In: Gustav Landauer: Zwang und Befreiung. Eine Auswahl aus seinem Werk. Eingel. und hrsg. von Heinz-Joachim Heydorn. Köln 1968. S. 271.

13 Brecht-Chronik. Daten zu Leben und Werk. Zsgest. von Klaus Völker. München ²1971. S. 15.

14 Münsterer (Anm. 6) S. 109.

15 Vgl. dazu u. a. Wolfgang Frühwald: Der Heimkehrer auf der Bühne. Lion Feuchtwanger, Bertolt Brecht und die Erneuerung des Volksstückes in den zwanziger Jahren. In: Internationales Archiv für Sozialgeschichte der deutschen Literatur 8 (1983) S. 169 ff. und das dort beigegebene Bildmaterial.

16 B 45 (Brief an Caspar Neher, datiert: »München, Juni 18«).

17 Bertolt Brecht: Gesammelte Werke in 20 Bänden. werkausgabe edition suhrkamp. Hrsg. vom Suhrkamp Verlag in Zsarb. mit Elisabeth Hauptmann. Bd. 15. Frankfurt a. M. 1967. S. 34 f.

18 B 57 (Brief an Hanns Johst, vom Hrsg. datiert: »Dezember 1919 /Januar 1920«).

19 B 58 (Brief an Hanns Johst, vom Hrsg. datiert: »Januar / Februar 1920«).

20 B 57 (Brief an Hanns Johst, s. Anm. 18).

21 Hanns Johst: Der Einsame. Ein Menschenuntergang. München ³1917. S. 66.

22 Ebd. S. 70. Zum Verhältnis Brechts zu Johst vgl. Konrad Feilchenfeldt: Bertolt Brecht. *Trommeln in der Nacht*. Materialien, Abbildungen, Kommentar. München 1976. S. 78–80.

23 B 44 f. (Brief an Caspar Neher, datiert: »Augsburg, Fronleichnam Mai 18«).

24 B 44. Vgl. dazu Schmidt II (Anm. 4) S. 128 das nahezu wörtliche Zitat dieser Briefstelle in der Szene »Landstraße, Sonne, Felder«.

25 B 45 (Brief an Caspar Neher, s. Anm. 23).

26 Brecht (Anm. 17) Bd. 15, S. 39.

27 Vgl. Dieter Schmidt: *Baal* und der junge Brecht. Eine textkritische Untersuchung zur Entwicklung des Frühwerks. Stuttgart 1966. S. 11–15. (Zit. als: Schmidt I.)

28 Bertolt Brecht: Baal. Der böse Baal der asoziale. Texte, Varianten, Materialien. Krit. ed. und komm. von Dieter Schmidt. Frankfurt a. M. 1968. S. 14. (Zit. als: Schmidt III.)

29 Die Notizen Thomas Manns sind nach dem von Hans Wyslings text- und quellenkritisch exaktem Druck jetzt bequem greifbar in: Erläuterungen und Dokumente. Thomas Mann: Tonio Kröger. Hrsg. von Werner Bellmann. Stuttgart 1983. S. 45.

30 Schmidt I (Anm. 27) S. 13.

31 Vgl. ebd. S. 14; vgl. auch das Titelbild in: Schmidt III (Anm. 28).

32 Schmidt II (Anm. 4) S. 79.

33 Schmidt I (Anm. 27) S. 13.

34 Schmidt II (Anm. 4) S. 118 f.

35 Vgl. Herbert Lehnert: Die Fragwürdigkeit geistiger Politik. Brechts *Trommeln in der Nacht* und Tollers *Hinkemann*. In: Akten des VI. Internationalen Germanisten-Kongresses. Basel 1980. Teil 4. Hrsg. von Hans Rupp und Hans-Gert Roloff (Jahrbuch für Internationale Germanistik. Reihe A: Kongreßberichte. Bd. 8). S. 104–111.

36 Schmidt II (Anm. 4) S. 79.

37 Vgl. ebd. S. 141, 139 u. ö.

38 Lehnert (Anm. 35) S. 105 und S. 107.

39 Wie Peter Michelsen Frank Wedekind, dessen Werk und Person verkürzend, genannt hat. Vgl. Peter Michelsen: Frank Wedekind. In: Deutsche Dichter der Moderne. Ihr Leben und Werk. Hrsg. von Benno von Wiese. Berlin 1965. S. 64.

40 Schmidt I (Anm. 27) S. 17.

41 T. J. Reed: Thomas Mann. *Der Tod in Venedig*. Text, Materialien, Kommentar, mit den bisher unveröffentlichten Arbeitsnotizen Thomas Manns. München 1983. S. 17. (Thomas Manns Text wird nach diesem ersten kritischen Textabdruck wiedergegeben.)

42 Ebd. S. 14.

43 Schmidt III (Anm. 28) S. 103.

44 Münsterer (Anm. 6) S. 120.

45 Schmidt II (Anm. 4) S. 113.

46 Ebd. S. 93 f.

47 Ebd. S. 94.
48 Brecht (Anm. 17) Bd. 3, S. 1306.
49 Ebd. S. 1324.
50 Vgl. dazu Walter Muschg: Brechts erstes Stück. In: W. M.: Pamphlet und Bekenntnis. Aufsätze und Reden. Ausgew. und hrsg. von Peter André Bloch in Zsarb. mit Elli Muschg-Zollikofer. Olten / Freiburg i. Br. 1968. S. 369 f. Lehnert (Anm. 35; S. 109 f.) weist mit Recht darauf hin, daß »der hohe Rang von Brechts reifen Dichtungen« die alte, in der Brechtforschung umstrittene Frage nicht verstummen lassen dürfe, »ob sich nicht Reste des amoralischen Vitalismus unter der Decke der antibürgerlichen Intentionen des Marxisten Brecht erhalten haben«.
51 Schmidt III (Anm. 28) S. 122.
52 Ebd. S. 99.
53 Schmidt II (Anm. 4) S. 211.
54 Schmidt III (Anm. 28) S. 101.
55 Ebd. S. 185 f.
56 Ebd. S. 187 (Kritik Iherings im Berliner *Börsen-Courier* vom 15. Februar 1926). Vgl. Brecht (Anm. 17) Bd. 15, S. 39: »Er [Karl Valentin] ist von einer ganz trockenen, innerlichen Komik, bei der man rauchen und trinken kann und unaufhörlich von einem innerlichen Gelächter geschüttelt wird, das nichts besonders Gutartiges hat.«
57 Schmidt III (Anm. 28) S. 203.
58 Schmidt II (Anm. 4) S. 11; vgl. ebd. S. 79.
59 Vgl. dazu die Kritiken der Brecht-Antipoden Kerr und Ihering: Schmidt III (Anm. 28) S. 169, 186, 176 u. ö.
60 So Ihering in seiner Kritik im Berliner *Börsen-Courier* (s. Anm. 56): Schmidt III (Anm. 28) S. 187.
61 Hugo von Hofmannsthal: Das Theater des Neuen. Eine Ankündigung. In: Hugo von Hofmannsthal: Gesammelte Werke in zehn Einzelbänden. Hrsg. von Bernd Schoeller in Beratung mit Rudolf Hirsch. Dramen III. 1893–1927. Frankfurt a. M. 1979. S. 513.
62 Vgl. dazu bes. Vincent J. Günther: Hofmannsthal und Brecht. Bemerkungen zu Brechts *Baal*. In: Untersuchungen zur Literatur als Geschichte. Festschrift für Benno von Wiese. Hrsg. von Vincent J. Günther, Helmut Koopmann, Peter Pütz, Hans Joachim Schrimpf. Berlin 1973. S. 505–513; vgl. auch Knopf (Anm. 11) S. 15.
63 Hofmannsthal (Anm. 61) S. 503.
64 Ebd. S. 510.
65 Ebd. S. 509.
66 Ebd. S. 512.
67 Ebd. S. 513.
68 Bertolt Brecht: Im Dickicht der Städte. Erstfassung und Materialien. Ed. und komm. von Gisela E. Bahr. Frankfurt a. M. 1970. S. 141. Vgl. zu dieser Selbstdeutung Brechts auch Schmidt II (Anm. 4) S. 156 und Günther (Anm. 62) S. 510–512.
69 Vgl. Schmidt II (Anm. 4) S. 11 sowie S. 58–60 u. ö.
70 Ebd. S. 152.
71 Vgl. dazu die Kritik von Hans Georg Richter aus dem *Leipziger Tageblatt* vom 11. Dezember 1923: Schmidt III (Anm. 28) S. 183.
72 Michelsen (Anm. 39) S. 52.
73 Schmidt II (Anm. 4) S. 152.

JAN KNOPF

»Trommeln in der Nacht«

Fahndung nach Paule

Die (westliche) Brecht-Forschung pflegt nach dem Dichter zu fahnden, ausgiebig und mit offenbarem Erfolg. Der vorliegende Beitrag zum frühen Drama *Trommeln in der Nacht* jedoch fahndet nach Paule, weil ich meine, daß dies Brecht angemessener ist sowie den Wert und die Eigenart des Dichters besser sichtbar macht als die Heraushebung des Dichterischen, was immer den faden Beigeschmack an sich hat, als müßte da etwas gerechtfertigt werden. Also: Fahndung nach Paule zunächst. Aber: wer ist Paule? Auch ein guter Kenner des Stücks wird stutzen. Ein Blick ins Personenverzeichnis enttäuscht. Paule kommt in ihm nicht vor, ist dennoch aber Figur – freilich nicht Person – des Stücks. Aber hier ist bereits zu differenzieren. In der frühen Fassung von 1922 – und sie hat ja, wenn man der historischen Genauigkeit entsprechen will, als die authentische zu gelten – ist Paule noch gar nicht vorgesehen. Brecht hat ihn erst in die neubearbeitete Fassung hineingeschmuggelt, die 1953 im Suhrkamp-Band der *Ersten Stücke* erschien. Zu diesem Zeitpunkt fiel Paule auch noch nicht weiter auf. Das war erst 1957, als die Neuauflage des Bandes herauskam und das Vorwort »Bei Durchsicht meiner ersten Stücke« enthielt. Dieses Vorwort war eigentlich als Nachwort zur ersten Ausgabe der *Stücke* geplant gewesen; es fiel jedoch auf den ausdrücklichen Wunsch des Verlegers Peter Suhrkamp weg. Suhrkamp schrieb Brecht damals: »Mir hat die Lektüre aber bestätigt, daß wir Ihr Nachwort in unserer Ausgabe unter diesen Umständen keinesfalls aufnehmen können. Damit würde nur die Aufmerksamkeit auf etwas gelenkt, was sonst gar nicht auffallen wird.«[1] Suhrkamp befürchtete, die politische Lage sehr realistisch einschätzend, den Aufschrei der »hiesigen Hetzer«, wie er sie nannte, und begründete: »Wenn nun wirklich die ›Ersten Stücke‹ nicht in der alten Form kommen, sondern mit ideologischen Änderungen, verliere ich damit meine politische Unschuld, die ich aber behalten möchte und die für meine Arbeit wichtig ist. Dann könnte man mir nachsagen, ich leistete einer politischen Propaganda Vorschub.«[2] Suhrkamp sollte recht behalten; denn kaum legte das 1957 publizierte Vorwort die »ideologische Korrektur« offen, begann Paule plötzlich zur Hauptfigur zu avancieren, freilich weniger im Stück selbst als in der Literatur über das Stück.[3] Brecht schrieb:

> Ich gab dem Schankwirt Glubb einen Neffen, einen jungen Arbeiter, der in den Novembertagen als Revolutionär gefallen ist. In diesem Arbeiter, freilich nur skizzenhaft sichtbar, jedoch durch die Skrupel des Schankwirts

immerhin sich verdichtend, gewann der Soldat Kragler eine Art Gegen-
part. (17,946 f.)

Da ist er also, Paule der Arbeiter, der wahre Revolutionär, über den – so sehen
es Brechts Ergänzungen im Stück vor – »für gewöhnlich« nicht gesprochen
werden darf. Im Stück heißt es u. a.:

> DER ARBEITER. Im Anhalter sitzt die Gardeschützendivision seit sechs. Im
> »Vorwärts« noch alles in Ordnung. Heut könnten wir deinen Paule
> gebrauchen, Karl.
> *(Stille.)*
> MANKE. Hier wird nicht von Paule gesprochen, für gewöhnlich.
> DER ARBEITER *(zahlt)*. Heut ist ungewöhnlich. *(Ab.)*
> MANKE *(zu Glubb)*. Und im November war es nicht ungewöhnlich? Sie
> müssen eine Latte in der Hand haben und in die Finger ein Gefühl, was
> klebt.
> GLUBB *(kalt)*. Der Herr wünscht was. (1,108 f.)

Eine kurze, kaum auffallende Szene, die jedoch – bei genauerer Betrachtung –
recht genau die Markierungen setzt. Der Arbeiter versucht, noch einmal an den
November zu erinnern, wo noch revolutionärer Elan da war und Vorbild sein
könnte für die Januar-Aufstände; er geht ab, weil er merkt, daß die Bürger lieber
ihr Geschäft machen, wie es der kurze Dialog zwischen Glubb, dem Schankwirt,
und Manke, seinem Kellner, deutlich besagt. Von Revolution wird nicht gesprochen.

Brecht bemängelte gegenüber seinem Verleger, der ja die Änderungen im
Prinzip akzeptiert hatte, sie aber aus taktischen Gründen nicht auffallen lassen
wollte, daß er ihm nicht zu den »kunstvoll ausgeführten Restaurierungsarbeiten«
gratuliert habe.[4] Diese Formulierung läßt stutzen. »Restaurierungsarbeiten«
meinen doch die Wiederherstellung des historisch Authentischen – jedenfalls so
gut es geht – und gerade nicht spätere »Korrekturen«, also das Überkleistern des
Historischen durch spätere Zusätze. Diesem Sachverhalt jedoch widerspricht die
Einschätzung der »Korrektur« durch die Forschung: sie spricht von Manipula-
tion, und die letzte, sehr ausführliche Darstellung des gesamten Stücks von
Konrad Feilchenfeldt kommt gar zu der Einschätzung, daß der Einbau der Figur
des Paule und Brechts Kommentierung im Vorwort »Bei Durchsicht meiner
ersten Stücke« »weniger eine bekenntnishafte Bestätigung seines marxistischen
Weltbildes [bedeuteten] als eine verschlüsselte Kritik an jeglicher Revolution«.
Feilchenfeldt sieht in der von Brecht herausgestellten Möglichkeit, daß in dem
Verhalten Kraglers »auch noch eine Zustimmung des Stückschreibers« geahnt
werden könnte, dasjenige, auf das »die Aufmerksamkeit« nicht zu lenken
gewesen wäre; und er sieht die Bestätigung dieser Einschätzung darin, daß

Brecht an der »Revolution« von 1953 (gemeint ist der 17. Juni) auch nicht teilgenommen, besser gesagt: »ihr den Rücken gekehrt habe«.[5]

Was aussteht, ist die Fahndung nach Paule, das heißt – wie es sich nun konkretisieren läßt –, die Frage zu stellen, inwieweit die (politischen) Realitäten der Zeit in Brechts Drama überhaupt dargestellt sind und was ihn dann bewogen haben könnte, das frühe Stück »kunstvoll zu restaurieren«.

Ich beginne mit den Aspekten, die mir u. a. auch durch die Mannheimer Aufführung des Stücks (Jürgen Bosse; Spielzeit 1980/81) deutlich geworden sind. Der Regisseur Bosse hatte das Stück – ohne vordergründig zu werden – auf die Ende der siebziger Jahre deutlich werdende politische Desillusionierung der »sechziger Generation« hin inszeniert. Da ist die Möglichkeit zur Veränderung der Verhältnisse gegeben, da werden auch große Sprüche geklopft oder dunkle Wünsche formuliert, aber wenn dann die Tat gefordert ist, geht man doch lieber heim und begnügt sich mit dem, was man hat. Wie wenig alle zur Revolution fähig sind, verdeutlicht Bosse vor allem im 4. Akt, der in der Schnapsdestille spielt. Ein sehr niedriger, über die ganze Bühnenbreite gezogener Raum war aufgebaut, in ihm saßen nebeneinander aufgereiht die Protagonisten, die dann doch keine werden, während über dem niedrigen Raum die Geschützwagen der Revolutionäre donnerten und die Personen regelrecht niederduckten. Kragler war als ein – schon durch sein Aussehen so gezeichneter – gesellschaftlicher Außenseiter markiert, der zunächst als Bürgerschreck erscheint, indem er in die idyllische Kleinbürgerwelt wie ein Exot einbricht, um sich dann immer mehr anzupassen und schließlich sich in die Gesellschaft, der erst sein Haß galt, zu integrieren. Trotz der Aktualisierung ist damit, so meine ich, auch ein wesentlicher Teil des historischen Dramas – in der Gestalt von 1922 – erfaßt, ja, vielleicht ist genauer zu sagen, daß damit bereits das Entscheidende benannt ist.

Beide Titel des Stücks, der zunächst 1918 erwogene »Spartakus« wie auch der – wahrscheinlich von Lion Feuchtwanger stammende – *Trommeln in der Nacht*, scheinen das Hauptgewicht auf die Revolution zu legen, zumal ja auch die Spielzeit entsprechend festgelegt ist: »Das Drama spielt in einer Novembernacht von der Abend- bis zur Frühdämmerung.«[6] Jedoch wird man wohl kaum sagen können, daß es auch von der Revolution handelte. Der Titel »Spartakus«, davon muß noch ausführlicher die Rede sein, paßt hinten und vorne nicht. Auch die Identifikation der »Trommeln« mit der Revolution ist mir zu einseitig. Zwar gibt es die Identifikation der Trommeln mit der Revolution am Ende des vierten Akts – ein Bild freilich, das wenig Revolutionäres an sich hat –, aber zugleich spielt auch »Afrika« ständig eine große Rolle, ist von Negern die Rede und nimmt Kragler am Ende die Trommel, um die »Entromantisierung« vor den Zuschauern recht theatergemäß – mit Trommel – abrollen zu lassen. Die Trommel ist im Stück – übrigens ebensowenig wie der »rote Mond« – kein eindeutiges und stimmiges »Symbol« für die Revolution.

Dieser Sachverhalt lenkt die Aufmerksamkeit auf das, was das Stück nun wirklich zum Inhalt hat. Es spielt ausschließlich in der bürgerlichen Gesellschaft; auch sein Personal ist rein bürgerlich, sieht man von Laar, dem Bauern in der Schnapsdestille, und dem besoffenen Menschen ab (der womöglich Arbeiter sein könnte). Ein Paule jedenfalls kommt in der frühen Fassung nicht vor, und wenn so etwas wie Revolution vorkommt, so nur als Hintergrund oder als – wie sollte man das anders einschätzen – komisch-groteske Veranstaltung von einer besoffenen Horde, die – mit der Realität konfrontiert – ohnehin nur im Fiasko enden kann. Brecht hat gegenüber der stiefmütterlichen Behandlung der Revolution die bürgerliche Gesellschaft recht eingehend und auch differenziert gestaltet. Familie Balicke läßt sich als bourgeois einstufen. Der Vater ist Besitzer einer Geschoßkörbefabrik, und man hat am Krieg prächtig verdient: »Der Sau Ende ist der Wurst Anfang! Richtig betrachtet, war der Krieg ein Glück für uns! Wir haben das unsere in Sicherheit, rund, voll, behaglich.«[7] Der Freier der Anna, Friedrich Murk, ist »von unten«, aber »jetzt oben«. Er ist also einer, der aus dem (Lumpen-)Proletariat durch seine Arbeit bei den (Klein-)Bürgern aufgestiegen ist und es verstand, im Krieg Geschäfte zu betreiben, die sich auszahlten, ein Kriegsgewinnler, der seine Arbeitsweise auch zu benennen weiß: »Ellenbögen muß man haben, genagelte Stiefel muß man haben und ein Gesicht und nicht hinabschauen.«[8] Kurz: Man geht über Leichen, und man ist weiterhin bereit, über Leichen zu gehen, und zwar nicht nur über die Kraglers, des abgeschriebenen »Negers« aus »Afrika«.

Geht man die Personenliste weiter durch, dann findet man in ihr noch den Journalisten Babusch, den Schmarotzer, der im Gegensatz zum Kellner des »Café Vaterlands« im bürgerlichen Interesse realistisch kommentiert, während Manke poetischen Dunst verbreitet. Dadurch aber, daß sein Bruder, der Kellner in der Schnapsdestille, wie der Picadillybarmanke nach Brechts Anweisung von einem Schauspieler zu spielen sind, übertragen sich die Merkmale des Bruders für den Zuschauer eindeutig auch auf den zur Revolution aufbrechenden Zibebenmanke: sein Revolutionsversuch ist poetisches Gesäusel, kein das Bürgertum wegfegender Sturm. Es sei nur angemerkt, daß »Zibebe« eine »große« Rosine im Süddeutschen heißt, und der Name der Destille »Zur roten Zibebe«: man hat Rosinen im Kopf, sagt der »Volksmund«. Die Uraufführung eines gleichnamigen Kabaretts, zu dem Brecht die Texte schrieb, hatte einen Tag nach den *Trommeln* Uraufführung in München, am 30. 9. 1922. Mit Auguste, der einen Prostituierten des Stücks, wäre noch eine Möchtegern-Revolutionärin zu benennen, während Marie, die andere Dirne, kleinbürgerlich eingestellt ist. Der »besoffene« Mensch (4. Akt) trägt seine Einstellung im Namen, und dem Bauern Laar fallen beim Stichwort nur seine Kiefern ein. Kurz: weit und breit kein Paule – wohl aber eine gut gemischte bürgerliche Gesellschaft.

Die Konstellation dieser Gesellschaft ist am Beginn des Stücks die, daß Balicke und Murk sich aus geschäftlichen Interessen zusammentun und nun statt Geschoßkörben Kinderwagen produzieren wollen. Sie wissen, wo es lang geht:

man braucht wieder Kinder, der Menschenverschleiß war zu groß. Das Verhältnis zwischen Murk und Anna entwickelt sich aus der Geschäftsbeziehung, die auf den Krieg zurückgeht und nun bruchlos in die »neue« Gesellschaft übergeführt werden soll. Murk hat also für Anna – wie es Brecht in seinen Liebesgedichten ausdrückt – buchstäblich den »Lückenbüßer« gespielt. Was die Balickes im 1. Akt bewerkstelligen mit Anna, ist typisch bürgerliche Verschacherung der Tochter. Ihr Warten auf den Verlobten Kragler ist für sie reine Sentimentalität, die endlich durch die Realität zu ersetzen ist: den Verkauf der Tochter für das Geschäft, wie umgekehrt Murk sich über Anna die Korbfabrik des Schwiegervaters sichert, und Anna weiß das:

> MURK. Ich halte ja an!
> ANNA. Ist das eine Liebeserklärung?
> MURK. Nein, sie kommt noch.
> ANNA. Schließlich ist es eine Korbfabrik.[9]

Diese trotz Krieg wieder wohleingerichtete Gesellschaft sieht sich nun durch die Demobilisation gefährdet. Im 1. Akt versammeln sich Familie Balicke und der scheinbar gesicherte Bräutigam der Tochter um den Tisch. Die Regieanweisung spricht ausdrücklich von »Fressen«, und zwar kurz und knapp. Wer die dann folgenden Worte Balickes richtig würdigen will, muß wissen, daß seit 1916 in Deutschland Hunderttausende vor Hunger gestorben waren und die Versorgungslage für die Nicht-Etablierten katastrophal war. Der zeitgenössische Leser und Zuschauer wußte das noch.

> *(Fressen.)*
> BALICKE *(hebt sein Glas).* Das Wohl des Brautpaars! *(Anstoßend.)* Die Zeiten sind unsicher. Der Krieg zu Ende. Das Schweinefleisch ist zu fett, Amalie! Die Demobilisation schwemmt Unordnung, Gier, viehische Entmenschung in die Oasen friedlicher Arbeit.
> MURK. An Geschoßkörben, prost! prost, Anna!
> BALICKE. Unsichere Existenzen mehren sich, dunkle Ehrenmänner. Die Regierung bekämpft zu lau die Aasgeier des Umsturzes. *(Entfaltet ein Zeitungsblatt.)* Die aufgepeitschten Massen sind ohne Ideale. Das Schlimmste aber, ich kann es hier sagen, die Frontsoldaten, verwilderte, verlotterte, der Arbeit entwöhnte Abenteurer, denen nichts mehr heilig ist. Wahrhaftig eine schwere Zeit, ein Mann ist da Goldes wert, Anna. Halt dich fest an ihn.[10]

Nach Balickes Einschätzung verhieß der Krieg zunächst einmal Ordnung, weil das revolutionäre Potential im äußeren Krieg gebunden war, während man »drinnen« ungestört Geschäfte machen, aber auch sich das fette Fleisch sichern konnte (damals konnte das Fleisch eigentlich *nie* zu fett sein). Die Zeiten werden wieder unsicher, wenn – so könnte man es bereits mit den Worten der Mutter Courage sagen – der Frieden ausbricht. Balicke baut deutlich den Gegensatz zwischen sich – der »friedlicher Arbeit nachgeht« – und den Frontsoldaten auf – die der »Arbeit entwöhnt sind«. Mit den Frontsoldaten aber ist die Revolution identifiziert, ja, sie sind sogar die »schlimmsten« Umstürzler. Verallgemeinert läßt sich der Befund so formulieren: für die Besitzbürger stellt sich alles, was von »draußen« wieder ins »Vaterland«, das genügend betont ist, hineinschwemmt und keinen Platz hat – die Plätze sind besetzt (auch der auf der Frau) –, eine dunkle Bedrohung dar, die von ihnen als revolutionär eingeschätzt wird.

Ist man sich erst einmal über diesen Sachverhalt klar, dann erhält die ganze Handlung des Stücks eine völlig andere Begründung, als sie gemeinhin – von Kragler aus formuliert – dargestellt wird. Nicht Kragler bestimmt die Voraussetzung, die Kriegsgewinnler-Gesellschaft hat die Schranken schon aufgestellt, ehe er überhaupt den Schauplatz betritt. Und er ist schon als Revolutionär gebrandmarkt, wo er eigentlich nur sein »Zuhause« sucht. Kragler sucht die Revolution ebensowenig wie er revolutionär »eingestellt« ist. Was er will, ist ganz banal und spießbürgerlich, eine »Bleibe« – das ist die ganze Geschichte mit Marie – und Vergessen, nämlich im Suff. Dabei ist es auch ganz kennzeichnend, daß die frühe Fassung das »Hinuntergehen« zur Revolution mit dem Schnaps begründet:

> KRAGLER. Sei ruhig [. . .]. Sag, haben sie dich auf die Treppe gelegt vor der Firmung? Streich durch! Rauchst du? *(Er lacht.)* Gehen wir hinunter!
> MARIE. Heute Nacht schwimmen sie drunten in Schnaps.
> KRAGLER. Vielleicht können sie uns brauchen. *(Beide ab.)*[11]

In der Neufassung heißt es:

> MARIE. In den Zeitungsvierteln wird geschossen.
> KRAGLER. Vielleicht können sie uns dort brauchen. *(Beide ab.)* (1,102)

Der Begriff des »Hinuntergehens« wird im späteren Brechtschen Werk doppeldeutig eingesetzt – als ein »Untergang« aus dem Bürgertum ins Proletariat, in dem das bürgerliche Individuum sich auflöst und eine neue Identität gewinnt (*Heilige Johanna der Schlachthöfe*).[12] Im frühen Stück fehlt diese positive Bedeutung noch. Die negative Bedeutung aber besagt genug. Das »Auf-die-Treppe-Legen« der Jungfrauen, der bürgerlichen, ist in Brechts Gedichten nachweisbar, und zwar als typisch bürgerlicher »Fall«, indem das Mädchen sich ihrem Freund, der sie liebt, verweigert, um dann von einem »groben« Kerl auf die Treppe »gehauen« zu werden: auch im Gedicht wird das Mädchen zur (professionellen) Dirne.[13] An Kraglers »Untergang« gibt es nichts zu beschönigen. Sein Versuch, wenigstens in der halben Öffentlichkeit der »Bar« seine alten (bürgerlichen Besitz-)Ansprüche geltend zu machen, stoßen auf grimmigen Widerstand; man sollte außerdem nicht übersehen, daß die Umbenennung der Picadillybar in »Café Vaterland« ebenso den Anspruch der Kriegsgewinnler auf die Gesellschaft veranschaulicht wie die Identifikation mit ganz Deutschland (ganz Deutschland sei so heraufgekommen, heißt es).[14] Als Balicke in der Bar die Nachricht von den Unruhen erhält, rempelt er in zunehmendem Maße Kragler verbal an:

> BALICKE *(setzt sich schwer).* Spartakus! Ihre Freunde, Herr Andreas Krag-
> ler! Ihre dunklen Kumpane! Ihre Genossen, die in den Zeitungsvierteln
> brüllen und in die Cafés pfeifen. Nach Mord und Brand riechen. Vieh!
> *(Stille.)* Vieh! Vieh! Vieh! Wer fragt, warum ihr Vieh seid! Ihr freßt
> Fleisch! Ihr müßt ausgetilgt werden![15]

Kragler geht zwar aus freien Stücken, aber er reagiert auf die Gesellschaft, mit der er Anna einverstanden vermutet. Sein »Untergang« gilt dem Schnaps: »Schnapstanz« hieß in der frühen Fassung auch noch der ganze 4. Akt, aus dem heraus sich erst der Entschluß, in die Zeitungsviertel zu gehen, ergibt, und zwar aus Schnapslaune mit der Begründung »Schlußmachen ist besser als Schnaps«.[16]

Der Umschlag der Kragler-Handlung kommt wie die übliche Ernüchterung im Morgengrauen. Da die Revolution für Kragler nie irgendeine konkrete oder gar positive Gestalt angenommen hat, kann die frühmorgendliche Begegnung mit der Verlobten, die ihn sucht, auch überzeugend den Umschwung einleiten. Der »Untergang« ist aufgehalten, und der doppeldeutige Kommentar Glubbs lautet entsprechend: »Das Ewig-Weibliche zieht ihn hinauf.«[17] Das Bett, in das Kragler mit der »beschädigten« Braut zieht, steht für das bürgerliche Heim, und sein Entschluß ist es, sich denjenigen, die ihn gerade noch unterzukriegen versuchten, ebenbürtig zu zeigen, ihre Mittel anzuwenden. Er wird die Stiefel einfetten und über Leichen gehen – und nicht hinuntersehen.

Die Fahndung nach Paule in der frühen Fassung bleibt ohne Erfolg; er würde auch ausbleiben, wenn man sich den Personen von Auguste und Manke, den der »Zibebe«, noch eingehender widmete. Der bisher fast völlig uninterpretiert gebliebene 3. Akt, der Kraglers ausgiebige Erzählung von Afrika enthält, lieferte dafür die Begründung: Auguste und Manke mißdeuten nämlich die Erzählung als Bereitschaft zur Revolution, so daß Auguste ihm später vorhalten kann: »Dann war also alles, Afrika und alles Lüge?«[18] Es handelt sich um ein romantisches Mißverständnis – die »Realpolitik« ist auf seiten der Bürger, der Bourgeoisie, zu der sich Kragler gesellt; es geht immerhin um eine Korbfabrik.

Diese, zunächst einmal »immanent« entwickelte Interpretation des äußeren Geschehens im Stück läßt sich durch die Betrachtung einiger Fakten entschieden absichern. Der merkwürdigste Umstand zwischen früher Fassung und späterer

Korrektur ist nämlich der, daß der Druck der *Ersten Stücke* die Anweisung: »Das Drama spielt in einer Novembernacht von der Abend- bis zur Frühdämmerung« wahrt, obwohl die Neubearbeitung das Stück eindeutig im Januar (1919) spielen läßt, also nicht mehr die Ereignisse der Novemberrevolution (9. November 1918), sondern die des »Spartakus-Aufstands« meint. Die Belege dafür lassen sich unschwer aufzeigen. Die neu eingeführte Figur des Paule ist Opfer der Novemberrevolution geworden und steht jetzt nicht mehr zur Verfügung; und in der Schnapsdestille ist die Liedstrophe hinzugekommen:

> Meine Brüder, die sind tot
> Und ich selbst wär's um ein Haar
> Im November war ich rot
> Aber jetzt ist Januar.   (1,112; ähnlich 114)

Die nachträgliche Einfügung enthält bereits den Abgesang auf eine Revolution, die im November sowohl auf breiterer Basis bestanden als auch offenbar schon den Untergang der Januar-»Aufstände« besiegelt hat: die Menschen, die für Erfolg hätten garantieren können, sind tot, und die anderen haben sich in den neuen Verhältnissen eingerichtet (sie sprechen gar nicht mehr darüber).
Die Verlegung der Spielzeit von November 1918 nach Januar 1919 wirft bezeichnende Schlaglichter auf die frühe Fassung und Brechts Kenntnisse der Zusammenhänge; er hat die »Revolution« ja nicht in Berlin erlebt, sondern aus der Provinz (weitgehend Augsburg, manchmal München) verfolgt, und sein Bruder Walter hatte sich sogar auf der »anderen« Seite engagiert. »Spartakus« war als Schlagwort für die Novemberereignisse unangemessen, es sei denn, man wäre der bürgerlichen Propaganda gefolgt und hätte hinter den »Roten« der Revolutionäre dunkle Machenschaften aus unbekannter Ferne vermutet; und dies eben ist sattsam für das (alte) Bürgertum belegt, aber auch für die Führungsspitze der SPD (zum Teil auch der USPD, der links von der SPD abgespaltenen Unabhängigen), die auf alle Fälle – und schließlich mit schnellem Erfolg – verhindern wollten, daß die Republik »sozialistisch« – und das war damals identisch mit »spartakistisch« – würde. Selbst den Erhalt der Monarchie hätte man (in der SPD; die konservativen Bürger waren ohnehin für sie) zur Abwendung dieses »Übels« auf sich genommen. Auch die Identifikation der zurückkehrenden Frontsoldaten mit dem revolutionären »Mob« entspricht der bürgerlichen Propaganda, und es war damals eine der Hauptaufgaben der »Führer« der »verratenen Revolution«, für die Entwaffnung der zurückströmenden Frontsoldaten zu sorgen, damit sie keinen »Unfug« anstellten.[19]
Es ließen sich noch viele solcher Einzelheiten anführen, die belegten, daß der junge Brecht, als er das Stück schrieb, von den Zusammenhängen der revolutionären Ereignisse entweder keine Ahnung hatte oder sich in seinem Stück nicht für sie interessierte. Es handelt sich eben nicht um eine Darstellung der Revolu-

tion, sondern um eine Darstellung der – differenziert gezeichneten – bürgerlichen Gesellschaft *während* einer Revolution bzw. des (verfehlten) Revolutionsversuchs einer Gesellschaft, die ihren Besitz um jeden menschlichen Preis verteidigt, um sich herum wüste Bilder der Bedrohung zum eigenen Schutz aufstellt und ansonsten – als wäre nicht ein Weltkrieg geschehen – wieder zur Tagesordnung übergeht, zu den Geschäften. In *dieser* Hinsicht aber sind Brechts Szenen recht genau: die Kontinuität der alten Gesellschaft in der »neuen«, die Fortsetzung der Geschäfte mit allen Mitteln (Krieg *und* Frieden), der später genauer fixierte Sieg der Bourgeoisie über das eigene Volk (die äußeren Kriege werden geführt, den inneren Feind auszuschalten), die Rolle der Sexualität (Prostitution usw.), die Verschacherung der Töchter fürs Geschäft u. v. a. Als Bild der *bürgerlichen* Gesellschaft ist das Drama realistisch; sie kannte Brecht. Aber: liest man es genauer, bemerkt man auch, daß er gar keine proletarische Revolution gestaltet hat. Damit erklärt sich auch, warum der späte Brecht von der »kunstvollen Restaurierung« spricht. Im Prinzip stellt die spätere »Korrektur« nicht das frühe Drama richtig, schon gar nicht ideologisch, es versucht lediglich andeutungsweise die Realitäten der Zeit, die die vorgeführten Reaktionen des Bürgertums ausgelöst haben, ins Stück einzubringen. Die Verlegung in den Januar sichert einigermaßen die bereits vorausgesetzte Etablierung des alten Bürgertums und der Kriegsgewinnler ab und macht das Schlagwort vom »Spartakus« historisch genauer; überdies sind damit – zumindest für den historisch einigermaßen unterrichteten Zuschauer – die brutalen Folgen für die »wunderlichste aller Revolutionen«[20] angedeutet. Die blutige Niederschlagung des von vornherein wenig Erfolg versprechenden »Aufstands« vom Januar durch die Truppen Gustav Noskes (SPD) hatte die gesamte Literatenwelt – es sei denn, man gehörte ohnehin zu den schreibenden Blutrünstlern – zutiefst getroffen und erschüttert. Und ich meine, es ist nicht zu viel Spekulation, in der Gestalt des Murk, der von unten nach oben kommt, Gustav Noske, den ehemaligen Korbmachergesellen, als Vorbild zu vermuten. Da zugleich der Begriff der »Hundekomödie« fällt und Kragler später das Rundlied vom »Hund, der in die Küche kommt« singt, könnten sich darin auch Anspielungen auf Noskes (gelassen ausgesprochenes) Wort verbergen, daß einer »der Bluthund« sein müsse. Die Etablierung der alten »Geldsäcke« in der »republikanischen« SPD-Gesellschaft war ein Dauerthema der wichtigen literarischen Zeitschriften in der Zeit, als Brecht sein Drama schrieb (Februar/März 1919, Sommer 1920). Eine von ihnen, *Die Pleite*, enthielt eine – April 1919 erschienene – Karikatur, die den triumphierenden Noske mit Sektglas und Säbel über den erschlagenen Arbeitern zeigt: »Prost Noske! – das Proletariat ist entwaffnet.« Zwei Seiten später findet man die Karikatur, die Brechts »Legende vom toten Soldaten« entweder zeichnerisch umsetzt oder – entgegen seinen (späteren) Selbstaussagen – die Anregung für sie darstellt.[21] Als »Ballade vom toten Soldaten« jedenfalls findet sich das Gedicht im Anhang des Erstdrucks; zu singen ist sie am Beginn des 4. Akts in der Schnapsdestille.

Der verpatzte Walkürenritt

Die der ersten Ausgabe beigegebene »Glosse für die Bühne« enthält eine merkwürdige Anweisung: »Der dritte Akt kann, wenn er nicht fliegend und musikalisch wirkt und das Tempo beschwingt, ausgelassen werden.«[22] Aus der Entstehungsgeschichte des Stücks ist bekannt, welche Schwierigkeiten Brecht sowohl mit der Akteinteilung als auch mit den einzelnen Akten, insbesondere mit dem 4. Akt (dem späteren 5.) hatte. Lange Zeit wies das Stück nur vier Akte auf, bis sich Brecht – offenbar erst zur Aufführung – für die (klassische) Fünffaktigkeit entschied.[23] Erinnert man sich an Gustav Freytags – für das 19. Jahrhundert maßgebende – Theorie des Dramas, die er weitgehend aus der klassischen Dramatik und ihrer unmittelbaren Nachfolger bezog, so kommt gerade dem 3. Akt im Drama ganz besonderes Gewicht zu. Er nämlich markiert nach Einleitung (1. Akt), Steigerung (2. Akt) den ersten Höhepunkt der Handlung mit der »Peripetie«, ihrem plötzlichen Umschlagen. Der 4. Akt pflegt nach der Handlungswende (so besonders bei Schiller) den Schwachpunkt des Aufbaus zu markieren, weil durch ihn die Handlung erst wieder neu belebt und der schließlichen Katastrophe (5. Akt) zugeführt werden muß. Wenn Brecht ausgerechnet auf den 3. Akt verzichten will, wenn die genannten Bedingungen für ihn nicht erfüllt sind, so bedeutet es, daß er nach dem klassischen Aufbauprinzip – das freilich für die Tragödie gilt – gerade das Scharnierstück herausläßt.

Die Empfehlung, den 3. Akt auszulassen, könnte sich zunächst ganz vordergründig auf die Erfahrungen mit der Uraufführung beziehen. Obwohl Brecht diesen Akt offenbar in der Selbsteinschätzung für gelungen hielt, bemängelte die Presse die »Erdenschwere« des »Intermezzos« (so Monty Jacobs).[24] Erstere Kennzeichnung könnte die unmittelbare Veranlassung zu Brechts Empfehlung gewesen sein, den Akt »fliegend und musikalisch« wirken zu lassen und das Tempo durch ihn zu beschwingen; aber auch das Wort »Intermezzo« weist in die Richtung der Auslassung, weil der 3. Akt – jedenfalls bei der Uraufführung – gar nicht als integraler Bestandteil der Handlung aufgefaßt worden war. Die Frage ist dann, wie dieser Eindruck entstehen konnte und welchen Stellenwert der 3. Akt im Stück wirklich einnimmt. Auch wenn es sich um eine »Komödie« handelt, so muß doch die Fünffaktigkeit des Stücks eine Funktion haben, zumal – das sei betont – die Erstausgabe noch den Untertitel »Drama« hat und die Ausarbeitung der Handlungsfolge außerordentlich intensiv von Brecht betrieben worden ist.

Der 3. Akt hat den Titel »Walkürenritt«. Merkwürdigerweise hat er weder in der Theaterrezeption des Stücks noch in der Literaturwissenschaft Anlaß zu weiterführenden Gedanken gegeben, und dies, obwohl man – wie selbstverständlich – an Richard Wagners *Walküre* erinnert wurde. Entsprechend lautet dann ein Kommentar:

(Walkürenritt): Beginn des 3. Akts von Richard Wagners Oper *Die Wal-küre* [. . .]. Eine spätere Nachwirkung erfährt der Walküren-Mythos unter anderer Sinngebung bei Alfred Fischer in seinem Frontstück »*Front*«, *die letzten der vierten Compagnie* von 1934. Hier geht es nicht wie bei Wagner um die Gestaltung der fliehenden Schwangeren (Sieglinde), die mit ihrem ungeborenen Kind (Siegfried) vor dem zürnenden Gott (Wotan) bei den Walküren (Brünhilde u. a.) Schutz findet. In Fischers Stück herrscht noch die Vorstellung, »daß die Walküren des Nachts über die Schlachtfelder reiten und nach den Erschlagenen suchen«.[25]

Eine Deutung dieser Anspielung erfolgt nicht; lediglich die Hinweise auf die Figurenkonstellation bei Wagner lassen Rückschlüsse auf die Konstellation bei Brecht zu. Danach wäre Anna in Parallele zu Sieglinde zu sehen; sie ist wie sie schwanger und »reitet« durch die Nacht. Aber wer ist dann die Walküre? Wer Wotan? Und welch paralleler Handlungszusammenhang ergibt sich daraus? Mehrmalige Nachprüfung in Wagners *Walküre* lassen – für mich jedenfalls – nur den Schluß zu, daß Brechts »Anspielung« überhaupt nicht Wagner gilt. Bei Brecht handelt es sich um eine völlig andere Situation. Anna zieht mit dem besoffenen Erzeuger ihres Kindes, mit Murk, durch die Nacht, um, wie sich später herausstellt, Kragler zu suchen. Wenn es Parallelen zu Wagner gäbe, dann müßte Murk, wenn er schon nicht Sigmund sein darf, der bei Wagner der Kindesvater ist, irgendwie in Wotans Nähe gerückt sein – als derjenige, der zürnt, weil die Braut ihn verläßt. Doch das ergibt an keiner Stelle einen vernünftigen Sinn.

Das Kapitel »Brecht und Richard Wagner« – das sicherlich einmal von der Forschung geschrieben werden wird – muß auf das Stück *Trommeln in der Nacht* verzichten (auch die anderen angeblichen Wagner-Anspielungen, die Feilchenfeldt anführt, erledigen sich mit der folgenden Deutung[26]). Wie üblich kommt die Literaturwissenschaft auf das Naheliegende stets zuletzt. Zunächst sind die Walküren ja nicht durch Wagner definiert, sondern durch den Mythos, auf den auch Wagner zurückgreift. Danach aber sind die Walküren, die nicht eigentlich zu den Götter-, sondern zu den Heldenmythen gehören, die Totenwählerinnen, diejenigen, die dem – das heißt »ihrem« – Helden beim Kampf zur Seite stehen und ihn zum Tode bestimmen; ihre Aufgabe ist es dann, den Helden, und zwar auf dem Pferd, nach Walhall ins »germanische« Himmelreich zu führen und ihm dort wieder – als eine Art Mundschenk – im illustren Kreis der auserwählten Recken zur Seite zu stehen; von der Walküre »erwählt« zu werden, stellt sich nach dem Mythos nicht als Schmach, sondern als Auszeichnung dar. Der Walkürenritt besteht dann darin, daß die Walküre ihren (getöteten) Helden »abschleppt« nach Walhalla. Vorausgegangen ist stets der Kampf zweier Ebenbürtiger. Tatsächlich greift auch Richard Wagner in der *Walküre* auf den ursprünglichen Mythos zurück, wenn er im 3. Akt die

Walküren zu Pferd mit den erschlagenen Helden auftreten läßt, und zwar als Dienerinnen Wotans (Odins), der das Urteil über die Helden schon vor dem Kampf gesprochen hat. Die *besondere* Walküren-Handlung bei Wagner aber entwickelt sich dann gerade dadurch, daß Brünhilde ihrer Aufgabe, nämlich Sigmund »abzuschleppen«, nicht nachkommt und statt dessen Sieglinde regelrecht dem Zugriff des höchsten Gottes entzieht. Es kann keine Rede davon sein, daß Sieglinde bei »den Walküren (Brünhilde u. a.) Schutz findet«, *allein* Brünhilde widersetzt sich dem göttlichen Gebot und muß dann schwer dafür büßen.[27]

Geht man vom Mythos aus, dann gewinnt der Walkürenritt bei Brecht seinen Sinn. Die Sieglinde-Parallele kann völlig aus dem Spiel bleiben: sie ist Wagners Deutung und Umdeutung des Mythos. Bei Brecht aber ergibt sich eine sinnvolle Konstellation, wenn man Anna als die Walküre deutet: sie hat sich ihren Helden zu wählen. Da zugleich der »Zweikampf«, nämlich zwischen Murk und Kragler, gegeben ist, benötigt man keine weiteren Verrenkungen der Gedankenführung, um Brechts Anspielung auf den Mythos zu realisieren. Anna spielt die Walküre, die einen der beiden »Helden« zu erwählen hat. Weil aber der Himmel bei Brecht leer ist, bedeutet ihre Wahl eben ganz profan die Wahl ihres künftigen Ehemanns. Der Walkürenritt wäre dann das »Abschleppen« des erwählten Mannes ins traute Heim bzw. Bett.

Freilich: der Walkürenritt geht im Brechtschen Drama, wie es heißt, in die »Binsen«. Die entsprechende Stelle am Ende des 3. Akts, die recht dunkel und enigmatisch erscheint, ist dazu eingehender zu beobachten:

MURK. Wir haben ihn [Kragler] erledigt! Mit Haut und Haar!
ANNA. Und sie schlugen ihn wie ein Tier!
MURK. Und er heulte wie ein altes Weib!
ANNA. Und er heulte wie ein Weib.
MURK. Und verzog sich und ließ dich sitzen da!
ANNA. Und er ging fort und ließ mich sitzen da!
MURK. Aus war es mit ihm und er war ganz und gar erledigt.
ANNA. Und es war aus mit ihm!
MURK. Er ist fortgegangen . . .
ANNA. Aber als er fortging und es war aus mit ihm . . .
MURK. Da war nichts. Gar nichts.
ANNA. Da war ein Wirbel hinter ihm und ein kleiner Zug und war sehr stark und war stärker als alles und jetzt gehe ich fort und jetzt komme ich und jetzt ist es aus mit uns, mit mir und mit ihm. Denn wo ist er hin? Weiß Gott noch, wo er ist? Wie groß ist die Welt und wo ist er? *(Sie sieht ruhig auf* MURK *und sie sagt leicht.)* Gehen Sie in Ihre Bar, ich danke Ihnen und bringen Sie ihn dorthin! Er ist betrunken. Aber Sie, Bab, kommen Sie mit mir! *(Und läuft nach rechts.)*

MURK *(quarrend)*. Wo ist sie hin? In den Wind und ich bin so besoffen. Ich kann meine Hände nicht mehr sehen und sie läuft fort!

BABUSCH. Jetzt geht mir ein Licht auf, Mann! Also in d e m Weiher fischen wir? Jetzt geht aber der Walkürenritt in die Binsen, Junge. Jetzt wird die Gespensterweihergeschichte höllisch ernst.

MANKE. Der Liebhaber ist schon verschollen, aber die Geliebte eilt ihm nach auf Flügeln der Liebe. Der Held ist zu Fall gebracht, aber die Himmelfahrt ist schon vorbereitet.

BABUSCH. Aber der Liebhaber wird die Geliebte in den Rinnstein hauen und die Höllenfahrt vorziehen. O Sie romantisches Institut, Sie!

MANKE. Schon entschwindet sie, die in die Vorstädte eilt. Wie ein weißes Segel ist sie noch sichtbar, wie eine Idee, wie eine letzte Strophe, wie ein berauschter Schwan, der über die Gewässer fliegt . . .[28]

Zunächst trägt die Passage Handlungsteile nach, die den Abgang Kraglers aus der Picadillybar viel schärfer zeichnen als die vorher gespielte Szene, so daß mit Recht geschlossen werden könnte: der Kampf, der dem »Walkürenritt« vorangeht, hat schon stattgefunden, und die Walküre (Anna) hat ihren Helden, nämlich Murk, abgeschleppt. Die entsprechende Regieanweisung lautet: »Von links jetzt der ganze Walkürenritt: Anna, wie fliehend. Neben ihr in einem Frackmantel, aber ohne Hut, der Kellner Manke aus der Picadillybar, der sich wie besoffen aufführt. Hinter ihnen kommt Babusch, der Murk schleppt, der betrunken ist, bleich und aufgedunsen.«[29] Von Anna heißt es ausdrücklich, daß sie auftrete, *»wie«* fliehend, also nur den Eindruck vermittelt, nicht aber wirklich flieht; ebenso *führt sich* Manke *wie* besoffen *auf*; einzig Murk *ist* betrunken, und er macht sich – wie Babusch auch – völlig falsche Vorstellungen von dem, was Anna vorhat. Während Murk bis zum Ende des Akts gar nicht kapiert, was vor sich geht, geht Babusch allmählich ein Licht auf. Er bemerkt nämlich, daß Anna gar nicht ihren »Helden« nach Hause schleppen läßt, sondern hinter ihrem »Gespenst« her ist. Der Walkürenritt geht deshalb in die Binsen, weil nicht Anna – wie die Walküre – selbst gewählt hat, sondern hinter dem Liebhaber von damals auf (durchaus) gefühlsmäßige und irrationale Weise regelrecht »hergewirbelt« wird (vgl. die entsprechende Windmetaphorik). Was Babusch wie ein überlegenes Spielchen, das man mit dem Liebhaber in Schnapslaune gespielt hat, anmutet, erweist sich durch Annas Verhalten plötzlich als tiefer Ernst: die ganze versoffene Veranstaltung des »Walkürenritts« – man beachte auch das Arrangement – verläuft schief, weil die Dame dem »Zug ihres Herzens« folgt. Mit diesen Erläuterungen beginnen auch die poetischen Kommentare Mankes in der zitierten Passage Kontur zu gewinnen. Wie immer der »Kampf«, dessen sich die besoffenen »Helden« brüsten, geführt worden ist – die Diskrepanz zwischen szenischer Darstellung und Darstellung durch die »Walkürenritter« ist ja deutlich genug markiert –, der »Held«, hier Kragler, ist bereits zu Fall gebracht und ein wirklicher Kampf wird nie stattfinden. Noch ganz im Sinn des Bildes vom »Walkürenritt« formuliert dann Manke die Wendung durch Annas Entschluß, Kragler nun endgültig zu suchen, als Vorbereitung der »Himmelfahrt«, dabei die bereits im 1. und 2. Akt ausgiebig verwendete Himmelsmetaphorik zitierend. Babusch, der realistischere von beiden, läßt daraus die Höllenfahrt werden, indem Brecht ihm genau die Worte in den Mund legt, die er für den »Fall« der bürgerlichen Damen parat hält. Mankes romantische Vorstellungen halten den Realitäten nicht stand – der Schluß des Dramas wird diese Entromantisierung noch einmal grundsätzlicher aufnehmen; insofern ist das berühmte Ende innerhalb des Spielgeschehens schon präfiguriert.

Daß Brecht in diesem Akt die von der Rezeption völlig übersehene Wende des Geschehens verborgen hat, beweist schließlich auch noch die weitere poetische Formulierung Mankes, daß Anna u. a. »wie eine letzte Strophe« in die Vorstädte enteile. In diesem Fall ist Babusch – im Gegensatz zu seinen sonstigen Richtigstellungen – bereit, Mankes Formulierung gelten zu lassen, wenn er sagt: »Jetzt entschwindet sie bei Gott wie eine letzte Strophe!«, und stapft ihr hinterher, während Manke den besoffenen Murk nach Hause schleppt – ein trauriger Rest des so stolz angetretenen Walkürenritts.[30] Murk wird in den folgenden Akten nicht mehr auftreten; Mankes Part, Diener des bourgeoisen Herren, übernimmt der »Zibebenmanke«, gespielt vom selben Schauspieler. »Strophe« verweist nicht nur als Teil von (im allgemeinen lyrischer) Dichtung auf die Dichtung selbst, zumal Manke ohnehin die lyrische Sprache schätzt; Strophe heißt aber auch selbst »Wendung«, das heißt, daß der Begriff von sich aus – sozusagen – noch einmal auf die gerade vorgeführte Wende hinzeigt: ihr kann auch Babusch zustimmen.

An diesem Punkt angelangt, läßt sich nach der Bedeutung dieses anspielungsreichen Beziehungsgeflechts fragen. Sie erschließt sich über Mankes Schlußworte im 3. Akt: »Die Vorstädte verschlingen sie. Werden sie sich finden?« Wie immer diese Worte vom Schauspieler gesprochen werden – ins Publikum hinein oder in der Spielhandlung –, sie thematisieren auf dem Theater das gerade aufgeführte Theaterstück, und zwar im Stil einer romantischen Liebesgeschichte, deren Happy-End noch aussteht (immerhin hat Manke dabei den »abgelegten« Liebhaber der Dame als besoffenes Wrack in den Armen). Sieht man in den 2. Akt zurück, so wird spätestens vom Ende des 3. Akts her klar, daß Manke auch da schon als lyrischer Kommentator eines Spiels agiert, an dem er selbst beteiligt ist, daß sein Kommentar das ablaufende Spiel zum Spiel im Spiel werden läßt. Brecht hat dazu eine gesonderte Szene in den 2. Akt eingebaut, in der ein anonymer »Teilnehmer« der Geschichte sich von Manke über deren Ablauf unterrichten läßt:

(Im Nebenzimmer hört man den Mann von vorhin fragen: Was ist es denn?
Der Kellner antwortet ihm, zur Tür links hinausredend.)
KELLNER. Der krokodilhäuterne Liebhaber aus Afrika hat vier Jahre gewar-
tet, und die Braut hat jetzt noch ihre Lilie in der Hand. Aber der andere
Liebhaber, ein Mensch mit Knopfstiefeln, gibt sie nicht frei, und die
Braut, welche noch ihre Lilie in der Hand hat, weiß nicht, an welcher
Seite sie weggehen soll.
STIMME. Sonst nichts?
KELLNER. Die Revolution in den Zeitungsvierteln spielt auch eine Rolle und
dann ist da ein Geheimnis, das die Braut hat, etwas, das der Liebhaber
aus Afrika, der vier Jahre gewartet hat, nicht weiß. Es ist ja noch ganz
unentschieden.
STIMME. Ist noch keine Entscheidung gefallen?
KELLNER. Es ist noch ganz unentschieden.[31]

Die Beobachterrolle, die der Zuschauer hat, ist auf der Bühne wiederholt, auf sie
projiziert. Manke gibt vom Geschehen – wie ein Sportreporter – Bericht, und er
lenkt das Interesse auf das Finish. Gleichsam »stückimmanent« gestalten die
Trommeln in der Nacht schon die Anweisung, die Brecht später seinem Drama
Im Dickicht der Städte mitgibt:

»Sie betrachten den unerklärlichen Ringkampf zweier Menschen und Sie
wohnen dem Untergang einer Familie bei [...]. Zerbrechen Sie sich nicht
den Kopf über die Motive dieses Kampfes, sondern beteiligen Sie sich an
den menschlichen Einsätzen, beurteilen Sie unparteiisch die Kampfform der
Gegner und lenken Sie Ihr Interesse auf das Finish.« (1,126)

Das Desinteresse für die »Motive« markiert Brechts Abneigung, nach psychologisch orientierter Motivation der Kampfgegner zu suchen. Sie besagt für Brecht
deshalb nichts, weil sie bloß individuelle Erklärungen zuläßt und die menschlichen Einsätze unterschlägt. Die Kampfformen sind es, die der Zuschauer beobachten kann – und nicht die Motivationen, weshalb die Kampfformen auch recht
theatergemäß ausfallen, insbesondere wenn dabei die von Brecht gelobten
Formen des Kampfsports, des Boxens, beachtet werden; sie können die Verlogenheit psychologisierender Darstellung aufdecken. Überdies lassen die Kampfformen erkennen, was der jeweilige Gegner von sich wirklich »einsetzt« (die
menschlichen Einsätze) und was umgekehrt mit ihm wirklich geschieht (Doppel-
deutigkeit der »menschlichen« Einsätze, als ob es Wetteinsätze wären, die auch
»draufgehen« können). In den *Trommeln* geht Brecht noch nicht so weit wie im
Dickicht; die Tendenz jedoch, das, was auf der Bühne gezeigt wird, nicht als
einfühlsame und direkte Handlung zu präsentieren, sondern ihren Vorführungs-
und Ausstellungseffekt zu betonen, ist schon ganz vorgegeben.

Mankes poetische Inhaltsangabe mit dem Hinweis auf die noch bestehende Unentschiedenheit lenkt sowohl die Aufmerksamkeit auf das Ende als auch auf die Kampfformen der Gegner. Nur – und das ist ein weiterer entscheidender Unterschied zum *Dickicht*: die Kämpfe finden als solche gar nicht statt, und das Finish erweist sich als glatter Betrug, als romantische Illusion – wie alles in diesem Stück. Brecht führt seinen Zuschauer mit der angekündigten, aber dann gar nicht gespielten Liebesgeschichte im wahrsten Sinn des Theaters regelrecht vor. Er läßt die Personen sich aufführen (als ob sie besoffen wären z. B., als ob sie fliehen würden, als ob ihre Spiele echt wären), er gestaltet einen Kommentator, der so tut, als ob da ein wirklicher Kampf stattfände – aber eigentlich passiert nach dem 2. Akt, nachdem die Arena für den Kampf aufgebaut ist, gar nichts mehr, abgesehen von der zwar entscheidenden, aber banalen Wende im 3. Akt – der sogar ausgelassen werden darf –, in dem die Dame sich entschließt, ihrem ehemaligen Liebhaber nachzueilen und den anderen einfach fallen zu lassen. Der Kampf, den Murk zur »Erledigung« Kraglers geführt haben will, erweist sich als Prahlerei des Betrunkenen; der »Untergang« des anderen Helden in die Revolution – die auch »eine Rolle spielt«, wie sich Manke angemessen theatralisch ausdrückt – ist, vom Ende her gesehen, eine bloße Schnapsidee, und noch nicht einmal die Sache mit der »Lilie«, die den Kellner so beschäftigt, taugt zu einer handfesten Auseinandersetzung mehr. Als Anna den wiedergefundenen Kragler über ihr Verhältnis mit Murk unterrichten will, verbietet er ihr das »Maul« und zieht ganz unromantisch mit der »beschädigten« Dame ins große weiche Bett. Kurz: mit diesem abgeschlafften und am Krieg endgültig verdorbenen Bürgertum ist keine Tragödie mehr zu veranstalten. Der Schluß des Dramas, als Kragler den roten Mond herabschmeißt, der nur Theaterrequisit war, und sowohl den Entschwindenden als auch den Zuschauern mit höhnischer Gebärde zuruft: »Fast ersoffen seid ihr in euren Tränen über mich«, stellt die ganze Komödie als Spiel bloß. Es war alles nicht so gemeint. Blickt man von daher noch einmal auf das ganze Stück zurück, so bemerkt man, daß da ständig Spiele veranstaltet werden, die zunächst Ernsthaftigkeit und Anteilnahme beanspruchen, dann sich aber schnell als Falschspielerei entlarven. Erinnert sei z. B. an den 1. Akt, als Vater und Mutter Balicke nun doch mal ein ernstes Wort mit der Tochter reden wollen, damit sie endlich von ihrem afrikanischen Gespenst lasse und den Murk heirate. Balicke, der die übliche Flennerei der Tochter kennt, erwartet von ihr eine »Oper« mit vielen Tränen, und er »inszeniert« die folgende Aussprache auch regelrecht in diese Richtung. Die Unterredung, von den Eltern im Ernst der Uneingeweihtheit geführt, ist für den Zuschauer bereits eine der ersten Farcen, die sich abspielt, weil er weiß bzw. bemerken kann, daß die Entscheidungen längst gefallen sind und Murk mit Anna den Eltern nur etwas vorgespielt hat. Das wiederholt sich in der Dichtungsmetaphorik, die Balicke auf Kragler anwendet: er sagt schon früh, daß er den »Roman« mit Kragler und Anna satt habe, und als Kragler dann wirklich auftaucht, schickt er ihn wieder in

seinen Roman zurück: »Sie sind überhaupt nur aus einem Roman. Wo haben Sie
Ihren Geburtsschein.«

Zieht man die Konsequenzen aus diesen Beobachtungen, so bestätigt sich einmal
mehr, daß das Stück gar nicht von der Revolution handelt – sie spielt eben nur
eine Rolle (im Hintergrund). Es geht vielmehr um die Entlarvung der vielen
verlogenen »Spiele«, die das Bürgertum aufführt, um sich die Anteile zu sichern,
nämlich an der Fleischbank, die als das allein Wirkliche am Ende von Kraglers
Entromantisierungs-Monolog übrig bleibt. Diese »Vorführungen« suggerieren
sowohl das Heldenhafte wie auch das – in bezug auf die Eroberung der Damen –
Romantische der bürgerlichen Kämpfe. Beidem, Heldentum und Romantik,
gesteht Brecht keine Realität mehr zu, und konsequent läßt er es nur noch als
literarisches Zitat gelten (selbst Kraglers Afrika-Erlebnisse erhalten den roman-
haften Zug, der den Landserlegenden anhaftet). Alles, was das Bürgertum an
Veredlungen seiner »Eroberungs«- und Kampfesformen anbietet, ist in Wirklichkeit knisterndes Papier, Trivialliteratur übelster Sorte: Hundekomödien, Affen-
theater, Opern – hohler Anspruch. Daß Brecht aus diesen – entlarvenden –
Spielen, die er nun mit den Vorführungen des Bürgertums veranstaltet, keine
reine Artistik werden läßt, spricht für den Realismus des jungen Brecht; denn er
besteht nicht nur am Ende auf der »Leibhaftigkeit« der Fleischbank – durch
Krieg und verratene Revolution (von der Brecht noch nichts wußte) –, sondern
er beschreibt auch die neuen Kampfformen, die ein »Duell« – wie es die
Dramentheorien vornehm nennen – gar nicht mehr zulassen. Wer in Stiefeln
wacker und stur voran- und über alles hinweggeht, ohne hinunterzusehen, der
nimmt seine Opfer nicht mehr wahr. Kragler hat das am Ende gelernt, und er
wird mitmachen.

Es gibt aber auch noch eine Konsequenz für das Theater (und ich möchte dies für
künftige Aufführungen als Anregung verstanden wissen). Der so gedeuteten
Theaterhaftigkeit des gesamten Stücks ist eine Konsequenz inhärent, die auf die
Art der Aufführung wirken sollte. Sie nämlich kann das Spiel, das Brecht mit
seinem Inhalt treibt, auf dem Theater wiederholen, indem sie so tut, als ob sie ein
»richtiges« Drama anböte, dann aber – sozusagen mit herausgestreckter Zunge –
alles als bloßes Theatertheater, als falschen Donner, falsche Rührung, falsche
Geschichten zeigt. Im Grunde hat ja der junge Brecht, indem er seinen zeitgenössischen Zuschauern ein aktuelles Schein-Drama unterjubelte, das glotzende
Bürgertum, das mit »echten« Geschichten rechnete – und sich dann auch
beschwerte, daß sie nicht eingelöst wurden (wie manche Kritiken den »Abfall«
der letzten drei Akte richtig notierten) –, regelrecht (darf man das sagen?)
verarscht. Nur leider: man hat's gar nicht bemerkt.

Anmerkungen

Zitiert werden muß – auch wenn die Ausgabe nicht allgemeiner zugänglich ist – nach der Erstausgabe des Stücks. Bertolt Brecht: Trommeln in der Nacht. Drama. München [Drei Masken Verlag] 1922. Die Widmung lautet »Der Bi Banholzer 1918«; eine Anmerkung Brechts bestimmt: »Das Buch darf nur dann zu Bühnenzwecken benutzt werden, wenn vorher das Aufführungsrecht [. . .] rechtmäßig erworben ist.« Ansonsten wird zitiert nach: Bertolt Brecht: Gesammelte Werke in 20 Bänden. werkausgabe edition suhrkamp. Hrsg. vom Suhrkamp Verlag in Zsarb. mit Elisabeth Hauptmann. Frankfurt a. M. 1967. Wie in der Brecht-Forschung üblich geworden, habe ich die aus den *Gesammelten Werken* zitierten Texte durch Band- und Seitenzahl nachgewiesen. Damit die Zitate der Erstausgabe – sofern sie Entsprechungen in der späteren Fassung haben – verifizierbar sind, habe ich in den Anmerkungen den Nachweis der *Gesammelten Werke* ergänzt.

1 Zit. nach: Friedrich Voit: Der Verleger Peter Suhrkamp und seine Autoren. Seine Zusammenarbeit mit Hermann Hesse, Rudolf Alexander Schröder, Ernst Penzoldt und Bertolt Brecht. Kronberg i. Ts. 1975. S. 301. Voits Band enthält eine ausführlichere Dokumentation über die Entstehung der *Ersten Stücke.*

2 Ebd. S. 302.

3 Als Beispiel führe ich nur Martin Esslins 1959 erstmals in englischer Sprache publiziertes Buch an. Martin Esslin: Brecht. Das Paradox des politischen Dichters. München 1970. (dtv 702.) S. 199 f.

4 Bertolt Brecht: Briefe. Hrsg. und komm. von Günter Glaeser. Frankfurt a. M. 1981. S. 710 (An Peter Suhrkamp; 17. 9. 1953).

5 Konrad Feilchenfeldt: Bertolt Brecht. Trommeln in der Nacht. Materialien, Abbildungen, Kommentar. München 1976. S. 58. Feilchenfeldts Kommentar ist die bisher umfangreichste wissenschaftliche Darstellung über das Stück; es verwundert sehr, daß gerade sie nicht nur oft völlig unsinnige und unabgesicherte Einzelheiten herbeikramt, sondern auch noch in spekulativster Weise das Stück angeht. Um nur einige kennzeichnende Beispiele zu geben, Brechts Äußerung von 1953 (gegenüber Ernst Schumacher, der »Germanistikstudent«) auf die Frage zu seinen Beziehungen zum »Expressionismus«: »Gab's damals in Augsburg nicht!«, bringt Feilchenfeldt mit Balickes Wort – als Reaktion auf das Stichwort »Spartakus« – »Unsinn, gibt's bei uns ja gar nicht!« (1,78) in unmittelbaren Zusammenhang, um zu folgern, Brecht habe »Revolution« und Expressionismus gleichgesetzt, und zwar zeit seines Lebens. Geradezu schwankhaft wird es, wenn Feilchenfeldt Brechts Verhalten am 17. Juni 1953 mit dem Kraglers im Drama identifiziert (Feilchenfeldt. S. 59, 83). Dann behauptet Feilchenfeldt (implizit), die Neubearbeitung des Stücks 1953 habe die Handlung »aus Brechts ursprünglichen Erlebnisbereich in Augsburg und München nach Berlin« (S. 58) verlegt, womit eine »absichtsvolle Aktualisierung des Stoffes in der Bearbeitung« vorgenommen worden sei. Dieser Spekulation steht entgegen, daß schon die Erstfassung immer nur in Berlin gespielt hat (z. B. spricht die »rote Rosa« »unter freiem Himmel im Tierpark«, S. 78; usw.). Oder, um ein letztes Beispiel zu nennen, Feilchenfeldt behauptet mit Guy Stern (in: Monatshefte 61, 1969, S. 241–259), Frau Balicke sei Annas Mitwisserin und ermuntere ihre Tochter mit »Also schau, daß du was in die Wäsche kriegst!« (1,73) zur Abtreibung. Im Kontext des Stücks aber geht es ganz vordergründig zunächst um die Monatsblutung, dann aber auch im übertragenen Sinn um den Ehemann (der in die Wäsche zu kriegen ist); im Verlauf des Stücks ist noch öfter von der Wäsche die Rede in dem Sinn, daß sie Voraussetzung für die Ehe (Aussteuer) ist (vgl. »Die Wäsche beisammen, die Stuben gemietet«, 1,104. Aber die Braut haut ab; Feilchenfeldt, S. 104).

6 Erstausg. S. 7; die »Stücke«-Ausgabe behält diese falsche Anweisung in allen Ausgaben bei (1953, 1957, 1961), tauscht aber die Gattungsbezeichnung – dem neuen Untertitel entsprechend – aus (statt »Drama« also »Komödie«). Es ist kaum anzunehmen, daß Brecht die falsche Angabe der Spielzeit übersehen hätte, so daß diese Maßnahme auch auf Peter Suhrkamp zurückgehen dürfte, der die »Authentizität« des Stücks bewahrt wissen wollte. Freilich sei gesagt, daß die Spielzeitverlegung der späten Fassung auch der Germanistik entgangen ist; auf sie hatte Brecht – im Gegensatz zu Paule – nicht extra verwiesen.

7 Erstausg. S. 19; vgl. 1,78.

8 Ebd. S. 18; vgl. 1,77.

9 Ebd. S. 15; vgl. 1,75.

10 Ebd. S. 17 f.; vgl. 1,76 f.

11 Ebd. S. 55.

12 Vgl. dazu Jan Knopf: Brecht-Handbuch Theater. Stuttgart 1980. S. 112.
13 Gemeint ist die »Keuschheitsballade in Dur«, die Brecht in sein Stück *Die Kleinbürgerhochzeit* eingebaut hat (7,2729 f.), in der es heißt: »Um zu löschen ihre Flammen / Die er [der bürgerliche Jüngling] schuldlos ihr erregt / Hängt s i e sich an einen strammen / Kerl, der keine Skrupel hegt. / (Und der haute sie zusammen / Auf die Treppe hingelegt.)
14 Vgl. Erstausg. S. 18; vgl. 1,77.
15 Ebd. S. 47; vgl. 1,97.
16 Ebd. S. 78; die Passage ist in der Bearbeitung zugunsten der Paule-Figur gestrichen.
17 Erstausg. S. 88; keine Entsprechung in der Bearbeitung.
18 Ebd. S. 90; vgl. 1,120.
19 Vgl. Arthur Rosenberg: Die Entstehung der Weimarer Republik. Hrsg. von Kurt Kersten. Frankfurt a. M. 1961; sowie: Arthur Rosenberg: Die Geschichte der Weimarer Republik. Hrsg. von Kurt Kersten. Frankfurt a. M. 1961 (hier vor allem die ersten drei Kapitel).
20 Rosenbergs Einschätzung (vgl. Entstehung, S. 212).
21 Ein Nachdruck der *Pleite* erschien 1977 in Nendeln, Lichtenstein (Kraus Reprint). Brechts Behauptung, die »Legende« sei während des Krieges geschrieben worden, findet sich 19, 422. Die Karikatur der *Pleite* weist *keinen* Bezug zu Brechts Gedicht auf; sie ist vielmehr den »Ärzten von Stuttgart, Greifswald, Erfurt und Leipzig gewidmet«. Sie zeigt eine Musterungskommission (kaiserlich); ein Arzt hält das (altertümliche) Hörrohr an ein verdrecktes, noch teilweise behaartes, männliches Geschlecht andeutendes Gerippe (mit Brille); aus dem Mund des Arztes kommt die Sprechblase: »KV«. Der *Pleite*-Kommentar lautet: »4½ Jahre haben sie dem Tod seine Beute gesichert; jetzt, als sie Menschen das Leben erhalten sollten, haben sie gestreikt. Sie haben sich nicht geändert. – Sie sind sich gleich geblieben. – Sie passen in die ›deutsche Revolution‹.« (Jg. 1. Nr. 3). Die »Ballade« findet sich: Erstausg. S. 96–99.
22 Erstausg. S. 8; vgl. 1,70.
23 Zur Entstehungsgeschichte des Stücks vgl. Knopf (Anm. 12) S. 19 f.; zur Einschätzung der Fünfaktigkeit sowie zu Freytag vgl. Feilchenfeldt (Anm. 5) S. 60, 98 f.; gemeint ist Freytags *Technik des Dramas* von 1863.
24 Die Rezension findet sich abgedruckt bei Rüdiger Steinlein: Expressionismusüberwindung: Restitution bürgerlicher Dramaturgie oder Beginn eines neuen Dramas. In: Joachim Dyck [u. a.] (Hrsg.): Brechtdiskussion. Kronberg i. Ts. 1974. S. 35 f.
25 Feilchenfeldt (Anm. 5) S. 40; der Sinn dieser »Erläuterung« ist mir nicht klar geworden (was soll z. B. der Verweis auf Fischer?).
26 Ebd. S. 45 (vgl. Bild S. 147 zu den *Meistersingern*) will in Brechts Schlußszene die Prügelszene aus Wagners *Meistersingern* (Ende 2. Akt) als Vorbild sehen; auch dafür ergeben sich keine sinnvollen Belege. Brechts Szene ergibt sich aus dem Theaterzitat, das das Stück insgesamt durchzieht und das in noch vielen Einzelheiten zu belegen gewesen wäre, z. B. das »Aufstehen« – vom Stuhl nämlich –, durch das jeder gesagte Satz plötzlich pathetisch werde (»Im Sitzen gibt es kein Pathos«; 1,91). Das »Aufstehen« verweist nicht nur auf den Aufstand (Revolution), sondern auch auf das Theaterpathos: »Kragler, [sagt Babusch], die Weltgeschichte wäre anders, wenn die Menschheit mehr auf dem Hintern säße!« (1,96.) Dies sind die wahren Zusammenhänge, in denen der junge Brecht die Revolution sieht (daß der alte das mit einiger Aufregung erkennen mußte, wird da schon verständlich).
27 Richard Wagner: Die Musikdramen. München 1978. (dtv 6095.) S. 583–651; hier bes. S. 630 ff.
28 Erstausg., S. 62–64; vgl. 1,106 f.
29 Ebd., S. 56 f.; vgl. 1,104.
30 Im Zusammenhang mit dem »Walkürenritt« wäre auch noch die ganze Himmelsmetaphorik zu untersuchen gewesen, auf die hier nur verwiesen sein soll. Bereits im 1. Akt spielt der Himmel – aus dem u. a. niemand, das heißt Kragler, zurückkommt, eine große Rolle – auch die Verlobung kommt aus »heiterem Himmel« usw.; und im 3. Akt erhält das gesamte Stück durch Babusch den ironischen Titel – im Zuge der Theatermetaphorik – »Der Engel in den Hafenkneipen« (1,105): Anna auf »Himmelfahrt«, aber der Engel ist ein gefallener.
31 Erstausg., S. 51; vgl. 1,100.

GISELA E. BAHR

Und niemals wird eine Verständigung sein:
»Im Dickicht der Städte«

Sie befinden sich im Jahre 1912 in der Stadt Chicago. Sie betrachten den
unerklärlichen Ringkampf zweier Menschen und sie wohnen dem Untergang einer Familie bei [...]. Zerbrechen Sie sich nicht den Kopf über die
Motive dieses Kampfes, sondern beteiligen Sie sich an den menschlichen
Einsätzen, beurteilen Sie unparteiisch die Kampfform der Gegner und
lenken Sie Ihr Interesse auf das Finish.   (126)[1]

Mit diesem Vorspruch mag Brecht das Seine dazu beigetragen haben, daß sein
Stück *Im Dickicht der Städte* von der Forschung lange Zeit zum »seltsamsten und
verwirrendsten«, zum »eigenartigsten und verschlüsseltsten« aller Brechtstücke
erklärt wurde, das, »unerklärlich und unmotiviert«, allenfalls als Vorläufer des
Absurden Theaters von Adamov, Beckett und Ionesco gelten könne.[2] Je nach
der Perspektive der Kritiker wurde das Stück der ›subjektiven‹ Schaffensperiode
zugerechnet, in der Brecht lediglich seine eigenen anarchistischen oder nihilisti-
schen Impulse in Literatur umzusetzen suchte,[3] oder es wurde als Darstellung der
kapitalistischen Gesellschaft und der durch sie entstandenen Entfremdung des
Menschen verstanden, wobei alle Widersprüchlichkeiten in der Dramenhandlung
mit Brechts mangelndem Bewußtsein erklärt wurden.[4] In jüngerer Zeit finden
sich nun auch Kritiker, die *Im Dickicht der Städte* »eines der vollkommensten
Stücke« Brechts oder doch »das klarste Stück seiner Jugendjahre« nennen.[5]
Auf der Bühne hat es nicht weniger befremdend gewirkt. Die Premiere der
Erstfassung, betitelt *Im Dickicht*, die 1923 am Münchener Residenztheater
stattfand, endete in einem beispiellosen Tumult, wie H. O. Münsterer berichtet
hat,[6] und das Stück wurde nach sechs Aufführungen abgesetzt. Der Berliner
Produktion von 1924 ging es nicht besser. Von wenigen Ausnahmen abgesehen,
reagierten Publikum und Presse mindestens mit Hilflosigkeit, wenn nicht gar mit
Feindseligkeit und scharfer Ablehnung.[7] »Der Besuch des Stückes ›Im Dickicht
der Städte‹«, schrieb Brecht 1928 im Programmheft zur Heidelberger Aufführung, »hat sich bereits als so schwierig herausgestellt, daß sich nur die mutigsten
Theater daran wagten. Tatsächlich ist eine völlige Ablehnung des Stückes durch
das Publikum nichts Unbegreifliches.«[8] Denn das bürgerliche Publikum sei
weder an die neuen Menschentypen und Handlungsweisen gewöhnt noch an die
Notwendigkeit zum Mitdenken. »In dieser Welt«, so Brecht, »findet sich der
Philosoph besser zurecht als der Psychologe.«[9] Seit den sechziger Jahren wird *Im
Dickicht der Städte* hier und da wieder aufgeführt, oft von Studio- oder Studen-

tenbühnen, vor einem Publikum, das vielleicht nicht philosophischer ist, aber vermutlich jünger und überdies an Theaterexperimente gewöhnt. Es mag daher eher bereit sein, nicht nach den Motiven zu fragen. Bei einer Produktion in Boston (1970) betonte die Kritik die außerordentliche Aktualität des Stücks in einem Land voller Unruhe (nach dem Vietnamkrieg).[10] Hat also die Zeit das einst so unentwirrbare Stück eingeholt?

Zur Entstehungsgeschichte

Das Drama entstand in einer Zeit (1921–27), in der Brechts künstlerische Laufbahn und die zeitgeschichtliche Entwicklung weitgehend zusammenfielen. Die wirtschaftlichen und politischen Probleme, mit denen die junge Weimarer Republik zu kämpfen hatte, erschwerten es Brecht, sich als Literat zu etablieren und damit auch eine finanzielle Basis zu gewinnen. Bisher hatte er nur einige Gedichte und Erzählungen veröffentlichen können, aber keine seiner dramatischen Arbeiten war bislang aufgeführt oder veröffentlicht worden. Andrerseits wurde seine Produktivität durch die intellektuelle Experimentierfreudigkeit dieser Jahre und die Menschen, mit denen er besonders in Berlin zusammenarbeitete, gefördert und in bestimmte Bahnen gelenkt.

Das neue Projekt, das in den frühen Arbeitsstadien »Garga« hieß, dann »George Garga oder Das Dickicht«,[11] war von Anfang an als Großstadtdrama konzipiert. Brechts Tagebuch verzeichnet am 4. September 1921 seine »epochale Entdeckung, daß eigentlich noch kein Mensch die große Stadt als Dschungel beschrieben hat. Wo sind ihre Helden, ihre Kolonisatoren, ihre Opfer? Die Feindseligkeit der großen Stadt, ihre bösartige steinerne Konsistenz, ihre babylonische Sprachverwirrung, kurz: ihre Poesie ist noch nicht geschaffen.«[12] Das entsprach allerdings nicht den Tatsachen. Nur ein Jahr zuvor hatte Brecht selber zwei Romane gelesen, die die Stadt Chicago eindeutig als Dschungel darstellten, nämlich *Der Sumpf* (*The Jungle*) von Upton Sinclair[13] und *Das Rad* von Johannes V. Jensen. Motive aus beiden sind auch in Brechts Stück erkennbar, wenngleich er selbst nur Jensens Roman als Anregung genannt hat.[14] Diesem dramatisierten Auftakt folgten am 15. September erste programmatische Überlegungen: »[...] eine Sache, die ›Freiheit‹ heißt oder ›Die Feindseligen‹. Es ist ein Kampfstück, östlich-westlich, mit einem unterirdischen Austrag, Ort: die Hinterwelt. Es müßte die großen Formen des ›Baal‹ haben.«[15] In der nun einsetzenden intensiven Arbeit an dem neuen Stück scheint zunächst die Großstadtkomponente an Bedeutung gewonnen zu haben, denn am 3. Dezember notierte Brecht den Plan einer Trilogie zum Thema »Asphaltdschungel« für das Große Schauspielhaus in Berlin.[16]

Über die Anfangsphase der Arbeit an *Dickicht*[17] zu Hause in Augsburg hat Brecht rückschauend in seinem Essay *Bei Durchsicht meiner ersten Stücke* berichtet.[18] Seine Arbeitsweise – das Schreiben im Freien, in der Herbstsonne am Teich, auf dem Schwäne ihre Kreise zogen – ist hinlänglich bekannt. Der Kontrast könnte nicht größer sein: in dieser Idylle entstand ein Stück, das fast ausschließlich in dunklen Kaschemmen und schmierigen Mansarden, in Feindseligkeit und schlechter Luft spielt. Offensichtlich hatte das eine mit dem anderen nichts zu tun. »Es wächst alles, wie von selbst, dem Mittelpunkt zu, als schriebe ich aus der Erinnerung«, notierte sich Brecht. »Jedes Wort hat seine Schale erbrochen, es dringen Sätze direkt aus den Brüsten herauf. Ich schreibe nur auf.«[19] Als schriebe er aus der Erinnerung – vielleicht an die beiden Chicago-Romane, die er gelesen hatte und in denen ein Kampf zwischen zwei Männern in der Kälte der Großstadt (*Das Rad*) sowie der Untergang einer Familie (*Der Dschungel*) vorgebildet waren?[20] Die Lektüre eines Bandes mit Rimbaud-Dichtungen, die das Tagebuch im Oktober erwähnt, mag die hektische Intensität, mit der die ersten Szenen des Stücks entstanden, noch verstärkt haben. »Wie glühend dies alles ist! Leuchtendes Papier! Und er hat Schultern von Erz!« lautet die Eintragung vom 4. Oktober. »Immer, wenn ich arbeite, wenn die Lava fließt, sehe ich das Abendland in düstern Feuern und glaube an seine Vitalität.«[21] Im November 1921 vertauschte Brecht die Augsburger Herbstidylle mit der Asphaltstadt Berlin und nahm sein halbfertiges Stück mit. Berlin, oder »das kalte Chicago«, wie er es zuweilen nannte,[22] empfing ihn nicht gerade mit offenen Armen, als er begann, sich in die literarische Szene zu mischen und berufliche Verbindungen anzuknüpfen, mit Verlegern verhandelte, Theater und Kinos frequentierte, sich auch selber als Regisseur versuchte, was allerdings fehlschlug. Anfangs war ihm Berlin »eine gute Stadt«, mit der er es schon aufnehmen könnte. »Da ist Kälte, friß sie!«[23] Aber kaum einen Monat später taucht in Brechts Tagebuch eine vereinzelte Notiz auf, die innere Kämpfe andeutet. »Immer wieder bricht es aus: die Anarchie in der Brust, der Krampf. Der Ekel und die Verzweiflung. Das ist die Kälte, die man in seinem Herzen findet. Man lacht, man verachtet das, aber es sitzt im Lachen selbst, und es nährt die Verachtung.«[24] Schwer zu sagen, ob Brecht hier sich selbst meinte oder seine Dramenfigur George Garga. In die Darstellung der Großstadt selber scheinen seine realen Erlebnisse kaum eingeflossen zu sein, die »Hinterwelt«-Atmosphäre herrscht vor. »Eines ist im ›Dickicht‹: die Stadt. Die ihre Wildheit zurückhat, ihre Dunkelheit und ihre Mysterien. Wie ›Baal‹ der Gesang der Landschaft ist, der Schwanengesang. Hier wird eine Mythologie aufgeschnuppert.«[25] Diese Charakterisierung trifft besonders auf die Erstfassung des Stücks zu, die, im Frühjahr 1922 in Berlin beendet, ein Jahr später mit Lion Feuchtwangers Hilfe überarbeitet und im Mai 1923 in München mit dem Titel *Im Dickicht* uraufgeführt wurde. Die Druckfassung von 1927, die den Titel *Im Dickicht der Städte* erhielt, ist sachlicher in der Atmosphäre, klarer in der Struktur, gradliniger in der Handlungsführung, auch knapper in der Sprache. Daraus folgt nun nicht, daß sie auch leichter zu verstehen ist. Manche Passagen sind durch

Verkürzungen oder Verfremdungen eher undurchsichtiger geworden, was durchaus in Brechts Absichten lag. »Ein gutes Stück braucht viele Untiefen, undurchsichtige Stellen, eine Menge Kies und erstaunlich viel Unvernunft«, schrieb er Ende der zwanziger Jahre.[26] Für die Erstfassung liegt eine neuere Interpretation vor, die eine Inhaltsangabe des Stücks einschließt.[27] Unsere Interpretation konzentriert sich deshalb auf die Druckfassung.[28]

Die große Stadt

Die Großstadt, Schauplatz und Nährboden für den »unerklärlichen Ringkampf«, erscheint in *Im Dickicht der Städte* zeitlich und räumlich entrückt, und das nicht nur, weil sie Chicago heißt und ans Meer versetzt ist. Man weiß, daß Brecht sie aus Gründen der Verfremdung nicht Berlin genannt hat.[29] Aber die aktuellen Gegebenheiten, die das Gesicht Berlins wie anderer Großstädte in den zwanziger Jahren bestimmten, nämlich eine zunehmende Industrialisierung und Vermassung der Städte, die mit Produktionskrisen, Ausbeutung der Arbeiter, Arbeitslosigkeit und Wohnungsnot einhergingen,[30] und die in den Romanen von Jensen und Sinclair eine entscheidende Rolle spielen, werden hier nicht unmittelbar dargestellt, sondern umfunktioniert zu einer Deutung der Großstadt als Sumpf oder Dschungel. Die andere Seite großer Städte, das Nachtleben, die hektischen Vergnügungen, die »brodelnden Kessel«,[31] wird dagegen nur in Form von literarischen Zitaten vermittelt, z. B. aus Rimbauds Dichtungen. Der Sumpf oder Dschungel wird bevölkert von Typen wie dem Wurm, Besitzer einer schmierigen Absteige, und dem Pavian, einem Zuhälter.[32] Ihre Berufe sind typisch für einen Schauplatz, wo der Mensch zur Ware gemacht wird, und ihre Namen kennzeichnen die Großstadt als eine nicht-menschliche Welt, in der animalische Instinkte herrschen.
Die Großstadt wird aber nicht nur in ihren ›Repräsentanten‹ gezeigt, sondern auch in ihren Opfern, der vom Lande zugezogenen Familie Garga. Der Vater arbeitslos seine Tage vertrinkend, die Mutter durch Wascharbeit frühzeitig verbraucht, der Sohn mit kleinem Verdienst die Familie erhaltend –, so vegetieren sie dahin. Den technischen Einrichtungen der Stadt stehen sie ebenso hilflos gegenüber wie den Machenschaften der Städter, und ihre naive Verwunderung macht die bedrohliche Fremdheit ihrer Umgebung und ihre Isolierung nur noch deutlicher.

> JOHN. In solchen Städten kann man nicht von hier bis zum nächsten Haus sehen. Sie wissen nicht, was es bedeutet, wenn Sie eine bestimmte Zeitung lesen. [...] Wenn die Leute mit diesen elektrischen Wagen fahren, bekommen sie vielleicht davon ...
> MANKY. Den Magenkrebs. (145)

Nur George hat etwas vom Wesen der Stadt begriffen, nachdem Shlink ihn aufgerüttelt und seine Kündigung erreicht hat. »Wir sind nicht frei«, sagt er und versucht, der Mutter die Situation zu erklären:

[...] die Tränen der Mutter salzen den Kindern die Mahlzeit, und ihr Schweiß wäscht ihnen das Hemd, und man ist gesichert bis in die Eiszeit, und die Wurzel sitzt im Herz. Und ist er aufgewachsen und will etwas tun mit Haut und Haar, dann ist er bezahlt, eingeweiht, abgestempelt, verkauft zu hohem Preis, und er hat nicht einmal die Freiheit unterzugehen. (147)

Von Armut und Hoffnungslosigkeit abgestumpft, vegetieren die Gargas am Rande des Dschungels dahin, bis die unheimliche Großstadt eines Tages in die Familie einbricht.

Sie gehen mit Ihren Kindern auf der Straße, und das vierte Gebot wird genau beobachtet, und plötzlich haben Sie nur mehr die Hand Ihres Sohnes oder Ihrer Tochter in der Hand, und Ihr Sohn oder Ihre Tochter selbst sind schon bis über ihre Köpfe in einem plötzlichen Kies versunken. (146)

Als Sohn und Tochter dann tatsächlich ausbleiben, empfinden die Eltern den Verlust in erster Linie als einen finanziellen. Er trifft sie unvorbereitet, und nur Shlinks Eingreifen bewahrt sie vor dem schnellen Untergang. »[...] wie arm wir sind, wie affenhaft und mißbrauchbar, elend, hungrig, geduldig«,[33] schrieb Brecht in sein Tagebuch, als er das Dienstmädchen seiner Berliner Gastgeber beobachtete. Dieses Motiv von der Mißbrauchbarkeit des Menschen und seiner Geduld im Aushalten von Schmerzen benutzte er ebenfalls zur Charakterisierung der Großstadtwelt. »Der Mensch ist zu haltbar. Das ist sein Hauptfehler«, sagt zum Beispiel der Geistliche, bevor er seinen Selbstmordversuch macht. »Er geht zu schwer kaputt« (182). Bei Mae Garga wird das Motiv ebenfalls deutlich. Sie hat sich zeit ihres Lebens geschunden und erwartet auch für die Zukunft nichts anderes. Als George die Familie verläßt, weiß sie nicht, wie sie weiterleben soll, aber das eine weiß sie: »ich lebe noch so viele Zeit« (148). Dabei sind es nicht nur die Geschundenen, die diese Erfahrung machen. Garga kommt im Verlauf seines Kampfes auch zu der Erkenntnis: »Wie schwierig ist es, einem Menschen zu schaden, ihn zu vernichten, glatt unmöglich« (171). Der Wurm schließlich sieht darin eine Bedingung der Welt schlechthin. »Betrachten Sie die Verhältnisse des Planeten!« sagt er. »Hier wird ein Mann nicht auf einmal erledigt, sondern auf mindestens hundertmal« (177). Zur Erläuterung erzählt er dann die Lebensgeschichte des Hundes Wishu, eine Parabel, die an den Kern des Stücks heranführt und über die noch zu sprechen sein wird.

Der Kampf

Der Zweikampf, der im Großstadtdschungel entbrennt, findet zwischen zwei höchst ungleichen Partnern statt, nämlich zwischen George Garga, dem jungen Angestellten in einer Leihbibliothek, und dem alternden Shlink aus Yokohama. Der junge Garga, mehr an den Umgang mit Büchern gewöhnt als an die Machenschaften der Städter, hat sich trotz seiner widrigen Lebensumstände einen naiven Idealismus, ein empfindliches Ehrgefühl und einen Hang zum Träumen bewahrt. Er neigt aber auch zu Übertreibungen, sei es im Rauchen und Trinken, sei es in seinem Drang nach Freiheit. Er ist »immer ohne Maß gewesen« (144), sagt die Schwester von ihm. »Seit seiner frühesten Kindheit verträgt er es nicht, daß etwas über ihm ist«, bestätigt die Mutter (145). Shlink hat sich nach harter Jugend in Chicago mit ausbeuterischen Praktiken zum reichen Holzhändler heraufgearbeitet. »Seine Hand lag dem ganzen Viertel am Hals« (156).

Shlink ist der Herausforderer in dem Kampf. Er hat die übelsten Charaktere des Viertels angeheuert und seinen Kampfpartner sorgfältig auskundschaften lassen. Garga verdient in der Leihbücherei nur einen Hungerlohn, der ihm und den Seinen die allerdürftigste Existenz gestattet und für die Freundin Jane kaum etwas übrig läßt. Aber er liebt Bücher, liest viel und teilt den Kunden eilfertig seine Urteile mit, etwa, daß eine Reisebeschreibung (natürlich) besser ist als ein Kriminalroman. Gern träumt er davon, im fernen Tahiti ein ›freies‹ Leben zu führen. Bis Shlink mit seinen Handlangern in der Leihbibliothek auftaucht und die Schlinge um den ahnungslosen jungen Mann zuzieht (der Name Shlink spricht für sich), indem er ihm das Angebot macht, seine Ansicht über ein Buch zu kaufen, und dann mit weiteren Angriffen seine »Plattform erschüttert« (129).

An diesem Vormittag also, »der nicht wie immer ist« (129), wird Garga mit einem Schlag aus der gewohnten Bahn geschleudert.[34] Er lehnt Shlinks Angebot nicht nur deshalb ab, weil er auf seiner ›Gedankenfreiheit‹ beharrt,[35] sondern weil er darin die Aufforderung zur Prostitution erkennt. (Frauen haben nur ihren Körper zu verkaufen, Männer dagegen ihren Kopf.) So wird Garga plötzlich mit der Realität außerhalb seiner Bücherwelt konfrontiert, daß nämlich »auf diesem Planeten« die Menschen in Käufer und Ware eingeteilt sind, folglich alle Beziehungen zwischen ihnen mit Geld geregelt werden. Je mehr Shlink sein Angebot erhöht, desto deutlicher zeigt er Garga, daß dessen Ansichten, das heißt, seine Geistesprodukte, keinen Wert an sich haben, sondern nur einen Marktwert, den der Käufer bestimmt: »So erweist sich [...] das Geld, das Mittel, das den zwischenmenschlichen Verkehr regeln soll, immer zugleich als die Bedingung zur Selbstentfremdung des Menschen.«[36]

Systematisch greift Shlink Gargas Blößen an: seine Schuldgefühle gegenüber den Eltern, deren hoffnungslose Lage er ihm ausmalt, und gegenüber der Freundin, die schon in den Händen des Zuhälters ist. Er greift auch Gargas Hang zur Romantik an, der sich schnell als eskapistisch herausstellt. Denn als Garga seine

Stellung, also seinen armseligen Lebensunterhalt verliert, bricht sein Widerstand sofort zusammen. Jetzt wittert er Freiheit, sowohl die Freiheit von den Fesseln seiner kleinbürgerlichen Existenz als auch die Freiheit für seinen Traum vom einfachen Leben. Deshalb »versteigert« er nun Jane und »bittet« um das Billett nach den Inseln. Mehr noch, in einer großartigen Geste sagt er sich von dieser falschen, völlig verdorbenen Gesellschaft los und bekennt sich zum »rohen«, das heißt vorzivilisatorischen Leben ohne Moral und Metaphysik. Allerdings ist dieser Ausbruch nicht sein eigener, sondern ein inszenierter, zu dem er sich die Worte eines Dichters, Rimbauds nämlich, ausborgt, und der denn auch von den Umstehenden ironisch als ›Show‹ beklatscht wird. Demonstrativ legt er seine bürgerliche Kleidung ab, ehe er davonläuft. »Endlich ist er aus der Haut gefahren«, sagt einer der Komplizen zufrieden (135). Das bedeutet, er ist ›außer sich‹, er ist nun in der gewünschten Kampfstimmung. Es heißt aber auch, daß Garga ›ausgestiegen‹ ist und eine Rolle abgelegt hat – die Rolle des anständigen jungen Mannes, der sich für seine Familie aufopfert und seine Misere durch Trinken, Lieben und »Bücherblütenträume« (Knopf) zu vergessen sucht. Es ist zugleich die Rolle des weltfremden Jünglings (»Daß Sie Ansichten haben, das kommt, weil Sie nichts vom Leben verstehen«; 128), der sich nicht verkaufen will, sondern gegen den mit allen Wassern des Lebens gewaschenen Provokateur sein Menschsein verteidigt, auch wenn es Armsein bedeutet. Alles das ist bei der ersten Bewährungsprobe bereits von Garga abgefallen, und es ist erst der Anfang.

Drei Jahre später nämlich, am Ende des Kampfes, hat Garga voll und ganz Shlinks Position eingenommen, und das nicht nur äußerlich, als Besitzer des Holzhandels, sondern er versteht nun auch das ›Leben‹. Das heißt, er ist jetzt mit den Gepflogenheiten der großen Stadt vertraut. So verkauft er mit dem Holzgeschäft leichthin auch die noch übriggebliebenen Mitglieder der Familie. Garga hat sich angepaßt, er spielt mit und sorgt dafür, daß andere die Ware sind, nicht er. Damit ist er auch fit für den »Eisregen«, der ihn in den großen Städten erwartet, denn er hat begriffen, daß »das Geistige« nichts ist. Zwar nennt er rückblickend den nun beendeten chaotischen Kampf seine beste Zeit, aber das gewonnene Alleinsein – auch das ein Erbe Shlinks – ficht ihn (noch) nicht an: »Allein sein ist eine gute Sache« (193).

So hat sich der jüngere Protagonist, der ursprünglich als Titelgestalt konzipiert war, im Verlauf der Dramenhandlung in sein Gegenteil verkehrt, er hat sich »bis zur Unkenntlichkeit verändert«.[37] Das ist das »Finish« dieses »unerklärlichen Ringkampfes«, der nach Brecht ein »Kampf an sich« sein soll, »ohne andere Ursache als den Spaß am Kampf, mit keinem anderen Ziel als der ›Festlegung des besseren Mannes‹«.[38] Brecht nannte ihn auch einen »idealen Kampf«[39] und »einen sinnvollen Kampf, [...] der etwas bewies«.[40] Wer aber erweist sich am Ende als der bessere Mann, worin liegt das Sinnvolle der Auseinandersetzung, und was wird bewiesen?

Die Kampfform und die menschlichen Einsätze

Wenn wir uns, wie der Vorspruch nahelegt, der »Kampfform der Gegner« und ihren »menschlichen Einsätzen« zuwenden, so fällt auf, daß die zweite Kampfrunde in wesentlichen Aspekten spiegelverkehrt zur ersten abläuft. Setzt Shlink in der ersten Szene sein Geld und seine Macht dazu ein, Garga seine Existenzgrundlage zu entziehen, so entzieht er in der zweiten Szene sich selbst seine Existenzgrundlage, indem er Garga sein Holzgeschäft schenkt. In der ersten versucht er, Garga zu kaufen und dadurch zu seiner Kreatur zu machen, und jetzt verschenkt er sich und macht sich zu Gargas Kreatur:

> Von heute ab, Mister Garga, lege ich mein Geschick in Ihre Hände. Sie sind mir unbekannt. Von heute ab bin ich Ihre Kreatur. Jeder Blick Ihrer Augen wird mich beunruhigen. Jeder Ihrer Wünsche, auch der unbekannte, wird mich willfährig finden.   (138)

In der ersten Runde hat Shlink angegriffen. Nun, statt Gargas Gegenangriff abzuwarten, kommt er ihm zuvor und richtet sozusagen selber die Waffe gegen sich. Übrigens mit Erfolg: gerade das entwaffnet Garga.
Mit seiner naiven Vorstellung vom »Prairie-Krieg«[41] und dem Bestreben, Shlink die Beleidigung »Zahn um Zahn« zurückzuzahlen, kommt Garga gar nicht zum Zuge, denn Shlink läßt sich durch nichts provozieren – nicht durch die Zerstörung seines Geschäfts, nicht durch die Verwicklung in eine strafbare Handlung, nicht durch die Kassierung seines in vierzig Jahren zusammengekratzten Vermögens. Statt ebenfalls seine ›Ehre‹ zu verteidigen, begegnet er Garga mit einer »zurückweichenden Verbeugung« (140) und erreicht damit, daß der sich jetzt, durch die Entgegennahme von Shlinks Geschäft, kaufen läßt, ohne sich dessen bewußt zu werden. Das ist eine Strategie der Überlegenheit, wie sie Brecht öfter mit asiatischer Weisheit assoziiert hat,[42] die er aber als »unerbittliche Nachgiebigkeit« auch anderweitig als beispielhafte Überlebensstrategie beschrieben hat.[43] Sie muß also auch hier als Zeichen der Stärke interpretiert werden, nicht als geheimen Wunsch, zu unterliegen.[44] Marie Garga deutet Shlinks Taktik denn auch in diesem Sinn: er hat viele Möglichkeiten des Handelns, wo andere nur eine haben, er hat die Freiheit zu agieren, wo andere nur reagieren. Garga dagegen, nur auf sein Ehrgefühl fixiert, versteht gar nichts. »Ich spuckte ihm ins Gesicht: viele Male. Er schluckt es. Ich verachte ihn. Es ist aus« (144).
Wie sehr Shlinks Kampfform seinen eigenen Vorstellungen zuwiderläuft, zeigt sich an Gargas Versuch, die Leihbibliotheksszene mit dem jungen Mann von der Heilsarmee noch einmal durchzuspielen. Garga bietet ihm Shlinks Haus zum Geschenk an unter der Bedingung, daß er sich (auch) von Shlink beleidigen läßt. Aber während Garga sich nicht einmal um seiner Eltern willen demütigen lassen wollte, gibt der Geistliche schließlich für die »Waisen und Säufer« sein

»reingehaltenes Gesicht«, also seine Selbstachtung preis (143). Garga findet sein empfindliches Ehrgefühl von dem jungen Geistlichen ebensowenig bestätigt wie von Shlink. Wiederum ist es nur die Schwester, die den wahren Sachverhalt erkennt: »Ich denke, du bist blind, daß du nicht siehst, wie du unterliegst« (142).

Je weniger Garga versteht, um so mehr ist er von dem Kampf besessen. »Die Harpune sitzt fester, als wir glaubten« (155). Allerdings geht es ihm nicht ums Kämpfen, sondern nur ums Gewinnen. Dafür gibt er alles preis, was ihm einst wichtig war, den »papiernen Traum« vom einfachen Leben und alle anderen angelesenen Ideale. Das wird zum Beispiel an seiner immer bewußteren, immer ironischer werdenden Handhabung der Rimbaud-Passagen deutlich. Auch seine Einstellung zur Familie ändert sich, er benutzt die Angehörigen nur mehr als »Hilfsquellen«. Zuerst versucht er, die Schwester zu seinem Kampfarm zu machen, und dann, sich hinter Familie und Ehe zu verschanzen. Als auch das nicht hilft, läßt er alle im Stich und flüchtet sich ins Gefängnis. Schließlich wendet er bedenkenlos die Regeln des Dschungels an und hetzt die Lyncher auf Shlink. Es ist mehr von Garga abgefallen als nur eine Haut.

Shlink sorgt unterdessen für Gargas Eltern mit seinem Verdienst als Kohlenträger, und er erhält auch Marie. Das heißt, er tut alles, um Garga seine Eskapaden zu ermöglichen, tadelt ihn allerdings gelegentlich dafür, daß er sich alles zu leicht mache. Shlink ist auch bereit, ins Gefängnis zu gehen. Als aber Garga für drei Jahre von der Bildfläche verschwindet, kehrt Shlink – nur für diese Zeit – zu seinen alten ruchlosen Geschäftspraktiken zurück. In dem Moment, wo sich durch Gargas Entlassung die Hoffnung auf Wiederaufnahme des Kampfes abzeichnet, wandelt sich der Geschäftsmann erneut in den eher philosophischen Kampfpartner. Die Auseinandersetzungen mit Garga, so einseitig und vergeblich sie zu sein scheinen, haben also eine positive Wirkung auf Shlink.

Die Bedeutung des Kampfes

Nicht nur die Kampfformen der Protagonisten sind gegensätzlich, ihre Ziele sind es auch. »Sie haben nicht begriffen, was es war«, sagt Shlink in der letzten Unterredung zu Garga. »Sie wollten mein Ende, aber ich wollte den Kampf. Nicht das Körperliche, sondern das Geistige war es« (190). Deshalb war der »Schluß nicht das Ziel, die letzte Episode nicht wichtiger als irgendeine andere« (186). Für Shlink kam es darauf an, »Fühlung zu bekommen« und dadurch den Zustand der Vereinzelung, in dem sich alle Menschen befinden, für sich zu durchbrechen. Diesen Zustand, fühlbar durch eine immer dicker werdende Haut, hoffte er zu überwinden durch Reibung, durch den Einsatz der Person, gegebenenfalls auch durch Entbehrungen und Schmerzen.[45] In der bald nach *Im Dickicht der Städte* entstandenen Oper *Aufstieg und Fall der Stadt Mahagonny*, in der die Städte in ganz ähnlicher Weise beschrieben werden, nämlich als Stätten voller »Unruhe und Zwietracht«, in denen nichts ist, »woran man sich halten kann«,[46] flüchten sich die Städtebewohner in ein Vergnügungsparadies, wo es statt »Mühe und Arbeit« Spaß gibt, »denn es ist die Wollust der Männer / Nicht zu leiden und alles zu dürfen«.[47] Nicht so Shlink, der Geschäft und Vermögen verschenkt, der schwere körperliche Arbeit auf sich nimmt, um sich dadurch den Kontakt mit Gargas Familie zu schaffen, und der seinem Kampfpartner Vorwürfe macht, weil dieser nicht länger bereit ist, irgendwelche Entbehrungen auf sich zu nehmen.[48]

Anders ausgedrückt, Shlink wollte durch den Kampf mit Garga den »Geschmack des Todes« zu spüren bekommen, denn nur dadurch konnte er auch den Geschmack des Lebens spüren. Der Kampf war für ihn eine »metaphysische Aktion«, eine Suche nach der »goldenen Antwort« auf die ungelösten Fragen des Lebens. Das ist die »idealistische Dialektik«, die Brecht seinem Stück etwas apologetisch einräumte.[49] Sie wird zusammengefaßt in der schon erwähnten Parabel, dem »Lebenslauf des Hundes George Wishu«[50], der vom Land in die Stadt gekommen ist, stark zu leiden hat, gejagt und gehetzt wird, viele Enttäuschungen erlebt, jedoch »mit großer Gelassenheit und Fassung« stirbt (177). Diese Geschichte, als Beispiel für die »Verhältnisse des Planeten« vorgetragen, zeigt als typisches Leben eines voller Leiden, Enttäuschungen und Abenteuer, das es zu bestehen gilt und das durch die Gelassenheit, mit der der Tod entgegengenommen wird, gutgeheißen wird. Die Nähe zur biblischen Konzeption von »Mühe und Arbeit« ist nicht zu übersehen. Nun wird aber diese idealistische Charakterisierung vom Leben deutlich relativiert, einmal dadurch, daß hier ein ›Hundeleben‹ beschrieben wird, und zum anderen dadurch, daß der Wurm die Geschichte mit Orchestrionbegleitung als Moritat vorträgt. Das verweist Shlinks »metaphysische Aktion«[51] in die Vergangenheit und ins Unzeitgemäße.

Garga, den Shlink an einem »Vormittag, der nicht wie immer« war (129), dazu herausforderte, die Werte seines Lebens zu verteidigen oder neu zu bestimmen, verstand denn auch den Angriff falsch. Er hielt den angebotenen Lernprozeß für eine Nötigung zur Anpassung. Die vollzieht er bis zur Perfektion und endet folgerichtig in Shlinks Position, nämlich wohlhabend, aber allein und gefühllos. Sein Gesicht – in diesem Stück immer Ausdruck für das Wesen des Menschen – ist nun »hart wie Bernstein, man findet mitunter Tierleichen in ihm, der durchsichtig ist« (186). Jeder der beiden Partner hat sich nur in seinem eigenen Vorstellungsbereich bewegt, und auch Shlink endet ironischerweise in der entgegengesetzten Position: er, der Realist, strebt nach der »metaphysischen Aktion« und dem Geistigen, während der Idealist Garga zu der Überzeugung gelangt, daß das Geistige nichts bedeutet. Beide haben sich verändert, aber sie haben sich nicht genähert. SHLINK. »Und niemals, George Garga, wird ein Ausgang dieses Kampfes sein, niemals eine Verständigung?« GARGA. »Nein.« (188.)

Über die Unzulänglichkeit der Sprache, die eine Verständigung unmöglich macht, ist schon viel geschrieben worden.[52] Brecht faßt das Thema aber viel weiter. Statt der unzulänglichen Sprache der Wörter setzt er hier den Kampf als vorsprachliches Verständigungsmittel ein, weil der als »das Movens der ursprünglichen, der Natur der Menschen gemäßen Verhaltensweisen«[53] gilt. Deshalb wird der Kampf im allgemeinen – mindestens unter Männern – überall ohne Worte verstanden. Am Ende stellt sich freilich heraus, daß selbst diese direkteste und primitivste Art, miteinander umzugehen, die von den Affen auf die Menschheit überkommen ist (187), auch nicht mehr funktioniert. Die Zeit der Eindeutigkeit ist vorbei: man will das eine und tut das andere. Shlink will Freundschaft und macht ein Kaufangebot, Garga will Freiheit und läßt sich aushalten, und was schließlich zum unerreichbaren Ziel erklärt wird, ist nicht Freundschaft, nicht Liebe, sondern Feindschaft. Denn auch durch Gefühle ist keine Verständigung mehr möglich, sie sind austauschbar, verkehren sich in ihr Gegenteil. Shlinks unvermittelte Liebeserklärung an Garga ist symptomatisch für die Vergeblichkeit im Gefühlsbereich, von der die meisten Personen des Stücks betroffen sind. Das trifft in besonderem Maße auf die Frauen zu.

Die Frauengestalten

Die einzige, die wirklich liebt, das auch ausspricht und danach handelt, ist Marie. Aber ihre Liebe wird »eine bittere Frucht« (165). Sie scheitert, weil sie – wie jede Frau –»in alle Ewigkeit ein Objekt ist unter Männern« (164). Shlink gegenüber sind Bruder und Schwester bis zu einem gewissen Grad austauschbar. Marie ist am Anfang bei Shlink, als George kommt, um den Kampf aufzunehmen, und sie steht ihm am Ende bei, nachdem Garga fortgegangen ist. Marie ist intelligenter als ihr Bruder. Sie durchschaut sein forsches Auftreten in Shlinks Holzgeschäft sofort als Unsicherheit, wie sie auch versteht, daß in Shlinks »zurückweichender Verbeugung« Stärke liegt. Aber Garga verbündet sich nicht mit ihrer Intelligenz gegen Shlink, sondern er nützt ihre Liebe, das heißt, ihre Schwäche für seine Zwecke aus. Es ist ihr nicht gelungen, Shlink für sich zu gewinnen. Nun drängt Garga gegenüber Shlink darauf, daß er die Schwester an seiner Statt akzeptiert.

Um die Verkupplung seiner Schwester mit seinem ›Feind‹ zu inszenieren,[54] beschwört er mit Dichterworten eine erotische Atmosphäre.[55] Allerdings dienen ihm die Verse hier nicht mehr als Sprachrohr für seine eigenen Gefühle, sondern als bewußt eingesetztes Mittel, die Opferung der Schwester voranzutreiben. »Ich sage nicht nein. Die Boden brechen ein. Die Abwässer zeigen sich, ihre Begierden aber sind zu schwach« (162). Shlink antwortet wieder mit einer »zurückweichenden Verbeugung«: er erklärt sich bereit, Marie zu heiraten, um Gargas Wunsch zu erfüllen. Obwohl er einerseits George ernste Vorhaltungen macht, weil er der Schwester ihren Warencharakter zum Bewußtsein gebracht hat, ist er andrerseits durchaus nicht abgeneigt, sich selber zu bedienen.

Damit wird deutlich, wie sehr dieser Kampf eine Männersache, die dargestellte Welt eine Männerwelt ist. Männer haben ihren Kopf und ihre Feindschaft zum Einsatz zu bringen, Frauen – in stereotyper Rollenverteilung – ihren Körper und ihre Liebe. Sie müssen sich den Zwecken der Männer zur Verfügung stellen, und das gilt hier sogar für Bruder und Schwester. Es wird als selbstverständlich hingestellt, daß Marie in die Affäre ihres Bruders hineingezogen wird und keinen Anspruch auf Eigenleben hat. Es wird aber auch von Anfang an klargemacht, daß sie als »Objekt« gar nicht auf eine echte Liebesbeziehung hoffen kann. Als Shlinks Leute offen Maries Marktwert abwägen und Skinny ihr einen Antrag macht, nimmt selbst George es für gegeben hin, daß sie früher oder später in der Prostitution endet. »Gefällt es dir auf dem Markt?« fragt er. »Ich sehe, du willst dich schon verlieren. Das ist der Sumpf, der dich verschluckt« (142). Er legt ihr nahe, lieber in die Heilsarmee zu gehen.

Marie gibt sich schließlich Shlink hin, da ihr »Herz [. . .] nicht zu stillen ist« (166), aber es macht sie nicht glücklich. Sie fühlt sich mißbraucht – »wie gleicht es dem Opfer« (167) – und verlangt deshalb Bezahlung dafür. Fortan fühlt sie sich »befleckt« und lebt von der Prostitution. Nach seiner Rückkehr aus dem Gefängnis findet Garga die Schwester in Wurms Bar in ganz zerrüttetem Zustand. Sie wirft Geldscheine ins Spülwasser, als wollte sie das verdiente Geld reinigen und damit ihre eigene Reinheit zurückgewinnen. »Ich liebe dich immer noch, wie verwahrlost du bist und befleckt« (181), sagt der Bruder, also hält er ihren Zustand für selbstverschuldet. Er versucht sie zu trösten: »Der Mensch bleibt, was er ist, auch wenn sein Gesicht zerfällt« (182). Aber er benutzt sie weiter für seinen Kampf mit Shlink, den er der Rassenschande angeklagt hat. Deshalb hat er Zeugen in die Bar mitgebracht und veranlaßt Marie, vor ihnen ihre Lebensweise zu beschreiben. Immer wieder also ist Marie Objekt – auch in der Hand des Bruders, der sie am Ende, die Rolle des Vaters übernehmend, einem anderen Mann überantwortet, ohne nach ihren eigenen Wünschen zu fragen.

Während Marie individuelle Züge und ein Schicksal hat, wird Jane, die Hemdennäherin, nur in ihrer Eigenschaft als Objekt gezeigt. Ohne Familie und mit einem Hungerlohn vegetierend, ist sie darauf angewiesen, ausgehalten zu werden. Shlink, der Jane zu Beginn des Kampfes als Hebel einsetzt, um Gargas Gefühle zu testen, hat leichtes Spiel, denn die Bindung zwischen Garga und seiner Freundin ist von vornherein brüchig. Tabak, Alkohol, Sex, damit versucht der ›Idealist‹, die Misere seines Alltags zu vergessen. »Wenn du es zum Halse hattest und auch das Trinken brauchtest, kam ich an die Reihe« (133), sagt Jane. Da sie ausschließlich Sexobjekt ist, ist es nur folgerichtig, daß sie den Mann vorzieht – und sei er auch ein Zuhälter –, der es ihr ermöglicht, unbeschränkt zu trinken und ihre trostlose Lage zu vergessen. Sie gilt als dumm und wird von allen Seiten körperlich und verbal mißbraucht, auch von Garga. Zwar willigt sie in die Heirat

ein, als Garga sich damit vor Shlink schützen will, aber sie weiß, daß sie dadurch die eine Abhängigkeit gegen eine andere eintauscht. »Ich denke immer, was du wohl vorhast mit mir, George?!« (169). Aber während er dann bis zum Widersinn darauf beharrt, daß sie als seine Ehefrau zu ihm gehört (ihm gehört?), ganz gleich, mit wem und wie oft sie ihn betrogen hat, ist Jane ehrlicher. »Es ist sicher meine letzte Chance. Aber ich will sie nicht. Es ist nicht richtig zwischen uns, das weißt du. Ich gehe jetzt, George« (180). Jane reflektiert nicht nur das Großstadtmilieu der zwanziger Jahre,[56] sondern auch die Männerwelt des Autors.
In Gargas Mutter, Mae, dagegen hat Brecht eine Frauenfigur geschaffen, die innerhalb seines Werkes eine Seltenheit ist. Mae Garga nämlich rebelliert gegen ihre Frauen- und Mutterrolle und befreit sich von ihr, wenngleich erst nach einer langen Zeit der Entbehrungen und Unterdrückung. Am Anfang wird sie in der für arme Familien typischen Situation gezeigt. Sie arbeitet schwer, ist frühzeitig gealtert. Zwischen den Eheleuten werden kaum noch Worte gewechselt. John sitzt zu Hause, trinkt und schwatzt mit Manky. Das sieht Mae ihm nach, denn »ein Mann ist, wie er will, ich sage nichts zu ihm, er hat gearbeitet für uns« (148). Auch von ihrem Sohn hat sie immer viel eingesteckt, hat geschwiegen und ihn versorgt, hat mithin alles getan, was von einer Ehefrau und Mutter erwartet wird. Doch als George Shlinks wegen fortgeht, wird sie bitter. Jetzt ist das Leben für sie nicht mehr zu schaffen. »Aber wenn du zurückkommst, dann kannst du hier nachsehen, wo wir gewesen sind in der letzten Zeit, die wir hatten« (148). Zwar kehrt der Sohn nach einiger Zeit verheiratet zurück, doch sie traut seinem neuen Familiensinn nicht, sein Gehabe ist allzu undurchsichtig.

> Was hast du vor, George? Dein Gesicht ist wieder wie vor einem Plan. Nichts fürchte ich so. Ihr sitzt hinter euren unbekannten Gedanken wie hinter einem Rauch. Wir warten wie Schlachtvieh. Ihr sagt: wartet etwas, ihr geht fort, ihr kommt zurück, und man kennt euch nicht wieder, und wir wissen nicht, was ihr mit euch gemacht habt. (170)

Der Entschluß des Sohnes, Eltern und Frau zu verlassen, um drei Jahre ins Gefängnis zu gehen, gibt Mae den letzten Anstoß dazu, ihrerseits einen Entschluß zu fassen. Shlink warnt vor der Möglichkeit, daß seine Angehörigen Georges Beispiel folgen könnten. »Sie könnten allesamt es Ihnen nachmachen wollen, frei zu sein«, und die Mutter stimmt bei. »Sei still, George, es ist alles wahr, was er sagt« (172).
Mae erkennt jetzt in dem Eingreifen Shlinks, der an jenem ungewöhnlichen Vormittag bei George auftauchte, etwas Schicksalhaftes, von dem inzwischen die ganze Familie ergriffen worden ist: »Ich habe es nicht geglaubt: Ein Mensch kann plötzlich verdammt sein. Es wird im Himmel beschlossen. Es ist ein gewöhnlicher Tag und nichts wie nicht immer. Von diesem Tag an ist man verdammt« (173). Wie der Sohn sieht auch Mae in dieser unerwarteten Wende ihres Lebens eine

Gelegenheit, sich von ihrem gedrückten Leben zu befreien. So beschließt sie, die Abhängigkeit von Mann und Sohn abzuwerfen und ihre eigenen Wege zu gehen, denn sie hat »eine große Lust dazu« (173). Später wird sie irgendwo in der Stadt gesehen, arbeitend und anscheinend zufrieden. »Ihr altes Gesicht war in guter Ordnung« (180). Für die Familie ist und bleibt sie jedoch verschwunden. Mehr noch, »sie ist sogar aus der Erinnerung verschollen, sie hat kein Gesicht mehr«, sagt Garga. »Es ist ihr abgefallen wie ein gelbes Blatt« (185). Durch das Verlassen der Familie hat Mae ihre Mutterrolle verraten. Deshalb hat sie für den Sohn ihre Identität verloren und ist aus seiner Erinnerung getilgt worden, da sie für ihn offensichtlich nur Mutter war und sonst nichts. Dabei hat sie nur getan, was er selber mehrmals getan hatte: die Familienfesseln abgeworfen. Als Sohn und Mann hat man eine Bewegungsfreiheit, die einer Mutter und Frau (in dieser Auffassung) nicht zugestanden wird. Im Gegensatz zu George ist der Schritt der Mutter jedoch eine echte Befreiung. In ihrer neuen Identität hat sie sich nicht »bis zur Unkenntlichkeit verändert«,[57] sondern sie ist sie selbst geblieben. Sie ist »in guter Ordnung« und hat ein besseres Dasein gefunden.

Mae Garga ist die einzige Gestalt in diesem Stück, die aus eigener Kraft eine positive Wende in ihrem Leben herbeiführen kann. Die anderen beiden Frauen erfahren, daß für sie als ›Ware‹ und ›Objekt‹ Liebe ein unerreichbares Ziel bleibt. Sie gehen langsam zugrunde, denn sie werden »nicht auf einmal erledigt, sondern auf mindestens hundertmal« (177). Janes »kleiner Katechismus« gilt auch für Marie: »Es wird schlechter, es wird schlechter, es wird schlechter« (155), und alles, was beiden Frauen am Ende bleibt, ist »die Wärme der öffentlichen Lokale«.[58]

Die sprachlichen Mittel

Die sprachliche Vielfalt des Stücks reflektiert seine lange Entstehungszeit von der Frühphase in der Nachbarschaft von *Baal* bis zur Zeit der *Mann ist Mann*-Bearbeitungen und Brechts Formulierung bestimmter Charakteristiken des ›epischen Theaters‹.[59] Aus der Intensität des Anfangsstadiums hat sich die Verwendung der Rimbaud-Verse erhalten, mit deren Hilfe sich Garga in Szene 1 eine romantische Identität ausborgt, die er in Szene 5 kritisch reflektiert, um sich in Szene 10 vollends von ihr zu distanzieren. Wie wirkungsvoll Brecht neben der inhaltlichen Aussage auch den künstlerischen Kontrast zweier Sprachebenen einsetzt, zeigt sich, als Garga seine Schwester mit Shlink verkuppeln will. Um die beiden in eine erotische Stimmung zu versetzen, rezitiert er glühend exotische Verse:

GARGA. »Ich habe mich in das Weichbild der Stadt geflüchtet, wo in glühenden Dornbüschen weiß die Frauen kauern mit ihren schiefsitzenden orangenen Mäulern. [...] Ihre Haare waren schwarzlackierte Schalen, sehr dünn, die Augen ausgewischt von den Winden der Ausschweifung des trunkenen Abends und der Opfer im Freien. [...] Die dünnen Kleider wie schillernde Schlangenhäute klatschten wie von immerwährender Nässe durchregnet an die immer erregten Glieder. [...] Diese verhüllen sie ganz bis über die Fußnägel, in die Kupfer eingeschmolzen ist; davon erbleicht über ihre Schwester die Madonna in den Wolken.« (161)[60]

Eingebettet in diese fremdartigen Klänge ist das sehr verhaltene Gespräch zwischen Marie und Shlink.

> MARIE. Es wird schon Nacht im Fenster, und ich will heute heimgehen.
> SHLINK. Ich gehe mit Ihnen, wenn es Ihnen beliebt.
> [...]
> MARIE *(leise)*. Ich bitte Sie, mich nicht darum zu bitten.
> [...]
> SHLINK. Ich habe Sie wahrhaftig gebeten. Ich habe keine Geheimnisse gegen irgend jemand. (161)

Die Verflechtung dieser kontrastierenden Stilebenen macht die Spannung zwischen den in Vers und in Prosa ausgedrückten Haltungen besonders deutlich. Die von Garga zitierte Atmosphäre sinnlicher Genüsse läßt Marie, wie auch Shlink, einfacher und ehrlicher erscheinen, und sie exponiert Gargas egoistische Absichten.

Poetisch wird die Sprache auch dann, wenn von Heimat oder Kindheit der Gargas die Rede ist. Beides wird in der Erinnerung romantisiert und als eben das dargestellt, was die Großstadt vermissen läßt, besonders Naturschönheiten und Freiheit. »Die Ölfelder mit dem blauen Raps. Der Iltis in den Schluchten und die leichten Wasserschnellen« (186), so sieht Garga die Landschaft seiner Kindheit. »Jetzt geht zum Beispiel ein kühler Wind in der Savanne, wo wir früher waren« (154), erinnert sich Marie in dem stickigen Hotel. Heimat wird mit Freiheit gleichgesetzt, wenn Garga der Schwester rät: »Wir sind in eine Stadt verschlagen mit den Gesichtern des flachen Lands. Du mußt nicht leicht auftreten. Du mußt nur das, was du willst« (158), und wenn er träumt: »Vierhundert Jahre habe ich von den Frühen auf dem Meer geträumt, ich hatte den Salzwind in den Augen. Wie glatt es war!« (162)

In diesen Bereich gehört auch die in diesem Stück verwendete Metaphorik. Von der Bedeutung des ›Gesichts‹ für den ganzen Menschen wurde bereits gesprochen. Vor allem aber bedient sich Brecht hier der Tradition der Naturmetaphorik, wie Wind, Schnee, Eis, Wasser. Es gehört zum Charakter der Großstadt, wie er sie darstellt, daß die Naturkräfte als bedrohliche Mächte erfahren werden: »Es ist gut hier sitzen, es ist gut hier liegen, der schwarze Wind kommt nicht bis hierher« (169). »Einsam aus Ungelenkigkeit in einem Alter, wo der Boden sich schließen muß, daß Schnee nicht in Risse fällt, sehe ich Sie von Ihrem Ernährer verlassen« (151). »Ich werde mein rohes Fleisch in die Eisregen hinaustragen, Chicago ist kalt« (190). »Es ist ein Fluß hier abgelassen, und nachts spuken hier die Geister von ersoffenen Ratten« (142). Bilder aus der Tierwelt – der Wurm, der Pavian, der Hund Wishu – runden diesen Sprachbereich ab.

Die Unmöglichkeit, sich durch Sprache zu verständigen, wird nicht nur in dem abschließenden Gespräch zwischen Shlink und Garga behauptet, dieses Thema klingt auch an in Shlinks Worten: ». . . verlangen Sie keine Worte aus meinem Munde, ich habe nur Zähne darin« (152), oder in John Gargas (paradoxer) Überlegung: »Ja, in zwei Minuten wäre alles verschwiegen, was es zu sagen gibt« (174). Darüber hinaus wird der allmähliche Zusammenbruch der Verständigung im Dialog selbst gezeigt. In dem ersten Gespräch zwischen Mutter und Sohn zögert Mae Garga, ihre Misere zu benennen; sie glaubt, daß der Sohn sie ohnehin versteht, muß gleich darauf jedoch erkennen, daß dies nicht mehr der Fall ist.

> GARGA. Darum, wenn es so schlimm ist, sag doch, was schuld ist.
> MAE. Du weißt es.
> GARGA. Ja, das ist es.
> MAE. Aber wie sagst du das? Was meinst du, daß ich gesagt habe?   (148)

Wird hier in den beginnenden Verständigungsschwierigkeiten das beginnende Auseinanderfallen der Familie angekündigt, so wird der vollendete Zusammenbruch in einem Dialog dargestellt, in dem Vater und Tochter aneinander vorbeireden.

> MARIE. Wo ist die Mutter?
> JOHN. Deserteure werden an die Wand gestellt.
> MARIE. Hast du sie auf die Straße geschickt?
> JOHN. Seid zynisch, wälzt euch in der Gosse, trinkt Grog. Aber ich bin euer Vater, man darf mich nicht verhungern lassen.
> MARIE. Wo ist sie hin?
> JOHN. Du kannst auch gehen. Ich bin es gewohnt, verlassen zu werden.   (174)

Der Vater, ganz in Selbstmitleid versunken, stößt das letzte Mitglied der Familie von sich fort. So ist das Ende der Verständigung auch das (vorläufige) Ende der Familie.

Wenden wir uns nun den spezifisch Brechtschen Stilmitteln zu. Das Stück enthält mehrere episierende Passagen, die aus dem Spielzusammenhang herausgehoben werden und die in den späteren Stücken praktizierte Hinwendung zum Publikum vorwegnehmen. Die Erzählung der Hundegeschichte wird eingeleitet mit »Ich muß aber das Orchestrion dazu haben« (177) und wird dann nach Art einer Moritat musikalisch untermalt. Ein anderes Beispiel ist Gargas Verheiratung, die er Shlink nicht direkt mitteilt, sondern durch Jane. Er inszeniert den Bericht durch die Aufforderung: »Meine liebe Frau, erzähle!«

> JANE. Ich und mein Mann, wir sind zum Sheriff gegangen, gleich in der Frühe aus dem Bett, und haben gesagt: Kann man hier heiraten? Er sagte: Ich kenne dich, Jane – wirst du auch immer bei deinem Mann bleiben? Aber ich sah doch, es war ein guter Mann mit einem Bart, und er hatte nichts gegen mich, und so sagte ich: Das Leben ist nicht genau so, wie Sie meinen. (169)

Indem Jane sich hier selbst zitiert, ist sie ihrem Bericht zugleich sehr nah und sehr fern.[61] Sie gibt mehr Aufschluß über sich, als wir vorher hatten, und sie gibt eine Vorhersage dessen, was kommen wird und muß. Ähnliches gilt für Marie, die am Spülbottich in der Bar ein Bekenntnis ihrer mißglückten Liebe ablegt.

Bis in die Einzelstrukturen von Satz und Wort sind Brechts bekannte Stilmittel zu erkennen, etwa die Bibelparodie: »Ich kenne Ihre Tochter nicht« (150). »Daß es dir wohlergehe im Bett und du lange lebest auf Erden« (144). Oder der Überraschungseffekt durch ein in sein Gegenteil verkehrtes Wort »Ich *hoffe*, Sie werden nichts zu lachen haben« (138). »Die unendliche Vereinzelung des Menschen macht eine *Feindschaft* zum unerreichbaren Ziel« (187). »Ja, in zwei Minuten wäre alles *verschwiegen*, was es zu sagen gibt« (174).[62] Dieses ›verkehrte‹ Wort soll nicht nur überraschen, sondern auch neue Aspekte eröffnen, sodaß das Paradox immer auf ein Mehr an Bedeutung verweist. Nach dem gleichen Prinzip werden auch Sätze paradox zusammengefügt: So sagt Garga zu dem Mann von der Heilsarmee: »Ich halte nichts von Ihrer Tätigkeit. Wenn Sie ein Haus brauchen, können Sie dieses haben« (142). Der brüske Gegensatz, der durch kein ›aber‹ überbrückt wird, stellt das Motiv der Schenkung in Frage. Bei der Klage der Mutter: »Aber wie soll ich leben? Und ich lebe noch so viele Zeit« (148), weist das Paradox auf das Thema der Leidensfähigkeit hin, das oben besprochen wurde.

Schließlich gibt es auch überraschende Kombinationen von Redensarten, die in der Verkürzung zugleich bekannt und neu klingen und in jedem Fall den drastisch-volkstümlichen Akzent verstärken: »Man muß dem Leben ins Weiße im Auge sehen!« (135) – ›dem Leben ins Auge sehen‹ plus ›das Weiße im Auge des Feindes sehen‹. Oder: »Er verkehrt mit uns auf gespanntem Fuße« (130) – ›miteinander verkehren‹ plus ›auf gespanntem Fuße leben‹. Oder: »Sie bringt uns die Polizei an die Gurgel« (149) – ›die Polizei auf den Hals‹ plus ›das Messer an die Gurgel‹.

Die Vielfalt der sprachlichen Mittel[62a], die Brecht einsetzt, wird zusammengehalten durch den gestischen Duktus des Dialogs, das heißt, durch eine bestimmte Gliederung und Rhythmisierung der Sprache, die sie zum Sprechen macht, zur Mitteilung, zum Hinweis oder zum Argument. Dieser für Brecht so charakteristische Sprechstil ist hier schon weitgehend ausgebildet. Dafür mag ein Beispiel genügen: »Wenn ihr ein Schiff vollstopft mit Menschenleibern, daß es birst, es wird eine solche Einsamkeit in ihm sein, daß alle gefrieren« (187). Zweifellos verdankt das Stück seine Bühnenwirksamkeit zu einem beträchtlichen Teil seiner gestischen Sprache.

Gesamtwertung

Im Dickicht der Städte ist sowohl typisch als auch atypisch für Brechts dramatisches Schaffen. Typisch ist die Behandlung eines aktuellen Themas, typisch ist auch die räumliche und zeitliche Entfernung des Schauplatzes zum Zwecke der Verfremdung. Allerdings sind die historischen und gesellschaftlichen Bezüge nicht nur verfremdet, sondern auch mystifiziert und deshalb, wenngleich die »zeitgenössische Realität ständig anwesend und bestimmend« ist,[63] nicht genau festlegbar. Das mag erklären, warum das Stück so gegensätzliche Interpretationen erfahren hat. Völker z. B. besprach es nach vorwiegend marxistischen Gesichtspunkten, Knopf nach vorwiegend soziologischen, Rosenbauer sah es als Beispiel für den Behaviorismus und Esslin betonte das homosexuelle Motiv.[64] Atypisch ist die Einbeziehung bürgerlichen Gedankenguts,[65] das dem Dramengeschehen mitunter etwas Schicksalhaftes gibt[66] und das noch nicht die kritisch verfremdende Behandlung erfährt, die wir aus Brechts späterer Auseinandersetzung mit dem klassischen Erbe kennen. Auch die Übertreibung des Formalen ist atypisch, jedenfalls in dieser besonderen Weise.

Eine Untersuchung der Form[67] ergibt nämlich, daß die Abfolge der Szenen, so zufällig sie scheinen mag, einer bogenförmigen Struktur unterliegt, in der jede Szene aus der ersten Hälfte des Stücks eine Fortsetzung oder Entsprechung in der zweiten Hälfte hat, so daß das Stück nicht linear, sondern quer gelesen werden sollte. Es entsprechen sich die erste und die letzte Szene (Herausforderung – Ergebnis; Shlink vertreibt Garga von seinem Arbeitsplatz – Garga besetzt Shlinks Arbeitsplatz), desgleichen die zweite und die vorletzte Szene (erste und letzte beiderseitige Auseinandersetzung; in beiden ist Shlink der Überlegene, Garga der Nichtverstehende). Das Schicksal der Familie Garga ist an der dritten und der drittletzten Szene ablesbar, mit einer Zwischenstufe in Szene 7. Andrerseits gehören die Szenen 5 und 7 darin zusammen, daß in beiden Garga versucht, sich dem Kampf zu entziehen und Schutzbarrieren aufzubauen (versuchte Verkupplung Maries – Heirat). Bei diesen beiden Szenen kommt noch hinzu, daß sie komplizierter angelegt sind und in der Überlagerung verschiedener Sprachschichten die zunehmende Schwierigkeit der Verständigung auch formal demonstrieren. Im Prinzip ist diese Form durchaus Brechtisch. »Die neue Dramatik«, theorisierte er einige Jahre später, »[...] muß die Zusammenhänge nach allen Seiten benützen dürfen, sie [...] hat eine Spannung, die unter ihren Einzelteilen herrscht und diese gegenseitig ›lädt‹.«[68] Aber in der Straffung der Druckfassung seines Dickichtstücks, deren Ergebnis die beschriebene Bogenform mit den paarig angeordneten Szenen war, ist Brecht wohl doch zu weit gegangen. Neben den genannten Querverbindungen lassen sich nämlich noch eine Vielzahl weiterer Entsprechungen, jeweils von der ersten zur zweiten Stückhälfte nachweisen, von denen die Austauschbarkeit der Geschwister und die Parallele Garga/Geistlicher Hinweise für die Interpretation liefern. Diese zahlreichen Gegenüberstellungen ergeben dann eine Struktur, die das Gegeneinander der beiden Kämpfenden auch formal zum Ausdruck bringt. »[...] vielleicht habe ich das Formale ein wenig übertrieben«, schrieb Brecht später, »aber ich wollte darlegen, [...] wie die Formung aus dem Stofflichen kommt und auf das Stoffliche zurückschlägt.«[69] Wenn diese Interpretation teilweise zu anderen Schlußfolgerungen kommt als die vorhergehenden, so deshalb, weil diese spezifische Struktur zur Aufschlüsselung herangezogen und das Stück quer gelesen wurde.

Daß der mit so viel Hartnäckigkeit ausgefochtene Kampf scheitert, liegt an dem Zustand der gezeigten Welt, als deren Mikrokosmos die Großstadt anzusehen ist. Sie wird in diesem Stück ausschließlich in ihren negativen Erscheinungsformen gezeigt. Sie ist kalt, feindselig, bedrohlich, sie ist Markt, auf dem Menschen gehandelt werden, und sie ist auch Jagdgrund, in dem aus dem Hinterhalt die Menschen angefallen werden. Das heißt, die Phänomene der modernen Industrie- und Massengesellschaft werden in diesem Jugendwerk von Brecht nicht als Folgeerscheinungen bestimmter politischer und gesellschaftlicher Ursachen erklärt, sondern als Resultat der Herrschaft primitivster animalischer Instinkte vorgeführt, die die Überhand gewonnen und alle tradierten humanistischen Übereinkünfte wirkungslos gemacht haben. Das wird exemplifiziert an einem, der die Spielregeln dieses ›Dschungels‹ gemeistert hat und sein Leben leer findet und der deshalb darangeht, sich mit der ihm gewohnten Sprache des Angriffs und Kampfes menschlichen Kontakt und einen sinngebenden Wettbewerb zu verschaffen. Diesem »Ringkampf« hat Brecht ein Entwicklungs- oder Erziehungsmodell unterlegt, in dem ein junger Träumer von einem lebenserfahrenen älteren Mann mit der Realität der Welt konfrontiert und seine Vorstellungskomplexe (wie Ehre, Freiheit, Familie) auf ihre Tragfähigkeit in einer inhumanen Welt überprüft werden. Aber das Ziel, den Kampf zu einem geistigen Wettbewerb zu machen, in dem der Ältere ein erfülltes Lebensende und der Jüngere das Rüstzeug für eine humanere Existenz finden könnte, blieb unerreichbar, denn mit dem Rückgriff auf alte (bürgerliche) Werte ist dem heillosen Zustand der Welt nicht beizukommen. Der Pessimismus, der sich in allen Teilen des Dramas manifestiert, ist überwältigend.

Er zeigt sich im Zusammenbruch der Verständigungsmöglichkeiten in allen Lebensbereichen, in der Isolierung und Entfremdung des Einzelnen, in der »Kälte, die man in seinem Herzen findet«[70] und die keinerlei menschliche Bindungen, keine Freundschaft, keine Liebe – sei sie hetero- oder homosexuell – zustande kommen läßt.[71] Der Pessimismus zeigt sich ferner in der Fruchtlosigkeit aller Bestrebungen und in der Umkehrung der Möglichkeiten, die dem Menschen gegeben sind: statt der vielen Möglichkeiten zum Handeln (die Marie an Shlink bemerkt) hat er nur noch viele Möglichkeiten zum Leiden und Gequält-werden. Auch der Schluß des Dramas ist pessimistisch. Da Garga genau die Position einnimmt, aus der Shlink fortstrebte, schließt sich der Teufelskreis, und ein weiteres sinnloses Leben kann beginnen.

Obwohl Brecht glaubte, mit dem Kampfmotiv dem zeitgenössischen Theater ein neues Thema zur Verfügung zu stellen, geriet ihm das Stück doch in erster Linie zu einer Darstellung des Zusammenbruchs alter Denkmuster und einer Welt, die »die Funktionalisierung des Menschen«[72] zum Extrem getrieben hat. Es bleibt jedoch bei einer Schilderung der Zustände und ihrer Wirkung auf die Menschen – einer sehr bildhaften, poetischen und bühnenwirksamen Schilderung –, also bei einer Darstellung der Symptome. Es wird (noch) nichts analysiert, und nichts weist darauf hin, wie etwa »die Verhältnisse des Planeten« verändert werden könnten. Gerade dieser Hinweis auf den »Planeten« zeigt aber auch, wie universell das Stück gemeint ist, und es ist wohl diese Allgemeingültigkeit, die das Stück faszinierend macht und vielfache Identifizierungsmöglichkeiten mit der gezeigten Situation erlaubt. Im allerweitesten Sinn wird hier die Welt als unsicher, feindselig und entfremdend und die universelle Suche nach dauerhaften zwischenmenschlichen Beziehungen und einer sinnvollen Existenz als Kampf aller Kämpfe erfahren. Das war gültig zur Zeit der Entstehung und ist es noch heute.

Anmerkungen

1 Alle Stückzitate nach Bertolt Brecht: Gesammelte Werke in 20 Bänden. werkausgabe edition suhrkamp. Hrsg. vom Suhrkamp Verlag in Zsarb. mit Elisabeth Hauptmann. Bd. 1. Frankfurt a. M. 1967. Seitenzahl in Klammern im Text. – Im folgenden wird diese Ausgabe mit GW und der Bandzahl bezeichnet.

2 Frederic Ewen: Brecht. Sein Leben – Sein Werk – Seine Zeit. Hamburg/Düsseldorf 1970. S. 95. Marianne Kesting: Bertolt Brecht in Selbstzeugnissen und Bilddokumenten. Reinbek bei Hamburg 1959. S. 28. Martin Esslin: Brecht. Das Paradox des politischen Dichters. Frankfurt a. M., Bonn 1962. S. 35, 334. Karl H. Schoeps: Bertolt Brecht. New York 1977. S. 85.

3 Ronald Gray: Brecht. New York 1961. S. 42. Esslin (Anm. 2) S. 333 ff. Robert Brustein: Brecht Against Brecht. In: Partisan Review 30 (1963) S. 29 ff.

4 Ernst Schumacher: Die dramatischen Versuche Bertolt Brechts. Berlin [Ost] 1954, Berlin [West] 1977. S. 64 ff. Eleanor Hakim: Brecht: A World Without Achilles. In: Studies on the Left 2 (1961) S. 59.

5 Henning Rischbieter: Brecht. Bd. 1. Velber bei Hannover ²1968. S. 46. Klaus Völker: Bertolt Brecht. München 1976. S. 65.

6 Hans Otto Münsterer: Bert Brecht. Zürich 1963. S. 183 f.

7 Monika Wyss: Brecht in der Kritik. München 1977. S. 19 ff.

8 GW 17,969.

9 GW 17,970.

10 Schoeps (Anm. 2) S. 95.

11 Andere frühe Arbeitstitel waren »Hinterwelt«, »Der Wald«, »Die Feindseligen«. Bertolt Brecht: Tagebücher 1920–1922. Frankfurt a. M. 1975. S. 146. – Im folgenden zit. als: Tb und Seitenzahl.

12 Ebd. S. 145.

13 Brecht erwähnt die Lektüre in seiner Don Carlos-Kritik vom 15. April 1920 (GW 15,9).

14 Neben Jensens Chicago-Roman nannte Brecht als »Eindrücke«, die beim Schreiben des Stücks eine Rolle gespielt haben, Rimbauds *Sommer in der Hölle* (1873) und eine Briefsammlung (GW 17,949 f.). Mehr zu der Briefsammlung bei Jan Knopf: Brecht-Handbuch. Stuttgart 1980. S. 34.

15 Tb 146.

16 Das *Dickicht*-Stück (»Der Wald«) sollte die Trilogie abschließen, nach »Die geldjagende Menschheit« und »Das kalte Chicago« (Tb 177).

17 Dieser Kurztitel wird nur für die Erstfassung verwendet.

18 GW 17,948 ff.; außerdem in seinem Tagebuch, bes. die Eintragungen vom September und Oktober 1921 (Tb 146–166).

19 Tb 147.

20 Einzelheiten über die Beziehungen zwischen Jensens Roman und der Erstfassung bei Gisela E. Bahr: Im Dickicht der Städte: Ein Beitrag zur Bestimmung von Bertolt Brechts dramatischem Frühstil. Diss. New York University 1966. S. 133 ff. Ferner in: Bertolt Brecht: Im Dickicht der Städte. Erstfassung und Materialien. Ed. und komm. von Gisela E. Bahr. Frankfurt a. M. 1968. S. 145 ff. (Im folgenden zit. als: Erstfassung.) Auch bei Helfried W. Seliger: Das Amerikabild Bertolt Brechts. Bonn 1974. S. 28 ff.

21 Tb 160.

22 Ebd., S. 160. Die Bezeichnung bezieht sich auf Brechts Verhandlungen mit Verlegern, sie ist aber auch Hinweis auf Jensens Roman und die Arbeit an *Dickicht*.

23 Tb 174.

24 Ebd. S. 178.

25 Ebd. S. 176.

26 GW 15,121.

27 Knopf (Anm. 14) S. 35.

28 Ein detaillierter Vergleich der beiden Fassungen liegt vor bei Bahr (Anm. 20 [Diss.]).

29 GW 17,971.

30 Dazu Knopf (Anm. 14) S. 37 f.; außerdem Seliger (Anm. 20) S. 39 ff.

31 Knopf (Anm. 14) S. 37.

32 In der Erstfassung gehören zu dieser »Menagerie« (E. Bentley) noch ein Affe und ein Bär.

33 Tb 178.

34 Es ist kaum möglich, hier nicht an Kafka zu denken, etwa an die Ausgangssituation im *Prozeß* oder in der *Verwandlung*. Bei letzterer fällt auch die Namensähnlichkeit auf: Gregor Samsa – George Garga, sowie die Parallele bei den Vätern; sie sind untätig, solange der Sohn die Familie ernährt, doch als der ausfällt, besinnen beide sich auf ihr Soldatentum. Kafkas Erzählung erschien 1915. Ein Nachweis, daß Brecht sie zur Zeit seiner Arbeit an *Dickicht* gekannt hat, ist bisher nicht erbracht worden.

35 Knopf (Anm. 14) S. 35.

36 Paul Böckmann: Provokation and Dialektik in der Dramatik Bert Brechts. Krefeld 1961. S. 30.

37 GW 17,971.

38 Ebd. 948.

39 Ebd. 970.

40 Ebd. 949.

41 Ausführlich behandelt bei Seliger (Anm. 20) S. 18 ff.

42 Am deutlichsten in dem Bild vom »weichen Wasser«, das »in Bewegung / Mit der Zeit den mächtigen Stein besiegt«. Legende von der Entstehung des Buches Taoteking, GW 9,660. Im gleichen Sinn sagt Garga in Szene 7: »Ich habe gelesen, daß die schwachen Wasser es mit ganzen Gebirgen aufnehmen« (172). In einer frühen Arbeitsnotiz zu *Dickicht* heißt es: »Er, der Ch(inese), hat versucht, durch Passivsein zu siegen. Durch Erleiden Macht zu bekommen« (Erstfassung. S. 130).

43 »Und ich weiß jetzt: einzig durch Ihre unerbittliche / Nachgiebigkeit stehen Sie heute morgen noch gerade.« Morgendliche Rede an den Baum Griehn (GW 12,375).
44 So Eric Bentley in der Einleitung zu: B. Brecht: Seven Plays. New York 1961. S. XVII.
45 Dies wird deutlicher ausgesprochen in Shlinks Monolog in der Erstfassung: »Glatt bin ich, rund, satt. Alles ist so geringe Mühe, alles bekommt mir. Wie leicht ich verdaue. (*Stille.*) Zehn Jahre war es leicht, so hinzuleben. Bequem, seßhaft, jede Reibung war zu überwinden. Jetzt gewöhne ich mich an die Leichtigkeit und alles ist mir zum Überdruß« (Erstfassung S. 24).
46 GW 2,505.
47 Ebd. 502.
48 In der Erstfassung tadelt Shlink Garga am Ende, weil er sein »Pfund nicht eingesetzt« habe und nur leben wolle (Erstfassung S. 100).
49 GW 17,949.
50 Der Name läßt vermuten, daß Gargas Lebenslauf gemeint ist. Das mag für die Erstfassung auch zutreffen. In der Druckfassung ist an dieser Stelle gerade von Shlink die Rede, und die Geschichte kann sich auf ihn beziehen. Neu hinzugekommen ist aber der Hinweis auf die »Verhältnisse des Planeten«, der die Geschichte einleitet und zu einem allgemeinen Kommentar macht.
51 Tb 188.
52 Zuletzt von Knopf (Anm. 14) S. 39.
53 Völker (Anm. 5) S. 89.
54 Die Verkupplung wird deutlich als Verrat gekennzeichnet, denn Garga vergewissert sich (in Anlehnung an die Bibel), daß es Donnerstagabend ist.
55 Diese Szene wird im Abschnitt *Die sprachlichen Mittel* (S. 80–84) genauer behandelt.
56 Knopf (Anm. 14) S. 37 f.
57 GW 17,971.
58 Tb 172.
59 Vgl. Klaus Völker: Brecht-Chronik. Daten zu Leben und Werk. München 1971. S. 40 (23. März 1926).
60 Nach Grimm sind diese Passagen Brechts eigene Dichtung, die Rimbauds Versen nachempfunden ist. Reinhold Grimm: Werk und Wirkung des Übersetzers Karl Klammer. In: Neophilologus 44 (1960) S. 30.
61 »Der stärkste Grad der Verfremdung ist erreicht, wenn sich der Schauspieler selber zitieren muß.« (Reinhold Grimm: Bertolt Brecht. Die Struktur seines Werkes. Nürnberg ³1962. S. 56.)
62 Hervorhebungen vom Vf.
62a Zu den sprachlichen Mitteln gehören auch die von R. Pohl erarbeiteten Formen. Vgl. Rainer Pohl: Strukturelemente und Entwicklung von Pathosformen in der Dramensprache Bertold [sic!] Brechts. Bonn 1969. S. 81 ff.
63 Knopf (Anm. 14) S. 40.
64 Völker (Anm. 5); Knopf (Anm. 14); Hansjürgen Rosenbauer: Brecht und der Behaviorismus. Bad Homburg v.d.H. 1970. S. 23 ff.; Esslin (Anm. 2).
65 Brecht wollte nach eigener Aussage mit diesem Stück »die Räuber verbessern« (GW 15,69), also ein Drama, in dem »um bürgerliches Erbe mit teilweise unbürgerlichen Mitteln ein äußerster, wildester, zerreißender Kampf geführt« wird (GW 17,948).
66 Bei der Premiere in München wurde die Idee eines Glücks- oder Schicksalsrads verwendet, indem die Drehbühne mit den verschiedenen Schauplätzen auf offener Bühne kreiste und dann »wie zufällig bei Maynes Leihbibliothek still(stand)« (Münsterer, Anm. 6 S. 183). Vgl. auch in der Erstfassung Gargas Reaktion auf die Mitteilung, er sei nur gemietet, um Shlink den Tod näherzubringen: »Die Entscheidung ist also vorbestimmt? Das trifft« (Erstfassung S. 100).
67 Ausführlich bei Bahr (Anm. 20 [Diss.]) S. 109 ff.
68 GW 17,950.
69 Ebd. 999.
70 Siehe Anm. 24.
71 In den benachbarten Werken, der Erzählung *Bargan läßt es sein* und dem Drama *Leben Eduards des Zweiten* gelingt es den Helden noch, die Vereinigung mit dem männlichen Partner als die »einzige Gnade in der Finsternis« zu erleben, und sei es um den Preis des Untergangs. Nicht so in unserm Stück, in dem die Homosexualität zu den vergeblichen Verständigungsversuchen gehört.
72 Volker Klotz: Bertolt Brecht. Versuch über das Werk. Bad Homburg v.d.H. ²1961. S. 34.

»Mann ist Mann«

1

Das Werk des jungen Brecht in den zwanziger Jahren hat ein höheres Maß an Kohärenz und Kontinuität, als es auf den ersten Blick scheinen mag. Der anarchische Vitalismus Baals und die totale Selbstaufgabe in den Lehrstücken schließen sich nicht aus, sind vielmehr Aspekte einer Polarität, die in Brechts Denken von Anfang an angelegt war: Nicht von ungefähr konnte er ja daran denken, Baal zum Protagonisten eines Lehrstücks zu machen. Der gemeinsame Bezugspunkt ist das Problem der Individualität und der Identität in einer Wirklichkeit, die dem herkömmlichen Verständnis der Persönlichkeit und damit auch dem alten Verständnis des Dramas als zwischenmenschlicher Interaktion gegenläufig ist. Aus Brechts Wirklichkeitsverständnis folgt die Opposition gegen das idealisierte Menschenbild der Expressionisten; er nennt sie: »unsere jungen Leute mit den ramponierten Bourgeoisidealen von 1789« (GW 20,48).[1] Für ihn war eine Vereinbarkeit von individueller Selbstbestimmung und entfremdeter Gesellschaft undenkbar: Verweigerung oder Anpassung sind dann die einzigen Verhaltensmöglichkeiten, wobei die Anpassung im Zeichen des Kollektivs in zunehmendem Maße positive Qualitäten gewinnt.

Bestimmend für diesen Denkansatz war offenbar die Erfahrung des Weltkriegs:

> Der Krieg zeigte die Rolle, die dem Individuum in Zukunft zu spielen bestimmt war. Der einzelne als solcher erreichte eingreifende Wirkung nur als Repräsentant vieler. Aber sein Eingreifen in die großen ökonomisch-politischen Prozesse beschränkte sich auf ihre Ausbeutung. Die ›Masse der Individuen‹ aber verlor ihre Unteilbarkeit durch ihre Zuteilbarkeit. Der einzelne wurde immerfort zugeteilt, und was dann begann, war ein Prozeß, der es keineswegs auf ihn abgesehen hatte, der durch sein Eingreifen nicht beeinflußt und der durch sein Ende nicht beendet wurde. (GW 15,217 f.)

Der zeitgemäße Gesichtspunkt ist ein soziologischer, der zugleich jede Psychologisierung aufhebt: »Der stark entwickelte Glaube an die Persönlichkeit zeigte sich in seinem komischsten Lichte, wenn das Kriegsproblem als ein psychologisches Problem gesehen wurde« (GW 15,209).[2]

In diesem Zusammenhang ist Brechts Komödie *Mann ist Mann* zu sehen, die den Verlust der Identität thematisiert und mit den Stilmitteln der Groteske den alten Individualitätsbegriff buchstäblich zu Grabe trägt. Das Stück hat eine Schlüsselstellung, insofern es in thematischer und formaler Hinsicht den Übergang von

Brechts dramatischen Anfängen zu seinen Lehrstücken und weiter zum epischen Theater bezeichnet und beide Werkbereiche verknüpft.

Wie die Monteure im *Badener Lehrstück vom Einverständnis* erreicht Galy Gay angesichts des drohenden Todes seine »kleinste Größe«, um durch sein »Einverständnis« mit seiner Ummontage in eine neue soziale Rolle im Kollektiv eine neue Identität jenseits des Anspruchs auf Individualität zu gewinnen. In einer Tagebuchnotiz vom 28. August 1920 tauchen ferner bereits Motive auf, die im Clownsspiel des *Badener Lehrstücks vom Einverständnis* wiederkehren. Das Stück ist demnach:

> Einfach die Geschichte eines Mannes, den sie kaputtmachen (aus Notwendigkeit) und das einzige Problem: wie lange er's aushält. [...] Man stützt ihm die Füße, man kegelt die Arme aus, man sägt ihm ein Loch in den Kopf [...]. Es ist ein Lustmordspiel.   (Tb 38 f.)[3]

Das Stück weist aber nicht nur auf die Lehrstücke voraus, sondern auch auf die ersten dramatischen Produktionen Brechts zurück. Das Projekt läßt sich bis 1918 zurückverfolgen, erste Szenenentwürfe wurden 1920 geschrieben, und die Konzeption wurde 1920/21 im Tagebuch intensiv reflektiert. Der ursprüngliche Plan mit dem Arbeitstitel *Galgei* (gelegentlich auch *Der dicke Mann auf der Schiffschaukel*) wird von Brecht folgendermaßen zusammengefaßt: »Anno domini ... fiel der Bürger Joseph Galgei in die Hände böser Menschen, die ihn gar übel zurichteten, ihm seinen Namen abnahmen und ohne Haut liegen ließen. So möge jeder achtgeben auf seine Haut!« (Tb 16).

Die Handlung war im Augsburger Butterschieber-Milieu angesiedelt. Einer Gruppe von Schiebern kommt ein Mann, der Butterhändler Pick, abhanden. Aus Furcht vor der Polizei und um ein Geschäft abzuwickeln, benötigt man einen vierten Mann, und man findet ihn auf dem Augsburger Plärrer beim Schiffschaukeln in dem dicken Tischler Joseph Galgei, den diese »zweifelhafte Sorte von Spaßvögeln« dazu zwingt, »die Rolle eines Andern zu spielen«.[4] Dem ›Zeitgeist‹ entsprechend »geht [es] mit Papieren; [...] er unterschreibt ein Papier, und da steht Pick, das ist er, das Papier gilt nur für Pick. Jetzt ist er Pick, noch in Galgeis Hemd und Kleidern« (Tb 87).

Die Handlung ist zunächst keineswegs lustig, Brecht unterstreicht vielmehr das Rohe und Gewaltsame der erzwungenen Verwandlung und das Leiden Galgeis:

> Der Vorwurf des ›Galgei‹ hat etwas Barbarisches an sich. Es ist die Vision vom *Fleischklotz*, der maßlos wiehert, der, nur weil ihm der Mittelpunkt fehlt, jede Veränderung aushält, *wie Wasser in jede Form fließt*. Der barbarische und schamlose Triumph des sinnlosen Lebens, das in jeder Richtung wuchert, jede Form benützt, keinen Vorbehalt macht noch duldet.

Hier lebt der Esel, der gewillt ist als Schwein weiterzuleben. Die Frage: Lebt er denn? Er wird gelebt. (Tb 132)[5]

Die Äußerung macht deutlich, daß Galgei ursprünglich als ein anderer Baal gedacht war: Auch Baal erscheint als ein »ungeheurer Fettkloß«[6], von dem der Gefängnisgeistliche anmerkt: »Ihre Seele ist wie Wasser, das jede Form annimmt und jede Form ausfüllt.«[7] Baal und Galgei sind – ein durchgängiges Motiv bei Brecht – Überlebenskünstler, wobei der Vitalismus Baals bei Galgei ins Passive gewendet ist. Baal erklärt von sich: »Ich kämpfe bis aufs Messer. Ich will noch ohne Haut leben, ich ziehe mich noch in die Zehen zurück« (GW 1,42). Das Motiv des Hautabziehens bestimmt auch die Konzeption des *Galgei* und kehrt in einer wichtigen Variante im *Dickicht der Städte* wieder. Hier ist es der zunächst dünnhäutige Garga, der von dem Dickhäuter Shlink gezwungen wird, »aus der Haut zu fahren« (GW 1,135) und der erst (über)lebensfähig wird, indem er sich seinerseits eine dicke Haut zulegt.[8]
Ausgangspunkt des erbitterten Kampfes zwischen Shlink und Garga ist Gargas Weigerung, in einer total verdinglichten, vom Gesetz des Kaufes bestimmten Welt seine Meinung zu verkaufen: Das unzeitgemäße Selbstwertgefühl des in die Großstadt verschlagenen Savannenbewohners, seine persönliche Identität, ist an die Illusion gebunden, sich eine eigene Meinung leisten zu können. Auch dieses Thema wird in *Mann ist Mann* wieder aufgegriffen. Im Gespräch über »Charakterköpfe«, in dem die Verwandlung Galy Gays exponiert wird, erklärt Uria:

Man macht zuviel Aufhebens mit Leuten. Einer ist keiner. Über weniger als zweihundert zusammen kann man gar nichts sagen. Eine andere Meinung kann natürlich jeder haben. Eine Meinung ist ganz gleichgültig. Ein ruhiger Mann kann ruhig noch zwei oder drei andere Meinungen übernehmen. (328 f.)

Der Irrtum Gargas ist hier also aufgehoben. Galy Gay ist geradezu dadurch charakterisiert, daß er sich »nur sehr selten eine eigene Meinung gestatten (kann)« (GW 17,978). Gleichwohl bewahrt der Selbstverlust Momente des Kampfes, den das *Dickicht* schildert. In einer frühen Fassung der 10. Szene spielt der verwandelte Galy Gay nicht nur den ›wilden Mann‹, sondern wehrt sich in einem regelrechten B o x k a m p f gegen den Verlust seines Namens.[9]
Die Bedeutsamkeit der zugleich zurück- und vorausweisenden Motive erklärt eine Vielzahl konzeptioneller Veränderungen. Wichtig ist zunächst die Übertragung der Handlung des ursprünglichen *Galgei*-Projekts aus dem Augsburger Butterschieber-Milieu der Nachkriegszeit in den abenteuerlich-exotischen Bereich eines Kolonial-Indiens, die unter dem Einfluß Kiplings erfolgt.[10] Der Kontext bleibt asozial und kriminell, aber es handelt sich jetzt um die gesellschaftlich repräsentative Form eines legalisierten Verbrechens: Der Krieg wird

als geschäftliche Unternehmung gedeutet.[11] Die Kriegsziele bestimmen sich nach ökonomischen Gesichtspunkten: »Weiß man schon, gegen wen der Krieg geht? Wenn sie Baumwolle brauchen, dann ist es Tibet, und wenn sie Schafwolle brauchen, dann ist es Pamir« (348).

Die Soldaten, die einen solchen Krieg führen, sind Ganoven. Das ›exotische‹ Milieu des Kipling-Indiens dient der Verfremdung der als zeitspezifisch gemeinten Vorgänge. Hier gilt, was Brecht über das literarisierte Chicago des *Dickicht* angemerkt hat:

> Durch einen Hintergrund [. . .], der meinen Typen von Natur entsprach, so daß er sie nicht preisgab, sondern sie deckte, glaubte ich das Augenmerk am leichtesten auf die eigenartige Handlungsweise zeitgemäßer großer Menschentypen lenken zu können.[12]

Mit dieser Verfahrensweise entwickelt Brecht den zukunftweisenden Typus der dramatischen Parabel, dessen erstes Beispiel *Mann ist Mann* ist, so daß das Stück auch in formaler Hinsicht eine Schlüsselstellung in der dramatischen Produktion des Stückeschreibers gewinnt. Der Gesichtspunkt der Darstellung ist in der ersten Druckfassung von 1926 ein deskriptiver und registrierender, der sich im Zusammenhang mit der soziologischen Orientierung ergibt. So kritisch auch die Armee als Form des Kollektivs gezeigt ist, die Überlebenskunst Galy Gays (»er ist ein vitaler Typ«,[13] seine Anpassung ist »ein Beweis von Lebenskraft«) wird als richtiges, zweckmäßiges, den Zeitverhältnissen entsprechendes Verhalten dargestellt und damit letztlich gebilligt. Als sich Brechts Einschätzung der Vorgänge in den folgenden Jahren ändert, werden die beiden Schlußszenen gestrichen. In dieser Form wurde das Stück 1938 in der ersten Ausgabe der *Gesammelten Werke* (Malik-Ausgabe) gedruckt. Erst 1954 stellte Brecht die ursprüngliche Fassung wieder her. Diese widersprüchlichen Haltungen sind bei der Interpretation zu berücksichtigen. Zusammen mit der Wichtigkeit von Thema und Motiven sichern sie *Mann ist Mann* eine Schlüsselstellung in Brechts Werk.

Der Titel des Stücks ist – anders als bei den früheren Plänen – bereits als These formuliert. Diese These wird im »Zwischenspruch« noch einmal ausdrücklich eingeführt.

> Herr Bertolt Brecht behauptet: Mann ist Mann.
> Und das ist etwas, was jeder behaupten kann.
> Aber Herr Bertolt Brecht beweist auch dann,
> Daß man mit einem Menschen beliebig viel machen kann.   (336)

In der ersten Druckfassung lautet die Regieanweisung zu diesem Zwischenspruch: »gesprochen von der Witwe Leokadja Begbick neben dem Bildnis des Herrn Bertolt Brecht«.[14] Der Stückeschreiber führt sich also selbst als Veranstalter eines gesellschaftlichen Experiments ein und verleiht der Darstellung einen beweisenden, demonstrierenden Gestus. Das ist die unmittelbarste Begründung der Parabelform[15]; die Vorgänge werden so arrangiert, daß sie eine Gesetzmäßigkeit der Wirklichkeit, der sozialen Welt, veranschaulichen, wobei die Darstellung episch organisiert ist – Brecht gibt sich als Parabelerzähler zu erkennen. Das bezieht sich zunächst auf den Montageakt, auf die Nummernfolge der 9. Szene, aber der ist als Spiel im Spiel nur die explizite Parabel des insgesamt parabelhaften Stücks. In einer Fassung von 1929 ist der Zwischenspruch nicht von ungefähr als Prolog dem Ganzen vorangestellt, was der immanenten Logik der Konzeption entspricht.

Die Darstellung ist nicht realistisch, sondern bedient sich für die Komödie der Stilmittel der Groteske. Das Prinzip der Groteske ist Entstellung und Verzerrung des Menschlichen, die zugleich Entsetzen und Lachen bewirken.[16] Nach einer Formulierung von Thomas Mann ist die Groteske »das Überwahre, das überaus Wirkliche, nicht das Willkürliche, Falsche, Widerwirkliche, Absurde«.[17] Denn die Entstellung ist in der Wirklichkeit vorgegeben, hier aber nicht ohne weiteres sichtbar. Die Leistung der Kunst ist das Sichtbarmachen der Entstellung. Das geschieht mit groben Mitteln: mit Verzerrung, Übertreibung, hyperbolischem Sprachgebrauch, Wechsel der Wirklichkeitsebene. Solche bewußten Überzeichnungen realisieren ein Prinzip der Verfremdung. Der Erkenntnisvorgang, das Wiedererkennen des Entstellten, ist mit verschiedenen emotionalen Wirkungen verbunden: mit Grauen, Erschrecken und Lachen, wobei die Intention auf Lachen zielt, jedoch ein Lachen meint, das von dem Grauenhaften entlastet. Die Komik des Grotesken wird durch das Übertriebene der Entstellung verursacht, nicht durch die Entstellung selbst, die als wirklicher Sachverhalt keineswegs zum Lachen einlädt. Wenn Brecht in *Mann ist Mann* vorführt, daß ein Mensch »wie ein Auto ummontiert« wird (336), so mag das als eine groteske Überpointierung erscheinen. Aber es geht ja nicht um den Rollentausch, um die Verwandlung Galy Gays in Jeraiah Jip, sondern um die Veränderung der sozialen Identität; aus dem friedlichen Packer mit dem »weichen Gemüt« wird ein blutrünstiger Soldat, der schließlich als seelenlose »menschliche Kampfmaschine« wütet. Von hier aus gesehen ist die mechanistische Beschreibung des Vorgangs weder übertrieben noch abwegig, sondern eine präzise Wiedergabe dessen, was in der Wirklichkeit ständig geschieht: es wird in der Groteske nur sichtbar.

2

Die These des Stücks: »Mann ist Mann«, ist formal ein Identitätssatz. Solche Identitätssätze tauchen wiederholt auf, etwa in der Form »Tempel ist Tempel« (301) oder »Elefant ist Elefant« (343). Sie sind nicht als Tautologien zu verstehen, sondern schließen einen Vorgang der Vermittlung ein. Es handelt sich um Setzungen, durch die (scheinbar) Besonderes zu Gleichem »verwandelt« oder

»ummontiert« wird. Die neue, zeitgemäße Identität ergibt sich aus der Funktion, die die scheinbare Gleichheit von Subjekt und Prädikat erst zu einer präzisen Aussage macht. Der programmatische Zwischenspruch stellt denn auch nicht die Frage, was einer ist, sondern was man mit ihm »machen kann«: wenn es wirklich »beliebig viel« ist, dann ist das herkömmliche Verständnis der Identität als Eigenheit aufgehoben.

Das wird schon in der zur Exposition gestalteten Pagodenszene (Szene 2) deutlich. Mit dem Überfall auf den Tempel verhalten sich die Soldaten funktionsgerecht: als menschliche Kampfmaschinen benötigen sie Betriebsstoff (Bier), um einsatzfähig zu sein, und sie führen deshalb auf eigene Faust ein wenig Krieg, um ihren Bedarf zu sichern. In diesem Zusammenhang wird der erste Identitätssatz des Stücks formuliert: »Tempel ist Tempel« (301). Das bedeutet zunächst: der Tempel ist ein Instrument zur Ausbeutung der Gläubigen, also für die Soldaten ein zu plündernder Tresor. Diese Annahme ist aber vereinbar mit der Erfahrung, daß der Tempel eine »Falle« ist, durch die der Bonze seinen Besitz sichert, so daß Gewalt und List anzuwenden sind. Der Bonze ist dann in der Tat der »Herr Eigentümer« (302), als den Jip ihn identifiziert, und er bewährt in der Folge diese Bestimmung, indem er den in der Falle gefangenen Jip als Gott kapitalisiert (»Da er ein Soldat ist, kann er keinen Verstand haben. [...] Wir können höchstens einen Gott aus ihm machen«; 320 f.).

Bei dem Überfall zeigt sich die Ambivalenz des herkömmlichen, an das Individuum gebundenen Identitätsbegriffs: Er wird jetzt reduziert auf das Prinzip der Identifizierbarkeit. Nur darin bewahrt er einen (negativen) Sinn: der in der »Falle« skalpierte Jip wird zum »lebenden Steckbrief« (304). Andererseits ist vorab geklärt, daß die kleinste Einheit in der Armee nicht der einzelne Soldat, sondern die Vierergruppe ist, so daß die Identität nicht durch die Person, sondern durch die Zahl bestimmt ist, wie denn ja auch der Zählappell die Intaktheit und Funktionsfähigkeit der Truppe sichert (bei dieser Gelegenheit werden auch die Pässe kontrolliert). Konsequenterweise sorgt Uria dafür, daß zu Beginn des illegalen Unternehmens alle Militärpässe in seiner Hand sind und aus dem »Kampf« herausgehalten werden, womit zugleich die weitere Handlung exponiert wird: »Ein Mann kann jederzeit ersetzt werden, aber es gibt nichts Heiliges mehr, wenn es nicht ein Paß ist« (302). Da Jip und mit ihm wie ohne ihn seine Maschinengewehrabteilung identifizierbar geworden und den sadistischen Gelüsten des »Blutigen Fünfer« ausgeliefert sind, wird die Probe aufs Exempel notwendig: ein Mann muß »ersetzt« werden. Das ist die Stunde Galy Gays, des Mannes, »der nicht nein sagen kann« (308) und der deshalb genau jenen Gefahren erliegt, vor denen seine Frau ihn in der Eingangsszene gewarnt hat: einem »lüsternen Weib« und den gefährlichen Soldaten.

Galy Gay ist zugleich gutmütig und schwerfällig: ein »Elefant«, ein »Mammut«, ein »Güterzug«, d. h., er ist vital, aber durch seine soziale Lage kaum einer Selbstbestimmung fähig. Seine Verhältnisse zwingen ihn, nicht zu trinken, ganz wenig zu rauchen und sich fast keine Leidenschaften zu gestatten (299). Er läßt sich deshalb für die Stellvertretung Jips beim Zählappell mit jenen Genüssen ködern, die er sich normalerweise versagen muß, mit einigen Kistchen Zigarren und ein paar Flaschen Bier, wobei er auf seinen Vorteil sieht und den Preis geschickt hochhandelt (315 f.).

Die Verlegenheit der Soldaten steigert sich durch den Realitätssinn des Bonzen, der auf ›Gerechtigkeit‹ verzichtet, als er eine Möglichkeit sieht, den Gefangenen Jip als Gott zu vermarkten (die Tempel-Falle schnappt endgültig zu) und dadurch seinen Schaden auszugleichen. Jip muß nun nicht nur einmalig vertreten, sondern wirklich ersetzt werden. Dabei bewährt sich Galy Gays Trägheit: Er hat sich nicht wegschicken lassen und ist also zur Stelle, als er wieder gebraucht wird. Für die Verwandlung werden von Uria, dem leitenden »Gefühlsingenieur« (T 2,271), zwei Voraussetzungen benannt: Man ist im Besitz von Jips Paß, der seine Zugehörigkeit zur Institution Armee dokumentiert, und man weiß, daß es auf die Person, den »Charakterkopf«, nicht ankommt. Umgekehrt ist Galy Gay geradezu unbegrenzt verwandlungsfähig: »So einer verwandelt sich eigentlich ganz von selber. Wenn ihr den in einen Tümpel schmeißt, dann wachsen ihm in zwei Tagen zwischen den Fingern Schwimmhäute. Das kommt, weil er nichts zu verlieren hat« (329).

Der »mittellose Packer vom Hafen« hatte zu wenig eigene Existenz, um eine persönliche Identität auszubilden; er hat nicht mehr zu verlieren als seinen Namen. Dennoch bleibt er Realist: Die Uniform und das heroische Dasein verlocken ihn nicht, sein Interesse wird erst wach (er ›leckt Blut‹), als ihm ein Geschäft in Aussicht gestellt wird. Er hat nichts zu verlieren, aber er wird in seiner kleinbürgerlichen Mentalität von der Hoffnung bestimmt, daß er etwas gewinnen könnte. Überzeugt, daß er »für beinahe jedes Geschäft der richtige Mann« ist (333), liefert er die Stichworte für das Spiel, das mit ihm gespielt wird. Zum zweiten Mal verleugnet er jetzt seinen Namen,[18] dieses Mal gegenüber seiner Frau, die ihn identifizieren soll, und diese Selbstverleugnung ist schon ein Identitätsverlust: der Mann, der nicht nein sagen kann, sagt nein zu seinem Namen. Seine Verwandlung hat damit bereits begonnen, so daß seine Frau ihn nicht mehr eindeutig wiedererkennt: »Es [ist] mir fast, als sei er etwas anders als mein Mann Galy Gay, der Packer, etwas anders, obgleich ich nicht sagen könnte, was es ist« (335). Das bestätigt Urias Zuversicht: »Ein Mann ist wie der andere. Mann ist Mann« (ebd.).

Diese These wird im »Zwischenspruch« noch einmal bestätigt und dann im Montageakt der 9. Szene realisiert. Formal handelt es sich dabei um ein Spiel im Spiel, tatsächlich wird aber nicht ein Schein erzeugt, sondern der falsche Schein eines überholten Wirklichkeitsverständnisses, der »oberflächliche Firnis des Individualismus in unserer Zeit« (GW 17,974), aufgehoben. Daher wird der Vorgang nach dem programmatischen Zwischenspruch noch ein zweites Mal in der Handlung selbst exponiert:

Von einem weiteren Gesichtspunkt aus ist, was hier vorgeht, ein historisches Ereignis. Denn was geschieht hier? Die Persönlichkeit wird unter die Lupe genommen, dem Charakterkopf wird nähergetreten. Es wird durchgegriffen. Die Technik greift ein. Am Schraubstock und am laufenden Band ist der große Mensch und der kleine Mensch, schon der Statur nach betrachtet, gleich. [...] Die moderne Wissenschaft hat nachgewiesen, daß alles relativ ist. [...] Der Mensch steht in der Mitte, aber nur relativ.   (340 f.)

Die Wissenschaft und die Produktionsverhältnisse sind die Bezugspunkte der Historisierung, die durch Witwe Begbicks »Lied vom Fluß der Dinge« fortlaufend kommentiert wird. Die Wirklichkeit, die dauernde Veränderung, macht das Unvergleichliche »unkenntlich« (338). Das Medium der Verwandlung sind die ökonomischen Verkehrsformen der Gesellschaft. Die Soldaten wollen Galy Gay »in ein Geschäft verwickeln, wie es in unserer Zeit üblich ist« (338). Das Geschäft hat im Spiel Schein-Charakter: Der Elefant als Ware ist eine primitive Attrappe, aber dieser Schein ist eine Verfremdung des ökonomischen Prinzips, das in ihm realisiert wird; es kommt nicht auf den Gebrauchswert des Elefanten an (er hat keinen), sondern lediglich auf seinen Tauschwert. Galy Gay vermeidet es sorgfältig, die von ihm zu veräußernde Ware in Augenschein zu nehmen. Ausgestattet mit den ersten Attributen seiner neuen Identität, mit »einem Schluck aus der Cherry Brandy-Flasche« und »einem Zug aus der Felix Brasil« (341), verhält er sich funktionsgerecht: als Verkäufer; und er handelt ausdrücklich auch schon als Namenloser: sein Name soll nicht genannt werden, der Warentausch ist anonym, von der Identität der Beteiligten abgelöst. Dabei fällt der für das Stück entscheidende Identitätssatz: »Elefant ist Elefant, besonders wenn er gekauft wird« (343). Der Nachsatz verdeutlicht, was es mit diesen Sätzen auf sich hat: ihr Subjekt und ihr Prädikat sind nur in bestimmten Situationen, also funktional identisch, aber es sind zugleich diese Funktionsbeziehungen, die die Wirklichkeit ausmachen, die die Eigentümlichkeit der Subjekte auslöschen und den Inhalt der Prädikate bestimmen.

Galy Gay handelt nach dem Grundsatz ›Geschäft ist Geschäft‹. Das aber ist die Bedingung dafür, daß aus dem Spiel Ernst wird. Denn unabhängig von dem fehlenden Gebrauchswert des falschen Elefanten war der Tauschvorgang ja als solcher beabsichtigt: die Anklage, er habe Armeegut verschoben, besteht von den subjektiven Bedingungen seiner Handlungsweise aus zu Recht, was zugleich die Abstraktheit des ökonomischen Tauschprinzips demonstriert. Außerdem wird der Sachverhalt noch schlimmer, als die wahre Natur des falschen Elefanten entdeckt wird: der Käufer ist betrogen. Das illusionsverhindernde plumpe Spiel macht deutlich, daß die Beziehungen zwischen den Menschen in ihren sozialen Rollen nicht durch die Sache vermittelt sind, sondern durch ihren Schein, der ebensogut echt wie fingiert sein kann. Die Konsequenzen sind in jedem Falle real. So ist die doppelte Anklage gegen Galy Gay begründet, da der Verkauf von ihm ernst gemeint war, auch wenn er im Rahmen eines Spiels erfolgte. Dabei ergibt sich abermals die Konstellation, daß die Identität – hier bezogen auf den Namen – erst in der Identifizierung des Verbrechers einen spezifischen Sinn erhält. Der Mann, »der nicht genannt sein wollte«, wird als Galy Gay identifiziert, so daß dem Packer, der mit der Todesstrafe bedroht wird, nichts übrigbleibt, als seinen Namen ein weiteres Mal, nunmehr endgültig zu verleugnen. Die funktionsgerechte Anonymität im Kaufakt war schon der halbe Weg zum Persönlichkeitsverlust. Aus Todesfurcht, aus zum Überlebenswillen reduzierter Vitalität trennt Galy Gay sich von seinem Steckbrief-Ich und übernimmt seine Rolle im Kollektiv, in der Vierergruppe der Maschinengewehrabteilung. Der Name Jeraiah Jip bezeichnet keine neue personale Identität, sondern die vom Paß vermittelte Rolle im Funktionsganzen der Armee, die mit einer Zahl synonym wird: die Gruppe ist wieder vollzählig.

Im Rahmen des als Spiel inszenierten Montageaktes ist die Todesfurcht Galy Gays so authentisch wie der Verkauf; das ist die Bedingung der Verwandlung. Galy Gays Selbstbewußtsein wird auf das Minimum des Lebenswillens reduziert: »Ich bin einer, der nicht weiß, wer er ist. Aber Galy Gay bin ich nicht, das weiß ich. Der erschossen werden soll, bin ich nicht« (352 f.).

Unbewußt spielt er mit: Er braucht nicht mit dem Knüppel niedergeschlagen zu werden, er fällt von selbst in eine Ohnmacht, aus der er als ein anderer wieder aufwacht. Schon vor seinem ›Tode‹ hat er die These übernommen: »einer ist keiner« (348) – danach gibt er ihr einen präzisen Sinn: »Einer ist keiner. Es muß ihn einer anrufen« (360).[19] Darauf reagiert der in seinem Selbstbewußtsein Bedrohte mit einem Angebot:

[...] vielleicht
Bin ich der Beide, der eben erst entstand
Auf der Erde veränderlicher Oberfläch:
[...]
Und ich, der eine ich und der andere ich
Werden gebraucht und sind also brauchbar.
Und hab ich nicht angesehen diesen Elefanten
Drück ich ein Auge zu, was mich betrifft
Und lege ab, was unbeliebt an mir, und bin
Da angenehm.   (360 f.)

Die Einsicht in die zwangsläufige Fremdbestimmtheit ermöglicht es Galy Gay, die Grabrede auf sich selbst zu halten und damit den »letzten Charakterkopf im Jahre neunzehnhundertfünfundzwanzig« (357) zu Grabe zu tragen.

Das rein Mechanische dieses Montagevorgangs wird deutlich, wenn die Witwe Begbick darauf besteht, daß als Gegenleistung für ihre wichtige Beteiligung am Elefanten-Verkauf die Kantine für den Transport abgebaut wird, und zwar »Zug um Zug« (339). Das Gebäude des alten Persönlichkeitsbegriffs fällt genauso zusammen wie das Begbicksche Kantinengebäude. Außerdem unterscheidet Brecht zwei weitere Verwandlungen:[20] die des Soldaten Jeraiah Jip in einen Gott ist Voraussetzung und Exposition aller anderen Verwandlungen; die des Sergeanten Fairchild in einen Zivilisten vollzieht sich gleichzeitig und als kontrastierende Parallele zum Umbau Galy Gays in einen Soldaten. Der Regen, der Jip in die Gewalt des Bonzen bringt, bewirkt bei Fairchild, dem »Blutigen Fünfer«, Anfälle einer unwiderstehlichen Sinnlichkeit, die ihn der Witwe Begbick ausliefern. Er verliert die kollektive Identität, die das Exerzierreglement dem Soldaten verleiht und als deren Einpeitscher er selbst fungiert. In seiner persönlichen Schwäche erscheint er als das, was er am meisten fürchtet, »als Mensch! Als Widerspruch. Als Muß-und-will-doch-nicht« (317). Konsequent verlangt die Begbick, daß er sich demütigt, die Uniform ablegt und in Zivilkleidern bei ihr erscheint, und zwar zum gleichen Zeitpunkt, als Galy Gay zu einem Soldaten verwandelt wird. Als Zivilist ist der furchterregende Unmensch Fairchild für die Soldaten eine Unperson, mit der sie ihren Spott treiben können: Die Autorität ist an die Uniform gebunden. Der Sergeant muß sich zu einer Probe seiner gefürchteten Schießkünste herbeilassen und versagt, und er verliert seinen »großen Namen« der »Blutige Fünfer«, der als falsche Verklärung einer barbarisch-feigen Tat, der Ermordung von fünf gefesselten Hindus, entmythologisiert wird. Dem Zivilisten wird bescheinigt, daß er »von einem menschlichen Standpunkt aus [...] einfach eine Sau« ist (355).

Der Verlust des Namens ist ein durchgängiges Motiv des Stücks, wobei die Bedeutung des Namens zwischen Person und Ruf changiert. Die Witwe Begbick hat eines Tages ihren »guten Namen« verloren und erfahren müssen, daß es falsch ist, angesichts der ständigen Veränderung des eigenen Selbst auf einer identischen Benennung zu beharren: »Nenne doch nicht so genau deinen Namen. Wozu denn? Wo du doch immerzu einen andern damit nennst« (345). Fairchild verliert den falschen Nimbus eines »großen Namens«, den die Begbick schon vorab als »zufällig« (317) verstanden hatte; und Galy Gay muß in den Namenstausch mit Jeraiah Jip einwilligen: Er geht freilich den zeitgemäßen Weg in die ›richtige‹ Richtung – während Fairchild mit dem Verlust seines Namens zum Zivilisten wird, verwandelt er sich in einen Soldaten. Der Sergeant hingegen muß jetzt seinen Namen und seine Identität verleugnen wie zuvor Galy Gay: »Sagt nicht, daß ich es bin« (356).

Die Parallele mit Fairchild spielt auch bei Galy Gays ›Rückfällen‹ eine wichtige Rolle. Er findet sich zunächst keineswegs damit ab, fortan Jeraiah Jip zu sein, er bleibt vorerst »der Beide«: »Ja und nein ist ihm das nämliche, er sagt heute so und morgen so« (364). Die Kumpane, die zunehmend Opfer seiner Vitalität werden, versuchen ihn zu verwirren, indem sie ihm die Witwe Begbick unterschieben, ihm einen Beischlaf suggerieren, von dem er nichts weiß, aber der geplante Selbstverlust tritt nicht ein: »Ein Mann ist ein Mann. Er ist nicht immer ganz Herr seiner selbst« (365). Er besteht weiterhin darauf, Galy Gay zu sein: Er »überblick(t) die Lage nicht« (367),[21] aber es kommt noch zu keiner Übereinstimmung von Paß und Person, zur Annahme des neuen Namens. Das geschieht erst, als ihm Fairchild zum warnenden Menetekel wird. Der ist durch den Verlust seines Namens »Blutiger Fünfer« so zerstört, daß er – einer Anregung der Begbick folgend – weiteren Anfällen von Sinnlichkeit, die ihn zum Zivilisten machen, endgültig vorbeugt, indem er sich mit der Pistole kastriert. Das ist die Vorwegnahme eines Motivs, das für Brechts Bearbeitung des *Hofmeisters* von Lenz bedeutsam wird: gesellschaftliche Konformität wird durch Selbstverstümmelung erreicht. Galy Gay lernt aus dieser Erfahrung, daß seine Rückfälle gefährlich sind:

> »Dieser Herr hat wegen seinem Namen etwas sehr Blutiges mit sich gemacht. Er hat sich eben sein Geschlecht weggeschossen! Das ist ein großes Glück für mich, daß ich das gesehen habe: jetzt sehe ich, wohin diese Hartnäckigkeit führt, und wie blutig es ist, wenn ein Mann nie mit sich zufrieden ist und so viel Aufhebens aus seinem Namen macht!« (369)

Es gehört zur Logik der Groteske, daß der Fall eigentlich das Gegenteil dessen lehrt, was Galy Gay aus ihm lernt, denn Fairchild kämpft ja um seinen militärischen Namen, wenn er den Zivilisten in sich vernichtet, während Gay in seinen Rückfällen auf seinem zivilen Namen bestanden hat, also auf der entgegengesetzten Identität.

In der Schlacht wird er dann zur militärischen Kampfmaschine, weil er einsieht, daß »eine Kanone verpflichtet« (371): Jetzt zwingt er dem zurückkehrenden Jeraiah Jip seinen alten Namen auf.

3

Die Darstellung ist insgesamt forciert, theatralisch, grotesk. Das Spiel im Spiel des Montageaktes pointiert den Gestus, der beweisend, aber zugleich antiillusionistisch ist. Die Thesen, die im Spiel zur Anschauung gebracht werden, sind allerdings Wirklichkeitsaussagen: Religion ist ein Geschäft mit der Dummheit – kapitalistische Kriege sind kolonialistische Eroberungskriege – Kleinbürger sind durch ihren Besitztrieb verführbar – Identität ist in der verdinglichten Gesellschaft eine Chimäre – der Zwang zur Verhaltenskonformität zwingt zur Vernichtung persönlicher Widersprüche – Soldaten sind menschliche Kampfmaschinen usw. Die Groteske ist also eine frühe Form der Verfremdung: sie macht sichtbar, was wirklich ist, in seiner Alltäglichkeit aber unerkannt bleibt.

Es wäre naheliegend, aus der Zielrichtung von Galy Gays Verwandlung eine kritische Stellungnahme Brechts zu erschließen. Immerhin wird ja gezeigt, wie sich ein gutmütiger, wenn auch etwas schwacher Mensch in ein menschenverachtendes Ungeheuer verwandelt. Aber auf diesen Aspekt der Darstellung, der als solcher von Anfang an vorhanden war, kam es dem Stückeschreiber zunächst gar nicht an: wichtig war ihm vielmehr die historische, d. h. historisch notwendige »Abschaffung des Charakterkopfs«. In der Vorrede von 1927 geht er davon aus, daß der Individualismus die Leitvorstellung einer »niedergehenden Menschenschicht« war, deren Epoche abgelaufen ist, und daß nunmehr die Zeit für einen »neuen Typus von Mensch« gekommen sei:

> Dieser neue Typus Mensch wird nicht so sein, wie ihn der alte Typus Mensch sich gedacht hat. Ich glaube: Er wird sich nicht durch die Maschinen verändern lassen, sondern er wird die Maschinen verändern, und wie immer er aussehen wird, vor allem wird er wie ein Mensch aussehen.   (GW 17,977)

Im Unterschied zu den Expressionisten sucht Brecht aber nicht die Zustimmung für eine Programmatik des »neuen Menschen«, sondern begnügt sich mit dem deskriptiven Soziologismus einer nüchternen Wirklichkeitserfassung und fordert auch vom Publikum die Beobachtung neuer, zeitgerechter Verhaltensweisen. Dieser Objektivismus ist bewußt provozierend. Er rechnet mit Irritationen. Galy Gay soll als ein »großer Lügner«, ein »unverbesserlicher Opportunist«, als ein standpunktloser Anpasser erscheinen, aber nicht seine Haltungen sollen kritisiert werden, sondern deren Bewertung nach herkömmlichen Maßstäben:

> Ich denke auch, Sie sind gewohnt, einen Menschen, der nicht nein sagen kann, als einen Schwächling zu betrachten, aber dieser Galy Gay ist gar kein Schwächling, im Gegenteil, er ist der Stärkste. Er ist allerdings erst der Stärkste, nachdem er aufgehört hat, eine Privatperson zu sein, er wird erst in der Masse stark. [. . .] Sie werden sicher auch sagen, daß es eher bedauernswert sei, wenn einem Menschen so mitgespielt und er einfach gezwungen wird, sein kostbares Ich aufzugeben, sozusagen das einzige, was er besitzt, aber das ist es nicht. Es ist eine lustige Sache. Denn dieser Galy Gay nimmt eben keinen Schaden, sondern er gewinnt. Und ein Mensch, der eine solche Haltung einnimmt, muß gewinnen. Aber vielleicht gelangen Sie zu einer ganz anderen Ansicht. Wogegen ich am wenigsten etwas einzuwenden habe.   (GW 17,978)

Mann ist Mann ist also ein Lustspiel, obwohl die Thematik – die Vernichtung des autonomen Individuums – nach den Kategorien des traditionellen Kunst- und Wirklichkeitsverständnisses ein Trauerspiel erwarten ließ: die Wahl der Gattung ist eine gesellschaftliche Stellungnahme. Damit verwirklicht das Stück bereits die Form des ›Gesellschaftlich-Komischen‹[22], d. h. die heitere Verabschiedung einer objektiv überlebten, wenngleich subjektiv noch weithin verbindlichen Form historischer Realität. Während der Arbeit spricht Brecht im Tagebuch von einer

»ungeheuerlichen Mischung von Tragik und Komik [...], welche darin besteht, daß ein Mann ausgestellt wird, der nach *solchen* Manipulationen an ihm noch lebt« (Tb 131). Er bekennt aber zugleich seine Zweifel an einer Tragik, die auf der Verbindlichkeit bürgerlicher Tugenden beruht: »Es hat keinen Sinn, einen Heiligen zu räuchern, ohne an irgendwelche Götter zu glauben« (ebd.). Wird solcher Verlust des Glaubens objektiv, verändert sich der Stoff notwendig zur Komödie. Die aufgehobene Tragödie wird aber im Stück selbst noch einmal zitiert: Zu seiner fingierten Hinrichtung schreitet Galy Gay »wie die Hauptperson eines tragischen Dramas« (351). Er, der selbst zum Schlächter montiert wird (336), widerspricht der Forderung, daß »ein Mensch geschlachtet werden soll« (351), er verlangt, »daß alles aufhört« (351). Aber dieser einstmals als tragisch zu verstehende Vorgang vollzieht sich an einem, »der nicht weiß, wer er ist« (352), der gegen den Schein eines falschen Bewußtseins schon längst kein »Charakterkopf« mehr ist, so daß die Tragödie in die Komödie eines realitätsgerechten Verhaltens umschlägt: Der befürchtete Verlust erweist sich als ein unerwarteter Gewinn.

In einem Interview mit Bernard Guillemin hat Brecht am 30. Juli 1926 – noch während der Arbeit an *Mann ist Mann* – sein Verständnis der dramatischen Person aus seinem Menschenbild begründet:

> Wenn sich eine meiner Personen in Widersprüchen bewegt, so nur darum, weil der Mensch in zwei ungleichen Augenblicken niemals der gleiche sein kann. Das wechselnde Außen veranlaßt ihn beständig zu einer inneren Umgruppierung. Das kontinuierliche Ich ist eine Mythe. Der Mensch ist ein immerwährend zerfallendes und neu sich bildendes Atom. Es gilt zu gestalten, was ist. (T 2,270)

Nach Andeutungen über den *Mann ist Mann*-Plan (»technische Ummontierung eines Menschen in einen anderen zu einem bestimmten Zweck«; T 2,271) stellt Guillemin die aus dem Geiste des Expressionismus formulierte Frage: »Entsteht dabei vielleicht der ideale Mensch?«, die Brecht lakonisch beantwortet: »Nein, nicht sonderlich« (ebd.).

Die Bewertung des Vorgangs ist von Anfang an ambivalent: Die Vernichtung der Persönlichkeit (genauer: ihrer Chimäre), das Aufgehen des Einzelnen im Kollektiv, wird als positiv verstanden, die Armee als Realisierung des Kollektivs ist hingegen negativ besetzt. Die Soldaten sind »die schlimmsten Menschen auf der Welt« (299), sind Räuber und Mörder; die Gruppe, in die Galy Gay aufgenommen wird, heißt mit gutem Grund »der Abschaum« (312); der »Blutige Fünfer« ist als Einpeitscher des Exerzierreglements, des Prinzips der neuen Identität, ein feiger Sadist, und Galy Gay bewährt sich als »menschliche Kampfmaschine« bei der Tötung »fleißiger und freundlicher Menschen«:

Und schon fühle ich in mir
Den Wunsch, meine Zähne zu graben
In den Hals des Feinds
Urtrieb, den Familien
Abzuschlachten den Ernährer
Auszuführen den Auftrag
Der Eroberer.   (376)

Das rein ›sachliche‹, objektivistische Einverständnis mit dem Vorgang ist zunächst nur in seiner soziologischen Bedeutsamkeit begründet, sieht von den praktischen Möglichkeiten des Kollektivs noch ab. Die werden erst zum Problem, als Brecht sich bei seiner Beschäftigung mit der materialistischen Dialektik am sozialistischen Kollektiv orientiert (in den Lehrstücken) und als er andererseits den Faschismus als Massenbewegung erlebt. Einige der erwähnten negativen Kennzeichnungen der Armee stammen aus dieser Bearbeitungsphase, sind allerdings nur Verdeutlichungen einer von Anfang an vorhandenen Sicht: Immerhin wächst Galy Gay als Eroberer der Festung schon in der Urfassung zum »größten Mann, den die Armee hat«,[23] so daß seine Kumpane befürchten müssen, »der läßt uns noch alle köpfen!«[24]
Andererseits hat Brecht bei der entscheidenden Berliner Aufführung von 1931 die 10. und 11. Szene gestrichen, weil er – wie er rückblickend bemerkte – angesichts von Hitlers Mißbrauch des Verlangens nach dem »geschichtlich reifen, echten sozialen Kollektiv der Arbeiter [...] keine Möglichkeit sah, dem Wachstum des Helden im Kollektiv einen negativen Charakter zu verleihen« (GW 17,951). Erst in der Fassung von 1954 wurden die negativen Aspekte durch einige Änderungen in der Schlußszene verdeutlicht und damit der erste Schluß wieder sinnvoll, d. h. erst die volle Beherrschung der Verfremdungstechnik ermöglicht die Darstellung des »Wachstums ins Verbrecherische« (GW 17,951).
Für die Konzeption des epischen Theaters ist die erwähnte Aufführung von 1931 eine der entscheidendsten Etappen.[25] Brecht inszeniert das Stück als ein groteskes Anti-Kriegsstück und arbeitet die in ihm angelegten Verfremdungseffekte und die Parabelstruktur stärker heraus (Verwendung von Zwischentiteln). Durch die Benutzung von Stelzen und Drahtbügeln werden die Soldaten zu riesigen Ungeheuern mit Teilmasken und Riesenhänden. Galy Gay wird buchstäblich zu einem solchen Ungeheuer montiert. Zugleich praktiziert Brecht eine neue Technik der Schauspielkunst. Dem Hauptdarsteller Peter Lorre wurde daraufhin von der Kritik der Verlust der schauspielerischen Aura vorgeworfen. In der Tat hatten die naturalistische und die expressionistische Dramatik eine außerordentlich suggestive Schauspielkunst produziert, die die Starschauspieler der Weimarer Republik vollendet beherrschten: Die vollplastische oder die ekstatisch-expressive Figur waren das Ideal einer Bühnenkunst, die Brecht als spätnaturalistisch verwarf. Mit dem Abbau der Persönlichkeit thematisiert *Mann ist Mann*

demgegenüber ein dramatisches Konzept, in dem der »tragende Schauspieler« keinen Platz mehr hatte. Es bedurfte jetzt einer demonstrativen, gestischen Spielweise, keiner Verwandlungskünste, wie denn ja auch die Überzeichnungen ins Groteske nicht auf Theaterillusion, sondern auf Wahrnehmung des Theatralischen zielten. Nicht umsonst wurden Masken verwendet. Die Mimik, neben der Stimme das größte Kapital der herkömmlichen Schauspielkunst, spielte für eine Dramatik, die den Abbau der Persönlichkeit zum Gegenstand hatte, keine Rolle mehr: entscheidend wurden Gesten und Arrangement. Das Geschehen löste sich in Episoden, sogar in Nummern auf, die der kommentierenden Verknüpfung bedurften. Das erforderte eine epische Spielweise, die in der »Umwälzung in der Funktion des Theaters« begründet war: es handelt sich um eine »gesellschaftliche Umfunktionierung«. Mit dieser Inszenierung hat das epische Theater Brechts seine erste konsequente Realisierung gefunden.

Die Ambivalenz des Stückes, die in der Forschung vielfach diskutiert wurde,[26] ergibt sich aus einer ganz im Geiste der zeitgenössischen Soziologie wertfreien Betrachtungsweise. Brecht ging davon aus, daß schon die bürgerliche Gesellschaft den Individualismus als ein zentrales Moment ihrer Ideologie praktisch negiert.[27] Beweis dafür ist die Fließbandproduktion: »Würde man in 1000 Jahren die Fordschen Fabriken ausgraben, so würden die Leute nicht leicht feststellen können, ob sie vor oder nach der Weltrevolution so gebaut wurden« (GW 20,24). Im Kölner Rundfunkgespräch mit Ihering und Sternberg von 1928 unterstreicht Brecht diese Sicht: »Die Fordsche Fabrik ist, technisch betrachtet, eine bolschewistische Organisation, paßt nicht zum bürgerlichen Individuum, paßt besser zur bolschewistischen Gesellschaft« (GW 15,152). Das impliziert bereits die These des ›Dreigroschenprozesses‹, daß »die kapitalistische Produktionsweise die bürgerliche Ideologie [zertrümmert]« (GW 18,204).

Es ist ein generalisierendes Verständnis der modernen Wirklichkeit, das die Zustimmung zur kollektiven Lösung begründet. Sie wird an der Armee als einer kollektiven Organisationsform demonstriert, aber bezeichnenderweise durch ökonomische Vorgänge (Warentausch) begründet. Erst seit der Lehrstückphase wird zwischen dem historisch notwendigen Kollektiv in der sozialistischen Gesellschaft und dem falschen (kleinbürgerlichen) Kollektiv des Faschismus unterschieden, das später eine eindeutige, zugleich aber auch allzu eindeutige Konkretisierung zuläßt:

> Die Parabel ›Mann ist Mann‹ kann ohne große Mühe konkretisiert werden. Die Verwandlung des Kleinbürgers Galy Gay in eine ›menschliche Kampfmaschine‹ kann statt in Indien in Deutschland spielen. Die Sammlung der Armee zu Kilkoa kann in den Parteitag der NSDAP zu Nürnberg verwandelt werden. Die Stelle des Elefanten Billy Humph kann ein gestohlenes, nunmehr der SA gehörendes Privatauto einnehmen. Der Einbruch kann statt in den Tempel des Herrn Wang in den Laden eines jüdischen Trödlers

erfolgen. Jip würde dann als arischer Geschäftsteilhaber von dem Krämer angestellt. Das Verbot sichtbarer Beschädigung jüdischer Geschäfte wäre mit der Anwesenheit englischer Journalisten zu begründen. (GW 17,987 f.)

Das Stück ist ein Werk des Übergangs, wenn man eine solche Kennzeichnung nicht im Sinne von Vorläufigkeiten und Defiziten versteht: Es enthält noch Elemente des Frühwerks und verdeutlicht zugleich schon die Möglichkeiten und Standpunkte des epischen Theaters.

Anmerkungen

Zitate von Brecht nach: Gesammelte Werke in 20 Bänden. werkausgabe edition suhrkamp. Hrsg. vom Suhrkamp Verlag in Zsarb. mit Elisabeth Hauptmann. Frankfurt a. M. 1967 (abgekürzt: GW). Reine Seitenzahlen beziehen sich auf den Text von *Mann ist Mann* in Band 1 dieser Ausgabe. Außerdem verwende ich folgende Abkürzungen: Tb: Bertolt Brecht: Tagebücher 1920–1922. Autobiographische Aufzeichnungen 1920–1954. Hrsg. von Herta Ramthun. Frankfurt a. M. 1975; T 2: Bertolt Brecht Schriften zum Theater 2. 1918–1933. Frankfurt a. M. 1963. BBA: Materialien des Bertolt-Brecht-Archivs [bisher ungedr.].

1 Zum Zusammenhang von *Mann ist Mann* mit der Expressionismuskritik vgl. die Tagebuchaufzeich- nung vom 7. 7. 1920 (Tb 17 f.).
2 Das richtet sich gegen Emil Ludwigs Biographie Wilhelms II. (ersch. 1926) und gegen die populäre These von der ›Kriegspsychose‹.
3 In einer der Vorfassungen wird auch das Motiv der Auslöschung des Gesichts verwendet, das später für die *Maßnahme* wichtig wird (vgl. BBA 150/25). Ferner gibt es Beziehungen zur Oper *Aufstieg und Fall der Stadt Mahagonny*: die Witwe Begbick ist hier als Leokadja Begbick eine der Protagonistinnen, und im ›Hauptmann-Manuskript‹ von *Mann ist Mann* (BBA 150/122 ff.) findet sich eine Vorform der Seefahrt-Szene (Szene 16) aus *Mahagonny* – Brecht ist mit wichtigen Motiven offenbar ökonomisch umgegangen.
4 BBA 460/08; zit. bei: Jan Knopf: Brecht-Handbuch. Theater. Stuttgart 1980. S. 47.
5 Hervorhebungen von mir.
6 Bertolt Brecht: Baal. Drei Fassungen. Kritisch ediert und kommentiert von Dieter Schmidt. Frankfurt a. M. 1966. S. 113.
7 Ebd. S. 119.
8 Baal wiederum hat eine ›Elefantenhaut‹ (GW 1,44). Über Galgei notiert Brecht: »Er hat eine rote rissige Haut, besonders im Nacken, kurzgeschorene Haare, wässrige Augen und dicke Sohlen« (Tb 125).
9 BBA 150/92 ff. Allerdings ›funktioniert‹ er auch hier im Rollenspiel gegenüber Fairchild: Er unterscheidet also zwischen der fingierten und der aufgenötigten Rollenidentität.
10 Vgl. hierzu: James K. Lyon: Bertolt Brecht und Rudyard Kipling. Frankfurt a. M. 1976. S. 80–97.
11 Den ökonomischen Charakter des Krieges hatte Brecht schon in *Trommeln in der Nacht* themati- siert.
12 Bertolt Brecht: Im Dickicht der Städte. Erstfassung und Materialien. Ed. und komm. von Gisela E. Bahr. Frankfurt a. M. S. 143.
13 BBA 460/8.
14 Bertolt Brecht: Mann ist Mann. Propyläen Verlag Berlin 1926. S. 62.
15 Vgl. hierzu: Klaus-Detlef Müller: Das Ei des Kolumbus? Parabel und Modell als Dramenformen bei Brecht – Dürrenmatt – Frisch – Walser. In: Werner Keller (Hrsg.): Beiträge zur Poetik des Dramas. Darmstadt 1976. S. 423–461.
16 Vgl. hierzu: Arnold Heidsieck: Das Groteske und das Absurde im modernen Drama. Stuttgart 1969.

17 Zit. nach: Wolfgang Kayser: Das Groteske in Malerei und Dichtung. Hamburg 1960. S. 115.
18 Zuerst geschieht das gegenüber der Witwe Begbick (319) in der Erwartung, daß er noch einmal gebraucht wird.
19 In einer früheren Fassung hieß es: »ein mann ist das was man von ihm hält« (BBA 150/106).
20 Vgl. die Ausführungen in: GW 17,981.
21 In einer früheren Fassung hieß es – in Anlehnung an biblische Motive: »du kennst dich wohl selbst nicht« (BBA 150/151). Der Selbstverlust steht in sinnfälliger Parallele zu Fairchilds Verlust seines Namens, der ja auch mit dem Motiv der Sexualität und mit der Witwe Begbick zusammenhängt.
22 Vgl. hierzu: Peter Christian Giese: Das ›Gesellschaftlich-Komische‹. Zur Komik und Komödie am Beispiel der Stücke und Bearbeitungen Brechts. Stuttgart 1974.
23 Brecht (Anm. 14) S. 126.
24 Ebd. S. 127.
25 Der Bericht über diese Aufführung, »Anmerkungen zum Lustspiel *Mann ist Mann*« (GW 17,980 bis 17,987), ist eine der wichtigen frühen Schriften über das epische Theater.
26 Ich erwähne nur: Ernst Schumacher: Die dramatischen Versuche Bertolt Brechts 1918–1933. Berlin 1955. S. 100 ff.; Arnold Heidsieck (Anm. 16); Franz Norbert Mennemeier: Modernes deutsches Drama. Bd. 1. München 1973. S. 289 ff.; Manfred Voigts: Brechts Theaterkonzeptionen. München 1977. S. 77 ff. Vermittelnde Positionen bei Marianne Kesting: Die Groteske vom Verlust der Identität: Bertolt Brechts »Mann ist Mann«. In: Das deutsche Lustspiel. Bd. 2. Hrsg. von Hans Steffen. Göttingen 1969. S. 180 ff; Jan Knopf (Anm. 4) S. 46 ff.
27 Grundlegend für den in *Mann ist Mann* behandelten Aspekt sind die »Notizen über Individuum und Masse« (GW 20,60–63), die allerdings schon im Horizont der Lehrstücke argumentieren.

UWE-K. KETELSEN

Kunst im Klassenkampf:
»Die heilige Johanna der Schlachthöfe«

Der Kern der Sache ist die Teufelsklaue,
die sich gegen Grundpfeiler des abendländischen Lebens ausstreckt.[1]

Die Nötigung, Brechts *Die heilige Johanna der Schlachthöfe* zu ›interpretieren‹,
kann einem Germanisten einen Schrecken einjagen, der demjenigen nicht ganz
unähnlich sein mag, der Gustaf Gründgens durchfuhr, als er einen Brief des
Stückeschreibers vom 18. Januar 1949 erhielt: »Sehr geehrter Herr Gründgens!
Sie fragten mich 1932 um die Erlaubnis, ›Die heilige Johanna der Schlachthöfe‹
aufführen zu dürfen. Meine Antwort ist ja. Ihr bertolt brecht.«[2] Allerdings hat
der Schreck des Literaturwissenschaftlers einen anderen Grund; denn während
sich Gründgens einem fast unberührten Theaterstück[3] konfrontiert sah, fühlt er
sich ins Dickicht der Interpretation gestoßen. Denn wie das ganze Werk Brechts,
so ist auch dieses vielschichtige und in sich widersprüchliche Schauspiel von
einem Gestrüpp von Versuchen überzogen, es zu verstehen, ein- und zuzuordnen, zu erläutern und zu bewerten.[4]

Blickt man zunächst auf die Handlung des Stücks, die vom Autor gewollte
Tendenz und projiziert beide zudem auf den Hintergrund der Geschichte des
Johanna-Stoffs,[5] dann versteht man schon, warum Gründgens im Klima von
Restauration und Kaltem Krieg das Angebot Brechts unangenehm sein mußte –
aber hätte er (wie er an Brecht telegraphierte)[6] gleich »zu Tode erschrocken«
sein müssen? Wenn man sich nicht zu sehr ins Detail verliert – und da liegt schon
eines der Probleme –, dann ist die Fabel des Stücks relativ schnell erzählt: Es
geht um den Machtkampf der ›Könige‹ der Chicagoer Schlachthöfe, um die
Rolle, die ideologieproduzierende Institutionen (wie die Heilsarmee) zur Be-
schwichtigung der in diesen Kämpfen verelendenden Arbeitermassen spielen,
und um die Tricks der Bourgeoisie, die Wahrheit zu unterdrücken, wenn sie denn
schon ans Licht drängt, wozu am Ende auch Kunst und Literatur herhalten
müssen. Auf die Nachricht seiner Freunde aus New York, daß es mit den
Fleischgeschäften schlecht stehe, verkauft der Chicagoer Fleischmagnat und
Freizeitphilanthrop Pierpont Mauler seine Anteile am Geschäft günstig (d. h.
ungünstig) an seinen Kompagnon Cridle; dieser ist zur Übernahme indes nur
bereit, falls Mauler ihm helfe, den Konkurrenten Lennox niederzuringen, was
sogleich – mit Erfolg – in Szene gesetzt wird. Das daraufhin steigende Elend der
Arbeiter bemüht sich die Heilsarmee (unter tatkräftigem Einsatz ihres Leutnants
Johanna Dark) mit frommen Gesängen und dünnen Suppen geistig zu mildern,

so die aufkeimende Unruhe beschwichtigend. Damit empfiehlt sich diese Institution natürlich den Herrschern auf den Schlachthöfen außerordentlich; daher sind diese zur Finanzierung der Missionsarbeit bereit. Im Leutnant Johanna Dark springt allerdings ein Funke über: sie will die Ursachen der Not wissen, die sie da ausgezogen ist, zu mildern. So tritt sie drei»Gänge in die Tiefe« an: zunächst zu Mauler, dem unmittelbaren Urheber all der Miseren, der – ihre Nützlichkeit erkennend – sie nach bekannter Manier kaufen will; dann zu den Arbeitern, bei denen sie erkennt, daß der Grund für deren Schlechtigkeit in der Armut zu suchen ist. Derweil kämpfen an der Viehbörse die Packherrn, Aufkäufer, Makler und Züchter ums Überleben. Aus Angst vor einer Revolution entschließt sich Mauler, den schwankenden Markt zu stützen, und kauft Fleisch auf; weil ihm seine Freunde, aus welchen Gründen auch immer, ohnedies empfohlen hatten, wieder zu kaufen, nimmt er auch gleich den Züchtern ihr Schlachtvieh ab. Johanna mißversteht diese Transaktionen als Ausflüsse ihrer Moralisierungsarbeit und jagt die Sponsoren der Heilsarmee fort, so daß diese dem Ruin entgegensieht und ihrerseits Johanna entläßt. Diese hat endlich Maulers Rolle begriffen und tritt ihren dritten Gang in die Tiefe an: sie geht zu den Arbeitern, um leidend deren Elend zu teilen. Während Mauler seinen Konkurrenten die Gurgel zuschnürt, organisieren die Arbeiter den Generalstreik. Daraufhin greift Mauler zur offenen Gewalt und verlangt Polizeieinsatz. Johanna soll einen Brief der Streikführung weiterleiten, was sie am Ende nicht tut, weil sie Gewalt ablehnt. Deswegen bricht der Streik zusammen. Mauler setzt sich zwar mit Hilfe des Polizeiapparats durch, aber er wird durch das maßlose Taktieren seines Maklers mit in den Strudel gezogen und ruiniert. Aufgrund eines neuerlichen Briefs seiner Freunde aus New York schließt Mauler alle Gruppen zu einem Kartell zusammen, das auf Kosten der Arbeiter die Profite saniert. Die Heilsarmee soll diese Konstruktion propagandistisch absichern. Unterdes verkündet Johanna unter den Arbeitern ihre Einsichten in die Notwendigkeit einer Revolution: »Es hilft nur Gewalt, wo Gewalt herrscht, und Es helfen nur Menschen, wo Menschen sind« (783).[7] Zwar ist der Interessenausgleich zwischen den Fraktionen der Bourgeoisie außerordentlich brüchig, aber gegen die Verbreitung dieser Botschaft stehen sie zusammen, übertönen Johannas Predigt und vereinigen sich, als diese stirbt, in einer Zeremonie zu ihrer Heiligung. – Darüber mußte man selbst 1949 (bei allem Unbehagen) nicht unbedingt gleich »zu Tode« erschrecken.

Die Gründgens-Anekdote so pointiert an den Beginn einer Beschäftigung mit diesem Schauspiel zu rücken, könnte dessen Lektüre aus heutiger Sicht möglicherweise einen Rahmen geben, der über eine (etwas zweifelhafte) bloß stoffliche Aktualisierung hinausginge. Warum bot Brecht Gründgens die Aufführungsrechte überhaupt an? Denn besonders klug war des klugen Brechts Angebot an diesen Star des Nachkriegstheaters nicht – wenn es ihm um eine Aufführung, noch dazu um eine solche nach seinem Konzept gegangen wäre. Wollte Brecht aber überhaupt eine Aufführung (zumindest in der vorliegenden Textgestalt[8])? Oder hatte er womöglich das Erschrecken von Gründgens listig in Rechnung gestellt, als er mit der Übersendung seines Zweizeilen-Briefchens eine Art Keuner-Geschichte in die Welt setzte? Wollte er am Ende den Zusammenprall dieses Stücks über die geheimen materiellen und ideologischen Gesetze des Kapitalismus mit diesem Theatermann inszenieren, der ein paar Jahre zuvor noch der repräsentative Veranstalter von Staatstheater im faschistischen Deutschland gewesen war und der sich gerade anschickte, zur bestimmenden Theaterfigur Nachkriegswestdeutschlands aufzusteigen, zum »Statthalter des großen Theaters in unserem Lande« (wie es in einer Premieren-Kritik zur *Johanna* hieß)? Und hatte Gründgens diese geheime Absicht Brechts erraten? Mag sein, daß unsere Ohren zu hellhörig geworden sind nach der neuerlichen Gründgens-Diskussion aus Anlaß von Klaus Manns *Mephisto*[9], in der (wo sie ernsthaft war) über die Rolle des Theaters im Machtsystem der krisengeschüttelten bürgerlichen Gesellschaft nachgedacht wurde – aber die bemühten Formulierungen eines Briefes vom 25. April 1949, mit dem Gründgens Fritz Kortner – vergeblich – für die Rolle des Mauler gewinnen wollte, legen doch die Vermutung nahe, daß sich der Adressat des Brechtschen Briefchens der Mißlichkeit der Situation bewußt gewesen sei, über die er da erschrak: »[...] es wäre natürlich eine schöne Sache«, schrieb er an Kortner, »wenn wir es [Brechts Werk], allen vergangenen Ekelhaftigkeiten zum Trotz, nun gemeinsam realisieren könnten. Ich habe eine gewisse Neigung, das Symbolhafte darin zu sehen, und wäre glücklich, wenn wir das damals Versäumte nachholen könnten. Es wäre so etwas wie ein Triumph des Geistes über die Zeit.«[10] Nicht nur, daß Gründgens hier mit der Rede vom »Symbolhaften« der Situation bereits ein Stichwort für seine spätere Konzeption der dann 1959 endlich in Szene gesetzten Uraufführung[11] gab; indem er sich in diesem Brief genau zu derjenigen Reaktion provozieren ließ, die Brecht in seiner *Johanna* als die bürgerliche Technik des Ausblendens der gesellschaftlichen Realität decouvrieren wollte, machte er überdies eine Funktion der tradierten, und das hieß seiner eigenen Kunstdoktrin sichtbar: die konkreten geschichtlichen Zusammenhänge zu überdecken, durch Symbolisierungen tiefere Bedeutungen zu stiften, durch Apotheosierungen den Stachel der Erkenntnis abzubrechen.[12] Brecht verleitete Gründgens hier, in einem Lehrstück über die Funktion der traditionellen Kunst zu agieren, zu dem dieser sich – gemäß der ihn prägenden Denkschemata – selbst auch noch das Rollenbuch geschrieben hatte. Und die Ahnung, daß es hier um ihn selbst, um seine Kunstauffassung und um seine gesellschaftliche Funktion gehe, konnte ihn schon zu Tode erschrecken lassen!

Und genau dieses Erschrecken über die Einsicht in die Funktion der tradierten Kunstdoktrin in den sozialen Auseinandersetzungen der bürgerlichen Gesellschaft ist auch eines der Themen der *Johanna*. (Daß sich Gründgens 1959 so blendend aus der Affäre ziehen konnte[13] und im Rahmen *seiner* Konzeption von

Theater einen seiner Nachkriegstriumphe ausgerechnet mit diesem Stück feierte, gehört zur historischen Dimension der *Johanna*[14] und rettet ihr vielleicht auch heute noch ein wenig Aufmerksamkeit.)

Eine Lektüre von Brechts *Die heilige Johanna der Schlachthöfe* aus der Perspektive einer solchen markanten Situation ihrer Wirkungsgeschichte muß allerdings entfaltet werden; sie ergibt sich schwerlich allein aus der Beschäftigung mit der letzten Fassung, in der das Stück zu seiner tradierten Form erstarrte und dann kanonisiert wurde. Der Blick auf die Entstehungsgeschichte des Textes, die in der jeweiligen Arbeitsstufe die historischen Bedingungen des ganzen Projekts erkennen läßt, legt eine breitere Dimension frei. Allerdings ist diese Genese so komplex, daß sie hier nur verknappt angedeutet werden kann.[15] Es wird aber – trotz dieser Verkürzung – sofort deutlich, daß eine Sichtweise, die allein die unmittelbaren zeitgeschichtlichen Bezugspunkte ins Blickfeld rückt (vor allem also die Weltwirtschaftskrise am Ende der 20er Jahre, die überschäumenden Festivitäten aus Anlaß der 500-Jahr-Feier der Jeanne d'Arc in Frankreich oder – oft übersehen – die Goethe-Zentenarfeiern 1932), den Horizont entschieden zu eng absteckt und damit dem Verständnis eine zu schmale Grundlage gibt. Die Arbeit an diesem Stück umfaßte nämlich im weiteren Sinn mehr als zehn Jahre, von 1926 bis 1938, im engeren Sinn immerhin noch mehr als drei Jahre, von 1928/29 bis 1931/32; sie steht in bedeutsamer Verbindung zu den Versuchen, in denen Brecht sich seit Mitte der 20er Jahre bemühte, eine Konzeption von (Theater-) Literatur zu finden, die dem historischen Entwicklungsstand der Zeit gerecht würde; und das wiederum fiel zusammen mit seiner Erarbeitung einer marxistischen Geschichtskonzeption. Dabei interessierten ihn im Zusammenhang mit den grundsätzlichen Problemen einer Geschichtsinterpretation im Marxschen Sinn auch konkrete gesellschaftliche Fragen jener Jahre, etwa diejenige nach einer Einschätzung des mittleren und kleinen Bürgertums, denen in der tödlichen Krise der kapitalistisch-bürgerlichen Gesellschaft eine besondere Bedeutung als wichtigen Reservoirs für eine faschistische Massenbasis zukam, oder die Prognose über die Lebensdauer des bourgeoisen Kapitalismus, dessen Untergang bevorzustehen schien. In diesem breiteren Blickfeld sind denn auch die erheblichen konzeptionellen, formalen und inhaltlichen Änderungen vor allem in den ersten Arbeitsphasen zu sehen.

In seiner *Die heilige Johanna der Schlachthöfe* band Brecht am Ende zwei Themenkreise zusammen, die er über Jahre hin zunächst getrennt bearbeitet hatte; sie bilden thematisch und ideologisch in der endgültigen Textgestalt die beiden Hauptkomplexe, die Brecht sich müht, über die Handlung aufeinander zu beziehen und damit in ihrer wechselseitigen Bedingtheit bloßzulegen: die Börse als derjenige Ort, an dem sich die Grundprinzipien des Kapitalismus offenbaren, und die Heilsarmeethematik. Der dritte Problemkreis, die Frage nach der proletarischen Organisation, die dann noch hinzutrat, spielt daneben eine deutlich untergeordnete Rolle und taucht – was Brecht von marxistisch-leninistischer

Seite auch zum Vorwurf gemacht worden ist – nur in Funktion zu den beiden anderen Komplexen auf.

Mitte 1926 hatte Brecht mit dem Plan begonnen, Vorgänge innerhalb der kapitalistischen Wirtschaft genauer zu studieren, die er in einem Stück über die Chicagoer Weizenbörse verarbeiten wollte. Es sollte – und das mag für die Beurteilung der *Johanna* nicht ganz belanglos sein –»in großem Stil«, wie Brechts Mitarbeiterin Elisabeth Hauptmann notierte,[16] innerhalb einer Reihe *Einzug der Menschheit in die großen Städte*»den aufsteigenden Kapitalismus« zeigen. *Joe Fleischhacker*, so der prospektive Titel des Stücks, wurde zwar nie geschrieben, aber der mühevollen Arbeit daran sprach Brecht später die Bedeutung zu, sein Damaskus gewesen zu sein: »Ich gewann den Eindruck, daß diese Vorgänge [an der Weizenbörse, wo das Stück spielen sollte] schlechthin unerklärliche, das heißt von der Vernunft nicht erfaßbare, und das heißt wieder einfach unvernünftig waren. [. . .] Das geplante Drama wurde nicht geschrieben, statt dessen begann ich Marx zu lesen, und da, jetzt erst, las ich Marx.«[17] Zugleich – und dieses ›zugleich‹ wäre zu betonen – zugleich begriff er, daß sich solche abstrakten, die Struktur der Gesellschaft betreffenden Probleme nicht mit den Ausdrucksmöglichkeiten der traditionellen Dramensprache formulieren ließen – und damit war (zumindest im Ansatz) auch die Theorie des »epischen Theaters« geboren.[18] Diese Koinzidenz bedeutet mehr als nur eine biographische Parallelität. Brecht fand nämlich – unter tatkräftiger Anleitung von Karl Korsch[19] – in der Arbeit an diesem Material die Möglichkeit, gesellschaftlich-materielle Konstellationen und formale Ausdrucksmittel zusammenzuschließen und so die ursprüngliche Marxsche, bei Lenin verlorengegangene Idee von der materiellen Kraft gedanklicher Entwürfe für sein Literaturkonzept produktiv zu machen: Als Teil der materiellen Prozesse wirken Gedanken (und damit auch Literatur) progredierend oder retardierend auf eben diese Prozesse ein. Diese Einsicht wurde später eine Voraussetzung für die inhaltliche wie formale Planung der *Johanna*. In einer Vorbemerkung zur ersten Textausgabe in den *Versuchen* schrieb Brecht 1932 – das sei hier schon vorausnehmend zitiert –: Im Stück »sollen nicht nur die Vorgänge, sondern auch die Art ihrer literarisch-theatralischen Bewältigung ausgestellt werden.«[20] Mit der Thematik wird somit auch deren Darstellung einem Denken unterworfen, das die Frage nach den Bedingungen der materiell-historischen Möglichkeit der Darstellungsformen aufwirft.[21] Von der Weise, wie dieser Ansatz zu einer sich materialistisch verstehenden Literaturtheorie mitvollzogen – bzw. als der ›ideologische‹ Teil an Brecht disqualifiziert und gegen den ›künstlerischen‹ Teil ausgespielt – wird, hängt die Bewertung der *Johanna* und besonders die Einschätzung der Titelfigur entscheidend ab.

Obwohl das Projekt vom *Joe Fleischhacker* zunächst hinter die Arbeit an der *Dreigroschenoper* zurückgestellt (und damit aufgegeben) wurde, griff Brecht die Börsenthematik ziemlich schnell, nämlich im Zusammenhang mit der Konzeption vom Lehrstück und der Arbeit am (auch Fragment gebliebenen) *Fatzer*, wieder auf. So ging es in dem ebenfalls als Fragment liegengebliebenen *Der Brotladen* (1929) um das Durchspielen von Möglichkeiten (klein)bürgerlichen Verhaltens gegenüber der als vom ›Schicksal‹ verhängt geglaubten ökonomischen Krise.[22] Aus beiden Fragment-Komplexen übernahm Brecht Elemente in die *Johanna* (etwa das Motiv der Rohstoffvernichtung oder die Figur des geneppten Mauler-Kompagnons Cridle). Im Zusammenhang mit diesen literarischen Vorhaben studierte Brecht ökonomische und literarische Werke, die sich mit dieser Problematik befassen; sie gingen teilweise unmittelbar in den *Johanna*-Text ein; so nahm er etwa aus Upton Sinclairs Roman *The Jungle* (1906) den Namen »Mauler« (von engl. *to maul* ›zerfleischen‹), die haarsträubende Geschichte des zu Blattspeck verarbeiteten Schlachters Luckerniddle und überhaupt die ganze Schlachthaussymbolik oder aus Gustavus Myers' *Geschichte der großen amerikanischen Vermögen* (1916) das Maulersche Konzentrationsszenarium und Berichte über die Magnaten des amerikanischen Kapitals; die Figur des Pierpont Mauler beerbt vor allen Dingen Myers' Darstellung von John D. Rockefeller und John P. Morgan Sr.

Das ist der eine Motivkomplex; den anderen bildet das Heilsarmeethema. Seit 1927 beschäftigten sich Brecht und Elisabeth Hauptmann mit der Heilsarmee. Ausgedehnte Feldstudien in Berlins Elendsvierteln während der heraufziehenden Weltwirtschaftskrise und kritische Lektüre (vor allem von Paul Wieglers *Figuren*, 1916,[23] und der Festschrift *Sechzig Jahre Heilsarmee*, 1925) schlugen sich in mehreren literarischen Arbeiten nieder: so in dem zunächst zusammen mit Elisabeth Hauptmann verfaßten Stück *Happy End* (1929), aus dessen Autorschaft Brecht sich nach dem Mißerfolg des Stücks zurückzog,[24] in der Entwurf gebliebenen *Marie Andersen* und in der ersten Arbeitsschicht des *Brotladens*. Und auch in diesem Komplex steht ein literarischer Text in der unmittelbaren thematischen Ahnenreihe, nämlich Bernard Shaws *Major Barbara* (1905).

Den Entstehungsprozeß der *Johanna*, vor allem in den ersten Stadien, zu durchschauen ist aus zwei Gründen schwierig: zum einen beteiligte sich Brecht am Ende der 20er Jahre an der Suche nach anderen als den traditionellen Verfahren, literarische Werke herzustellen, so daß die Genese des Textes nur noch partiell rekonstruierbar ist; zum andern (und teilweise daraus resultierend) ist die Manuskriptlage, die am Ende das Material für die Rekonstruktion literarischer Arbeitsprozesse liefern muß, außerordentlich verworren.[25] Brechts Absichten, die Herstellung von Literatur im Sinne moderner, an industriellen Verfahren orientierten Produktionstechniken zu erneuern, gelangen zwar höchstens ansatzweise; aber die *Johanna* ist doch kein Werk nach Maßgabe der traditionellen klassisch-romantischen Dichtungsdoktrin, die das Herz der bürgerlichen Kunstideologie ausmacht; sie ist nicht der Originalentwurf eines Individualautors Brecht, sondern das Ergebnis einer komplizierten Gemeinschaftsproduktion, in der Brecht allerdings – in den unterschiedlichen Arbeitsphasen auf verschiedene Weise – dominierte.[26] In den Druckfassungen zeigte Brecht diese besondere Situation durch die Anmerkung an: »Mitarbeiter: H. Borchardt, E. Burri, E. Hauptmann.« So geht die *Johanna* nicht auf eine geniale Inspiration eines autonomen Schreibersubjekts zurück, sondern resultiert aus der gemeinsamen Weiterarbeit an einer literarischen Vorlage, eben an Elisabeth Hauptmanns *Happy End*, die ihrerseits – wie bereits skizziert – das Ergebnis gemeinsamer Recherchen gewesen war.

Das früheste Textmaterial, das aus den Jahren 1928/29 stammt, umfaßt Textpassagen und Szenenfragmente, die in der Hauptsache wohl von Brecht selbst stammen, teils aber vielleicht auch von Emil Burri. Dieser Materialschicht kann man die Nähe zu *Happy End* noch ansehen. Ihr lagerte sich 1929 eine neue Schicht über, in die teilweise Material aus der frühesten Phase direkt – etwa durch ausgerissene oder ausgeschnittene und in den neuen Kontext eingeklebte Manuskriptteile – übernommen wurden. Auf dieser Stufe ist die Beteiligung Elisabeth Hauptmanns besonders deutlich zu erkennen. Von dieser Manuskriptschicht ließ man dann eine Reinschrift anfertigen. Keines dieser Arbeitsstadien erbrachte schon ein geschlossenes Stück; das wurde erst mit der Bühnenfassung von 1931 erstellt. An der Ausarbeitung auf den verschiedenen Stufen beteiligten sich neben den genannten Mitarbeitern in intensiven Diskussionen noch andere, so der von Brecht genannte Hans Borchardt, der 1929 nach Berlin zurückgekehrte Regisseur Bernhard Reich und Walter Benjamin, mit dem Brecht 1930 einen Teil des Sommers in Südfrankreich verbrachte; identifizierbare Spuren von ihnen sind am Text allerdings nicht auszumachen. In einer weiteren Überarbeitung der Bühnenversion entstand dann eine erste Druckfassung, die 1932 in Heft 5 der *Versuche* erschien. Schließlich überarbeitete Brecht diese Fassung dann noch einmal im dänischen Exil, als er seine *Gesammelten Werke* (1938 im Malik-Verlag) vorbereitete. Erst diese Fassung bildet die Grundlage für die literaturwissenschaftliche Auseinandersetzung mit Brechts *Johanna*.

Es kann nicht das Ziel sein, mit Hilfe einer möglichst exakten philologischen Zuordnung einzelner Textpartikel den Urheber der Gedanken und Formulierungen zu fixieren und solcherart am Ende doch noch des Originalgenies Brecht habhaft zu werden. Auf solche Weise würde nicht nur methodisch zurückgenommen, worum es Brecht bei diesem Stück ging; es würde überhaupt sein ganzer Ansatz verschüttet, daß nicht allein Thematik und Form literarischer Texte historisch seien, sondern gerade auch die Weise ihrer Herstellung. Zwar scheiterte dieser Teil des Projekts; die Schreiber am Text waren am Ende doch kein Produktionsteam im Sinne moderner Fertigungstechniken (was sich an den Manuskripten ablesen läßt), auch kann man fragen, ob eine solche Anpassung an industrielle Verfahrensweisen (wenn sie denn nicht nur ein geschicktes Manöver ist, Leute einzuspannen) wirklich so fortschrittlich gewesen wäre, wie Brecht meinte; aber man darf aus alledem doch nicht die Rechtfertigung ableiten, die *Johanna* methodisch rückhaltlos nach einem Verfahren zu behandeln, das Brecht selbst angesichts des historischen Stands der Produktionsweisen für anachronistisch hielt,[27] zumal wenn damit noch zweifelhafte Ehrenrettungen des Autors verbunden sind. Im übrigen scheiterte das Projekt nicht so vollständig, daß es nicht doch Spuren im Text hinterlassen hätte, die diesem wesentlich sind und seine Eigenart bestimmen. Brechts Vorstellungen von einer materialistischen Literaturkonzeption bezogen sich ja nicht allein auf den Textproduzenten, sie zielten zugleich auch auf den Leser/Zuschauer, dem der Gebrauchswert des literarischen Produkts (wieder) bewußt zu machen sei; ihm wäre auch der Produktcharakter der Ideen, Bilder und Handlungen darzustellen, die das Material für das literarische Werk ausmachen.

Dieses herauszuarbeiten ist, wenn schon nicht die einzige, so doch eine wesentliche Tendenz der Entstehungsgeschichte der *Johanna*. Sie durchzieht die Umarbeitung einzelner Szenen wie der Anlage des ganzen Stücks. So läßt Brecht etwa schon in einem frühen Stadium – um eine markante Veränderung herauszuheben – die Figur des »alten Herrn« fallen, die an anderer Stelle des Manuskripts auch offen als »Gott« bezeichnet wird. Damit wird nicht nur eine dramatis persona aus dem Ensemble der Akteure gestrichen; diese Eliminierung bedeutet vor allem eine Zuspitzung der Problemstellung des Stücks: Im frühen Stadium taucht Gott höchstpersönlich in der Hölle von Chicago auf und wird im Stile einer etwas pennälerhaften Religionskritik als ein altmodischer und trottliger Bourgeois vorgeführt, der in aller Unschuld seine Geschäfte treibt, von deren Bedingungen er (absichtsvoll) keine Ahnung hat. So antwortet er etwa auf Johannas Feststellung: »die kapitalisten beuten die arbeiter aus«, mit der dummerhaften Gegenfrage: »ja dürfen sie denn das?«[28] Indem bei der Ausarbeitung ein schneller Lacherfolg geopfert wurde, bekam die intendierte Religionskritik eine ganz andere Spitze; mit der Umarbeitung zur Bühnenfassung geht es nicht länger darum, wer oder was Gott selbst ist oder sein könnte, es geht vielmehr allein darum, wie die Figuren *über ihn* reden, und genauer, welche Funktion ihr *Reden über Gott* in den sozialen Auseinandersetzungen innerhalb der kapitalistischen Gesellschaft hat. Erst so ließ sich dann die jugendlich-sentimentale Naivität der Johanna zurückdrängen und diese Figur komplex ausbauen; sie wird nun zerrissen von der Einsicht, daß der Glaube an Gott in dem Augenblick, in dem er geäußert und möglicherweise handlungsanweisend wird, in das Feld der Klassenauseinandersetzungen tritt und eine Waffe in den Händen von Interessenten darstellt. Ideen haben materiellen Charakter. Diese Einsicht, die Johanna grausam macht und blutig wie ihren Widerpart Mauler, läßt sie die schrecklichen Worte sagen:

Darum, wer unten sagt, daß es einen Gott gibt
Und ist keiner sichtbar
Und kann sein unsichtbar und hülfe ihnen doch
Den soll man mit dem Kopf auf das Pflaster schlagen
Bis er verreckt ist.   (782)

In seinen Anmerkungen zur ersten Druckfassung der *Johanna* betonte der Autor ausdrücklich den situativen Charakter, den ideologischen Index, allen Redens seiner Figuren: »Um die [...] verzweifelte Warnung der Johanna Dark [...] zu verstehen, muß man sie genau nehmen und wird dann sehen, daß sie keineswegs über Gott spricht, sondern über das Reden von Gott, und zwar über ein bestimmtes Reden in einer bestimmten Situation und von bestimmten Aussagen über Gott.«[29] Ideen (wie diejenige über Gott) können in dieser Konzeption keinen Anspruch auf Autonomie, auf Wahrheitsgemäßheit erheben; sie sind Kopfprodukte, historisch-sozial situierte Redeinhalte, die in spezifischen Handlungszusammenhängen produziert worden sind. Dieses immer deutlicher herauszustellen, ist eine der markanten Tendenzen der Stückgenese.

Der Entstehungsprozeß der *Johanna*, so wie er sich in den Überarbeitungsstufen niederschlägt, zeigt aber, daß das Brecht-Team an diesem Punkt noch nicht stehenblieb, der in der Tat noch nicht so furchtbar weit jenseits der psychologisierenden Methode des ›realistischen‹ Theaters und dessen Technik der Perspektivierung des Redens liegt. Fortschreitend wird in einem Akt der Selbstreflexion der ideologische Charakter des *literarischen Redens selbst* thematisiert; in der fortschreitenden Arbeit am Stück wird nämlich der ursprüngliche Stoff, die Börsenproblematik und das Heilsarmeethema, immer weiter aufgezehrt und im Gegenlauf der Materialcharakter des poetischen Redens selbst immer entschiedener »ausgestellt«, um diese Lieblingsvokabel Brechts zu benutzen. Im Verlaufe der Überarbeitung tritt immer deutlicher heraus und wird später sogar thematisiert, daß der Autor einen *literarischen* Text hergestellt hat. In der zweiten Arbeitsstufe mutiert nämlich die ursprüngliche »Johanna Farland« zu einer »Johanna Dark«, d. h. die Zentralfigur tritt vor den Hintergrund einer *literarischen* Folie; zugleich wird Prosa zu Blankversen umgearbeitet, dem Sprachmaß der Shakespeareschen Könige und der Schillerschen Helden, und damit nicht nur der literarische Charakter der Personen bewußt gemacht, sondern vor allem die literarhistorische Tiefe hergestellt. Brecht treibt in der dritten Phase diese Tendenz fort, indem er den Bezug zur literarischen Tradition genauer anzeigt; der Rückbezug auf Schillers *Jungfrau von Orléans* und auf Goethes *Faust* wird deutlicher pointiert. Jetzt baut er das Finale als Parodie auf Schillers Stück aus. Die Arbeit an der Druckfassung in den *Versuchen* schließlich geht nochmals in diese Richtung weiter und steigert das parodistische Moment (das übrigens auch die Radioinszenierung 1932 in der »Berliner Funkstunde« prägte), um so den literarischen Charakter von Literatur und damit deren Gebrauchswert noch deutlicher zu machen. »Außer den stofflichen Komplexen«, kommentierte Brecht, »sind nämlich auch noch gewisse historische Darstellungsweisen der Stoffelemente ausgestellt, so daß das Werk unter anderm auch zu einer Untersuchung verschiedener Darstellungsweisen wird.«[30] Um dieses sinnlich bewußt zu machen, benutzte Brecht in der Bühnenfassung eine Neuheit der Theatertechnik jener Jahre, den beweglichen Bühnenboden: Während der

Schlußgesänge – so verlangte er in der Bühnenfassung – »ist das Fundament
sichtbar geworden, auf dem sie alle stehen: Die ganze Bühne wird von einer
dunklen Masse von Arbeitern getragen.«[31] Mit einer solchen Pointierung erhält
Die heilige Johanna der Schlachthöfe den Charakter einer Art Lehrstück, in dem
der (bürgerliche) Zuschauer auf der Bühne vorgespielt bekommen soll, welche
Funktion die klassisch-idealistische Literatur und die ihr gewidmete Institution
Theater in den sozialen Auseinandersetzungen der Klassen habe: die historische
Situation zu verschleiern, das erkannte Elend zu überhöhen und damit zu
verbrämen, die politisch-gesellschaftliche Kritik zu neutralisieren. Für einen
Leser der Nach-Brecht-Ära mag das in seiner Selbstverständlichkeit banal sein,[32]
aber um den historischen Bezugspunkt der Brechtschen Versuche zu bezeichnen,
braucht bloß an eine Direktive des letzten Kaisers der Deutschen erinnert zu
werden, die – ohne Wilhelm II. (oder seinen Ghostwriter) zum obersten Lite-
raturkritiker zu erheben – eine gewisse symptomatische Bedeutung hat, um
von den Nationalsozialisten erst gar nicht zu reden: »Die Kunst soll mithel-
fen, erzieherisch auf das Volk einzuwirken, sie soll auch den unteren Ständen
nach harter Mühe und Arbeit die Möglichkeit geben, sich an den Idealen
wieder aufzurichten [...], und zu diesen Idealen gehört, daß wir den arbeiten-
den, sich abmühenden Klassen die Möglichkeit geben, sich an dem Schönen zu
erheben und sich aus ihren sonstigen Gedankenkreisen heraus- und emporzu-
arbeiten.«[33]
Die Gründgensinszenierung von 1959 unterwarf (soweit man das jedenfalls aus
den Kritiken heute noch ablesen kann) die Johanna dieser Technik, die Brecht
mit dem Stück gerade in ihren Bedingungen und Funktionen hatte deutlich
machen wollen. Daß das möglich war, spricht zwar nicht gegen Brechts Einsichten (wie die konservative Kritik meinte), zeigt zum einen aber an, wie mächtig
diese Tradition war und ist, und läßt zum andern fragen, ob Brecht sie und ihre
Technik wirklich so weit überwunden hatte, wie er wollte und glaubte. Eine
solche Frage lenkt zu der Beobachtung, daß in der *Johanna* an entscheidenden
Punkten die symbolische Tradition der idealistischen Theaterkonzeption nicht
einfach aufgegeben worden ist (was sie etwa von den gleichzeitig entstehenden
Lehrstücken trennt).[34] In der *Johanna* steht die Handlung, das Bühnengeschehen, immer noch für etwas anderes, und der ausstellende Gestus des literarischen
Redens hebt das deutlich hervor; auch Brecht verwandelte noch vermittels
literarischer Bearbeitung den Stoff zu einer Metapher. Somit muß das Stück
›gedeutet‹ werden, da es nicht schon es selbst ist, sondern auf etwas anderes
verweisen soll – eben auf die Geschichte und auf die sie bestimmenden materiellen Prozesse. Dabei kommt der Handlung eine entscheidende Rolle zu, und
so steht denn deren reduzierende ›Deutung‹ im Mittelpunkt der meisten Interpretationen, die solcherweise die Darstellungsproblematik an den Rand
drücken, die diesem Text auch heute noch seine Gegenwärtigkeit bewahren
könnte.

So scheint für viele Interpreten die primäre Aufgabe darin zu liegen, diese Handlung zu ›deuten‹, herauszufinden, was mit dem Text über die Handlung hinaus ›eigentlich‹ gesagt werden solle. Und in dieser Aufgabe scheint ein um so größerer Reiz zu liegen, als das bestimmende Schema dieser Handlung sich so einfach nicht rekonstruieren läßt, weil es schwierig, verwirrend, ja teilweise dunkel ist. Zudem wird eine deutende Bewertung einzelner Handlungsstränge von politischen Vorentscheidungen geprägt. Die Funktion der Handlung ist (vor allem im Blick auf die Entstehungsgeschichte der *Johanna*) noch relativ einfach auszumachen: über sie sollen die ursprünglich getrennten Materialkomplexe Börse und Heilsarmee miteinander in Beziehung gesetzt werden und die Figuren ihren Aktionsrahmen vorgegeben finden. Ihre Struktur ist allerdings diffizil, wenn nicht widersprüchlich. Sie ist in Form zweier sich kreuzender Linien aufgebaut: einer aufsteigenden, in der der blutige Mauler sich zum Fleischmonopolisten in Chicago aufschwingt, und einer absteigenden, in der die barmherzige, die gesellschaftlichen Mechanismen des Maulerschen Aufstiegs zunächst ahnende, dann begreifende Johanna ihrer Barmherzigkeit beraubt und durch ihre Apotheosierung vernichtet wird. Diese beiden Linien wollen in ihrer Gegenläufigkeit aufeinander bezogen sein, wobei die entscheidenden Impulse von der Mauler-Linie ausgehen. Je weiter Johanna nach »unten« steigt – und dreimal steigt sie in die Tiefe –, je mehr sie die Realität, d. h. das Elend der Ausgebeuteten erfährt, desto genauer läßt Brecht ihre Einsichten in die Mechanik der kapitalistischen Gesellschaft werden, bis er sie dann schließlich deren Grundstein finden macht: die Gewalt. So gibt das Lineament der Handlung den Figuren jeweils die materiellen Bedingungen ihres Redens vor.

Schwierig – und nicht nur für die Interpreten, sondern wohl auch für Brecht selbst – wird aber die ›symbolische Deutung‹ der Handlung. Viele Interpreten verstehen die Fabel der *Johanna* kurzerhand als das Szenarium einer kapitalistischen Strukturkrise, was Brecht übrigens in der Bühnenfassung selbst nahelegt,[35] weil er dort dem Text eine Zusammenfassung in Gestalt einer wirtschaftsgeschichtlichen Skelettierung der Handlung vorausschickt, mit der Folge, daß er das Stück völlig auf die Mauler-Handlung reduziert. (Diese Skizze fehlt in der letzten Fassung dann wieder.) Kann man bei Brecht noch den Eindruck haben, er versuche das irrationale Chaos der Aktionen auf den Chicagoer Schlachthöfen mit Hilfe einer Kurzfassung des einen Handlungsstranges zu lichten und organisierend nachvollziehbar zu machen, so macht Käthe Rülicke-Weiler daraus ein Prinzip. Sie integriert zwar – damit Brechts Intentionen gerecht werdend[36] – die Johanna-Linie in die Mauler-Linie (ohne sie allerdings kausal völlig ableiten zu können), unterlegt dann aber die einzelnen Konstellationen der Mauler-Handlung mit Passagen aus Marx' *Kapital*; so wird der Handlung die logische Struktur einer kapitalistischen Wirtschaftskrise als ein organisierendes Raster vorgegeben. Sie durchläuft in dieser Sicht die Stationen einer Phase mittlerer Lebendigkeit, einer Produktion unter Hochdruck, einer folgenden Krise und schließlich einer daraus resultierenden Stagnation; in diesem Umschwung einer klassischen Wirtschaftskrise werden die Arbeitermassen je nach Bedarf angesogen oder abgestoßen und damit Phasen der relativen Wohlfahrt oder des Elends des Proletariats erzeugt.[37] Eine solche reduktionistische Deutung gibt gerade jene Differenzierungen innerhalb der Marx-Diskussion der 20er Jahre (etwa bei Lukács und vor allem bei Korsch) auf, an denen sich Brecht orientierte;[38] sie führt denn auch zu Schwierigkeiten, denn die Handlung der *Johanna* entwickelt sich ja gerade nicht im Sinne eines Prozesses völlig aus sich selbst. Brecht muß an den entscheidenden Stellen zu einem poetischen Trick greifen, der – wie er deutlich zeigt – schon den Klassikern gute Dienste erwiesen hat, um die Handlung von außen her weiterzutreiben: Zum rechten Moment treffen immer jene geheimnisvollen Briefe ein, die Maulers nicht minder ominösen Freunde in New York schreiben. Der Hintergrund dieser Briefe ist nun nicht etwa der historische Prozeß, in den sie tiefere Einblicke vermittelten, sondern das Intrigenspiel, das sich im nationalen Zusammenhang in gleicher Weise – nur auf einer höheren Ebene – abspielt wie in Chicago. Wenn diese poetische Struktur etwas ›wider- spiegelt‹, dann gerade das Gegenteil einer geschichtlichen Logik: die Willkür der wirtschaftlichen Ereignisse. Wollte man ein Spaßvogel sein, so ließe sich Maulers Satz:»Daß so bestochen wird mit Geld, das / Sollt auch nicht sein«, hinterrücks als ein Kommentar zur Fabel lesen, den der Makler Slift erst wieder leidlich zurechtbiegen muß:»'s käm darauf an, wer die Briefschreiber sind. / Bestechen, Zölle aufheben, Kriege machen kann / nicht jeder Hergelaufene« (713 f.). Nicht, daß Brecht eine solche deutende Öffnung der Handlungsstruktur nicht wollte – zu deutlich sind die Hinweise in den Materialien. Die Frage ist, ob er dieses Konzept durchhielt und ob seine Konstruktion stark genug war, es zu tragen. Denn schnell sind den Figuren Worte in den Mund gelegt wie:

> Zeigtest du, Mauler, mir der Armen
> Schlechtigkeit, so zeige ich dir
> Der Armen Armut, denn von euch entfernt [. . .]
> Leben [. . .] solche, die ihr
> In solcher Armut haltet [. . .], daß sie
> Gleichermaßen entfernt sein können von jedem Anspruch
> Auf Höheres als gemeinste Freßgier [. . .]   (706)

oder

> Und auch die, welche ihnen sagen, sie könnten sich
> erheben im Geiste
> Und steckenbleiben im Schlamm, die soll man auch mit den
> Köpfen auf das
> Pflaster schlagen   (782 f.)

– aber schwer sind solche Aussagen in einer Konzeption von Bühnenhandlung zu verankern, die aus Grundprinzipien einer marxistischen Geschichtstheorie lebt. Es wäre nämlich nötig, die objektive geschichtliche Situation erkennbar zu machen, ihre Bewegungsmechanismen zu verdeutlichen und das Ganze dann auch noch in das subjektive Handeln der Figuren, d. h. in deren Denken und Reden, zu vermitteln. So verweist Brecht denn etwa mit dem Abstieg der Figur Johanna auf die politische These, von unten, aus dem Proletariat, komme die Heilung der letzten Krise, in die sich die Bourgeoisie mit der Weltwirtschafts-krise gestürzt habe (was zur völligen historischen Fehleinschätzung der National-sozialisten führte, die in Brechts Stück gar nicht vorkommen).

Aber schon in sehr vordergründigen Konstellationen geriet Brecht mit diesem Konzept in Schwierigkeiten; er fand etwa keine Lösung, die Gestalt der Johanna wirklich völlig materialistisch zu verankern, er vermochte ihre Neugierde und ihre moralische Integrität nicht an Interessen zu binden. Das macht ja auch gerade ihre Gefährlichkeit für die Herrscher auf den Schlachthöfen aus, denn wenn sie käuflich wäre, – –. Und gerade dort liegt auch die Faszination, die sie auf Mauler ausübt; gerade weil sie nicht käuflich ist, also nicht im Sinne einer ökonomistischen Ideologiekonzeption handelt, wird sie in seinen Augen zum Widerpart der verachteten, weil käuflichen Heilsarmee, deren Major Snyder er vorhält:

> Mensch ist
> Euch, was euch hilft, so war auch mir
> Mensch nur, was Beute war. [...]
> So bleibt alles
> im großen Umlauf der Waren wie der Gestirne. (754)

Die Protagonisten Mauler und Johanna behalten im Stück durchaus etwas Naturhaftes, das Brecht nicht völlig auflöst. So gewinnt Johanna ihre Einsichten nicht in der Reflexion auf Arbeitsprozesse, in die sie eingespannt wäre, sondern aus Mitleid mit den Elenden und aus Einsicht ins eigene Versagen (denn sie sieht wohl das Richtige, vermag es aber nicht in die Tat umzusetzen und kann somit am Ende in den Dienst derer genommen werden, die sie bekämpfen wollte). Daß es nicht gelang, den historisch-politischen Gesamtzusammenhang völlig in seine literarische ›Widerspiegelung‹ aufzulösen – und nicht allein ideologiekritische Gründe –, mag dazu beigetragen haben, daß Brecht schließlich auf den Gedan-ken kam, den Schluß seines Stücks als eine Klassikerparodie zu konzipieren; denn das Universaldrama der Klassik, besonders natürlich Schillers *Johanna* und Goethes *Faust*, gibt eine formale Lösung für solche globalen Konstellationen vor, auf die sich Brecht wenigstens parodistisch beziehen konnte. Solche Generalkon-zeptionen hat er später (sieht man einmal vom *Arturo Ui* ab) denn auch nicht wieder versucht. Möglich, daß er sich unter dem Druck der gleichzeitigen marxistischen Kunst-Diskussion stehen fühlte, in welcher die Kunst auf die

›Widerspiegelung‹ der ›objektiven historischen Situation‹ verpflichtet werden
sollte;[39] jedenfalls rechtfertigte er das Stück gerade nach dieser Seite hin: »Die
Vorgänge spielen sich in der Natur tatsächlich erkennbar anders ab, erkennbar
anders, weil sie nicht nur mit den unmerklichen Verkürzungen der üblichen
perspektivischen Zeichnung dargestellt werden. Ein Moment der Mannigfaltigkeit fehlt in der Stilisierung, das in der Realität da ist.« Erst die nähere
Konkretisierung dieser Stilisierung, verteidigte sich Brecht, zeige »den Realisten,
ihre Verknüpfung mit der Praxis, der eigenen und fremden, ist Realismus.«[40]
So sieht denn der Zuschauer, der angesichts der wilden action[41] auf der Bühne
ohnehin kaum zum Nachdenken kommt, von der umgreifenden geheimen Logik
wirtschaftlicher Prozesse im Kapitalismus ziemlich wenig; vor seinen Augen
spielt sich genau das Gegenteil ab: eine chaotische Schlacht aller gegen alle, das
Faszinosum eines Endkampfes, in dem nur die äußerste gesellschaftliche Bedrohung die maßlosen Bourgeois für einen kurzen Moment innehalten läßt. List und
Hinterlist, Trug und Tücke regieren das Geschehen. In der letzten Fassung
komprimiert Brecht diese das Stück durchziehende, dessen Physiognomie
bestimmende Chaotik überdies zu einer einzigen Szene, indem er die Fraktionen
der Bourgeoisie in ein wildes Handgemenge verwickelt, das nur durch die
Nötigung beschwichtigt wird, in einer vorläufigen Allianz Johannas aufrühreri-
sche Wahrheiten zu übertönen (vgl. 783 f.). Und immer wieder sperrt sich bei der
Lektüre die Handlung gegen ihre glatte Reduktion auf ein ökonomisches Verlaufsschema; so ist etwa aus der Zyklentheorie nicht mehr zu erklären, warum
Mauler just in dem Moment zur großen Rettung des ganzen Systems ansetzt und
zum Monopolisten in Chicago aufsteigt, als er pleite ist. Auch sein Fehler, dem
Makler Slift im Ringen um die Macht an der Fleischbörse freie Hand zu geben,
die dieser eher im Stile eines blindwütigen antiken Schlagetots als eines rechnenden Ökonomen nutzt und dabei wider alle wirtschaftliche Vernunft das kompli-
zierte Netz von ökonomischen Abhängigkeiten zerstört, ist kaum aus der Logik
des Kapitals abzuleiten[42] (es sei denn, man sei der Meinung, die Logik des
Kapitals bestehe gerade darin, daß sie sich durchsetze, gleichgültig was immer
die Figuren tun; diese seien ohnedies nur Charaktermasken, die lediglich Funktionen im System dekorativ abdeckten, je tumultuöser, desto besser für die
Tendenz des Prozesses). Auch Maulers Aufstieg wird nicht als ein ökonomisch-
historischer Prozeß dargestellt, sondern eher als ein raffinierter Sieg im sozialdar-
winistischen Überlebenskampf aller gegen alle; in der Hölle von Chicago geht es
zu wie in einem geschlossenen Kasten voller hungriger Ratten. Brecht läßt
Pierpont Mauler ein anderes Bild benutzen, um diesem Kampf eine naturhaft-
mythische Dimension zu geben: »Euch raufend um den längst verstopften Markt /
Verdarbt ihr euch die Preise, selbst euch unterbietend, so / Zerstampfen Büffel
im Kampf ums Gras das Gras, um das sie kämpfen« (681).
Selbstverständlich soll der Zuschauer/Leser die Reden der Figuren nicht als
blanke Wahrheiten nehmen, sie sind situative Äußerungen, aber Mauler formu-

liert mit diesem Bild nicht nur seine, aus seiner gesellschaftlichen Position resultierende Sicht der Ereignisse, er findet zugleich einen Ausdruck für das, was der Zuschauer auf der Bühne tatsächlich zu sehen bekommt. Und in dieser Darstellung solchen mythischen Kampfes aller gegen alle, solcher urzeitlichen Schlacht der Heroen eines legendären Kapitalismus liegt wohl auch der ästhetische Reiz des Stücks, zumal sie im harten Kontrast steht zur pointierten Rede der Figuren und der intellektuell geschliffenen Behandlung des Verses. Stellenweise schwelgt Brecht geradezu in der Rolle eines Rapsoden dieser Legende vom anarchischen, entfesselten Kapitalismus.

Er muß aber bemerkt haben, wie sehr die sozialdarwinistische Mythologie von der Überlebenschance des Fähigsten die Handlung des Stücks bestimmt, denn in der letzten Überarbeitungsphase versuchte er, die wenigen dynamischen Ansätze des Handlungsentwurfs im Sinn der Marxschen Theorie auszubauen, um auf diese Weise wenigstens stellenweise eine Bewegung, eine Tendenz zu bekommen, die über ein bloßes Drehen im zyklischen Umverteilungskampf hinausweist. So baute er den Hinweis aus, den Cridle schon in der Bühnenfassung auf die neuen Packmaschinen gibt, die es erlauben würden, »ein hübsches Sümmchen Arbeitslohn« einzusparen; in einer wüsten Suada ersinnt dieser ein Perpetuum mobile der Produktion, mit dem er den Konkurrenten Lennox aus dem Felde schlagen wird: in diesem neuen System schlachtet sich das Schwein nämlich selbst, indem es – im Sturz – mit Hilfe seines eigenen Gewichts der Maschine auch noch die Energie zuführt, die zu seiner Verarbeitung benötigt wird:

> Denn nun, fallend von Stock zu Stock, verlassen
> Von seiner Haut, die sich in Leder wandelt
> Sich trennend auch alsdann von seinen Borsten
> Die Bürsten werden, endlich seine Knochen
> Abwerfend, draus wird Mehl, drängt's durch sein eigenes
> Gewicht nach unten in die Blechbüchs.   (681)[43]

So wird zumindest andeutungsweise ein geschichtsdynamisches Moment in die Fabel eingebaut, indem im Umschwung der Machtkämpfe ein progredierender Schub in der Produktionsweise befreit wird, wenngleich das am Ende doch die Handlung nicht bestimmt.

So muß denn, aufs Ganze gesehen, der Versuch mißlingen, Brechts *Johanna* einer reduktionistischen Interpretation zu unterwerfen (was dem Stück nicht unbedingt zum Nachteil gereicht). Die Figuren gehen nicht völlig in der Ableitung aus politisch-ökonomischen Prozessen auf, die Handlung erschöpft sich nicht darin, die Logik eines vorgeordneten, gesetzlichen Verlaufsschemas auszuprägen. Als Brecht 1941 erklären wollte, warum die *Johanna* keineswegs in die Konzeption eines nicht-aristotelischen Theaters aufgelöst werden müsse, ließ er das treuherzig als das Ergebnis seiner dialektischen Weisheit erscheinen: Man

müsse auch einem historisch nicht so avancierten Zuschauer (an welchen Zuschauer mag er da wohl, 1941, gedacht haben?) eine Chance geben: »bei einer heutigen aufführung etwa der ›Heiligen Johanna der Schlachthöfe‹ kann es vorteilhaft sein, mitunter eine einfühlung in die johanna herbeizuführen (zuzulassen vom heutigen standpunkt aus), da diese figur ja einen erkenntnisprozeß durchmacht, sodaß der einfühlende zuschauer von diesem punkt aus sehr wohl die hauptpartien der geschehnisse überblicken kann. jedoch wird es heute schon immer zuschauer geben, welche es vorziehen, diese figur von außen zu betrachten.«[44]
Was Brecht hier noch mit den Termini einer psychologisierenden Wirkungstheorie formuliert, ließe sich strukturell auch mit der Metapher von einer Spannung zwischen horizontaler und vertikaler Achse ausdrücken. Einpassung in ein Verlaufsschema und Widerstand im Beharren treten in ein wechselvolles Verhältnis. Wie Stolpersteine liegen Denk-Bilder auf dem glatten Weg zur Fabelentwicklung, wie etwa:

> Die im freien Raum schweben
> Können sich doch nicht erheben
> Steigen heißt: auf andre steigen
> Und das Nach-dem-Oben-Greifen
> Ist zugleich ein Tritt nach unten   (781)

– womit »Die Schlächter« Johannas Bild, vom oben und unten in der Klassengesellschaft umdeutend aufgreifen und gegen sie selbst, die freischwebende Intellektuelle ohne Klassenstandpunkt, wenden. Oder es finden sich wortspielende, befrachtete Pointen eingestreut, wie etwa Maulers umzitierende Sentenz: »Handelnd mußt du, ach, verwunden!« (Ebd.) Mit Hilfe parodierender Anspielungen (am Schluß vor allem auf das Ende von *Faust II*) öffnet sich der Text in einen ganz anderen Kontext, so wenn die Schlächter und Viehzüchter im Chor rezitieren:

> Seht, dem Menschen seit Äonen
> Ist ein Streben eingesenkt
> Daß er nach den höheren Zonen
> Stets in seinem Geiste drängt.   (785)

Oder es löst sich der Zusammenhang ganz auf, und der Text erstarrt in der volksvermögenden Verballhornung klassischen Bildungsguts:

> Mensch, es wohnen dir zwei Seelen
> In der Brust!
> Such nicht eine auszuwählen
> Da du beide haben mußt.   (786)

In der Pointe, im Sinn-Bild springt der Kontext auf und die Sentenzen spannen ihre Flügel aus, um in den Büchmann (oder besser einen Anti-Büchmann) zu fliegen. Das handschriftliche Material läßt auch deutlich erkennen, welche Mühe Brecht darauf verwandte, die Verse zu Sentenzen zuzuspitzen, etwa wenn aus einer frühen langatmigen Formulierung:

> schnell verschwindend von dieser welt ohne furcht
> sage ich euch: seid nicht nur gut sondern
> tut etwas! Sorgt daß ihr sterbend
> nicht nur gut wart sondern verlaßt
> eine bessere welt!

schließlich die endgültige Fassung wird:

> Schnell verschwindend aus dieser Welt ohne Furcht
> Sage ich euch:
> Sorgt doch, daß ihr die Welt verlassend
> Nicht nur gut wart, sondern verlaßt
> Eine gute Welt!   (780)[45]

An solchen Stellen findet sich der Zuschauer/Leser in die Wirrnis der Einzelheiten gestürzt, in der sich die gedanklichen Widersprüche des Stücks entfalten. Oft muß der Zusammenhang gegen das einzelne erst wieder hergestellt, das einzelne Moment aufs Zentrum hingewendet werden. In solchen Spannungen zwischen einer kontextsprengenden, quasi anarchischen Lust am Detail und dem organisierenden Bemühen, Bögen einer zusammenhängenden Sinnentfaltung zu ziehen, könnte ein heutiger Leser vielleicht mehr historische Wahrheit finden als in der planen Reduktion der Fabel auf eine vermeintlich in sie eingeschlossene ›objektive‹ Logik der geschichtlichen Prozesse.

Anmerkungen

1 *Kölnische Zeitung* vom 1. Februar 1933. In: Gisela E. Bahr: Bertolt Brecht. Die heilige Johanna der Schlachthöfe. Bühnenfassung, Fragmente, Varianten, Frankfurt a. M. 1971. S. 226.
2 Vgl. Monika Wyss: Brecht in der Kritik. München 1977. S. 452. Daß Brecht dieser hintersinnige Witz ausgerechnet nach der intensiven Arbeit an der *Mutter Courage* einfiel, dieser anderen Kleinbürger-Heldin, könnte vielleicht Lesehilfe geben. (Vgl. Bert Brecht: Arbeitsjournal. 1942–1955. Frankfurt a. M. 1974. S. 544 f.)
3 Eine Theateraufführung kam in der Weimarer Republik nicht zustande; Bemühungen in Berlin und Wien scheiterten, schon der Plan des Darmstädter Theaters, das Stück zu bringen, rief einen Entrüstungssturm hervor. So erlebte es lediglich in einer Kurzfassung eine Radiorealisierung in der »Berliner Funkstunde« (11. April 1932); vgl. Bahr (Anm. 1) S. 211–234; Wyss (Anm. 2) S. 369–385. Zu den Drucken vgl.: Gerhard Seidel: Bibliographie Bertolt Brecht. Titelverzeichnis. Berlin [Ost] 1975. Nr. 178–188.

4 Jan Knopf: Brecht-Handbuch. Theater. Eine Ästhetik der Widersprüche. Stuttgart 1980. S. 105–114. Er faßt die brauchbaren Ergebnisse einer wuchernden Publikationstätigkeit zusammen. Die Arbeiten von Hans-Peter Herrmann: Wirklichkeit und Ideologie. Brechts *Heilige Johanna der Schlachthöfe* als Lehrstück bürgerlicher Praxis im Klassenkampf. In: Joachim Dyck [u. a.]: Brechtdiskussion. Kronberg i. Ts. 1974. S. 52–120, und Manfred Voigts: Brechts Theaterkonzeption. Entstehung und Entfaltung bis 1931. München 1977, sind daneben die ergiebigsten Arbeiten.

5 Vgl. Joachim Schondorff (Hrsg.): Die Heilige Johanna. Schiller. Shaw. Brecht. Claudel. Mell. Anouilh. München 1964.

6 Wyss (Anm. 2) S. 452.

7 Bertolt Brecht: Die heilige Johanna der Schlachthöfe. In: Gesammelte Werke in 20 Bänden. werkausgabe edition suhrkamp. Hrsg. vom Suhrkamp Verlag in Zsarb. mit Elisabeth Hauptmann. Bd. 2. Frankfurt a. M. 1967. S. 783. Im Text nur mit Seitenzahl in Klammern direkt nach dem Zitat bezeichnet. – Im folgenden zit. als: GW, Band- und Seitenzahl.

8 In einem Gespräch mit Ernst Schumacher kurz vor seinem Tod jedenfalls spricht Brecht vom nötigen Nachdenken über notwendige Überarbeitungen, falls man das Stück aufführen solle; vgl. Bahr (Anm. 1) S. 216.

9 Vgl. Eberhard Spangenberg: Mephisto. Karriere eines Romans. Klaus Mann und Gustav Gründgens. München 1982.

10 Zit. bei: Wyss (Anm. 2) S. 453.

11 Besprechungen dieser Aufführung von Willy Haas, Siegfried Melchinger und Ernst Schumacher in: Wyss (Anm. 2) S. 368–380. Auszüge einer breiteren Palette von Kritiken im Materialanhang bei: Herrmann (Anm. 4) S. 93–107.

12 Aufschlußreich ist im übrigen, daß die Kritiker noch 1959 das Prekäre dieser Konfrontation deutlich sahen. Haas steuerte in seiner Rezension auch genau auf diesen Punkt zu, wenn er gleich im ersten Absatz die kunstkritische Intention, die Brecht mit dem Stück verfolgt, unterstreicht, im zweiten Gründgens' dubiose Rolle im Dritten Reich andeutet, dann aber das Nachdenken darüber verweigert, indem er ins Moralisch-Anekdotische ausweicht.

13 Das bedenkt auch Fritz Kortner, und seine Beurteilung von Gründgens (F. K.: Letzten Endes. München 1971. S. 144) liest sich, als wenn sie sich auf dessen Antwort auf Brecht bezöge: »Als er [Gründgens] sich als Nazi erlebte, erschrak er vor sich selbst, erholte sich jedoch bald von dem Schock und hält sich bereits wieder für einen Menschen.«

14 Von den zahlreichen Kritikern der Uraufführung scheint – jedenfalls soweit ihre Bemühungen in der Sekundärliteratur dokumentiert sind – nur ein einziger die Einsicht oder den Mut gehabt zu haben, die Konstellation bloßzulegen, nämlich Alexander von Cube (vgl. Herrmann, Anm. 4, S. 103 f.). Den politischen Grund dieser schamlosen ›Interpretations‹-Debatte legt allerdings der Gründgens-Biograph Curt Riess bloß: »Die Aufführung der *Johanna* war nicht zuletzt deshalb unvergeßlich, weil sie eigentlich ein Spiel gegen Brecht war oder zumindest gegen das, was Brecht hätte aussagen können, solange er in Mitteldeutschland wohnte. [...] mit großer Wahrscheinlichkeit spielte Gründgens einen Brecht, wie dieser selbst hätte gespielt werden wollen, hätte er es noch sagen dürfen.« (C. R.: Gustaf Gründgens. Eine Biographie. Hamburg 1965. S. 390.)

15 Vgl. die Zusammenfassung bei Knopf (Anm. 4) S. 105–107, und natürlich bei Bahr (Anm. 1) S. 109–210.

16 Elisabeth Hauptmann: Notizen über Brechts Arbeit 1926 (1957). In: Wer war Brecht? Hrsg. von Werner Mittenzwei. Berlin 1977. S. 163.

17 GW 20,46.

18 Hauptmann (Anm. 16) S. 163.

19 Vgl. Gudrun Schulz: Die Schillerbearbeitungen Bertolt Brechts. Eine Untersuchung literarhistorischer Bezüge im Hinblick auf Brechts Traditionsbegriff. Tübingen 1972. S. 83–87.

20 GW 17,1019.

21 Zur Breite der Brechtschen Überlegungen um 1930 und deren Interpretationsmöglichkeiten vgl.: Reiner Steinweg: Das Lehrstück. Brechts Theorie einer politisch-ästhetischen Erziehung. Stuttgart 1972, und: R. St. (Hrsg.): Brechts Modell der Lehrstücke. Zeugnisse. Diskussionen. Erfahrungen. Frankfurt a. M. 1976.

22 Vgl. Knopf (Anm. 4) S. 355–358.

23 Vgl. Karl-Heinz Schoeps: Bertolt Brecht und Bernard Shaw. Bonn 1974. S. 32–35.

24 Vgl. Klaus Völker: Brecht-Chronik. München 1971. S. 48.

25 Vgl. Bahr (Anm. 1) S. 172.

26 Zum Brecht-Clan dieser Jahre vgl.: Völker (Anm. 24) S. 36–55.
27 Zu diesem Problem vgl. den viel besprochenen Vortrag von: Walter Benjamin: Der Autor als Produzent (1934). In: W. B.: Gesammelte Schriften. Bd. II,2. Frankfurt a. M. 1977. S. 683–691.
28 Bahr (Anm. 1) S. 139.
29 GW 17,1021.
30 GW 17,1017.
31 Bahr (Anm. 1) S. 108.
32 Vgl. Jürgen Link und Ursula Link-Heer: »Klassisch« – Klassizismus – Kulturrevolution. In: Kulturrevolution. Zeitschrift für angewandte Diskurstheorie 3 (1983) S. 9.
33 Wilhelm II.: Die wahre Kunst. Rede am 18. Dez. 1901. In: Die Reden Kaiser Wilhelms II. in den Jahren 1901 – Ende 1905. Ges. und hrsg. von Johannes Penzler. T. 3. Leipzig 1907. S. 61.
34 Auf die in diesem Zusammenhang wichtige Radioarbeit weist hin: Heinrich Vormweg: Zur Überprüfung der Radiotheorie und -praxis Bertolt Brechts. In: Drama und Theater im 20. Jahrhundert. Hrsg. von Hans Dietrich Irmscher und Werner Keller. Göttingen 1983. S. 177–189.
35 Bahr (Anm. 1) S. 9 f.
36 Vgl. etwa ein Schema aus dem Entwurfsstadium, ebd. S. 163 f.
37 Käthe Rülicke: Die heilige Johanna der Schlachthöfe. Notizen zum Bau der Fabel (1959). In: Wer war Brecht? (Anm. 16) S. 260–275.
38 Vgl. Heinz Brüggemann: Literarische Technik und soziale Revolution. Versuche über das Verhältnis zu Kunstproduktion, Marxismus und literarischer Tradition in den theoretischen Schriften Bertolt Brechts. Reinbek b. Hamburg 1973. S. 79–83.
39 Vgl. dazu immer noch: Helga Gallas: Marxistische Literaturtheorie. Kontroversen im Bund proletarisch-revolutionärer Schriftsteller. Neuwied 1971. Die Gegenposition zu Brecht ist dokumentiert bei Georg Lukács: Kunst und objektive Wahrheit. Essays zur Literaturtheorie und -geschichte. Hrsg. von Werner Mittenzwei. Leipzig 1977.
40 GW 17,1018.
41 Die Bochumer Inszenierung von Alfred Kirchner (1979) steigerte dieses Moment zu einer orgiastischen Börsenszene, in der hundert Telefone und zwei Fernschreiber – bereitgestellt von der Firma Siemens! – einen hektischen Höllenlärm erzeugten.
42 Vgl. Manfred Voigts: Brechts Theaterkonzeption. München 1977. S. 195 ff.
43 Bahr (Anm. 1) S. 22.
44 Ebd. S. 171.
45 Ebd. S. 203.

Zweifelskunst, abgebrochene Dialektik, blinde Stellen: »Leben des Galilei« (3. Fassung, 1955)

> Sie handelt mit Wissen, gewonnen durch Zweifel.
> Wissen verschaffend über alles für alle, trachtet sie
> danach, Zweifler zu machen aus allen.
>
> *Galilei über die Wissenschaft*

Fragestellungen – Erkenntnisinteresse

Die verschiedenen Fassungen des *Galilei* verlocken die Leser seit jeher zu
kontroversen Wertschätzungen – durch gemeinsame Grundannahmen nähern sie
sich einander wieder an. Man ist sich meist darin einig, daß Brechts Stück eine
»weitgehend konventionelle Bauart«[1] habe, daß seine Dramatik »recht traditionell«[2], ja »befremdlich konventionell«[3] sei. Moderner, der Theorie des epischen
Theaters angemessener, muten der Forschung Gehalt und Aussagekraft des
Galilei an.[4] Wir wollen die Ansichten probeweise umkehren, scheint uns doch
der Geist des Dramas, zumal in seiner dritten Fassung, da und dort erstaunlich
traditionsbefangen, anders als seine überwiegend experimentelle Ästhetik. Der
Galilei ist von herausfordernder Zwiespältigkeit, und eine Kritik seiner ideologischen ›Botschaft‹ kann sich gerade auf seine ästhetische Konstruktion berufen.
Brechts Drama, so unsere erste Überlegung, veranstaltet – wenn auch nicht
konsequent – eine Selbstinszenierung zentraler Kategorien der Theorie und setzt
dadurch *weitgehend* das Kriterium des Traditionellen und Konventionellen außer
Kraft. Die Kategorien spiegeln sich im *Galilei* aneinander, indem sie ihre
Entstehungsgeschichte aufführen und im szenischen Spiel in Spannung zueinander treten. Zu dieser theatralischen Selbstentfaltung und Selbstreflexion der
Theorie einige Stichworte:
Veränderung der Menschen und ihres Zusammenlebens ist Brechts Theorie
zufolge die Hauptabsicht des epischen Theaters – des »Theaters des wissenschaftlichen Zeitalters«, wie er zu Beginn und am Ende des *Kleinen Organon*
absichtsvoll betont.[5] Unter *Wissenschaft* versteht Brecht zuallererst die Wissenschaft von der Natur. Sie demonstriere »jene kritische, auf Veränderungen
ausgehende, auf die Meisterung der Natur abzielende Haltung«, welche die
Menschheit gegenüber ihren gesellschaftlichen »Verhältnissen, Verfahren, Verhaltensweisen und Institutionen« erst noch erlernen müsse. So heißt es in der fast
zeitgleich mit dem *Galilei* entstandenen Schrift *Über experimentelles Theater*[6],
einem der eindringlichsten Konzentrate Brechtscher Theorie. Die naturwissenschaftliche Haltung kritischer Gegenstandsprüfung und wachsender Gegen-

standskenntnis hätte, laut Brecht, auch die *Gesellschaftswissenschaft* zu leiten, ja, letztere müßte künftig gleichsam die erste Geige spielen und ihrerseits die Naturwissenschaften lenken, wenn nicht das Wissen über die Natur *gegen* die Gesellschaft angewendet werden soll. Auf die eben erst entdeckte Kernspaltung anspielend, bemerkt Brecht 1939:

> Die Kenntnis der Natur der Dinge, so sehr und so ingeniös vertieft und erweitert, ist ohne die Kenntnis der Natur des Menschen, der menschlichen Gesellschaft in ihrer Gesamtheit, nicht imstande, die Beherrschung der Natur zu einer Quelle des Glücks für die Menschheit zu machen.   (112)

Weil die menschliche Gesellschaft sich selbst und ihre wahren Interessen zu wenig kennt, droht ihr die neue Entdeckung zum Fluch eines Atomkriegs auszuschlagen.[7] *Wissen* über die Menschen als gesellschaftliche Wesen zu vermitteln und, analog zur *kritischen Haltung* des Naturwissenschaftlers, das gesellschaftliche Ganze zu kritisieren sowie für seine Veränderung einzutreten, wird als Aufgabe des epischen Theaters formuliert. Im *Galilei* erwachen diese kategorialen Bestimmungen zum theatralischen Leben. Durch das naturwissenschaftliche Entdeckerauge des italienischen Astronomen gerät nicht nur die Erde in Bewegung, sondern auch die Gesellschaft scheint in »große Fahrt« zu kommen. Unruhe ergreift das Volk, das Bürgertum schöpft soziale Kraft aus Galileis Physik, der Staat formiert sich zur Gegenwehr: die *Veränderbarkeit der Gesellschaft* wird im Medium der *erforschten Natur* zur Hoffnung oder Befürchtung aller. Die Kategorie ist keine bloß gedachte mehr: sie ist ästhetisches *Bauprinzip*, Motor der dramatischen Bewegung.

Die Idee der Veränderbarkeit besagt in Brechts Theorie, daß »zur Diskussion« steht, was bislang als »ewiges, natürliches, unänderbares und unhistorisches« Phänomen galt (116). Zur Diskussion stellt man es, indem man es »verfremdet« (118): »Einen Vorgang oder einen Charakter verfremden heißt zunächst einfach, dem Vorgang oder dem Charakter das Selbstverständliche, Bekannte, Einleuchtende zu nehmen und über ihn Staunen und Neugierde zu erzeugen« (117).

Im *Galilei* löst diese *Verfremdung* die gesamte Handlung aus und schlägt sich im Diskussionscharakter der Szenen nieder.[8] Kraft des »fremden Blicks«, den Brecht an seinem Naturwissenschaftler rühmte,[9] gerät plötzlich ein uraltes, als natürlich und selbstverständlich hingenommenes Welt- und Gesellschaftsbild ins Wanken. Staunend, neugierig, befremdet, beunruhigt, wider Willen schlägt die Menschheit ein neues Blatt im Buch der Geschichte auf und setzt sich im Für und Wider der Argumente damit auseinander. Die Verfremdung erwacht zu sich selber; indem sie das szenische Spiel durchdringt, betritt das Mittelalter die Schwelle zur Neuzeit. Wenn Brecht bemerkte, daß dem Menschen unter dem fremden Blick »all dies viele Gegebene [...] als ebensoviel Zweifelhaftes«

erscheinen müßte,[10] so benennt er die spezifische Gestalt der Verfremdung im *Galilei*: den *Zweifel*.

Der Zweifel wirkt nicht nur in das Selbst- und Weltverständnis der Figuren hinein – er wirkt auch ihren Absichten und Vorhaben entgegen. Selbst die Entwürfe und Perspektiven des Zweifelskünstlers Galilei muß der Zuschauer bezweifeln lernen. Die Allgegenwart dieses Zweifels erzeugt die der Handlung eigentümliche *dramatische Ironie*, in deren kritisches Licht jede Figur und jede Meinung gerät. Erst dies ermöglicht dem Zuschauer jene *epische Distanz*, die für Brecht gleichbedeutend war mit dem »größten aller denkbaren Experimente«: dem »Aufgeben der Einfühlung« (116). Brechts zweifelnder Gestus führt dieses Experiment im theatralischen Spiel selber vor. Mit der Heraufkunft der neuen Naturwissenschaft können sich immer weniger Menschen in die vertraute Welt *einfühlen*; diese Welt, die vielen fremd wird, ist zugleich die aristotelisch-ptolemäische (in christlichem Gewande) – und die dramatis personae spiegeln den theatertheoretischen Widerstreit zwischen ›aristotelischer‹ Einfühlung in die hergebrachte Ordnung und kritischer Distanz dazu an sich selber und in ihren Diskussionen wider.[11] Das gesellschaftliche Kräfteverhältnis, das diesen Haltungen zugrunde liegt, tritt im *Galilei* immer entschiedener hervor und verhindert einen produktiven Bund zwischen Natur- und Gesellschaftswissenschaft, Naturaneignung und Gesellschaftsveränderung: die Phänomene treten im dramatischen Spiel auseinander und säen damit im Zuschauer kritische Zweifel gegen die sie trennende Sozialordnung.[12]

Die Selbstinszenierung der theoretischen Kategorien erfaßt, so unsere zweite Überlegung, das Schauspiel *weitgehend*, nicht durchgehend. Die Aufklärung über das dialektische Verhältnis zwischen naturwissenschaftlicher und gesellschaftlich eingreifender Haltung stößt auf eine Grenze. Die von Brecht erprobte Dialektik bricht ab – und kann vom Leser gegen ihn selbst gewendet werden: im Sinne einer kritischen Rettung des Individuums, das bei ihm in Ungnade fällt, weil er die negative Funktion des Staats aus dem Blick verliert. Dem Individuum wird eine heroische, uneinlösbare Verantwortung aufgebürdet, die dem *Galilei* unversehens Züge des traditionellen Helden-Dramas einschreibt – in auffälligem Widerspruch zur gesellschaftsbewußten Konzeption des Werks. Gerade das Schauspiel, das den Zweifel allerorten sät, ermächtigt auch zu zweifelnder Kritik an ihm selbst, im Geiste seiner eigenen Voraussetzungen. Solche Kritik, die aus der Immanenz des Kunstwerks entsteht, kann sich zum Teil auch auf die dem Drama eigene *theatralische Potenz* berufen. Sie wirkt seiner ideologischen Schlußbotschaft gelegentlich entgegen. Wir fassen, mit anderen Worten, das Stück auch als theatralisiertes Schauspiel, nicht nur als Lesedrama auf, entgegen einem weitverbreiteten literaturwissenschaftlichen Brauch.[13] Außerdem handeln wir einer methodischen Gewohnheit zuwider, wenn wir schließlich den Blick auf Spielfelder richten, die jenseits

der großen Handlungslinien und ihrer repräsentativen Figur liegen: auf Neben-
handlungen, sekundäre Motive, unscheinbare Gestalten, gleichsam auf die
blinden Stellen des Werks. Sie bilden eine vom epischen Theater ausgegrenzte
Randschicht, die ihm insgeheim opponiert – und gerade deswegen gewürdigt
sein will. (Vgl. den Abschnitt »Fragen eines lesenden Bürgers«.) So sei hier in
erster Linie versucht, kritische und unerprobte Fragen an Brechts Drama zu
stellen.[14]

Wir beziehen uns vor allem auf die dritte, sogenannte »Berliner Fassung« des
Galilei aus dem Jahre 1955, die im wesentlichen auf die 1945 fertiggestellte
»Amerikanische Fassung« zurückgeht. Auf einige entscheidende Differenzen zur
sogenannten »Dänischen Fassung«, 1938/39 im Exil abgeschlossen, wird in einem
»Kritischen Fassungsvergleich« verwiesen. Da unsere Fragestellungen von den
bisher üblichen meist abweichen, erübrigt sich eine ausführliche Auseinandersetzung mit vorliegenden Interpretationen. Fingerzeige auf die wissenschaftliche
Literatur zum *Galilei*, aber auch auf die Entstehung und Eigenart der verschiedenen Fassungen gibt der informative Artikel Jan Knopfs.[15] Wer sich auf den
gesamten verzweigten Entwicklungsweg der Fassungen begeben und ihre politischen Haupt- und Nebenschauplätze im einzelnen besichtigen will, wird Ernst
Schumachers[16] gründliches Werk zur Hand nehmen; wen ihr zeitgeschichtlich-
naturwissenschaftliches Umfeld interessiert, wird sich von Rémy Charbon[17]
unterrichten lassen.

Sehen und Zweifeln. Zur thematisch-ästhetischen Struktur.[18]

Der Beginn des Schauspiels ist in die Atmosphäre quellfrischer Pädagogik
getaucht. Wie da Galilei den kleinen mißtrauischen Andrea einen Apfel mit
einem Holzsplitter kreisen läßt, um zu erwägen, auf welche Weise sich die Erde
mit den Menschen dreht, wie er dem zweifelnden Schüler durch anschauliche
Operationen die Vermutung nahelegt, daß die Erdbewohner um die Sonne
kreisen und sie bald von unten, bald von oben wahrnehmen, wie er dem
Staunenden solcherart zeigt, daß die Rede vom Auf- und Untergang der Sonne
auf täuschenden Sinneseindrücken beruhen könnte: all dies hat den Zauber
vorurteilsfreier, innovativer, anschaulicher Lehre. Es ist, als würde der Wahrheit
ein jahrtausendealter Schleier abgestreift, ein Schleier, den der Augenschein,
nein: der Augen-*Schein* gewoben hatte. Galilei bezweifelt den Schein, indem er
die alltäglich-spontane Wahrnehmung durch ein Experiment, den sich drehenden
Apfel, in Frage stellt. Der naturwissenschaftliche Zweifel zehrt an der sinnlich-
spontanen Gewißheit, die eins ist mit dem gesunden Menschenverstand: »Aber
ich sehe doch, daß die Sonne abends woanders hält als morgens. Da kann sie
doch nicht stillstehn! Nie und nimmer« (11).

Mißtrauisch machen, Zweifel säen gegen die überlieferte Anschauung durch das anschauliche Experiment – das ist ein Herzstück der wissenschaftlichen Pädagogik Galileis: einer schwierigen Pädagogik. Zwar kann sich der Zweifel auf das anschauliche Experiment berufen, zwar kann das Experiment eine neue Vermutung sinnfällig machen und in Analogie zu dem vermuteten Naturgesetz ablaufen. Aber das Gesetz selber – daß sich die *Erde* um die Sonne dreht – kann nicht *gesehen* werden. Es muß vielmehr erst noch durch eine Fülle von physikalisch-mathematischen Daten *gegen den Augenschein* erschlossen werden. Wenn daher Galilei auf Frau Sartis entsetzte Frage, was in aller Welt er mit ihrem Jungen anstelle, antwortet: »Ich lehre ihn sehen« (12), so handelt es sich um ein unsinnliches, abstraktes Sehen im Medium des anschaulichen Experiments. Auch das Fernrohr unterstützt diese Sehweise nur, versinnlicht sie jedoch nicht. Das macht Galileis zweiter pädagogischer Dialog deutlich, bei dem an die Stelle des kritisch fragenden Andrea der Zweifler Sagredo tritt. Das Fernrohr ermöglicht dem Astronomen zwar eine schärfere sinnliche Beobachtung, es kann ihm die Lichtverhältnisse auf dem Mond und die Bewegung eines Sterns vor *Augen* führen: jetzt ist das Verhältnis zwischen (technisch geschärftem) Augenschein und Gesetz, Erscheinung und Wesen, nicht mehr widersprüchlich, sondern demonstrativ-komplementär. Aber das Gesetz selbst, demzufolge sich die Gestirne ebenso wie die Erde um die Sonne drehen und von ihr in unterschiedlicher, ständig wechselnder Art angeleuchtet werden, ist auch jetzt nicht zu sehen. Das technisch geschärfte Sehen vermag allenfalls zur wissenschaftlichen Erschließung des Gesetzes zu führen. Kurz – das Wahrnehmbare ist noch nicht das Gewußte. Es wird zur Gewißheit erst im Äther der schlußfolgernden, rechnenden, abstrahierenden Wissenslogik. So tritt an die Stelle der schlichten sinnlichen die kompliziertere technisch-sinnliche Wahrnehmung, die ihre Krönung erst durch die unsichtbare *Beweiskraft* der physikalisch-mathematischen Formel findet. Daher treibt es Galilei auch an den Florentiner Hof, wo er Zeit für seine Beweisführungen gewinnen will.

Die Erprobung einer unkonventionellen, komplexen Wahrnehmungsweise ist eine für die Eingangsszenen des Schauspiels charakteristische Haltung. Wenn es zur Eigenart aller Kunst gehört, daß sie die Wahrnehmung aus ihren Konventionen löst und eine differenziertere, schärfere, tiefere Sehweise beim Kunstbetrachter fördern kann, so insistiert Brecht auf dieser Eigenart geradezu, indem er sie zu einem Hauptthema erhebt und sie gleichsam in Szene setzt. Der forschende, demonstrierende, experimentierfreudige und veränderungswillige Pädagoge Galilei lehrt ein ungewohntes Verständnis des Weltalls und *der menschlichen Gesellschaft.* Seine neue Perspektive hat einen naturwissenschaftlich-sozialrevolutionären Doppelcharakter, und es ist dieser Doppelcharakter, der seiner Pädagogik so viel Frische, Elan, Leben verleiht. Galileis neue Physik versteht sich als Dolchstoß ins Herz der alten Meta-Physik. Die naturwissenschaftliche Entdeckung, daß die Erde sich, wie andere Gestirne auch, um die

Sonne dreht, daß in dieser Hinsicht »kein Unterschied zwischen Mond und
Erde«, Jupiter und Erde, ja überhaupt »zwischen Himmel und Erde« ist (28),
weil überall »nur Gestirne sind« (32), führt Galilei zu dem emphatisch-philo-
sophischen Schluß: »Himmel abgeschafft« (27). Und weil da überall nur Gestirne sind, die »im Freien schweben, ohne Halt« (10), und die Erde als ein
Gestirn unter anderen nicht mehr den »Mittelpunkt des Universums« bildet (33),
ist nach Galilei auch das gesamte Erden- und Zusammenleben der Menschen
»ohne Halt und in großer Fahrt«: »Und die Erde rollt fröhlich um die Sonne,
und die Fischweiber, Kaufleute, Fürsten und die Kardinäle und sogar der Papst
rollen mit ihr. [...] So daß jetzt jeder als Mittelpunkt angesehen wird und
keiner« (10).
Man sieht, wie behende Galilei seine neue Physik mit einer neuen Philosophie
und Gesellschaftslehre assoziiert. Metaphernträchtig wie ein Dichter schafft er
das naturwissenschaftliche Gesetz zum Sinnbild eines anti-metaphysischen und
anti-hierarchischen, dynamischen Weltverständnisses um, welches das gesellschaftliche Leben als veränderbar darstellt: veränderbar im Geiste der Freiheit
und Gleichheit der Menschen. Wissenschaftliche Entdeckerfreude und sozialphilosophischer Fortschrittsoptimismus verbünden sich unmittelbar:

> Auf Grund unserer Forschungen, Frau Sarti, haben, nach heftigem Disput,
> Andrea und ich Entdeckungen gemacht, die wir nicht länger der Welt
> gegenüber geheimhalten können. Eine neue Zeit ist angebrochen, ein
> großes Zeitalter, in dem zu leben eine Lust ist.   (12)

Galilei scheint im Geiste Brechts zu reden, wenn er die Veränderbarkeit des
Weltlaufs hervorkehrt: Sie ist ja die erste Bedingung für das eingreifende,
verändernde Handeln, zu dem Brecht die Zuschauer ermutigen möchte. Doch
wer Mut zur Veränderung entwickeln will, muß zuerst *zweifeln lernen.* Dazu
fordert Galilei heraus. Sein neues Sehen wird, soweit es die gesellschaftliche
Ordnung optimistisch transzendiert, der Kritik überantwortet. Aller ideologi-
schen Gewißheit setzt Brechts Schauspiel die Haltung des Prüfens, In-Frage-
Stellens, Verwerfens entgegen. Hierfür einige Beispiele:
Die zehnte Szene des Schauspiels hebt mit dem programmatischen Satz an: »IM
FOLGENDEN JAHRZEHNT FINDET GALILEIS LEHRE BEIM VOLK VERBREITUNG! PAMPHLETISTEN
UND BALLADENSÄNGER GREIFEN ÜBERALL DIE NEUEN IDEEN AUF!« (94.) Einer der Balla-
densänger macht in einprägsamem Parlando den Zweifel am alten Weltbild zum
Ferment des »Vorgeschmacks der Zukunft«:

> Als der Allmächtige sprach sein großes Werde
> Rief er die Sonn, daß die auf sein Geheiß
> Ihm eine Lampe trage um die Erde
> Als kleine Magd in ordentlichem Kreis.

Denn sein Wunsch war, daß sich ein jeder kehr
Fortan um den, der besser ist als er.
[...]
Auf stund der Doktor Galilei
(Schmiß die Bibel weg, zückte sein Fernrohr,
warf einen Blick auf das Universum)
Und sprach zur Sonn: Bleib stehn!
Es soll jetzt die creatio dei
Mal andersrum sich drehn.
Jetzt soll sich mal die Herrin, he!
Um ihre Dienstmagd drehn.   (94 f.)

Der naturwissenschaftliche Zweifel als Movens sozialrevolutionärer Poesie scheint eine volkstümliche Energie zu entfalten. Aber ist ihm nicht auch eine lähmende Wirkung auf das Volk eigentümlich? Brechts Stück ist einer voreiligen Wertschätzung des Zweifels abhold. Der kleine Mönch, Sohn armer Bauern, macht sich zum Anwalt des alten Weltbilds, das dem ausgebeuteten Volk wenigstens die Hoffnung auf den Lohn Gottes und auf ein besseres Jenseits lasse, während der Zweifel es der puren Ver-Zweiflung aussetze:

Es ist ihnen versichert worden, daß das Auge der Gottheit auf ihnen liegt, forschend, ja beinahe angstvoll, daß das ganze Welttheater um sie aufgebaut ist, damit sie, die Agierenden, in ihren großen oder kleinen Rollen sich bewähren können. Was würden meine Leute sagen, wenn sie von mir erführen, daß sie sich auf einem kleinen Steinklumpen befinden, der sich unaufhörlich drehend im leeren Raum um ein anderes Gestirn bewegt, einer unter sehr vielen, ein ziemlich unbedeutender. Wozu ist jetzt noch solche Geduld, solches Einverständnis in ihr Elend nötig oder gut? [...] Es liegt also kein Auge auf uns, sagen sie. Wir müssen nach uns selber sehen, ungelehrt, alt und verbraucht, wie wir sind? Niemand hat uns eine Rolle zugedacht außer dieser irdischen, jämmerlichen auf einem winzigen Gestirn, das ganz unselbständig ist, um das sich nichts dreht? Kein Sinn liegt in unserm Elend [...].   (75 f.)

Galilei meldet seinerseits Zweifel an diesem Volkszweifel an, so daß der Dialog abermals den Charakter eines wissenschaftlichen Disputs gewinnt, in dessen Verlauf des Physikers Überzeugungskraft pädagogisch zu Buche schlägt, im wahrsten Sinn des Wortes: Der kleine Mönch vertieft sich augenblicklich in Galileis Schriften, um die frisch erwachte Lust an der Erkenntnis zu stillen. So mutet es denn realistisch an, wenn eine der herrschenden Mächte, die Kirche, ein neues Zeitalter im Zeichen des Zweifels anbrechen sieht. Ob man nun das Phänomen des Zweifels willkommen heißt oder fürchtet – es scheint eine die

Gesellschaftsordnung untergrabende Sprengkraft zu enthalten. Durch den »Geist der Auflehnung und des Zweifels«, so argumentiert der Inquisitor, sei »eine entsetzliche Unruhe [...] in die Welt gekommen«: »Sollen wir die menschliche Gesellschaft auf den Zweifel begründen und nicht mehr auf den Glauben?« (105.) Und mit Blick auf Galileis naturwissenschaftliche Zweifelskraft, die so viele Menschen zum philosophischen und sozialrevolutionären Zweifel verführt habe, fährt er fort: »Was käme heraus, wenn diese alle, schwach im Fleisch und zu jedem Exzeß geneigt, nur noch an die eigene Vernunft glaubten, die dieser Wahnsinnige für die einzige Instanz erklärt« (106).

Der Inquisitor bringt das Stichwort ins Spiel, das schon den Aufklärungsoptimismus Galileis befeuerte: die Vernunft! Der epochale, ein neues Zeitalter verheißende Zweifel ist nicht irrationalen Wesens, er verdankt seine Würde vielmehr der Vernunft, die ihn leitet. Die Vernunft ist es ja auch, die dem Zweifel Beweise abfordert: erst dann gelangt er an sein Ziel. Ohne die naturwissenschaftliche Beweiskraft, die sich in der Entdeckung eines Gesetzes niederschlägt, hat der Zweifel nur die Gestalt einer Hypothese. Daher drängt es Galilei mit aller Macht von Padua nach Florenz, wo er Zeit für seine Beweisführungen zu finden hofft. Obgleich am Florentiner Hof das alte Weltbild vorherrscht, verläßt er Padua, das moderneren republikanischen Geistes ist, weil ihm dort die Zeit für die beweiskräftige Begründung des Zweifels fehlt. Mag das absolutistische Florenz der Tradition und Religion verpflichtet sein – der unwiderstehlichen Verführungskraft des vernunftgemäßen, beweiskräftigen Zweifels wird es sich in den Augen Galileis nicht verschließen können:

> Ja, ich glaube an die sanfte Gewalt der Vernunft über die Menschen. Sie können ihr auf die Dauer nicht widerstehen. [...] Die Verführung, die von einem Beweis ausgeht, ist zu groß. Ihr erliegen die meisten, auf die Dauer alle. Das Denken gehört zu den größten Vergnügungen der menschlichen Rasse. (34 f.)

So äußert sich Galilei im Gespräch mit Sagredo. Wie gegenüber Andrea redet er einem aufklärerischen Idealismus das Wort. Ist es nur ein Idealismus? Hat die »neue Zeit«, die er anbrechen sieht, nicht schon Fuß in der Realität selbst gefaßt, wie die elementare Besorgnis des Inquisitors verrät? Die Allgewalt des vernunftgeleiteten Zweifels scheint unbestreitbar. Sagredo allerdings zweifelt an dieser Gewalt, sät Zweifel in die Verführungskraft des Zweifels:

> Galilei, ich sehe dich auf einer furchtbaren Straße. Das ist eine Nacht des Unglücks, wo der Mensch die Wahrheit sieht. Und eine Stunde der Verblendung, wo er an die Vernunft des Menschengeschlechts glaubt. [...] Wie könnten die Mächtigen einen frei herumlaufen lassen, der die Wahrheit weiß, und sei es eine über die entferntesten Gestirne! [...] So mißtrauisch in

deiner Wissenschaft, bist du leichtgläubig wie ein Kind in allem, was dir ihr Betreiben zu erleichtern scheint. Du glaubst nicht an den Aristoteles, aber an den Großherzog von Florenz. (38 f.)

Brechts Schauspiel setzt Sagredos Zweifel in die dramatische Aktion um. Es entwaffnet Schritt für Schritt Galileis Optimismus und enthüllt sich dergestalt als moderne Kritik am aufklärerischen Vernunftenthusiasmus; es entblößt die Hoffnung auf die philosophische und soziale Sprengkraft des Zweifels an sich als ein Stück Religion, einen Glaubensrest bzw. einen neuen Glauben. Der Zweifel rückt nicht nur als Gesprächsthema in den Mittelpunkt zahlreicher Szenen, regiert die Dialoge und verleiht ihnen einen diskursiven, wissenschaftlichen Charakter. Er ist darüber hinaus *Motor des dramatischen Vorgangs*, läßt Hoffnungen zuschanden werden, Gewißheiten als Verblendungen erscheinen, setzt Umschwünge und Peripetien in Gang, ist Urheber der für das Schauspiel charakteristischen *dramatischen Ironie*. Sie ist das die Szenenfolge 4–13 aufbauende, ästhetische Prinzip, dem leitmotivisch wiederkehrenden Zweifel an der Durchsetzungskraft der Vernunft entsprungen. Dazu einige Hinweise:
1. Den wortmächtigen Zweifel Sagredos an Galileis Vernunftglauben im Gedächtnis, sieht der Betrachter den Physiker am Florentiner Hof alsbald mit seinem hoffnungsfrohen Demonstrationsbedürfnis am Felsen der eingewurzelten Schulweisheiten auflaufen. Die Macht der biblischen und aristotelischen Autorität, welcher Galileis Florentiner Kollegen ihren intellektuellen Tribut zollen, geht einher mit der prinzipiellen Abwehr neuer Erfahrungen. Das Fernrohr wird als Medium einer präziseren, wirklichkeitsadäquaten Sternenschau arrogant ignoriert (4. Szene). – 2. Galilei, dadurch keineswegs eingeschüchtert, setzt der Pest zum Trotz seine Forschungen fort, bis er hinreichend Beweise für die neuen Hypothesen vorweisen kann und das Collegium Romanum endlich seine umwälzende Astronomie bestätigt (5. und 6. Szene). Indem jedoch die Inquisition die Lehre des Kopernikus auf den Index setzt, entzieht sie auch der wissenschaftlichen Arbeit Galileis ihre Grundlage: Die etablierte Autorität bläst in Gestalt einer gesellschaftlichen Instanz zur Gegenoffensive (7. Szene). – 3. Galilei, allem Anschein nach ungebrochen, hält dem zweifelnden kleinen Mönch seinen naturwissenschaftlich-sozialkritischen Vernunftglauben entgegen, der das ausgebeutete Volk in »Bewegung« bringen soll (8. Szene). De facto sieht er sich jedoch zum Stillhalten gezwungen und übt sich acht Jahre lang im Schweigen (9. Szene). – 4. Die Wahl eines neuen, naturwissenschaftlich beschlagenen Papstes ermutigt Galilei zur offenen Wiederaufnahme seiner astronomischen Forschungen; im Bewußtsein ihrer sozialrevolutionären Konsequenzen entzweit er Ludovico, Repräsentant der ausbeutenden Oberschicht, und seine Tochter. In den folgenden Jahren versetzt seine Lehre das Volk offensichtlich in die längst erhoffte »Bewegung«. Ein Florentiner Handwerker begrüßt in Galilei die Symbolfigur der Gedankenfreiheit und bürgerlich-ökonomischer Lebenszuversicht

(9., 10. und 11. Szene). Doch auf dem Höhepunkt seiner öffentlichen, volkstümlichen Geltung wird Galilei von der Inquisition in Haft genommen; er, der die
herrschende Macht berechnen zu können glaubte, hat sich ein weiteres Mal in ihr
verrechnet. Und diesmal wird ihm nicht nur das Verschweigen seiner Forschungen abverlangt. Die Kirche als systemerhaltende Macht stellt ihn vor eine
radikale Alternative: entweder die systemsprengende Vernunft zu widerrufen
oder um den Preis des Todes zu verteidigen. Galilei entscheidet sich für den
Widerruf und bereitet damit seinen wissenschaftlichen Freunden und Mitarbeitern eine maßlose Enttäuschung (12. und 13. Szene).

Auf die kleinen Siege der neuen, sozialkritischen Physik folgen immer wieder die
Gegenangriffe der alten, systemerhaltenden Meta-Physik. Brecht läßt die Erwartungen und Lebensperspektiven Galileis von Mal zu Mal heftiger in ihr Gegenteil
umschlagen. Eben damit rückt er den Betrachter in »epische« Distanz zu seiner
Hauptfigur. Die programmatisch-desillusionierenden Szenen-Titel des Erzählers
(vgl. etwa 4., 7., 11. und 13. Szene) bereiten diese Distanz vor; die bilderbogen-
artige Reihung der Szenen fördert sie: Das Leben Galileis und seiner Epoche
rollt nicht in dramatisch reißender, den Zuschauer bannender Zeit wie im
»aristotelischen« Drama vorüber, sondern als lockere, diskontinuierliche Aufein-
anderfolge fragmentarischer Ausschnitte: Ihr sprunghafter Wechsel, durch kon-
trastive Handlungsschnitte sorgfältig vom Erzähler organisiert und erkennbar
gelenkt, kann die reflexive Aufmerksamkeit des Zuschauers ebenso herausfor-
dern wie ihr weltanschaulicher Disputcharakter.[19] Das der *Galilei*-Dramaturgie
gern unterstellte Identifikationsangebot[20] läßt sich dieser unkonventionellen
Handlungsstruktur schwerlich entnehmen: der wiederholte Umschlag des
Geschehens und die kalkulierte Entzauberung des Vernunftideals haben »gestische«, die Utopie der neuen Zeit ernüchternde, kritische Zweifel provozierende
Prägung.

Begrenzte Aufklärung

Die Überwältigung aufklärerisch-zweifelnder Haltungen durch staatliche Gegenaufklärung stellt der meisterliche Dialektiker Brecht allerdings weniger dialektisch dar, als zu erwarten wäre. Das hängt mit seiner eigentümlichen Askese
gegenüber dem Motiv des Ökonomischen im *Galilei* zusammen. Das wirtschaft-
lich-technische Element, das Galileis sozialrevolutionäre Naturwissenschaft und
staatliche Herrschaft insgeheim miteinander verschränkt, ist auffällig flüchtig
berührt. Nur anfangs zeichnet Brecht dem naturwissenschaftlichen Vernunftideal
einige feine ökonomische Risse ein. Die Universität Padua läßt Galilei wissen,
daß Forschung und Handel miteinander verschwistert sind: Solange Galilei den
»blühenden Handel der Republik« nicht stetig fördert durch neue, praktisch
verwertbare Entdeckungen, wird sein Gehalt auf ein bescheidenes Niveau fixiert

bleiben (19). Galilei hat das materielle Verwertungsinteresse des Staats und seiner Bürger bisher keineswegs ignoriert, hat eine »sehr anständige Wasserpumpe« erfunden und eine lobenswerte Maschine für Tuchweber erdacht (30), ganz zu schweigen von seinem »famosen Proportionalzirkel«, mit dem man »die Zinseszinsen eines Kapitals berechnen, Grundrisse von Liegenschaften in verkleinertem oder vergrößertem Maßstab reproduzieren und die Schwere von Kanonenkugeln bestimmen kann«. (19 f.) Erleichterung der menschlichen Arbeit (Wasserpumpe, Webmaschine), Förderung ökonomischer und militärischer Interessen – der materielle Nutzen der Forschungen Galileis ist nicht zu übersehen. Der Staat erwartet weitere nutzbringende Leistungen von Galilei, der jedoch die materiell verwertbare Forschung als »Schnickschnack« geringschätzt (20), eine etwas naive Beurteilung, wenn man bedenkt, daß ihm just dieser Schnickschnack die »weiterführenden Spekulationen« aufdrängt, an denen sein Forscherherz hängt (20). Es liegt eine feine ironische Pointe darin, daß Galilei, von der Not des Broterwerbs verführt, ein Fernrohr, einen »einträglichen Schnickschnack« erfindet (24), dem er nicht bloß eine Gehaltserhöhung, sondern auch neue folgenreiche Ansichten des Mond-Bildes verdankt. Broterwerb, Nutzendenken und durchdringender Sphärenblick sind enger miteinander verschränkt, als Galilei wahrhaben will. Nur en passant, halb widerwillig, räumt er ein, daß mittels seines himmelwärts gerichteten Fernrohrs die Gestirne zu »einer Art zuverlässiger Uhr«, zu einem Wegweiser für die Navigation« werden könnten. »Neue Sternkarten«, läßt er den Kurator wissen, »könnten da der Schiffahrt Millionen von Skudi ersparen« (30). Diese zweckrationale Orientierung seiner Wissenschaft ist dem großen Naturforscher in erster Linie um seines Gehalts willen wichtig, weshalb er denn auch mit spöttischem Pathos den Staatsmännern seine hehre Absicht kundtut, »durch nützliche Erfindungen der Republik Venedig außergewöhnliche Vorteile zu schaffen« (23). Die Vorteile scheinen in der Tat außerordentlich, kann man doch, wie der Kurator die Ratsherren wissen läßt, mit Hilfe des Fernrohres »im Kriege die Schiffe des Feinds nach Zahl und Art volle zwei Stunden früher erkennen [...] als er die unsern, so daß wir, seine Stärke wissend, uns zur Verfolgung, zum Kampf oder zur Flucht zu entscheiden vermögen« (24). Die Wissenschaft im Dienst des Handels und der Kriegsführung – das ist ein zu modernes Thema, als daß man achtlos darüber hinweggleiten möchte. Brecht schlägt an dieser Stelle eine Seite aus der Dialektik der Aufklärung auf. Neuzeitliche Forschung richtet sich nicht auf die Erkenntnis nur der Erkenntnis zuliebe. Sie ist unter anderem interessiert an der analytischen Durchdringung der Natur um ihrer Beherrschung willen, was mindestens zweierlei einschließt: die wachsende Sicherheit des Menschen in seinen naturgegebenen Lebensräumen und die Nutzbarmachung der Natur für ökonomische Interessen (etwa beim Seehandel mittels Fernrohr bzw. Seekarten). Drittens aber kann die Naturwissenschaft unter bestimmten gesellschaftlichen Voraussetzungen politisch-ökonomischen Interessen in Gestalt des Kriegs dienstbar werden, also der

Herrschaft von Menschen über ihresgleichen Vorschub leisten. Dem wissenschaftlich angeleiteten Fortschritt des Menschengeschlechts, zentrale Utopie der Aufklärung, ist in diesem Fall der Rückschritt dialektisch zugesellt. So drängt sich in das verheißungsvolle Dreigestirn von Naturwissenschaft, kritischer Philosophie und revolutionärer Gesellschaftslehre in den ersten Szenen des Schauspiels ein zerstörerischer Unstern. Seine Sprengkraft jedoch, wesentliches Element in der neuzeitlichen Dialektik der Aufklärung, wird von Galilei sogleich entschärft. Er, dem es um die List der Brotbeschaffung geht, kann den staatlich-militanten, ökonomisch-kriegerischen Aspekt seiner Entdeckung gar nicht ernst nehmen, weiß er doch, daß sein Fernrohr nur die bessere Nachahmung eines holländischen Teleskops darstellt und daher auf Kriegsschauplätzen keine einschneidende Neuerung mehr bedeuten kann. Freilich – wenn Galilei bei der listigen Erschleichung seines höheren Gehalts nur die naturwissenschaftlich-weltanschauliche Tragweite seiner ›Erfindung‹, nicht jedoch ihre staatlich-militante Kehrseite bedenkt, so läßt das weniger auf eine Reflexionsschwäche der dramatischen Figur als auf die ihres Schöpfers schließen: des Stückeschreibers Brecht. Er ist es, der die Szene so anlegt, daß ein wesentliches Moment der Dialektik moderner Aufklärung zum blinden Motiv gerät – eben die materielle Indienstnahme des wissenschaftlichen Fortschritts zu kriegerischen Staatszwecken. Im weiteren Handlungsverlauf legt Brecht diese Dialektik fast ganz still, um sie erst in der 14. Szene wieder aufzugreifen. Mit diesem ersten Zweifel an Brechts dialektischer Folgerichtigkeit setzen wir den Auftakt zu weiteren kritischen Überlegungen.

Brechts Widersprüche[21]

Der dramatische Vorgang, so sahen wir, verschafft dem Glauben Galileis an die Durchsetzungskraft der Vernunft immer wieder Nahrung, um ihn desto kräftiger zu desillusionieren. Der Staat (in Gestalt des großherzoglichen Hofes von Florenz) und quasi-staatliche Instanzen (in Gestalt der Kirche) triumphieren über die vernunftgeleiteten Absichten und Ziele des einzelnen Individuums. Daß dieses objektiven gesellschaftlichen Kräften unterliegt, entspricht ja auch der Betrachtungsweise des dialektischen Materialismus, die Brecht zu fördern strebte. Ist der mit dem Scheiterhaufen der Inquisition konfrontierte und davor zu Kreuze kriechende Galilei nicht ein schlagendes, einprägsames Exempel für die Ohnmacht des Subjekts in unfreien, unvernünftigen gesellschaftlichen Verhältnissen? »Todesfurcht«, erklärt Andrea, »ist menschlich!« (124.) Es besteht kein Anlaß, an dem Satz zu zweifeln. Indem die Inquisition diese Furcht in Galilei zu erwecken und ihn zum Widerruf zu bewegen versteht, verleiht sie struktureller Gewalt eine leibhaftige Evidenz. Gegen diese anschauliche Demonstration des Dramatikers Brecht opponiert jedoch der Ideologe Brecht. Er stellt den dramatischen Vorgang auf den Kopf, indem er zu böser Letzt seiner Hauptfigur eine prinzipielle Selbstverklagung aufzwingt, so, als hätte es in Galileis Macht gestanden, den Geschichtsprozeß umzukehren und die staatskluge Gegenaufklärung aus den Angeln zu heben:

> Ich hatte als Wissenschaftler eine einzigartige Möglichkeit. In meiner Zeit erreichte die Astronomie die Marktplätze. Unter diesen ganz besonderen Umständen hätte die Standhaftigkeit eines Mannes große Erschütterungen hervorrufen können. Hätte ich widerstanden, hätten die Naturwissenschaftler etwas wie den hippokratischen Eid der Ärzte entwickeln können, das Gelöbnis, ihr Wissen einzig zum Wohle der Menschheit anzuwenden! Wie es nun steht, ist das Höchste, was man erhoffen kann, ein Geschlecht erfinderischer Zwerge, die für alles gemietet werden können. (126)

Brecht hat diese Selbstverklagung Galileis energisch bekräftigt – mit der Lebensverachtung des eisernen Dialektikers und der Blindheit eines idealistischen Aufklärers. Man erweist seinem Drama, das überall Zweifel sät und zum Zweifeln ermutigt wie sonst kaum eines in der deutschen Literaturgeschichte, vielleicht dadurch am meisten Ehre, daß man – anders als die vorliegenden Interpretationen – seine ideologische Schlußpointe kritisch überprüft.

1. *Zur Lebensverachtung des eisernen Dialektikers.* – Mit »Standhaftigkeit eines Mannes« meint Galilei den Märtyrertod des Individuums für die gute Sache der Gattung, Aufopferung der leibhaftigen Präsenz für eine bessere Zukunft. Die Dialektik ist verteufelt im wahrsten Sinn des Wortes: Wo im Namen der Menschheit und ihres Fortschritts das individuelle Opfer eingefordert wird, hat der lebensverachtende Teufel seine Hand im Spiel. Schon bei Schiller, einem Repräsentanten wahrhaft dialektisch argumentierender Aufklärung, ist der prinzipielle Zweifel aufgeworfen: »Kann aber der Mensch dazu bestimmt sein, über irgendeinem Zwecke sich selbst zu versäumen?«[22] Und im Hinblick auf dieses konkrete Selbstversäumnis um eines Abstraktums willen heißt es emphatisch-eindringlich:

> Wir wären die Knechte der Menschheit gewesen, wir hätten einige Jahrtausende lang die Sklavenarbeit für sie getrieben und unserer verstümmelten Natur die beschämenden Spuren dieser Dienstbarkeit eingedrückt – damit das spätere Geschlecht in einem seligen Müßiggange seiner moralischen Gesundheit warten und den freien Wuchs seiner Menschheit entwickeln könnte![23]

Heine hat sich bekanntlich diesen Zweifel der Schillerschen Geschichtsphilosophie zu eigen gemacht und damit auf dem Lebensrecht und relativen Glücksanspruch des Individuums bestanden.[24] Daß jeder Einzelne die Freiheit hat, sich einem abstrakten Ganzen aufzuopfern, wird dadurch nicht in Frage gestellt. Daraus jedoch eine allgemeinverbindliche Ethik zu schmieden, ist ein Kennzeichen doktrinärer Ideologien. Brecht mag das empfunden haben, als er die Schuld Galileis noch eigens zu begründen suchte durch den kuriosen Zusatz: »Ich habe zudem die Überzeugung gewonnen, Sarti, daß ich niemals in wirklicher Gefahr schwebte. Einige Jahre lang war ich ebenso stark wie die Obrigkeit« (126). Angesichts des Schicksals Giordano Brunos, auf das im Drama mehrfach angespielt wird, und angesichts der faktischen Todesfurcht Galileis ist die nachträgliche Erwägung, eine tödliche Gefahr habe nicht bestanden, eine allzu durchsichtige Konstruktion und gezielte Erfindung, um Galileis ›Fehlverhalten‹ zu betonen.

2. *Zur Blindheit des idealistischen Aufklärers.* – Wie sehr Brechts ideologisch-moralisierender Schlußpunkt dem Geist des dramatischen Vorgangs widerspricht, läßt sich an einer zentralen Sentenz und ihrer Umkehrung zeigen. »Unglücklich das Land, das keine Helden hat!« war von Andrea beim Widerruf seines Lehrers geklagt worden. Gegen diese Idee eines märtyrerfreudigen Individualheroismus hatte Galilei eingewandt: »Nein. Unglücklich das Land, das Helden nötig hat« (114). Damit hatte er, dem Handlungsverlauf entsprechend, das Übergewicht überindividueller Verhältnisse in den Blickpunkt gerückt. Am Ende lenkt das Drama den Blick wieder zurück auf den todbereiten Individualheroismus als eine die Gesellschaft erlösende Kraft. Die 14. Szene scheint vom Glauben an diese Erlöserkraft auf fast religiöse Weise durchdrungen. Sie suggeriert, daß Galileis Widerruf anstelle der Erlösung die Verdammung des neuen, epochemachenden Geistes gezeitigt, daß er nicht nur seine Freunde und Mitarbeiter matt gesetzt, sondern auch große Geister wie Descartes zur Resignation verführt, daß er nicht nur in Italien, sondern sogar in anderen nicht-katholischen Ländern einen gravierenden wissenschaftlichen »Rückschlag« verursacht habe (119). Brecht ist sichtlich bemüht, die Fehlleistung des Individuums im Horizont seiner verheerenden, allgemeinen Folgen aufs äußerste zu steigern. Man wird gegen dieses Verfahren jedoch einwenden dürfen, daß es um die Substanz einer progressiven Bewegung schlecht bestellt sein muß, wenn sie sich schon durch das Versagen eines Einzelnen in Nichts auflöst. Das subjektive Versagen bringt dann nur einen allgemeinen Zustand ans Licht – eine personalisierende Schuldzuschreibung ist hier ebenso widersinnig wie ein individuelles Märtyrertum vergeblich wäre: Es könnte dem Geist des Fortschritts solange nicht Bahn brechen, wie die Masse der fortschrittlichen Geister einen schwachen Atem hat.

Brecht hatte allerdings den Fortschrittsgeistern ursprünglich einen kräftigen Atem eingehaucht. Seine 10. Szene demonstriert die Verbreitung der Lehre Galileis im Volk, seine 11. im Bürgertum. Und der Alternde, von der Inquisition Bewachte, erinnert sich:

Unsere neue Kunst des Zweifelns entzückte das große Publikum. Es riß uns das Teleskop aus der Hand und richtete es auf seine Peiniger. Diese selbstischen und gewalttätigen Männer, die sich die Früchte der Wissenschaft gierig zunutze gemacht haben, fühlten zugleich das kalte Auge der Wissenschaft auf ein tausendjähriges, aber künstliches Elend gerichtet, das deutlich beseitigt werden konnte, indem sie beseitigt wurden. (125)

Das himmelwärts gerichtete Fernrohr als Vergrößerungsglas sozialen Elends, Naturwissenschaft als Gesellschaftskritik, Sternenschau als Klassenkampf, dies war eine ideale Epochenkonstellation, wenigstens nach Auffassung Galileis und Brechts. Wie konnte ein Einzelner sie untergraben, nachdem »das große Publikum« bereits für den revolutionären Zweifel gewonnen war? Es mutet abermals wie eine Ungereimtheit des dramatischen Vorgangs an, daß allein durch den erpreßten Widerruf des Forschers auch die Realitätskraft seiner Lehre dahingeschwunden sein soll.

Brecht hat *vor* der 14. Szene eine Perspektive skizziert, die den Einzelnen vor einer epochalen Schuldzuweisung hätte schützen können: die wissenschaftlich-ökonomische Perspektive. Galileis Physik ist nicht nur revolutionäre Sozialphilosophie, sie zeitigt auf unkontrollierbare Weise wirtschaftliche und materielle Konsequenzen. In der 11. Szene läßt der Eisengießer Vanni, offenbar ein ebenso freisinniger wie wohlhabender Handwerker, den Gelehrten wissen: »Hinter Ihnen stehen die oberitalienischen Städte, Herr Galilei« (101). Der Eisengießer spielt damit auf Galileis doppelte Funktion als Symbolfigur der geistigen *und* bürgerlich-ökonomischen Freiheit an; von letzterer kündet seine Rede über Agrikultur, Kanäle, Geldmärkte, Gewerbeschulen, Geschäftskreise. In der 12. Szene blendet Brecht diese Doppelfunktion erneut ein, um zu erhellen, daß die Kirche auf ihre strikte Trennung zusteuert. Pragmatisch plädiert der Inquisitor dafür, den oberitalienischen Seestädten die Sternkarten des Herrn Galilei aufgrund ihrer materiellen Interessen zu überlassen. Der Einwand des Papstes, daß diese Sternkarten auf Galileis ketzerischer Lehre über die Gestirne beruhten und daß man das erste nicht ohne das zweite akzeptieren könne, ficht den Inquisitor nicht im geringsten an. Die Trennung zwischen kritischer Naturwissenschaft und ihrer materiellen Verwertbarkeit sei, so befindet er, hic et nunc zu vollziehen (107). Galilei hat sich diese Trennung ja selbst schon bei der Erfindung des Fernrohrs gefallen lassen müssen, das auf der einen Seite eine Sternenschau von sozialphilosophischer Tragweite ermöglicht, auf der anderen Seite gewinnverheißendes Machtinstrument des kriegführenden Staats sein kann. Diese Zwieschlächtigkeit einer Erfindung ist unter bestimmten gesellschaftlichen Verhältnissen unaufhebbar. Findet ein Forscher wie Galilei etwa den Staat bereits als seinen obersten Dienstherrn vor, so kann er ihm die ökonomische, materiell verwertbare Dimension seiner Forschungen schlechterdings nicht vorenthalten. Seine Arbeit spaltet sich naturwüchsig in einen erkenntnisfördernden und einen ökonomisch verwertbaren Zweig. Gesetzt selbst, Galilei hätte nicht widerrufen und theoretisch auf der unlöslichen Verbindung von Gestirnenlehre, ketzerischer Sozialkritik und Sternenkarten beharrt, so hätte er dennoch in praxi nicht verhindern können, daß die Sternenkarten in den Händen des Staats oder auch des Bürgertums zu Instrumenten ihrer materiellen Interessenverfolgung werden. Diese praktische Scheidung des Dreigestirns Naturwissenschaft-Gesellschaftskritik-Ökonomie bekräftigen die Vertreter der Kirche in der 12. Szene. Wenn Brecht daraufhin die 14. Szene so gestaltet, als habe Galilei diese Scheidung durch seinen Widerruf verursacht, dann setzt er eine irreale, maßlose Verantwortung voraus und schließt darin eine entsprechend maßlose Schuldzuschreibung ein: Sein Held, so suggeriert er, hätte als opferwillige Erlöserfigur das gesellschaftliche Heil herbeiführen können und beschreite statt dessen als intellektueller und sozialer Unheilstifter den Weg der Verdammnis. Da ist nicht mehr materialistische Dialektik, sondern säkularisierte Religion und barockes Welttheater im Spiel. Mit der 14. Szene bricht sich Brechts kritisch aufklärende Dramaturgie an einer anachronistischen Helden- und Märtyrerkonzeption.

Kritischer Fassungsvergleich

Brechts bedenkliches Finale war in der ersten Fassung, der sogenannten »dänischen«, zwar schon angelegt, aber weniger anachronistisch durchgebildet; die 13. Szene der »Dänischen Fassung« ist bedeutend komplexer und perspektivenreicher als die entsprechende 14. Szene der »Berliner Fassung«. Sie läßt Galileis moralische Selbstverklagung in eine entlastende Einsicht einmünden. Am Ende sagt Galilei über die von ihm verratene Vernunft:

> Aber natürlich, ein einzelner Mann kann sie weder zur Geltung noch in Verruf bringen. Sie ist eine zu große Sache. Die Vernunft ist eine Sache, in welche die Menschen sich teilen. Sie ist nämlich die Selbstsucht der gesamten Menschheit. (127)[25]

Ist die Vernunft in der Tat eine Angelegenheit aller Menschen und der menschlichen Gattung insgesamt zur Pflege anheimgegeben, so verliert die Verantwortung des Einzelnen ihr erdrückendes Gewicht und entpflichtet ihn von todbereitem Opfermut und idealistischem Heroismus: *Ein* Wider-Ruf bringt die Vernunft noch nicht in Ver-Ruf. Der seine Wissenschaft widerrufende Galilei ist zwar ein Widersacher der Vernunft – aber keiner, der ihr, stellvertretend für die ganze Zunft und nachfolgende Generationen von Wissenschaftlern, das Lebenslicht ausgeblasen hat, keiner, der die einmalige Chance vertan hat, die Forschung durch einen quasi-hippokratischen Eid für immer dem Wohl der Menschheit dienstbar zu machen. Diese gigantische Verantwortung bürdet erst die spätere Fassung dem Einzelnen auf – die Erstfassung ist ihm gegenüber maßvoller, weiser, realistischer. Das hängt mit ihrer reflektierten Stellung zum Problem der Autorität zusammen. »Freilich«, so fragt sich Galilei, »wer sollte noch für diese kühnen neuen Lehren sprechen, nachdem ich, eine ihrer Autoritäten, sie der Lüge geziehen habe? [...] Ich frage mich, wann die Wissenschaft ohne Autorität auskommen wird können« (122 f.).

In die Selbstkritik Galileis geht ein grundlegender Zweifel an der sozialen Geltung der Wissenschaft ein: Solange die Menschen die Gültigkeit des Erforschten abhängig machen von der *Person* des Forschers und nicht von der Beweiskraft der *Sache* selbst, erschweren sie sich die Wahrheitsfindung. »Sie kämpften dafür«, bescheinigt Andrea seinem früheren Lehrer, »daß die Autorität von Menschen auf Meinungen und von Meinungen auf Fakten übertragen würde« (123). Weil diese versachlichende, objektivierende Übertragung offensichtlich am personalisierenden Autoritätsdenken der Menschen seiner Zeit scheiterte, also an einer gesellschaftlichen Gegebenheit, kann Galileis subjektives Fehlverhalten nicht zum Dreh- und Angelpunkt neuzeitlicher Wissenschaftsgeschichte werden. Dies wird sie erst in der Zweitfassung, deren 14. Szene die Idee der Sachautorität von vornherein ausspart, um die persönliche Autorität Galileis aufzuwerten, ja hochzuspielen und kategorisch zu verklagen. Indem die Erstfassung Vernunft und Wahrheitsfindung nicht dem Subjekt allein, sondern dem Menschengeschlecht insgesamt überantwortet, nimmt sie auch einer anonymen, von Andrea mitgeteilten Anklage die unmenschliche Spitze. Galilei habe durch sein Verhalten die »Freiheit des Lehrens« überhaupt außer Kraft gesetzt und seine zahllosen Anhänger in die Irre geführt:

Als diese Sie nun alles widerrufen hörten, was Sie gesagt hatten, schienen ihnen nicht nur bestimmte Gedanken über Gestirnbewegungen in Verruf gebracht, sondern das Denken selber, welches für unheilig angesehen wird, da es mit Gründen und Beweisen operiert. (123)

Gegen dieses Urteil wird man im Sinne der Vernunft als einer unteilbaren Angelegenheit aller Menschen einwenden dürfen, daß es eben deren Sache gewesen wäre, das von Galilei diskreditierte freie Denken wieder zu Ehren zu bringen. Indem die »Dänische Fassung« diesen Vernunftbegriff skizziert, wendet sie sich an die Allgemeinheit und schützt so das wissenschaftliche Subjekt vor der moralisch-heroischen Vereinzelung, in die es durch die »Berliner Fassung« gerät. Mehr noch: mit dieser Wendung ist das freie, begründete, vernünftige Denken über den einmaligen Fall Galilei hinaus zur Sache aller, und das heißt: jedes einzelnen, erhoben. Wer noch feinere politische Ohren hat, wird kaum die Provokation überhören, die im Plädoyer »für die Freiheit des Lehrens« mitschwingt; denn in keinem der uns bekannten Gesellschaftssysteme ist diese

Freiheit unbestritten, auch nicht in der »freiheitlich demokratischen Grundordnung«, zu schweigen vom »realen Sozialismus«. So gesehen, ist Brechts Erstfassung aktueller als die von ihm aktualisierte Fassung letzter Hand. Die politische Aktualität, die ihm dort die Feder führte, sollte rasch veralten. Sie drängte dem Dialektiker Brecht mehr als zuvor eine einseitig-heroische, subjektiv-moralische, kurz: undialektische Auffassung vom Tun des einzelnen Wissenschaftlers auf.

Stillgestellte Dialektik. Treibsand der Politik

Von welcher ›politischen Aktualität‹ ist hier die Rede? Seiner 1945 im Exil fertiggestellten »amerikanischen« Fassung des Schauspiels hatte Brecht eine zeitkritische Vorrede nachgeschickt. Darin heißt es, er sei sich der Aktualität seines Stücks auf herausfordernde Weise bewußt geworden, als er »zusammen mit Charles Laughton eine amerikanische Fassung des Stücks herzustellen« gedachte:

> Das »atomarische Zeitalter« machte sein Debüt in Hiroshima in der Mitte unserer Arbeit. Von heute auf morgen las sich die Biographie des Begründers der neuen Physik anders. Der infernalische Effekt der großen Bombe stellte den Konflikt des Galilei mit der Obrigkeit seiner Zeit in ein neues, schärferes Licht.[26]

Der Konflikt endete mit Galileis Widerruf, welcher nun, angesichts der über Hiroshima gezündeten Atombombe, einen hochbrisanten, ungeheuren Rang erhalten sollte:

> Galileis Verbrechen kann als die »Erbsünde« der modernen Naturwissenschaften betrachtet werden. Aus der neuen Astronomie, die eine neue Klasse, das Bürgertum, zutiefst interessierte, da sie den revolutionären Strömungen der Zeit Vorschub leistete, machte er eine scharf begrenzte Spezialwissenschaft, die sich freilich gerade durch ihre »Reinheit«, d. h. ihre Indifferenz zu der Produktionsweise, verhältnismäßig ungestört entwickeln konnte. Die Atombombe ist sowohl als technisches als auch soziales Phänomen das klassische Endprodukt seiner wissenschaftlichen Leistung und seines sozialen Versagens.[27]

Man bedenke: die Atombombe – ein Endprodukt der *wissenschaftlichen* Arbeitsweise eines Galilei, ihre Explosion – ein Endprodukt seines *sozialen* Versagens. Welch grandioser Irrtum! Hier rächt sich, daß Brecht die Dialektik, die sich an Galileis Erfindung des Fernrohrs offenbart, nur gestreift und ironisch relativiert hatte, anstatt sie ernst zu nehmen und im dramatischen Vorgang zu entfalten.

Am Doppelcharakter des Fernrohrs als Medium naturwissenschaftlich-sozial-revolutionärer Gestirnenlehre einerseits und militärisch-ökonomischem Macht-instrument des Staates andererseits hatte Brecht nur die erste, fortschrittliche Seite interessiert. So konnte die rückschrittlich-negative Seite der Erfindung vergessen und schließlich dem Forscher selbst zur Last gelegt werden. Galilei hat ja den Staat als militärisch-ökonomischen Nutznießer seiner Erfindung bereits vorgefunden und ihn nicht erst dazu gemacht, wie Brecht schließlich suggeriert. Vom militärisch-ökonomischen Gebrauch des Fernrohrs zum militärisch-ökono-mischen Gebrauch der Atombombe ließe sich in der Tat eine Linie ziehen – aber nicht Galilei, sondern der ihm übergeordnete und ihm überlegene Staat hat diese Linie gezogen bzw. ihm vorgezeichnet. Die These, Galilei als sozialverantwortli-cher Einzelforscher hätte diese Linie durchkreuzen und durch einen entsprechen-den Offenbarungseid seine naturwissenschaftlichen Erkenntnisse für immer dem gesellschaftlichen Fortschritt dienstbar machen können, verkennt die Macht des modernen Staates, die kein Einzelner je zu untergraben vermochte. Der Schei-terhaufen der Inquisition, auf dem ein Giordano Bruno lebendigen Leibes verbrannte, hätte seine Flammen auch über einem Galilei zusammenschlagen lassen, ohne daß daraus das Feuer der sozialen Revolution entstanden wäre. Keineswegs hat Galilei, wie Brecht behauptete, »die Astronomie und die Physik bereichert, indem er diese Wissenschaften zugleich eines Großteils ihrer gesell-schaftlichen Bedeutung beraubte«;[28] dies war vielmehr das Werk des Staates, der schon vor Galilei aufklärerische Forscher zu disziplinieren wußte und ihre Arbeit – sie mochten sich verhalten, wie immer sie wollten – nach seinem Gutdünken verwertete. An diesem Sachverhalt bricht sich auch Brechts klassenspezifisch nuancierte These, das revolutionäre Bürgertum sei durch Galileis systemerhal-tenden Widerruf verraten worden. Die europäische Geschichte lehrt, daß in bürgerlich-revolutionären Epochen die progressiven Wissenschaften zwar dem Bürgertum achtbare Dienste leisteten; sie lehrt aber auch, daß dasselbe Bürger-tum, das vor und während der Revolution sich als Vertreter allgemeinmenschli-cher Ideale aufführte, nach der Revolution die Wissenschaften und die Ideale im Sinne seiner Klasseninteressen verwertete. Aus dem staatskritisch-oppositionel-len Bürgertum wurde im Rahmen der privatwirtschaftlichen Ordnung stets die staatstragende oder staatserhaltende Bourgeoisie, wie Brecht sie an anderer Stelle illusionslos definierte: »Die Bourgeoisie isoliert im Bewußtsein des Wis-senschaftlers die Wissenschaft, stellt sie als autarke Insel hin, um sie praktisch mit *ihrer* Politik, *ihrer* Wirtschaft, *ihrer* Ideologie verflechten zu können.«[29] Die in den *Galilei* montierte Annahme, es habe an der modernen Wissenschaft oder gar an einem ihrer Ahnherren gelegen, diesen Prozeß zu verhindern, ja sozialre-volutionär umzuwenden, widerspricht Brechts besserem theoretischen Wissen und stellt die Verhältnisse auf den Kopf.
Man wird daher sagen dürfen, daß die Schlußszene in Brechts *Galilei* seinem theoretischen Niveau nicht gewachsen war, woran die aktuelle Politik in Gestalt

der Hiroshima-Tragödie mitverantwortlich gewesen ist. Die Tragödie wurde nicht nur von Brecht als ein Trauma erlebt, und das Trauma wurde nicht nur von ihm mit heroisch-moralisierender Geschichtskonstruktion und mit individualisierender Schuldzuschreibung bekämpft[30] – vergeblich, zwangsläufig. Auch wenn Galilei die Märtyrer-Rolle gespielt hätte, auch wenn Legionen von Naturwissenschaftlern diese Rolle heute auf sich nehmen würden, so wäre damit allein noch keine geschichtliche Wende eingeleitet. Der Staat fände andere, die in die Bresche, welche die Märtyrer schlagen, springen und ihm nach Kräften dienen würden. Ein Musterbeispiel dafür sind gerade die Vorgänge um Hiroshima. Als der US-Staat dort die erste Atombombe zündete, Natur und Menschenleben in ungeahntem Ausmaß zerstörend, verließen zahlreiche Atomphysiker unter Protest ihre Laboratorien, um als aufklärende Lehrer und Staatsbürger zu wirken. Nach einiger Zeit kehrten viele der Einzelkämpfer enttäuscht in die Laboratorien zurück, in welchen sich inzwischen der wissenschaftliche, wohlangepaßte Nachwuchs ausgebreitet hatte. Mit anderen Worten: der Forscher und der Gesellschaftskritiker, der staatliche Wissenslieferant und der Systemveränderer wirken in verschiedenen Sphären.

Über diese Sphärentrennung sehen Brecht-Galilei hinweg. Die (Natur-)Wissenschaft, so steht zu lesen, habe es mit »beiden Kämpfen« zu tun – dem um die Erforschung der Natur und dem um die gesellschaftspolitische Aufklärung, ja Aktivierung der Massen, denn:

> Wenn Wissenschaftler, eingeschüchtert durch selbstsüchtige Machthaber, sich damit begnügen, Wissen um des Wissens willen aufzuhäufen, kann die Wissenschaft zum Krüppel gemacht werden, und eure neuen Maschinen mögen nur neue Drangsale bedeuten [...], euer Fortschritt wird doch nur ein Fortschreiten von der Menschheit weg sein. Die Kluft zwischen euch und ihr kann eines Tages so groß werden, daß euer Jubelschrei über irgendeine neue Errungenschaft von einem universalen Entsetzensschrei beantwortet werden könnte. (125 f.)

Deutlich, nur allzu deutlich wird in diesen Sätzen das Ereignis von Hiroshima federführend. Der Jubelschrei über die Entdeckung der Kernspaltung war ja von Anfang an durch gesellschaftspolitische Zweifel gedämpft worden und hatte sich, nachdem der US-Staat die erste Atombombe auf ein von Menschen besiedeltes Stück Erde geworfen hatte, in einen universalen Entsetzensschrei verwandelt. Aber kein Wissenschaftler kann derartige Vorgänge verhindern, er mag in seinem Laboratorium noch so wohlfundierte Bedenken hinsichtlich der Anwendung einer neuen Errungenschaft aushecken und der politischen Führung seines Landes mitteilen. Letztere allein entscheidet darüber, was mit der Errungenschaft geschehen soll. Der Wissenschaftler kann allenfalls außerhalb seines Laboratoriums eine politische Bewegung für die bestmögliche Anwendung der neuen Entdeckung gründen oder unterstützen und mit Argumenten versehen – auf die Gefahr hin, seinen Arbeitsplatz zu verlieren. Ob er bei diesem riskanten Unternehmen Erfolg hat, ist einzig und allein eine Frage der politischen Kräfteverhältnisse in seinem Lande.[31] Solche objektiven Gegebenheiten verkennen Brecht-Galilei, wenn sie die Verantwortung für den Mißbrauch einer Entdeckung einzelnen Wissenschaftlern, »eingeschüchtert durch selbstsüchtige Machthaber«, aufladen. Die moralische Blickrichtung auf die Zivilcourage des Wissenschaftlers in der 14. Szene personalisiert das Problem. Weil Brecht die fundamentale Spaltung des modernen Wissenschaftlers in einen staatsabhängigen Berufsmenschen und einen politisch unabhängigen Citoyen übergeht, kann er ihn zu einem öffentlichen Entscheidungsträger stilisieren, dem es anheimgestellt sei, als Märtyrer-Held oder als Berufsverräter gesellschaftspolitische Weichen zu stellen. Er verzeichnet die objektive, zwiespältige Stellung des Wissenschaftlers in der modernen Gesellschaft zu einem Problem der Moral und der Berufsauffassung. Der Wissenschaftler als Held, der um einer geschichtemachenden Wahrheit willen persönlich zugrunde geht oder einen ebenso geschichtemachenden Verrat an ihr begeht: diese altmodisch-heroische Alternative werfen Brecht-Galilei auf. Wir sagten schon, in welchen Gegensatz dadurch der historische Materialist zu seinem eigenen Weltbild gerät, welches das Individuum in den überkommenen bürgerlichen Gesellschaftsformationen weniger als Subjekt denn als Objekt des Geschichtsprozesses zu zeichnen pflegt. Es geht wahrhaft unbrechtisch zu in der 14. Szene der späteren Fassung, viel eher schillersch, mit dem Unterschied freilich, daß Schiller es sich versagt hat, seine Helden an *persönlichen* Beweggründen wie der Todesfurcht scheitern zu lassen. Er hat sie zwar mit geschichtlicher Macht, gelegentlich mit Entscheidungsgewalt ausgestattet: aber er hat sie konsequent, bis zum tragischen Ende, auch anonymen geschichtlichen Gegenkräften und objektiven Zwängen überantwortet. Das peinliche Verfahren, den nervus rerum des Geschichtsverlaufs an einem persönlichen Affekt des Individuums zu befestigen, hat er seinen Dramen erspart. Der »Notzwang der Begebenheiten«, das historisch-politische Räderwerk, in das ein Wallenstein gerät, hat eine eigentümlich moderne Strenge, verglichen mit dem uralten Rad heroischer Moral und subjektiver Verantwortung, das Brecht-Galilei am Schluß drehen.

Selbst wenn man Galileis nachträgliche Überzeugung ernst nähme, es hätte eigentlich einer individuellen Opfermoral gar nicht bedurft, da er, Galilei, »einige Jahre [...] lang ebenso stark wie die Obrigkeit« gewesen sei (126), würde doch das Subjektiv-Zufällige dadurch nicht aufgehoben, vielmehr zur Farce gesteigert; nun hinge der Geschichtsverlauf nicht nur von der menschlich verständlichen Todesfurcht eines Individuums ab, sondern zu allem Überfluß auch noch von einer zufälligen Fehleinschätzung der persönlichen Situation.

Intention des Autors – Unbotmäßigkeit des Theatralischen

Das dem Theater überantwortete Drama kann Dimensionen eröffnen, die der reinen Lektüre verborgen bleiben. Die theatralische Versinnlichung mittels Körper- und Bildersprache gewinnt dem Schau-Spiel Bedeutungen ab, die der bloß begrifflichen Deutung unzugänglich sind. Nur die blind wuchernde Arbeitsteilung, die längst auch in der Literaturwissenschaft ihr Wesen treibt, hindert uns daran, ein Drama stets auch im Hinblick auf sein erklärtes Ziel zu betrachten: seine öffentliche Zurschaustellung durch das Theater. Der Stückeschreiber Brecht hat dieses Ziel mit der Leidenschaft eines Dramaturgen und Regisseurs verfolgt.[32] Seine Selbstaussagen zum *Galilei* und seine praktische Theaterarbeit mit den Schauspielern Laughton und Busch, seine eingreifende Mitwirkung an den Vorbereitungen zur Berliner Aufführung (1957) bezeugen den unlöslichen Zusammenhang von Schrift- und Bühnendrama, Schreiben und Spiel, Wort und Theatralik. Ob Brecht dabei dem Geist seines Textes insgesamt gerecht wurde, steht in Frage. Seine Intention bei der Inszenierung des *Galilei* hat er wie folgt formuliert:

> In der ersten Fassung des Stücks war die letzte Szene anders. Galilei hatte in großer Heimlichkeit die »Discorsi« geschrieben. Er veranlaßt anläßlich eines Besuchs seinen Lieblingsschüler Andrea, das Buch über die Grenze ins Ausland zu schmuggeln. Sein Widerruf hatte ihm die Möglichkeit verschafft, ein entscheidendes Werk zu schaffen. Er war weise gewesen.
> In der kalifornischen Fassung [...] bricht Galilei die Lobeshymne seines Schülers ab und beweist ihm, daß der Widerruf ein Verbrechen war und durch das Werk, so wichtig es sein mochte, nicht aufgewogen.
> Wenn es jemanden interessieren sollte: Dies ist auch das Urteil des Stückschreibers.[33]

Die List der Vernunft, die Galilei in der »Dänischen Fassung« erprobt hat, soll in der »Amerikanischen« bzw. »Berliner Fassung« ins Verbrechertum umschlagen. Dies auf der Bühne vor Augen zu führen, wird zu Brechts idée fixe.[34] Er ist geradezu besessen von dem Wunsch, daß in der theatralischen Darstellung Galileis jede Spur von Menschlichkeit getilgt werde:

> Seine Verkommenheit zeigt sich in seiner sozialen Haltung; er erkauft sich seinen Komfort (selbst seine wissenschaftliche Betätigung ist nun zu einem Komfort herabgesunken) mit Handlangerdiensten, so seinen Intellekt schamlos prostituierend.[35]

Gewiß, Galilei übt, nachdem er einmal seine Wissenschaft öffentlich verraten hat, weiterhin Verrat, auch an den Menschen selbst und den unterprivilegierten Schichten im besonderen. Nichts zeigt seine geistig-ethische Verelendung eindringlicher als der »unterwürfige Brief an den Erzbischof«, den er, mit Brecht zu sprechen, unterweist, »wie die Bibel zur Niederhaltung hungernder Handwerker benutzt werden kann«.[36] Aber rechtfertigt dies Brechts zusammenfassendes Urteil: »Er haßt die Menschheit fanatisch.«?[37] Der Text selbst läßt hinreichend Spielraum für Relativierungen. Er gestattet es beispielsweise nicht, Galileis heimliche Niederschrift der *Discorsi* eindeutig und kategorisch als ein Zeugnis sozialer »Verkommenheit« abzutun. Mit den *Discorsi* steht und fällt, wie Andrea behauptet, die Begründung einer »neuen Physik«: »Amsterdam und London und Prag hungern danach!« (121.) Diese Physik will durch Naturbeherrschung das Leben der Menschen von irdischer Drangsal und damit von überirdischen Ersatzphantasien befreien: Sie versteht sich als »Mutter der Maschinen, die allein die Erde so bewohnbar machen werden, daß der Himmel abgetragen werden kann« (123). Wie schimpflich Galileis Stellungnahme zu den hungernden Handwerkern auch ist, sein angeblich fanatischer Haß auf die Menschheit reimt sich nicht ohne weiteres mit seinem leidenschaftlichen Interesse an der Verbreitung einer Wissenschaft, die der Erleichterung des Lebensprozesses dienen soll. Man mag den Wunsch nach wissenschaftlicher Rehabilitierung, mag Eitelkeit oder auch das typische »Laster« des Forschers in diesem Interesse wirksam sehen, mag wie Galilei sogar daran zweifeln, ob es dem Fortschritt des »Menschengeschlechts« förderlich ist: seine ebenfalls vorhandene sozialethische Komponente wäre ja damit nicht ausgelöscht. Und wäre eine derartige Ko-Existenz widersprüchlicher Motive der Anlage des Dramas nicht angemessener, als sein Autor hier wahrhaben will? Er, der die ›lasterhafte‹ Forschungstätigkeit Galileis auch als Bedürfnis nach »Komfort« deutet und geringschätzt, ignoriert souverän Galileis Einwurf, »daß ich die letzten kümmerlichen Reste meiner Bequemlichkeit aufs Spiel gesetzt habe, eine Abschrift zu machen, hinter meinem Rücken sozusagen, aufbrauchend die letzte Unze Licht der helleren Nächte von sechs Monaten« (121). Wäre Galilei wirklich so komfortversessen, wie Brecht argwöhnt, er würde wohl kaum seine – minimale – Bequemlichkeit und sein Augenlicht freiwillig für die Verbreitung der *Discorsi* riskieren, kaum sich der ständigen Gefahr des Ertapptwerdens durch die eigene Tochter und die Inquisition aussetzen. Hinter dieser stillen Tapferkeit bloß die »Schwäche« der ›Katze‹ zu wittern, »die das Mausen nicht lassen kann«,[38] dient einer allzu durchsichtigen Absicht des Autors: Der sich am Ende des Stücks schonungslos kritisierende Galilei soll damit seiner Verkommenheit die Krone aufsetzen. Der ›Verbrecher‹ darf auf keinen Fall mildernde Umstände für sich geltend machen, seine moralische Hinrichtung muß als pure Konsequenz eines eindeutigen, ungeheuerlichen Fehlverhaltens erscheinen: »Seine Selbstanalyse darf unter keinen Umständen von dem Darsteller dazu mißbraucht werden, mit Hilfe von Selbstvorwürfen den Helden dem Publikum sympathisch zu machen.«[39]

Gegen diese theatralische Festlegung hat das Theater selbst Einspruch erhoben. Just die Berliner Aufführung, deren Proben Brecht bis zu seinem Tode maßgeblich mitgestaltete, hielt nicht, was sich Brecht von ihr versprach – oder besser:

hielt mehr, als man sich nach der Intention des Autors versprechen durfte. Es war vor allem Ernst Busch, der die Rolle des Galilei entgegen den Vorstellungen des Stückschreibers spielte. Schon zu Lebzeiten Brechts hatte er diesen mit einer weniger negativen Auffassung der Galilei-Figur konfrontiert, die er bis zur Premiere dann auch endgültig durchsetzte:[40] »Sein Spiel, voller psychologischer Meisterschaft, trug zum Verwischen des für den Grundsatz des Stückes wesentlichsten Momentes bei: Buschs Galilei war kein Verbrecher, in der letzten Szene erweckte er sogar Sympathie und Mitleid.«[41] Ob der »Grundsatz des Stückes« wirklich verwischt und Busch demnach den Galilei unzulässig entkriminalisiert habe, steht gerade in Frage. Es scheint vielmehr, daß sein Spiel einige Stellen der 14. Szene aufwertete, die der Autor abgewertet hatte, entgegen dem widersprüchlichen Geist seines eigenen Textes und seiner Hauptfigur. So empfand es ein anderer Kritiker:

> Was sehe ich nun aber während dieser geistigen Auseinandersetzungen überdies auf der Bühne? Einen Mann, der am Fernrohr seine Sehkraft geschwächt hat und nun beim Arbeiten im Mondlicht – weil er illegal eine Abschrift seines für die Menschheit nützlichen Werks herstellt – fast erblindet ist. Das wird nicht gesprochen, sondern gezeigt. [...] Und diesen Mann soll ich hassen? Verurteilen? Mögen mich noch so viele Kommentare dazu auffordern – ich kann es nicht! Während des Sehens, während der Vorstellung nicht! Das Lesen ist eine andere Sache.[42]

Das Urteil verrät etwas von der dem Theater eigentümlichen, körperlichen Überzeugungskraft: Die non-verbale Sprache des Gestischen kann ihren eigenen Sinn entwickeln. Daß dieser Sinn sich auch gegen den Text-Sinn kehren kann, ist kein Geheimnis. Daß dies beim Spiele Buschs so gewesen sei, wird man nicht frischweg behaupten können. Wenn Busch den Galilei der 14. Szene im Geist einer rettenden Kritik spielte, so entschärfte er ja zu Recht die gnadenlose »Selbstverdammung«, auf die es der Autor abgesehen hatte. Denn bis zur 14. Szene ist es nicht Galilei, der den Sündenfall der neuzeitlichen Wissenschaft zu verantworten hat, sondern, der Handlungsdynamik entsprechend, der Staat bzw. das gesellschaftliche Kräfteverhältnis. Noch die geistig-ethische Verelendung, in die Galilei durch seinen »Sündenfall« stürzt, ist ohne die staatlich-gesellschaftliche Urheberschaft nicht denkbar. Insofern wurde Buschs Spiel dem Sinn der ersten dreizehn Szenen gerecht, den Brecht am Schluß unvermittelt umdrehte. Selbst wenn der große Mime seine Darstellung allzu positiv aufgeladen hätte, was sich aus den mitgeteilten Kritiken nicht eindeutig entscheiden läßt, wäre dies noch immer ein notwendiger Kontrapunkt gegen die obsessive Schwarzmalerei des Autors gewesen. Dessen dramatisches Ingenium bezeugt sich gerade dadurch, daß sein Schauspiel eine Theatralik entbinden kann, die seine erklärten Intentionen und weltanschaulichen Sentenzen sprengt.

Fragen eines lesenden Bürgers

Wirkungspolitik. Brechts Schauspiel will im Medium der Historie die Gegenwart treffen. Aber zwischen den beiden Zeitebenen scheint eine unüberwindliche Inkongruenz zu bestehen. Galileis Physik mitsamt ihren philosophischen und gesellschaftlichen Konsequenzen hatte fortschrittlichen Charakter – und die Gesellschaftsordnung seiner Zeit kam wenigstens partiell, durch das Bürgertum, in den Genuß des naturwissenschaftlich fundierten, technisch-ökonomischen Fortschritts. Die Atomphysik dagegen mit ihren militärischen Konsequenzen hat destruktiven Charakter; zu ihrer tödlichen Indienstnahme scheinen die Gesellschaftsordnungen unserer Zeit eher imstande als zu ihrer fortschrittlich-friedlichen Nutzung. Die leidenden oder bevormundeten Gesellschaftsmitglieder im Jahrhundert Galileis durften dessen neue Physik als Morgenröte einer neuen Zeit begrüßen: Die Menschheit im 20. Jahrhundert sieht mit ihr einer universalen Verdüsterung ihres Lebens- und Zukunftshorizontes entgegen.

Dieser Hiatus zwischen historischer und moderner Konstellation schränkt die zeitadäquate Aussagekraft des Schauspiels ein. Brecht wollte ihn als notwendig erscheinen lassen, indem er ihn seiner Hauptfigur anlastete: »Hätte ich widerstanden, hätten die Naturwissenschaftler etwas wie den hippokratischen Eid der Ärzte entwickeln können, das Gelöbnis, ihr Wissen einzig zum Wohle der Menschheit anzuwenden!« (126.) Wir haben darauf aufmerksam gemacht, daß diese Selbstverklagung die objektive Macht des neuzeitlichen Staats und seine Wissenschaftspolitik verharmlost und statt dessen heroische Individualverantwortung und opferbereiten Vernunftglauben hochspielt. Mag auch Brechts hippokratischer Eid in den fünfziger und sechziger Jahren von zahlreichen namhaften Wissenschaftlern geschworen worden sein,[43] die schon vor Galilei bestehende Trennung zwischen wissenschaftlich-humanistischer Ethik und staatlicher Politik ließ sich dadurch nicht aufheben. Solange die Ursachen dieser Trennung verborgen bleiben, solange die Aufspaltung des Wissenschaftlers in den staatsloyalen Dienstleister und staatskritischen Citoyen vergessen wird, solange das Kräfteverhältnis zwischen Staatsmacht und politischer Gegenbewegung ungeklärt ist, droht die Gefahr, daß die geschichtliche Tragweite der Sozialethik von Wissenschaftlern überschätzt wird. So wünschenswert sie ist und so inspirierend sie sein kann, wer sie (wie Brecht) zur Wurzel des Weltübels oder (unter Berufung auf Brecht) zum unverzichtbaren modernen Heilkraut erklärt, vermag der angemessen aufzuklären?[44] Als vor einem Jahrzehnt im kleinsten Bundesland dieser Republik eine ›Reformuniversität‹ entstand, wurde ihren Mitgliedern, auch ihren Naturwissenschaftlern, eine demokratische Sozialethik des Forschens zur Pflicht gemacht, und ihre Mehrzahl mochte hoffnungsfroh das jeweilige Spezialfach im Namen der unterprivilegierten Mehrheit der Republik institutionalisiert haben: Fachdisziplin und kritische Gesellschaftswissenschaft sollten eine ›sozialrelevante‹ Ehe eingehen, bis schließlich der Staat aus politischen und wirtschaftlichen Rücksichten wieder schied, was er soeben getraut hatte. Und wo er den Bund noch duldet, kann er jederzeit seinen wissenschaftlichen Ertrag und sein soziales Verantwortungsethos ignorieren. Die Arbeitsteiligkeit der Gesellschaft spiegelt sich nicht nur in den Wissenschaftssparten als solchen wider, sondern, gravierender noch, in den staatlich zugewiesenen bzw. aberkannten Verantwortungsbereichen für das gesellschaftliche Ganze. Das Vermächtnis Brecht-Galileis, die Fach- bzw. Naturwissenschaft müsse »beiden Kämpfen« verpflichtet sein, sowohl dem Fortschritt ihrer Disziplin wie dem der Menschheit, ist daher ebenso schwungvoll wie unvermittelt. Es ist so ideal, daß es ohne mühselige Umwege nirgends real werden kann. Die moralischen Willensakte einer Avantgarde von Wissenschaftlern und anderer friedliebender Sozialethiker werden eine materielle, verändernde Macht erst im Bund mit dem nachrückenden demokratischen Souverän, dem Volk bzw. seiner bedeutendsten Teile. Schon deshalb sollte man den künstlerischen Rang des Brechtschen Stückes nicht davon abhängig machen, ob seine explizite ideologische Hinterlassenschaft, beispielsweise der hippokratische Eid von Naturwissenschaftlern, dem Tun und Treiben einiger Zeitgenossen entsprochen hat oder von ihnen beerbt wurde.[45]

Vielleicht wäre man überhaupt gut beraten, Leser-Perspektiven entschiedener als bisher üblich jenseits der Autor-Optik und der handfesten Botschaften seines Werks, aber auch jenseits der Hauptfiguren und ihrer Aktionen zu entwickeln. Manchmal verraten Nebenfiguren, Seitenstränge der Handlung, unscheinbare Winkel der Schauplätze mehr oder anderes als die Leitmotive und Hauptthemen des Textes. Wir wollen den Zweifel, den Brechts Schauspiel allerorten sät, auch wissenschaftsmethodisch produktiv machen und auf seine unscheinbaren, unbegangenen Seitenfelder einen Blick werfen. Möglicherweise sind gerade die blinden Stellen eines Werks seine erhellendsten.

Frauenbilder.   Virginia, Galileis Tochter, und Frau Sarti, seine Haushälterin, haben eins gemeinsam: konservative Unbelehrbarkeit. Der ihnen anerzogene Glaube macht ihren geistigen Sinn taub gegen Galileis neue Wissenschaft. Im Hinblick auf ihren Bildungsgang gehören sie zum Volk, von dem jedoch die 9. Szene erzählt, es öffne sich zusehends der Lehre des großen Physikers. Das ist eine im Stück selbst nicht reflektierte Ungereimtheit. Sie läßt sich auch nicht ohne weiteres harmonisieren mit dem Vertrauen Brechts in sein Lehrtheater: Dies setzt Belehrbarkeit und Lust am Lernen voraus. Eben das stellt Galilei hinsichtlich seiner Tochter kategorisch in Abrede (vgl. 31, 36 f.). Er bewahrt sie vor der Ehe mit einem aristokratischen Bauernschinder und bindet sie zuletzt als alternde Jungfer an seinen Haushalt: Darin agiert sie als fürsorgliche Spionin im Dienste der Inquisition, sich aufbrauchend für das Seelenheil ihres Vaters. Welch ein borniertes, von Brecht an keiner einzigen Stelle aufgehelltes, in Schutz genommenes Leben! Ist die vom Wissenschaftsbetrieb und vom Staat gleicherweise ausgenutzte Virginia nicht eine bewußtlose Zeugin jener Opferideologie, der sich Galilei zum Verdrusse Brechts verweigerte? Von konträren Interessenten als Mittel zum Zweck eingesetzt, verwelkt, noch ehe sie aufblühen konnte, ist die Gestalt der Virginia eine Anklage gegen den subjektfeindlichen Prozeß der Geschichte – und gegen den Dramatiker, der ihr darin ungerührt nur eine sachliche Funktion zuerkennen wollte.[46] Es gehört zu den unlösbaren Widersprüchen des Brechtschen Schauspiels, daß es im Medium der neuen Sternenschau Galileis jedes Individuum zum autonomen Gestirn, zum Selbstzweck, erhebt, im dramatischen Gefüge es jedoch einem Demonstrationszweck unterordnet, der die Perspektive einer Selbstbestimmung nach und nach verblassen läßt.

Daß der Bruch zwischen dem alten und neuen Bewußtsein gewissermaßen durch die Familie geht, zeigt auch Frau Sarti. Dem alten Glauben, ja dem Aberglauben treu, führt sie dennoch dem Bahnbrecher einer neuen Zeit den Haushalt. Selbst während der Pest harrt sie an seiner Seite aus, verweigert sich der rettenden Flucht: »Aber wer soll Ihnen Ihr Essen hinstellen?« (53.) Die neue, sozialrevolutionäre Wissenschaft gedeiht nicht ohne die materielle Fürsorge einer unbelehrbaren Konservativen. Das ist hintersinniger, als dialektische Schulweisheit sich träumen läßt! Besteht da nicht Solidarität jenseits ideologischer Positionen und quer durch unversöhnliche Weltanschauungen? Brecht wollte mit seinem Lehrtheater »praktikable Weltbilder«[47] liefern, die den herrschenden Gedanken unversöhnlich entgegengesetzt sind. Läßt er nicht hinter dieser Opposition unabsichtlich einen Raum ideologieferner Verbundenheit entstehen, wie etwa Anna Seghers in ihrem *Siebten Kreuz*? Frau Sarti, unaufgeklärt und unaufklärbar, liest dem großen Forscher zuletzt gehörig die Leviten, weil er ihren Sohn zur Sünde wider den Heiligen Geist verführe, selber wieder einmal gegen die Obrigkeit opponiere und die Heirat seiner Tochter verhindere. »Es geht über meine Kräfte« (90), stellt sie fest, ohne daß dadurch ihre Klage gänzlich aus dem Licht der Komik rückt, das Brecht hier mit delikatem Humor verbreitet. Aber in ihrem letzten Satz schlägt ein Ernst durch, der sich so leicht nicht vergißt: »Wenn ich meine ewige Seligkeit einbüße, weil ich zu einem Ketzer halte, das ist meine Sache« (90). Wieviel zartsinnige Humanität inmitten religiöser Befangenheit! Brecht mag das für unbedeutend angesehen haben, denn er bricht die zu Frau Sarti führende Handlungslinie an dieser Stelle ab, ohne sie wiederaufzunehmen. Es scheint, als habe diese Nebenfigur seiner Absicht nach nur eine Funktion für die um Galilei konzentrierte Haupthandlung. Und doch ist ihr Verhalten mehr als bloß funktional, ist es dem Gehalt nach mehr als nur Mittel zum großen Zweck, hat es eine anti-ideologische Eigenart, die unabsichtlich-unvermittelt aus dem Handlungsgefüge herausragt.

Sinnstiftungen/Affektarmut.   Der religiöse Konservativismus der Frauen ist nur eine Haltung unter vielen gegenüber Galileis neuer Astronomie. Brecht hat Wert darauf gelegt, diese Haltungen soziologisch zu begründen. Der gesellschaftliche Standort der Menschen sollte ihre geistige Position plausibel machen. Da ist etwa das in ein hierarchisches System eingezwängte städtische Volk, wie es sich auf dem Karneval in der 7. Szene präsentiert: Es nimmt Galileis Neuordnung des Weltalls zum Anlaß, eine Neuordnung des Gesellschaftsgefüges anzuvisieren. Ähnlich wie die Gestirne nicht mehr dem einen Weltmittelpunkt, der Erde, untergeordnet sind, wollen sich die Unterprivilegierten nicht mehr den alten Zentren des politisch-sozialen Lebens unterordnen: Gleichberechtigung und Gleichheit statt Rangordnung ist das Leitmotiv, das einem der eindringlichsten Zeugnisse der Frühaufklärung, Fontenelles *Entretiens sur la Pluralité des Mondes* von 1686, entsprungen sein könnte.[48] Dann ist da das oberitalienische Bürgertum, das nach intellektueller und ökonomischer Bewegungsfreiheit verlangt: Es deutet Galileis kühne Entdeckungen am Sternenhimmel als Fanal zur Sprengung der hergebrachten Bewußtseins- und Gewerbefesseln (11. Szene). Und da ist Galilei selbst, den das Berufsinteresse des modernen Wissenschaftlers an der Durchsetzungskraft seiner Forschungen leitet; er repräsentiert damit das als »kopernikanische Wende« beschriebene neuzeitliche »Selbstbewußtsein der menschlichen Vernunft«.[49] Damit wird er zur Symbolfigur einer umwälzenden Geisteshaltung, die Goethe als eine »bisher unbekannte, ja ungeahnte Denkfreiheit und Größe der Gesinnungen«[50] bezeichnet hat. Es zeugt von Brechts konzentrierter und sinnbildlicher Darstellungskraft, wenn er nicht nur das neuzeitlich-optimistische Weltverständnis, sondern auch seine moderne Umwertung einzufangen vermochte. Was Nietzsche als »Selbstverkleinerung des Menschen«[51] auffaßte, indem er die aus dem Mittelpunkt des Weltalls rollende Erde und die exzentrische periphere Stellung des Menschen beschwor, und was Freud dann als »kosmologische Kränkung« der »menschlichen Eigenliebe«[52] bezeichnete (wenn auch, im Gegensatz zu Nietzsche, als heilsame Kränkung), diese negative Deutung der mit Kopernikus und Galilei anhebenden Neuordnung des Weltalls spricht sich bei Brecht vernehmlich in den Anklagen der Kirchenvertreter aus, des sehr dünnen Mönches beispielsweise oder des sehr alten Kardinals (6. Szene). Daß hier pures Herrschaftsinteresse die kirchlichen Deuter leitet, steht für Brecht außer Frage: Der Inquisitor bekräftigt unverblümt seinen Willen zur Aufrechterhaltung des bestehenden hierarchischen Gesellschaftsgefüges. Die theologische, human anmutende Sorge um die Würde des Menschen als des kosmologischen Zentrums ist eine gefällige Verkleidung des Wunsches, das *soziale* Zentrum der Macht zu retten.

Der Sinn eines historischen Vorgangs, so legt die Deutungsvielfalt im *Galilei* nahe, ist diesem nicht an die Stirn geschrieben, für jedermann verbindlich, objektiv ablesbar. Vielmehr ergibt sich die objektive Bedeutung eines Ereignisses erst aus subjektabhängigen kontroversen Deutungen, kontrovers, weil die

Subjekte als gesellschaftliche von verschiedenen sozialen Lagern aus argumentieren. Indem Brecht die Rolle des Subjekts bei der Sinnstiftung eines historischen Ereignisses so prägnant hervorhebt, trägt er dafür Sorge, daß auf dem Theater die sinnstiftende Tätigkeit des Subjekts als reale geschichtliche Möglichkeit plastisch wird. Die sinnstiftende, aber nicht die affektive Tätigkeit. Das Grauen angesichts der verheerenden Kraft der Atombombe war in den vierziger und fünfziger Jahren Ausdruck einer affektiven Überwältigung der mitleidenden Subjektivität; es hatte bei Brecht wie bei vielen anderen jene traumatischen Züge angenommen, welche die objektivierende Zergliederung des welthistorischen Ereignisses behinderten und personalisierende Schuldzuweisungen förderten – zu Lasten der Wissenschaftler bzw. einzelner Forscher vom Schlage Galileis. Brecht widerspiegelt das traumatische und bewußtseinslenkende Grauen im historischen Medium nur flüchtig, mit unverkennbarer Abwehrgebärde, so, als wolle er die Affekte tunlichst vom Prozeß des Erkennens absondern. Grauen angesichts der Umschichtung des Weltalls empfinden bei ihm allenfalls die rückständigen italienischen Bauern, ähnlich wie auch der weibliche Schrecken gegenüber Galileis Entdeckungen schlicht als Zeichen von Unverstand bzw. von renitentem Alltagsbewußtsein erscheint. Da auch die Bestürzung der Kirchenväter nur einem Machtmotiv entspringt, erledigt sich das Grauen, womit die Menschen wieder und wieder auf den neuzeitlichen Geschichtsverlauf reagieren, gleichsam von selbst – gewiß nicht zum Vorteil des so erkenntniswilligen ›epischen Theaters‹. Ein Johannes Kepler hatte nicht zufällig bekannt, daß ihm »schon der bloße Gedanke einen dunklen Schauder bereite, sich in diesem dunklen All umherirrend zu finden, dem die Grenzen und daher auch die Mitte und die örtliche Bestimmtheit abgestritten würden«.[53] Wenn der Schauder, mit Goethe zu sprechen, »der Menschheit bester Teil« ist, dann verdiente er die intensivste Aufmerksamkeit; daß er im Umkreis Galileis, des Begründers der modernen Physik, nur als fernes und irreführendes Echo vernehmbar wird, vermindert die Chance, den jüngsten Schauder, den die Physik zeitigte, angemessen zu begreifen, vor allem auch in seiner traumatischen Gewalt. Ohne die Sprache der Affekte, die mehr sein kann als die spezifische Sprache einer spezifischen gesellschaftlichen Klasse, bleibt der vom Theater angeregte Erkenntnisprozeß des Zuschauers einschichtig.

Naturwissenschaftlicher Bildersturm.   Der Schauder, den die neue Astronomie auslöste, entstammte nicht nur der Auflösung einer metaphysischen Seinsgewißheit, deren lokale Metapher die menschliche Erde als ruhendes Zentrum des göttlichen Kosmos war. Gleichzeitig mit der Vertreibung des Menschen aus dem unverrückbaren, von Himmelssphären umgrenzten Weltmittelpunkt wurde ihm der radikalste Zweifel an seiner sinnlichen Gewißheit, seinem Sehvermögen, zugemutet. Es sind abermals die Gegner Galileis, die den unerhörten Vorgang zur Sprache bringen. Der spätere Papst Barberini äußert sich zu einem Kardinal: »Was man sieht, Bellarmin, nämlich daß der Gestirnhimmel sich dreht, braucht nicht zu stimmen [. . .]. Aber was stimmt, nämlich daß die Erde sich dreht, kann man nicht wahrnehmen!« (66)

Die sinnliche Wahrnehmung wird am naturwissenschaftlichen Gesetz zuschanden, das seinerseits nie sinnlich wahrnehmbar, anschaulich werden kann: Es ist nur als abstrakte, physikalisch-mathematische Formel greifbar. Mit der neuen Astronomie geht ein fundamentaler Bruch durch die Auffassungskraft des Menschen – sie spaltet sich unversöhnlich in Sinneswahrnehmung und wissenschaftliches Bewußtsein, in gegenständliche Anschauung und theoretisches Wissen. Brechts Drama spielt diesen fundamentalen, die Neuzeit mitbegründenden Bruch herunter, indem es ihn vornehmlich zu einem Problem der Herrschenden macht, einem satirisch zugespitzten Problem obendrein. Die Schöpfung, beschwert sich der Inquisitor, werde durch die neuere Sternenkunde plötzlich »unvorstellbar weit ausgedehnt« und »unsere arme Erde« sei von den Fixsternen durch »so ungeheure Strecken« getrennt, daß »selbst ein Papst [. . .] vom Allmächtigen da aus den Augen verloren werden« könnte (72 f.). Die Unanschaulichkeit, Unvorstellbarkeit, Unsichtbarkeit der neuen, wissenschaftlich erforschten Welt werden Brecht ebenso zur quantité négligeable wie die Qualität der alten, unerforschten Welt: ihre Bildhaftigkeit, ästhetische Form, bedeutungsvolle Gestalt. Aus dem Munde eines Gegners der Galileischen Astronomie erfahren wir:

> Das Weltbild des göttlichen Aristoteles mit seinen mystisch musizierenden Sphären und kristallenen Gewölben und den Kreisläufen seiner Himmelskörper und dem Schiefenwinkel der Sonnenbahn und den Geheimnissen der Satellitentafeln und dem Sternenreichtum des Katalogs der südlichen Halbkugel und der erleuchteten Konstruktion des celestialen Globus ist ein Gebäude von solcher Ordnung und Schönheit, daß wir wohl zögern sollten, diese Harmonie zu stören. (46)

Daß der Text-Intention zufolge hier ein konservativer Gelehrter die überlieferte Autorität und damit die bestehende Herrschaft ästhetisiert, ist evident. Interessanter dürfte es sein, was der Text unabsichtlich verrät: das Bedürfnis nach einem *ästhetischen* Weltbild, plastisch-anschaulich vermöge einer eigenen Ordnung und eigenen Kompositionsprinzipien, und doch auch inkommensurabel, also der vollständigen Aufklärung nicht zugänglich mit seinen Geheimnissen: schöne, sinnreiche und rational nie ausschöpfbare Gestalt. Es handelt sich in des Wortes ursprünglicher Bedeutung um ein Welt-*Bild*, das der unmittelbaren Anschauung des Sternenhimmels gar nicht so ferne steht. Der auf der vermeintlich ruhenden Erde in die Betrachtung des himmlischen Schein-Gewölbes versunkene Betrachter dürfte, befangen in seinen Täuschungen, einem Kunstgebilde näher sein als der wissenschaftlichen Lehre von der unanschaulichen Unermeßlichkeit eines durch unsinnliche Bewegungsgesetze strukturierten Weltalls. Kann von dieser Lehre überhaupt eine Brücke zur Kunst führen, die ihrem ästhetischen Gesetz entsprechend auf das Bild und die sinnliche Gestalt angewiesen ist – und zwar um so entschiedener, je fester die Naturwissenschaften im menschlichen Leben Wurzeln schlagen? Schiller hat der Fremdheit zwischen Naturwissenschaft und Natur-Gestalt (bzw. Kunst-Gestalt) in den »Göttern Griechenlands« Ausdruck verliehen (wobei freilich sein Versrhythmus in eine fast ebenso mechanische Bewegung geriet wie die wissenschaftlich entblößte Natur):

> Gleich dem toten Schlag der Pendeluhr,
> Dient sie knechtisch dem Gesetz der Schwere,
> Die entgötterte Natur!
> Morgen wieder neu sich zu entbinden,
> Wühlt sie heute sich ihr eignes Grab,
> Und an ewig gleicher Spindel winden
> Sich von selbst die Monde auf und ab.
> Müßig kehrten zu dem Dichterlande
> Heim die Götter, unnütz einer Welt,
> Die, entwachsen ihrem Gängelbande,
> Sich durch eignes Schweben hält.

Schillers Elegie führt gewissermaßen die Kritik des konservativen Gelehrten im *Galilei* fort: eine wissenschaftlich erforschte, der Mechanik unterworfene Natur tritt ihre ursprünglichen Leitbilder, die faßlichen Gestalten der Götter, an die Dichtung ab. Dieser ist zur Rettung anheimgegeben, was die wissenschaftliche Erforschung und Nutzung der Natur mehr und mehr in Regie nimmt: das »Unnütze«, mit Schiller zu sprechen, das im Schönen, etwa in Götter-Gestalten, geborgen ist. »Mit Kopernikus«, so wurde gesagt, »begann der Mensch, die ganze Natur als den Bereich seiner theoretischen Herrschaft sich zuzuschreiben und darin seiner praktischen Naturbemächtigung das Fundament zu schaffen.«[54] Mit Galilei wurde dieser Prozeß beschleunigt und unmittelbar ökonomisch virulent, wie Brechts Schauspiel an mehreren Stellen andeutet. Die wissenschaftliche »Bemächtigung« und praktische Ausbeutung der Natur fügen sich zu menschlichen Tätigkeiten, die das gesellschaftliche Subjekt zusehends auf eine zweckrationale Lebensführung festlegen. Dagegen erhebt die Kunst Einspruch, indem sie die Naturphänomene selber nicht zu abstrakten, naturwissenschaftlich-technischen Größen erniedrigt, sondern sie als unnütze, gegen die allgegenwärtige Zweckrationalität aufbegehrende Bilder rettet:

> Geh unter, schöne Sonne, sie achteten
> Nur wenig dein, sie kannten dich, Heilge, nicht,

Denn mühelos und stille bist du
Über den Mühsamen aufgegangen.[55]

Damit gegen die Mühseligkeit der naturbeherrschenden Arbeit die mühelose
Schönheit arbeitsfreien Fühlens und Liebens in Erinnerung bleibe, beschwört
Hölderlin das Bild des zweckfreien Sonnenlaufs, unbekümmert um die naturwissenschaftliche Wahrheit. Darin ist sein Gedicht der alltäglich-sinnlichen Wahrnehmungsweise verwandt, die bis heute, mitsamt der ihr entsprechenden Sprachform, unwissenschaftlich geblieben ist. Ihre Beharrungskraft bezeugt sich schlagend, wenn ausgerechnet Galilei, der den Stillstand der Sonne ausrief, seinen
künftigen Fürsten als die »aufgehende Sonne« anredet, »welche dieses Zeitalter
erhellen wird« (39). Freilich ist dieser Lobpreis auch schon zweckrationale
Schmeichelrede, daher Element des seither um sich greifenden, alles ergreifenden Nützlichkeitsprinzips. Ihm widersetzt sich die Kunst eines Hölderlin so
entschieden wie die Lyrik eines Brecht, der etwa im »Lied vom kleinen Wind«
hergebrachtes normiertes Lieben durch die Erinnerung an das natürliche Fallen
reifer Pflaumen verändern möchte. Im Bild der Natur, die Brecht hier von der
unmittelbaren Nutznießung durch die Menschen, der Ernte, loslöst, kann vielleicht das Lieben gelöster, freier werden. In der Anschauung der Natur sind
unmittelbare und ästhetische Sinnlichkeit zuweilen noch miteinander verschworen gegen den wissenschaftlich-technischen Naturbegriff. Ihm huldigt allerdings
der Dramatiker Brecht, wenn er den P-Typus des Schauspiels, sprich: den Typus
des Planetariums, zum zeitgemäßen erhebt. Ähnlich wie der Forscher von der
gesetzmäßig strukturierten Natur-Ordnung der Gestirne soll das Theater von
den Gesetzen der Gesellschaftsordnung unterrichten.[56] Der Fall Galilei hat
Brecht nicht zufällig fasziniert: Die planetarische Entdeckungsreise wurde ihm
zum Modell seiner theatralisch-gesellschaftlichen Expedition. Um über die
Unnatur der Gesellschaft aufzuklären, nahm Brecht die gesetzmäßig wirkende,
wissenschaftlich-technisch eroberte Natur in Dienst, die doch ihrerseits jener
gesellschaftlichen Unnatur dienstbar sein muß. Gegen diesen Widerspruch ist
Brechts zeitgemäße Verwissenschaftlichung des Theaters nicht gefeit. Dem
bilderlosen Naturgesetz wissenschaftlich verbunden, überspielt sein Drama die
essentielle Erschütterung, die sich der Menschen bemächtigen kann, wenn ihr
Welt-*Bild* aus den Fugen gerät und ihr Bild-Sinn, also auch ihr ästhetischer
Sinn, vom wissenschaftlichen Bewußtsein mehr und mehr zurückgedrängt,
abgewiesen wird. Dem Natur- und Kunstschönen blieb im *Galilei* nur ein
konservativ-zweideutiger Fürsprecher in Gestalt eines anti-wissenschaftlichen
Gelehrten.

Sinnlichkeit. Offenbar wußte Brecht, daß die zerfallende Ästhetik des alten
Weltbilds ein Gegengewicht brauche und daß die ohnehin dominierende
Bewußtseinssprache seiner Personen, denen der Schauder und das Grauen

weitgehend fremd bleiben, einer sinnlich-anschaulichen Sättigung bedürfe. Galilei selbst ist als Figur ästhetischen und leiblichen Sinnenreichtums entworfen.[57] Von seinem wissenschaftlichen »Schönheitssinn« (78) ist die Rede und von seinem sinnlich-geistigen Genießertum: »Er kennt mehr Genüsse als irgendein Mann, den ich getroffen habe. Er denkt aus Sinnlichkeit. Zu einem alten Wein oder einem neuen Gedanken könnte er nicht nein sagen« (108). Soweit der Papst. Energischer noch hat der Autor auf Galileis Sinnlichkeit bestanden, als wolle er zu verstehen geben, daß sie ohne weiteres mit seiner Wissenschaftlichkeit und seinem angestrengten Blick ins immer unsinnlichere Weltall vereinbar sei. Der Dramaturg Brecht hat es ausdrücklich auf die entfaltete Körpersprache Galileis in seinen theatralischen Kommentaren abgesehen:

Bei mir ist er ein kräftiger Physiker mit Embonpoint, Sokratesgesicht, ein lärmender, vollsaftiger Mann mit Humor, der neue Physikertyp, irdisch, ein großer Lehrer. [...] als überzeugter Materialist besteht er auf physischen Freuden. [...] wichtig ist, daß er auf sinnliche Weise *arbeitet*. Es bereitet ihm Genuß, seine Instrumente mit Genuß zu handhaben. Ein großer Teil seiner Sinnlichkeit ist geistiger Natur. Da gibt es das »schöne Experiment«, die kleine theatralische Darbietung, zu der er jede Lektion gestaltet [...].[58]

Wenn Schiller aus der modernen Arbeitsteilung die Entzweiung der geistig-sinnlichen Doppelnatur des Menschen und die Verarmung seiner entzweiten Kräfte hervorgehen sah, so will Brecht, leidenschaftlicher Parteigänger wissenschaftlicher Weltaneignung, das Entzweite als versöhnbar darstellen. Sogar das zweckrationale, egozentrische Nützlichkeitsprinzip, das der wissenschaftlich-technischen Aneignung der modernen Welt zugrunde liegt, muß sich einmal Galileis ästhetisch-sinnlicher Neigung zum »schönen Experiment« beugen:

Ausgerechnet den kleinen Andrea unterrichtet Galilei über seine revolutionierenden und revolutionären Gedanken. Hier zeigt sich eine ganz neue – der kapitalistischen Entmenschlichung der »Ware Arbeitskraft« entgegengesetzte – Verhaltensweise: die Lust am Produzieren und das Vermitteln von Wissen an jeden, der wissen will.[59]

In der Tat ist die Eingangsszene des Schauspiels mit ihrer quellfrischen Pädagogik eine der eindringlichsten; Galileis Demonstrationslust, zweckfrei und doch rational, der Logik und Anschaulichkeit gleichermaßen zugetan, von höchstem Gebrauchswert und bar jeglichen Seitenblicks auf einen Tauschwert, verleiht dem Anfang eine überlebenskräftige Präsenz, die auch die Schlußszene zu überdauern vermag. Das theatralische Ingenium des Dramaturgen Brecht kehrte unwillkürlich immer wieder die Sinnlichkeit des Helden hervor, um aus ihr eine regelrechte Dramaturgie der Körpersprache zu entwickeln, stets von neuem durch Laughtons Spiel befeuert:

»Galileis Wohlbehagen«, wenn der Knabe ihm den Rücken frottierte, setzte sich um in geistige Produktion. [...] Seine wohlige Art, auf und ab zu gehen, und sein Spiel mit den Händen in den Hosentaschen beim Planen der neuen Forschungen reichte an die Grenze des Anstößigen.[60]

Mag es um die moderne Wissenschaft weniger ästhetisch und weniger leiblich bestellt sein, als Brecht/Laughton zu sehen meinten, die Sinnlichkeit des Helden hat ihren guten Sinn und ihren eigenen Geist. Sie hindert Galilei daran, sich den Folterwerkzeugen der Inquisition mit Todesverachtung auszusetzen und sein Leben einem Fortschritt zu opfern, den sich der Staat auch bei vollzogenem Opfer dienstbar gemacht hätte. Der Papst wußte nur zu gut, daß er mit der Androhung der Folter Galilei als Sinnenwesen in die Knie zwingen konnte. Die Folter hätte die sinnlich-geistige Doppelnatur Galileis zerrissen. Dies konnte nur der opferheischende Fortschritts-Ideologe in Brecht wünschen. Der Theatraliker und der Dramaturg in ihm wollten es anders: Indem sie auf der entfalteten Körpersprache Galileis insistierten, hinterließen sie der Bühne die Chance, den sinnlichen Überlebenswillen Galileis vor den Zumutungen eines lebensfeindlichen Fortschrittspathos in Schutz zu nehmen.

Anmerkungen

Der Text wird zitiert nach: Bertolt Brecht: Leben des Galilei. Frankfurt a. M. [29]1982. (edition suhrkamp. 1.) – Die preiswerte und leicht zugängliche Ausgabe enthält, ebenso wie der entsprechende Text in der Ausgabe der *Stücke* (Bd. 8) und in den Gesammelten Werken in 20 Bänden (Bd. 3), eine mißverständliche editorische Notiz, die den Eindruck erweckt, es handle sich hier um die erste, sogenannte »Dänische Fassung« von 1938/39 (und als sei dieser Text im Zusammenhang mit der eben erst entdeckten Kernspaltung entstanden). In Wirklichkeit handelt es sich um die dritte, sogenannte »Berliner Fassung«, erschienen erstmals 1955 in Heft 14 der *Versuche* mit derselben mißverständlichen Notiz. – Vgl. dazu Jan Knopf (Anm. 2) S. 159, 170.

1 Rémy Charbon: Die Naturwissenschaften im modernen deutschen Drama. Zürich/München 1974. S. 151.
2 Jan Knopf: Leben des Galilei. In: J. K.: Brecht-Handbuch. Theater. Eine Ästhetik der Widersprüche. Stuttgart 1980. S. 174.
3 Klaus-Detlef Müller: Brechts Leben des Galilei. In: Geschichte als Schauspiel. Hrsg. von Walter Hinck. Frankfurt a. M. 1981. S. 240–253. Zitat S. 247. – Brechts eigene Formzweifel am *Galilei* wirken zufällig und wenig überzeugend. Vgl. unsere Thesen S. 125–128, 134.
4 Charbon (Anm. 1) verleugnet diese Ansicht zu Unrecht. Zwar hält er es für »wenig ratsam, die Kategorien der theoretischen Schriften für die Interpretation des *Galilei* heranzuziehen« (S. 151), tut dies dann aber doch mit der Rede vom wissenschaftlichen Zeitalter und der Veränderung der Welt (S. 160).
5 Bertolt Brecht: Schriften zum Theater. Über eine nicht-aristotelische Dramatik. Frankfurt a. M. 1981. (Bibliothek Suhrkamp. 41.) S. 129, 173.

6 Wir zitieren diese 1939/40 entstandene Schrift nach der preiswerten und leicht zugänglichen Ausgabe desselben Titels (Frankfurt a. M. ³1979. edition suhrkamp. 377). – Vorstehendes Zitat auf S. 115; Seitenangabe der nachfolgenden Zitate in Klammer.

7 Diese Gefahr spielt für Brecht erst bei der Niederschrift der 2. und 3. Fassung des *Galilei* eine Rolle, nicht schon, wie vielfach angenommen, bei der »Dänischen Fassung«. – Vgl. Knopf (Anm. 2) S. 159.

8 Erst nach Fertigstellung des vorliegenden Aufsatzes erhielten wir Einblick in Helmut Jendreiek: Bertolt Brecht. Drama der Veränderung. Düsseldorf 1969. – Jendreiek faßt die dramatisierte und thematisierte »Verfremdung« ähnlich wie wir auf (vgl. S. 281 f.).

9 Im »Kleinen Organon« (Anm. 5) S. 151.

10 Ebd.

11 Vgl. die treffende Bemerkung von Knut Nievers in dem Kurzartikel »Leben des Galilei«. In: Kindlers Literatur Lexikon. Bd. 4. München 1968. Sp. 1081: »Auch das anti-aristotelische Element der Brechtschen Theaterform ist in diesem Stück inhaltlich-thematisch gebunden: Das neue, kopernikanische tritt gegen das alte, aristotelische Weltbild auf.«

12 Zur Stellung des Zuschauers im Brechtschen Theater vgl. die grundlegende Schrift von Walter Hinck: Die Dramaturgie des späten Brecht. Göttingen ²1960. Bes. S. 131–134.

13 Gegen diesen Brauch schreibt Volker Klotz an: Dramaturgie des Publikums. München 1976.

14 Kritische Fragen stellte auch Gerhard Szczesny: Bertolt Brecht. Leben des Galilei. Frankfurt a. M. / Berlin / Wien 1966. Sein Buch argumentiert allerdings aus einer betont konservativen, gelegentlich eifernd konservativen Sicht; methodisch macht es den Fehler, an das Drama einen strikt historisierenden Wertmaßstab (am Beispiel des geschichtlichen Galilei) anzulegen und es aus individualpsychologischen Annahmen, den Autor Brecht ›entlarvend‹, zu entwerten. Dennoch hätten einzelne Thesen Szczesnys (vgl. etwa S. 67 f.) die Aufmerksamkeit der Forschung verdient. – Darüber hinaus hat das Buch dokumentarischen Wert, weil es einige wichtige Szenen der 1. Fassung des *Galilei* zugänglich macht.

15 Knopf (Anm. 2).

16 Ernst Schumacher: Drama und Geschichte. Bertolt Brechts Leben des Galilei und andere Stücke. Berlin [Ost] 1965.

17 Vgl. Anm. 1.

18 Wir greifen das Motiv des Sehens wieder in unserem letzten Kapitel auf (vgl. »Naturwissenschaftlicher Bildersturm«) und rücken es in andere Zusammenhänge als Jan Knopf, der, teilweise Hans Blumenbergs Einleitung zu: Galileo Galilei. Sidereus Nuncius. Frankfurt a. M. 1965. S. 7–75, folgend, in einem fachübergreifend-anregenden Aufsatz sich dazu geäußert hat: Bertolt Brecht und die Naturwissenschaften. In: Brecht-Jahrbuch 1978. Frankfurt a. M. 1978. S. 13–18. Wiederabgedr. bei Hecht (s. Anm. 24) und variiert im Handbuch-Artikel (Anm. 2).

19 Zum letztgenannten Gesichtspunkt vgl. besonders Jendreiek (Anm. 8), der eine gestisch-verallgemeinernde »Ebene philosophischer Reflexion« heraushebt (S. 290 ff.). Vgl. auch seine Überprüfung der Vorbehalte Brechts gegen das eigene Stück (S. 287 f.).

20 Vgl. etwa Müller (Anm. 3) S. 247 ff. – Wir meinen, daß Brechts »epische« Technik dem Zuschauer von vornherein eine kritische Sicht auf Galilei ermöglicht, noch ehe die Figur eine selbstkritische Perspektive gewinnt. Wir haben daher auch Vorbehalte gegen Schumachers (Anm. 16) These, der *Galilei* biete eine »Einfühlung erlaubter Art« dem Zuschauer an, insofern dieser einen von der Figur vorgespielten »Erkenntnisprozeß« nachvollziehen müsse (S. 251). Das *aristotelische* Moment dieser These reimt sich nicht ganz auf Schumachers nachfolgendes Argument, am *Galilei* lasse sich Brechts theoretischer Übergang vom *nicht-aristotelischen* »epischen zum dialektischen Theater« sinnfällig vorwegnehmen (S. 281). Der angeblich allgegenwärtigen Dialektik Brechts macht Schumacher auch seine im einzelnen treffenden Formbeobachtungen dienstbar (S. 280–296).

21 Mit dem vorhergehenden und den folgenden Kapiteln argumentieren wir indirekt gegen eine in der (ost- und westdeutschen) Forschung vorherrschende Neigung, den *Galilei* im Sinne der Autor-Intention und Autor-Ideologie zu rechtfertigen. Exemplarisch sei die These Schumachers (Anm. 16) zitiert: »Die Selbstanalyse des dramatischen Galilei Brechts erwies sich als paradigmatische Analyse des Verhältnisses zwischen Wissenschaft und Gesellschaft, das mit dem Fortschreiten der Epoche immer aktueller wird« (S. 361). Schumachers Lob des »dialektischen Grundgestus des Stücks, der Verantwortung der Wissenschaft für ihre Erkenntnis in der Anwendung für oder gegen die Gesellschaft« (S. 287) scheint uns sprechend genug: Die unklare, gewundene Beziehung zwischen den hochgemuten Substantiven zeigt an, wie schwierig die Rettung der Brechtschen Dialektik ist. Werner Mittenzwei nimmt in seinem Buch: Bertolt Brecht. Von der »Maßnahme« zu

»Leben des Galilei«. Berlin 1962, Schumachers Auffassung vorweg. – Parallelen dazu finden sich auf westdeutscher Seite in mannigfachen Varianten. Das ließe sich beispielhaft an Charbon (Anm. 1) zeigen, dessen gediegene Analyse die üblichen Appelle an das »selbstlose Opfer« (S. 122), das »verantwortlich handelnde Individuum« (S. 130) und die entsprechende Schuldzuweisung (sein »Versagen, s. 126) einschließt. – Auch für die ›Behandlung‹ des *Galilei* im Unterricht wird eine ähnlich individualisierende Moral empfohlen. Vgl. Hans Hafen: Bertolt Brechts »Leben des Galilei«. In: Der Deutschunterricht 10 (1961) H. 4. S. 71–92. (Bes. S. 78, 89.) Besonders affirmativ im Sinne der Autor-Ideologie und ihrer Schuld-Held-Opfer-Gedanken argumentiert Jendreiek (Anm. 8) S. 258–267.

22 So Schiller im sechsten seiner Briefe *Über die ästhetische Erziehung des Menschen* (1795).

23 Ebd.

24 Vgl. Heines Schrift »Verschiedenartige Geschichtsauffassung«.

25 Die 1. Fassung wird nach Szczesny (Anm. 16) S. 127 zitiert. Auf ihn beziehen sich auch die folgenden Seitenangaben in diesem Kapitel.

26 Vgl. das wichtige Materialienbuch: Brechts Leben des Galilei. Hrsg. von Werner Hecht. Frankfurt a. M. 1981. (suhrkamp taschenbuch. 2001.) S. 55.

27 Ebd. S. 56.

28 Ebd.

29 Ebd. S. 57.

30 Charbon (Anm. 1) meint, daß Brecht die neue »Moral« seines Dramas bereits im Frühjahr 1944, also noch vor der Atombombenexplosion, »festgelegt« habe, weil für Brecht das Erlebnis des »totalen Kriegs« bereits ein schlagendes Zeugnis für die Folgen ungehemmten Forschens gewesen sei (S. 140 f.). – Mit der opinio communis neigen wir eher zu einer Festlegung im Zusammenhang mit dem Hiroshima-Ereignis, ohne Charbon widerlegen zu wollen. Man könnte darüber hinaus sagen, daß für Brecht schon im Laufe des Jahres 1939 (nach dem Abschluß der 1. Fassung des *Galilei*) die möglichen Folgen der Kernspaltung zu einem bedrängenden epochalen Problem wurden. Das Hiroshima-Ereignis war die traumatische Konkretisierung dieses Problems und bündelte zugleich wie in einem Brennpunkt die extremen Bedrohungen der Menschheit durch den naturwissenschaftlich fundierten modernen Krieg. Eine Aktualisierung dieses Traumas erlebte Brecht in den fünfziger Jahren anhand der Entwicklung der Wasserstoffbombe und des »Falls Oppenheimer«, der im Zusammenhang damit von der amerikanischen Atomenergiekommission inszeniert wurde. Brecht sah darin eine Parallele zum »Fall Galilei« – ein Grund mehr für ihn, eine dritte *Galilei*-Fassung herzustellen. Vgl. dazu Schumacher (Anm. 16) S. 234–239.

31 Man erinnere sich etwa an die desillusionierenden Erfahrungen amerikanischer Atomwissenschaftler in den späten vierziger und frühen fünfziger Jahren. Vgl. Schumacher (Anm. 16) S. 231–234.

32 Vgl. dazu Hinck (Anm. 12).

33 Hecht (Anm. 26) S. 72.

34 Das läßt sich auch der Dokumentation von Käthe Rülicke entnehmen (die, wie üblich, mit Brecht übereinstimmt): Leben des Galilei. Bemerkungen zur Schlußszene. In: Sinn und Form 9 (1957). Zweites Sonderheft Bertolt Brecht. S. 269–321.

35 Hecht (Anm. 26) S. 71.

36 Ebd. S. 104.

37 Ebd. S. 69.

38 Ebd. S. 106.

39 Ebd. S. 71.

40 Siehe dazu: Schumacher (Anm. 16) S. 300 f.

41 Zit. nach: Schumacher (Anm. 16) S. 304.

42 Zit. nach: Schumacher (Anm. 16) S. 305.

43 Vgl. Schumacher (Anm. 16) S. 309 ff.

44 Diese Infragestellung betrifft verbreitete Thesen wie die von Jendreiek (Anm. 8) S. 283.

45 Von dieser wirkungspolitischen Prämisse geht z. B. Schumacher (Anm. 16) S. 306 f., 306, aus.

46 Schumachers (Anm. 16) pointierte Charakteristik der Virginia wirkt bestechend, bekräftigt jedoch nur Brechts Negativbild (S. 290).

47 Vgl. Brechts Schrift »Über experimentelles Theater« (Anm. 6) S. 114.

48 Vgl. Hans Blumenberg: Die kopernikanische Wende. Frankfurt a. M. 1965. S. 159 f.

49 Ebd. S. 162. – Ebenso die folgenden Seitenangaben (in Klammern).

50 Ebd. S. 122.

51 Ebd.

52 Ebd. S. 159.
53 Ebd. S. 150.
54 Ebd. S. 11.
55 So lautet die erste Strophe eines der Diotima-Gedichte Hölderlins.
56 Vgl. Brechts Essay »K-Typus und P-Typus«. In: Über experimentelles Theater (Anm. 6).
57 Vgl. die treffenden Bemerkungen von Henning Rischbieter: Bertolt Brecht. Bd. 2. Velber 1966. S. 12–14.
58 Hecht (Anm. 26) S. 61.
59 Ebd. S. 68.
60 Ebd. S. 88.

WALTER HINCK

»Mutter Courage und ihre Kinder«:
Ein kritisches Volksstück

Brechts Stück *Mutter Courage und ihre Kinder* ist wieder von einer Heutigkeit, die eigentlich nicht zu wünschen wäre. Seine Aktualität wächst mit der Sorge um den Frieden, und mancher Regisseur hat ihr durch aufwendige szenische Aktualisierungen noch nachhelfen wollen. So Alfred Kirchner in seiner Inszenierung im Schauspielhaus Bochum im Jahre 1981.

Daß an der Bühnenrampe eine Registrierkasse stand, war sinnvoll, weil dieses Symbol für den Geschäftsgeist der Courage als eine Art Motto des Stücks verstanden werden kann. Brecht selbst hatte für seinen Courage-Film als Bildsymbole die Handwaage, den Rechenschieber und Türmchen aus abgezähltem Geld vorgesehen. Wenn aber in der vorletzten Szene die stumme Kattrin nicht vom Dach des Bauernhauses, sondern von den Tragflächen eines Kampfflugzeugs, das sich vom Schnürboden gesenkt hatte, heruntergeschossen wurde, so rechnete die Inszenierung Kirchners offensichtlich gar nicht (mehr) mit dem mündigen Zuschauer, den Brecht vorausgesetzt hat, und flüchtete in die platte Direktheit.

Brecht selbst hätte schon, wäre ihm an solchen Alarmzeichen gelegen gewesen, in der berühmten Ostberliner Inszenierung von 1948/49 mit Flugzeug oder Tank operieren können. Aber er vertraute auf den Beispiel-, den Gleichnischarakter seiner »Chronik aus dem Dreißigjährigen Krieg«. Und wo das Parabelhafte des Stücks aufgebrochen und zerstört wird, geht im Spektakelhaften vordergründiger Aktualisierungen auch vieles vom Ernst und von der Tiefendimension der gleichnishaften Chronik verloren.

Die politische Konstellation, der das Stück seine Entstehung verdankt, hat sich selbstverständlich verändert. Ob nun zur Hauptsache bereits im Jahre 1938 in Dänemark konzipiert (wie Brecht aus Anlaß der Kopenhagener Aufführung von 1953 versicherte) oder zwischen Ende September und Anfang November 1939 in Schweden ausgeführt (wie Tagebuchnotizen seiner Mitarbeiterin Margarete Steffin besagen), das Stück ist in Erwartung beziehungsweise unter dem Eindruck des beginnenden Hitlerkrieges entstanden und war – sofern eine Eingrenzung auf ganz bestimmte Adressaten überhaupt zulässig ist – an jene Kräfte in Dänemark und im übrigen Europa gerichtet, die glaubten, sich aus dem Krieg heraushalten, aber durch ihn ins Geschäft kommen zu können.

Die konkrete Lage, nämlich die Bedrohung durch Hitlers Aggression, entfällt heute als Voraussetzung – aber sie entfiel ja auch bei Brechts Inszenierung in Ostberlin schon. Und das Stück war und ist an diese Voraussetzungen nicht

gebunden, weil seine Appellkraft weit über den Anlaß seiner Entstehung hinaus-
reicht. Freilich darf die dramatische Chronik nicht auf eine sehr allgemeine
pazifistische Botschaft hin enthistorisiert werden. Was demonstriert wird, ist
nicht nur die Inhumanität des Krieges und die Notwendigkeit, ihn für alle Zeiten
zu ächten. Es ist andererseits schon gar nicht die hereinbrechende und hinzuneh-
mende Schicksalhaftigkeit des Kriegs. Exemplarisch gezeigt wird eine der Bedingungen des Krieges (daß Brecht nur eine wahrhaben will, ergibt sich aus seinem
Verständnis des modernen Krieges als Produkt des Kapitalismus, aus einer
Auffassung, die spätestens seit den ›Bruderkriegen‹ kommunistischer Staaten in
Indochina widerlegt ist), gezeigt wird der Nährboden des Krieges: das Gewinn-
streben, das sich vom Krieg Bereicherung erhofft. Und wer könnte angesichts
der ins Monströse steigenden Rüstung und des wie nie blühenden Waffenhandels
noch so naiv sein zu glauben, Entscheidungen über Frieden und Krieg fielen
jenseits der Geschäfte.
»Will vom Krieg leben / Wird ihm wohl müssen auch was geben« (1360). Dieses
Wort am Ende der 1. Szene, mit dem der Feldwebel Mutter Courages Verlust
ihres Sohnes Eilif an die Werber kommentiert, begleitet als vom Zuschauer
unvergessene Drohung die Handlung und ist an deren Ende mit letzter Unerbitt-
lichkeit erfüllt.
Aber das Verhängnis, das die Courage trifft, der Tod aller drei Kinder, steht
doch in keinem rechten Verhältnis zu ihrer Schuld. Insofern entfallen in diesem
Stück Bedingungen der Tragödie (es sei denn, man legte jenen Begriff der
blinden Fatalität des sogenannten Schicksalsdramas zugrunde, den Brechts Theatertheorie indes gänzlich ausschließt). Eine Absage an den Krieg in Form des
Verzichts auf das Marketendergeschäft wäre erst dann eine Entscheidung von
großem Gewicht gewesen, hätte erst dann den Fortgang des Krieges erschweren
und ihren Kindern Sicherheit gewähren können, wenn sie von vielen ihresgleichen in ähnlicher Weise vollzogen worden wäre. Jene Handlungsebenen jedoch,
auf denen die großen ›Geschäfte‹ gemacht und die Entscheidungen über Krieg
und Frieden getroffen werden, tauchen im Geschehenshorizont des Stückes gar
nicht auf (erst in einem frühen Entwurf zu Brechts Film-Exposé kommen sie ins
Blickfeld). Ja, der Preis für die Profite auf jener Ebene wird nur hier eingefordert; was sich dort als Schuld ansammelt, schiebt seine verheerenden, nun
grausam paradox wirkenden Folgen auf die Unteren ab. In weitaus eindeutigerer
Weise, als es Brecht in den Jahren 1938/39 ahnen konnte, wurde *Mutter Courage*
zum Drama des Mitläufers (zu beziehen auch auf die Millionen von Mitläufern
des kriegslüsternen Hitlerregimes).
Ob Mitläufer oder nicht, immer müssen die Kleinen sogar die Siege des eigenen
Lagers mitbezahlen (»Ich hab nur Verluste von eure Sieg«; 1398). So ist das
Stück ganz aus der ›plebejischen‹ Perspektive, aus der Sicht des Volkes geschrieben. Und in Richtung auf das Volkstheater, ja auf die bayerische Mundart-
bühne hin inszenierte Rolf Stahl die *Mutter Courage* am Bayerischen Staats-

schauspiel im Jahre 1982. Das ist – bei der leicht mundartlich gefärbten Sprache der Courage – eine Möglichkeit, solange man keiner falschen Vorstellung von Volkstümlichkeit nachgibt, also Brechts Warnung bedenkt, daß das Volk selbst nicht »tümlich« sei. Und obwohl der Begriff des Volkstheaters im allgemeinen Gebrauch von großer Unschärfe ist, darf man dem Wink Brechts folgen, der zwar nur dem Titel seines *Puntila* die Gattungsbezeichnung »Volksstück« hinzugesetzt hat, jedoch in einem Brief an die schwedische Schauspielerin Naima Wifstrand aus dem Jahre 1940 auch *Mutter Courage* ein »volksstück« nennt.[1]

Wäre die Courage eine Gestalt des traditionellen Volkstheaters, so wäre ihr die volle Sympathie des Publikums sicher. Deshalb dienen die mehrfachen Änderungen, die Brecht an der Figur und dem Stück vorgenommen hat, im wesentlichen dem Zweck, den Händlergeist der Courage zu verdeutlichen und das Publikum in kritische Distanz zur Figur zu bringen. Mutter Courage war ihm zunächst unter der Hand zu einer so vitalen Verkörperung von Mutterwitz und Selbstbehauptungswillen (und so sehr in die Nähe der Mutter Wolffen in Gerhart Hauptmanns *Biberpelz*) geraten, daß er erst selbst noch lernen mußte, die Figur »gegen den Strich zu bürsten«.

Wenn aber Brecht 1949 der bürgerlichen Presse vorwarf, das Stück als »Niobetragödie« mißdeutet zu haben, so flossen in die Klage Krokodilstränen ein. Denn ausdrücklich nannte auch die Ostberliner Besprechung von Max Schröder (im *Neuen Deutschland* vom 13. Januar 1949) Mutter Courage »eine humanistische Heilige aus dem Stamm der Niobe und der Schmerzensmutter«.[2] Ja, Brecht selbst hatte im *Arbeitsjournal* (18. Dezember 1940) von der »niobehandlung« des Stücks gesprochen und in einem frühen, fragmentarischen Fabelabriß Mutter Courage als eine »Finnische Niobe« bezeichnet.[3]

Damit ist zugleich auf eine der Anregungen verwiesen, die in die Figur eingegangen sind, auf die Gestalt der finnischen Marketenderin Lotta Svärd aus einer Ballade des Dichters Johan Ludvig Runeberg, deren Geschehen im finnisch-russischen Krieg der Jahre 1808/09 spielt und die sich Brecht im Sommer 1939 übersetzen ließ. Allerdings bleiben die Übereinstimmungen auf bloße Äußerlichkeiten beschränkt; für alles, was die Ballade zum Ruhmeslied macht, hatte Brecht keine Verwendung. Wesentlicheres konnte er in der Gestalt der »Landstörtzerin« Courasche von Grimmelshausen finden, die ihm nicht nur den Namen, sondern auch das geschichtliche und soziale Kolorit des Dreißigjährigen Krieges zuspielte (*Lebensbeschreibung Der Ertzbetrügerin und Landstörtzerin Courasche*, 1670).

Kennzeichnend für Brechts Anna Fierling, genannt Courage, sind freilich eher die Abweichungen als die Parallelen. Der Lebensweg der Courasche, die ihr ›Glück‹ vor allem als »Soldaten-Hur« und in kurzen gewinnbringenden Ehen macht, verläuft als Abstieg und endet bei den Zigeunern. In absteigender Linie bewegen sich auch die Geschicke der Courage, im Grunde schon von der

Hinrichtung ihres Sohnes Schweizerkas an, spätestens aber nach dem Scheitelpunkt, der »Höhe ihrer geschäftlichen Laufbahn« in der 7. Szene. Doch erlebt sie Aufstieg und Fall als Marketenderin, in einem Beruf, der für Grimmelshausens Figur nur ein Durchgangsstadium bildet, und sie erlebt sie als Mutter, worin sie mit der unfruchtbaren Courasche überhaupt unvergleichbar ist (auch wenn das Motiv der sexuellen Freizügigkeit darin erhalten bleibt, daß alle drei Kinder der Courage von verschiedenen Vätern stammen – wesentliche Züge der Courasche gehen in die Figur der Yvette über).

Mit dieser Sammlung des Interesses auf den Beruf der Marketenderin und auf ihre Verwundbarkeit als Mutter (von der Brecht bei der finnischen Lotta Svärd nichts finden konnte) sind die beiden Antriebskräfte gewonnen, die das Verhalten der Courage bestimmen und die in einen unheilvollen Widerspruch zueinander geraten. So zeigt sich, daß die wesentliche dramaturgische Konstellation des Stücks den Anregungen gar nicht zu entnehmen war. Es ist dies die Spannung von Geschäftstrieb und Mutterliebe, genauer deren Dialektik. Denn der Marketenderwagen der Courage schafft ihrer Mutterliebe erst die materielle Grundlage, die mütterliche Sorge motiviert also auch den Geschäftssinn. Dieser merkantile Trieb andererseits korrumpiert die Mutterliebe, wie vor allem das Feilschen um die Bestechungssumme demonstriert, das für ihren Sohn Schweizerkas tödlich ausgeht (3. Szene). Gleichwohl ist die Courage eben jene »Hyäne des Schlachtfelds« nicht, als die sie mit der Übertreibung des enttäuschten, unerhörten Liebhabers der Feldprediger bezeichnet (1414). »Zu Zeiten überrennen menschliche Reaktionen die geschäftlichen Prinzipien doch«, notiert Brecht in einer frühen Aufzeichnung.[4] Und keine noch so distanzierte schauspielerische Darstellung kann jenen Augenblick verantwortlichen mütterlichen Handelns (9. Szene) vergessen machen, in dem die Courage um ihrer stummen Tochter willen das Angebot des Kochs auf eine Bleibe im friedlichen Flandern ausschlägt: »Ich brauch nix zu überlegen. Ich laß sie nicht hier« (1427). Es ist ja ebendiese Fähigkeit zu »menschlichen Reaktionen«, die – zusammen mit ihrem schuldhaften, bis zur Blindheit gehenden und zur Zerstörung ihrer Familie beitragenden geschäftlichen Opportunismus – die Courage zur bedeutenden dramatischen Figur macht und ihr unser Interesse sichert.

Es scheint, daß man gelegentlich gegen spätere Kommentare Brechts seine eigene Figur in Schutz nehmen muß – nicht entschuldigend und nicht beschönigend, wohl aber mit Blick auf die Komplexität der Gestalt. Brecht lud offensichtlich seine wachsende Verachtung des krämerischen Kleinbürgers auf sie ab, und zwar weil er immer mehr von der verhängnisvollen Wechselwirkung zwischen Kleinbürgertum und Faschismus überzeugt war. Und Helene Weigels Darstellung der Courage in der Ostberliner Inszenierung tat das ihre dazu, Züge kleinlicher Raffgier zu verstärken. Diese Züge erschweren es zwar dem Zuschauer, die Partei der Courage zu ergreifen, und dienen damit der Gesamtintention des Stücks; doch sie können nicht jene anderen Momente und Szenen auslöschen, in denen die Courage an der ›Weisheit des Volkes‹ teilhat und wenn schon nicht das Herz auf dem rechten Fleck hat, so doch den Kopf.

Gemeint sind jene Gesprächsszenen, vor allem mit dem Feldprediger und dem Feldkoch, in denen die scheinbare Vulgärphilosophie über den Krieg mit ihrer augenzwinkernden Naivität und Komik nur die Tarnung für eine subtile Enthüllungstechnik ist. Selbst was wie die direkte sprachliche Mitteilung einer Einsicht erscheint, hat noch seinen Widerhaken; etwa die Antwort auf die bewundernde Bemerkung des Feldpredigers: »Ich verstehs, daß man Sie Courage geheißen hat.« »Die armen Leut brauchen Courage«, erwidert die Marketenderin und führt unter den Gründen auch diesen an: »Sie müssen einander den Henker machen und sich gegenseitig abschlachten, wenn sie einander da ins Gesicht schaun wolln, das braucht wohl Courage« (1404). Eine bemerkenswerte Umleitung der Denkbewegung aus jener Richtung, die erwartet wird, findet statt, eine »Verfremdung« also: mutfordernd nämlich ist nicht eigentlich das wechselseitige Sich-töten, die Selbstüberwindung, die ein völlig widernatürliches Handeln kostet, sondern das Bestehen-wollen der Menschen voreinander angesichts des Mißbrauchs, den sie mit sich treiben lassen. Die Aufmerksamkeit wird also von der Tat, von der physischen Aktion auf das Problem der sozialen Beziehung und Verantwortung umgelenkt.

Mit der Verhüllung, die enthüllen soll, spricht die Courage in ihrer ›Klage‹ über die Abhängigkeit der Großen von den Kleinen: »Mir tut so ein Feldhauptmann oder Kaiser leid, er hat sich vielleicht gedacht, er tut was übriges und was, wovon die Leute reden, noch in künftigen Zeiten, und kriegt ein Standbild, zum Beispiel er erobert die Welt [...]. Kurz, er rackert sich ab, und dann scheiterts am gemeinen Volk, was vielleicht ein Krug Bier will und ein bissel Gesellschaft, nix Höheres« (1400 f.). Hier nimmt die Courage ironisch die Position derer ein, die sie bloßstellen will. Sie benutzt eine Redeweise, die Brecht im Aufsatz *Fünf Schwierigkeiten beim Schreiben der Wahrheit* als die »List, die Wahrheit unter vielen zu verbreiten« bezeichnet hat. Die Courage stellt sich dumm und verteidigt eine Ansicht mit solchem Eifer, daß ihre Falschheit jedermann einsichtig ist. Sie versteckt sich hinter einem Denken, das sie ablehnt, und führt es an den Punkt, wo es seine Lächerlichkeit und Absurdität von selbst zu erkennen gibt.

Hier bedient sich also der Oppositionsgeist der Courage einer Argumentationsweise, die wir auch in den *Flüchtlingsgesprächen* (zumal in den Kapiteln 5 und 6, »Schwierigkeiten der großen Männer« und »Trauriges Schicksal großer Ideen«) sowie in Brechts *Schweyk im zweiten Weltkrieg* (bzw. schon in Jaroslav Hašeks Schweyk-Roman) finden und die uns berechtigt, von einem schweykschen Element in der Gestalt der Courage zu sprechen. Hašeks Roman demonstriert an der Figur des Böhmen, der in seinen übertriebenen Bekundungen der Staats- und Kaisertreue unangreifbar wird, den überlebenden Widerstandswillen des Volkes unter der Fremdherrschaft. Brechts Dramatisierung zieht Nutzen aus der komischen Wirkung des überlegenen, die schwierigsten Situationen meisternden

Hašekschen Schweyk, zeigt aber nun zugleich das Problematische der listigen Anpassung. Eben eine kritische Einschränkung kennzeichnet auch Brechts Behandlung des schweykschen Elements in der Figur der Courage. Die Anpassung – geradezu die Form der Mimikry annehmend, wenn die Courage während des Verhörs in katholischer Gefangenschaft nach der Einkaufsmöglichkeit für Weihkerzen fragt (1378) – ist bei ihr nicht nur Mittel der Opposition, sondern vor allem der Berechnung. Die Aussicht und Hoffnung auf »Gewinn« (»Und anders würden die kleinen Leut wie ich auch nicht mitmachen«; 1375) korrumpiert die politische Einsicht und mit ihr den Widerstandsgeist.

Immerhin weisen die schweykschen Züge – schweyksche Elemente bringt Brecht auch in die Figur des Feldkochs, ja sogar des Feldpredigers ein – die Courage als eine Figur des Volkstheaters aus, freilich eines kritischen Volkstheaters. Wie sich das kritische Volksstück Sprichwörter, den Zuspruch und die Warnung des Volksmunds, zueigen macht, lassen zwei Beispiele erkennen. Ein Doppelpunkt und ein Zusatz decken den billigen Münz- und Klischeewert, den Sprichwörter haben können, auf: »Der Mensch denkt: Gott lenkt – / Keine Red davon!« (1395.) »Komm, geh mit angeln, sagte der Fischer zum Wurm« (1355) zeigt die Vorliebe für das enthüllend-aggressive Sprichwort.

Kritische Korrektur eines eingefahrenen Denkens und Demaskierung berühren sich unmittelbar mit den Formen der Ideologiekritik, die in *Mutter Courage* fast ausschließlich die Demontage der Kriegs- und Herrschaftsideologie zum Ziel haben. Und auch hier ist festzuhalten, daß die Courage selbst an dieser Demontage zunächst kräftig mitwirkt.

Am Problem der Ideologiekritik vor allem wird deutlich, daß die Reden der Brechtschen Figuren nicht den Gesetzen der Psychologie unterliegen. Wären sie psychologisch konzipiert, würden sich, gleich in der Eingangsszene, die Vertreter der Soldateska nicht in der Weise selbst demaskieren, wie sie es durch die Umkehrung der Werte tun: »Man merkts, hier ist zu lang kein Krieg gewesen. Wo soll da Moral herkommen, frag ich? Frieden, das ist nur Schlamperei, erst der Krieg schafft Ordnung. Die Menschheit schießt ins Kraut im Frieden. Mit Mensch und Vieh wird herumgesaut, als wärs gar nix« (1349). Die paradoxe Redeweise enthält jenes Moment der entlarvenden Überspitzung, in das nicht nur die Ansicht der Figur, sondern zugleich der ironisch-sarkastische Kommentar des Stückeschreibers eingeht.

Völlig brüchig bliebe die Figur des Feldpredigers, deutete man alle seine Äußerungen psychologisch und nähme sie wörtlich. Vernünftiges Reden (»Schuld sind die, wo Krieg anstiften, sie kehren das Unterste zuoberst in die Menschen«, 1407) und das Sprechen im Ton und Vokabular einer Rolle, die er als Begleiter und Schankknecht der Courage längst aufgegeben hat, stünden unvereinbar nebeneinander. Der Feldprediger ist aber die Figur, mit deren Hilfe Brecht vor allem die Verbindung von Kirche und Militär, genauer die ideologische Unterstützung der Militärs durch die Religionsvertreter sowie die Verbrämung eines Machtkriegs als Glaubenskrieg sichtbar machen will. »In dem Krieg fallen, ist eine Gnad und keine Ungelegenheit, warum? Es ist ein Glaubenskrieg. Kein gewöhnlicher, sondern ein besonderer, wo für den Glauben geführt wird, und also Gott wohlgefällig« (1373). Immerhin ist dann er es, der in der 5. Szene der Marketenderin die Offiziershemden entreißt, um Verwundete zu verbinden, und so als ›barmherziger Samariter‹ seinem religiösen Auftrag in einem tieferen Sinne gerecht wird. In der 6. Szene würde der Darsteller die Figur verfehlen, wenn er hinter der bramarbasierenden Bemerkung »Mit denen da draußen [...] getrau ich mich hundert Jahr einen Krieg nach dem andern zu machen« (1401) oder hinter dem Räsonieren über den Frieden als bloße Pause im Krieg (1403) nicht einen schweykschen ironischen Vorbehalt spüren ließe.

Selbstverständlich gibt es in den Gesprächsszenen von *Mutter Courage* auch die eindeutigen (kritischen) Urteile. Aber oft geben die Reden der Figuren ihren kritischen Gehalt erst heraus, wenn der Zuschauer in ihnen die Übertreibung oder Verkleinerung, die Verstellung durchschaut und das heimliche Dementi mithört. Die Sprache verlangt ständige Wachheit gegenüber möglichen Finten, sie gewährt dem Zuschauer aber auch ein entdeckerisches Vergnügen. So ist die Dialogführung Mittel und Bestandteil der publikumgerichteten Dramaturgie des Stückes. – Am sinnfälligsten wohl wird diese Dramaturgie in den Liedern oder Songs, die in den Inszenierungen deutlich aus dem Handlungsgang herausgehoben und zugleich auch ans Publikum adressiert sind.

Obwohl der Brechtsche Song zum erstenmal durch die *Dreigroschenoper* zu Weltruhm kam, geht er in die Stücke nicht eigentlich als ein Opernelement ein. Im Volkstheater hat die Liedeinlage eine lange Tradition, sie ist uns heute noch am gegenwärtigsten durch Aufführungen der Stücke von Raimund und Nestroy. Was die Lieder der Brechtschen Stücke grundsätzlich von den Couplets des Wiener Volkstheaters trennt, ist zugleich kennzeichnend für den Abstand des Brechtschen kritischen Volksstücks zur Volkstheaterüberlieferung. Gewiß treten auch die Couplets der Raimundschen und Nestroyschen Stücke aus dem unmittelbaren Zusammenhang der dramatischen Handlung heraus. Sie nehmen ein Thema oder Ereignis der szenischen Situation zum Anlaß für allgemeine Betrachtungen, wobei die Couplets von Nestroy schon von stärker reflektierendem und satirischem Charakter sind als die gelegentlich etwas sentimentalen Lieder Raimunds. Üblich ist die Hinzufügung weiterer Strophen, die auf jeweils aktuelle Geschehnisse oder Probleme des Aufführungsortes und der jeweiligen Zeit Bezug nehmen. Das Couplet wird zur Hintertür, durch die Gegenwartswirklichkeit in die Stückwirklichkeit einschlüpft.

Von diesem generalisierenden und aktualisierenden Couplet unterscheidet sich der Brechtsche Song (in *Mutter Courage*) durch die widerspruchsvolle Beziehung zur dramatischen Situation, aus der er hervortritt, und deshalb durch die veränderte Rezeptionshaltung, die er beim Zuschauer voraussetzt. Das scheinbar

unausrottbare Vorurteil vom Theater Brechts als Ort der Indoktrination läßt sich
von hier aus am leichtesten aus den Angeln heben.

Das »Lied von der Großen Kapitulation« (1394–96), das die Courage in der
4. Szene singt, hat im Handlungszusammenhang durchaus eine Motivation, einen
Adressaten und eine Wirkung. Es erläutert die Empfehlungen der Courage an
den aufsässigen jungen Soldaten und hilft den Rebellen umstimmen. »Die
Schlechtigkeit der Courage«, heißt es im *Couragemodell 1949*, »ist in keiner
Szene größer als in dieser, wo sie den jungen Menschen die Kapitulation vor den
Oberen lehrt, um sie selber durchführen zu können.«[5] Danach wäre – auf den
ersten Blick – das Lied lediglich Illustrationsmittel für einen negativen Rat.

Der Zuschauer kann sich aber mit der tatsächlichen Wirkung des Liedes im
Szenenverlauf nicht zufriedengeben. Er entnimmt dem Text mehr, als das
scheinbar einfache Ursache-Folge-Verhältnis anzeigt. Denn in die Geschichte
einer Kapitulation eingebaut ist im Lied die Geschichte vom Fall einer Hochmü-
tigen, die »nicht wie jede beliebige Häuslerstochter«, sondern »was ganz Beson-
dres« sein wollte. Die dritte Strophe knüpft daran an, wobei sie nun die
Himmelsstürmer und das illusionistische »Berg-auf-Berge-Türmen« mit einschließt. So gesehen, stellt der Akt der Kapitulation die Kehrseite zum Vorgang
einer Sozialisation dar. Diese ›Sozialisation‹ indessen ist nicht nur Heilung, eine
Roßkur sozusagen (»Lernte ich zu schlucken meine Medizin«), sondern vor
allem Dressur und Entwürdigung (»Als sie einmal mit mir fix und fertig waren /
Hatten sie mich auf dem Arsch und auf den Knien«). Ist der Drang, über die
Menschen der eigenen Klasse hinauszuragen und etwas Außergewöhnliches zu
sein, auch fragwürdig (Brecht nimmt das Motiv, nun übertragen auf den ehrgeizigen Wunsch der Mutter für die Tochter, im Wiegenlied für die tote Kattrin am
Ende des Stücks noch einmal auf), so ist doch die Sanktion der Gesellschaft
ebenso fragwürdig. Das Lied bringt Fragen zum Verhältnis des Einzelnen und
der Gesellschaft ins Spiel, die in der Szene selbst gar nicht zur Diskussion stehen;
es deckt Widersprüche auf, für die es keine so eindeutigen Antworten gibt wie
den Rat der Courage und seine Befolgung. Die Kapitulation erscheint hier
sowohl als eine Beugung des Einzelnen durch die Gesellschaft wie als eine fällige
Korrektur individueller Ansprüche auf Vorzugsrechte.

Ideologiekritische Funktion haben die beiseitegesprochenen (im Text eingeklam-
merten) Bemerkungen der Courage: gestanzte, abgegriffene Redeweisen, mit
denen man dem »Drang nach Höherem« zu ermutigen oder das Sich-einfügen in
den »Gleichschritt« zu rechtfertigen versucht – Formeln wie »Alles oder nix«,
»Jeder ist seines Glückes Schmied« und »Wo ein Wille ist, ist ein Weg« oder
»Man muß sich stelln mit den Leuten«, »Mit dem Kopf kann man nicht durch die
Wand« und »Man muß sich nach der Decke strecken«.

So bietet sich das Thema der Kapitulation im Lied in einer widerspruchsvollen
Komplexität dar, wodurch die Reflexion des Zuschauers weit über die szenische
Situation hinausgeführt wird. Es entsteht ein zusätzlicher Widerspruch noch

dadurch, daß zwar die Courage selbst nach dem »Lied von der Großen Kapitulation« ihre Beschwerde beim Rittmeister fallenläßt, daß aber ihr Opportunismus gewissermaßen ein zähneknirschendes Beigeben ist. Das *Couragemodell 1949* setzt denn auch die Notiz zum Lied und zur »Schlechtigkeit« der Courage mit einer halben Zurücknahme fort: »Und doch zeigt das Gesicht der Weigel dabei einen Schein von Weisheit und sogar Adel, und dies ist gut. Es ist nämlich nicht die Schlechtigkeit ihrer Person so sehr als die ihrer Klasse, und sie selbst erhebt sich wenigstens dadurch darüber ein wenig, daß sie Einsicht in diese Schwäche, ja Zorn darüber zeigt.«

Der »Salomon-Song« in der 9. Szene (1425–27), in anderer Fassung schon aus der *Dreigroschenoper* bekannt (und dort mit einer anderen Funktion versehen), variiert ein Thema, das zum erstenmal in der 2. Szene Gegenstand des Gesprächs wird: das Thema des Heldenmuts und der Tugenden. Die Courage kommentiert die Phrasen des Feldhauptmanns, der gerade ihren kühnen Sohn Eilif lobt:

> [...] wenn es wo so große Tugenden gibt, das beweist, daß da etwas faul ist.
> [...] Warum, wenn ein Feldhauptmann oder König recht dumm ist und er
> führt seine Leut in die Scheißgaß, dann brauchts Todesmut bei den Leuten,
> auch eine Tugend. [...] In einem guten Land brauchts keine Tugenden,
> alle können ganz gewöhnlich sein, mittelgescheit oder meinetwegen Feig
> linge. (1365 f.).

Die Dialektik, die in dieser vertrackten Logik der Courage steckt, hat Brecht übrigens am schärfsten im letzten Kapitel der *Flüchtlingsgespräche* erfaßt. Ein Zustand, sagt dort Kalle, in dem »solche anstrengenden Tugenden wie Vaterlandsliebe, Freiheitsdurst, Güte, Selbstlosigkeit so wenig nötig sind wie ein Scheißen auf die Heimat, Knechtseligkeit, Roheit und Egoismus«, sei der Sozialismus. Die Überraschung seines Gesprächspartners wird aber von Kalle sofort gedämpft: »Gleichzeitig mach ich Sie darauf aufmerksam, daß für dieses Ziel allerhand nötig sein wird. Nämlich die äußerste Tapferkeit, der tiefste Freiheitsdurst, die größte Selbstlosigkeit und der größte Egoismus.«[6]

Auch in der Bettelszene in *Mutter Courage* wirkt der Abgesang auf die Tugenden und die Warnung vor ihrer Gefährlichkeit zwiespältig. Daß die Weisheit Salomon die Eitelkeit der Welt sehen lehrte, daß die Kühnheit Cäsar die Ermordung, die Wahrheitsliebe Sokrates den Schierlingstrank und die Selbstlosigkeit dem heiligen Martin den Erfrierungstod einbrachte, sind zwar verblüffende, aber bei näherem Hinsehen fragwürdige Einwände gegen die Tugenden; und daß der Koch und die Courage, die das Lied singen, durch die Gottesfurcht ins Elend gekommen seien, ist schlichtweg eine Notlüge, die an die Barmherzigkeit der Pfarrersleute appellieren soll. Andererseits läßt sich der Kommentar des Kochs, daß nicht die Tugenden, wohl aber die Schlechtigkeiten sich auszahlen, nur schwer widerlegen, und schon gar nicht seine Folgerung: »so ist die Welt und

müßt nicht so sein!« (1427.) Freilich ist der Koch, der gerade sein ›unmorali-
sches‹ Ansinnen an die Courage gestellt hat, der letzte, der sich hier entrüsten
darf. Der Zuschauer sieht sich ständig in die Rolle eines kritisch argumentieren-
den Gegenspielers gedrängt.

Werden wirkliche Tugenden von der Gesellschaft selten honoriert, so kommt
doch ein menschenwürdiges Zusammenleben ohne sie nicht aus. Als szenischer
Kontrapunkt zur Lehre des Songs ist immer wieder die Entscheidung der Mutter
Courage für ihre Tochter, mit der sie zugleich ihrer Liebesgeschichte den
Abschied gibt, angeführt worden – mit Recht. Den eigentlichen Kommentar aber
spricht das Handeln der stummen, trommelnden Kattrin in der übernächsten
Szene, und zwar insofern, als hier sowohl die Tödlichkeit wie die Notwendigkeit
der Tugenden Selbstlosigkeit und Hilfsbereitschaft und des sie verwirklichenden
Muts unmittelbar sinnfällig werden. Kattrin ist sich über den hohen Einsatz im
klaren, ihr Handeln vollzieht sich im vollen Bewußtsein seiner Folgen für sie
selbst. Wenn eine Gestalt in dem Stück tragisch ist, dann sie, und wenn eine ganz
schuldlos, denn ebenfalls sie. Es ist also diese Tragik der handelnden und mit
dem Tode bezahlten Hilfsbereitschaft eine Tragik jener Art, wie wir sie aus der
Märtyrertragödie kennen.

Mit der Gestalt der Kattrin hat Brecht eine Gegenfigur zur Mutter Courage
geschaffen, die jene kritische Auseinandersetzung über das Stück, die in Ostberlin nach der Aufführung von 1949 begann und die in einer reservierten Aufnahme des Stücks in der DDR nachwirkte, recht unverständlich erscheinen läßt.
Man verargte Brecht, daß er in der Geschichte der uneinsichtigen Courage, die
am Schluß »in stummer Einsamkeit ihren Wagen zieht«, »das Drama der großen
Kapitulation des Volkes« zeige (so Altermann[7]), und Brecht trat – etwa in den
Anmerkungen zum Stück – den Vorwürfen bekanntlich mit dem Satz entgegen: »Dem Stückschreiber obliegt es nicht, die Courage am Ende sehend zu
machen [...], ihm kommt es darauf an, daß der Zuschauer sieht« (1443). Aber
der Zuschauer findet ja schon im Stück selbst, in der unmittelbar vorhergehenden Szene, das große Gegenbeispiel zur ›Kapitulation‹.

Wenn Kattrin mit der Trommel aufs Dach steigt, um die schlafende Stadt Halle
zu wecken und so die Einwohner (wie auch ihre Mutter) zu retten, so ist dies kein
bloßes Reagieren des Gefühls oder Affekts. Gewiß, sie »steht verstört auf«, als
von den Kindern die Rede ist, die durch den drohenden Überfall gefährdet sind.
Der große Antrieb der Stummen – der zerstörten Kreatur, die nie ein leibliches
Kind erwarten kann –, die Kinderliebe, sie läßt auch hier den Drang zu helfen
übermächtig werden (die »große Helferin« hat Brecht Kattrin auch genannt).
Aber man verkürzt diese Figur in fataler Weise, wenn man das Dilemma des
Dramatikers, der eine Stumme nicht redend reflektieren, sondern immer nur
gestisch sich äußern lassen kann, vergißt und ihre Handlungen nur als Kom-
pensation für den mütterlichen Instinkt begreift. Als auf den Planwagen eingeschlagen wird, stößt sie, »verzweifelt und nach ihrem Wagen starrend, jämmer-

liche Laute aus« (1435); sie weiß, was für das Geschäft der Mutter und für ihr eigenes Dasein auf dem Spiel steht. Damit verbietet sich auch eine andere Verkürzung der Figur, nämlich in Richtung auf ein unreflektiertes Heldentum. »Es ist notwendig, das Heldenklischee zu vermeiden. Die stumme Kattrin ist erfüllt von zwei Ängsten: der für die Stadt Halle und der für sich«, heißt es im *Couragemodell 1949*; und die Notiz zur Darstellung der Figur überhaupt lautet: »Es ist notwendig, die stumme Kattrin von Anfang an als intelligent zu zeigen.«[8]

Erst dadurch nämlich wird sie zu der unvergleichlichen Figur auf dem deutschen Theater unseres Jahrhunderts. Sie hat nichts Dumpfes wie eine andere bedeutende Leidende aus der Kleineleute-Welt, wie Gerhart Hauptmanns Rose Bernd. Und die zweifellos rührende Wirkung, die ihre Selbstaufopferung und ihr Tod auslösen (könnten), wird von Brecht in geradezu natürlicher Verfremdung dadurch abgefangen, daß er die letzten Trommelschläge übergehen läßt in Kanonendonner und Sturmglockenläuten aus der geretteten Stadt Halle.

Gegenfigur zur Courage ist Kattrin auch dadurch, daß ihre Entwicklung den umgekehrten Weg nimmt wie die ihrer Mutter. Diese beiden gegenläufigen, aber gelegentlich sich treffenden Bewegungen sind ein wichtiges Moment der Handlungsfügung. Das epische Theater Brechts, das den einzelnen Szenen eine relative Selbständigkeit gibt, damit der Zuschauer »mit dem Urteil dazwischenkommen« kann (*Kleines Organon für das Theater*, § 67), verzichtet ja nicht auf Mittel zur dramatischen Konzentration[9] und zur Verklammerung der Szenen, nicht auf eine die Teile übergreifende Längsspannung (wie Brecht die Bühnentauglichkeit eines Stückes zu erhöhen wußte, läßt sich an seiner Bearbeitung des *Hofmeisters* von J. M. R. Lenz ablesen).

Daß die Courage in der ersten Szene die rauhen Warnlaute der stummen Tochter mißachtet, weil sie noch die Echtheit der Münze prüfen zu müssen glaubt, bringt sie um die Möglichkeit, ihren Sohn Eilif zurückzuhalten. Schon hier also erscheint Kattrin als Widerpart der Courage, als Widerpart jenes Geschäftsgeistes, dessen Folgen in einer Vorausdeutung und mit einer Art tragischer Ironie schon vorweggenommen werden: die gefälschten, todkündigenden Lose, die die Courage ihre Söhne ziehen läßt, werden keine leere Prophezeiung bleiben.

Jene Einsicht in die tödlichen Gesetze des Krieges, die sich in der 2. Szene in Courages »Lied vom Weib und dem Soldaten« ausdrückt, ist in der 3. Szene (»Aber der Krieg läßt sich nicht schlecht an. [...] und ich mach gute Geschäft«; 1370) wieder vergessen. Einen Augenblick lang scheint es, als hielten sich die bescheidenen Glücksaussichten Kattrins und der Courage die Waage. Kattrins heimliches Herumstolzieren mit dem Hut und den roten Schuhen der Yvette, ein Paradieren nicht ohne Komik, gibt für einen Moment den Blick in eine mögliche heitere Welt frei. Aber der Überfall der Katholischen läßt alle Illusionen zerstäuben. Die Courage rettet den Wagen um einen viel zu hohen

Preis; während der Verhandlungen um das Leben des Bruders hält es Kattrin an der Seite der Mutter nicht aus, sie »läuft plötzlich schluchzend hinter den Wagen« (1390). In dieser Gebärde des Schmerzes schwingt nicht nur Distanzierung mit, sondern auch ein Protest, der seine schärfste Form in der 5. Szene erhält, als die Courage das Leinen zum Verbinden der Verwundeten nicht herausrücken will: Kattrin bedroht sie mit einer Holzplanke. Zugleich aber zeigt Brecht schon in dieser Szene, daß sich Kattrins Widerstandsgeist mit dem Protest nicht begnügt, sondern ihn zur Tat werden läßt: Sie rettet, zum Unwillen der Courage, einen Säugling aus der Trümmerstätte.

Den Zynismus der Händlerin veranschaulicht Brecht sowohl in ihrer Haltung wie in ihrer Rede, aber auch in der Fügung der Szenen. Auf die tiefste Verletzung Kattrins, auf ihre Schändung und Verunstaltung, die alle ihre Zukunftshoffnungen begräbt (6. Szene), folgt in der nächsten Szene unmittelbar der Triumphausbruch der Courage: »Ich laß mir den Krieg von euch nicht madig machen. Es heißt, er vertilgt die Schwachen, aber die sind auch hin im Frieden. Nur, der Krieg nährt seine Leut besser« (1409). Von dieser »Höhe ihrer geschäftlichen Laufbahn« aber führt der Weg nur nach unten – ein Abstieg jetzt in doppelter Weise: für die Händlerin wie für die Mutter. Aber daß Brecht dieser Figur auch jetzt noch ihre menschlichen Widersprüche beläßt, wird sogleich wieder am Anfang der 8. Szene deutlich: in der Freude, mit der die Courage als Mutter den vermeintlichen Frieden begrüßt und die Sorgen der Marketenderin beschwichtigt.

Über den Tod Eilifs bleibt die Courage, bis zum Schluß des Stückes und über ihn hinaus, in einer Unwissenheit, die in Entsprechung zu ihrer Unbelehrbarkeit steht; nur daß ihr in dem einen Fall die Aufklärung vorenthalten wird, während sie sich im anderen zunehmend verhärtet gegen die mögliche Einsicht, daß sie von den Katastrophen des Kriegs nicht profitieren kann. Bevor die Haltungen der Courage und Kattrins in ihre äußerste Gegensatzposition rücken, nähern sie sich noch einmal aufs engste an. Diesen Aufschub, dieses ›retardierende Moment‹ bringt die 9. Szene mit Kattrins Entschluß, ihrer Mutter den Weg für die Reise nach Flandern freizugeben, und mit dem Verzicht der Courage zugunsten ihrer Tochter.

Es ist wichtig, daß das Stück nicht mit Zeichen einer stärkeren Entfremdung zwischen Mutter und Tochter schließt (die kurze 10. Szene verdeutlicht ihre gemeinsame Unbehaustheit). Denn bestünde eine Kluft zwischen beiden im privat-zwischenmenschlichen Verhältnis, so wäre der Kontrast ihrer Haltungen auf der sozialen Ebene um einen Teil seiner Sinnfälligkeit gebracht. Die Verstärkung dramatischer Konflikte durch ihre Ansiedlung in familieninternen Beziehungen (etwa Vater-Sohn-Gegensatz oder Kampf der feindlichen Brüder) intensiviert emotionale Erschütterungen, wie sie eine antiaristotelische Dramaturgie gerade ausschließen will.

Die Metapher, mit der Brecht die Tat Kattrins umschreibt – »Der Stein beginnt zu reden« (1430) –, deutet sowohl den Ausnahmezustand der Stummen wie die ›zum Himmel schreiende‹ Situation an, auf die ihre Tat antwortet. Diese Metapher signalisiert zugleich in der Bildwahl die Absicht des Autors, aller falschen Heldenglorie vorzubeugen und auch auf die Anstrengung aufmerksam zu machen, die zu solcher Tat nötig ist. Brecht erfaßt das Handeln Kattrins in einem sprachlichen Bild, das im schneidenden Gegensatz steht zu jenem Satz, mit dem sich die Courage am Schluß des Stücks erneut auf den Weg macht: »Ich muß wieder in Handel kommen« (1437).

Der Planwagen, der zu Anfang noch die vierköpfige Familie vereinigte, rollt jetzt in einen ›hundertjährigen‹, also endlos scheinenden Krieg, den die Courage allein zu bestehen hat. Das Motiv ihrer Unbelehrbarkeit verdient über die Diskussionen, die der Schluß auslöste, hinaus Interesse. Verstehen wir *Mutter Courage* als eine Brechtsche Variante des Volksstücks, so fällt die markante Abweichung von der Tradition auf. Das Volksstück liebt es, am Schluß für klare Verhältnisse zu sorgen; ein didaktischer Grundzug, der mit Komik nicht unvereinbar ist, drängt darauf, den Unverbesserlichen wenigstens am Ende zur Räson zu bringen. Geradezu gattungsbestimmend wird diese Tendenz im sogenannten Besserungsstück, wie wir es vom Wiener Volkstheater kennen. Und gerade zu diesem Typus nimmt sich *Mutter Courage* wie ein Gegenentwurf aus.

Es ist die Harmonisierungstendenz, die jene Schlüsse für Brechts episches oder – wie er zuletzt zu sagen vorzog – dialektisches Theater unbrauchbar machen mußte. Zu oft leistet im Volkstheater die übers Knie gebrochene Wandlung dem beruhigenden Eindruck Vorschub, daß auch die Ursachen für die mangelnde Einsicht nicht eben tief gelegen haben können oder daß Erkenntnisse am Ende von selber reifen. Eine Dramaturgie, die das Denken des Zuschauers in die vielfältigen gesellschaftlichen Widersprüche hineinzieht, darf nicht mit einfachen oder gar naiven Lösungsangeboten aufwarten. Sie würden jenen Appell an das kritische Gegenspiel des Zuschauers, der vor allem von den Liedern oder Songs ausgeht und sie zu Kristallisationszentren einer Dramaturgie der Beunruhigung macht, am Ende ohne Not widerrufen. Zur Wirkungsintention des kritischen Volksstücks gehört es, daß eine Beunruhigung über den Schluß hinaus andauert.

Dieser Dramaturgie der Beunruhigung dienen in indirekter Weise auch die jeweils vorangestellten, bei der Aufführung auf eine Leinengardine oder einen anderen Hintergrund projizierten Texte (Titel), die die Szene sowohl in die umgreifende geschichtliche Situation hineinstellen als auch ihren Inhalt skizzieren. Sie verhindern die Ablenkung des Zuschauers durch bloße Spannung auf den Geschehensverlauf oder -ausgang, sie ermöglichen die Konzentration der Aufmerksamkeit auf Beweggründe (statt bloß auf Ergebnisse), auf Ursachen (statt bloß auf Folgen), auf Zusammenhänge (statt nur auf Einzelereignisse).

Das von Emil Burri und Wolfgang Staudte mitverfaßte Drehbuch zum Film

Mutter Courage und ihre Kinder[10] – das einzige ausgeführte, aber nicht verwirklichte Drehbuch des späteren Brecht[11] – versucht den historischen Hintergrund zu konkretisieren. Überraschend ist allerdings, daß die nach einer Diskussion am 3. Oktober 1951 und im Entwurf vom Februar 1952 vorgesehene Szene an einem kurfürstlichen Hof dann in der endgültigen Fassung des Drehbuchs von 1955 doch nicht auftaucht, so daß das Handlungsfeld der politisch Verantwortlichen auch hier ausgespart bleibt.[12] Dafür räumt das Drehbuch der Schicht der Bauern eine weitaus größere Bedeutung ein und teilt ihr eine andere politische Rolle zu.

In den Bauernmassen lebt noch etwas vom revolutionären Geist der Bauernkriege wieder auf, sie erscheinen am Ende als das fortschrittliche Element. Kattrins Opfertat, die ihnen das Beispiel gibt, verweist ihrerseits auf die Belehrung eines politisch aufgeklärten jungen Müllers zurück, mit dem Kattrin eine kurze Liebesepisode verbindet. Wenn zum Schluß Bauern die Soldateska in die Flucht schlagen, so deutet sich hier jene Perspektive auf den Sieg des Volkes an, die von Ostberliner Kritikern der *Courage*-Inszenierung des Berliner Ensembles vermißt worden war. Zweifellos kommt Brechts Filmfassung der offiziösen Auffassung vom ›Sozialistischen Realismus‹ entgegen. Das verrät auch die im Drehbuch geforderte Filmmusik. Paul Dessaus Musik zum Theaterstück – die ursprüngliche von Simon Parmet und die von Paul Burkhard für die Zürcher Uraufführung (1941, mit Therese Giehse in der Hauptrolle) geschriebene Musik wurden von Brecht für seine Inszenierung nicht übernommen – ist zum Teil alten volksliedhaften Weisen entlehnt, so das Lied der Courage (»Ihr Hauptleut, eure Leut marschieren / Euch ohne Wurst nicht in den Tod«) der Melodie einer alten französischen Romanze. Dem »Lied von den Anfechtungen großer Geister« (Salomon-Song) gab Dessau Bänkelsangcharakter. Doch sollte der Zuschauer »den Eindruck haben, als hörte man altbekannte Weisen in neuer Form«.[13] Einen verfremdenden Klang erzeugte vor allem das sogenannte Wanzenklavier, dessen Hämmer mit Reißnägeln besetzt sind. Für den Film dagegen verlangt das Drehbuch am Schluß eine eher heroische Musik. Ein optimistisches Thema soll zu einem triumphalen Höhepunkt geführt werden und so den Sieg des Volkes musikalisch untermalen.

Im Film erhält also die Verstocktheit der Courage nicht nur in der Einzeltat (Kattrins), sondern auch im kollektiven Handeln (der Bauern) ihr Gegengewicht. Aber auch die Unbelehrbarkeit der Courage selbst trägt zu schrofferen Gegensätzen bei; die Mutterliebe wird ganz vom Geschäftstrieb überlagert. Wenn die Courage durch zunehmend trostlose und verwüstete Landstriche zieht, am Ende abgerissen und müde, so werden beide, der Krieg und die Händlerin, zum abschreckenden Exempel.

Eine Inszenierung, die das Stück vom Drehbuch her korrigieren möchte, käme in Gefahr, dem Theater die Versinnlichungsformen einer anderen Kunstgattung aufzuzwingen. Von den zahlreichen Bildsequenzen des Films, in denen die enthumanisierende Wirkung und die Gefräßigkeit des Krieges veranschaulicht werden (Überfall hungernder Kinder auf den Marketenderwagen, leitmotivartiges Auftauchen von Kriegswerbern), lassen sich nur wenige in die Aufführung einfangen, weil sie auf der Bühne nur illustrativen Charakter hätten und den Text überwuchern würden. Aus dem epischen Theater würde ein epischer Bilderbogen, dem immer wieder Substantielles der dramatischen Chronik aufgeopfert werden müßte.

Es ist aber darüber hinaus problematisch, der im Drehbuch deutlich werdenden Rigorosität des Autors gegen seine Hauptfigur zu folgen oder gar sie zu überbieten. Wird die Figur völlig eingeschwärzt und zu einseitig auf die Händlermentalität festgelegt, gerät sie leicht zum Typ des schematisch Bösen. Aber nur wenn sie ihrer Widersprüche nicht beraubt wird, wenn in ihr mütterliche Sorge, geschäftliche Interessen und »menschliche Reaktionen« sich wechselseitig bedingen und miteinander streiten, bleibt sie eine dem kritischen Volksstück angemessene Figur.

Daß Brecht die Gattungsbezeichnung Volksstück nur zur Zeit der Entstehung von *Mutter Courage* verwendet und in der späteren Diskussion nicht wieder aufgreift, liegt wohl an der Dehnbarkeit eines Begriffs, den zudem die flachen Reproduktionen gängiger Schwankmuster kompromittieren. Im übrigen läßt das einzige Stück, dem Brecht die Bezeichnung vorbehalten hat, *Herr Puntila und sein Knecht Matti*, darauf schließen, daß für ihn auch Komödienelemente zum Volksstück gehören. Immerhin gibt es in *Mutter Courage* Ansätze dazu in der ironischen Dialogsprache, im Nebenbuhler-Verhältnis des Feldpredigers und des Feldkochs sowie in einer schon zur Karikatur neigenden Figur, in Yvettes Verehrer, dem »uralten Obristen« Poldi. Doch überschattet das Kriegsthema alle Spuren der Komödie.

Hierin unterscheidet sich Brechts Chronik, die wir dennoch – selbstverständlich ohne dogmatischen Anspruch – als kritisches Volksstück verstehen, von den Volksstücken Ödön von Horváths, dessen kleinbürgerliche Komödien nicht weniger mit der Idyllik traditioneller Volksstücke brechen wie Brechts Kleinbürger-Darstellungen. Trotz des Umschlags ins Unheimliche bleiben die Figuren Horváths, bleibt die Enthüllung der Boshaftigkeit und Grausamkeit hinter scheinbarer Gemütlichkeit komödienhaft. Wo Figur und Stoff nicht komödienfähig waren, gelangte das Stück über die fragmentarische Form nicht hinaus.[14]

Zu der vielfachen Irritation des Zuschauers, auf die in *Mutter Courage* die Songs angelegt sind, bieten Horváths Komödien nichts Vergleichbares. Dennoch wird in Horváths wie in Brechts Umkehrung des traditionellen zum kritischen Volksstück eine Gemeinsamkeit erkennbar, die noch einen Kreis anderer Autoren mit einbezieht: aus den zwanziger Jahren Marie Luise Fleißer, Schülerin und zeitweilige Mitarbeiterin Brechts, aus den sechziger Jahren deren Schüler Rainer Werner Fassbinder, Franz Xaver Kroetz und Martin Sperr.

In Martin Sperrs *Koralle Meier* (1971) werden sogar – wie übrigens auch in
Hartmut Baierls Komödie *Frau Flinz* (1961) – unmittelbare Reflexe der Mutter
Courage sichtbar. Die zur Geschäftsfrau avancierte Dirne Koralle Meier gerät
unter den Anpassungsdruck des nationalsozialistischen Terrors, der die Persönlichkeit mit abgefeimteren Mitteln bricht als der Krieg in Brechts Chronik aus
dem 17. Jahrhundert. Doch ist andererseits diese Courage aus der Zeit des
Hitlerregimes kinderlos, also wieder der Courasche Grimmelshausens angenä-
hert und damit um die wesentliche Erweiterung Brechts beschnitten. Es wird
schwer sein, die Komplexität der Brechtschen Figur und des Brechtschen Stückes
wieder zu erreichen. Doch hat für ein kritisches Volksstück, das sich von seiner
»Ästhetik der Widersprüche« (Jan Knopf) nichts abhandeln läßt, Brechts *Mutter
Courage* nicht nur Maßstäbe, sondern auch Wegmarken gesetzt.

Anmerkungen

Zitiert wird nach: Gesammelte Werke in 20 Bänden. werkausgabe edition suhrkamp. Hrsg. vom
Suhrkamp Verlag in Zsarb. mit Elisabeth Hauptmann. Frankfurt a. M. 1967. Zit. als: GW, Band- und
Seitenzahl; *Mutter Courage*, Bd. 4, nur mit Seitenzahl.

1 Vgl. Klaus-Detlef Müller (Hrsg.): Brechts »Mutter Courage und ihre Kinder«. Frankfurt a. M.
 1982. (suhrkamp taschenbuch materialien. 2016.) S. 14.
2 Ebd. S. 80.
3 Ebd. S. 25.
4 Ebd. S. 23.
5 Ebd. S. 159.
6 Bertolt Brecht: Flüchtlingsgespräche. Frankfurt a. M. 1961. (Bibliothek Suhrkamp. 63) S. 161 f.
7 Vgl. Müller (Anm. 1) S. 87.
8 Ebd. S. 180 und 163.
9 Vgl. Reinhold Grimm: Pyramide und Karussell. Jetzt in: Werner Keller (Hrsg.): Beiträge zur
 Poetik des Dramas. Darmstadt 1976. S. 352–382. Grimm zeigt an der dreiteiligen 3. Szene von
 Mutter Courage, daß trotz der Kreis- und Karussellstruktur des Stücks Teile nach dem Gesetz der
 Pyramide gebaut sein können, mit Einleitung, erregendem Moment, steigender Handlung, Höhepunkt und Umkehr, fallender Handlung, Katastrophe (S. 366 f.).
10 In: Bertolt Brecht: Texte für Filme I. Drehbücher, Protokolle. Frankfurt a. M. 1969. – Dieser Film
 ist nicht zu verwechseln mit der Verfilmung der Modellaufführung des Berliner Ensembles durch
 Peter Palitzsch und Manfred Wekwerth (1960).
11 Wolfgang Staudte mußte die Dreharbeiten bei der DEFA (1955) nach einem Einspruch Brechts
 abbrechen, andererseits konnte Brecht seine Bedingungen bei der DEFA nicht durchsetzen.
12 Vgl. zum folgenden auch meinen Aufsatz: Die Kamera als ›Soziologe‹. Bertolt Brechts Texte für
 Filme. In: Brecht heute. Jahrbuch der Internationalen Brecht-Gesellschaft. Frankfurt a. M. 1971.
 S. 68–79; hier S. 78 f.
13 Vgl. Müller (Anm. 1) S. 108.
14 Vgl.: Horváths *Lehrerin von Regensburg*. Der Fall Elly Maldaque. Dargest. und dok. von Jürgen
 Schröder. Frankfurt a. M. 1982. (suhrkamp taschenbuch materialien. 2014.) S. 175.

GERT UEDING

»Der gute Mensch von Sezuan«

> Wir alle können nicht wissen, welche unbekannten
> Tiere durch die schreckliche Gewalt der Tatsachen
> in uns emporgerufen werden können, so wenig wir
> wissen, was wir im Falle eines Nervenfiebers reden
> oder tun würden.
>
> *Adalbert Stifter*

> Man glaubt ein Großes zu meinen, wenn man sagt,
> der Mensch sei gut, ein viel Größeres aber liegt in
> der Feststellung, der Mensch sei böse.
>
> *G. W. F. Hegel*

Notizen zur Werkgeschichte

Über die Entstehungsgeschichte des letzten großen Dramas, das wesentlich in
Brechts skandinavischem Exil entstand und fertig wurde, sind wir inzwischen gut
unterrichtet.[1] Es hatte schon eine lange Entwicklung durchgemacht, als Brecht
am 6. Mai 1940 (gerade hatte er eine »kleine leere wohnung in tölö für einen
monat ergattert«) in sein Arbeitsjournal schrieb: »wir zogen in der letzten
april(woche) ein, und ich nahm die arbeit an *Der gute Mensch von Sezuan*
ernstlich auf. das stück ist in berlin begonnen, in dänemark und schweden
aufgenommen und beiseitegelegt worden. ich hoffe es hier fertigzubekommen.«[2]
Der Berliner Entwurf, noch unter dem Titel »Die Ware Liebe«, entstand Ende
der zwanziger Jahre aus einer schon älteren Idee: »Fanny Kress oder der Huren
einziger Freund« hatte das Stück heißen sollen. Das punctum saliens des *Guten
Menschen von Sezuan*, die zeitweilige Verwandlung des guten in einen schlechten
Menschen aus Nächstenliebe und Solidarität mit den Schicksalsgenossen, ist in
jenem frühen Entwurf schon vorweggenommen. Anderer Provenienz ist der
Einfall, drei Götter versucherisch auf Erden wandeln zu lassen; wir finden ihn
erstmals verwirklicht in dem Gelegenheitsgedicht aus dem Jahre 1926 »Matinee
in Dresden«: eine lyrische Revanche für allerlei Unbill, die der Autor zusammen
mit Arnolt Bronnen und Alfred Döblin in der alten sächsischen Residenzstadt
erfahren hatte.[3] Seit diesen Anfängen waren also fast anderthalb Jahrzehnte
vergangen, als Brecht am 20. Juni 1940 erleichtert bemerkte: »im großen und
ganzen fertig mit dem *Guten Menschen von Sezuan*. der stoff bot große schwierigkeiten, und mehrere versuche, ihn zu meistern, seit ich ihn vor etwa 10 jahren
angriff, schlugen fehl.«[4] Doch das Feilen und Verbessern nahm dann noch mehr
Zeit in Anspruch, als er vorausgesehen hatte, und erst Anfang des Jahres 1941
wird die Arbeit an dem Stück abgeschlossen. Da waren auch die Namen Shen Te

und Shui Ta gefunden (vorher: Li Gung und Lao Go), »die gefahr der chinoiserie«[5] durch Zurücktreten der exotischen Momente (Opiumhandel) gebannt und schließlich die Lieder vom Rauch und vom achten Elefanten geschrieben.

In der Tat eine lange Entstehungsgeschichte, und erst Zug um Zug hat der Stoff die Konturen erhalten, die uns das fertige Stück heute zeigt. Sieht man von dem frühen Gelegenheitsgedicht ab, so steht am Anfang jene Handlungsskizze im Hurenmilieu, aus dem Fanny Kress durch die Verwandlung in einen Mann auszubrechen sucht; sie scheitert, weil ihre Schicksalsgenossinnen, denen sie helfen will, nur selbstsüchtig ihre eigenen Interessen verfolgen. In der zweiten Bearbeitungsphase erscheint die »Ware Liebe« dann schon als das besonders krasse Exempel kapitalistischer Ökonomie, die im Zur-Ware-Werden aller Menschen und Dinge kulminiert. 1939 verfolgt Brecht diese Idee weiter, und ihm schwebt »die Darstellung eines wirtschaftlichen Konkurrenzkampfes zwischen den ›Einzelhändlern‹ und dem Besitzer einer Tabakladenkette, zwischen Kleinbürger und ›Großbürger‹, Bourgeois, vor«.[6]

Erst im letzten, Anfang des Jahres 1940 beginnenden Arbeitsstadium wird das ökonomische Motiv durchsichtig für den Antagonismus zweier Klassen, für die Ausbeutung der Armen durch die Reichen, und Shui Ta wird zu dem erfolgreichen Unternehmer, der in seiner Tabakwarenfabrik die Verwandten, Freunde und andere Leidensgenossen Shen Tes zu seinen Arbeitssklaven macht. Erst in dieser letzten Fassung meint Brecht seine wichtigste Absicht verwirklicht zu haben, »dem schematischen [auszuweichen]«:

> li gung mußte ein mensch sein, damit sie ein guter mensch sein konnte. sie ist also nicht stereotyp gut, ganz gut, in jedem augenblick gut, auch als li gung nicht. und lao go ist nicht stereotyp böse usw. das ineinanderübergehen der beiden figuren, ihr ständiger zerfall usw. scheint nun halbwegs gelungen, das große experiment der götter, dem gebot der nächstenliebe das gebot der selbstliebe hinzuzufügen, dem ›du sollst zu andern gut sein‹ das ›du sollst zu dir selbst gut sein‹ mußte sich zugleich abheben von der fabel und sie doch beherrschen.[7]

Das Stück wurde erstmals 1953 im zwölften Heft der *Versuche* veröffentlicht.

Das Experiment der Götter

Die Vorstellung von Göttern oder Gottesboten, die zu den Menschen kommen, sie zu prüfen und zu wägen, ist alt: ob die zwei Engel, die gen Sodom kamen oder die fremden Gäste, die bei Philemon und Baucis einkehrten, sie kommen den Menschen zur Probe, als Kundschafter, die über das Experiment Mensch Rechenschaft verlangen. Sie sind, wie bei Brecht, Beobachter, die sich nicht einmischen, weil das den Sinn ihrer Aufgabe verkehren würde und der gerade darin besteht, die selbständige menschliche Leistung herauszufinden. Dabei, so lehrt schon die alttestamentarische Geschichte, kommt es nicht auf die große Zahl der Gerechten an, ob es fünfzig oder nur zehn sind, bedeutet gleichviel: »Ich will sie nicht verderben um der zehn willen.«[8] Solange es überhaupt möglich ist, Gerechte zu finden, solange ist der Ausgang des Experiments streng genommen noch nicht entschieden.

Die Götter in Brechts Stück wiederholen das große Experiment im kleinen. Das Experiment, das Mensch und Welt insgesamt darstellen, wird projiziert in den Versuch, den die Götter mit Shen Te anstellen, indem sie ihr jene Morgengabe von »über tausend Silberdollar« (1499)[9] zukommen lassen, von denen sie sich dann drei Tage später den Tabakladen kauft. Ein im übrigen auch doppelsinnig zu verstehendes Geschenk, weshalb der erste Gott »verlegen« zu Shen Te bemerkt: »Sprich aber zu niemand darüber, daß wir bezahlten. Es könnte mißdeutet werden« (1498). Von fern klingt hier noch das erotische Motiv an, das zum Thema des Götterbesuchs spätestens seit den antiken Mythen gehört, aber in anderen Kulturkreisen ebenso verbreitet ist. Goethe hat den Stoff in seiner Ballade »Der Gott und die Bajadere« (»er bequemt sich, hier zu wohnen, / Läßt sich alles selbst geschehn. / Soll er strafen oder schonen / Muß er Menschen menschlich sehn«[10]) einer indischen Legende entnommen.

In diesen alten, populären, auch in Märchen und Sagen verbreiteten Vorstellungen, die noch in säkularisierten Zeiten die kollektiven Tagträume der Menschen formten, sind zwei wichtige Voraussetzungen enthalten: daß ein Gott zwar der Schöpfer und Herr der Welt und des Menschen ist, beide dann aber sich selber überlassen hat, weshalb sie sich ihren verschiedenen, auch widersprüchlichen Möglichkeiten und Anlagen gemäß verwirklichen können; und daß der Mensch frei ist, sich seiner positiven oder negativen Anlagen gemäß zu entwickeln, und er daher die Verantwortung trägt für sein Tun und Sosein, also auch zur Verantwortung gezogen werden kann. In einem der berühmtesten deutschen Dramen stehen eben diese beiden Grundannahmen zur Diskussion: In Goethes *Faust* wird der Mensch ebenfalls als ein göttliches Experiment besichtigt, und der Prolog im Himmel, das Gespräch zwischen Mephistopheles und dem Herrn, konzentriert sich auf dieses Thema. Dem göttlichen Vertrauen in die Gottebenbildlichkeit des Menschen steht die teuflische Anthropologie gegenüber, für die Mephistopheles das sprechende Bild von den »langbeinigen Zikaden« gefunden hat: wie eine von ihnen, »die immer fliegt und fliegend springt / Und gleich im Gras ihr altes Liedchen singt«, erscheint ihm der Mensch, »der kleine Gott der Welt«.[11]

Freilich hat Goethe eine besondere Pointe für das überlieferte Modell gefunden. Mensch und Welt bleiben nicht sich selber überlassen, sie haben teil nicht nur am »Schein des Himmelslichts«, sondern auch der Abweg, der Irrtum, die Verworrenheit sind göttlichen Ursprungs. Ja, gerade sie – und das ist die dialektische

Ironie des »Prologs im Himmel« – halten das Experiment nicht nur im Gange, sondern sind die Bedingung der Möglichkeit, daß es gut ausgeht: Der Herr zu Mephistopheles:

> Du darfst auch da nur frei *erscheinen*;
> Ich habe deinesgleichen nie gehaßt.
> Von allen Geistern, die verneinen,
> Ist mir der Schalk am wenigsten zur Last.
> Des Menschen Tätigkeit kann allzuleicht erschlaffen,
> Er liebt sich bald die unbedingte Ruh;
> Drum geb' ich gern ihm den Gesellen zu,
> Der reizt und wirkt und *muß* als Teufel schaffen.[12]

In einem sehr viel radikaleren Sinn, als bislang vermutet, steht Brechts *Guter Mensch* dem *Faust* entgegen: das Stück ist als Widerlegung des Goetheschen Dramas konzipiert und hat dafür einen hohen Preis zu entrichten. Brechts Absicht, das Gebot der Götter so von der Fabel abzuheben, daß es sie zugleich beherrscht, mußte mißlingen, weil ihm die ironische Perspektive versperrt war, die Goethes Prolog im Himmel bestimmt, nämlich die ironische Aufhebung des Antagonismus von Gut und Böse. Die Götter in Brechts Stück tendieren von Anfang an bloß zur farcenhaften Aufhebung ihrer selbst, und diese wird dann endgültig vollzogen, wenn sie am Schluß auf ihrer rosaroten Wolke entschweben. Indem ihr dramatischer Auftritt nichts anderes als die Fiktivität ihrer Existenz erweisen soll, fallen sie auch als Adressaten der Anklage und Verurteilung aus. Wenn sie aber als bloße Wunschprojektionen figurieren, denen in Wahrheit keine Realität zukommt, dann sind sie (und die Zwischenspiele legen es ja nahe) bloß träumerischer Schein in der Einbildung einiger Menschen, und nicht einmal der schlechtesten, wie das Stück zeigt. ·

Die Rede vom Experiment der Götter verliert damit allerdings ihre Verbindlichkeit und entpuppt sich ebenfalls als Einbildung – in unserem Falle von Shen Te und Wang: als Produkt ihres naiven falschen Bewußtseins von der eigenen sozialen und ökonomischen Lage. Die Götter wären dann weder allegorische noch gar symbolische Verkörperungen objektiver Mächte, sondern bloße Karikaturen der religiösen Deutungsversuche des menschlichen Daseins. Deshalb wirkt die ganze Götterhandlung in dem Stück aufgesetzt, als bloße ornamentale Zutat, der keine substanzielle Bedeutung zukommt, von einer regulativen Wirksamkeit, wie Brecht vorsah, ganz zu schweigen. Die Eigenständigkeit, welche die drei Götter entwickeln, beschränkt sich darauf, daß sie ganz verschiedene Charaktere zeigen: der erste vertritt die Autoritätsfunktion, der zweite erscheint als seine aufgeklärte Version, und der dritte schließlich tritt als Anwalt menschlicher Interessen auf;[13] daß sie nicht bloß als Traumfiguren Wangs, sondern auch auf der Realitätsebene des Stücks als dramatische Personen gleich den übrigen vorkommen und in der Schlußszene gar in die Richterrolle schlüpfen, dieses individuelle Leben verdanken sie nur der dramaturgischen Notwendigkeit; dem entspricht, anders als bei allen anderen Figuren, in der pragmatischen Wirklichkeit, deren Gleichnis das Stück geben will, nichts. Allein die Traumexistenz der Götter hätte außerhalb der Bühne ihr Äquivalent, eben als mehr oder weniger verblasene Wunschvorstellung im Kopfe des homo religiosus.

Die Folgen für die innere, geistige Struktur der Haupthandlung, der dramatischen Fabel von der zeitweiligen Verwandlung des guten in einen bösen Menschen, sind denkbar groß. Shen Te, der die Interpreten einhellig die Plastizität und Menschlichkeit einer Courage und Grusche nachrühmen, verflüchtigt sich, ihrer Funktion nach, nun zum bloßen Idol, das sich eigentlich Shui Ta geschaffen hat, um damit die eigenen Machenschaften zu bemänteln – nicht umgekehrt, wie es das Stück aus didaktischer Verfremdungsabsicht zu suggerieren scheint. Shen Te (und partiell auch der Wasserträger Wang) befindet sich in derselben Sphäre der Zweideutigkeit wie die ihr eben daher nicht grundlos gewogenen Götter: Sie ist ein Schemen, und es gibt außerhalb der Bühne nichts, worauf sie verweisen könnte, als der wesenlose Anschein von Güte und Menschlichkeit als Bemäntelung des unmenschlichen Geschäfts. Die Shin und ihre Schar vermuten keineswegs grundlos, daß Shen Tes betont selbstlose Haltung unreinen Motiven entspringt; sehr viel vernünftiger könne sie sich verhalten, »wenn man sich nicht immer als Wohltäterin aufspielen müßte« (1502). Für Herrn Shu Fu wird sie gerade aus diesem Grunde interessant, der »Engel der Vorstädte« (1547) käme ihm gerade recht als makelloses Aushängeschild für seine Unternehmungen. Shen Te wird damit aber, genau besehen, zur Verkörperung jenes bürgerlichen Dranges, der sich in Wohltätigkeitsbasaren, Armenspenden und karitativer Freizeitgestaltung äußert, die propagandistische Kehrseite kapitalistischer Wirtschaft, nicht etwa ihr Widerpart. Womit sich nun auch der Kern der dramatischen Fabel als ein Scheinkonflikt herausstellt und es statt der zunächst erwarteten Widersprüche lauter Tautologien gibt.

Der gute und der böse Mensch

Von dem Verwandlungsspiel mit Shen Te und Shui Ta gehen die wichtigsten theatralischen Reize des Stückes aus, und Brecht benutzt auch einige der überlieferten Motive der europäischen Typenkomödie ganz bewußt als eine Art Antidot gegen den befürchteten Schematismus:[14] die zweideutige Situation, in der sich die Götter in Shen Tes Kammer befinden, die Hosenrolle der Hauptfigur, das zu allerlei Verwechslungen Anlaß gebende Kleiderbündel, die ganze groteske Szenerie in dem engen und überfüllten Tabakladen, bei der Hochzeitsfeier, im Gerichtssaal. Läßt man sich zunächst einmal ganz auf die eigene Welt ein, die dieses Stück darstellt, so scheint sie sich auch wirklich in komödiantischem Wesen zu erschöpfen. Die dramatischen Personen sind Typen, bei denen ein bestimmter Hauptzug fast mechanisch die Handlungen bestimmt. Nachdem sich Shen Te, die gute und selbstlose Kurtisane der literarischen Tradition, den Tabakladen gekauft hat, hofft sie, »jetzt viel Gutes tun zu können« (1499). Diese Absicht wird nun aber gerade von denjenigen vereitelt, denen sie helfen will. Von Frau Shin, der ehemaligen Besitzerin des Ladens, wurde sie schon beim Kauf betrogen, nun kommt diese noch, um sich den Reis für ihre Familie zu erbetteln. Shen Tes Freigebigkeit hat sich kaum herumgesprochen, da fallen schon die Bedürftigen ein wie ein Schwarm Heuschrecken: der achtköpfige Clan ihrer ehemaligen Wirtsleute, ein Schreiner, ein stellungsloser Flieger, seine Mutter. Heruntergekommen sind sie alle, aber auch verschlagen, rücksichtslos, selbstsüchtig. Durch ihre Verkleidungen sind noch gut die stehenden Rollen des verschmähten Liebhabers, der Liebhaberin, des Wirts, des liebestollen Alten, der bramabarsierenden Dienerin sichtbar. Ihnen ist Shen Te hilflos ausgeliefert, weil auch sie in ihren Handlungen nur ganz mechanisch dem Grundzug ihres Typus folgen kann.

> Als mein bißchen Geld ausging, hatten sie mich auf die Straße gesetzt. Sie fürchten vielleicht, daß ich jetzt nein sage. Sie sind arm.
> Sie sind ohne Obdach.
> Sie sind ohne Freunde.
> Sie brauchen jemand.
> Wie könnte man da nein sagen.   (1500)

Die zwanghafte Konsequenz der Begründung zeigt, daß ihre Güte nicht aus freiem Entschluß, sondern automatisch erfolgt. »Sie kann nicht nein sagen!« (1502.) Wie sollte sie auch, ebensowenig wie der Geizige plötzlich großzügig, der Verschwender mit einem Male sparsam werden kann. Sie alle handeln typisch, nicht individuell zwiespältig, und es ist ganz folgerichtig, wenn Brecht im vorletzten Stadium seiner Arbeit an dem Stück auch die Erfindung des Vetters nicht mehr wie zuvor dem »guten Menschen« zuschreibt, sondern aus dem Einfall der ungebetenen, so rücksichtslosen wie verschlagenen Gäste hervorgehen läßt,[15] so daß mit den Kleidern auch restlos der Charakter ausgetauscht wird, eine ganz aus dem Geist der alten Komödie lebende Verwandlung, die keiner psychologischen Beglaubigung bedarf.

Das Experiment der Götter, wenn man unter den immanenten Voraussetzungen der Fabel überhaupt davon sprechen will, ist spätestens in dem Augenblick gescheitert, da Shen Te der Anregung ihrer alten Wirtsleute folgend *langsam mit niedergeschlagenen Augen* nachspricht: »Ich habe einen Vetter« (1505). Die Exposition Shui Tas ist vollzogen, nun tritt der Typus des guten, hilfsbereiten Menschen ab und macht dem Typus des bösen, hartherzigen Menschen Platz. Der Wechsel vollzieht sich so übergangslos wie in irgendeinem früheren Schönbartspiel der Maskentausch. Auch dies wird von Brecht bewußt als Kunstmittel eingesetzt: »Das Lied von der Wehrlosigkeit der Götter und der Guten« singt Shen Te mit Maske und Anzug des Shui Ta in ihren Händen.

> In unserem Lande,
> Braucht der Nützliche Glück. Nur
> Wenn er starke Helfer findet
> Kann er sich nützlich erweisen.
> Die Guten
> Können sich nicht helfen, und die Götter sind machtlos.   (1539)

Shen Te hat nicht wie Faust einen Pakt mit dem Bösen abgeschlossen, um der (fast ebenfalls in Form einer Wette ausgedrückten) Erwartung der Götter zu entsprechen, die auch in Brechts Stück im Prolog formuliert wird. Sie tritt ab, weil der kompromißlos gute Mensch in schlechten Verhältnissen scheitern muß, und der böse Mensch tritt auf, weil nur er dem Leben gewachsen ist. Der Gute, so lautet das fabula docet schon an dieser Stelle, muß sich die Maske des Bösen überziehen, wenn er überleben will. Mehr als die Hälfte des Stücks gilt der Demonstration dieser Einsicht, die sich nicht mehr verändert, sondern nur noch durch die verschiedenen Exempelfälle bekräftigt wird bis hin zu der bitteren Erkenntnis, daß auch die Liebe bloß der schöne äußere Schein eines Ausnutzungsverhältnisses ist, in dem wiederum das Gute dem Bösen Platz machen muß, will es überleben. Die schmählich verunglückte Hochzeitsfeier in einer düsteren Spelunke, die deshalb zu einem Desaster wird, weil diesmal der Vetter Shui Ta nicht erscheinen *kann*, gehört zu den szenischen Höhepunkten des Stückes, das nicht nur die Formen und Mittel der alten Komödie adaptiert, sondern auch mit ihnen spielt und sie zwanglos mit ganz modernen Kunstgriffen (Heraustreten aus der Rolle, Hinwendung zum Publikum, Erzählung an der Rampe) kombiniert, am auffallendsten wohl im Auftritt der Frau Yang, dem szenischen Bericht vom Aufstieg Yang Suns in der Tabakfabrik, der »die Funktion eines bekannten Verfahrens [hat], mit dessen Hilfe im Film Begebenheiten aus der Vergangenheit oder Erinnerungen wiedergegeben werden«, wie ein Interpret etwas umständlich erläutert,[16] gemeint ist die Großaufnahme mit anschließender Rückblende. Doch auch wenn wir uns den immanenten Spielregeln des Stückes beugen, in seinen burlesken, komödiantischen, farcenhaften Zügen einen Hauptreiz erblikken und im Verwandlungsspiel der Protagonistin einen Typenaustausch im Stil etwa der commedia dell'arte wiedererkennen, so erschöpft sich doch ganz ersichtlich die Bedeutung nicht in den theatralischen Mitteln, mit denen sie in Szene gesetzt werden soll. Was aber geschieht eigentlich mit dem Guten in der Maske des Bösen, was mit Shen Te durch Shui Ta? Ist es richtig, hier von einer »Dialektik von Gut und Böse«[17] zu sprechen, erschöpft sich die Bedeutung dieser artistischen typenhaften Persönlichkeitsspaltung in der Spaltung des bür-

gerlichen Menschen in eine berufliche und eine private Hälfte?[18] Wenn man
diesen Fragen nachgeht, stößt man schnell an die Grenzen des von Brecht
benutzten Modells. Mit ihm war zuallerletzt Goethes *Faust* zu widerlegen und
der Versuch, das von ihm gestellte Problem zu radikalisieren, indem man es
(auch der didaktischen Zielsetzung des epischen Theaters gemäß) typisiert,
bedeutete Vereinfachung und Schematisierung unter Preisgabe der Dialektik. In
Goethes Drama ist das Böse ein Teil vom Geist der Verneinung, der das Böse
will und doch das Gute schafft; in ihm wirkt die Kraft der Negativität und des
Widerspruchs, der die Wurzel aller Bewegung und Lebendigkeit ist. Durch
immer krisenhaftere Situationen wird so das Faustgeschehen fort- und höherge-
trieben.
In Brechts Stück ist dagegen ein ›Zustand‹ beschrieben oder vielmehr: der
Zustand selber ist dieses Stück. Es geschieht nichts außer der dauernden Wiederholung des Gleichen, der Demonstration nämlich von der Unverträglichkeit, ja
von dem Antagonismus von Gut und Böse, von schlechten Verhältnissen und
ethisch einwandfreiem Verhalten. Bis zu dem sich lange hinauszögernden Epilog
gibt es keine Entwicklung, keine dramatische Steigerung, kein dialektisches
Umschlagen, das eine Situation in einem neuen höheren Stadium aufhöbe, das
wieder nur Durchgang wäre, weil es den Keim der Verneinung als die eigene
Begrenzung bereits in sich trägt. Weder Shen Te noch Shui Ta, beide einmal als
selbständige dramatische Personen genommen, noch auch die aus beiden Kom-
ponenten sich virtuell zusammensetzende Figur machen von dem Augenblick an,
da die Idee des Vetters geboren und akzeptiert wurde, noch irgendeine Entwicklung durch. Der Schematismus, den Brecht in diesem Stück fürchtete und
bekämpfte, wurde zwar dadurch gemildert, daß die »moralischen prästationen«
nicht nur sozial motiviert, sondern auch »einem besonderen vermögen (besonderem Talent, besonderer veranlagung) zugeschrieben«[19], also jeweils in der
unterschiedlichen Typik Shen Tes und Shui Tas verankert wurden, aber aufgehoben ist er dadurch nicht, da er mit der Grundidee des Stückes vorgegeben ist. Das
Böse hat keine andere Funktion, als das Gute zu widerlegen. Der realistische,
skrupellose, seine Empfindungen beherrschende Geschäftsmann Shui Ta bleibt
die abstrakte Antithese zur gutmütigen, idealistischen, weichen Shen Te. Diese
Statik läßt sich bis in die Struktur der einzelnen Szenen hinein verfolgen, deren
emotionale Wirkung auf dem Effekt des Genrebildes beruht, den Dolf Sternberger so anschaulich beschrieben hat. Ja, man kann sagen, auch in der »Gleichniswelt des ›Guten Menschen von Sezuan‹« (Walter Jens)[20] sind die menschlichen
Beziehungen »wie ein Getümmel von Genreszenen. Güte und Bosheit, Schönheit und inneres Leiden, Unschuld und Grausamkeit werden im Unmaß auf allen
Gassen angetroffen, beweint, beseufzt, verflucht.«[21] Die an den Widerständen
ihrer Welt verzweifelnde Shen Te, ihre Rolle als »Engel der Vorstädte« (1547),
das Liebesglück unter dem Weidenbaum im verregneten Stadtpark, der Ver-
zweiflungsmut der Mutter (»So werde ich / Wenigstens das meine verteidigen und

müßte ich / Zum Tiger werden« 1572), das alles sind Standardmotive in der Tradition der Genrekunst, einige gehören sogar zu deren beliebtesten Sujets. »Niemand«, so bemerkt Sternberger, »vermochte etwa ›Mutterliebe‹ zu denken, ohne im Geiste die Mutter vor sich zu sehen, die soeben im Begriffe steht, ihr Kind vor irgendeinem rohen Zugriff zu schützen [...]«.[22]

Der gute Mensch von Sezuan ist nach Art eines Bilderbogens konstruiert, eine Folge erstarrter Momente, in denen auch die Zeit zum Stillstand gekommen ist. Die Zeigemethode des epischen Theaters ist dieser künstlerischen Form durchaus angemessen, unterstützt sie sogar wirkungskräftig. Indem die Figuren immer wieder aus dem szenischen Bilde (ein ›lebendes Bild‹ nannte man so etwas im 18. und 19. Jahrhundert) und vor das Publikum treten, weisen sie auf die Bühnendarstellung als eine Illustration, und ihr Kommentar legt ihre rationale Bedeutung und Nutzanwendung bloß, ohne daß das Bild dadurch etwa seine emotionale Wirkung verlöre. Sie bleibt als Appell an die Gefühle der Zuschauer erhalten und öffnet der Erkenntnis die Verbindung zum Willen. Die Bilderbuchszenen von Leid und Unterdrückung, von Hunger und elender Fabrikarbeit spekulieren auf den »denkenden, gerührten, empörten, begierigen Dritten«[23], den Zuschauer also, der sich von ihnen geistig herausgefordert und zur emotionalen Reaktion angestoßen sieht. Und war Genre im 19. Jahrhundert die Form, »in der die ›menschlichen Werte‹ gehandelt werden, in der Gut und Böse ihr verwirrtes Scheinleben führen«,[24] so benutzt es Brecht als Demonstrationsmittel für die menschliche Selbstentfremdung, die dieses Scheinleben erst hervorbringt. Denn ein Scheinleben führen auch der gute und der böse Mensch von Sezuan, und Brecht will gerade zeigen, daß ein anderes als dieses sich unter den Lebensverhältnissen nicht verwirklichen läßt. Das ist der eigentliche Lehrsatz, den das Stück seinem Zuschauer oder Leser in immer neuen fabelhaften Verkleidungen sinnfällig vor Augen und Gedanken führen soll. Das geht nicht ohne den Verlust dramatischer Substanz ab. Denn Gut und Böse werden natürlich ebenfalls als austauschbare Werte gehandelt, die sich automatisch gemäß dem sozialen und ökonomischen Funktionswechsel ändern. Sie sind damit eigentlich gar nicht aufeinander bezogen, sondern nur über die Warenwelt vermittelt. Von produktivem Widerspruch nach Art des klassischen Dramas ist hier also nicht zu reden, aber auch nicht einmal von der Spannung eines unüberwindlichen Gegensatzes. Er ist jederzeit zu überwinden, nämlich in Form eines Geschäfts, einer Transaktion. Damit verliert der gute Mensch nun gänzlich den Boden unter den Füßen; seine Gutheit bedeutet nicht einmal mehr anachronistisches Relikt oder Vorschein und Imperativ einer künftigen guten Welt. Shen Te und Shui Ta sind Moralmasken der menschlichen Existenz unter den Bedingungen Sezuans. Das Weltbild, das Brechts Stück damit aber – gewollt oder ungewollt – vermittelt, ist somit allerdings ein Ensemble geschlossener, unverrückbarer Verhältnisse. Denn wie, muß man nun fragen, läßt sich Sezuan überhaupt verändern, in welche Richtung sollte diese Veränderung gehen, wenn sie sich nicht mehr am »guten

Menschen« orientieren kann? Anders formuliert: ist überhaupt ein moralisches Verhältnis zu der Lebenswirklichkeit Sezuans denkbar, das über das eines Warenwerts hinausginge, oder ist der jesuitische Relativismus von der Heiligung der individuellen Mittel durch den guten sozialen, revolutionären Zweck der einzige Ausweg aus dem Dilemma? Tatsächlich entspricht der ganz undialektischen und bloß ideologiekritischen Auffassung von Gut und Böse in der Verkörperung der Masken Shen Te und Shui Ta auch ein statisches Wirklichkeitsmodell auf der Bühne. Die Realität erscheint in ihrer moralisch unqualifizierbaren Ambivalenz einer Warenwelt als tote Objektivität, nicht als dialektischer Realprozeß, in dem das Negative ebenso seinen Platz hätte, wie ihn im menschlichen Leben das Böse hat. In der Falschheit Sezuans kann es daher kein auch nur annähernd richtiges Verhalten geben. Sezuan widerlegt auch nicht die Moral der alten Götter, sondern löst sie auf als bloßes falsches Bewußtsein. Auf die Frage nach einer neuen Moral und der Bedingung ihrer Möglichkeit wird man vergebens eine Antwort suchen. Shen Tes Hilferuf zum Schluß des Stückes (1606) wirkt nun nicht mehr so sehr als Ausdruck ihrer eigenen Ratlosigkeit und Not, sondern als die Quintessenz des Stückes selber, Zeichen der Ausweglosigkeit, in die es aufgrund seiner gedanklichen Voraussetzungen geraten mußte.

Die Unbewohnbarkeit der Welt

Brecht mochte gerade in dieser Verfassung des Sezuan-Stoffes auch eine angemessene Reflexion der zeitgeschichtlichen Bedingungen erblicken, unter denen er den alten Dramenentwurf wieder aufgegriffen und schließlich ausgeführt hat. Ausweglos konnte sicher auch ihm, der einen Zusammenbruch erlitten hatte, als er Schweden verließ, immer wieder einmal die eigene Lage erscheinen. Am 19. März 1940, gerade noch in Schweden, überdenkt er »eine kleine epische arbeit« in der Art des *Candide* oder des *Gulliver*. »herr keuner befürchtet, daß die welt unbewohnbar werden könnte, wenn allzu große verbrechen oder allzu große tugenden erforderlich sind, damit der mensch seinen lebensunterhalt verdienen kann. So flieht herr keuner von einem land zum andern, da überall zuviel von ihm verlangt wird, sei es nun opferwille oder tapferkeit oder klugheit oder freiheitswille oder gerechtigkeitsdurst, sei es grausamkeit, betrug usw. alle diese länder sind unbewohnbar.«[25] Die Eintragung liest sich wie ein Kommentar zu dem gerade entstehenden Stück vom *Guten Menschen*, besonders natürlich zu seiner Nebenhandlung, die jetzt eine neue Dimension gewinnen könnte, betrachtet man sie einmal nicht unter dem Aspekt der Religionskritik. Die Götter als Flüchtlinge von Land zu Land – in einer solchen Deutung wären wir nicht nur der Lebenswirklichkeit des Autors, sondern auch jenem frühen Gelegenheitsgedicht wieder nahe, in dem Brecht schon einmal eigene Erfahrungen satirisch in göttliche Sphären projiziert hatte.

Im Disput der drei Götter vor der Gerichtsszene wird das Grundproblem des Stückes nochmals in seiner ganzen Schärfe aufgegriffen. Aber was wie das Eingeständnis ihres eigenen Scheiterns wirken könnte, ist doch nur eine präzis zugespitzte Beschreibung der von allen Personen des Stückes gleichermaßen erfahrenen Lage.

> DER DRITTE GOTT. Ach, Wasserverkäufer, unsere Gebote scheinen tödlich zu sein! Ich fürchte, es muß alles gestrichen werden, was wir an sittlichen Vorschriften aufgestellt haben. Die Leute haben genug zu tun, nur das nackte Leben zu retten. Gute Vorsätze bringen sie an den Rand des Abgrunds, gute Taten stürzen sie hinab. *(Zu den beiden andern Göttern.)* Die Welt ist unbewohnbar, ihr müßt es einsehen!
> DER ERSTE GOTT *(heftig).* Nein, die Menschen sind nichts wert!
> DER DRITTE GOTT. Weil die Welt zu kalt ist.
> DER ZWEITE GOTT. Weil die Menschen zu schwach sind!   (1596)

Der Akzent des Gesprächs liegt hier ersichtlich nicht auf der Selbstentlarvung der Götter, das macht schon ihr Sprachgebrauch deutlich. Dem dritten Gott legt Brecht eines seiner, nicht nur in diesem Stück herausragenden Bildmotive in den Mund: die Rede von der Kälte der Welt. Und wirklich vertritt jeder der drei Götter hier eine seiner besonderen Auffassungsart und seinem Charakter entsprechende Theorie über die Ursachen der auf ihrer Wanderschaft in und außerhalb Sezuans gemachten Erfahrungen: die göttlichen Gesetze, die Welt, die Menschen sind Ursachen der unbestreitbaren Misere. Über nur eine dieser Begründungen wird im Laufe der Handlung zweifelsfrei Einverständnis hergestellt. Am Ende ihrer letzten Erscheinung im Traum des Wasserverkäufers beschwört der erste, besonders um Autorität und Würde bemühte Gott seine Gefährten, doch nicht zu verzweifeln.

> Einen haben wir doch gefunden, der gut war und nicht schlecht geworden ist, und er ist nur verschwunden. Eilen wir, ihn zu finden. Einer genügt. Haben wir nicht gesagt, daß alles noch gut werden kann, wenn nur einer sich findet, der diese Welt aushält, nur einer!   (1596)

Die folgende Gerichtsszene ist vieldeutig. Auf der ersten Bedeutungsebene erweist sich darin der Wunsch der Götter, einen guten Menschen zu finden, als haltlos und unerfüllbar, ihre Ermittlung fördert nur Shui Ta zutage. Nachdem der Angeklagte sich als die maskierte Shen Te herausgestellt und der erste Gott dies mit dem freudigen Ausruf: »Der gute Mensch, von dem alle nur Gutes berichtet haben!«, quittiert hat, antwortet die vermeintlich Identifizierte: »Nein, auch der böse!« Gerichtet wurden also in Wahrheit (die zweite Bedeutungsebene) die Richter; die Rollen haben sich vertauscht. »Euer einstiger Befehl /

Gut zu sein und doch zu leben / Zerriß mich wie ein Blitz in zwei Hälften« (1603). Am Ende steht die von den Göttern zwar verleugnete, aber unumstößliche Wahrheit: »Für Eure großen Pläne, ihr Götter / War ich armer Mensch zu klein« (1604). Und die Reaktion der Götter? In ihren Mund legt Brecht die entscheidenden Fragen, die das Stück offen läßt; sie fungieren, und das ist die dritte Bedeutung der Szene, als Lautsprecher der Ratlosigkeit, die nicht nur sie befallen hat, sondern die auch der Sinn des Stückes ist und die seinen Autor umgetrieben hat.

> DER ERSTE GOTT *(heftig).* Verwirrtes, sehr Verwirrtes! Unglaubliches, sehr Unglaubliches! Sollen wir eingestehen, daß unsere Gebote tödlich sind? Sollen wir verzichten auf unsere Gebote? *(Verbissen.)* Niemals! Soll die Welt geändert werden? Wie? Von wem?   (1604 f.)

Es sind provozierende Fragen, und sie werden nicht dadurch schon erledigt, daß der, der sie stellt, sich zuvor hoffnungslos desavouiert hat. »Soll die Welt geändert werden? Wie? Von wem?« – richtet man diese Fragen wie einen Scheinwerfer zurück auf das vergangene Schauspiel, so bleiben sie genauso unbeantwortet wie an dieser Stelle. Die Unternommenen sind so schlecht, bösartig, selbstsüchtig wie die Unternehmer. Als die im Gerichtssaal Versammelten den Angeklagten mit der Frage, warum denn Shen Te verreisen mußte, immer mehr bedrängen, antwortet Shui Ta schreiend: »Weil ihr sie sonst zerrissen hättet!« (1602.) Die Personen durchziehen das Stück wie ein Larvenzug aller negativen menschlichen Eigenschaften, ein lebender Lasterkatalog: Trägheit, Stolz, Zorn, Völlerei, Unzucht, Habsucht, Neid, hinzu kommen Käuflichkeit und Bestechlichkeit, schrankenlose Selbstsucht und Lieblosigkeit, Heuchelei und Uneinsichtigkeit. Nur zwei Figuren heben sich, wenn auch ebenfalls typenhaft, von diesem düsteren Hintergrund ab, es sind paradoxerweise die beiden einzigen Gläubigen, diejenigen also, die die Götter überhaupt bemerken, sie ehren (Wang), ihnen ein Obdach geben (Shen Te), und die ihnen bis zum Schluß die Treue halten.

Nicht nur die Unmenschlichkeit der göttlichen Gesetze demonstriert die Parabelfigur des guten Menschen, sie ist auch das Produkt der Unmenschlichkeit aller Unterdrückten und Elenden, die im Stück auftauchen. Nach oben, zu den Göttern, wie zugleich nach unten zu den Armen hin wendet sich Shen Te / Shui Ta mit seinem Bilde vom gespaltenen, zerrissenen Menschen. Unbewohnbar wurde die Welt auch durch die Menschen, und nicht allein die Reichen vom Schlage des Barbiers Shu Fu, auch die von ihm Ausgenutzten und Unterdrückten sind damit gemeint. Es gibt kaum ein anderes Stück von Bertolt Brecht, das eine so klare Absage an jede Verherrlichung des Arbeiters, an Proletkult und dergleichen sozialistische Idolatrien enthält wie *Der gute Mensch von Sezuan.* Kaum ein anderes beleuchtet auch so illusionslos und skeptisch die menschlichen

Bedingungen für die Möglichkeit einer revolutionären Veränderung der Welt. Nicht nur die Götter werden in diesem Stück mit der Wahrheit, ihrer Wahrheit konfrontiert, sondern – durch sie – begegnet auch der Marxismus seiner eigenen spezifischen Wahrheit, daß nämlich das Subjekt der Veränderung und Umwälzung fehlt, oder vielmehr: daß seine lebendige Gestalt den theoretischen Voraussagen nicht gleicht. Auch auf dieser Ebene zieht das Stück die Konsequenzen aus den zeitgeschichtlichen Erfahrungen seines Autors, vor allem aus der Rolle des deutschen Proletariats unter dem Nationalsozialismus. Sowenig wie es die objektiv zur Aufhebung drängenden Momente in der schlechten Welt aufzeigt, weil es sie ihrer statischen, undialektischen Auffassung nach nicht geben kann, ebensowenig präsentiert es das Subjekt dieser Aufhebung. So bleibt, nachdem sich die göttlichen Gesetze als zu abstrakt und daher untauglich erwiesen haben, nur noch das Gesetz des homo homini lupus zurück, das Gesetz der praktischen Vernunft aller, die in diesem Stück auftreten. Und so offenbart sich der »Engel der Vorstädte« auch als Racheengel *über* die Vorstädte und ihre Bewohner, sogar einschließlich des Wasserträgers Wang, der Shen Te einst ebenso selbstsüchtig bedrängt hatte wie alle anderen, als er nämlich Sühne für seine verkrüppelte Hand erreichen wollte, aber selber nicht erlangen konnte.

Unvermittelt, abstrakt oder besser: bloß virtuell steht der schlechten Gleichniswelt Sezuans, ihrer Kälte und Gottverlassenheit das Reich der Freiheit und Freundlichkeit (1526) gegenüber; es ist das ganz Andere, es liegt zwar nicht im Jenseits des alten Götterglaubens, doch jenseits der Grenzen Sezuans, ein fernes Fernziel, zu dem die Zwischenglieder und Nahziele fehlen. Angesichts dieser Voraussetzungen des Stückes wäre revolutionäre Veränderung auch nicht als Vollendung der Geschichte möglich, sondern allenfalls als schroffer Bruch mit der Geschichte. So zeigt sich spätestens an dieser Stelle, daß dem *Guten Menschen von Sezuan*, ungeachtet aller atheistischen Proklamationen, ein religiöses Denkmodell zugrunde liegt: die Erwartung einer neuen Welt und ihre voraussetzungslose Konstruktion als die völlig andere Welt, zu der es aus dieser schlechtesten aller möglichen keine Brücke zu schlagen gibt. Ein weiteres Mal rächt sich der Schematismus der dem Stück zugrunde liegenden dramatischen Fabel: Sie hat eine völlige Suspension der Geschichte bewirkt, weil sie das Primat der Zeit zugunsten des Raumes aufgegeben hat.

Daher und nicht allein wegen der antiaristotelischen Gesinnung des Autors hat die dramatische Gesamtkonzeption auch so wenig Ähnlichkeit mit der Tradition des neuzeitlichen Dramas und so viel gemeinsam mit den religiösen Schauspielen etwa nach Art der englischen Moralitäten. Wie in deren wohl berühmtestem Exempel, *The Castle of Perseverance* aus dem 15. Jahrhundert, der Mensch Humanum Genus von seinen zwei Genien, dem guten und dem bösen Engel begleitet wird, abwechselnd der schlechten Welt erliegt und dem göttlichen Einfluß nachgeht und nur durch Buße und Gnade dennoch in die Burg der Beständigkeit gelangt, so agiert auch Shen Te im Spannungsfeld der Mächte mal nach dieser, mal nach jener Seite, und am Ende steht die Erkenntnis von der unvermeidlichen unheilvollen Verstrickung in die Sündhaftigkeit der bürgerlich-kapitalistischen Welt; von dem göttlichen Gericht, dessen Allegorisierung auch meist den Abschluß des alten religiösen Dramas bildete, kann sie nichts erwarten, die Gnade bleibt aus, die Götter verflüchtigen sich in den Nebel menschlicher Wunschprojektionen. »Vorschwebte uns: die goldene Legende« (1607), bekräftigt der Epilogsprecher, eine goldene ist es nicht geworden, eine Legende gleichwohl geblieben. Sie rückt das Stück noch in eine andere Konstellation. Denn das Modell der Suche nach einer neuen Welt, einem irdischen Paradies mit – im emphatischen Sinne – menschlichen Verhältnissen, und das Motiv des Reisenden, der dorthin unterwegs ist, kennen wir aus den geographischen Utopien. Im Staatsroman des Thomas Morus geht der Schilderung utopischer Verhältnisse ein rechts- und sozialphilosophischer Dialog voraus, der auch einer Art Sezuan gilt, dem England Heinrichs VIII. In Brechts Stück fehlt das positive Gegenbild, es hat sich endgültig ins Nirgendwo (wie ja die wörtliche Übersetzung des Inselnamens Utopia lautet) verflüchtigt und läßt keinen Raum für die sich daran knüpfenden Hoffnungen, doch freilich auch keine Zeit, das heißt: keine Zukunft. Daher bleibt die Kritik in diesem Stück noch ohne Perspektive, sie denunziert das Schlechte und läßt das Ziel offen.

Und alle Fragen offen

Der berühmte Epilog, der in der Sentenz gipfelt: »Den Vorhang zu und alle Fragen offen« (1607), ist Gegenstand sehr unterschiedlicher Deutungen. Während die einen jene programmatische Offenheit nur als didaktisches Kunstmittel nehmen, »getreu den Prinzipien seiner [Brechts] revolutionären, das Publikum aktivierenden Ästhetik«,[26] die darauf zielt, »den Fall dem Zuschauer im Theater« zu übereignen,[27] glauben die anderen nicht an einen solchen dramaturgisch-didaktischen Taschenspielertrick, bei dem die Antwort zurückgehalten wird, damit der Schüler sie von selber finde.[28] Natürlich kann es als sicher gelten, daß Brecht auch die Intention hatte, durch den eingestandenen fragmentarischen Charakter das »verehrte Publikum« zu provozieren.

> Der einzige Ausweg wär aus diesem Ungemach:
> Sie selber dächten auf der Stelle nach
> Auf welche Weis' dem guten Menschen man
> Zu einem guten Ende helfen kann.
> Verehrtes Publikum, los, such dir selbst den Schluß!
> Es muß ein guter da sein, muß, muß, muß! (1607)

Die imperativische Form sagt aber noch nichts darüber aus, ob es den guten Schluß schon gibt und er also nur gefunden zu werden braucht; im Gegenteil: die dreimalige kategorisch-beschwörende Betonung deutet eher auf eine andere Absicht. Den Verdacht erhärtet dann noch ein Indiz, das wir ebenfalls Brecht verdanken. Unter dem Eindruck der chinesischen Geschichte und um keine Verwechslungen zwischen der Gleichniswelt Sezuans und der historischen Wirklichkeit aufkommen zu lassen, hat er später den Epilog umgeschrieben:

> Zuschauer, wisse, die Hauptstadt von Sezuan
> In der man nicht zugleich gut sein und leben kann
> Besteht nicht mehr. Sie mußte untergehn.
> Doch gibts noch viele, die ihr ähnlich sehn.
> Tut einer Gutes dort, frißt ihn die nächste Maus
> Die Untat aber zahlt sich dorten aus.
> Zuschauer, wohnst du selber in einer solchen Stadt
> Bau sie schnell um, eh sie dich gefressen hat!
> Kein größeres Glück gibt es auf Erden nun
> Als gut sein dürfen und Gutes tun.[29]

Dieser Epilog ist aber von Brecht dann doch verworfen worden, und in der endgültigen Druckfassung hat er die ursprüngliche Form wiederhergestellt. Das signalisiert ein Eingeständnis nicht nur der Offenheit des Dramenschlusses, die wesentlich aus den Widersprüchen und Aporien folgt, die die geistige Struktur des Stückes bilden, sondern auch der Unausgemachtheit, der – möglicherweise sogar niemals aufzuhebenden – Widersprüche in der Wirklichkeit.
Wenn hier der ganz undialektisch-schematische Aufbau des *Guten Menschen von Sezuan* betont wurde, in den verschiedenen Ebenen der Personenkonstruktion ebenso wie in denen der Weltdarstellung, der Moral wie der dramatischen Form der Fabel, so geschah dies nicht, um Brecht besserwisserisch ein falsches Bewußtsein zu attestieren. Er sah ja durchaus, wie die Arbeitsjournal-Notate zeigen, das mit diesem Stoff selbst gegebene Problem, der ihm dennoch als Exempel tauglich schien. Als Exempel aber wofür? Schon für Hegel gab es Epochen, die aus dem dialektischen Fortgang der Geschichte gleichsam herausfallen, weil die in ihnen herrschende Negativität wirklich eine der tödlichen, unfruchtbaren Zerstörung, nicht der weiter- und höhertreibenden Aufhebung gewesen ist. Dem von Land zu Land getriebenen Stückeschreiber konnte die nationalsozialistische Epoche dergestalt erscheinen. Als er dann das Stück endgültig publizierte, gewann die Fabel vielleicht gerade in ihrer legendenhaft-räumlichen Struktur eine aufs neue überraschende, aufs neue deprimierende Aktualität für einen Schriftsteller, der mit dem Ort seines Wirkens seine Heimat gefunden zu haben glaubte und sich doch abermals in einer Art Sezuan wiederfand. Nur wer den *Guten Menschen von Sezuan* in seiner ganzen unversöhnbaren

Vielspältigkeit, in seiner ästhetischen und intellektuellen Brüchigkeit und als kunstvolle Kombination des Heterogenen auffaßt (und dies als Regisseur in ausgelassener, bunt mischender Theatralik auf die Bühne bringt), dem wird der Epilog beredt und der erfaßt den Rang des Stückes – in seinen Ungereimtheiten.

Anmerkungen

1 Vgl. hierzu: Materialien zu Brechts *Der gute Mensch von Sezuan*. Zsgest. von Werner Hecht. Frankfurt a. M. 1968. Vgl. auch: Jan Knopf: Brecht-Handbuch. Theater. Stuttgart 1980. S. 201 ff.
2 Bertolt Brechts Arbeitsjournal. Hrsg. von Werner Hecht. 3 Bde. Frankfurt a. M. 1973. S. 51 f.
3 Vgl. Hans Mayer: Gelegenheitsdichtung des jungen Brecht. In: H. M.: Anmerkungen zu Brecht. Frankfurt a. M. 1965.
4 Arbeitsjournal (Anm. 2) S. 66.
5 Ebd. S. 26.
6 Knopf (Anm. 1) S. 291. Meine Deutung verdankt Knopfs scharfsinniger Analyse viel, auch wenn ich zu ganz anderen Ergebnissen komme.
7 Arbeitsjournal (Anm. 2) S. 66 f.
8 1. Mose 18,33.
9 Der Dramentext wird zitiert nach: Bertolt Brecht: Gesammelte Werke in 20 Bänden. edition suhrkamp werkausgabe. Hrsg. vom Suhrkamp Verlag in Zsarb. mit Elisabeth Hauptmann. Bd. 4. Frankfurt a. M. 1967. – Nachweise (Seitenzahl dieses Bandes) erfolgen in Klammern unmittelbar hinter dem Zitat.
10 Goethes Werke in 14 Bänden [Hamburger Ausgabe]. Hrsg. von Erich Trunz. Hamburg 1948 ff. Bd. 1. S. 273.
11 Ebd. Bd. 3, S. 17.
12 Ebd. S. 18. Hervorhebungen von mir.
13 Vgl. Hans Pabst: Brecht und die Religion. Graz/Wien/Köln 1977. S. 140.
14 Vgl. Walter Hinck: Die Dramaturgie des späten Brecht. Göttingen 1959. S. 67 f.
15 Vgl. Materialien (Anm. 1) S. 44 f.
16 Ilja Fradkin: Bertolt Brecht. Weg und Methode. Frankfurt a. M. 1974.
17 Ebd. S. 212.
18 Knopf (Anm. 1) S. 206.
19 Arbeitsjournal (Anm. 2) S. 67.
20 Walter Jens: Statt einer Literaturgeschichte. Pfullingen [5]1963. S. 256.
21 Dolf Sternberger: Panorama oder Ansichten vom 19. Jahrhundert. Frankfurt a. M. 1974. S. 61.
22 Ebd. S. 61.
23 Ebd.
24 Ebd. S. 61 f.
25 Arbeitsjournal (Anm. 2) S. 48.
26 Fradkin (Anm. 16) S. 214.
27 Knopf (Anm. 1) S. 205.
28 Reinhold Grimm: Zwischen Tragik und Ideologie. In: R. G.: Strukturen. Essays zur deutschen Literatur. Göttingen 1963. S. 257.
29 Brecht (Anm. 9) Bd. 4. Anmerkungen. S. 2.

THEO BUCK

Der Garten des Azdak:
Von der Ästhetik gesellschaftlicher Produktivität
im »Kaukasischen Kreidekreis«

Die Regulierung eines Flusses
Die Veredelung eines Obstbaumes
Die Erziehung eines Menschen
Der Umbau eines Staates
Das sind Beispiele fruchtbarer Kritik.
Und es sind auch
Beispiele von Kunst.

Über die kritische Haltung (G 4,197)

Vom chinesischen zum kaukasischen Kreidekreis

Seit der Mitte der zwanziger Jahre beschäftigte sich Brecht mit dem Kreidekreis-Stoff. Zweifellos gehörte das Motiv des weisen Richters, der den Streit zweier Frauen um ein Kind im Sinne der wahren Mutter entscheidet, für ihn zu den dramatischen Grundkonstellationen. Konkret hat ihn wohl die Erfahrung der ziemlich abendländisch gefärbten Nachdichtung des chinesischen Singspiels von Li Hsing-tao durch den ihm befreundeten Klabund[1] auf die gestisch-paradigmatische Bedeutung dieser Urszene[2] gestoßen. Entspricht die fernöstliche Kreidekreisprobe doch genau der salomonischen Schwertprobe im Alten Testament,[3] die dem eifrigen Bibelleser Brecht wohlvertraut war. Indessen blieb es zunächst bei einem parodistisch-grotesken Aufgreifen der Fabel im Lustspiel *Mann ist Mann*. Analog zum Shakespeareschen Rüpelspiel im *Sommernachtstraum* fügte Brecht dem Stück ein farcenhaftes »Zwischenspiel für das Foyer«[4] ein. Unter dem Titel »Das Elefantenkalb« stellte er hier das Mutter-Kind-Verhältnis aus dem *Kreidekreis* satirisch-verfremdend auf den Kopf. Von Anfang an stand mithin die Auseinandersetzung mit dem Thema im Zeichen entschlossener dialektischer Fortschreibung. Brechts ändernder Zugriff zielt auf den umfunktionierenden Kontrast, auf aktualisierenden Gegenwurf.

Ein gutes Dutzend Jahre später, 1938/39, also noch in der Svendborger Zeit, begann eine zweite, gründlichere und nachhaltigere Auseinandersetzung mit dem Kreidekreis-Motiv. Mehr als fünf Jahre nahm die Ausführung des Projekts in Anspruch. Sehr unterschiedliche Ansätze und zwei Lösungen kennzeichnen den mehrfach unterbrochenen Arbeitsprozeß. – Die aus dem dänischen Exil überlieferten Notizen zeigen, daß das Vorhaben damals über erste Entwürfe nicht hinausgekommen ist. Ganze fünf Textseiten mit Handlungs- oder Dialogskizzen liegen vor.[5] Eigentlich interessiert das mehr als bescheidene Material nur der Perspektive wegen, unter welcher Brecht einen *Odenseer Kreidekreis* konzipierte. Von vornherein verlagerte er den Akzent auf die Mutter-Rolle der Magd: »die mutter verleugnet das kind. [...] die magd nimmt es auf, stumm hinter ihrem eigenen rücken, wie ein rabe, dem das stehlen im blut liegt«.[6] Ebenso hob er ab auf ein Rahmengeschehen gesellschaftlicher Umwälzungen. Die entsprechende Eintragung schreibt das folgende Handlungsschema vor: »die herren sind in angst, denn der gouvernör ist vertrieben worden, sie fliehen und machen sich auf ein blutbad durch die bauern gefasst. aber die bauern kommen nicht. es gibt kein blutbad. durch ein versehen ist der von den aufständischen gewählte richter vom gouvernör bestätigt worden. er fällt das urteil über die beiden mütter«.[7] Neben der Figur der Magd rückten demnach für Brecht die »eulenspiegeleien des richters«[8] in den Mittelpunkt des Interesses. Damit wurde der Problemkern auf einer völlig veränderten gesellschaftlichen Grundlage angesiedelt, der Knoten des Geschehens in bezeichnender Weise neu geschürzt. Ausschlaggebend war hierfür offensichtlich die aktualisierende Absicht, Musterfälle sozialen Verhaltens vorzustellen. Allerdings ist all das, wie gesagt, lediglich als Grundeinfall festgehalten und somit nur in der Perspektive erkennbar. Brecht ließ den *Odenseer Kreidekreis* zugunsten anderer literarischer Arbeiten liegen; aber er hatte nunmehr endgültig Feuer gefangen.

Gleich im folgenden Jahr, 1940, nahm er sich auf der schwedischen Insel Lidingö den Kreidekreis-Stoff erneut vor. Fast in einem Zuge erfolgte im Januar die Niederschrift der Geschichte *Der Augsburger Kreidekreis*. Offensichtlich handelt es sich um eine narrative Vorstufe des vier Jahre später vorgelegten Stückes. Welch beträchtlichen gesellschaftlichen Gebrauchswert der Autor seiner Kreidekreis-Version im Hinblick auf die Vermittlung »weisen Verhaltens« beimaß, geht schon aus der Tatsache hervor, daß er den Erzähltext sogleich in Druck gab und ihn sogar an den Anfang der *Kalendergeschichten* setzte, seiner ersten Sammelpublikation nach der Rückkehr aus dem Exil.[9] – Indes überwiegt in der Erzählfassung der allgemeine Parabelcharakter, wie ihn Brecht in jener Phase bevorzugte.[10] So werden die angesprochenen gesellschaftlichen und politischen Probleme in erster Linie aus dem Konfessionsstreit des Dreißigjährigen Krieges hergeleitet, nicht jedoch direkt auf soziale Wirkungsmechanismen zurückgeführt. Ansonsten kann die von dem gebürtigen Augsburger in seine Heimatstadt verlegte Fabel hinsichtlich der Figurenkonstellation sowie der Handlungsführung und -lösung ohne weiteres als Parallele zur dramatischen Gestaltung gesehen werden. Es handelt sich gewissermaßen um die Skizze oder den Entwurf zum anschließend daraus entwickelten Gemälde. – Vorläuferin des Küchenmädchens Grusche ist die Magd Anna, bei deren Schilderung Brecht auf Elemente des dänischen Projekts zurückgriff. Wir lesen da:

Als die Magd einige Zeit, vielleicht eine Stunde, zugesehen hatte, wie das Kind atmete und an seiner kleinen Faust saugte, erkannte sie, daß sie zu lange gesessen und zu viel gesehen hatte, um noch ohne das Kind weggehen zu können. Sie stand schwerfällig auf, und mit langsamen Bewegungen hüllte sie es in die Leinendecke, hob es auf den Arm und verließ mit ihm den Hof, sich scheu umschauend, wie eine Person mit schlechtem Gewissen, eine Diebin. (P 2,9)

Entsprechend ist die Azdakfigur vorgeformt in der Gestalt des Richters Ignaz Dollinger, von dem es heißt, er sei »in ganz Schwaben berühmt wegen seiner Grobheit und Gelehrsamkeit« (P 2,17). Ihm gilt, wie seinem grusinischen alter ego, der Zorn der Mächtigen, aber er wird »vom niedrigen Volk [...] in einer langen Moritat löblich besungen« (ebd). Jedoch bleibt es nicht nur bei thematischen Übereinstimmungen. Fast gleichlautende Formulierungen unterstreichen die große Nähe beider Texte.[11] Als Chronist berichtet der Autor von der doppelten Begebenheit ungewöhnlicher Rechtsprechung eines Außenseiters und beispielhafter Mütterlichkeit einer Pflegemutter; als Dramatiker entfaltet er denselben Zusammenhang in breiter szenischer Demonstration. – Wie eng Augsburger und kaukasische Kreidekreis-Fassung in der Sache zusammengehören, macht der Vergleich des Erzähltexts mit der von Brecht hergestellten *Geschichte vom ›Kaukasischen Kreidekreis‹, für den Betrachter der Kulisiewicz'schen Zeichnungen erzählt*[12] besonders evident. Freilich fällt da ebenso der bereits erwähnte wesentliche Unterschied auf: Die Augsburger Geschichte ist, ungeachtet ihrer klaren Historisierung und ihrer gesellschaftsverändernden Perspektive, deutlich ein Werk von ziemlich offener Verbindlichkeit. Anders ausgedrückt: die Ubiquität der Erzählung erschwert ihre konkrete Anbindung im Bewußtsein des Adressaten und damit einen durchschlagend wirksamen Transfer.

Das war wohl für Brecht der Grund, in der Dramenfassung an die Stelle des religiösen Gegensatzes unmittelbar greifende soziale Kausalitäten zu setzen, ferner dem distanzierenden Zeithintergrund des Dreißigjährigen Krieges eine komplexere Zeitstruktur zu substituieren, wie überhaupt den Aspekt gesellschaftlicher Brauchbarkeit und »Praktikabilität« von »Weisheit« (SzT 6,368) schärfer herauszustellen. Ein Stichwort hierfür findet sich in einer von Betty N. Weber überlieferten Notiz, die zeitlich zwischen Erzähl- und Dramenversion liegt. Dort ist die Rede von den »Leiden der Brauchbarkeit«.[13] Gemeint ist die Bereitschaft, persönliche Interessen hinter sich zu lassen, Mühen, Risiken und Sorgen auf sich zu nehmen, um etwas für das Gemeinwesen »Nützliches her[zu]stellen« (S 10,140) und zu befördern. Brecht spielt damit auf den in seiner Sicht zentralen Wert der gesellschaftlichen Produktivität an. In der von ihm gestalteten *Kreidekreis*-Fassung exemplifiziert er sie einerseits an der volkstümlichen Rechtsprechung, andererseits an der überzeugenden Mütterlichkeit der Ziehmutter. Was dem Stückeschreiber noch fehlte, war ein sinnfälliges Rahmenmodell produktiver gesellschaftlicher Interaktion. Er fand es im Beispiel des rational und kooperativ gelösten Streitfalls zwischen zwei Kolchosen um ein Tal in Kaukasien, der georgischen Sowjetrepublik, nach dem Abzug der Hitlerarmeen. Mag sein, daß Brecht zunächst andere historische Assoziationen im Sinne hatte.[14] Als er sich aber gegen Ende des Zweiten Weltkriegs, 1944, in den Vereinigten Staaten daranmachte, die Dramenversion auszuarbeiten, erschien ihm jedenfalls die letztes Endes von ihm gewählte Aktualisierung als die angemessene Lösung. War doch die Sowjetunion nicht nur Hauptträger des antifaschistischen Kampfes, sondern ebenso das Land eingreifender sozialistischer Experimente. Brecht hielt daran fest, trotz seiner schroffen Ablehnung des Stalinismus. Als neue historische Kraft blieb die Sowjetgesellschaft für ihn ein Ort der Hoffnung. Deswegen verlagerte er das Stück in den »Schatten der Sowjettraktoren« (S 10,145). Allerdings muß man gleich hinzufügen: er wählte bewußt die Peripherie. In der Entscheidung für Kaukasien liegt – wie noch zu zeigen sein wird – zugleich eine politische Herausforderung.

Äußerer Anlaß für die Ausarbeitung einer Dramenfassung war ein Produktionsvertrag, den Luise Rainer im März 1944 Brecht verschafft hatte. Eine in diesem Zusammenhang geplante Broadway-Aufführung mußte dem Stückeschreiber – wie dann das *Galilei*-Vorhaben mit Charles Laughton – als willkommene Möglichkeit erscheinen, endlich wieder einmal eines seiner Dramen praktisch erproben zu können und an ein Publikum heranzubringen. Verständlicherweise ergriff er jede so sich bietende Gelegenheit. Vermutlich aus dem nämlichen Grund verfolgte er auch den Gedanken einer Kreidekreis-Verfilmung, denn unter seinen Entwürfen findet sich eine knappe Drehbuchnotiz.[15] Daß daraus bei der herrschenden Marktlage nichts werden konnte, muß ihm rasch klar geworden sein; aus dem Kreis der theatralischen ›producer‹ kamen nämlich massive Einwände gegen den *Kaukasischen Kreidekreis*. Fragen »nach dem sinn« oder kritische Anmerkungen zum Bau (»wo ist der konflikt, die spannung, fleisch und blut usw usw?«) veranlaßten Brecht zu der bitteren Feststellung: »es ist [...], als schreibe man ein stück für die tungusensteppe« (AJ 653). – Probleme ergaben sich außerdem bei der erforderlichen englischen Übersetzung des Dramentextes[16]. Trotz all dieser Hemmnisse arbeitete der Autor unentwegt an seinem Stück weiter. Am 5. Juni 1944 war die »erste Niederschrift«[17] abgeschlossen.

In der Folgezeit gab Brecht das Typoskript, seiner Gewohnheit nach, einigen Freunden zur Begutachtung; er hatte sich schon während der Arbeit am Stück fortgesetzt mit Ruth Berlau über einzelne Textpartien verständigt.[18] Wie stets ging es ihm darum, kritische Anregungen zu sammeln und bei einer Überarbeitung auszuwerten. Indessen ist es reichlich übertrieben, wenn einige Interpreten aus dieser für Brechts Arbeitsweise typischen Sachlage die Existenz zweier ›Fassungen‹ herleiten.[19] Was faktisch vorliegt, ist – auch in den Augen des Autors – eben eine »erste Niederschrift« und deren gründliche Überarbeitung. Dabei wurde hauptsächlich der Text gestrafft. Inhaltlich gab es nur zwei nennenswerte Veränderungen: zum einen wurde das Vorspiel zeitlich von 1934 auf das Jahr der Abfassung, 1944, verlegt; zum andern bemühte sich Brecht, die Gestalt der Grusche differenzierter herauszuarbeiten. Die ersten Leser, insbesondere Lion Feuchtwanger, hatten nämlich fast einhellig am ›Heiligencharakter‹ der Magd[20] Anstoß genommen. Freilich verstärkten beide Änderungen den politischen Akzent im Sinne der Problematisierung von »Eigentum und Justiz«[21]. Das wiederum dürfte, im Verein mit Vorbehalten wegen zu geringer dramatischer Spannung, für die amerikanischen Produzenten der Grund gewesen sein, das Projekt aufzugeben. Brecht seinerseits wollte danach nichts mehr zu tun haben mit diesem »verkauf von schocks und emotionen« (AJ 659).

Immerhin erschien *Der kaukasische Kreidekreis* zunächst in der englischen Übersetzung von Eric Bentley und Maja Apelman.[22] Sie bildete auch die Grundlage für die Uraufführung 1948 durch die Truppe des Carleton College in Northfield (Minn.). Doch waren das bestenfalls punktuelle Ereignisse. Es bedurfte gezielter persönlicher Initiativen des nach Ost-Berlin zurückgekehrten Brecht, dem Stück schließlich den Weg für eine breitere Wirkung zu ebnen. 1949 kam es zur ersten deutschsprachigen Veröffentlichung in der Zeitschrift *Sinn und Form*.[23] Es folgte ein leicht veränderter Nachdruck (Vorspiel als 1. Akt) in Heft 13 der *Versuche* (1954), der dann auch zur Grundlage für die Ausgabe im Band 10 der *Stücke* wurde.[24] Den wahren Durchbruch brachte allerdings die von Brecht selber eingerichtete Aufführung.[25] Diese Inszenierung wurde nach dem sensationellen ersten Gastspiel des Berliner Ensembles mit der *Mutter Courage* zum Internationalen Pariser Theaterfestival (»Théâtre des Nations«) 1955 eingeladen. Die beiden Aufführungen markieren den Auftakt der internationalen Rezeption Brechts als Autor, Theoretiker und Regisseur. Die französische Kritik sprach damals vom »bemerkenswertesten Ereignis der Nachkriegszeit im Bereich des Theaters«.[26] Von hier an hat das dialektische Theater des Stückeschreibers Eingang in die Weltliteratur gefunden. *Der kaukasische Kreidekreis* und seine Modellinszenierung hatten daran maßgeblichen Anteil.

»Beispiele von Kunst« – *Kunst als Beispiel*

Im Verzeichnis der Personen des Stückes firmiert an vorderster Stelle der Sänger Arkadi Tscheidse. Das wirkt auf den ersten Blick überraschend. Denn diese Hervorhebung entspricht weder einer bestimmten Reihenfolge der Namen oder Auftritte noch dem äußeren Umfang der Rolle. Ganz offenbar wollte Brecht damit etwas anderes signalisieren. Seine Entscheidung wird sogleich plausibel, wenn man in Rechnung stellt, daß das grusinische Kreidekreis-Spiel auf der Fiktion beruht, der gesamte theatralische Vorgang sei »Vortrag« des Sängers[27], sei – so Brechts Kommentar – dessen »wirkliche Erzählung« (SzT 6,368). Was Arkadi Tscheidse mitteilt, wird in der szenischen Demonstration zum Spiel im Spiel. Bewußt vom Blickpunkt eines Berichterstatters her entfaltet der Stückeschreiber das Geschehen. In der Tat ein Paradefall des epischen Theaters. Volker Klotz hat ihn auf die exakte Formel gebracht: »der Erzähler vermittelt das Drama«.[28] Das heißt aber zugleich: ein künstlerischer Akt vermittelt das Drama. Mit seinem Vortrag leistet der Sänger das, was Brechts Me-ti an Mi-en-leh rühmte: »daß er Kohlen mit der Hand ins Feuer werfen konnte, ohne sich schmutzig zu machen« (P 5,176). Sein Status als Künstler gibt ihm eine Sonderstellung. Er ist nicht nur als Spielleiter ständig präsent, sondern führt auch direkt in Personen und Handlungselemente ein. Gelegentlich läßt er uns sogar die üblicherweise monologisch vermittelten Gedanken einzelner Protagonisten wissen. Sein Spielraum ist demzufolge keineswegs darauf beschränkt, als ›raunender Beschwörer des Imperfekts‹ in Erscheinung zu treten. Mindestens ebenso wichtig sind seine Kommentare und Folgerungen für die Gegenwart seiner Erzählzeit (1944 in Georgien) wie für die der jeweiligen Rezipienten. Gewiß nicht zufällig gibt ihm der Autor auch das letzte Wort im Stück.

Dies alles ist in sich schlüssig und hat Methode. Die von Arkadi Tscheidse mit seinen Sängern und Musikanten aufgeführte »alte Sage« ist ja nicht einfach ein »Stück mit Gesängen« (S 10,145), das zum Vortrag kommt. Der entscheidende Akzent liegt vielmehr im futurischen Aspekt des dramatischen Erzählvorgangs. Den Mitgliedern des Ziegenzuchtkolchos »Galinsk« und den jeweils im Parkett befindlichen Zuschauern wird als eine Art »Extra«[29] ein künstlerisches Erlebnis geboten. Die so nachdrücklich vom Alltag abgehobene Begegnung mit der Kunst erhält geradezu Schlüsselcharakter. Brecht bestimmt in den handlungsimmanent verankerten Partien des Sängers indirekt seine Auffassung von der Funktion der Kunst in einer »sozialistischen Gesellschaftsordnung« (SzT 6,359). Ähnlich wie Büchner seine ästhetische Position unmittelbar in die literarischen Texte einzuarbeiten pflegte, hat der Nachgeborene hier den Stellenwert der Kunst für ein neues Publikum umschrieben.

Mit Bedacht gibt Brecht durch den Sänger seinem Publikum zu verstehen, daß für die Kunst andere Maßstäbe gelten. So müssen sich die zur Diskussion über die Frage, welchem Kolchos künftig das Tal gehören soll, angereisten Ziegenzüchter mit zwei unterschiedlichen Zeitkategorien befreunden. Während ihnen einerseits die Redezeit beschnitten wird mit dem Argument, beim Aufbau müßten »alle Vergnügungen [...] rationiert werden, [...] die Diskussion auch« (S 10,136), widerfährt ihnen andererseits strikte Ablehnung bei ihrer Frage, ob der »Vortrag« des Sängers nicht rascher abgewickelt werden könne. Der entsprechende Textabschnitt sollte genau zur Kenntnis genommen werden. Er lautet folgendermaßen:

> DER SACHVERSTÄNDIGE. Wie lange wird die Geschichte dauern, Arkadi? Ich muß noch heute nacht zurück nach Tiflis.
> DER SÄNGER *(beiläufig)*. Es sind eigentlich zwei Geschichten. Ein paar Stunden.

DER SACHVERSTÄNDIGE *(sehr vertraulich).* Könntet ihr es nicht kürzer machen?
DER SÄNGER. Nein.   (S 10,145 f.)

Diese Folgerung ist außerordentlich interessant. In der Vorstufe hatte Brecht die Verneinung sogar parenthetisch durch den Hinweis verschärft: »grob« (der dann handschriftlich abgewandelt wurde in »ernst«).[30] Was ist gemeint? Offensichtlich geht es dem Autor darum, die Erwartung des Publikums umzulenken. Hinter solcher Publikumserziehung steht unverkennbar der generelle Anspruch, die Kunst als einen Produktivfaktor besonderer Art zu würdigen.
Deutlich spricht Brecht hier in eigener Sache. Wohl wissend, wie es die »moskauer clique« in ästhetischen Fragen zu halten pflegte,[31] mußte er Wert darauf legen, sein künstlerisches Prinzip einer Synthese von Ausdrucksqualität und »Gebrauchswert« programmatisch festzuhalten. Während er in der Realismus-Debatte mit Georg Lukács aus taktischen Gründen mit seiner Meinung zurückhielt, wollte er als Künstler keinen Kompromiß eingehen. Ohnedies war er sich 1944 bereits darüber im klaren, daß er mit seiner Arbeit auch schon die Rückkehr nach Deutschland und damit seine künftige Position vorbereitete.
So gesehen, bezog Brecht gegenüber dem ›sozialistischen Realismus‹ der Kulturfunktionäre eine äußerst provokatorische und riskante Stellung. Nicht nur, daß er sich mit Nachdruck für eine zeitgemäße Ästhetik und die damit verbundene innovierende Praxis einsetzte und insofern Front machte gegen das offiziell geforderte mimetische Zweckschema; er propagierte außerdem das als avantgardistisch verschriene ›epische Theater‹. Fraglos betrachtete der Stückeschreiber das als seinen Beitrag zur kulturpolitischen Diskussion. War doch für ihn »das Epische« seiner Dramenkonzeption »die Kategorie des Gesellschaftlichen und nicht des Ästhetisch-Formalen«.[32] Hinter dem so geäußerten künstlerischen Engagement eine tiefgreifende politische Zukunftserwartung prinzipieller Art anzunehmen, erscheint mithin durchaus berechtigt. Affirmation im Hinblick auf bestehende Verhältnisse war ohnehin Brechts Sache nicht. Weder die Wirklichkeit des Kapitalismus im Westen noch diejenige des Stalinismus im Osten vermochten ihn zu überzeugen. Seine Modelle sozialistischer Dialektik haben unstreitig futurischen Charakter. Sie zielen auf das in der historischen Realität noch nicht Vorhandene und demnach erst Herzustellende.
Unter solchen Perspektiven ergibt sich für den Schriftsteller folgerichtig ein Kausalzusammenhang zwischen realutopischer Absicht und literarischer Utopie. Mit Hilfe der Aktivierungsstrategien seines epischen Zeigetheaters führt Brecht soziale Fallstudien in der Art einer naturwissenschaftlichen Versuchsreihe vor. Im theatralischen Gesellschaftslaboratorium soll anhand fiktionaler Muster »eingreifendes Denken« vermittelt werden. Hierdurch wird die literarische Utopie gleichsam in einen neuen Aggregatzustand versetzt. Sie ist nicht mehr Ausfluß eines abstrakten Wunschdenkens, eskapistischer Traum oder idyllisches Trost-

bild, nichts für den Sankt-Nimmerleins-Tag, sondern – ganz im Sinne Ernst Blochs – realer Vorgriff. Dieser konkreten Antizipation verleiht die ästhetische Formulierung Halt. Aktualisierte Historie allein reicht nicht weit. Ohne die kreativen Impulse artistischer Wunschräume kommt der Zukunftssüchtige nicht auf seine Kosten. Der vermeintliche ›Formalismus‹ ist unerläßlich als Vehikel für produktive Einsicht und somit für die intendierte Veränderung des Bewußtseins. In der literarischen Konkretion zeugt die Utopie wider unbefriedigende Verhältnisse in Vergangenheit und Gegenwart. Allein die auf den historischen Prozeß bezogene Utopie hat Chancen, zu politischer Wirkung zu kommen. Literarische Utopie und politische Programmatik fallen für Brecht zusammen. Deswegen hat für ihn jedes produktive Fortschreiten mit Kunst zu tun; allemal aber versteht sich die von ihm vertretene Kunst als produktives Fortschreiten.

Der praktische Weg zum künstlerisch vermittelten gesellschaftlichen Beispiel kann in den Augen Brechts niemals über illusionistische Abbildmechanismen führen. »Zeig mal die Masken« (S 10,145), läßt er darum den Sänger im Stück sagen. Die einfache Aufforderung drückt verschiedenes aus. Zunächst einmal unterstreicht der Autor dadurch den Charakter des Spiels im Spiel und verweist so zugleich, textübergreifend, auf den theatralischen Zeigemechanismus des epischen Dramenstils. Vor allem jedoch verdeutlicht der imperative Gestus – von der Kommunikationssituation her – den Auftakt für einen gemeinsamen Erkenntnisvorgang. Resultat der vergnüglichen kollektiven Arbeit soll eine soziale Erfahrung sein. Brecht nutzte hierzu die von den Masken ausgehende optische Wirkung des »starren Aussehens«, um der Gruppe der Herrschenden im Stück »repräsentative Gesichter« zu verpassen und sie so leichter durchschaubar zu machen.[33] Man sieht: der Verweis auf die Masken ist mehrschichtig. Das Bild der Masken steht stellvertretend für Brechts gesamte Kunsttheorie und literarisch-emanzipatorische Praxis. Im Kontext politisch verstandener Ästhetik wird das dramatische Urbild ›Maske‹ zur sozialen Metapher und zum konkreten Beleg für den Modellcharakter der Kunst. Von den anthropologischen Konsequenzen her erweist sich der Wert des Masken-Spiels.

Genau dies hat Brecht gewollt: literarische Utopie als soziale Utopie. Weil es ihm um die Gestaltung des gesellschaftlichen Zusammenlebens in der Zukunft ging, legte er seine Arbeit als marxistischer Schriftsteller darauf an, Sinn und Zweck der sozialistischen Gesellschaft spielerisch zu entwickeln. Beispielhaft ist diese Zielsetzung einem Bild abzulesen, das für das Verständnis des Stücks zentral ist: dem Bild vom »Garten des Azdak«. Mit seinem letzten Urteilsspruch überführt der Ausnahme-Richter die Güter der Gouverneursfamilie »an die Stadt, damit ein Garten für die Kinder draus gemacht wird, sie brauchen ihn, und ich bestimm, daß er nach mir ›Der Garten des Azdak‹ heißt« (S 10,298 f.). Derlei verstand Brecht als »Praktikabilität« von »Weisheit« (SzT 6,348). Mit der sozialgerichteten Metapher demonstriert er uns die sozialistische Variante des salomonischen Urteils: »Der Garten des Azdak« als soziale Forderung und

Herausforderung. Dieser Sinn des Garten-Bilds wird sich dem Zuschauer oder Leser mit Notwendigkeit erschließen.[34]

Wie zur Verdeutlichung erscheint deswegen das gleiche Bild korrespondierend im »Nachspiel der ersten Fassung«. Dort treten am Ende die beiden Kolchosdelegationen noch einmal auf, so gewissermaßen die Lehre aus dem Modellstück ziehend. Die Agronomin des Obstbaukolchos verheißt dem Ältesten des Ziegenzüchterkolchos für seinen nächsten Besuch: »Du wirst einen Garten sehen«, und bekommt darauf die Antwort: »Gnade euch Gott, wenn es nicht ein Garten ist« (Mat. 54). Abermals verwendet Brecht den Garten als Bild einer freundlicheren Welt, die freilich noch Utopie ist. Im poetischen Bild leuchtet das real zu verwirklichende Modell auf. Allerdings ist dem utopischen Bild immer auch ein gewisser Märchencharakter eigen. Insofern fügen sich »Der Garten des Azdak«, das Eingreifen des »staubbedeckten Reiters« als dem ›reitenden Boten‹ (S 10,283) und das ›happy end‹ zwischen Grusche und Simon zum quasi märchenhaften Kunst-Schluß (lediglich der Garten der Obstbaumzüchter weist realere Züge auf). Die unverkennbar stilisierende Formgebung im szenischen Bericht des Sängers dient der – wenigstens fiktiven – Realisierung utopischer Geltungszusammenhänge. Inwieweit das auch für das Vorspiel gilt, wird noch zu erörtern sein. Für das *Kreidekreis*-Spiel jedenfalls kann bereits festgehalten werden, daß wir es – über den Inhalt hinaus – geradezu mit einem poetologischen Resümee der politischen Ästhetik Brechts zu tun haben. An seinen »Beispielen der Kunst« erweist sich die Kunst als Beispiel.

Vom Vorspiel zum 1. Akt oder Die zu erfüllende Utopie

Mit Schwierigkeiten hatte Brecht zeit seines Lebens zu kämpfen. Auch die Aufnahme des *Kaukasischen Kreidekreises* in den fünfziger Jahren gestaltete sich reichlich problematisch. Wie eingangs erwähnt, ist der Dramenfassung eine aktualisierende Szene vorangestellt. Die fast mythisch ferne grusinische Fabel wird einem historisch-konkreten Beispiel konfrontiert. Da es sich um die Realität der Sowjetunion handelt, kann man geradezu von einem Korrektiv sprechen. Maßgeblich für Brechts Entscheidung dürfte die Absicht gewesen sein, das utopische Bild mit einem »historischen und erklärenden Hintergrund« (B 720) zu versehen und zugleich in der Realität unserer Tage zu verankern. In seiner Sicht konnte das nur durch den Verweis auf sozialistische Praxis geschehen. Er fand sie verwirklicht im rational und produktiv gelösten Streit zweier Kolchosen um ein Tal, das schließlich denen zugesprochen wird, die es intensiv nutzen (»das Tal den Bewässerern, damit es Frucht bringt«; S 10,301). – Nachdem Brecht den »Streit um das Tal« (so die Szenenüberschrift) zunächst im Georgien des Jahres 1934 angesiedelt hatte, verlegte er das Geschehen bei der endgültigen Niederschrift in die Zeit nach der Befreiung des Gebiets durch den Abzug der zurückweichenden Hitlerarmee. Das Bild des Aufbaus 1944 sollte zweierlei verdeutlichen: Zum einen war es dem marxistischen Autor darum zu tun, ein Exempel des ›wahren Sozialismus‹ zu statuieren, die neue Kraft historischer Vernunft sinnfällig zu machen; zum andern spielte sicher schon der Gedanke eines Transfers dieses sozialen Paradigmas auf die deutsche Situation beim notwendigen Wiederaufbau nach dem verlorenen Krieg eine Rolle. Auch hiermit arbeitete Brecht für seine Rückkehr. In der Substanz erweist sich »Der Streit um das Tal« als Reflexion über die Zukunft.

Diese Schlüsselszene kann durchaus als gedankliche Keimzelle der dramatischen Konstruktion gelten. Ein Gleiches aber gilt in formaler Hinsicht. Wird doch – wie Hans Bunge, sicher mit Billigung des Meisters, betont – »die ganze Fabel zur Klärung des Streitfalls wegen des Besitzes des Tals erzählt« (SzT 6,368). Dramaturgisch heißt das: aus der epischen Funktionalität erwächst der Szene das formale Gewicht eines tektonischen Grundelements. Deshalb ging Brecht anfangs davon aus, um die Fabel herum einen Rahmen aus Vor- und Nachspiel zu legen. Allerdings ließ er in der Folgezeit den ad libitum gedachten Ausklang wieder fallen. Das hatte eine gewisse Isolierung des Prologs zur Folge. Immer wieder wurde deswegen der Einwand erhoben, der »Streit um das Tal« bilde einen Fremdkörper im Stück.

Naturgemäß entzündete sich die Diskussion vor allem an der dargestellten sowjetischen Wirklichkeit. Dabei ergaben sich eigenartige Unterschiede. Im Osten zogen die Kritiker erstaunlicherweise so gut wie keinen Nutzen aus dem sozialistischen Modellfall. Das Vorspiel blieb weithin unbeachtet.[35] Allein aus der Sowjetunion kamen Einwände, und zwar – interessanterweise! – wegen des »mangelnden realistischen Gehalts«.[36] Im Westen hingegen stürzte man sich mit Vehemenz auf das sogenannte »bolschewistische Einwickelpapier«.[37] Der »Streit um das Tal« wurde zum bevorzugten Streitpunkt der Kritiker. Die Argumentation konzentrierte sich auf den Vorwurf, Brecht habe mit dem Vorspiel eine bedenkliche ideologische Pflichtübung absolviert. Bekanntlich bestimmte das Denunziatorische in den Jahren des Kalten Krieges auch die literarische Auseinandersetzung.

So kam es dahin, daß bei der westdeutschen Erstaufführung im Frühjahr 1955 durch Harry Buckwitz in Frankfurt am Main das ideologische Skandalon kurzerhand weggelassen wurde. Diese Entscheidung fand nahezu einmütigen Beifall. Damals glaubte man noch, den Dichter Brecht und den ›Doktrinär‹ ohne weiteres voneinander trennen zu können. Selbst Peter Suhrkamp kannte in dieser Hinsicht keine Skrupel. Gerne hätte er wohl das Vorspiel bei der Druckfassung ausgeklammert. Das wiederum mußte den Autor auf den Plan rufen. Im Mai 1954 schrieb er deshalb seinem Verleger:

Daß das Vorspiel Ihnen nicht gefällt, verstehe ich nicht ganz, es war das erste, was ich von dem Stück schrieb. [...] Die Fragestellung des parabelhaften Stücks muß ja aus Notwendigkeiten der Wirklichkeit hergeleitet werden, und ich denke, es geschah in heiterer und leichter Weise. Ohne das Vorspiel ist weder ersichtlich, warum das Stück nicht der chinesische Kreidekreis geblieben ist (mit der alten Richterentscheidung), noch, warum es der »kaukasische« heißt [...]. (B 719)

»Notwendigkeiten der Wirklichkeit« setzen demnach den Akzent. Wir spüren dahinter fast den Ton letztwilliger Verfügung. Um diesen Aspekt zu untermauern, entschied Brecht sich wohl dafür, den »Streit um das Tal« in den Nachdrucken des Textes von 1949 (*Sinn und Form.* Sonderheft Bertolt Brecht) nicht mehr als selbständigen Prolog voranzustellen, sondern dem Gestaltungszusammenhang als Anfangsakt zu integrieren.

Man kann das nur so deuten, daß ihm viel daran lag, dem Publikum die Art der Erledigung des Streits als praktisches Modell, als Antizipation einer produktiven Haltung nahezubringen. Wie da ein Fall »innerhalb kurzer Zeit, in gemeinsamer Diskussion und ohne Zuhilfenahme formalen Rechts oder eines Richters, auf gütlichem Wege und für alle befriedigend gelöst« wird,[38] das hatte für Brecht demonstrativen Wert. Schon deswegen sollte man den »Streit um das Tal« als »gesellschaftlichen Gestus« in der Art der Lehrstücke begreifen, als eine Art »Übungsraum für revolutionäre Kollektive«.[39] Ohne den vermeintlichen Vorspann könnte das *Kreidekreis*-Stück nur sehr abstrakt wirken. Es hieße Brecht gründlich verkennen, wenn man ihm unterstellte, er habe nichts als eine Parabel vom Leidensweg und von der endlichen Belohnung der wahren Mutter oder von der listig-parteilichen Rechtsprechung des Armeleuterichters schreiben wollen. Der Mann, der sein Publikum als Auditorium der »Staatsmänner, Denker und Ingenieure« (SzT 5,243) auffaßte, hatte wahrlich anderes im Sinn. Deswegen ist Klaus-Detlef Müller zuzustimmen, wenn er betont: »Vorspiel und Handlung historisieren einander wechselseitig: die Gegenwart erscheint als Schlußpunkt einer historischen Entwicklung, als Verwirklichung geschichtlicher Tendenzen.«[40]

Wie aber verhält sich all dies zur Wirklichkeit, genauer gesagt: zum ›real existierenden Sozialismus‹ in der Sowjetunion? Für die Relation von Fabel und Vorspiel unterstellt Müller: »der Utopie in der Vergangenheit wird durch die verwirklichte Utopie jeglicher Schein der Willkür genommen«. Etwas zurückhaltender äußert sich zum gleichen Zusammenhang Jost Hermand, in dessen Augen das Vorspiel »eine halbwegs erfüllte Utopie« ist. Wenig später spricht er, noch vorsichtiger, von »einer erfüllbaren Utopie«.[41] Offenbar sind die Unterschiede im Bestimmtheitsgrad utopischer Erfüllung beträchtlich. Will es nicht scheinen, als seien hier Realität der UdSSR und Utopie des Sozialismus nicht säuberlich genug voneinander getrennt? Was gilt? Um aus der Ambivalenz herauszukommen, muß daran erinnert werden, daß Brecht sich keinen Illusionen hingab hinsichtlich der Widersprüche im Sowjetstaat. Er wußte: Dort war keine Massendemokratie verwirklicht, sondern die »Diktatur über das Proletariat«[42]. Anderseits ging er freilich auch davon aus: Stalins Rußland war bis zum Ende des Zweiten Weltkriegs der einzige sozialistische Staat auf der Welt. So kam er zu der These: »Man kann nicht sagen: In dem Arbeiterstaat Rußland herrscht die Freiheit. Aber man kann sagen: Dort herrscht die Befreiung« (SPG 103). Wohl nicht zuletzt zu eigener Vergewisserung formulierte er die folgende Erklärung des paradoxen Sachverhalts:

> Der eingreifend Denkende hält wirtschaftliche Zustände von Ländern noch für verbesserungsbedürftig, wenn noch Diktaturen von Klassen oder gar von einzelnen Menschen vorhanden sind. Wie soll zum Beispiel die fortgeschrittenste Staatsform der Welt, die des ersten großen Arbeiterstaates fertig sein, wenn seine Wirtschaftsform noch so sehr verbesserungsbedürftig ist?
>
> (SPG 101)

Trotz solcher Einsichten lagen in der produktiven Weiterentwicklung der vorhandenen Ansätze Brechts politische Hoffnungen. Sehr zu Recht hat deshalb Hans Mayer hervorgehoben: »Der Marxismus Bertolt Brechts nährt sich fast ausschließlich aus [...] dem dialektischen Materialismus.«[43] Deswegen ersetzte Brecht seine Definition des Marxismus »als einer großen ordnung« durch den Begriff der »großen produktion« (AJ 247). An ihrer Durchsetzung aktiv mitzuarbeiten, war seit der marxistischen Konversion das Ziel seiner literarischen Bemühungen. Die künstlerische Produktion stellte für ihn einen entscheidenden Faktor bei der »befreiung der produktivität aller menschen von allen fesseln« (AJ 247) dar.

Es braucht wohl kaum eigens betont zu werden, daß mit der so verstandenen »großen Produktion« ein Zustand angesprochen ist, der mit den herrschenden Verhältnissen – gerade auch in den sogenannten ›sozialistischen Ländern‹ – wenig gemein hat. Mit anderen Worten: »Der Streit um das Tal« beschreibt einen Ausnahmezustand. Was Wunder, wenn die hier gezeigte Praxis in der sowjetischen Wirklichkeit eher Befremden auslöste.[44] Denn in der Tat wirkt – angesichts der dortigen Realität – die Kolchos-Szene mehr wie ein sozialistisches Märchen. – Was Brecht betrifft, so war er sicher bereit, dem Kommunismus wesentlich mehr Kredit einzuräumen. Bemühte er sich doch sogar persönlich darum, über Otto Grotewohl »die Volkskammer in größeren Schwung« zu versetzen.[45] In seiner Sicht war somit »Der Streit um das Tal« der Standard des Erreichbaren. Daß er sich hierin getäuscht hat, ist uns schmerzlich bewußt; sein Fehler ist es jedenfalls nicht. Das zum ersten Akt gewordene Vorspiel beschreibt eine einzuschlagende Richtung. Es setzt das Maß der zu erfüllenden Utopie. Für die ›Gesellschaft auf dem Wege zum Sozialismus‹ wird der Brechtsche Text zum Gegenbild und damit zur Herausforderung. Nebenbei dürfte das auch ein Grund dafür gewesen sein, warum das Exempel an die Peripherie des Sowjetstaats verlagert wurde. Das leicht exotische Georgien mochte noch eher einen brauchbaren Rahmen abgeben für das utopische Bild als die Produktionszentren des grauen sozialistischen Alltags. Mit seinem schönen Gesellschaftsmodell versetzt uns der Autor in die Zeit nach den »Mühen der Ebenen«. Das allein gab ihm die Möglichkeit, seinen Beispielfall »in heiterer und leichter Weise« (B 719) abzuhandeln. Zwar konnte Brecht für sich annehmen, er habe den utopischen Sozialismus hinter sich gelassen. Hier korrigierte ihn die Wirklichkeit insofern, als sie aus seinem Spiel für die unmittelbare Praxis ein Spiel der Vorwegnahme gemacht hat. Dennoch konnte der Stückeschreiber den Schauspielern gegenüber nicht ohne Stolz von seinem Zuschauer sagen: »Er sitzt nicht nur / In eurem Theater, sondern auch / In der Welt« (SzT 5,269).

»Abenteuer der Vernunft«
oder »Über die Produktivität der Einzelnen« (P 5,131)

Zum Vorspiel kommt, auf fünf weitere Akte verteilt, die Kreidekreis-Fabel. Brecht hat sich widersprüchlich darüber geäußert. Ganz selbstverständlich spricht er einerseits vom »parabelhaften Stück« (B 719). Andererseits gibt er den warnenden Hinweis: »Der *Kaukasische Kreidekreis* ist keine Parabel«; er erklärt das damit, daß es sich um »eine wirkliche Erzählung« handle, »die in sich selbst nichts beweis[e], lediglich eine bestimmte Art von Weisheit zeig[e]« (SzT 6,368). Was ist davon zu halten? Ihrer Definition nach setzt die Parabel den Sachverhalt erhellender Analogie voraus. Deswegen glaubte Walter Hinck, dem Kreidekreis-Geschehen eindeutig parabolischen Charakter zusprechen zu können.[46] Sein einleuchtender Vorschlag ließe sich freilich nur aufrechterhalten, wenn Vorspiel und Hauptteil des Stückes unmittelbar so aufeinander bezogen wären, daß »die ganze Fabel zur Klärung des Streitfalls« zwischen den zwei Kolchosdelegationen diente. Eine solche Funktion ist jedoch nicht auszumachen. Vielmehr stehen Gegenwartshandlung und die zeitlich so ferne Kreidekreisprobe zueinander in der erwähnten Relation einer aktuellen Verwirklichung historisch angelegter Tendenzen.

Beispielhaft ist sowohl das Verhalten Grusches und Azdaks wie das der Kolchosbauern, denn sie alle lassen »Bereitschaft und Fähigkeit zur Produktivität« (SzT 6,370) erkennen. Allerdings ordnen sich die gezeigten Haltungen einem grundverschiedenen Kontext zu. Im Fall der grusinischen Kreidekreis-Variante herrschen blutige Rahmenbedingungen. Was der Sänger herausstellt, sind Proben »einer kurzen / Goldenen Zeit beinah der Gerechtigkeit« (S 10,300), also Ausnahmen. Im aktuellen Beispiel soll dagegen ein Regelfall sozialistischen Zusammenlebens vorgeführt werden. Während im Hauptteil ein glücklicher Zufall im Mittelpunkt steht, verweist das Vorspiel auf gesellschaftliche Erfordernisse. Dort der amorphe Ablauf einer chaotischen Zeit, hier die Vorstellung einer rational umgeformten, humanisierten Wirklichkeit. Brecht beschreibt somit den qualitativen Sprung von der Stufe des Zufalls zur Stufe der Notwendigkeit. Insofern hat der »Vortrag des Sängers« keine parabolische Bedeutung für den »Streit um das Tal«. Wohl aber erweist sich das Stück insgesamt als parabelhaft im Hinblick auf die »zuhörer der geschichte vom kreidekreis«.[47] Ihnen exemplifiziert der Autor anhand sinnfälliger »Abenteuer der Vernunft« (Goethe) »eine bestimmte Art von Weisheit« und deren »Praktikabilität« (SzT 6,368).

Der kaukasische Kreidekreis behandelt, Brecht zufolge, das Thema von »Eigentum und Justiz« (B 529). Wie häufig im Werk erscheint die damit verbundene Problematik unter dem Aspekt des dialektischen Gegensatzes von Alt und Neu. Dieser hat in den Augen des Stückeschreibers den großen Vorteil, daß er Vertrautes fragwürdig macht. Zustände werden dann zu Prozessen, Vorgänge zu Übergängen.[48] Brecht demonstriert das an einer »Probe des Muttertums«, welche gegen die leibliche Mutter ausgeht (SzT 6,368), und an einer Sabotage des geltenden Rechts, durch welche »etwas herausspringt für diejenigen, die wirklich recht benötigen« (AJ 650). Er stellt damit nicht nur die klassische Kreidekreis-Fabel vom Kopf auf die Füße, sondern unterbreitet uns konkrete Musterfälle zur »Produktivität des Einzelnen«. Generell definiert er sie so:

> Die Produktion wird durch die Arbeitsteilung [. . .] zu einem System, das die Produktivität hemmt. Die Menschen behalten sich nichts mehr vor. Sie lassen sich abstempeln. Die Zeit wird ausgenutzt, da bleibt keine Minute für das Unvorhergesehene. Man verlangt viel. Aber das Nichtverlangte bekämpft man. Die Menschen haben so nichts Unbestimmtes, Fruchtbares, Unbeherrschbares mehr an sich. Man macht sie bestimmt, festumrissen, verläßlich, damit sie beherrschbar sein sollen.　(P 5,131)

Wie das »Unvorhergesehene«, das »Nichtverlangte« und auch das »Unbestimmte, Fruchtbare, Unbeherrschte« die von Grusche und Azdak verkörperten Haltungen prägen, wird nun konkret zu betrachten sein.

Beispiel sozialer Produktivität (1): Grusche oder Die »Ausfindung der Mütterlichkeit« (SzT 6,368)

Drei der insgesamt sechs Akte gehören allein der Geschichte vom Küchenmädchen Grusche Vachnadze. Mit dem Urteil im Schlußakt wird über ihr Schicksal entschieden. Durch die Grusche-Handlung relativiert der Autor den herkömmlichen Eigentumsbegriff. Was liegt konkret vor? In den Wirren des Aufstands nimmt die Magd sich aus spontaner Nächstenliebe des Kindes ihrer Herrschaft an (»Das hohe Kind«), rettet den kleinen Gouverneurssohn durch alle Widrigkeiten (»Die Flucht in die nördlichen Gebirge«) und zieht ihn auf, obwohl sie

dabei ihren eigenen Lebensplan mehr als gefährdet (»In den nördlichen Gebirgen«). Grusche wird mit der Rettung des hilflosen Michel zur Helfenden,
freilich auch zur Mutter wider Willen. Ohne Rücksicht auf ihre persönlichen
Interessen folgt sie der Herausforderung. Sie weiß, daß sie ohne die für sie selbstverständliche Reaktion ihr eigenes Menschsein verraten würde;[49] sie weiß außerdem, daß ihr Handeln aus dem »hohen Kind« einen brauchbaren Mitmenschen
macht. Ihr Lied am Ende des 3. Aktes bekundet, warum sie der »Verführung zur
Güte« (S 10,174) erlegen ist. Sie singt da für Michel:

> Dein Vater ist ein Räuber
> Deine Mutter ist eine Hur
> Und vor dir wird sich verbeugen
> Der ehrlichste Mann.

> Der Sohn des Tigers
> Wird die kleinen Pferde füttern
> Das Kind der Schlange
> Bringt Milch zu den Müttern.   (S 10,205)

Das ist die Haltung produktiver Menschlichkeit. Brecht kommentiert die Entscheidungen der Grusche zusammenfassend mit dem Satz: »Sie liebt nun das
Kind; ihren Anspruch leitet sie ab von ihrer Bereitschaft und Fähigkeit zur
Produktivität« (SzT 6,370).
Allerdings hat die Produktivität auch ihre Kehrseite. Aus der »Verführung zur
Güte« resultieren die »Leiden der Brauchbarkeit«.[50] Mit anderen Worten: die
wahre Humanität muß teuer erkauft werden. Als hauptsächlichen Widerspruch
in der Anlage der Grusche-Figur hat der Autor hervorgehoben, »ihre Produktivität wirk[e] in der Richtung ihrer eigenen Destruktion« (SzT 6,365). Die Retterin
erscheint als Opfer. Eben dies veranlaßte Lion Feuchtwanger zu seinem Einwand, die Grusche sei »zu heilig« (AJ 669). Der Stückeschreiber versuchte
daraufhin, einer zu positiven Stilisierung der weiblichen Hauptfigur nach Kräften
entgegenzuwirken. Den Kern seiner Überlegungen und Wirkungsabsichten hat
er im *Arbeitsjournal* wie folgt festgehalten:

> plötzlich bin ich nicht mehr zufrieden mit der grusche [...]. sie sollte
> einfältig sein, aussehen wie die »tolle grete« beim breughel, ein tragtier. sie
> sollte störrisch sein statt aufsässig, willig statt gut, ausdauernd statt unbe-
> stechlich usw usw. diese einfalt sollte keineswegs »weisheit« bedeuten (das
> ist die bekannte schablone), jedoch ist sie durchaus vereinbar mit prakti-
> scher veranlagung, selbst mit list und blick für menschliche eigenschaften. –
> die grusche sollte, indem sie den stempel der zurückgebliebenheit ihrer
> klasse trägt, weniger identifikation ermöglichen und so als in gewissem sinn
> tragische figur (»das salz der erde«) objektiv dastehen.   (AJ 662)

Instinktive Nächstenliebe, aber ebenso »vernünftiges Zögern« bilden die Pole ihres inneren Konflikts. Dahinter steht die Frage: Wie sieht eine Welt aus, in der die Menschen zum Opfer ihrer Güte werden? Ziemlich billig ist es deswegen, Grusche als »Mutter ohne Unterleib« oder als »bewundernswerte Märchengrete, die am Ende ihren aufrechten Hans als Lohn bekommt«, abstrakt festzulegen.[51] Der Autor hat ihr entschieden mehr Dimensionen auf den Weg mitgegeben. Was ihr anfangs bloß der Instinkt suggeriert, macht sie sich allmählich bewußt. Das Spiel zeigt ihre widerspruchsvolle Entwicklung vom ›Muttertier‹ zur bewußten Mutter. Aus der von Einfalt und Zurückgebliebenheit ihrer Klasse geprägten Magd wird eine selbstbewußte Frau, die ihre »Produktivität« vollkommen zutreffend einzuschätzen vermag.

An Grusche demonstriert Brecht demnach die Veränderbarkeit des Menschen. Bekanntlich machte er von Beginn an den »veränderlichen und verändernden Menschen« zum Zielpunkt seines ›epischen Theaters‹.[52] Nichts anderes als dieser Wille zu einer neuen Humanität ist gemeint, wenn bei ihm von gesellschaftlicher »Produktivität« die Rede ist. Die sich zwischen Grusche und Michel aufbauende Beziehung ohne Besitzansprüche ist ein praktisches Beispiel dafür. Die Ziehmutter hat sich ihr Recht an dem Kind erarbeitet. Das Resultat ihrer Mühen spricht für sich:

> Wird es müssen den Hunger fürchten
> Aber die Hungrigen nicht.
> Wird es müssen die Finsternis fürchten
> Aber nicht das Licht.   (S 10,296)

Nicht ohne Grund ging Brecht bei seiner Inszenierung so vor, daß er der Darstellerin der Agronomin im Vorspiel die Rolle der Grusche im Kreidekreis-Spiel übertrug, auf diese Weise deren gesellschaftlichen ›Nutzwert‹ unterstreichend.

Falsch wäre es demnach, die Grusche auf ›reine Einfalt‹ zu reduzieren. Nicht umsonst hat ihr Schöpfer sie immer wieder auf die Mittelpunktsfigur von Pieter Breughels Bild »Dulle Griet« zurückgeführt. In der »Kriegsfurie« des flämischen Malers fand er ein Charakterbild vorgeprägt, welches zwischen »Hilflosigkeit und Beschränktheit« einerseits und »Hypersensitivität« andererseits oszillierte (SLK 2,86 und 90).[53] Offenbar verlockte es Brecht, aus dieser Spannung heraus die latenten Kräfte zu entwickeln, die den Menschen befähigen, gesellschaftliche Produktivität ins Werk zu setzen. Freilich muß Grusche, die »Mütterliche«, am Ende um den Ertrag ihrer Arbeit fürchten. Denn: »rechtlich ist die Retterin die Diebin« (SzT 6,365). Um diesen Widerspruch produktiv auflösen zu können, brauchte der Autor Azdak, den »guten schlechten Richter« (S 10,266).

Beispiel sozialer Produktivität (2): Azdak oder »Der Enttäuschte, der nicht zum Enttäuscher wird« (SzT 6,365)

Mit dem 5. Akt geht das Geschehen von der Magd Grusche auf den Dorfschreiber Azdak über. Auch »Die Geschichte des Richters« setzt mit dem »großen Aufstand« (S 10,237) ein. Beide Geschichten laufen also in der erzählten Zeit simultan ab. Jedoch wird das Nebeneinander auf der Bühne zum Nacheinander. Mit der Rückblende inszeniert der Autor im »Vortrag des Sängers« einen zweiten Durchgang durch die »Zeit der Unordnung« (S 10,271). Erst der 6. Akt führt dann im Kreidekreis-Urteil die Handlungsstränge zusammen.

Azdak, der Mann, welcher Gerechtigkeit gegen kodifiziertes Recht setzt, wird im Stück auf höchst merkwürdige Weise eingeführt. Brecht weist besonders darauf hin: »Der Azdak ist ein völlig lauterer Mann [...]. Anders wird dem Urteil mit dem Kreidekreis alle Gültigkeit entzogen« (SzT 6,370). An anderer Stelle dagegen nennt er ihn den »niedrigste(n), verkommenste(n) aller richter« (AJ 654). Der Dorfschreiber selbst bezeichnet sich bald als »geistigen Menschen« (S 10,240), bald als »unwissenden« (S 10,292). Wer nach einer Auflösung des Widerspruchs sucht, kann sie nur im Wechsel der Zeitläufte finden. Als guter Dialektiker paßt nämlich Azdak sein Verhalten wie ein Chamäleon der jeweiligen Umgebung an. Wo Niedrigkeit herrscht, gebärdet er sich niedrig, verkommen und unwissend. Sobald er den Eindruck gewinnt, frei handeln zu können, zeigt er sein wahres Gesicht. Mit dem Aufstand, glaubt er, sei »eine neue Zeit [...] gekommen« (S 10,243). Rasch wird ihm indes klar, daß er einem Irrtum aufgesessen ist. Was er für eine Revolution hielt, ist in Wahrheit ein bloßer Machtwechsel. Sein klassenkämpferisches Lied von der Revolution in Persien bringt ihn in Gefahr. Denn die Teppichweber mit der »persischen Krankheit« sind von den Panzerreitern »zu Brei geschlagen« worden (S 10,248). »In seiner enttäuschung darüber, daß mit dem sturz der alten herrn nicht eine neue zeit kommt, sondern eine zeit neuer herrn«, liegt, Brecht zufolge, die »elementare causa gesellschaftlicher art« (AJ 650) für Azdaks Verhalten.

Allerdings muß es abwegig erscheinen, dem Dorfrichter die »enttäuschte Idealität des Intellektuellen« zuzusprechen.[54] Der »zerlumpt und angetrunken (S 10,237) auftretende Armeleuterichter und Wilddieb ist alles andere als ein Idealist. »Für die Besetzung des Azdak« formulierte Brecht ausdrücklich den folgenden »Rat«: »Es muß ein Schauspieler sein, der einen völlig lauteren Mann darstellen kann. Der Azdak ist ein völlig lauterer Mann, ein enttäuschter Revolutionär, der einen verlumpten Menschen spielt, so wie beim Shakespeare die Weisen Narren spielen« (SzT 6,370). Keine Spur von Idealität. Aber wir erfahren hier, warum diese Gestalt »die selbstsüchtigen, amoralischen, parasitären züge« (AJ 650) trägt, die so sehr an den anarchischen Baal erinnern. Im Umgang mit der Macht ist der Dorfschreiber listig wie Schweyk, in seinem sinnenfrohen Materialismus und seiner unheldischen Rationalität läßt er uns an Galilei denken. Deshalb verfiel vermutlich Martin Esslin auf den Gedanken,

Brecht habe hier »ein dichterisch verklärtes und ins Überlebensgroße gesteigertes Selbstporträt gezeichnet«.[55] Derlei gilt für den »guten schlechten Richter« gewiß nicht mehr als für zahlreiche andere Figuren Brechts. Gewonnen ist mit solchen Feststellungen nicht viel. Für das Verständnis der Persönlichkeit Azdaks wichtiger ist da die einfache Mitteilung Schauwas, er sei »ein überlegener Mensch« (S 10,240). Mit anderen Worten: der den Narren spielende Weise durchschaut die Zusammenhänge seiner Umwelt.

Als ihm blutig deutlich gemacht wird, daß er in einer »Hundewelt« (S 10,283) lebt, muß Azdak endgültig erkennen: »die große Zeit ist nicht gekommen« (S 10,272). Mit dem »Lied vom Chaos« konkretisiert er noch einmal die Erwartungen seiner Utopie und nimmt so zugleich davon Abschied. Aus dem Bewußtsein seiner Ohnmacht[56] heraus entwickelt er die nötigen Konsequenzen für die Ausübung des ihm noch einmal zufallenden Richteramts. Gewiß spielt hier auf der einen Seite der Aspekt der »miserablen rechtsfindung« (AJ 650), der Justitia »mit gefälschter Waage« des »gezinkte[n] Recht[s]« (S 10,271) herein. Entscheidend jedoch bleibt die von Azdak praktizierte Methode vernünftiger Rechtsfindung. Die Menschlichkeit seines sehr überlegten Urteilens wiegt den »unkorrekten Austeiler des Rechts«[57] in ihm auf. Abermals also die Erfahrung von »Bereitschaft und Fähigkeit zur Produktivität«. Vordergründiger Betrachtung mag ein solcher Richter als »Traumtänzer und Wirrkopf«[58] erscheinen; wir dagegen erkennen in ihm den überzeugenden Repräsentanten natürlicher sozialer Phantasie und Vernunft. Dadurch erweist er sich letzten Endes als »Enttäuschter, der nicht zum Enttäuscher wird«.

Geistige Partnerschaft erwächst Azdak in der legendären Gestalt des Sankt Banditus. Durch die ›Parallelaktion‹ des edlen Räubers Irakli bestätigt ihm der Autor die sozialmoralische Triftigkeit seines Tuns. Dies festzustellen ist schon deswegen wichtig, weil die legalistisch-distanzierte Betrachtung zu gänzlich anderen Folgerungen führt. Wenn Peter Badura urteilt: »Des Azdaks richterliche Tätigkeit ist nicht ›fortschrittlich‹ und nicht ein Ausdruck der ›Vernunft‹, sondern das Symptom für eine rechtlose Zeit und als Methode, um diese Rechtlosigkeit zu überwinden, eine Sackgasse«,[59] so ist das zweifellos in juristischer Hinsicht folgerichtig. Nur verfehlt eine derartige Interpretation den Kern der Sache: die poetische Chiffre eines sozialen Zeichens. So fragwürdig es sein mag, »das Kind der Herrin [...] zum Sohn ihrer Sklavin« zu machen, wie es vorausdeutend im »Lied vom Chaos« heißt (S 10,273), eine »Sackgasse« ist es jedenfalls nicht, wenn »Arbeit« und »Freundlichkeit« zum Programm menschlicher Selbstverwirklichung erhoben werden. Der Wille zu einer neuen Humanität hat hier natürliche Überzeugungskraft. Aber: die Utopie der Güte in einer guten Welt tut sich historisch schwer. Es hat schon seine Gründe, daß Azdak Grusche rät, schleunigst die Stadt zu verlassen und selbst am Schluß »in Gedanken« versunken dasteht (S 10,300), um sich dann aus dem Staub zu machen. Mithin endet Azdaks »Abenteuer der Vernunft« in der Dekonstruktion. Das äußerlich so glückhafte

Märchenende löst sich mit den Hauptakteuren in nichts auf, »entschwindet, wie alles Schöne« (S 10,241). Zurück bleibt das Beispiel seines Urteils und das Bild des nach ihm benannten Gartens. An Azdak bestätigt sich der Satz Eluards: »Die Erinnerung schwindet, aber das Bewußtsein hat Bestand.«

Envoi

Azdak und Grusche sind Vorläufige. Sie müssen sich noch einmal aus der Geschichte ausblenden, bis die Geschichte sie eingeholt haben wird. Grusches neue Mütterlichkeit und Azdaks neue Gerechtigkeit wirken als Angebot, als Herausforderung, in der Art des Keuner-Wortes: » So wie ich esse, werdet ihr nicht essen. Wenn ihr aber eßt wie ich, wird es euch nützen« (P 2,142). Die Haltungen dieser exemplarischen Gestalten überzeugen durch ihre produktive Kraft. Weit entfernt von den plakativ ausgestellten Vorbildfiguren der ›sozialistischen Menschengemeinschaft‹ widerstehen sie den allzu glatten Lösungsversuchen der Ideologen. Dafür erweisen sie sich als verläßliche Partner »mit praktischer veranlagung, selbst mit list und blick für menschliche eigenschaften« (AJ 662). Vor allem aber genügen sie der Forderung: »wer eine Haltung hat, der kann vieles tun und verliert sein Gesicht nicht« (P 2,143). Mit solchen Menschen ließe es sich leben – jedenfalls weit angenehmer und besser als mit den Parteigängern jedweder Machthaber. Zur Frage steht dabei, was Brecht mit seinem Keuner sagte: »daß die Haltung die Taten macht, das möge so sein. Aber die Notwendigkeiten müßt ihr ordnen, daß es so werde« (P 2,142 f.).

Natürlich hat die poetische Fabel von der neuen Humanität sehr unterschiedliche Deutungen erfahren: autobiographische, aktualisierende, historisierende, existentialistische, ideologische. Gleichgültig, ob man nun »primitive sowjetische Propaganda« (Haas) oder eine »Hommage an die Sowjetunion« (Schumacher) unterstellt, ob *Der kaukasische Kreidekreis* als »sozialkritisch durchsetztes Rührstück« (Hensel), als »marxistische Parabel« (Hill) verstanden oder als Schlüsselstück über die Oktoberrevolution umgedeutet wird (B. N. Weber), ob Azdak als »messianischer Richter«, Grusche als »samaritanische Magd« (Schöne) oder ihr Beispiel als »vorweggenommenes Paradies« sozialistischer Gerechtigkeit (Grimm) aufgefaßt werden, immer verengen sich ›Weite und Vielfalt‹ der ästhetischen Konstruktion Brechts zu einem mehr oder minder schlüssigen, stets jedoch vereinseitigenden Orientierungsschema. Kein Zweifel, im Stück sind viele dieser Aspekte auszumachen und noch mehr dazu. Man sollte aber nicht mit Details die thematische Grundstruktur verdecken. Sie umfaßt die drei folgenden Schwerpunkte: die sanfte Gewalt der Vernunft, die neue Menschlichkeit und die »Kunst als Beispiel«. *Der kaukasische Kreidekreis* verbindet alle drei Elemente in der künstlerischen Demonstration produktiver Haltungen. Dabei geht es nicht so sehr um die Frage von Bejahung und Verneinung der dargestellten Wirklichkeit, als vielmehr um die Herausforderung für die Zukunft. Wie jeder gute materialistische Dialektiker pflegte Brecht seine Erwartungen in der Realität aufzuheben.

Anmerkungen

Für die Texte Brechts werden beim Zitieren die folgenden Abkürzungen verwendet:

S   Stücke. Bd. 10. Frankfurt a. M. 1957.
SzT Schriften zum Theater. 7 Bde. Frankfurt a. M. 1963/64.
G   Gedichte. 9 Bde. Frankfurt a. M. 1960–65.
P   Prosa. 5 Bde. Frankfurt a. M. 1965.
SLK Schriften zur Literatur und Kunst. 3 Bde. Frankfurt a. M. 1967.
SPG Schriften zur Politik und Gesellschaft. Frankfurt a. M. 1968.
AJ   Arbeitsjournal 1938–1955. 2 Bde. Frankfurt a. M. 1973.
TfF Texte für Filme. 2 Bde. Frankfurt a. M. 1969.
B   Briefe. Frankfurt a. M. 1981.

Häufig zitiert wird auch aus den beiden Materialsammlungen:
Mat. Materialien zu Brechts »Der kaukasische Kreidekreis«, hrsg. von Werner Hecht. Frankfurt a. M. 1966. (edition suhrkamp. 155.)
W   Brechts »Kreidekreis«, ein Revolutionsstück. Eine Interpretation von Betty Nance Weber. Mit Texten aus dem Nachlaß. Frankfurt a. M. 1978. (edition suhrkamp. 928.)

1 Li Hsing-tao: Hoei-lan-ki (13. Jh.); dt. Übertr. von Alfred Forke. Leipzig 1927. Klabund (d. i. Alfred Henschke): Der Kreidekreis. Spiel in 5 Akten nach dem Chinesischen. Berlin 1925. – Nach der Uraufführung des Stückes in Frankfurt a. M. und Hannover hatte insbesondere die Inszenierung Max Reinhardts am Deutschen Theater in Berlin mit Elisabeth Bergner in der Hauptrolle eine starke Resonanz. Klabunds Fassung wurde sogar ins Englische übertragen (1929) und auch mit Musik von Alexander Zemlinsky als Oper vermarktet (1933). – Die sehr freie Bearbeitung Klabunds wurde von Sachkennern eher ablehnend beurteilt. Die Übersetzung des Sinologen Forke im Reclam-Verlag ist als Reaktion auf Klabund zu verstehen. – Brecht kannte mit Sicherheit beide Texte genau. Er war zur Zeit der Reinhardt-Inszenierung (zusammen mit Carl Zuckmayer) dramaturgischer Mitarbeiter am Deutschen Theater; Forke wiederum war für Brecht ein wichtiger Gewährsmann für chinesische Literatur (von ihm stammt beispielsweise die Me-ti-Übersetzung).
2 Der Begriff der Urszene wird hier bewußt als dramatische Grundstruktur oder szenische Keimzeile verstanden. Keineswegs ist an den Freudschen Wortgebrauch gedacht, der damit das erste Auftreten von Instinkten wie Gewalt oder Begehren im individuellen Lebensprozeß benennt.
3 1. Kön., 3,16–28.
4 S 2,295–315.
5 W 20–24.
6 W 20.
7 W 24.
8 W 20.
9 Der Erstdruck des *Augsburger Kreidekreises* erfolgte in Heft 6 (1941) der in Moskau erscheinenden Zeitschrift *Internationale Literatur*. Die *Kalendergeschichten* wurden 1949 in Berlin veröffentlicht.
10 Man denke vor allem an Stücke wie: *Leben des Galilei, Mutter Courage und ihre Kinder, Das Verhör des Lukullus, Der gute Mensch von Sezuan*.
11 Vgl. hierzu: Siegfried Mews: Bertolt Brecht: Der kaukasische Kreidekreis. Grundlagen und Gedanken zum Verständnis des Dramas. Frankfurt a. M. 1980. S. 18–20.
12 SzT 6,349–358, 410; Nachdr.: Mat. 7–16 (mit Abbildungen der Zeichnungen von Kulisiewicz: 9, 13, 21, 59, 123). Zu dem 1956 veröffentlichten Zyklus des polnischen Malers schrieb Brecht die Fabelerzählung seines Stückes unter Verwendung versifizierter Erzählpartien des Sängers. Er unterstrich die Bedeutung solcher Zusammenarbeit der Künstler in einem Beitrag für den

Ausstellungskatalog unter dem Titel: »Kollektiv selbständiger Künste« (12. Februar 1956; SzT 6,375 f.).

13 W 26; Jan Knopf verweist hier auf den Zusammenhang mit der gleichen Formulierung im *Guten Menschen von Sezuan* (J. K: Brecht-Handbuch. Theater. Stuttgart 1980. S. 257).

14 Betty Nance Weber hat dazu ein weit ausholendes Interpretationssystem vorgeschlagen. Allerdings erscheint ihre Deutung insgesamt zu wenig stringent und auch weithin spekulativ.

15 Hierzu vor allem: W 29; ebenso TfF 654.

16 Zunächst hatte Brecht Christopher Isherwood als Übersetzer vorgesehen; danach verhandelte er – teilweise über Ruth Berlau – mit Wystan Hugh Auden (vgl. AJ 651; B 496, 1050). Trotz intensiver Bemühungen kam jedoch nur ein Teilresultat zustande: Auden machte die besonders schwierigen Versübertragungen. Der Prosateil lag bloß in einer Rohübersetzung von James Stern vor (vgl. dazu: B 497, 498 f., 505–508, 514, 521, 525). Aus einem Ansatz Laughtons, eine Übersetzung in der Art des Galilei-Stückes vorzulegen, wurde ebenfalls nichts (vgl. B 530). Für die englische Druck-fassung mußte dann Eric Bentley selber als Übersetzer tätig werden (vgl. Anm. 22).

17 AJ 658. Betty Nance Weber stellte die vorliegenden Entwürfe sorgfältig zusammen (vgl. hierzu auch Knopf, Anm. 13, S. 255). Der Hinweis auf die »erste niederschrift« bezieht sich auf das Bestandsverzeichnis I, Nr. 1984 (siehe Mews, Anm. 11, S. 21).

18 Aufschlußreich hierfür vor allem: B 492–497, 506, 511.

19 Zu der These von den zwei Fassungen vgl. bes. W 42–44. Sie wurde von Knopf übernommen (Anm. 13, S. 254–256). Doch sollte man die Existenz zweier nicht voll identischer Typoskripte nicht gleich zum ›Fassungsproblem‹ erheben (etwa in der Art der *Galilei*-Fassungen).

20 Siehe dazu: AJ 669.

21 B 529. Brecht faßt mit diesen Begriffen interessanterweise die Thematik des Kreidekreis-Stoffes in seiner Deutung zusammen.

22 Die Übersetzung erschien in dem Sammelband: *Parables for the Theatre* (1948). Die von Auden (Verspartien) und Stern (Prosapartien) erstellte Fassung wurde erstmalig abgedruckt in: Bertolt Brecht: Plays. Vol. 1. London 1960. (Vgl. B 1050).

23 Sinn und Form. Sonderheft Bertolt Brecht. Berlin 1949. S. 52–164.

24 Versuche. Heft 13. Berlin 1954. S. 5–95; S 10,133–301.

25 Über die Daten der Probenarbeit und der ersten Aufführungen liegen voneinander abweichende Angaben vor. Doch kann man die von Angelika Hurwicz inszeniert: »Der kaukasische Kreidekreis«. In: Theater heute 14. 1964) mitgeteilten Termine unschwer als Erinnerungsfehler nachweisen. Die Rezensionen zu den Aufführungen des Berliner Ensembles in Berlin und Paris erlauben verläßliche Rückschlüsse. Danach haben Völker (Klaus Völker: Brecht-Chronik. München 1971. S. 154 ff.) und Mews (Anm. 11) S. 24, ihre Datierungen vorgenommen: Öffentliche Voraufführung Berliner Ensemble: 15. Juni 1954 (mit Angelika Hurwicz und Ernst Busch in den Hauptrollen); Premiere Berliner Ensemble: 7. Oktober 1954; Gastspiel Berliner Ensemble beim Théâtre des Nations in Paris: 20.–24. Juni 1955; Westdeutsche Premiere in Frankfurt a. M.: 28. April 1955 (mit Käthe Reichel als Grusche).

26 Programmheft des Théâtre Sarah Bernhardt für das Gastspiel vom 20.–24. Juni 1955 (»Il s'agissait là de l'événement le plus considérable de notre après-guerre dans le domaine théâtral«).

27 In der ersten Niederschrift zum »Vorspiel« wird die Kreidekreis-Fabel ausdrücklich als »vortrag arkadi tscheidses« angekündigt (W 121, 129).

28 Volker Klotz: Bertolt Brecht. Versuch über das Werk. Bad Homburg v. d. H. ³1967. S. 60. Vgl. dazu auch: Reinhold Grimm: Bertolt Brecht. Die Struktur seines Werkes. Nürnberg ⁵1968. S. 54 f.

29 Brecht verwendet diesen Begriff im Stück: *Die Tage der Commune* (vgl.: S 10,365).

30 W 121.

31 AJ 17. Brecht denkt hier primär an Lukács und Becher. Seine so eindeutige Einschätzung muß vor dem Hintergrund der Realismus-Debatte gesehen werden.

32 Zit. nach: Ernst Schumacher: Brecht. Theater und Gesellschaft im 20. Jahrhundert. Berlin 1973. S. 19. Nachdr. des Aufsatzes: »Er wird bleiben«. S. 9–20; zuerst veröff. in: Neue Deutsche Literatur 4 (1956).

33 Vgl.: Mat. 106 f.; diese Formulierungen stützen sich auf einschlägige Äußerungen Brechts bei einer Diskussion mit Leipziger Studenten im Dezember 1955. Hierzu auch: Joachim Tenschert: Über die Verwendung von Masken (Mat. 101–112). Tenschert ist bemüht, die klassenspezifische Deutung der Masken im Stück zu differenzieren. Doch ist ziemlich evident, daß – ähnlich wie in Büchners *Woyzeck* die Funktionsträger namenlos – die Herrschenden und ihr Anhang von Brecht als gesichtslos, eben als Maskenträger, dargestellt werden.

34 Verschiedentlich hat Brecht den Garten als soziale Metapher aufgefaßt und auch literarisch gestaltet; vgl. hierzu vor allem: AJ 533, 603, 679, 740, sowie die Gedichte: »Vom Sprengen des Gartens«, »Garden in Progress«, »Der Blumengarten«, »Das Gewächshaus«.

35 Daran sollte sich zu Lebzeiten Brechts nichts mehr ändern. Erst der 1956 entstandene Artikel von Hans-Joachim Bunge, »Der Streit um das Tal«, machte diesem Zustand ein Ende. Seine Polemik ist nachgedruckt in: Mat. 144–153.

36 So diagnostiziert etwa Ilja Fradkin den fehlenden Realitätsgehalt des Vorspiels mit der Frage: »Ist die Schlichtung eines Streites zwischen zwei Kolchosen im Einklang mit den Gesetzen des Realismus dargestellt, wenn hier im Widerspruch zum Genossenschaftsstatut und zur Praxis der sowjetischen Rechtsprechung die Frage mit Hilfe eines Sängers entschieden wird, der den Kolchosbauern eine alte Legende erzählt?« (Ilja Fradkin: Bertolt Brecht. Weg und Methode. Leipzig ²1974. S. 278). Er deutet die Abweichungen von der Wirklichkeit als berechtigte künstlerische Freiheit und billigt Brecht zu, hiermit »eine Apotheose des sozialistischen Humanismus und der sozialistischen Gesellschaftsordnung« geleistet zu haben (S. 197).

37 Zit. nach: Bunge (Mat. 144). Sein Aufsatz gibt ein schlüssiges Rezeptionsbild anhand der Inszenierungen Brechts und Buckwitz'. Interessant sind dazu auch die Rezensionen, die Siegfried Mews (Anm. 11, S. 95–102) mitteilt.

38 Hans Bunge: Vorspiel (Mat. 80); zuerst wurde der Text im Rahmen der Brechtschen Werkausgabe veröffentlicht (s. hierzu: SzT 6,360; Mat. 191).

39 Hans-Thies Lehmann / Helmut Lethen: Ein Vorschlag zur Güte (Zur doppelten Polarität des Lehrstücks). In: Reiner Steinweg (Hrsg.): Auf Anregung Bertolt Brechts: Lehrstücke mit Schülern, Arbeitern, Theaterleuten. Frankfurt a. M. 1978. (edition suhrkamp. 929.) S. 302–317, Zitat: S. 305.

40 Klaus-Detlef Müller: Die Funktion der Geschichte im Werk Bertolt Brechts. Studien zum Verhältnis von Marxismus und Ästhetik. Tübingen 1967. S. 208. – Ein Spektrum der bisherigen Deutungsansätze zum Vorspiel ergibt die Gegenüberstellung der Interpretationen von Walter Hinck (Die Dramaturgie des späten Brecht. Göttingen 1960), Bunge, Müller, Weber und Knopf.

41 Müller (Anm. 40) S. 208. Jost Hermand: Utopisches bei Brecht. In: Brecht-Jahrbuch 1974. Hrsg. von John Fuegi, Reinhold Grimm und Jost Hermand. Frankfurt a. M. 1975. (edition suhrkamp. 758.) S. 9–33, Zitat: S. 15.

42 Walter Benjamin: Gespräche mit Brecht. Svendborger Notizen. In: W. B.: Versuche über Brecht. Frankfurt a. M. 1966. (edition suhrkamp. 172.) S. 117–135, Zitat: S. 135.

43 Hans Mayer: Brecht in der Geschichte. Drei Versuche. Frankfurt a. M. 1971. (Bibliothek Suhrkamp. 284.) S. 210.

44 Vgl. Anm. 36.

45 B 722. Brecht hat sich verschiedentlich um eine wirklich demokratische Funktionsbestimmung der Volkskammer bemüht (vgl. vor allem: SPG 329 f.).

46 Walter Hinck (Anm. 40) bes. S. 36.

47 W 178.

48 Vgl. P 5,129.

49 Der Sänger teilt hierzu mit, was Grusche zu hören glaubt: »wer einen Hilferuf nicht hört / Sondern vorbeigeht, verstörten Ohrs: nie mehr / Wird der hören den leisen Ruf des Liebsten noch / Im Morgengrauen die Amsel oder den wohligen / Seufzer der erschöpften Weinpflücker beim Angelus« (S 10,173 f.).

50 W 26; vgl. Anm. 13.

51 Hellmuth Karasek: Bertolt Brecht. Der jüngste Fall eines Theaterklassikers. München 1978. S. 65 f.; Klaus Völker: Bertolt Brecht. Eine Biographie. München 1976. S. 337 f. Auch Hans Mayer (Anm. 43, S. 178) hat ähnliche Bedenken geäußert. Er spricht in diesem Zusammenhang von Grusche als dem »guten Menschen von Grusinien«.

52 Vgl. u. a.: SzT 2,117.

53 Ein Ausschnitt des 1563 entstandenen Gemäldes von Pieter Breughel wurde im Programmheft des Berliner Ensembles abgebildet. Brecht legte großen Wert auf den Zusammenhang zwischen der »tollen Grete« und Grusche (vgl.: SzT 6,369; B 662). Er leistet damit einen interessanten Deutungsansatz, verkennt aber wohl den Charakter der ›marodierenden Wahnsinnigen‹. Ohnehin ist das Werk in der Breughel-Forschung äußerst umstritten. Die »Dulle Griet« erscheint u. a. als »hermetisches Symbol des Unbewußten«, »Abbild der Gefahr, in welche sich jeder begibt, der verbotene Wege zu beschreiten wagt«, »Ebenbild des Malers«, »Projektion des Höllischen«, ja

sogar als »kriegerisches Machtweib, vor dem selbst der Herr der Hölle zittert« (!). Sicher war Brecht nur daran interessiert, den unmittelbar erkennbaren Ausdruck des Leidens und der Verstörung aufzugreifen.

54 Gegen Knopf (Anm. 13) S. 261.
55 Martin Esslin: Brecht. Das Paradox des politischen Dichters. Frankfurt a. M. / Bonn 1962. S. 350.
56 Ohnmacht ist hier ebenso zu beziehen auf die Situation, in der Azdak tatsächlich »ohnmächtig« wird. Über den physischen Zustand hinaus gilt der Wortsinn auch der Bestimmung seiner Gesamtlage (vgl. hierzu: S 10,284).
57 Elisabeth Hauptmann: Der Armeleuterichter Azdak. In: Mat. 136–138, Zitat: Mat. 137.
58 Karasek (Anm. 51) S. 20.
59 Peter Badura: Die Gerechtigkeit des Azdak. In: Text und Kritik. Sonderband Bertolt Brecht I. München 1972. S. 100–106, Zitat: S. 103.

WALTER HINDERER

»Das Gehirn der Bevölkerung arbeitet in vollem Licht«: »Die Tage der Commune«

Bertolt Brecht veröffentlichte sein historisches Stück *Die Tage der Commune*[1] in Heft 15 seiner *Versuche*, das ein Jahr nach seinem Tode erschien. Die Uraufführung fand im städtischen Theater von Karl-Marx-Stadt am 17. November 1956 unter der Regie von Benno Besson und Manfred Wekwerth statt. Obwohl Brecht noch die Inszenierung mit vorbereiten half, war ihr ebensowenig ein günstiges Echo beschieden wie dem 1957 veröffentlichten Drama. Arnolt Bronnen kritisierte am 20. November 1956 in der *Berliner Zeitung* Stück und Aufführung und zog folgendes Fazit: »Das Publikum, künstlerisch wenig angesprochen, erwachte erst zum Schluß politisch und spendete dann stürmischen Beifall: dem Vermächtnis, nicht den Vermachenden.«[2] In der *Deutschen Woche* bemerkte Alfred Kurella am 5. Dezember 1956 gleich zu Anfang über die Aufführung lakonisch: »Alles in allem war es eine Enttäuschung«, und urteilte im Hinblick auf den Text: »Das Stück muß als eine der schwächsten Arbeiten Brechts bezeichnet werden.«[3] Selbst Herbert Ihering, der in den zwanziger Jahren Brechts *Trommeln in der Nacht* als Theaterereignis gefeiert hatte, sprach etwas bestürzt von dem »schwierigsten Stück eines großen Dramatikers«.[4] Auch die akademische Literaturkritik im Westen und im Osten ging dem Stück entweder aus dem Wege oder erwähnte es nur am Rande. So widerspricht etwa Käthe Rülicke-Weiler in ihrem Buch *Die Dramaturgie Brechts*[5] der bisher ausführlichsten Interpretation von Hans Kaufmann energisch an einem wichtigen Punkt, aber sie hielt es andererseits nicht für nötig, näher auf die *Tage der Commune* einzugehen. Nur Ilja Fradkin[6] im Osten und Jan Knopf[7] im Westen haben sich in ihren monographischen Darstellungen ausführlich mit dem Stück beschäftigt[8]. Einige Aspekte des Dramas behandelt Hannelore Schlaffer in ihrer Analyse der dramatis persona »Volk«[9]; sie kritisiert wie später Claude Hill[10] die »Auftritte von Bismarck und Thiers« als »Mißgriff«[11], während Ronald Gray[12] von der Ambiguität der Moral spricht, »whether the Parisian Communards of 1871 were mistaken in their tactics«. Obwohl Ernst Schumacher Brechts *Tage der Commune* im Zusammenhang einer Aufführung (am 7. Oktober 1962) des Berliner Ensembles die »›optimistische Tragödie‹ der sozialistischen deutschen Dramatik«[13] genannt hatte, scheint die Wirkung bis jetzt in der Tat am nachhaltigsten in Frankreich[14] gewesen zu sein, wo das Stück nicht nur bereits 1958 im Funk gesendet, sondern auch intensiv diskutiert wurde.[15] Ein Ergebnis dieser Diskussion war Arthur Adamovs Stück *Le Printemps 71* (1958), mit dem der »französische Brecht« die seiner Ansicht nach mißlungene Darstellung des Augsburgers ebenso korrigieren wollte wie dieser seinerzeit das Drama *Die Niederlage*[16] (1937) des Norwegers Nordahl Grieg. Heft 15 der *Versuche* enthält nicht von ungefähr den Vermerk: »Das Stück *Die Tage der Commune* wurde 1948/49 in Zürich nach der Lektüre von Nordahl Griegs ›Die Niederlage‹ geschrieben. Aus ›Der Niederlage‹ wurden einige Züge und Charaktere verwendet, jedoch sind *Die Tage der Commune* im ganzen eine Art Gegenentwurf.«[17]

Wollte Adamov gegenüber Brecht die Geschichte der Pariser Commune differenzierter, das heißt unter Einbeziehung der vielfältigen Konstellationen gestalten, »une image totale, exacte jour après jour, de la réalité«, liefern, »et d'en tirer constamment des leçons politiques fragmentaires«[18], so scheint Bertolt Brecht vor allem die ebenso »idealistische« wie melodramatische Darstellung Griegs zu seinem »Gegenentwurf« herausgefordert zu haben.[19] Während in Griegs Version die Commune unter dem »Motiv von Beethovens Neunter« geradezu opernhaft in den Tod geht (anschließend »befreit sich das Beethovenmotiv von den Trommeln«, wie es in der Regieanweisung heißt, »und klingt aus in einem reinen, mächtigen Akkord«[20]) und in Adamovs Stück der Epilog unter den Klängen der Internationale auf einer Weltkarte »les pays socialistes et progressistes (Cuba, Guinée, etc.)«[21] vorführt, enden Brechts *Tage der Commune* mit einer Karikatur der Bourgeoisie, die für die westliche Kritik zu »eindeutig«, für die östliche zu »vieldeutig« ausgefallen sein mochte. Es muß zu denken geben, daß Brecht in Regienotizen nachträglich erwogen hat,[22] der letzten Szene einen »Schlußgesang« anzufügen, der jedoch nie geschrieben wurde. Man kann sich auch von der ästhetischen Konzeption des Stücks her einen solchen plötzlichen Appell zur ideologischen Erbauung nur schwer vorstellen.

Es mag stimmen, daß Brecht die Druckfassung »als Entwurf, als Skizze über einen der schwerwiegendsten Vorgänge der neueren Geschichte«[23] verstand, und manche Einzelheiten im Laufe der Proben verbessert hätte, doch die ästhetische Technik und die mit ihr dargebotenen Widersprüche der geschichtlichen Realität wären meiner Ansicht nach trotz allem erhalten geblieben. Immer wieder hat Brecht außerdem auf die Gefahren hingewiesen, die bei »tendenziösen Darstellungen« entstehen, die dem »Stoff seine Widersprüche nehmen [. . .] allerhand auslassen, die Realität vergewaltigen, Illusionen erzeugen« (GW 19,394). In den Nachträgen zum *Kleinen Organon* setzte er sich nachdrücklich mit dem »bürgerlichen Theater« auseinander, das eben »auf die Verschmierung der Widersprüche, auf die Vortäuschung von Harmonie, auf die Idealisierung aus« (GW 16,706) sei. Er äußert nach einer kurzen erkenntnistheoretischen Absicherung durch die materialistische Dialektik den Verdacht, daß »allzu subjektive Darstellungen der Welt [. . .] asoziale Wirkungen« (GW 16,707) erzielen würden. Doch Dialektik war für Brecht nicht nur ein epistemologisches Prinzip, sondern gewissermaßen auch ein ästhetisches Grundverfahren.[24] In einem Arbeitsgespräch mit Wekwerth und Besson über die Aufführung der *Tage der Commune* äußerte Brecht

1956 nach ein paar Änderungen in Szene 3b[25] geradezu genüßlich: »Man sieht wieder, die dialektische Lösung ist immer die lebendigere, vielfältigere, nai-vere.«[26] Für ihn war »Dialektik für das Theater« nichts anderes als »die Möglich-keit, einen Vorgang *lebendig* darzustellen«, wobei er das *lebendig* dick unterstri-chen haben wollte.[27] Bezeichnete er im *Kleinen Organon* die Fabel als »das Herzstück der theatralischen Veranstaltung« (GW 16,693), ergänzt er diese Formulierung acht Jahre später mit der Erklärung: »Das Erzählen einer Fabel auf der Bühne sei letzten Endes auch ein ›Dialektisieren‹ der Vorgänge.«[28] Überraschend ist in diesem Zusammenhang, daß dieses »Dialektisieren« nicht nur dem Begriff des Naiven gleichgeordnet, sondern das Naive schlechthin als die konkreteste ästhetische Kategorie vorgestellt wird, ohne die es keine »großen Schönheiten in der Kunst« gäbe.[29] Dabei hatte Friedrich Dürrenmatt in seiner Schiller-Rede Brecht als die »extremste Form des sentimentalischen Dichters« interpretiert und allgemein zum Problem angemerkt: »Im naiven Theater wird die Wirklichkeit nicht durchschaut, sondern als göttliche Ordnung erlebt, als Schöpfung, als Naturgesetz, als Auswirkung des Milieus und der Herkunft.«[30] Als Brechts Gesprächspartner gegenüber der Kategorie des Naiven Bedenken anmeldeten, betonte der Meister unbeeindruckt, daß nur das »undifferenzierte Naive primitiv«[31] sei. Indem er das Naive mit der Dialektik, der Bedingung der Möglichkeit einer richtigen Realitätserfahrung verband, hob er gleichzeitig seine Auffassung vom Theater von der des Naturalismus ab. Bereits 1931 hatte er am Naturalismus den »groben und flachen Realismus, der die tieferen Zusammen-hänge niemals aufdeckte« (GW 15,214), kritisiert; nun bezeichnete er ihn als das »Gegenteil naiver Darstellung«.[32] Es kann keine Frage sein, daß sich in den letzten Gesprächen Brechts über Inszenierungsprobleme der *Tage der Commune* eine neue Akzentuierung der ästhetischen Position andeutet, die den bisherigen sentimentalischen Charakter der Produktion dergestalt korrigiert oder ergänzt: »Naiv ist das ganze Unternehmen unserer Spielweise [...] wir erzählen in unseren Aufführungen die Fabel, eine direkte Geschichte. Artistik, Ideen kön-nen oder müssen dabei herausspringen, aber die eigentliche Sache ist eben das Erzählen einer merkwürdigen Begebenheit.«[33] Naive Darstellung bedeutet dabei nicht, wie Brecht hinzufügt, Darstellung von irgendwelchen Empfindungen, sondern eben von »differenzierten Beobachtungen des Verhaltens von Men-schen«. Auch in den *Tagen der Commune* zeigt er primär die Verhaltensweisen von Menschen in allen ihren Widersprüchen. Er hat sicher mit Beifall die Ausführungen seines historischen Gewährsmanns Lissagaray gelesen, der die Intention seiner *Histoire de la Commune de 1871* (1877) folgendermaßen skizziert hat:

Mögen Andere die Geschichte der Kommune wie eine Theaterdekoration mit Ruhmeszierrath und Phantasielandschaften schmücken und unter dem Vorwand, die Besiegten zu verherrlichen, die Hekatomben der Zukunft vorbereiten! Diese hier ist weder für Gassenjungen, noch für Cliquen geschrieben. Ihr Verfasser hat keinen anderen Zweck im Auge, als den, dem Volke den wahren Verlauf dieser Schlacht darzulegen, ihm zu zeigen, wie weit im Jahre 1871 die französische revolutionäre Partei war, und der kommenden Generation die von ihren Vorgängern gezogene Blutspur scharf zu beleuchten.[34]

Fragen der Entstehung und der ideologischen Vorbelastung des Stoffs

Während Brecht im Heft 15 seiner *Versuche* anmerkt, die *Tage der Commune* seien 1948/49 niedergeschrieben worden, Manfred Wekwerth in seinen *Notaten*[35] 1947 als Entstehungsdatum nennt, beruft sich Ilja Fradkin auf eine Mitteilung Fritz Erpenbecks, derzufolge die Anfänge der Arbeit »in die Jahre vor dem Krieg« zurückreichen.[36] Das erscheint insofern plausibel, als Harald Engberg nicht nur ein Treffen zwischen Brecht und Grieg auf Fünen im Jahre 1937 erwähnt, sondern auch die Idee zum Drama auf die »fünische und französische Zeit von 1936/37«[37] ansetzt. Das könnte dann auch einen Hinweis von Vladimir Pozner[38] erklären, daß Brecht bereits im amerikanischen Exil ein fertiges Stück über die *Pariser Commune* gehabt haben soll, und die Tatsache, daß die beiden entscheidenden Liedeinlagen des Dramas (»Resolution der Kommunarden«, 1935, und »Keiner oder alle«, 1934) aus dem Umkreis der *Svendborger Gedichte*[39] stammen. Bemerkenswert scheint mir in diesem Zusammenhang zu sein, daß in einem 1939/40 verfaßten Dialog des *Messingkaufs* der Dramaturg bereits »ein Stück über die Kommune« erwähnt (GW 16,529). Trotz der spärlichen Überlieferung über die Entstehung des Stücks erscheint es als wahrscheinlich, daß sich Bertolt Brecht nach seiner Lektüre von Griegs Stück *Nederlaget* (*Die Niederlage*) im Jahre 1937[40] (die Übersetzung seiner Mitarbeiterin und Freundin Margarete Steffin publizierte er bereits 1938 in der Zeitschrift *Das Wort*) zumindest in Abständen mit dem Stoff beschäftigt hat. Ob allerdings diese Beschäftigung schon zu einem eigenen Entwurf führte, muß Spekulation bleiben.[41] Gesichert ist nur, daß Brecht die bekannte Fassung am 24. April 1949 abgeschlossen hat, zwei Jahre nach der Neuauflage der Übersetzung von Griegs *Die Niederlage*. Es ist für die Entstehungsgeschichte nicht uninteressant, daß Brecht am 9. Februar 1949 Erwin Piscator in einem Brief für die Inszenierung von Nordahl Griegs *Die Niederlage* zu gewinnen suchte (B 585). Helene Weigel teilte er dann Ende Februar ein Programm-Schema mit, nach dem vom 1. November 1949 bis 1. Januar 1950 Proben für den »Untergang der Kommune« und vom 1. Januar bis 1. Februar eine Reise mit dem »Kommune«-Stück projektiert war (B 587f.).
Vermittelte der Brief an Piscator noch den Eindruck, als wollte Brecht in Berlin ausschließlich Griegs Stück inszenieren, so berichtete er kurze Zeit darauf seiner

Frau: »Das ›Kommune‹-Stück hoffe ich umarbeiten zu können, wie es ist, kommt es nicht in Frage.« Am 3. März dagegen fragt er: »Wäre Engel interessiert an Büchners ›Dantons Tod‹ (falls ›Niederlage‹ schwierig)?«, und erwähnt als Titel für Griegs Stück »Die Tage der Kommune« oder »Zur Zeit der Kommune« (B 591). Am 5. März informiert er schließlich auch Piscator, daß er das Stück Griegs »selber bearbeiten« werde, »wenn auch vielleicht nicht offiziell«,[42] und mit »Balladen von Pottier (in Weinerts Übersetzung) dazwischen« (B 593). Im April 1949 war er dann bereits, wie er Helene Weigel mitteilt (B 596 f.), »im letzten Akt«, und am 21. April erwähnt er (B 599), daß das »K[ommune]‹-Stück in Ordnung« sei, daß er »daran herumgefeilt« habe, aber doch den »Puntila« für »viel weniger controversial« halte. Er verschweigt allerdings die Begeisterung Kurt Hirschfelds nicht und merkt im Hinblick auf sein Stück an: »ich bin natürlich streng der Wahrheit gefolgt, die manchem, wie bekannt, nicht gefällt«. Im Frühjahr 1949 gab er Elisabeth Hauptmann (B 603 f.) eine Liste mit Stichworten zu Fehlern und möglichen Korrekturen. Er hatte bei der Arbeit an dem Stück vor allem die Darstellung Lissagarays benutzt, »die Dunckersche Materialsammlung, was es von den Klassikern gibt und die Protokolle der 31 Sitzungen der Kommune« (B 620).

In einem Brief an Hermann Duncker (B 629), den er um Durchsicht des historischen Dramas bittet, spricht er selbst davon, wie schwierig es gewesen sei, »sowohl die Fehler als auch die Größe der Kommune zugleich darzustellen«. Einer der Hauptfehler war nach Brechts Ansicht, wie schon Karl Marx in seiner Darstellung *Der Bürgerkrieg in Frankreich* (1871) betont hatte, daß das Pariser Proletariat zögerte, Gewalt anzuwenden. Obwohl die aktuellen Bezüge des Stoffes zu der Nachkriegszeit (1948/49) von den meisten Interpreten[43] erwähnt werden, wobei sie sich auf eine von Hans-Joachim Bunge[44] überlieferte Äußerung Brechts berufen können, hat sie der Autor im Stück weder indirekt noch direkt gestaltet. Es scheint auch gar nicht zu den Intentionen des Dramas gehört zu haben, wie Brecht am 12. November 1949 an Eric Bentley schreibt: »Ich habe mich nicht bemüht, Parallelen zwischen Paris 71 und Berlin 49 besonders herauszuarbeiten, selbst wo es das Stück sehr vereinfacht hätte« (B 623). Man kann hinzufügen: nicht nur das Stück, auch die Aufführung. Im *Arbeitsjournal* vermerkt Brecht geradezu lakonisch: »*Die Tage der Commune* muß zurückgestellt werden, schon weil die Volksbühne, etwa 60 000 Mitglieder zählend und die Hauptmasse unseres Publikums ausmachend, nur etwa 0,3% Arbeiter enthält« (AJ 915). Ob allerdings dieses rezeptionsästhetische Argument ausreicht, um das, was an diesem Stück angeblich »controversial« oder gar »defätistisch«[45] wirkte, zu begründen, scheint mir zweifelhaft zu sein. Die lange Verzögerung einer Aufführung hatte gewiß weniger mit der Beschaffenheit des Publikums oder mit dem Kontext der jeweiligen zeitgeschichtlichen Situation in der DDR zu tun, als vielmehr mit einem bestimmten ideologisch-politischen Erwartungshorizont, der schon mit dem besonderen Thema der Pariser Commune gegeben

222   *Walter Hinderer*

war und dem man eben nicht entsprechen konnte, wenn man »streng der Wahrheit« (B 599) folgte.

Im Osten vermißte man nicht ohne Grund die entschiedene Parteinahme, mit der etwa Marx seine Adresse *Der Bürgerkrieg in Frankreich*[46] beschließt: »Das Paris der Arbeiter, mit seiner Kommune, wird ewig gefeiert werden als der ruhmvolle Vorbote der neuen Gesellschaft. Seine Märtyrer sind eingeschreint in dem großen Herzen der Arbeiterklasse.« Ein Denkmal in diesem Sinne ist wohl noch eher die melodramatische Darstellung Nordahl Griegs geworden als die sachliche, die Widersprüche herausarbeitende Bestandsaufnahme Bertolt Brechts. Gewiß, die Adresse von Karl Marx hatte eine parteipolitische und agitatorische Funktion, denn einige Monate vor der Gründung der Commune hatte er noch die Pariser Arbeiter vor einem Revolutionsversuch gewarnt, aber das Ereignis selbst wurde dann von ihm als ein historisches Exempel ohnegleichen gefeiert, wie auch der bekannte Brief an Ludwig Kugelmann (vom 12. April 1871) illustriert.[47] Hier hat Marx allerdings auch deutlich die Versäumnisse der Commune, die Brecht nach ihm in seinem Stück ausstellt, notiert: Die »Gutmütigkeit«, das Verpassen des »richtigen Moments [...] aus Gewissensskrupel« und den versäumten Marsch auf Versailles und die Tatsache, daß sie nicht »die bürokratisch-militärische Maschinerie« zerbrochen hat. Am Pariser Modell, gerade auch an den Versäumnissen, wurden von den marxistischen Klassikern die Vorbedingungen jeder wirklichen Volksrevolution auf dem Kontinent entwickelt, die dann Lenin in seiner Beschreibung aufgreift und als »Hauptlehre des Marxismus von den Aufgaben des Proletariats in der Revolution« gegenüber dem Staat« interpretiert.[48] Um die Staatsmaschinerie zu zerschlagen und den neuen Staat aufzubauen, bedarf es nach Lenin der Mehrheit des »Volks«, das heißt eines Bündnisses zwischen »den armen Bauern mit Proletariern«, ohne die weder eine Demokratie von Dauer noch die »sozialistische Umgestaltung« möglich sei.[49] Die Commune ist für Lenin »der erste Versuch der proletarischen Revolution, die bürgerliche Staatsmaschine zu *zerschlagen*, ist die ›endlich entdeckte‹ politische Form, durch die man das Zerschlagene *ersetzen* kann und muß«.[50]

Mit diesen Hinweisen soll wenigstens angedeutet werden, in welcher Weise der Stoff, auf den sich Brecht hier einließ, ideologisch-politisch vorbelastet war, und wie leicht er sich angesichts dieses Sachverhalts mit seiner Konzeption in die Nesseln setzen konnte. Nicht umsonst bat er um Fingerzeige, »die politischen Aspekte und die Geschichte betreffend« (B 620, 629). Der Historiker Albert H. Schreiner schlug ihm dann auch in einer Antwort unter anderem vor, die »proletarische Internationalität, die internationale Bedeutung der Commune, die Rolle der Montanindustrie [...] die Klassenwachsamkeit im Hinblick auf die aktuelle Bedeutung des Stückes und die Einbeziehung der von Lenin im dritten Kapitel vom ›Staat und Revolution‹ entwickelten Staatstheorie« (B 1095) stärker zu akzentuieren.[51] Obwohl wir nicht wissen können, wie genau die Revision des Textes nach dem Abschluß der Proben ausgesehen hätte, eine grundsätzliche (auch ideologische) Änderung der Druckfassung, die er immerhin bereits am 17. September 1953 in einem Brief an Peter Suhrkamp angeregt hat (B 710), scheint Brecht nie erwogen zu haben.

Historische Tragödie oder Revolutionstheater

Bertolt Brecht hat bekanntlich die Tragödie als Genre schon aus ideologischen Gründen abgelehnt; denn sie zeige, wie er im *Kleinen Organon* näher ausführt, »die Struktur der Gesellschaft (abgebildet auf der Bühne) nicht als beeinflußt durch die Gesellschaft (im Zuschauerraum)«. Er kommentiert dann seine Beobachtung sarkastisch: »Menschenopfer allerwege! Barbarische Belustigungen!«, und folgert schnell: »Wir wissen, daß die Barbaren eine Kunst haben. Machen wir eine andere!« (GW 16,676 f.). Zu den »barbarischen Belustigungen« rechnet er die griechischen Tragödien so gut wie die »großen Einzelnen« des Shakespeare, die »sich selbst zur Strecke« bringen (GW 16,677). Die Tragödie fordert nicht nur Identifikation, also ein unkritisches Verhältnis vom Zuschauer, sie demonstriert nach Brecht den Menschen und die Welt als »unveränderlich« (im Sinne von GW 17,1009 f.). Angesichts dieses Sachverhalts mag es überraschend erscheinen, daß Hans Kaufmann in seiner ausführlichen Darstellung an einer Stelle behauptet: »Das Stück *Die Tage der Commune* ist eine *Tragödie*«. Er beruft sich dabei auf Hermann Hettners Untersuchung *Das moderne Drama* aus dem Jahre 1851, in der dieser die Möglichkeiten der Tragödie erörtert und als ihre »höchste Form« den »Kampf der Gesellschaft, die Tragödie der Idee, die eigentliche soziale Tragödie« bestimmt, »die damit ganz von selbst zur geschichtlichen wird«.[52] Hettner verband mit seinem Entwurf der geschichtlichen und sozialen Tragödie auch die dramatische Forderung, »großartige Massenwirkungen« darzustellen, was aber die Poesie nicht vermöge.[53] In Brechts Stück wird für Kaufmann der »Konflikt zwischen Bourgeoisie und Proletariat«, »der Antagonismus der modernen Gesellschaft [...] direkt zum ›historisch bewußten Inhalt‹«.[54] Er nennt die *Tage der Commune* deshalb eine realistische Geschichtstragödie, in der die Welt nicht nur als veränderlich wie in seinen Parabelstücken erkannt, sondern auch »in ihrer Veränderung gezeigt wird«[55] – als positive Negation einer Apologie des Bestehenden. Auf diese Weise werde als Inhalt der Tragödie gewissermaßen der Vorschein einer besseren Welt sichtbar.

Wenn es aber tragische Elemente in Brechts historischem Drama gibt, so stecken sie eher in dem Widerspruch zwischen dem Enthusiasmus der idealistischen Haltung und der berechnenden Klugheit der realistischen Intention, wie das Ferdinand Lassalle im Hinblick auf seine historische Tragödie *Franz von Sickingen* formuliert hat.[56] Ähnlich wie hier der »Instinkt der Massen in den Revolutionen« über die »Einsicht der Gebildeten«[57] gestellt wird, läßt Brecht in seinem Stück Langevin, allerdings etwas unvermittelt, zu »Papa«, einem Vertreter des

Volkes, sagen: »Es ist gut, daß ihr uns auf dem Nacken sitzt. Gebt uns nur keine Ruhe, ihr seid immer weiter als wir« (2136). Das Problem ist nur, daß zwar ein Intellektueller wie Rigault gleich Hutten in *Franz von Sickingen* fordert: »Tragen wir die Flamme des Aufstandes in das Land: Sprengen wir den eisernen Gürtel von Paris, entsetzen wir die großen Städte« (2165), aber die Mitglieder der Commune, wie »Papa« kommentiert, »leider mit Saint-Joseph in der Barmherzigkeit [wetteifern], bis wir alle an die Mauer gestellt werden« (2186 f.). Wie bei Lassalle die dramatis persona Balthasar die taktischen Fehler durchschaut, so tut das bei Brecht Langevin[58], der ebenfalls über ein »nicht zu täuschendes, durchgearbeitetes Bewußtsein«[59] zu verfügen scheint. Während Lassalle seine Tragödie noch ganz idealistisch auf den Revolutionsführer Sickingen stellt, was vor allem Marx scharf kritisiert, fällt bei Brecht das »Individuum [...] als Mittelpunkt« (GW 15,222) und findet ein Funktionswechsel statt, den eben Hettner bereits 1851 gefordert, aber im Drama nicht für realisierbar gehalten hatte.

Ob man nun wie Hettner und nach ihm Lassalle auf Hegelsche Weise als Thema der historischen Tragödie den Kampf des Alten und Neuen, von Arm und Reich versteht, oder wie Kaufmann die »proletarische Revolution«[60] oder wie Fradkin die »historische Unreife einer großen Sache, der die Zukunft gehört«[61], solche Definitionen lassen im allgemeinen die den Stücken eingeschriebene ästhetische Dimension unbefragt. Wie Georg Büchner in *Dantons Tod* hat Brecht in *Die Tage der Commune* für den Grundkonflikt (hier zwischen Bourgeoisie und Proletariat, dort zwischen den sensualistischen Dantonisten[62] und den dogmatischen Idealisten der Robespierre-Seite) zwei verschiedene Stilarten gewählt, in denen auch die jeweilige Realitätsperspektive indirekt ideologisch kommentiert wird. Den Szenen, in denen die Proletarier, Bauern und Kleinbürger beschrieben werden (Szenen 1, 3, 4, 6, 7, 9, 12, 13), stehen jeweils Szenen gegenüber (Szenen 2, 5, 8, 10, 14), welche die internationale Bourgeoisie und ihre Führer durch groteske, satirische und kabarettistische Züge kritisch in Frage stellen. Auf den Untergang der Commune, der übrigens knapp und ohne Pathos (im Gegensatz zu Griegs *Die Niederlage*) in Szene (13) gesetzt wird, folgt der Schluß: Die Bourgeoisie betrachtet »den Untergang der Commune mit Lorgnons und Operngläsern« (2191). Diese Darstellung ist, wie schon Kaufmann gesehen hat, Karl Marx verpflichtet, der zynisch das Paris Thiers' folgendermaßen beschrieb:

> [...] für das der Bürgerkrieg nur ein angenehmes Zwischenspiel war; das den Kampf durchs Fernglas betrachtete, die Kanonenschüsse zählte und bei seiner eignen Ehre und der seiner Huren schwor, das Schauspiel sei unendlich besser arrangiert, als es im Theater der Porte Saint-Martin je gewesen. Die Gefallenen waren wirklich tot, das Geschrei der Verwundeten war kein bloßer Schein; und dann, wie welthistorisch war nicht die ganze Sache![63]

In der Verbindung von ästhetischem Genuß und Mord[64] will Brecht die
»Unmenschlichkeit« einer Klasse darstellen, ein Phänomen, das Walter Benjamin als »Ästhetisierung der Politik«[65] analysiert hat; es stellt ähnlich wie bei
Büchner die Moral und Ideologie der herrschenden Gesellschaft bloß, knüpft
aber gleichzeitig an die Tradition des Revolutionstheaters an, zu dessen charakteristischen Verfahren nicht nur das »Spiel im Spiel« gehört, sondern auch
die betonte Verwendung von Theatermetaphern und allen Arten von Rollenspiel, das auf die barocke Anschauung von der Welt als Theater zurück-
weist.[66] Was nun das wirkliche Revolutionstheater betrifft, so hat Marx in
seinem Essay *Der 18. Brumaire des Louis Napoléon* (1852) darauf hingewiesen, daß »alle großen weltgeschichtlichen Tatsachen und Personen sich sozusagen zweimal ereignen«, »das eine Mal als Tragödie, das andere Mal als
Farce«. Während Büchner alle drei Parteien, die Dantonisten, die Anhänger
Robespierres und auch das Volk in den Spielraum der Komödie und Parodie
zieht, behält das Brecht der Bourgeoisie vor. In seinem ästhetischen Verfahren
drückt sich offensichtlich folgende marxistische Anschauung aus: »Die frühen
Revolutionen bedurften der weltgeschichtlichen Rückerinnerungen, um sich
über ihren eigenen Inhalt zu betäuben. Die Revolution des 19. Jahrhunderts muß
die Toten ihre Toten begraben lassen, um bei ihrem eigenen Inhalt anzukom-
men. Dort geht die Phrase über den Inhalt, hier geht der Inhalt über die Phrase
hinaus.«[67]
Doch stimmt das? Zeigt nicht Brecht immer wieder am Verhalten der Kommunarden, wie sehr sie noch zum Teil durch solche »Rückerinnerungen« geprägt
werden? Das betrifft aber eben nicht Sprache und Verhalten der Revolutionäre
(wie noch deutlich bei Büchner), sondern ausschließlich bestimmte angelernte
Bewußtseinsformen, die einen Keil zwischen idealistische Zielsetzung und politische Pragmatik treiben. Indirekt drückt sich dieser Zwiespalt auch als Kehrseite
der gefeierten Synthese im Dialog zwischen »Papa« und Geneviève aus:

> »PAPA«. Ein Teil seiner Größe [des Tages, an dem die Commune gegründet
> wird] wird darin bestehen, daß niemand wird sagen können, die Vertreter
> des Volkes haben den Bürgerkrieg gewollt.
> GENEVIÈVE. Es wird eine neue Zeit sein, es wird kein Blutbad gewesen
> sein. (2137)

Der Zwiespalt bricht zwar immer wieder auf, auch bei den oben erwähnten
dramatis personae; er wird aber nicht durch Mittel der Parodie oder Ironie
kritisiert, sondern auf verschiedenen Ebenen im Stück ernsthaft diskutiert. Diese
Darstellungsweise verfremdet nicht, sondern »dialektisiert« gewissermaßen naiv,
um hier die Formulierung Brechts[68] aufzugreifen, schildert die »tragische Kollision«[69], an der die Pariser Commune nach der Ansicht von Marx, Lissagaray und
eben auch von Brecht scheiterte, als politisch-historisches Fehlverhalten – und

zwar auf eine Weise, die über der Kritik die geschichtliche »Größe« der Pariser Commune nicht vergessen läßt (vgl. B 629). Der ideologisch radikale Einsatz, von dem Jan Knopf[70] in seiner ausgewogenen Analyse spricht, findet eigentlich nur in den 1934 und 1935 verfaßten Songeinlagen »Keiner oder alle« und »Resolution« (2137 ff.; 2181 ff.) statt; ansonsten bleibt es hier beim »Bild eines produktiven Widerspruchs *innerhalb* der proletarischen Befreiungsbewegung«, wie Günter Hartung[71] notiert.

Die Differenzierung der historischen Perspektive zeigt schon ein flüchtiger Vergleich mit Brechts angeblichem Vorwurf: Griegs *Die Niederlage.* Da räsoniert beispielsweise der Arbeiter René im dritten Akt:

> [...] die Menschen sollten nie das Recht haben, mit ihrem eigenen Gemüt allein zu sein. Sie würden es mißhandeln, quälen, verdrehen, wenn sie nur rankönnten. Darum ist es gut, hier zu sein. Hier sind viele. Hier ist Leben und Tod. Vor den Granaten bin ich bange, aber sie haben ein Gutes: sie sind wichtiger als mein eigenes Gemüt. Darin ist Schutz und Freiheit. Ich bin frei vor mir selber.[72]

Ein anderer Arbeiter gesteht nach einem Musikerlebnis: »Es gibt was, was groß is, was alles wert is, vielleicht erlebst *dus* nich, aber da is es!« Auf die Frage, was es denn für eine Musik gewesen sei, antwortet der Arbeiter, den Schlußchor von Beethovens Neunter summend: »Es soll ein Deutscher sein, der sie gemacht hat. Es war wohl was mit *von.*«[73]

Brechts Darstellung der Kommunardenfamilie um »Papa« und Madame Cabet ist schon im Ton realistischer, das heißt »dialektisierter«, spontaner, mit natürlichem Humor durchsetzt. Auf die Frage nach dem Sinn des Lebens erklärt »Papa« beispielsweise mit dem Hinweis auf eine Autorität: »Für die Vervollkommnung seiner selbst«, und beschreibt seine Lebensphilosophie kurz und bündig so: »[...] man lebt für das Extra. Es muß her, und wenn man Kanonen dazu benötigt. Denn wofür leistet man etwas? Dafür, daß man sich etwas leistet! Prosit!« (2147 f.) Babette wendet ihre materialistischen Interessen selbst gegen die Commune, indem sie schlankweg erklärt: »Wenn die Commune weniger zahlt als das Kaiserreich, brauchen wir sie nicht. Und Jean ist auf den Wällen und läßt sich töten, um gerade diese Ausbeutung nicht mehr ertragen zu müssen« (2158). Diese egoistische Erklärung führt dann Langevin zu dem zentralen Leitspruch: »Erwartet nicht mehr von der Commune als von euch selber« (2158).

Was die Replik in Griegs Drama über das Musikerlebnis betrifft, so kehrt sie andeutungsweise in einem knappen Bericht Genevièves, der Lehrerin und Delegierten für das Unterrichtswesen (vgl. Szene 7b) wieder, in dem die ästhetische Fähigkeit des Volks herausgestellt wird: »Ich wollte heute abend zu dem Konzert für die Ambulanzen in den Tuilerien. Man hat einige Hundert Zuhörer erwartet,

es kamen Zehntausende« (2173). In der letzten Szene verkündet bei Grieg
Delescluze:

> Jetzt sollen wir sterben. Ich bin kein Christ. Die Christen verlassen die Erde,
> um in ihre schimmernde Hoffnung einzugehen. Aber wir können hier ruhig
> weggehen, *denn wir wollen, daß unsere Hoffnung wieder erstehen* soll. Die
> Hoffnung wird wieder erstehen auf Erden! Die da drüben können das Gras
> absengen mit ihren Granaten, aber sie können nicht der Erde Fähigkeit
> töten, zu grünen.[74]

In einer vergleichbaren Stelle bei Brecht (Szene 11b) äußert Delescluze zwar
pathetisch, aber eben nicht melodramatisch: »Bürger Delegierte, wir werden in
den Kampf gehen wie zur Arbeit, und wir werden sie gut machen. Sollte, Bürger,
es unsern Feinden gelingen, Paris in ein Grab zu verwandeln, so wird es
jedenfalls niemals ein Grab unserer Ideen werden« (2176).[75]
Obwohl Grieg und Brecht zum Teil dieselben Quellen benutzten,[76] ist das
Ergebnis so verschieden ausgefallen, daß man im Hinblick auf *Die Tage der
Commune* wirklich von einem »Gegenentwurf« sprechen kann, der eine andere
Dimension der Geschichte zeigt. Das drückt sich schon darin aus, daß Brecht in
verschiedenen Szenen oder Teil-Szenen (4, 7, 9, 11) eine Sitzung des Zentral-
komitees und Sitzungen der Commune mit Diskussionen und Gegenstimmen
vorführt, worauf Grieg in seiner Darstellung verzichtet. Ähnlich wie Büchner in
Dantons Tod verwendet Brecht im Gegensatz zu Grieg ausführlich Zitate und
Material aus seinen historischen Quellen[77], so daß man in der Tat von einem
»montagehaften Verfahren«[78] reden könnte. Schon Kaufmann hatte in seiner
Interpretation darauf hingewiesen, daß es »in den *Tagen der Commune* keine
einzige Szene« gibt, »die nicht wirkliche quellenmäßige Ereignisse von Bedeutung vorführt oder auf sie Bezug nimmt«.[79] Viele Einzelheiten des vierten
Kapitels von Lissagaray[80] kehren beispielsweise in Szene 4 wieder, wobei Brecht
auch noch die fast wörtlichen Übernahmen für seine Zwecke leicht verändert.
Steht in der Vorlage: »Hütet euch, das Volk zu mißbilligen, sonst müßtet ihr
fürchten, daß es euch mißbilligt«,[81] so formuliert Brecht knapper und einpräg-
samer: »Hütet euch, das Volk zu mißbilligen, sonst wird es euch mißbilligen!« (2134.)
Besonders repräsentativ für die Arbeitsmethode Brechts mag in diesem Zusammenhang der Vergleich einer längeren Replik Rigaults (2164 f.) mit der entsprechenden Stelle bei Lissagaray sein. Die Replik erinnert zwar fast im Duktus an
Luthers *Kleinen Katechismus*, sie beruht aber zum großen Teil auf einer
Beschreibung Lissagarays, die Brecht geschickt mit Hilfe der interrogatio und
anderer rhetorischer Mittel umfunktioniert. Bei Lissagaray lautet die Stelle
folgendermaßen:

Niemand hat noch aus der Weltgeschichte das persönliche Eingreifen des Volkes herausgeschält, jene Kraft, welche die Bastille einnimmt, die Revolution in Paris festsetzt, ihre ersten Schritte beschützt, auf dem Marsfeld blutet, die Tuilerien erobert, die Gironde vertilgt, Pfaffen und Kulte wegfegt, von Robespierre zurückgedrängt wird, sich im Prairial wieder erhebt, zwanzig Jahre lang verschwindet, um bei dem Kanonendonner der Aliierten wieder aufzutauchen, aufs neue in die Nacht versinkt, im Jahr 1830 aufersteht, und, alsbald zusammengepreßt, die ersten Jahre der Kapitalherrschaft mit ihren Zuckungen erfüllt, im Jahre 1848 die Netze durchreißt und vier Monate später die Bourgeoisrepublik an der Kehle nimmt, dann, noch einmal niedergedrückt, im Jahr 1868 verjüngt ausbricht, an dem Kaiserreich rüttelt, dasselbe stürzt, sich zum zweitenmal gegen den fremden Eindringling anbietet und noch einmal verschmäht und gekränkt wird, bis zum 18. März, wo sie die Hand zerschmettert, die sie erdrosseln will.[82]

Aus einem historischen Kommentar ist bei Brecht eine wirkungsvolle Replik einer dramatis persona geworden, die den gestrafften Überblick über die Geschichte der Revolution dramatisiert und zugleich agitatorisch verwendet. Rigault appelliert hier an die nämliche »Kraft« des Volkes, welche die historischen Vorgänge geschaffen hat, und ermahnt: »Bürger, lassen Sie uns diese Kraft vergrößern, indem wir sie beanspruchen!« (2163.) Mag auch die Sprache nur an manchen Stellen »voller Gallizismen« stecken, wie Brecht in einer Regienotiz fordert,[83] es ist ihm zweifelsohne im Dialog gelungen, »die lebhafte, schnelle und plastische Sprechweise und elegante Gestik der Franzosen« nachzuzeichnen, wozu ihn als Vorbild sicher eher Büchners *Dantons Tod* als Griegs *Die Niederlage* angeregt hat.[84]

Da viele Details in den von Brecht herangezogenen Quellen gleichermaßen erwähnt werden, ist es an manchen Stellen nicht leicht, die wirkliche Vorlage zu bestimmen. Nichtsdestoweniger lassen einige Szenen deutlich den Einfluß der Dokumentation *Pariser Kommune 1871*[85] erkennen. Neben den verschiedenen Zeitungsmeldungen,[86] die Brecht zu den Szenen 5 und 9b inspiriert haben mögen, und den bekannten »Erwägungen«[87] (2151 f., 2168 f.) hat deutlich für die wichtige Szene 8, die Verhandlung zwischen dem Gouverneur der Bank von Frankreich und dem Delegierten Beslay, Dunckers Dokumentation als Vorlage gedient.[88]

Schon von der Darstellungsweise her hebt sich *Die Tage der Commune* von den Parabelstücken ab.[89] Brecht will hier, wie ähnlich Büchner in *Dantons Tod*, »der Geschichte, wie sie sich wirklich begeben, so nah als möglich kommen«,[90] oder, wie es in dem zitierten Brief an Helene Weigel heißt (B 599), »streng der Wahrheit« folgen, »die manchem, wie bekannt, nicht gefällt«. Trotzdem haben sich natürlich schon aus naheliegenden ästhetischen Gründen gewisse Vereinfachungen und Abstraktionen des Materials nicht vermeiden lassen, die dann wiederum Adamov zu seiner Gegendarstellung *Le Printemps 71* (1959) herausgefordert haben. Aber gerade seine Gegendarstellung macht andererseits im nachhinein die Vorzüge der *Tage der Commune* deutlich, wo Brecht nicht nur das Volk, wie es Marx und Engels in der Sickingen-Debatte forderten, zur Hauptperson machte, sondern sich wie nie vorher und nachher im Sinne Büchners als eine Art »höherer Geschichtsschreiber« betätigte.

»Das Gehirn der Bevölkerung arbeitet im vollen Licht«: Aspekte des Stücks im Überblick

Schildert Gerhart Hauptmann in *Die Weber* das Gesellschaftliche als Privates, so stellt Brecht in *Tage der Commune* das Private bis hin zur Liebe zwischen Babette und Jean als Gesellschaftliches[91] dar. Nach der Auffassung Brechts soll »in dem Stück nicht einmal etwas über Liebe« gezeigt werden, »wenn es keinen politischen Berührungspunkt hat«.[92] Die Familie Cabet, durch die und in der Brecht die Commune, die dramatis persona »Volk« individualisiert und auch klassenspezifisch differenziert (neben den Akademikern François und Geneviève stehen Kleinbürger, Soldaten, Angestellte und Arbeiter[93]), setzt sich nicht aus einem tradierten bürgerlichen Selbstverständnis, sondern wie im *Kaukasischen Kreidekreis* aus sozialen Beziehungen und Verantwortungen zusammen. Zur »Familie« gehören (als die einzigen engen Verwandten) Madame Cabet und deren Sohn Jean, dessen Freundin Babette, der Seminarist und Nationalgardist François, die Lehrerin und spätere Delegierte Geneviève, der Bauarbeiter und Nationalgardist »Papa« und sein Freund Coco (Uhrmacher und Nationalgardist), der deutsche Kürassier, der Kellner, auch zeitweilig der Bruder von François, der Bäckergeselle Philippe, und in etwas lockerer Verbindung eine der wichtigsten Figuren des Stücks: der Arbeiter Pierre Langevin, Madame Cabets Schwager und spätere Delegierte der Commune.

Brecht erzählt keine »Familiengeschichte im Bürgerkrieg«, wie schon Günter Hartung[94] beobachtete, sondern spiegelt umgekehrt »die Geschichte des Bürgerkriegs in einer Familie«, die allerdings bereits ein Produkt der sozialen und politischen Vorgänge dieser Zeit ist und in nuce die verschiedenen beteiligten Klassenelemente und die Internationalität der Bewegung (der deutsche Kürassier) spiegelt. Am Modell dieser »Familie« veranschaulicht Brecht auf der einen Seite die historischen Bedingungen, welche die Pariser Commune und die Revolution gewissermaßen spontan geschaffen haben, auf der anderen macht er die Widersprüche innerhalb dieser frühen »proletarischen Befreiungsbewegung«[95] sichtbar. Diese partikulare Perspektive der »Familie« wird noch geschickt durch eine allgemeine, offiziellere ergänzt: nämlich durch die Diskussionen im Zentralkomitee (Szene 4) und vor allem in den Sitzungen der Commune (Szenen 7a, 9a, 9c, 9d, 11b), wobei die Inhalte zum Teil nochmals in den

Kommentaren einzelner Mitglieder der Commune reflektiert werden. Man kann deshalb durchaus mit Brecht die Intention der Darstellungsweise folgendermaßen erklären: »Die großen öffentlichen Denkprozesse, Erfindungen beantworten direkt Notstände, das Gehirn der Bevölkerung arbeitet im vollen Licht.«[96] Während Büchner in *Dantons Tod* die Auseinandersetzung zwischen den um diese Zeit maßgeblichen Revolutionsparteien, den Anhängern Dantons und Robespierres, thematisiert und die Errungenschaften der Revolution mit den Bedürfnissen des »Volks« konfrontiert hat, setzt Brecht bei den Bedürfnissen des Volkes und den Einsichten in den Zusammenhang von Krieg und Geschäftemachen an (Szene 1; 2110), die »Papa« früh auf diesen ökonomischen Nenner bringt: »Verrückt ist es, sich zu schlagen für ein und einhalb Francs pro Tag« (2111). Dem beleibten Herrn und bürgerlichen Kriegsgewinnler gegenüber, der die Nationalgardisten als »Anarchisten« denunziert, analysiert »Papa« die Vorgänge und attackiert ihn und seinesgleichen als die eigentlichen Feinde. Nicht nur werden bereits in der ersten Szene Daseinsfragen indirekt als Klassenfragen[97] interpretiert, sondern der Deutsch-Französische Krieg auf ökonomische Interessen der herrschenden Klasse zurückgeführt. »Dieser Krieg dauert nicht mehr lange«, prophezeit selbst der beleibte Herr, »alle Geschäfte, die mit diesem Krieg gemacht werden konnten, sind gemacht« (2110 f.). Der »Internationale der Arbeiter«, die der deutsche Kürassier (2152) repräsentiert und die in einer besonderen Szene (9d) thematisiert wird, in der man einen Auszug aus August Bebels bekannter Rede im Deutschen Reichstag verliest, steht die internationale Interessengemeinschaft der Bourgeoisie gegenüber,[98] deren Absichten Brecht in den Szenen 2 und 10 pointiert vorführt. »Krieg hin, Krieg her, Ordnung muß sein«, meint hier Bismarck (der übrigens vom gleichen Schauspieler gespielt werden sollte, der Thiers darstellte), »da greif ich auch dem Erbfeind untern, schön, untern Arm« (2172).

Die gemeinsamen politischen Ziele von August Bebel in Deutschland und der Pariser Commune in Frankreich machten aus den ehemaligen Feinden Bismarck und Thiers schnell Verbündete. Varlin kommentiert den Sachverhalt in einer Sitzung der Commune (Szene 11b) später so:

> Aber unsere Bourgeoisie verbündete sich ohne Bedenken mit dem Landesfeind, um den Bürgerkrieg gegen uns zu führen, und bekam Truppen von ihm, in Gefangenschaft geratene Bauernsöhne aus der Vendée, ausgeruhte Mannschaft, unerreichbar unserem Einfluß. Es gibt keinen Konflikt zwischen zwei Bourgeoisien, der sie hindern könnte, sich gegen das Proletariat der einen oder anderen sofort zu verbünden. (2177).

Die Richtigkeit dieses Kommentars bestätigen die kabarettistischen Einlagen, welche die herrschenden politischen Kräfte (Thiers, Bismarck) nicht als individuelle Charaktere anlegen, sondern ihrer Rollenfunktion nach karikieren.[99] Wie in

Büchners *Woyzeck* bleiben die Mittel der Groteske und Karikatur den Repräsentanten der oberen Klasse vorbehalten, während auf der Ebene der Kommunarden individuelle Charakterisierung überwiegt und außerdem eine Verbindung von Heiterkeit (die »Familie« Cabet) und Ernst (Sitzungen der Commune) herrscht. Im Gegensatz zu Büchners *Dantons Tod* wird außerdem das Volk in *Tage der Commune* weder parodiert noch komisch in Frage gestellt. Knüpfen die Revolutionäre bei Büchner noch komödiantisch an die alten »Namen, Schlachtparolen, Kostüme« an, wie sie Marx später beschrieben hat,[100] so scheinen die Kommunarden von 1871, die Brecht in seinem Stück vorstellt, nicht mehr »der weltgeschichtlichen Rückerinnerungen« zu bedürfen, »um sich über ihren eigenen Inhalt zu betäuben«.[101]

Brecht hätte dann, so verstanden, marxistische Ideologie, derzufolge zwar die bürgerlichen, aber nicht die proletarischen Revolutionen komödienhafte und farcenhafte Züge tragen, auf die ästhetische Technik übertragen. Nun spiegelt sich gewiß schon in der Darstellungsweise bei allen Versuchen zur Objektivität eine Parteinahme für die Sache der Kommunarden; auf der anderen Seite schildert eine der Hauptszenen (Szene 8), welche ziemlich quellentreu das Versagen des Delegierten Beslay[102] vorführt, nicht ohne Bewunderung die ebenso raffinierte wie mutige Hinhaltetaktik des Gouverneurs der Bank von Frankreich, des Marquis de Plœuc. Diese Szene wird indirekt durch Szene 5 vorbereitet, in der die Flucht des Bürgertums und der Aristokratie (im Darstellungsstil ähnlich wie II,2 in Büchners *Dantons Tod*), das »tragische Schauspiel«, wie die Nichte meint, als Groteske (2141) gezeigt wird – was nicht ausschließt, daß die Aristokratin schon hier (wie später dann die ganze Bourgeoisie; Szene 13) den Untergang der Commune als Komödie, bzw. als »erhabenes Schauspiel« (2192) betrachtet. Von der Fluchtpsychose, dem Drang, das Privateigentum nach Versailles zu retten, scheint de Plœuc ausgenommen zu sein: Er sieht seine Aufgabe in der Rettung der Bank von Frankreich, des »Lebensnervs« der Bourgeoisie (2159); denn er weiß: »ist er durchschnitten, haben diese Leute gesiegt, was immer sonst geschieht« (ebd.).

De Plœuc ist ebensowenig eine Karikatur wie der Bäckergeselle Philippe, der die Fronten nach Bedarf wechselt, so daß ihn Jean nicht zu Unrecht eine »Laus« (2183) nennt, während ihn sein Bruder so zu verteidigen sucht: »der Kampf schien ihm aussichtslos, im Gegensatz zu uns, ergo: er verläßt Paris« (ebd.). Statt auf Ideen, sinnt Philippe auf Gelegenheiten – und überlebt wie Thiers' Spion Guy Suitry, der Verlobte Genevièves. Einer der schwerwiegenden Grundfehler, die »Gutmütigkeit«, die »Gewissensskrupel« der Kommunarden, wie Marx kommentiert,[103] wird hier beispielhaft an einem Vorfall innerhalb der »Familie« gezeigt (Szene 12). Während die inzwischen hellsichtige Geneviève nicht interveniert (2187), als »Papa« ihren Verlobten liquidieren will, rettet ihn Madame Cabet mit dem Hinweis auf den Ostersonntag und die Kinder. »Papa« gibt nach und sagt »mißmutig« zu Guy: »Marsch, Lump, bedank dich bei den Kindern, sie bestimmen hier in Paris« (2188). Werden die Hauptfehler der Commune – daß sie es versäumt hat, nach Versailles zu marschieren und umgehend das Vermögen der Nation zu beschlagnahmen, als sie noch im Vollbesitz der militärischen Möglichkeiten war – sowohl in den Sitzungen der Commune als auch in der »Familie« ausführlich diskutiert, so weist die Bemerkung »Papas« über die Kinder, »deren stummer Chor die Handlung wie ein Horizont des Zukünftigen umgibt«,[104] noch auf einen zusätzlichen Aspekt. Der Ausspruch erläutert meiner Ansicht nach Brechts betonten Hinweis auf die Kategorie des Naiven[105] noch von einer anderen Seite. Gerade weil er primär weniger an Darstellungen von Charakteren als vielmehr von Verhältnissen interessiert war, will Brecht eben nicht Einblicke in richtige oder falsche Empfindungen, sondern in richtiges oder falsches Verhalten oder Denken vermitteln. Wenn »Papa« die in der »Familie« herrschenden Verhaltens- und Denkweisen mit denen von Kindern vergleicht, so offenbart diese Stufe zwar die relative »Unreife« der Kommunarden, aber auch ihren »unschuldigen« Zustand.

Der sentimentalischen Überlegenheit Langevins, Rigaults und Varlins setzt Brecht das »Naive der Denkart« gegenüber, um hier einen Begriff Schillers zu verwenden. Wie Tell kennzeichnet diese Denkart, die identisch ist mit einem »Mangel an Besinnung«[106], einen Teil der Kommunarden. Atmosphärisch spiegelt sich dieser Zustand überdies in einer arglosen, fast idyllischen Heiterkeit und Sorglosigkeit in den »Familien«-Szenen. Noch das »Spiel im Spiel«, in dem »Papa« und Jean Bismarck und Monsieur Thiers persiflieren und damit indirekt eine thematische Verbindung zu den Szenen 2 und 10 herstellen, vermittelt atmosphärisch Qualitäten dieser gutmütigen Harmlosigkeit.[107] Diese »naive Denkungsart« ist der Situation nicht gewachsen. »Papa« hält Langevin, der einsichtig den »Leichtsinn der Commune« tadelt, vor, daß er eine »zu hohe Meinung von diesen Greisen, Monsieur Thiers und Herrn von Bismarck« habe (2151). Diese »naive« Einschätzung wird schrittweise durch Diskussionen und Ereignisse, nicht zuletzt durch den beobachtenden »Lehrer« Langevin (7b) korrigiert. Angesichts der unübersehbaren Aufgaben und Probleme, mit denen sich die Commune plötzlich konfrontiert sieht, taucht immer wieder die Frage auf: »Woher soll man das wissen?« (2158), »woher soll man zu all dem die Kräfte nehmen?« (2164.) Solchen Fragen und Zweifeln antworten im Stück (9c) dann wieder Ermunterungen wie diese: »Fügen Sie zu der Begeisterung unserer Kommunarden das Wissen, und der Sieg ist Ihnen sicher« (2171). Auf dem Programm stehen hier nicht mehr Probleme der »sozialen Gleichheit« und »politischen Freiheit« (Szene 7a), des Unterrichtswesens, des Verkehrswesens, der Preisregulierung, der Nachtarbeit der Bäcker, der Schneiderkorporation (Szene 7b), sondern die signifikanten »Mißstände« des eigenen Militärs (Szene 9c), wie sie auch in den Quellen erwähnt werden.[108]

In Szene 11a gibt Langevin sogar Geneviève ein Privatkolleg über die Fehler der Commune, wobei Brecht nicht auf Marx, sondern auf Lissagaray zurückgreift, der kommentierte: »Die Zeit hätte diesen Fehler vielleicht gebessert, aber die Zeit fehlte, und sie mußte fehlen, denn das Volk hat nie mehr als eine Stunde. Wehe ihm, wenn es dann nicht schlagfertig, mit allen Waffen gerüstet dasteht!«[109] Diese Äußerung übernimmt Brecht leicht verändert in die Replik Langevins, der sich in der Folge auch kritisch mit den Grundsatzerklärungen »des sozialistisch-demokratisch-republikanischen zentralen Wahlkomitees« auseinandersetzt: »1. Das Recht zu leben. 2. Freiheit des Einzelnen. 3. Gewissensfreiheit. 4. Versammlungs- und Assoziationsfreiheit. 5. Freiheit des Wortes, der Presse und geistiger Kundgebungen jeglicher Art. 6. Freies Wahlrecht«.[110] Vor Geneviève entlarvt Langevin diese sozialistische Grundsatzerklärung als Illusion: er relativiert alle Punkte, indem er ihre negativen Seiten und defätistischen Verkehrungen vor Augen führt (2174).[111] Die realpolitischen, praktischen Irrtümer gehen ebenso wie die ideologischen einerseits auf die bereits erwähnte naive Gesinnung zurück, andererseits auf falsche Bewußtseinsformen, die ein Resultat der Verwirrung »durch Schule, Kirche, Presse und Politiker« (ebd.) sind. Alle sechs Punkte reduziert Langevin schließlich auf den ersten: »das Recht zu leben«. Hätte die Commune nach diesem Grundsatz allein gehandelt und die Bank von Frankreich besetzt, dann hätte sie den ökonomischen »Lebensnerv« für sich arbeiten lassen und die französische und deutsche Bourgeoisie gleichermaßen kaufen können. Als Geneviève nach den Gründen dieses Fehlverhaltens fragt, erklärt Langevin: »Der Freiheit wegen, von der man nichts versteht. Wir waren noch nicht bereit, wie jedes Glied einer auf Leben und Tod kämpfenden Truppe, auf die persönliche Freiheit zu verzichten, bis die Freiheit aller erkämpft war« (ebd.). Er radikalisiert hier eine Ansicht, die er schon in Szene 6 geäußert hatte, daß nämlich die »vollständige Freiheit« in der Politik eine Illusion sei (2149). Wird dort noch die »teilweise« Freiheit mit dem Schlagwort von der »Teilung« des Eigentums, auch der Liebe, spielerisch verbunden, so wird das Prinzip der »Teilung« bald darauf ironisiert: zuerst durch Philippe, der einen Kommunarden »einen Teufel« nennt, »der alles teilen will« (2150); dann durch den Bettler, der meint, die Kommunarden wollten »das Beste, wenn sie auch alles verteilen wollen« (2167).

Dem »*Mangel* an Besinnung« widerspricht die aus den Quellen stammende französische Grundformel »in Erwägung, daß [. . .]« (»Considérant que [. . .]«)[112]. Brecht hat sie ebenfalls im Text durchinstrumentiert (2143 f., 2153 ff., 2168 ff.); im Lied »Resolution« bestimmt sie sogar deutlich die ganze Satzstruktur. Wirken die offiziellen »Erwägungen« im Munde der Delegierten durch die häufige Wiederholung wie Leerformeln und Klischees, so wird in der letzten Strophe des Liedes von Brecht der Umschlag von der »Erwägung« in die Aktion demonstriert (2139). Brecht zeigt mit sprachkritischen Mitteln, wie die Commune in »Erwägungen« versandet, während sie doch handeln sollte. Durch Langevin werden in dem erwähnten Privatkolleg die in Szene 7a verkündeten Grundsätze (2153 ff.) in direktem Kommentar ad absurdum geführt und die Aufgaben auf eine radikale Alternative hin verkürzt: »in diesem Kampf gibt es nur blutbefleckte Hände oder abgehauene Hände« (2174). Mit diesem Thema wird ein anderer zentraler Diskussionspunkt der Commune angeleuchtet. Er taucht schon in aller Schärfe vorher in den Repliken von Langevin, Varlin und Rigault in Szene 9a und nachher in Szene 11b auf, in der sich die Situation gefährlich zuspitzt. Neben der Forderung: »Marschiert auf Versailles!« (Rigault) und dem Ruf nach der »sofortigen Besetzung der Bank« (Varlin) stehen die Gegenstimmen: »Beginnen wir nicht die neue Ära mit dem Terror!« (2163), »Wir hören hier zu oft das Wort Gewalt, hütet euch!« (2165.)

Die Argumentation verschärft sich, als eine Frauendelegation[113] von der Commune mehr »Entschlossenheit« und Entschiedenheit fordert (»es gibt keine Versöhnung zwischen der Freiheit und dem Despotismus, zwischen dem Volk und seinen Henkern«; 2176). Varlin macht darauf aufmerksam, daß »Versailles [...] Terror« ausübt und sie »noch alle niedermetzeln« wird, »so daß keine neue Zeit kommen mag« (2177 f.). Wie vorher Langevin in seiner Replik (11a) formulieren nun Varlin und Rigault während der Sitzung ihre Alternativen: »Die Frage ›Unmenschlichkeit oder Menschlichkeit‹ wird entschieden durch die geschichtliche Frage ›ihr Staat oder unser Staat‹« (Varlin; 2178); »Terror gegen Terror, unterdrückt oder werdet unterdrückt, zerschmettert oder werdet zerschmettert!« (Rigault; 2179.) Dagegen erheben sich aufgebracht die Rufe für »Großmut« und »Freiheit«, gegen »Diktatur« und »Terror« (2179) und warnen: »Wer zum Schwert greift, wird durch das Schwert umkommen.« Glaubt Delescluze, daß die »Stimme der Vernunft, rein vom Zorn, die Würger zum Halten bringen« wird (2180), so hält Varlin »Milde« für einen »anderen Ausdruck für Nachlässigkeit« und »Friedlichkeit« für einen »anderen Ausdruck für Unwissenheit« (2178). Varlin beschwört die Bürger, doch »endlich vom Feind zu lernen«. Wie schon im Kontext »Erwägung« wird nun ebenfalls durch ein Lied das Thema der Minorität (»Keiner oder alle. Alles oder nichts«; 2181 f.[114]) von Brecht in den Vordergrund gespielt. Allerdings ist in diesem Kontext nicht zu übersehen, daß Rigault eingesteht, »daß die Anwendung von Gewalt auch den, der sie anwendet, erniedrigt« (2179 f.).

So wie in Brechts Stück die Commune ihre eigenen Fehler diskutiert, notiert auch die Gegenseite ihre Versäumnisse und sinnt auf entsprechende Gegenmaßnahmen. Szene 2 enthüllt die Strategie des französischen Präsidenten Adolf Thiers und seines Außenministers Jules Favre, der folgenden Situationsbericht gibt: »Diese Nationalgarden, das ist Frankreichs Unglück. Wir haben patriotische Opfer gebracht, den Mob gegen die Preußen zu bewaffnen, nun hat er die Waffen – gegen uns« (2118). Diese Ansicht vertrat schon der »beleibte Herr« in Szene 1 (2112 ff.) und bestätigt indirekt die Schlußstrophe des Lieds »Resolution« (2139). Wenn Thiers und Favre davon reden, die Feinde des »Eigentums«, den »Mob« auszurotten (»Man muß diese ungewaschenen Mäuler auf das Pflaster schlagen, im Namen der Kultur«, meint hier Thiers: 2118 f.) und Paris mit Hilfe der Preußen zu »pazifizieren« (2120), so wird dadurch die Berechtigung der geäußerten Befürchtungen und der Bestandsaufnahmen der Commune (2177 ff.) gestützt. Während aber bei der Commune Uneinigkeit im Vorgehen herrscht, ist die Gegenseite sofort zum radikalen Eingreifen entschlossen. Teils aus Naivität, teils aus Mangel an Einsicht oder »Bewußtsein«[115], teils wegen der Programmierung »durch Schule, Kirche, Presse und Politiker« (2174) entscheidet die Mehrheit gegen »Gewalt« und gegen die Beseitigung des alten Staatsapparates (2163). Hinzu kommt der von beiden Seiten realisierte Konflikt zwischen Bauern und Arbeitern (2128, 2172, 2188), die Unterschiede in ihrem sozialen Selbstverständnis.

Besonders interessant ist in diesem Zusammenhang Szene 9b, die von der ästhetischen Technik her an Szene 5 anknüpft.[116] Ein ehemaliger Bauer wird hier als Bettler vorgestellt, der nicht nur mit dem Ballon, der Proklamationen mit sozialistischen Ideen auf dem Land verbreiten soll, noch ein Geschäft machen will, sondern sich grundsätzlich gegen die »Verteilung des Bodens« ausspricht (2167) und sogar den Grundbesitzer verteidigt, der nur das »Seine« zusammenhalte. Nicht von ungefähr kommentiert ein Delegierter dieses Verhalten folgendermaßen: »Mit dem Bettelstab in der Hand verteidigt er den Besitz, selbst den des Diebs, der ihn bestohlen hat! Um ihn zu überzeugen, wird man Jahre brauchen« (2168).

Eine Variante des Themas im Hinblick auf Liebe (2122, 2149) und geistige Hilfsmittel (2123, 2140, 2184) findet sich in einigen Szenen der »Familie«. Es ist bestimmt kein Zufall, daß Brecht diese Aspekte mit Humor behandelt; sie signalisieren einen vielschichtigeren Begriff von Privateigentum als die Definitionen der marxistischen Ideologie. Auch die *Tage der Commune* weisen Teile jener »Brechtisierung« (GW 20,68) und seines »kritischen Marxismus« (GW 20,71) auf, der in folgender Forderung besteht: »Drängen auf die Krise hin, Herauswicklung der Widersprüche, die Kunst des praktischen Negierens, als eine Kritik, die, der Entwicklungsgesetze eingedenk, im Hinblick auf eine bestimmte mögliche Lösung kritisiert.« Bei aller Parteinahme für die Sache der Commune verzichtete er nicht auf die Darstellung ihrer ideologischen und bewußtseinsmäßigen Widersprüche, die sich keineswegs durch den Hinweis auf den marxistischen Grundsatz von der historischen Unreife der Bewegung[117] auflösen lassen. Doch steht dem nicht andererseits eine deutliche Strategie bestimmter Repliken entgegen, die beispielsweise die Kehrseite der alten Humanitätsideen wie »Großmut« und »Menschlichkeit« und der tradierten Freiheitsideale attackiert? Bleiben nicht Äußerungen wie die von Langevin (2175) und Varlin (2179) haften, die besagen, daß Freiheit auch notwendigerweise Beschränkung bedeutet, oder die von Rigault, der die »aktive Seite der Großmut« als »Aktion gegen den Mord« bezeichnet (2179)? Beweisen nicht die Disziplinlosigkeit und falsch verstandenen Freiheitsideen der Freiheitskämpfer (2175), daß sich die ideologischen Mißverständnisse in der Praxis bereits als verhängnisvoll darstellen?

Das ist sicher nicht von der Hand zu weisen. Dem steht nur entgegen, daß Brecht Parteigänger der Humanitätsideale wie etwa Delescluze (»Fahren wir ruhig fort, Ordnung in die menschlichen Beziehungen zu bringen, der Ausbeutung des Menschen durch den Menschen ein Ende zu setzen«; 2180), François oder Madame Cabet (2187) mit ähnlicher Sympathie zeichnet. Dem Widerspruch der Meinungen, dem Gegensatz von Ideal und Notwendigkeit im Großen, wie sie Brecht in den Sitzungen des Zentralkomitees (Szene 4) und der Commune (Szenen 7a, 9a, 9c, 9d, 11b) schildert, entspricht im Kleinen die Differenz der Anschauungen in der »Familie« (wie besonders in Szene 12), ja Brecht führt hier oft erst szenisch vor, was er zuvor in den Sitzungen diskursiv-theoretisch ausgebreitet hat. Die einzelnen Szenen sind überhaupt eng aufeinander bezogen und lassen eine bewußte Darstellungsweise erkennen, die man bei dem behaupteten Entwurfscharakter des Stücks eigentlich nicht erwarten würde. »Papa« wiederholt etwa Ansichten (2186 f.), die ähnlich vorher schon Varlin und Rigault geäußert hatten, und setzt wie übrigens auch Langevin überall Bezugspunkte, die das offizielle Geschehen der Sitzungen und das »private« der »Familie« verbinden. Er verfolgt mit den Zuschauern die Vorgänge im Zentralkomitee durch die offene Tür in Szene 4 und kommentiert neben Langevin und Geneviève. Mit der Gründung der Commune (Szene 6) werden dann sowohl Langevin als auch Geneviève, also Mitglieder der »Familie«, Delegierte der Commune; offizielles und privates Geschehen wird auf diese Weise enger verknüpft.

Während Szene 1 eine geschickte Exposition der Hintergründe des Deutsch-Französischen Krieges und der schwelenden Problematik gibt, fügen die folgenden Szenen aus verschiedenen Blickpunkten die spezifischen historischen Bedingungen von Revolution und Konterrevolution zu einem Bild zusammen. Auf dem Höhepunkt, der Mitte des Stücks, feiert dann am 26. März 1871 die »Familie« die Gründung der Commune: »das ist die Wissenschaft, das neue Jahrtausend« (François; 2143); selbst »die jungen geistlichen Herren begrüßen also den Anbruch der Morgenröte« (Geneviève; ebd.). Danach setzt eine Art Peripetie ein. Von Szene 7 an werden mehr und mehr die Fehler und Schwächen der Commune vorgeführt, und zwar in systematischer Reihenfolge: von den Schlagworten der beschlossenen Gesetze (7a), den Schwierigkeiten der neuen Aufgabe (7b), der politischen Blindheit (8), dem Zwiespalt zwischen gemäßigten und radikalen Revolutionären (9a) bis hin zu den Mißständen des Militärs (9c). In gedrängtem und dramatischem Überblick entfaltet dann Szene 11b in den Repliken alle Fehler der Commune. Auf dem äußeren Tiefpunkt kontrastiert sie deutlich dem Höhepunkt (Szene 6); sie bildet gewissermaßen das punctum saliens zur Niederlage. So wie Szene 1 den Beginn der »Familie« skizziert und Szene 6 sie auf dem Gipfelpunkt mit Feier und »Spiel im Spiel« zeigt, stellt eine andere Kernszene (12) die Atmosphäre vor dem Untergang dar, wobei Brecht sicher nicht von ungefähr den Ostersonntag[118] als metaphorischen Bezugsort wählt. Wie in Szene 6 wird auch in Szene 12 Wein ausgeschenkt, aber die

Stimmung ist hier verhalten; sie leitet atmosphärisch zur »blutigen Maiwoche« (Szene 13), dem Tod der »Familie« über. Neben den Hinweisen auf das Sterben, denen Geneviève den Appell an die Gemeinsamkeit, den Gruppengeist gegenüberstellt (2187): »Wir, das sind mehr als ich und du« (2189), vermehren sich die Anspielungen auf die Zukunft (2184, 2187, 2190). Sie werden nicht nur durch die Kinder szenisch veranschaulicht, sondern vor allem durch das symbolische Zeichen vom Apfelbaum, den François eigentlich »umhauen« und für die Barrikade verwenden wollte und der in der Schlußszene der »Familie« in »voller Blüte« steht, wie es in der Regieanweisung heißt (2189).

Obwohl die beiden letzten Szenen jede Art von Sentimentalität vermeiden, sind doch Spuren einer verhaltenen Affektregie auszumachen, die allerdings durch das geradezu lakonische Ende (2191) wieder abgeschwächt und unterkühlt wird. Diese Distanzierung von einer pathetischen Darstellung wirkt angesichts der letzten Szene (14) um so verständlicher, als hier die pathetische Steigerung der traditionellen Tragödie zersetzt und in ihr Gegenteil verkehrt wird. Markiert Szene 12 den Endpunkt der wichtigsten »Familien«-Szenen (Szene 13 ist eigentlich nur noch ein Nachspiel) von Szene 1 über Szene 6, so bildet Szene 14 den Höhepunkt der Bourgeoisie-Karikaturen von Szene 2 über Szene 10. Wirkt die komisch-satirische Technik in Szene 2 noch vergleichsweise gedämpft, so verstärken sich ab Szene 10 (über die Vorstufe in Szene 5) die parodistisch-grotesken Züge. Nicht nur vermehren sich die Schauspiel- und Musiktheater-Metaphern (»tragisches Schauspiel«, »ganze Komödie«, Bellinis Oper *Norma*, Lorgnons, Operngläser, »erhabenes Schauspiel«; 2141, 2171 f., 2191 f.), sondern die Realitätsperspektive wird zunehmend ins Groteske verzerrt. Wird die »tragische« Opernhandlung, die Bismarck – ähnlich wie »Papa« die Sitzung des Komitees (Szene 4) – durch die Tür wahrnimmt und kommentiert (über Norma: »Jetzt stirbtse, epochal«), den brutalen politischen Intentionen (über die Commune: »muß man ausrotten wie Sodom und Gomorrha mit Pech und Schwefel«) gegenübergestellt, so denaturiert in der letzten Szene die Bourgeoisie den Untergang der Commune zu einer Opernaufführung, das heißt sie entfremdet zeitgenössische Wirklichkeit zum »Schauspiel« und zieht ästhetischen Genuß aus der realen Vernichtung ihrer Feinde. Am Schluß der Szene wird Thiers als Regisseur dieses unmenschlichen Spektakels beklatscht. Seine letzte Sentenz (»Frankreich, das ist – Sie, Mesdames et Messieurs«) präsentiert zwar zielsicher die falsche Theatralik des »unsterblichen« Regisseurs oder Autors Thiers, aber sie signalisiert auch in epigrammatischer Lakonik[119] den Sieg der Bourgeoisie. Eine aufmunternde Hymne, wie sie offenbar Brecht einmal überlegte, hätte diesen pointierten und in marxistischer Perspektive deprimierenden Schluß sicher nicht mehr auslöschen oder überspielen können.

Was bleibt dann aber als Resultat des Stücks? Die Analyse der naiven Verhaltensweise der Commune, ihre entscheidenden strategischen und ideologischen Fehler? Die Darstellung von Vorläufern einer besseren Zeit und eines besseren

Staates, wie ihn Brecht 1949 im Hinblick auf die DDR erhofft haben soll? Oder die Denunzierung der Bourgeoisie als »unmenschlich« durch die Mittel der Groteske?[120] Zweifelsohne hat Brecht kein Märtyrerstück geschrieben, das die Proletarier verherrlicht, sondern versucht, einen historischen Wirklichkeitszusammenhang darzustellen. Er erreicht das durch eine spezifisch ästhetische Technik, dadurch, daß er verschiedene Ebenen und Stilhaltungen im Stück mosaikartig verbindet. Auf einer Seite stehen die kabarettistisch-grotesken Einlagen (Bourgeoisie), auf einer anderen die pathetische Revolutionsrhetorik der radikalen und gemäßigten Delegierten (Commune), auf einer dritten der volkstümlich-heitere Umgangston der »Familie«, auf einer vierten die offiziellen Verlautbarungen der Presse, jeweils von Zeitungsausrufern verbreitet (Szene 5, 9b), und auf einer fünften persönliche Situationsberichte (Varlin; 2136 f., 2132 f.; Rigault, 2164; Delescluze, 2175). Die verschiedenen Perspektiven und Ebenen ergeben ein differenziertes Gesamtbild. Obwohl das »Volk« gewissermaßen zur Hauptfigur des Stücks wird, ist es einer frühen Devise Brechts zufolge »vom Individuum her gefaßt« (GW 20,60). Einige dramatis personae, vor allem Geneviève und Langevin, machen eine Entwicklung durch: aus gemäßigten Revolutionären werden Radikale; bei anderen wie »Papa«, der von Anfang an für entschlossenes Vorgehen plädiert, ergeben sich in der Denkart zuweilen Widersprüche (vgl. 2135, 2137),[121] die Brecht wohl noch getilgt hätte. Viele Mitglieder der Familie jedoch bleiben sich nach Verhalten und Denkart gleich: so z. B. Babette, Jean, François und Madame Cabet.

Im Laufe des Stücks entwickelt Brecht Langevin mehr und mehr zur zentralen Figur, er wird unter anderem der Lehrer der Lehrerin (Geneviève). In der letzten Szene, nach einem ebenso kurzen wie traurigen Lagebericht (2190) »geht« er als einziger weiter; er stirbt offenbar nicht mit der »Familie«. Er besitzt im Stück wie nur wenig andere (Varlin, Rigault) die Einsicht, die der Mehrzahl fehlt. Drückt nun diese positive Figur die Intention des Stücks aus? Warum hat ihr Brecht dann nicht eine wichtigere Rolle bei den Sitzungen der Commune eingeräumt, wie sie etwa Varlin und Rigault spielen? Oder liegt die Absicht des Stückes doch in der Aufklärung über die Fehler, im »allseitigen, verwickelten, widerspruchsvollen Prozeß« des Lernens (GW 20,332)?[122] Aber einer solchen möglichen Deutung entzieht Brechts »Dialektisieren« sofort den Boden. In Szene 13 entspinnt sich beispielsweise folgender Dialog:

> JEAN. Wie ich dir einmal sagte: wir wissen nichts.
> GENEVIÈVE. Nun, Jean, wir lernen.
> JEAN. Indem wir ins Gras beißen, das wird viel helfen.
> GENEVIÈVE. Es wird helfen, Jean. Jetzt kommen sie wieder.
> JEAN. Noch nicht. Was hilft mir und dir Wissen, [...] wenn wir gestorben sind!   (2189)

Beide Dialogpartner bleiben bei ihrem Standpunkt, der Widerspruch wird nicht aufgelöst. Das läßt sich auch bei anderen Teilen des Stücks beobachten: in den »Familien«-Szenen so gut wie in den Sitzungen der Commune. Im Gegensatz zu den anderen Liedeinlagen haben deshalb ganz eindeutig die aus den dreißiger Jahren stammenden Lieder »Resolution« und »Keiner oder alle« eine Art ideologische Hilfsfunktion; sie suchen gewissermaßen die im Stück vorgestellten politischen ambivalenten Haltungen (Szene 4, 2137 ff.; Szene 9b, 2181 f.) zu korrigieren, was aber auf diese Weise nicht möglich ist. Die beiden Liedeinlagen stehen im Widerspruch zu dem im Stück praktizierten ästhetischen Verfahren und beweisen eigentlich nur, daß sich der Verfasser selbst auf einem Kollisionskurs mit der erwarteten politischen Überzeugung ertappte, die gewiß zuweilen auch seine eigene gewesen ist (vgl. etwa GW 20,325 ff.). War er bei der »objektiven« Darstellung der »heiligen Geschichte« der Klassiker nicht doch zu weit gegangen? Hatte er nicht selbst zu sehr mit »Lorgnons und Operngläsern« wie die Bourgeoisie den »Untergang der Commune« betrachtet, während er doch eigentlich der maßgeblichen ideologischen Autorität zufolge die Vertilger des »ruhmvollen Vorboten einer neuen Gesellschaft« an jenen »Schandpfahl« hätte nageln sollen, »von dem sie zu erlösen alle Gebete ihrer Pfaffen ohnmächtig sind«?[123]

Brecht scheint sich der Probleme durchaus bewußt gewesen zu sein; es war sicher mit ein Grund, daß er die Aufführung der *Tage der Commune* immer wieder verzögert hat. Das zwiespältige Echo in der DDR bewies nur zu gut seinen pragmatischen Sinn in solchen Dingen. Er hatte in der Tat kein Erbauungsstück geschrieben, sondern ein historisches Drama, in dem das »Gehirn der Bevölkerung [...] in vollem Licht« arbeitet und auch die »Verschattungen« nicht verschwiegen werden. In einer späten Notiz »Verschiedene Bauarten von Stücken« merkt Brecht an: »Der Urwald erscheint denen anders, die ihn nach Schmetterlingen erforschen, als denen, die ihn flüchten, und anders erscheint er den Pflanzen.« Diese Vielseitigkeit der Perspektiven enthält auch sein zu Unrecht vernachlässigtes Stück *Die Tage der Commune* als ästhetisches Programm, das dann auch wieder letzten Endes mit seinem ideologischen übereinstimmte. »Die Stückeschreiber«, so hinterläßt er, »die die Welt als eine veränderliche und veränderbare darstellen wollen, müssen sich an ihre Widersprüche halten, denn diese sind es, die die Welt verändern und veränderbar machen.« Damit wäre eine Formel für ein Revolutionsdrama gefunden, wie es seit Büchners *Dantons Tod* im Umlauf ist. Sie weist übrigens auf die wichtige theoretische Schrift zurück, in der zum ersten Mal ein »Stück über die Commune« (GW 16,529) erwähnt wird: *Der Messingkauf*. Es heißt dort vom Stückeschreiber: »Meine Regeln [...] sind nur anzuwenden von Personen, die sich freies Urteil, Widerspruchsgeist und soziale Phantasie erhalten sowie in Kontakt zu den fortschrittlichen Teilen des Publikums stehen, also selber fortschrittliche, vollsinnige, denkende Menschen sind. Ich kann nun dem Ochsen, der da drischet, nicht das Maul verbinden« (GW 16,600). Keine schlechte Devise für die prinzipielle Unabhängigkeit des Dichters auch in schwierigen Zeiten.

Anmerkungen

Die Werke Brechts werden zitiert nach: Bertolt Brecht: Gesammelte Werke in 20 Bänden. werkausgabe edition suhrkamp. Hrsg. vom Suhrkamp Verlag in Zsarb. mit Elisabeth Hauptmann. Frankfurt a. M. 1967. Nachweis in Klammern unmittelbar hinter dem Text: GW und Angabe von Band- und Seitenzahl. Bd. 5: *Die Tage der Commune*, im Text zitiert nur mit der Seitenzahl in Klammern. – Brechts Briefe (B) nach: Briefe. Hrsg. und komm. von Günter Glaeser. 2 Bde. Frankfurt a. M. 1981. – Brechts Arbeitsjournal (AJ) nach: Arbeitsjournal. Bd. 2: 1942 bis 1955. Hrsg. von Werner Hecht. Frankfurt a. M. 1973. – Bertolt-Brecht-Archiv: (BBA) und Angabe von Mappe und Blatt. – Ein Teil der Materialien ist jetzt auch zugänglich in: Brechts »Tage der Commune«. Hrsg. von Wolf Siegert, Frankfurt a. M. 1983. (suhrkamp taschenbuch. 2031.)

1 Der Verlag war schlecht beraten, als er die französische Schreibweise »Commune« wählte; denn Bertolt Brecht wie auch seine Quellen von Lissagaray bis Marx, Lenin und Duncker schreiben durchgehend »Kommune«. Vgl. auch Jan Knopf: Brecht-Handbuch. Theater. Stuttgart 1980. S. 280, 288.

2 Brecht in der Kritik. Eine Dokumentation von Monika Wyss mit Einführung und verbindenden Texten von Helmuth Kindler. München 1977. S. 330–332.

3 Ebd. S. 332.

4 Zit. bei: Hans Kaufmann: Bertolt Brecht. Geschichtsdrama und Parabelstück. Berlin 1962. S. 15.

5 Vgl. Käthe Rülicke-Weiler: Die Dramaturgie Brechts. Theater als Mittel der Veränderung. Berlin 1966. S. 256.

6 Vgl. Ilja Fradkin: Bertolt Brecht. Leipzig 1974. S. 288–300.

7 Vgl. Knopf (Anm. 1) S. 280–292.

8 Der Essay von Robert C. Conard: Brechts *Tage der Commune* und ihre Bedeutung für die Ereignisse in Chile im September 1973. In: Brecht-Jahrbuch 1975. S. 35–42, kann in diesem Zusammenhang unberücksichtigt bleiben, da er den Text vornehmlich mit den Ereignissen im September 1973 in Chile konfrontiert.

9 Vgl. Hannelore Schlaffer: Dramenform und Klassenstruktur. Eine Analyse der dramatis persona ›Volk‹. Stuttgart 1972. S. 101–106.

10 Claude Hill: Bertolt Brecht. München 1978. S. 83.

11 Schlaffer (Anm. 9) S. 124.

12 Ronald Gray: Brecht. The Dramatist. Cambridge [u. a.] 1976. S. 155.

13 In: Theater der Zeit 11 (1963); abgedr. in: Ernst Schumacher: Brecht-Kritiken. Berlin 1977. S. 13–19.

14 Vgl. dazu die einschlägigen Studien von: Agnes Hüfner: Brecht in Frankreich 1930–1963. Verbreitung, Aufnahme, Wirkung. Stuttgart 1968; Heinz-B. Heller: Untersuchungen zur Theorie und Praxis des dialektischen Theaters. Brecht und Adamov. Bern / Frankfurt a. M. 1975; Günter Hartung: Brechts Stück »Die Tage der Commune«. In: Weimarer Beiträge 2 (1972) S. 107 f.; Henning Krauß: Aspekte der Brecht-Rezeption in Frankreich. In: Bertolt Brecht – Aspekte seines Werkes, Spuren seiner Wirkung. Hrsg. von Helmut Koopmann und Theo Stammen. München 1983. S. 235 ff.

15 Vor allem zwischen Planchon, Allio und Adamov.

16 Übersetzt von Brechts Mitarbeiterin und Freundin Margarete Steffin. In: Das Wort 1 (1938) S. 49–66; 3 (1938) S. 50–74; 4 (1938) S. 56–81.

17 Versuche 29/37. H. 15. Berlin 1957. S. 6.

18 Vgl. Heller (Anm. 14) S. 93 ff.; Hüfner (Anm. 14) S. 98–101; Kaufmann (Anm. 4) S. 67; Knopf (Anm. 1) S. 291.

19 Vgl. auch: Reinhold Grimm: Bertolt Brecht und die Weltliteratur. Nürnberg 1961. S. 40; Knopf (Anm. 1) S. 282–285.

20 Das Wort (Anm. 16) S. 81.
21 Zit. bei: Heller (Anm. 14) S. 101.
22 BBA 361/171; zit. bei: Kaufmann (Anm. 4) S. 85 f.
23 Joachim Tenschert: Die Fassung des Berliner Ensembles. In: Theater der Zeit 9 (1962) S. 9 ff.
24 Vgl. dazu Boris Singerman: Das Brecht-Theater. In: Sowjetwissenschaft. Kunst und Literatur 9,1 (1961) S. 523–536, 626–641.
25 Manfred Wekwerth: Auffinden einer ästhetischen Kategorie. In: Sinn und Form. 2. Sonderheft Bertolt Brecht. Berlin 1957. S. 260–268; hier S. 263.
26 Ebd. S. 264.
27 Ebd. S. 265.
28 Ebd. S. 266.
29 Ebd. S. 267.
30 Friedrich Dürrenmatt: Friedrich Schiller. In: Schiller. Reden im Gedenkjahr 1959. Stuttgart 1961. S. 37–52.
31 Wekwerth (Anm. 25) S. 268.
32 Ebd. S. 267.
33 Ebd.
34 Zit. nach der deutschen Übersetzung: Geschichte der Kommune von 1871 von [Prosper] Lissagaray. Stuttgart ⁴1909. S. 143. [Erstausg. Braunschweig 1877.]
35 Manfred Wekwerth: Die Tage der Commune von Bertolt Brecht. In: Notate. Über die Arbeit des Berliner Ensembles. Frankfurt a. M. 1967. S. 85.
36 Fradkin (Anm. 6) S. 288.
37 Harald Engberg: Brecht auf Fünen. Exil in Dänemark. 1933–1939. Wuppertal 1974. S. 185. [Brecht på Fyn. Odense 1966; dt.]
38 Vladimir Pozner: Bertolt Brecht. In: Sinn und Form (Anm. 25) S. 444–456; man kann freilich mit gleichem Recht vermerken, es habe sich bei dem Manuskript um die Übersetzung von Griegs »Niederlage« gehandelt.
39 Auch das »Lied gegen den Krieg« (GW 9,651 f.) und »Was nützt die Güte« gehört in den Themenzusammenhang (GW 9,553).
40 Vgl. Knopf (Anm. 1) S. 280.
41 Sollte bereits früher ein Manuskript »Die Tage der Commune« existiert haben, warum suchte dann Brecht Piscator ausgerechnet am 9. Februar 1949 für eine Inszenierung von Griegs *Niederlage* zu gewinnen. Es würde selbst dann nicht einleuchten, wenn man unterstellt, Brecht habe aus Vorsicht oder Besorgnis das Stück des Norwegers vorschieben wollen.
42 Die 1. Fassung erhielt auch den Vermerk: Übersetzung nach dem Französischen des Jacques Malorne.
43 Vgl. Kaufmann (Anm. 4) S. 19 ff.; Hartung (Anm. 14) S. 114 f.; Fradkin (Anm. 6) S. 292; Knopf (Anm. 1) S. 281 f.
44 Vgl. Hans-Joachim Bunge. In: Bertolt Brecht. Sein Leben und Werk. Vf. Werner Hecht [u. a.]. Berlin [Ost] 1969. S. 197. Vgl. auch Knopf (Anm. 1) S. 281.
45 Hill (Anm. 10) S. 82.
46 Karl Marx / Friedrich Engels: Werke. Berlin [Ost] 1973. Bd. 17. S. 362.
47 Vgl. ebd. Bd. 33. S. 205 f. Der Brief wurde auch zitiert in der von Brecht herangezogenen Dokumentation: Pariser Kommune 1871. Berichte und Dokumente von Zeitgenossen. Berlin 1931. S. 290–298. [Mit einem Geleitwort von Hermann Duncker.] – Die Dokumentation stellt auch das relevante Material von Marx und Lenin zum Thema bereit.
48 W. I. Lenin: Ausgewählte Werke in drei Bänden. Berlin 1970. Bd. 2. S. 347–364.
49 Ebd. S. 350.
50 Ebd. S. 364.
51 Vgl. dazu Brechts Vorschlagsliste B 603 f.; ebenso Wekwerth (Anm. 35) S. 92 f.
52 Hermann Hettner: Das moderne Drama. Hrsg. von P. A. Merbach. Berlin/Leipzig 1924. S. 93 f.
53 Ebd. S. 184.
54 Kaufmann (Anm. 4) S. 87.
55 Ebd. S. 189 f.
56 Vgl. Walter Hinderer (Hrsg.): Sickingen-Debatte. Darmstadt/Neuwied 1974. S. 20 ff.
57 Ebd.
58 Hartung (Anm. 14) S. 126, nennt Langevin die »ganz ins Konkrete gezogene Inkarnation des Weisen«.

59 Hinderer (Anm. 56) S. 20.
60 Kaufmann (Anm. 4) S. 87 ff.
61 Fradkin (Anm. 6) S. 293.
62 Gegen die übrigens Brecht in einem Brief (B 591) Partei ergreift.
63 Marx/Engels (Anm. 46) Bd. 17, S. 350.
64 Vgl. dazu Büchners *Woyzeck*, Szenengruppe 1, Szene 21: »Ein guter Mord, ein ächter Mord, ein schöner Mord.«
65 Walter Benjamin: Das Kunstwerk im Zeitalter seiner technischen Reproduzierbarkeit. Frankfurt a. M. 1963. S. 48 ff.; vgl. dazu auch Hartung (Anm. 14) S. 140 f.
66 Zum Thema vgl. Reinhold Grimm: Spiel und Wirklichkeit in einigen Revolutionsdramen. In: Basis 1 (1970) S. 49–93.
67 Marx/Engels (Anm. 46) Bd. 8. S. 117.
68 Wekwerth (Anm. 25) S. 266 ff.
69 Vgl. Brief von Marx an Lassalle vom April 1859. In: Hinderer (Anm. 56) S. 37 f.
70 Vgl. Knopf (Anm. 1) S. 286 f.
71 Hartung (Anm. 14) S. 136.
72 Das Wort (Anm. 16) H. 4, S. 59.
73 Ebd. S. 61.
74 Ebd. S. 80. Der letzte Satz der Replik wird bei Brecht diskret und szenisch-gestisch in der Regieanweisung angedeutet: »Der Apfelbaum steht in voller Blüte« (GW 5,2189).
75 Vgl. dazu die Replik von François: »Und am Morgen wird sich Paris erheben wie eine alte Arbeiterin und nach ihrem Werkzeug langen, das sie liebt« (GW 5,2152).
76 Vgl. für die Grieg-Replik auch Lissagaray (Anm. 34) S. 262 f.
77 Vor allem Lissagaray (Anm. 34), die Dokumentation von Duncker (Anm. 47) und »Journal officiel de la Commune«.
78 So etwa Hartung (Anm. 14) S. 134.
79 Kaufmann (Anm. 4) S. 46.
80 Lissagaray (Anm. 34) S. 82–93.
81 Ebd. S. 86.
82 Ebd. S. 141.
83 Zit. bei: Kaufmann (Anm. 4) S. 28 f.
84 Vgl. Kaufmann (Anm. 4) S. 72 ff., 77 ff., 209 ff.; Hartung (Anm. 14) S. 133 ff.; Knopf (Anm. 1) S. 282; John Willett: The Theatre of Bertolt Brecht. London ³1967. S. 105. Dt.: Reinbek bei Hamburg 1964.
85 Vgl. Anm. 47.
86 Ebd. S. 206 ff.
87 Ebd. S. 230–233, 267–271, 273–280.
88 Ebd. S. 347–360.
89 Vgl. Kaufmann (Anm. 4) S. 195 f., 227 f., 230 ff., 240 ff.; ebenso Hartung (Anm. 14) S. 109 ff.
90 Georg Büchner in dem bekannten Brief an die Familie (28. Juli 1835).
91 Vgl. Schlaffer (Anm. 9) S. 102.
92 BBA 1081/43–44; zit. bei Kaufmann (Anm. 4) S. 63.
93 Vgl. dazu auch: Lissagaray (Anm. 34) S. 145; Hartung (Anm. 14) S. 116.
94 Hartung (Anm. 14) S. 122.
95 Ebd. S. 136.
96 BBA (Anm. 92).
97 Vgl. Hartung (Anm. 14) S. 120.
98 Ebd. S. 132.
99 Vgl. Knopf (Anm. 1) S. 288. Die Herrschenden sind ähnlich wie in Büchners *Woyzeck* nach ihren Rollen typisiert und ironisiert im Gegensatz zu den Repräsentanten des Volks.
100 Marx/Engels (Anm. 46) Bd. 8. S. 115 f.
101 Ebd. S. 117.
102 Laut einer Regienotiz (BBA 361/171; zit. bei Kaufmann, Anm. 4, S. 63) sollte die Rolle Beslays »tragikomisch« angelegt sein.
103 Marx/Engels (Anm. 46) Bd. 33. S. 205 f. Den Brief von Marx an Kugelmann konnte Brecht – wie erwähnt – auch in Dunckers Dokumentation (Anm. 47) S. 290–298, finden.
104 Hartung (Anm. 14) S. 127; vgl. dazu besonders auch Kaufmann (Anm. 4) S. 66 ff.
105 Wekwerth (Anm. 25) S. 266 ff.

106 Vgl. Walter Hinderer: Jenseits von Eden: Zu Schillers »Wilhelm Tell«. In: Walter Hinck (Hrsg.): Geschichte als Schauspiel. Frankfurt a. M. 1981. S. 133–146 (bes. 140 ff.).

107 Die hier eben selbst »Papa« ausstrahlt, der ansonsten »sentimentalischer«, reflektierter angelegt ist.

108 Lissagaray (Anm. 34) S. 205 f., 215 f., 218; Dokumentation (Anm. 47) S. 378–384.

109 Lissagaray (Anm. 34) S. 145.

110 Dokumentation (Anm. 47) S. 223.

111 Vgl. dazu auch Knopf (Anm. 1) S. 286.

112 Siehe auch Kaufmann (Anm. 4) S. 244.

113 Ebenfalls historisch: z. B. Lissagaray (Anm. 34) S. 194 f.

114 Den Kernsatz des Liedes zitiert Geneviève in Szene 12 nochmals dem Inhalt nach (GW 5,2187). Es handelt sich, genaugenommen, um die Losung des Zentralkomitees: »Alle für einen, einer für alle« (vgl. Dokumentation, Anm. 47, S. 367).

115 So Ferdinand Lassalle in: Hinderer (Anm. 56) S. 20.

116 Wahrscheinlich ist sie durch eine Szene in Büchners »Dantons Tod« (II,2) angeregt worden.

117 So Kaufmann (Anm. 4) S. 61 f., 256; Fradkin (Anm. 6) S. 293; Hartung (Anm. 14) S. 127.

118 Kaufmann (Anm. 4, S. 267, Anm. 63) sieht ganz im Gegensatz darin eine »Ungenauigkeit« Brechts und vermutet, dieser habe Ostern mit Pfingsten verwechselt, was mir jedoch recht unwahrscheinlich zu sein scheint.

119 Im Stil der Dramenschlüsse von Schillers »Die Räuber«, »Wallenstein«, »Maria Stuart«, Büchners »Dantons Tod«.

120 Vgl. dazu Brechts Ausführungen: »Die erste Zeit der barbarischen Herrschaft mag dadurch unmenschliche Züge aufweisen, daß das Proletariat, wie Marx es beschreibt, durch die Bourgeoisie in der Entmenschtheit gehalten wird. Die Revolution entfesselt wunderbare Tugenden und anachronistische Laster zugleich« (GW 20,325).

121 Vgl. Kaufmann (Anm. 4) S. 85 f.; Hartung (Anm. 14) S. 126, hält sogar »Papa« für die Hauptgestalt des Stücks; mir scheint diese Rolle eindeutig Langevin zu spielen.

122 Hartung (Anm. 14) S. 127 f., meint, daß »dieses Lernen« nach der Peripetie »geradezu thematisch« werde.

123 Marx/Engels (Anm. 46) Bd. 17. S. 362.

HANS-PETER BAYERDÖRFER

Die Einakter – Gehversuche auf schwankhaftem Boden

1

Einaktige Formen des Dramas haben in den Jahrzehnten zwischen 1890 und 1920 einen wichtigen Funktionswandel durchgemacht. Brechts Stücke, die 1919 entstanden sind, fallen in die Endphase dieses Prozesses. Dieser ist durch eine Reihe von dramen- und theatergeschichtlichen Voraussetzungen bedingt, die insgesamt die wichtigen publikums- und literatursoziologischen Verschiebungen des Zeitraums erkennen lassen. Im Verlauf der Wandlung entsteht derjenige formgeschichtliche Typus, den man als ›modernen Einakter‹ beschrieben hat;[1] es handelt sich um die Kurzform als modernes theatralisches Experiment sui generis. Jedenfalls sind im genannten Zeitraum einaktige Formen Träger vielfältiger Innovation und bestimmen damit wesentlich jenen Vorgang der Modernisierung von Drama und Theater, auf dessen Ergebnissen seit 1920 alle weiteren Entwicklungen beruhen. Brechts Einakter von 1919 sind bemerkenswerte Zeugnisse dieses Vorgangs, nicht weil sie dem Typus ›moderner Einakter‹ besonders nahe stünden, sondern weil sie in der genannten Phase einen wichtigen Schritt markieren. Nach der Durchsetzung des dramatischen, wenig später des theatralischen Expressionismus geht es nun um Ansätze zur Gegenbewegung, zunächst zur Wiedergewinnung des Komödienbereiches, der im Expressionismus sehr zurückgetreten ist. Brecht greift mit seinen Stücken daher auf einaktige Muster aus früherer Zeit bzw. aus Randbereichen des Theaters zurück. Ein gattungsgeschichtlicher Rückblick ist erforderlich, um die Zusammenhänge klarzumachen.

In der zweiten Hälfte des 19. Jahrhunderts gehört der Einakter zu den Standardformen in allen Bereichen theatralischer Unterhaltung. Er wird massenweise produziert und aufgeführt. Insgesamt handelt es sich um verkürzte Großformen, vorwiegend der Komödienliteratur, die bestimmten Bedürfnissen der Bühnen oder des Dilettantentheaters angepaßt werden. Der ›mehrteilige‹ Theaterabend

mit mehreren einaktigen oder kurzen Stücken verschwindet zwar aus dem
Spielplan der Repräsentationstheater, erhält sich aber auf der Unterhaltungs-
bühne von Boulevard und ›Volkstheater‹, vor allem aber im Vereinstheater, das
auf allen sozialen Stufen in voller Blüte steht. Aus einsichtigen Gründen
bestimmt hier das Gebot der Kürze die Form – abgesehen davon, daß zeitweilig
auch die sekundäre Erscheinung des Einakterzyklus als Ersatz für das abendfül-
lende Stück an den größeren Bühnen Mode wird.

Den weitgehend nivellierten Gebrauchsformen einaktiger Dramatik tritt seit
August Strindbergs programmatischen Forderungen – den Einakter-Serien von
1888 und 1892 sowie den theoretischen Ausführungen – eine dramatisch-litera-
turtheoretische Aufwertung der Kurzform gegenüber. In der immer deutlicher
sich abzeichnenden Krise der traditionellen Dramatik bietet sich der Einakter
als Alternative an. Strindberg begründet seine Forderung dramaturgisch und
publikumspsychologisch. Mit dem symbolistischen Frühwerk Maeterlincks tritt
dem eine analoge Aufwertung des Einakters an die Seite. Obwohl beide Programme von gegensätzlichen Positionen ausgehen, kommen sie im Hinblick auf
die einaktige Gestalt in grundlegenden Momenten überein: die herkömmliche
Handlung wird ersetzt durch die bestimmende Größe der (Katastrophen-)Situa-
tion, deren Ausweglosigkeit im Laufe des Geschehens aufgezeigt und deren
Konsequenzen demonstriert werden. Damit wird der vielgliedrige dramatische
Geschehenstypus der Tradition ersetzt durch die Monumentalität der einzel-
nen, als ausschlaggebend betrachteten dramatischen Szene.[2] Der aus solchen
Motiven sich entwickelnde Haupttypus des Einakters hat grundlegende Bedeu-
tung für das 20. Jahrhundert bis hin zum existentialistischen und absurden
Drama der vierziger und fünfziger Jahre.[3] Bezeichnend für diesen ganzen
Entwicklungsstrang ist die veränderte Funktion der Sprache, da die in der
Tradition selbstverständliche Dialogbasis nach und nach aufgelöst und statt
dessen a-dialogische und schein-dialogische Wege des Sprechens bevorzugt
werden.

Indessen ist es nicht zu rechtfertigen, die ab 1890 entstehenden neuen Kurzformen auf das dramaturgische Modell dieses Einaktertypus zu reduzieren – abgesehen davon, daß die Einakter-Produktion nach 1890 nicht, wie allgemein angenommen wird, zunimmt, sondern im Gegenteil abnimmt. Nicht nur gibt es
andere programmatische Einakter-Varianten der Jahrhundertwende, etwa das
ästhetisch erneuerte proverbe dramatique oder die Konversations-Causerie mit
inhaltlich herausfordernder Pointierung, sondern man müßte auch die Fülle
neuer Kurzformen, die in erster Linie als theatralische Experimente für die
zahlreichen neuen kleinen Versuchsbühnen, für die Sezessions- und Alternativ-
theater entworfen werden, in Rechnung stellen.[4] Außerdem wäre in die Reihe
dieser Bühnen das Kabarett der Jahrhundertwende einzubeziehen, das als multi-
medial ausgerichtete Kleinkunstbühne eigenständige Kurzformen dramatischer
Präsentation ausbildet, die ihrerseits Theatergeschichte gemacht haben. Abgese-

hen von der szenisch gestalteten literarischen Parodie und dem Sketch gehört
dazu insbesondere auch der nach Bänkel- oder Moritatmodell, nach Chanson-
oder Couplet-Muster stilisierte Vortragsauftritt, sei es als halb-szenische Rezita-
tion, sei es als Lieddarbietung.[5]

Bühnen- und Dialogexperimente in einaktiger Gestalt werden um so radikaler, je
weniger die Literaturprogramme der Jahrhundertwende dem allgemeinen Auf-
bruch von Literatur und Kunst in den folgenden Jahren noch die theoretische
Basis bieten können. Die innovatorische Radikalität des Farb- und Klangspiels
von Kandinskys *Der gelbe Klang*, von Döblins Theaterparodie *Lydia und Mäx-
chen*, von Kokoschkas visionären, weit ins Groteske hineinreichenden Spielent-
würfen, hat im Bereich der mehraktigen Dramatik – abgesehen von Strindbergs
Stationen-Dramen und Kammerspielen – nicht ihresgleichen. Diese innovatori-
schen Vorgaben werden mit dem Aufschwung des Expressionismus nur teilweise
eingeholt, kaum aber überholt, so daß etwa Kokoschkas Stücke nach dem
Höhepunkt des expressionistischen Theaters in den Jahren 1917 bis 1921 ihr
avantgardistisches Potential bei weitem nicht erschöpft haben. Bis an die
Schwelle der zwanziger Jahre reicht daher die Epoche, in welcher der Einakter in
vielerlei Gestalt als Schrittmacher der dramatischen und bühnengeschichtlichen
Neuerung zu gelten hat.

Brechts Einakter von 1919 sind weder dem programmatischen Einaktertypus,
wie er durch Strindberg und Maeterlinck vertreten wird, noch den vehement
experimentellen prä-expressionistischen Kleindramen zuzuordnen. Vielmehr
richten sie sich nach Inhalt wie Anlage gegen die expressionistische Theatralik in
toto. Die fünf Stücke sind in gattungsgeschichtlichen Zusammenhängen zu
sehen, die im Bereich der unterhaltenden und komödienhaften Formen liegen
und einige wesentliche Impulse vom Kabarett (seit 1881) erhalten haben. Während der programmatische Einakter der Jahrhundertwende auf die Kammer-
spiele und Kammertheater zuführt, und der Experimentiertypus auf die Ver-
suchsbühne verweist, spielen sich die Veränderungen der Komödien- und
Schwankformen zum einen Teil auf dem Brettl ab, zum anderen im exzentrischen
Unterhaltungstheater, wie etwa dem Grand Guignol und verwandten Etablisse-
ments, schließlich auf den Podien einer außerliterarischen Volkskomik. Zu
verweisen wäre etwa auf die bösartigen, inhaltlich wie theatralisch gleichermaßen
radikalen Farce-Einakter von Georges Courteline, die zum Teil am Grand
Guignol uraufgeführt wurden,[6] oder die ähnlich angelegten Kurzschwänke von
Georges Feydeau, außerdem auf die Parodienserien im deutschen Kabarett, von
den »Elf Scharfrichtern« und Reinhardts »Schall und Rauch« über die »Bösen
Buben« bis zum vorexpressionistischen Kabarett ab 1910, schließlich auf die
sprachlichen und motivlichen Vorgaben der regionalen Schwankbühnen. Zu
nennen sind aber auch Bereiche der Vermischung von Kabarettistischem und
volkstümlicher Unterhaltungstradition, für deren brillante Synthese der Name
Karl Valentin stehen mag.

Für die Einschätzung der Brechtschen Einakter ist es wichtig, daß die zuletzt genannten Domänen der Kurzformen in den Jahren, als sich das expressionistische Theater durchzusetzen begann, ganz an den Rand des Geschehens gedrängt werden, wie ja insgesamt die Komödie, trotz der Anregerrolle Sternheims, im wesentlichen im expressionistischen Gattungsfächer marginal bleibt.[7] Die fünf Stücke von 1919 stellen daher von vornherein anti-expressionistische Entwürfe dar. Wie sich *Baal* als Gegenstück zur Großform des Wandlungsdramas verstehen läßt, so der Einakter als komödienhafte ›Probierbewegung‹, die sich gegen Pathos und Anspruch der einzelnen Station, damit der grundlegenden Darstellungstechnik des Expressionismus insgesamt richtet. In dieser Hinsicht stehen die Einakter in einer Linie mit anderen Versuchen des Widerstands gegen den Expressionismus, die sich in der Regel auf der Basis der Komödie vollziehen, so bei Ivan Goll, erneut bei Sternheim und – im selben Jahr (1919) – in Brechts *Trommeln in der Nacht.*[8] Indessen handelt es sich bei den Einaktern nicht um einfache Versuche der Wiederbelebung herkömmlicher Komödienmuster, deren literarische Aura von vornherein vermieden wird; denn ihren eigentlichen Ansatz finden die Brechtschen Einakter in den außerliterarischen Gebrauchsformen, die vor allem durch Schwankmotive gekennzeichnet sind. Die von Brecht in Anspruch genommene Patenschaft Valentins und Chaplins weist in eine analoge Richtung; die Berufung auf Wedekind stellt freilich eine neue Perspektive her,[9] die dem Auflehnungsversuch Brechts wiederum literaturgeschichtliche Kontinuität verleiht. Wedekind gehört ja nicht nur als Dramatiker, sondern auch als Lyriker und besonders als Kabarettist zu den namhaften Autoren, auf welche sich die beginnende Literatur der Weimarer Republik gegenüber dem expressionistischen Jahrzehnt erneut und insistierend beruft, unabhängig davon, daß auch expressionistisches Drama und Theater von Wedekindschen Impulsen geprägt war. Brechts Opposition gegen den hochgespannten Idealismus der expressionistischen Stücke – auch auf dem aktionistischen Flügel – ist radikal, bisweilen zynisch in der Maske Wedekinds[10], und dürfte nur bei Gottfried Benn und Walter Mehring in vergleichbarer Weise anzutreffen sein.

Der Experimentalstatus der Brechtschen Einakter bezieht sich nicht auf Raum- oder Licht-Regie, also auf Bühnen-Innovation – dies ist Sache des Expressionismus –, sondern auf Variationen und Versuche komödiantischen Spiels, wie sie sich aus Burleske (*Der Fischzug*) und Groteske (*Die Kleinbürgerhochzeit*), Farce und Schwank ergeben. Damit ist für die Interpretation der Stücke angedeutet, daß weder eine einfache Abhängigkeit von Valentin – wie es bisher in der Forschung gang und gäbe ist – den ausschlaggebenden Gesichtspunkt bieten, noch die Frage eine Rolle spielen kann, inwieweit Brecht in seiner frühen Zeit bereits ›realistisch‹ geschrieben oder die Möglichkeiten des späteren epischen Theaters vorweggenommen hat. Entsprechende Einzelbeobachtungen haben zurückzustehen hinter dem Problem der gattungsgeschichtlichen Entwicklungsstufe der Einakter selbst. Sie ist, werkgeschichtlich gesehen, gekennzeichnet durch die Komplementarität zum Entwurf von *Baal*, formgeschichtlich durch den Versuch der experimentellen Erneuerungen von Komödienformen und Komödiendialog auf nachexpressionistischer Grundlage. Schließlich besteht die literaturgeschichtliche Gemeinsamkeit zwischen den Einaktern und *Baal* darin, daß sie ›Gegenliteratur‹ sein wollen, d. h., daß sie sich nicht nur im Verhältnis zur Wirklichkeit, sondern im gleichen Maße im Bezug zu vorgegebener Literatur definieren. Kann man von *Baal* sagen, hier entstehe »Literatur durch Potenzierung und Parodierung von Literatur«,[11] wobei nicht nur an Hanns Johsts Musterdrama *Der Einsame* zu denken ist, sondern auch an Rimbaud und Whitman, deren ekstatische Sprache in *Baal* wiederklingt,[12] so läßt sich Analoges, wenn auch unter den Prämissen der Komödie, für die Einakter nachweisen. Was aber die Schwankstoffe als solche betrifft, so ist zu beachten, daß die ursprüngliche moralistische Tendenz der Sujets in radikaler, in Wedekindscher Umkehrung gesehen werden muß. Die Schwankstoffe von der virgo praegnans (*Die Kleinbürgerhochzeit*), vom überraschten und bloßgestellten Liebespaar (*Er treibt einen Teufel aus*) und vom Hahnrei (*Der Fischzug*), wozu noch das Dirnenmotiv (*Lux in Tenebris*) kommt, bezeichnen – um mit Wedekind zu sprechen – den »Feudalismus der Liebe«, dessen sich die moderne Gesellschaft immer noch schuldig macht. Die »wie ein wildes Tier aus der menschlichen Gemeinschaft hinausgehetzte Dirne« und »die zum Zweck einer möglichst günstigen Verheiratung gewahrte Unberührtheit des jungen Weibes«[13] sind die Symptome dieses Feudalismus. Hinzu kommt, für Brecht sehr kennzeichnend, jener ›Feudalismus‹ anderer Art, den er in dem Bettlerdialog (*Der Bettler oder der tote Hund*) in Anlehnung an die alte Schwanktradition vom Wettstreit zwischen dem weisen König und seinem bauernschlauen Widersacher gestaltet.

2

Die Kleinbürgerhochzeit ist das einzige Stück, das Brecht selbst zur Aufführung (1926) freigegeben hat. Es ist nicht nur in der dialogischen und dramaturgischen Konstruktion das konsequenteste, sondern dank des direkten Bezugs auf *Baal* dasjenige, welches den literarhistorischen ›Ansatz‹ genau festlegt:

DER JUNGE MANN. Haben Sie auch das Stück »Baal« im Theater gesehen?
DER MANN. Ja, es ist eine Sauerei.
DER JUNGE MANN. Aber es ist Kraft darinnen.
DER MANN. Es ist also eine kraftvolle Sauerei. Das ist schlimmer als eine schwache. Wenn einer ein Talent zu Schweinereien hat, ist das etwa entschuldigend? Sie gehören überhaupt nicht in so ein Stück! (2733)

Brecht knüpft mit diesem Dialog-Teil an die Schlüsselszene von *Baal* an, in welcher der Titelheld den Honoratioren der bürgerlichen Gesellschaft mit der Frage entgegentritt:»Wünschen Sie eine Schweinerei?«[14] Die Szene bildet die Parodie eines entsprechenden Auftritts in Hanns Johsts Drama *Der Einsame*; dort verweigert der Dichter Grabbe sich den Biedermännern, die von ihm – ganz seinem Ruf gemäß – eine ›Schweinerei‹ erwarten, und erscheint als ein ätherisches, überirdisches Wesen. Brecht hat diese Apotheose des expressionistisch-idealistischen Dichterbildes ins Gegenteil verkehrt. Sein ›Gegen-Dichter‹ entlarvt das gesellschaftliche Gegenüber, indem er dessen verborgenen Wünschen entgegenkommt und sie zynisch-verachtungsvoll erfüllt. In der *Kleinbürgerhochzeit* bezeichnet die Aufnahme des Stichwortes »Schweinerei« bzw. »Sauerei« also den literaturgeschichtlichen Angelpunkt, die Zuordnung der Komödie zu den Entwürfen gegen das expressionistische Drama. Wenn es Brecht in *Baal* – in der ersten Fassung stärker als in jeder folgenden – darum ging, der bürgerlichen Gesellschaft ihr »eigenes, ihr selber verborgenes Chaos als provozierendes, zugleich beängstigend-kolossalisches und lächerliches Inbild« entgegenzuhalten,[15] so erscheint diese Intention auch in der einaktigen Komödie, nur sozusagen im Diminutiv. Statt der hochgespannten Thematik und der überspannten Person Baals entsteht das Bild der kleinkarierten Gesellschaft und ihrer ebenso kümmerlichen wie lächerlichen Prätentionen. Der Abgrund zwischen Anspruch bzw. Fassade und Realität der bürgerlichen Welt, der in der Gegenfigur des Baal in fast übermenschlichen Dimensionen abgebildet ist, verengt sich zur Misere der Kleinbürger: ihrem ungeschickt hilflosen Versuch, sich mit Hilfe ethischer und kultureller Restwerte, einer ›intakten‹ Familie und einer selbstgezimmerten Wohnlichkeit, diejenige soziale Stabilität vorzugaukeln, die ihnen im gesellschaftlich-ökonomischen Prozeß längst abhanden gekommen ist. Im Anschluß an das kurze Gespräch über das Stück *Baal* formuliert der pater familias die ideologische Quintessenz der ganzen Hochzeitsfeier und bezieht damit Position gegen den modernen Dramatiker:»Bei den Modernen wird das Familienleben so in den Schmutz gezogen. Und das ist doch das Beste, was wir Deutsche haben« (2734). Mit dieser Invektive könnte der Vater freilich ebensogut die Bürgersatire der Expressionisten meinen wie die des Brechtschen *Baal*. Inhaltlich gesehen ergeben sich nämlich kaum Unterschiede in dem, was dem Kleinbürgertum angekreidet wird. Auch das Stück *Kleinbürgerhochzeit* bewegt sich inhaltlich noch nicht auf einer anderen Ebene. Aber der Rahmen der Bloßstellung ist ein anderer. In den expressionistischen Stücken wird eine Gegenwelt zur Bürgerwelt entworfen, eine Welt des großen Aufbruches und Ausbruches; auch in *Baal* ist das Pathos des Ausdrucks doch grundlegend, wie sehr sich die Position des Titelhelden auch von der expressionistischer Gestalten unterscheiden mag. In der *Kleinbürgerhochzeit* aber bleibt die Entlarvung im Rahmen der Entlarvten selbst, die Form der Kurzkomödie verzichtet auf ein Gegenbild. Freilich wird das deutsche Kleinbürgertum hier noch auf seiner spätwilhelminischen Entwicklungsstufe gezeichnet, nicht auf der prä-faschistischen, welche es gegen Ende der Weimarer Republik erreicht. Entsprechend leicht ist es, ihm mit Hilfe der traditionellen Schwankmotive beizukommen.[16] Das Motiv von der virgo praegnans bestimmt Anfang und Ende. Das Stück beginnt, wo normalerweise Komödien enden, nämlich mit der Hochzeitsfeier; dennoch endet es gattungsmäßig stilgerecht mit der Hochzeitsnacht, die freilich post festum begangen wird. Die Blamage der Braut, die ihren Zustand nicht verheimlichen kann, ist jedoch weder Höhe- noch Endpunkt des Stückes, in dem Dialogverlauf und Geschehensfolge weitere Akzente setzen.

Auf der Dialogebene wird die Fassade einer von Verständnis, Verstehen und Freude getragenen Familienfeier nach und nach zerstört. Wörter und Wendungen erweisen sich als zweideutig, Repliken gehen aneinander vorbei, die Mißverständnisse häufen sich, die Gereiztheit wächst auf allen Seiten. Auch die auswendig gelernte Festansprache aus dem einschlägigen Vortragsbuch, eine Montage anlaßspezifischer Klischees, kann den Zusammenbruch nicht aufhalten. Nach und nach kommt trotz allen Widerstandes der Gastgeber die eigentliche Lage des Brautpaares zur Sprache. Die als Höhepunkt des Lebens gefeierte Hochzeit wird mit Gegenbildern versehen: mit dem endlosen Ehestreit des in der Zweisamkeit zermürbten älteren Paares, mit der Resignation der älteren Generation der Eltern, mit Schadenfreude und Neid der aus Prestigegründen geladenen Bekannten und Nachbarn. Was nach alter Väter Sitte stattfinden sollte, löst sich auf in Verkrampfung, Lächerlichkeit, Verlegenheit. Von der Tischsitte, die das Essen von Fisch mit dem Messer verbietet – ein Motiv, das Brecht noch in der *Dreigroschenoper* verwendet – bis zur zynischen Entlarvung der Unfähigkeit aller zum wechselseitigen Verständnis reicht der desillusionierende Gang des Sprachgeschehens. Der Dialog zerbröckelt, vor allem dank der von Brecht virtuos verwendeten Möglichkeit der Diaphora, einer an sich traditionellen rhetorischen Figur, »mit der bestimmte Ausdrücke im Dialog weitergereicht, von dem Sprechenden aber im Sinne antithetisch umgewendet werden«.[17] Nur Aggression, Herabsetzung, verbaler Schlagabtausch sind sprachlich noch möglich. Vergeblich versucht der Vater durch endlose und langweilige Geschichten, die keinen wirklich interessieren, die Atmosphäre des unverbindlichen Nebeneinanders aufrechtzuerhalten, nach der Maxime: »Wenn man was erzählt, was niemand angeht, wird es besser« (2740). Diese Strategie richtet nichts aus, denn in die Quere kommt das zum Festprogramm gehörende Vortragslied. Die »Keuschheitsballade« mit ihrer überscharf pointierten Dialektik der Sinnlichkeit und mit ihrem unüberbietbar formulierten antithetischen Lakonismus – »und sie lernte ihm das Speien / und die Feste der Natur« (2730) – läßt das scheinhafte Einverständnis endgültig in die Brüche gehen. Danach herrscht der offene verbale Kampf bis zum Auszug der Gäste. Die Ballade hat damit eine zentrale Funktion. Dennoch ist sie als gleichsam kabarettistisches Vortragslied nicht vollständig in das Geschehen integriert. Denn eine realistische Motivation, gerade beim Freund des Bräutigams, läßt sich für die Schärfe und die Form des Textes nicht wirklich finden. Wie im Falle von *Baal* muß man daher von einem anderen Konstruktionsprinzip ausgehen: von der formalen Einbettung des Kabarettauftritts in das dramatische Geschehen, d. h. der Bereicherung der Komödie um Darbietungsformen aus dem Repertoire der Kleinkunstbühne. Die Ballade ist nicht nur Teil der Handlung, sondern zugleich inhaltliche Spiegelung, überspitzte Wiedergabe des Geschehens in seiner Gesamtheit. Auch in dieser Hinsicht steht das Stück in unmittelbarer Nachbarschaft von *Baal*, wo der »Choral« als losgelöstes, lyrisch-kabarettistisches Vortragsstück, sogar ohne direkte Handlungseinbettung, die gehaltliche Quintessenz der Lebensweise und Weltsicht des Helden zum Ausdruck bringt.[18] Die »Keuschheitsballade« bringt ebenfalls die Quintessenz des Stückes zum Ausdruck, da die Dialektik der Sinnlichkeit in ihrer schärfsten Konsequenz ausgeführt und damit der in der *Kleinbürgerhochzeit* dargestellte Zustand auf die zugespitzte, fast moritathaft-kabarettistische Formel gebracht wird. Die durch kleinbürgerliche Moralkonvention gegängelte Sinnlichkeit setzt sich in einer Weise durch, daß sie die Menschen gerade zu dem macht, was die Moral verhindern will, zu ›Dirne‹ und ›Mucker‹; bezeichnenderweise wird mit der abschließenden Resümeezeile: »Es ist doch nur Sauerei«, noch einmal der Bogen zu *Baal* geschlagen.

Der szenischen Illustration dieses Zerfalls- und Auflösungsprozesses dient das ›Begleitgeschehen‹ mit dem Mobiliar. Daß die Gäste zunächst unabsichtlich, dann mit immer größerer Schadenfreude, zuletzt mit einem Anfall von Vandalismus die vom Bräutigam selbstgefertigten Möbel, in denen der ganze Stolz und die Heim-Ideologie des Paares liegen, zertrümmern, stellt die symbolische Verdeutlichung des Geschehens, genauer gesagt, die Überzeichnung ins Groteske dar. Das drastische Schwankmotiv von der schwangeren Braut findet auf der Ebene der szenischen Gestaltung eine moderne Entsprechung. Mit dem Zerbrechen der Möbel geht die Lebenswelt der Kleinbürger sichtbar in die Brüche. Wenn trotzdem das Stück komödienhaft endet, so weil die Betroffenen sich letztlich dem ›Gesetz des Geschehens‹ lustvoll anschließen, selbst beim Zerschlagen mit Hand anlegen und zuletzt, wenn auch angetrunken, der zu Unrecht so bezeichneten ›ersten Nacht‹ des gegenseitigen Besitzes die beste Seite abgewinnen. Hymen behält recht, mag auch die Gesellschaft in allem unrecht haben, und mag dieses Rechtbehalten auch auf einer personal eingeschränkten, rein vitalen Ebene stattfinden. Die Geräusche des zusammenbrechenden Bettes haben zwar zynische Untertöne, lassen aber trotzdem die auch in der Drastik noch legitime Abrundung des Genres Komödie vernehmen.

Hymen gewinnt also, nachdem das Interieur, die Behausung als Inbegriff der sittlichen Gemeinschaft und der sozialen Sicherheit, zerstört ist; gerade diese groteske Verdeutlichung hat in der literaturhistorischen Beurteilung des Stückes unterschiedliche Zuordnungen hervorgerufen. Ein Vorgriff auf das Theater des Absurden, vor allem Ionescos Stücke *Les Chaises* und *Le Nouveau Locataire* wurde konstatiert,[19] in denen dem Mobiliar eine spezifische Symbolfunktion im Hinblick auf die Absurdität der menschlichen Lebenssituation zukommt. Im Rahmen der Einakkertheorie wurde derselbe Gestaltungsakzent im Zusammenhang mit der Dominanz der Situation gesehen und als Indiz für Scheinhaftigkeit und Ausweglosigkeit interpretiert.[20] Aber es hat auch nicht an Versuchen gefehlt, an diesem Punkt die Genauigkeit einer »naturalistischen Milieu-Studie« und Anzeichen der ›neuen Sachlichkeit‹ wiederzufinden,[21] oder aber umgekehrt unter dem Anschein der ›Sachlichkeit‹ ein »im Kern bestes Münchener, freilich brisant geschärftes Volkstheater« zu erkennen.[22]

Solche Zuordnungen übersehen die Grotesk- und Burlesk-Tradition im Bereich von Farce und Kabarett. Schon in den neunziger Jahren wird das bürgerliche Interieur, welches das Lebensgefühl und die Lebensideologie repräsentiert und ästhetisch vermittelt, mit Lust der Demolierung ausgeliefert. So in Georges Courtelines bizarrer Farce *Les Boulingrin* (1898), in welcher der bürgerliche Ehekrieg am Ende in vandalistischer Zuspitzung das Mobiliar erfaßt und – in parodistischer Anspielung auf das brennende Walhall der *Götterdämmerung* – mittels eines Zimmerbrandes das Ende der bürgerlichen Interieur-Ära angezeigt wird.[23] Gegenüber dem eher großbürgerlichen Rahmen, welcher in dieser Farce abgesteckt ist, verweist Brechts Schwankversuch des Jahres 1919 auf weitere gesellschaftliche Horizonte: der groteske Zerfall des kleinbürgerlichen Interieurs signalisiert den sozialen Auflösungsprozeß, dem die Form der bürgerlichen Ehe in allen sozialen Bereichen unterliegt. Was sich als vergleichsweise harmloser Schwank anbahnt, enthüllt sich bei genauerer Betrachtung des Geschehens und der Symbolisierung als Station dramaturgischer Umgestaltung. Aus einer alten, in ihrer Art großartigen und kritischen Form des Lach- und Amüsiertheaters entwickeln sich Vorformen eines demonstrierenden Zeigetheaters, in welchem das traditionelle didaktische Moment der Komödie in neuer Weise zur Geltung gebracht wird.

3

Nicht alle Brechtschen Einakter von 1919 sind von vergleichbarer Tragweite. In dem Stück *Er treibt einen Teufel aus* wird das Schwankmotiv vom überraschten und bloßgestellten Liebespaar nicht ohne einen gewissen Pfiff variiert; die Flucht aufs Dach, zu der das Liebespaar gezwungen wird, ist szenisch reizvoll zu gestalten – zwischen romantischem Mond und Kassiopeia am Himmel und der Gesellschaft der Dorfhonoratioren vor dem Haus, was die Szene in Gelächter untergehen läßt. Dennoch ist das dramatische Resultat vergleichsweise schlicht, selbst unter dem Gesichtspunkt, daß in Wedekindscher Manier Partei zugunsten des Paares ergriffen wird. Bemerkenswert ist auch hier der Versuch, eine neue Dialogbasis zu gewinnen. Die fast stichomythische Engführung der Repliken in Stichwortketten, die ohne direkte Nennung um das Thema der erotischen

Wünsche kreisen, stellt ein weiterführendes Moment dar. Der ganz an der Oberfläche bleibende, gleichwohl pointierte Wortwechsel ist ein Stück artistisch organisierter Trivialität, ein Verfahren, welches für Brechts Dialogtechnik auch in der späteren Ausprägung noch eine wichtige Grundlage darstellt. Denn auf dieser Basis ist das sprachliche Gemeingut des Alltäglichen dramatisch verwendbar, ohne daß eine überformende Stilisierung nötig wäre, welche den Eindruck des Gemeinsprachlich-Unmittelbaren aufheben würde. Trotzdem kommt das kleine Werk über sein einfaches Schwanksujet und die Konventionen mundartlicher Schwankbühnen nicht hinaus, gewinnt weder psychischen Tiefgang noch satirische Schärfe; »die sprachlich und dramatisch kärgste Szene« der fünf Einakter nennt deshalb Rolf Michaelis das Stück zu Recht.[24]

Wesentlich mehr Gewicht kommt dem Einakter *Lux in Tenebris* zu. Bereits der Titel läßt ein Moment des Lehrhaften erkennen. Das eigentliche Thema bildet die Dialektik von Lust und Ausbeutung, die in Brechts späterem Werk, etwa im *Mahagonny*-Songspiel erneut aufgegriffen und dargestellt werden wird. Die provokative Form, die Grellheit der Details, die bündige Moral entsprechen sich. Wedekindsche Impulse sind offensichtlich. Besonders nahe kommt das Verfahren Wedekinds Einakter *Tod und Teufel* (1909), von dem Brecht auch die Pointe des Schlusses entlehnt hat. Die doppelte Sexualmoral der Gesellschaft, das Verhältnis von Moral und Geschäft dienen als Aufhänger. Die Tugendwächter, vergleichsweise grobschlächtig im kirchlichen Amtsträger und im kirchlichen Gesellenverein dargestellt, werden lächerlich gemacht. Nach altem Rezept, etwa von Wilhelm Busch, wird der Moralist als Held entworfen. Er ist alles andere, als was er zu sein vorgibt. Paduk handelt nicht aus ethischen Gründen, sondern aus individuellen Rachegefühlen, weil die Bordellbesitzerin Frau Hoge ihn einmal aus dem Etablissement gewiesen hat. Auf seine große Suada fallen nicht nur der kirchliche Verein, sondern auch die Vertreter der Presse herein, die sich von seiner sprachlich-journalistischen Versiertheit beeindrucken lassen. Die eigentliche Wendung im Streitgespräch zwischen Paduk und Frau Hoge ist nicht ohne Süffisanz: Paduk läßt sich davon überzeugen, daß der Erfolg in der Abwerbung vom ›Gewerbe‹, wenn er die Ausbeutung der Dirnen öffentlich bekanntmacht und anprangert, ihm letztlich das eigene Geschäft verdirbt. Die ›Konversion‹ des vermeintlichen Moralapostels, der sein inzwischen gewonnenes Geld in das Etablissement der anfänglichen Gegnerin steckt, bildet die erwartbare Pointe des Ganzen, analog zu Wedekinds Heldin, Elfriede von Malchus, die als Vorsitzende des Vereins zur Bekämpfung des Mädchenhandels im Gespräch mit dem Mädchenhändler einsehen muß, daß ihre eigene rigorose Moral auf ihre unerfüllte Sinnlichkeit zurückzuführen ist und die daher gegenüber der Argumentation Casti-Pianis ziemlich hilflos wirkt.[25]

Über dieses einfache, gegenüber Wedekind vereinfachte Handlungsgerüst legt Brecht eine Schicht sprachlicher Enthüllungsakte. Auch diese bewegen sich dem Prinzip nach auf Wedekindschen Grundlagen, reichen jedoch an Vorformen des

V-Effekts heran. Nicht nur die Scheinmoral wird enthüllt, sondern auch die Sprache der Scheinmoral. Der Rückgriff auf Bibelzitat und liturgische Formel kennzeichnet das Vorgehen. Körperliche wie geistige ›Unzucht‹ bedeuten das gleiche, sie bemänteln das ökonomische Gesetz der Ausbeutung. Schon der Titel *Lux in Tenebris* ist unter diesem Aspekt mehrwertig. Er bezeichnet vordergründig das Licht, welches Herr Paduk angeblich in die Bordellgasse durch Aufklärung bringen will; in diesem Sinne ist die geistliche Formel zugleich eine regie- und handlungsleitende Anweisung; Paduks Scheinwerfer bringt unerwünschte Helligkeit um das Haus der Bordellwirtin. Letztlich aber wird nicht das Licht der Aufklärung, vor allem über Geschlechtskrankheiten, entzündet, sondern es läuft auf die erhellende Betrachtung des Verhältnisses von Prostitution und geschäftlichem Interesse hinaus. Paduks große Rede gegen die Prostitution ist ein stilistisches Musterstück, eine Collage wiederum einschlägiger Floskeln, nicht zuletzt aus dem Schatz biblischer und geistlicher Wendungen, die zur Begründung herangezogen werden. Den moralischen Erzklang der betreffenden Formeln gibt Brecht durch entsprechende Nachsätze der Lächerlichkeit preis: »Die unglücklichen Mädchen, die darinnen in Sklaverei ihren Leib, den Gott gemacht hat, verkaufen müssen, ohne daß das Geld ihnen gehört [...]« (2783). Selbstbewußt führt Paduk seine eingebungsreiche Rede auf den (Heiligen) »Geist« zurück und spricht blasphemisch von »Pfingsten« (2785). Dem Pfarrer gegenüber leistet er sich die mit bezeichnender inhaltlicher Verkehrung zitierte biblische Wendung: »Wes der Mund voll ist, Sie wissen ja ...« (2783). Schließlich spricht er von seiner Enttäuschung im Bordell und der Rechtfertigung seiner Rache in biblischer Analogie und mit blasphemischer Steigerung, in welcher biblische Auferstehungshoffnung und kapitalistisches Interesse einander zugeordnet werden: »Am dritten Tage aufgefahren zum Himmel. Schöpfer einer Wohlfahrtseinrichtung! Vorkämpfer der Moral! Kapitalist!« (2782.)[26]
Diese und andere grelle Effekte erklären sich zum Teil freilich aus den aktuellen polemischen Zielen, die der Verfasser mit dem Entwurf offensichtlich verfolgte. Das plakative Stück wendet sich gegen den geschäftlichen Erfolg, die Ausnutzung von Aufklärungsfilmen in den Lichtspielhäusern, die in dem Moment einsetzt, als mit dem Wegfall der wilhelminischen Zensur pornographische Interessen befriedigt werden können. Richard Oswalds Film *Es werde Licht* aus dem Jahre 1917, in zweifacher Fortsetzung: einmal 1918, dann unter dem Titel *Prostitution* 1919, gab Brecht Anlaß zu seinen theaterkritischen Ausführungen vom 7. November 1919:

In dem Moment, wo den Kinomenschen republikanische Freiheit erblühte, entdeckten sie ihr Mitleid mit armen Mädchen und ihre Pflicht, der Republik die Augen zu öffnen: Es wurde Aufklärung gefilmt. Neu war die Ware nicht, weil sie einträglich sein mußte. Nur hatte die Polizei, die mit den Puffs auch nicht gerade befreundet war, diese Art Aufklärung bisher verboten.

> Aber nun verdiente sie massig Geld, und alle Leute ließen sich darüber
> aufklären, daß das Los der Gefallenen ein zwar bemitleidenswertes, aber
> desto glänzenderes ist.   (GW 15,6)

In der szenischen Angabe des Stückes hat Brecht den Filmtitel ausdrücklich
zitiert, einschließlich des über Paduks Zelt stehenden, didaktisch-politischen
Stichworts:»Es werde Licht! Volksaufklärung!« (2773.) Trotz dieser Aktualität,
die dem Titel *Lux in Tenebris* fast Schlüsselwert zuweist, muß eingeräumt
werden, daß das ›Bordell‹ des Stückes als Metapher für einen gesellschaftlichen
Gesamtzustand und seine ökonomischen Mechanismen eingesetzt ist. Auch die
sprachliche Ebene, auf der in durchgehend allgemeiner Weise Moralklischees
und deren religiöse Begründung ad absurdum geführt werden, weist über den
Anlaß hinaus. Dennoch erreicht das plakativ-einsinnige Stück weder das Vorbild
Wedekinds noch dessen Vorstellung von freier menschlicher Verhaltensweise in
Liebe und Sexualität. Ja, die ›Moral des Stückes‹ selbst verbleibt im Zwielicht,
da es Paduk im Gegensatz zu den anderen Figuren die Qualität der unbeschönig-
ten Aufrichtigkeit, zu der er am Ende findet, zubilligt:

> Das Odium zynischen Einverständnisses hat der junge Brecht nicht völlig zu
> vermeiden verstanden. Das ist unfreiwilliges Resultat des damals ihn beherr-
> schenden Werte-Relativismus. Anders gesagt: Brechts Einsicht in den plat-
> ten bürgerlichen Materialismus ist selber noch platt, in einem tieferen Sinne
> ideenlos. In der partiellen Grobheit der Komik dieses Einakters scheint
> diese Ideenlosigkeit ästhetisch durchzuschlagen.[27]

Gattungsgeschichtlich gesehen handelt es sich also auch bei *Lux in Tenebris* um
eine Probierbewegung. Dank Wedekindscher Impulse und auf der Basis von
Komödienmotiven, die ebenfalls Wedekind in dezidiert modernem Sinne weitergeführt hat, hält das Stück auf neue didaktische Möglichkeiten des Theaters zu,
ohne daß über die plakative Demonstration hinaus schon dialektische Wege der
Darstellung und der Vermittlung erreicht wären.

4

Die beiden restlichen der frühen Einakter sind in jeder Hinsicht vielschichtiger
und differenzierter. Die Gestaltung der zugrunde liegenden Schwankmotive
vollzieht sich in so hintergründiger Sprach- und Dialoggestalt, daß Kurzdramen
von hoher ästhetischer Geschlossenheit und intellektueller Brillanz entstehen,
wie sie Brecht etwa im Auge gehabt haben mag, wenn er sich auf die Entremeses
des Cervantes berief.[28]
Als reines dialogisches Divertissement läßt sich die Szene *Der Bettler oder Der
tote Hund* betrachten. Trotz des orientalisierenden Eindrucks und des Märchen-

motivs vom König, der sich (unerkannt) unter das Volk mischt, spielen Schwank-
traditionen eine entscheidende Rolle. Zugrunde liegt das Schema vom König und
Bauern, abgewandelt vom König und Bettler oder vom König und Narren. Der
Substanz nach geht es dabei um den Wettstreit zwischen Weisheit und Bauernschläue, Klugheit und Pfiffigkeit, soziologisch gesehen um den Wettstreit zwischen ›Herrschaftswissen‹ und der fast hellseherischen Klarsicht der Beherrschten. Es handelt sich also sozusagen um ein Brechtsches Ur-Thema, vorerst
freilich nur in der Form einer ›Keimzelle‹ gestaltet. Dennoch ist auch hier ein
schwankhaftes Urbild des Dialogs anzunehmen; es dürfte etwa im Spruchgedicht
Salomon und Markolf seine prägnanteste Gestalt haben, einem Stoff, der in
vielerlei Gattungen bis hin zur Volksbucherzählung und zum Fastnachtsschwank
literarische Verbreitung gefunden hat – ohne daß direkte Vertrautheit Brechts
damit notwendigerweise vorausgesetzt werden müßte. Die Pointe der Form liegt
darin, daß der sozial Schwächste den sozial Stärksten, als seinen Disputations-
gegner, überwindet, überlistet und blamiert, wobei der Akzent je nachdem
stärker auf der intellektuellen oder auf der sozialkritischen Seite des dialogischen
Gefechts liegen kann. Zur Gestalt des Bettlers, im Unterschied zu der des
Bauern, ist zu ergänzen, daß sie nach mittelalterlicher und spätmittelalterlicher
literarischer Tradition sozusagen sozial ›vogelfrei‹ ist, eben darum aber auch
sozial unabhängig und ihre eigene, wenn auch materiell kümmerliche, aber
gesellschaftlich unreglementierte Lebensführung beansprucht und gegen alle
anderen Lebensformen verteidigt.
Brecht hält sich sehr genau an das Schema. Der Wettstreit des Intellekts geht von
vornherein erkennbar zugunsten des Bettlers aus. Jedoch fügt er eine weitere
Pointe hinzu, die die ursprüngliche überbietet: der Bettler ist blind, er hat den
Kaiser überwunden, ohne ihn überhaupt als solchen erkannt zu haben. Gerade
weil er nicht weiß, wer ihm gegenübersteht, gelingen ihm die zugespitzten,
zwischen Verachtung und Zynismus schwankenden Äußerungen über Herrschaft, Kaisertum und historischen Ruhm, wobei er letztlich alles zusammen in
Abrede stellt. Es liegt auf der Hand, in welch hohem Maße Brecht hier zentrale
Themen seines späteren Werkes vorwegnimmt; die Sicht der Geschichte ›von
unten‹, die Geschichte, die also umgeschrieben werden muß, ist hier zum ersten
Mal Thema geworden.
Abgesehen von solchen ›Vorklängen‹ aber liegt die Bedeutung der Szene in dem
eindrucksvollen Entwurf einer neuen Dialogform. Es handelt sich um eine
sozusagen post-sokratische Dialogik, die wohl einen Weisen und einen Nichtwis-
senden, und zwar in Umkehrung des Erwartungsschemas vom weisen König und
tumben Bauern, kennt, aber keine mäeutische Form der Belehrung innerdialo-
gisch zuläßt. Die Mäeutik bezieht sich vielmehr auf den Zuschauer als Zeugen
des Wettstreits. Außerdem verläuft der Dialog nicht auf einer Linie, nach der
Ordnung von Widerlegung und Entgegensetzung, von These und Antithese.
Vielmehr ist das Verhältnis von Frage und Antwort durch überraschende

Pointen, lakonische Entgegensetzung, rätselhafte Abschweifung, sarkastische
Zurückweisung und absurde Gegenerzählung (wie im Falle der Gestalt Napole-
ons und ihrer Geschichte) gekennzeichnet. Verblüffende Konsequenzen in der
Argumentation – »du fragst zuviel, also bist du ein Lakai; du suchst mir Fallen zu
stellen, also bist du deiner Sache nicht sicher« (2751) – wechseln mit verrätseln-
den, absichtlich dunklen, aber faszinierenden Repliken: »Wird es dir denn nie
langweilig, so zu liegen? – Früher sind Wolken hinuntergezogen, am Himmel,
endlos. Die besehe ich. Sie hören nie auf« (2750). Dieser Dialogteil erweist sich
erst im nachhinein, von der Blindheit des Bettlers her, als verständlich. Überraschende Sentenzen – »KAISER. Du bist geistreich. BETTLER. Jede Schmeichelei
ist ihres Lohnes wert« (2751) – wechseln mit Passagen von verblüffender Arroganz und Apodiktik der Urteile, die jeder einfachen logischen und dialogischen
Führung von Frage und Antwort widersprechen. Aufgrund seiner anfangs listigen, später immer hintergründigeren Antworten wächst der Bettler in eine
Position der Überlegenheit hinein, angesichts derer der Kaiser zum fragenden
Stichwortgeber zusammenschrumpft. Freilich ist es eine bizarre Größe, die der
Bettler gewinnt; ihr Grund liegt letztlich in seinem Außenseiterdasein, dem der
Gegner nichts anhaben kann. Selbst die Drohung des Kaisers, er werde ihn in
den Turm werfen lassen, wo ständige Nacht herrscht, kann dem Blinden keinen
Schrecken einjagen. Seine gesellschaftliche und physisch-körperliche Situation
als Außenseiter und sein »Bewußtsein von der Leere der Welt«[29] machen ihn
unangreifbar. Im Gegensatz dazu ist sein Gegner, der Kaiser, welcher der
ständigen Bestätigung seiner Position und der Rechtfertigung seiner Siege
bedarf, im höchsten Maße verwundbar. Die Dialektik von Herrschaft und
Beherrschtsein verwandelt sich im Laufe des Dialogs freilich in die von Bedingtheit (durch das Gesamtgefüge der gesellschaftlichen und politischen Verhältnisse) und Unbedingtheit im Sinne eines ungebundenen Verhaltens gegenüber
der Welt als ganzer. Die Position des Bettlers ist nicht sozial, schon gar nicht
proletarisch, sondern nahezu außerweltlich, archimedisch. Das alte Schwank-
thema von der Bauernschläue oder der intellektuellen Überlegenheit des Unter-
legenen wird von Brecht in einer dialogisch äußerst überzeugenden Weise
erneuert: während sich alles um den Kaiser, d. h. die Prinzipien von Herrschaft
und Macht, dreht, kann es sich der Bettler leisten, die Existenz von Kaiser,
Geschichte, Sonne in Abrede zu stellen und sich auf sich selbst zurückzuziehen:
»Jetzt muß ich wieder an meinen Hund denken« (2753).

In dem Einakter *Der Fischzug* wird die überlegene Position der Beurteilung und
der Sichtweise nicht durch eine entsprechend entworfene Figur erreicht, sondern
mittels der Überlagerung verschiedener literarischer Ebenen. Das Stück weist
den höchsten Grad literarischer Subtilität auf, so einfach es auch auf den ersten
Blick erscheinen mag. Gattungsgeschichtlich gesehen ist es als ›bedroom farce‹
zu bezeichnen, stofflich variiert es die große Zahl der Hahnrei-Schwänke und
Hahnrei-Komödien aller Jahrhunderte, strukturell verkörpert es den sogenann-

ten ›Ausgleichstyp‹ des Schwanks:[30] zunächst gewinnt die eine Partei, in diesem Falle die Frau und ihr Liebhaber, die den Fischer zum Hahnrei machen – dann aber holt die Gegenpartei, der Fischer, auf und macht die Schlappe wett. Mit der ›bedroom farce‹ des 19. Jahrhunderts hat das Stück gemein, daß jede moralische Wertung vermieden wird. Der betrogene Ehemann wird nicht einfach moralisch ins Recht gesetzt, der Verführer und die untreue Frau werden nicht abgewertet. Verführung und Rache sind sozusagen moralfreie Geschehnisse. Aus der älteren Schwanktradition übernimmt der Autor die Ansiedlung des Stoffes in einem derben, dörflichen Milieu. Ein Fischerdorf am Sund wird mit kräftigen, im einzelnen sehr milieugenauen Strichen gezeichnet, desgleichen die Figuren. Die groblinige, dennoch individualisierende Charakteristik umreißt die Schwanktypen in einem nach-naturalistischen Sinne sowohl sozial als auch psychologisch bis hin zu subtilen seelischen Zwischenlagen, etwa bis zur Gleichzeitigkeit von Triumph-, Rache- und Schmerzgefühlen. Indessen wäre es falsch, den *Fischzug* als reine Milieu-Skizze mit realistischem oder naturalistischem Anspruch zu sehen. Auch die Bestimmung als Variante eines leicht modernisierten, aber im Regional-Urwüchsigen verbleibenden Bauernschwanks reicht nicht aus. Beide Momente, moderne Milieugenauigkeit und traditionelle Schwankmuster sind vielmehr funktional zu verstehen, nämlich als Gegenhalt und Gegensatz zur Ebene der literarischen Anspielungen, welche den eigentlichen Reiz des Stückes ausmachen. Diese ist noch einmal in sich geteilt: antike Mythen- und Sagenelemente machen die eine Seite aus, Zitate aus Bibel und christlicher Liturgie die andere.

Der antike Mythos ist zunächst in homerischer Gestalt präsent. Das Hahnreimotiv erscheint als Kontrafaktur der Götter-Burleske von Hephaistos, Ares und Aphrodite, wie sie im achten Gesang der *Odyssee* von Demodokos vorgetragen wird.[31] Der kunst- und listenreiche Hephaistos, der sich von seiner Gemahlin mit dem Kriegsgott hintergangen weiß, rächt sich, indem er das Liebespaar in seinem Ehebett mit Hilfe eines unsichtbaren Netzes fängt und den olympischen Göttern, zu deren größter Belustigung und unsterblichem Gelächter, vorzeigt. Bis in alle Einzelheiten und bis hin zu diesem »schallenden Gelächter« der Augenzeugen hat Brecht die olympische Burleske in das Fischermilieu übersetzt. Erst das Finale ist abgewandelt: der betrogene Fischer läßt die Gefangenen in den Sund werfen, in der Annahme, sie würden ertrinken; beide können sich aber befreien und kehren zurück; am Ende schleppt die Frau den volltrunkenen Fischer, wie jeden Abend, in sein Bett.

Die minutiöse Nach- und Gegenzeichnung zur *Odyssee* bildet freilich nicht den einzigen Bereich von antiker Sage und Mythos, auf den angespielt wird. Zu Homer tritt Ovid.[32] Die untreue Ehefrau gibt ihrem Liebhaber das Zeichen, daß ihr Mann eingeschlafen und sie zum Rendezvous bereit ist, indem sie eine brennende Kerze ins Fenster stellt. Wie Leander über das Meer zu Hero, so findet der Liebhaber, der eben noch einen Nebenbuhler im Zweikampf aus dem

Felde geschlagen hat, zu der Geliebten. Am Ende, als die beiden Ertappten in den Sund geworfen werden, wird das Leander-Motiv dann noch einmal aufgenommen und abgewandelt. Aber damit nicht genug. Zur Milieu-Ebene des Schwanks und zur Burlesken- bzw. Sagenebene der antiken Motive kommt als dritte die biblische. Sie wird hauptsächlich aus den Fischer- und Fischzugmotiven des Neuen Testaments abgeleitet.[33] Doch lagern sich weitere biblische und kirchliche Motivkomplexe an. Während Schwank, Fabel und Götterburleske letztlich ohne moralische Implikationen bleiben – auch die homerischen Götter erregen sich nicht über den Betrug, haben kein Mitleid mit Hephaistos, bewundern aber seine Kunstfertigkeit –, schließt die Ebene der biblischen Anspielungen die sittliche Wertung des Geschehens ein. Ausdrücklich bezieht sich die Frau in der Hero-Leander-Szene, als sie sich im Sinne eines erotischen Eröffnungsspieles dem Manne zunächst verweigert, auf das sechste Gebot. Dieses Gebot der Gattentreue wird aber im folgenden desavouiert, und dies bedeutet, daß der gesamte Bereich der biblisch-religiösen Anspielungen und der zitierten Bräuche eine ironische, stellenweise blasphemische Note erhält. Die auch hier in der Nachfolge Wedekinds zu sehende a-moralische Präsentation des Schwankgeschehens, gespiegelt in der freien Sinnlichkeit der olympischen Götterwelt, setzt christliche Moral und Lebensform außer Kraft. Genauer gesagt, deren Bedeutungsfelder werden per negationem auf das Komödiengeschehen bezogen und vermittelt, u. a. dank einer Reihe von Naturlyrismen, welche nicht nur die Nähe zu *Baal* verraten, sondern auch die Sphäre des Sinnlich-Vitalen als Wert eigenen Rechts verdeutlichen.

Der Fischzug des Petrus, an den sich die Metapher vom Menschenfischer, d. h. vom Seelenretter Petrus anschließt, wird völlig umgewertet. Der neue Fischzug demonstriert die Bedeutung des Leiblichen und seine urwüchsige ›Feier‹. In diesem Zusammenhang gewinnen die Bibelzitate zynischen bis blasphemischen Klang, etwa wenn der Fischer zu dem gefangenen Liebhaber sagt: »Das ist ein Fischzug! Das ist der Himmel! Dem Guten gibt es der Herr im Schlaf [...]« (2805). Auch die Totenfeier, das Leichenmahl, zu dem der Fischer einlädt, nachdem er die beiden in den Sund hat werfen lassen, und das zu einem langwierigen Besäufnis ausartet, nimmt blasphemische Züge an. So wenn außer der Gottesbegegnung Elia's auch Christi Auftrag an Petrus wörtlich zitiert wird: »Meine Frau ist nimmer da. [...] Hört ihr den Wind? Das ist der liebe Gott, der im Wetterbrausen kommt! Gehe hinaus, sagt er, so wirst du einen großen Fang machen!« (2806.) Als die biederen Gäste daraufhin dem Fischer blasphemischen Mißbrauch der Heiligen Schrift vorwerfen, überbietet er den Vorwurf durch die direkte Identifikation mit dem leidenden Christus: »Wo ist ein Mann, dem solches zugestoßen ist? Ihr habt keine Scham, ihr seid Kleingläubige! Ich bin traurig bis auf den Grund meiner Seele!« (2809.) Die Schnapsorgie, welche die olympische Feier der lachenden Götter ersetzt, wird so nach und nach zur

schwarzen Messe: »Es sind alles Tiere. Aber betet. Eine Seelenmesse für ihre
Seele! Tiere. Wind. Seele« (2813). Daß der ganze »Mummenschanz mit vorge-
prägten literarischen Formen« freilich der pantomimischen und gestischen
Unterlegung bedarf,[34] um theatralisch zu wirken, ist offensichtlich. Doch auch
diese Ebene des Schwankspiels darf nicht im realistischen Sinne mißverstanden
werden. Sie erhöht das Artifizielle des ganzen Stückes; je prätentiöser die
literarischen Anspielungen und Zitate, desto deftiger setzt die pantomimische
und gestische Komik ein, vor allem dank des von Anfang bis Schluß bestimmenden Motivs des Rausches. Beides zusammen macht den artistischen Reiz dieses
Bühnenexperiments aus. Das scheinbar Urwüchsige und Einfache enthüllt sich
als Resultat einer vielschichtigen und spannungsreichen, im einzelnen sehr
raffinierten Synthese. Die inhaltliche Botschaft des Stückes, welche einmal mehr
die Emanzipation der Sinnlichkeit umfaßt, wird zugleich mit den kulturell-
geistigen Traditionen, die diese begünstigen oder verhindern, zur Darstellung
gebracht, wobei das Spiel der Verweise, der Anspielungen und der Zitate eine
Fülle von einzelnen thematischen Bezügen und Fragen sichtbar werden läßt.

5

Die dreißigjährige Phase des Funktionswandels einaktiger Dramatik geht in den
ersten Jahren der Weimarer Republik zu Ende; Brechts Entwürfe von 1919
haben gerade noch daran Anteil. Der alte Unterhaltungs-Einakter ist insgesamt
funktionslos geworden. Das wilhelminische Vereinstheater hat sich aufgelöst
oder neu orientiert, auf jeden Fall hat es, etwa in Gestalt des Parteitheaters,
politischen Hintergrund und damit ganz neue Funktionen gewonnen. Die poli-
tisch-didaktische oder propagandistische Absicht läßt ganz andere szenische
Grundmuster in den Vordergrund treten: sie sind teils deklamatorischer Art,
teils entstammen sie dem Bereich der multimedialen Theaterexperimente und
führen zur dezidierten Agitprop-Kunst. Auch im Bereich des Boulevard und
seiner Unterhaltungsgenres sind die alten Kurzformen nicht mehr gefragt, da im
Zeichen der Konkurrenz mit dem neuen Unterhaltungszentrum Kino auch mit
den alten Einaktermustern nicht mehr viel Staat zu machen ist. Die letztlich aus
Strindbergs und Maeterlincks Anregungen hervorgegangenen ›strengen‹ Einak-
tertypen gehören zum Grundbestand literarisch-dramatischer Formen für die
Folgezeit, haben aber ihren besonderen Status verloren und reihen sich daher in
die Formenvielfalt moderner Dramatik ein; sie werden in Brechts Werk kein
Seitenstück finden. Auch im Sinne des reinen Experimentalstückes der prä-
expressionistischen Ära verliert das Kurzdrama nach 1920 an Bedeutung. Die
experimentelle Bewegung ist universal geworden, sie hat im Zeitalter der expressionistischen Bühnen und im Anschluß an den russischen Theateroktober so sehr
das gesamte Theater erfaßt, daß sich ein dezidiertes Experimentiergenre kaum
mehr von anderen Bereichen abhebt. Bezeichnend sind Einakterentwürfe aus

den letzten Jahren des expressionistischen Jahrzehnts. Georg Kaisers *Die Erneuerung* oder Hermann Kasacks *Vorspiel der Landschaft* bieten zwar experimentelle Szenarien, sind aber im wesentlichen unspielbar; mit solchen Skizzen wird de facto der innovatorische Impuls von der Dramatik an das Theater ganz abgegeben.[35] Wenig später verfaßt Ivan Goll seine kurzdramatischen Nachrufe auf den Expressionismus, *Der Ungestorbene* und *Der Unsterbliche*, zwei sozusagen dramentheoretische Pamphlete, denen aber keine weiterführende dramaturgische Stringenz zuzusprechen ist.

Brechts Abgrenzung vom auslaufenden Expressionismus vollzieht sich hingegen in gattungsgeschichtlich weiterführenden Mustern. Er geht davon aus, daß sich die tragischen, die semi-tragischen Genres und das vom ideellen Zentrum her entworfene Appell- oder Wandlungsdrama erschöpft haben. Im Vergleich dazu ist Brechts Synthese zwischen altem Komödien-, bzw. Schwankmuster und neuen Szenenformen, die vor allem aus dem Bereich des Kabaretts stammen, zukunftsweisend, und zwar nicht nur im Hinblick auf die weitere Entwicklung von Brechts Komödienschaffen, etwa im Falle von *Mann ist Mann*, und die Grundlagen der Dramaturgie des epischen Theaters, sondern auch im Hinblick auf spätere, unabhängig von Brecht oder in Gegenwendung zu ihm begangenen Wege der Erneuerung der Komödie, des Parabel- oder Grotesktheaters. Die Einakter von 1919 sind darin symptomatisch, daß sie den in der gesamten Komödientradition vorgegebenen, wenn auch im 19. Jahrhundert zeitweise verschütteten, didaktischen Impuls in neuer und zeitgemäßer Weise entbinden und daß sie die nach-expressionistischen Grundlagen eines erneuerten Komödiendialogs in statu nascendi zu erkennen geben. Die neue Diktion ergibt sich bei Brecht aus einer ungemeinen Dichte der beim Wort genommenen alltäglichen Redewendungen und Ausdrucksweisen, deren milieu- und situationsbedingte Eigenart durchaus kenntlich bleibt. Hinzu kommt aber, daß diese primäre Sprachschicht mit dezidiert literarischen Bestandteilen durchsetzt wird. Alle Modi, von der Anspielung und vom Halbzitat bis zum ausdrücklichen Zitat und den vielfachen Möglichkeiten der Verballhornung, werden in die Textstruktur eingebracht. Dabei ergeben sich Kontrast- und Verblüffungseffekte auf allen Ebenen, vom einfachen Wortwitz bis zur hochintellektuellen, unter Umständen das ganze Stück umfassenden, verspielten Bedeutungskonstruktion – jedoch stets so, daß der lakonischen Prägnanz und dem zynischen, bisweilen brutalen Kontrast ein Vorrang eingeräumt wird gegenüber allen elaborierten, über Mittelwege eingeebneten Zuordnungen. Abgesehen von den direkten Wegen, die von hier zur systematischen Entfaltung des Verfremdungseffekts führen, ist das Prinzip der sprachlich-dialogischen Gestaltung grundlegend, auch über Brechts Werk hinaus. Die Vermittlung der aktuell vorgefundenen Sprachformen – bis hin zu Jargon und Sprachmoden – mit literarischen und ästhetischen Sprachschichten, die im Modus des Zitats oder der Anspielung kontrastiv eingefügt werden, bildet ein universales Sprachprinzip des nachexpressionistischen Theaters, dessen

Reichweite so groß ist wie die der erneuerten und abgewandelten Komödienmuster in toto.

Denn das sprachlich-dialogische Gestaltungsprinzip läßt sich per analogiam auf das der Stücke übertragen. Auch hierin sind die Einakter von 1919 symptomatisch. Die schärfste Detail-Beobachtung alltäglicher Realität, die der Milieustudie zum Verwechseln ähnlich sein kann, wird verbunden mit der literarischen, assoziations- und bedeutungsreichen Anspielung, bis hin zum Handlungszitat und ganzen Handlungssequenzen, die im Modus der Parodie gestaltet sind. Brechts Frühwerk, so gesellschafts- und realitätsbezogen es im einzelnen sein mag, ist zugleich Literatur über Literatur. Soweit das explizit oder implizit parodistische Struktur meint, ist der entwicklungsgeschichtliche Zusammenhang der Einakter mit der Geschichte des frühen Kabaretts offensichtlich; denn die literarische oder mythologische Parodie, im monologischen Auftritt oder im dialogischen Sketch, gehört zum Grundbestand der Kleinkunstbühne, wie sie sich zwischen »Schall und Rauch« von 1901 und dem neuen »Schall und Rauch« von 1919 konstituiert. Wie in *Baal*, so sind auch in den Einaktern die Kabarettprinzipien konstitutiv geworden. Sie werden später nicht nur in der *Dreigroschenoper* wieder besonders deutlich sichtbar, sondern verwandeln sich in Grundlagen des Theaters der Verfremdung.

Die Rezeptionsgeschichte von Brechts Einaktern zeigt einen Verlauf, der typisch ist für eine vom Autor selbst als marginal eingeschätzte und von der Forschung weitgehend als Fingerübung oder Etüden klassifizierte Werkserie. Sie ist aber auch bezeichnend für die gattungsgeschichtliche Situation, d. h. für ein Genre, das mit dem Beginn der zwanziger Jahre seine dramengeschichtliche Schrittmacherrolle einbüßt. Brecht hat keine weiteren Einakter des genannten Typus verfaßt[36] und die bereits vorliegenden Entwürfe nicht auf die Bühne kommen lassen. Die Ausnahme bildet die *Kleinbürgerhochzeit*, die unter dem Titel *Die Hochzeit* 1926 am Frankfurter Schauspielhaus, das in der Ära Weichert eine durchaus renommierte experimentelle Bühne avantgardistischer Autoren war, aufgeführt wurde und einen mäßigen Skandalerfolg erreichte. Die zeitgenössische Kritik sah darin eine Annäherung an die ›neue Sachlichkeit‹, die sich als Programm gerade etabliert hatte. Bernhard Diebold, der in der Frankfurter Zeitung über die Uraufführung schrieb, schätzte den Gattungscharakter des Stückes wesentlich besser ein, ordnete es dem am selben Abend aufgeführten Stück *Ollapotrida* von Alexander Lernet-Holenia zu und wertete es im Vergleich dazu – dies sicherlich zu Unrecht – ab.[37] Die Uraufführungen der übrigen Stücke verraten nach Umständen und Arrangement, daß das Interesse am Namen Brecht bei weitem das an den Stücken überwiegt. Neugierig ist man auf Funde, auch kleinerer Art, aus dem Raritätenkasten des Nachlasses, Zugaben und Schnörkel im Rahmen von Festveranstaltungen. Die Einakter verdienen indessen die genauere Aufmerksamkeit des Literarhistorikers, weil sie, über den Rahmen des Brechtschen Werkes hinaus, einen wichtigen Wendepunkt der dramatischen und theatralischen Entwicklung des 20. Jahrhunderts bezeichnen, von dem aus sich das gesamte Gefüge der Gattungen und Genres neu formiert hat.

Anmerkungen

1 Vgl. Peter Szondi: Theorie des modernen Dramas. Frankfurt a. M. 1959. (edition suhrkamp. 27.) – Diemut Schnetz: Der moderne Einakter. München/Bern 1967. – Walter Höllerer: Spiele in einem Akt. 35 exemplarische Stücke. Frankfurt a. M. 1961. Nachw. S. 545–559.

2 Vgl. Szondi (Anm. 1) S. 90–95.

3 Vgl. Marianne Kesting: Maeterlincks Revolutionierung der Dramaturgie. In: Akzente 10 (1963) S. 527–44; ebenfalls in: M. K.: Die Vermessung des Labyrinths. Studien zur modernen Ästhetik. Frankfurt a. M. 1965. S. 107–125.

4 Die drei in Reclams Universal-Bibliothek, Stuttgart, erschienenen Einakter-Anthologien (Einakter des Naturalismus. Hrsg. v. Wolfgang Rothe, 1973 [u. ö.], Nr. 9468 [3]; Einakter und kleine Dramen des Jugendstils. Hrsg. von Michael Winkler, 1974 [u. ö.], Nr. 9720 [3]; Einakter und kleine Dramen des Expressionismus. Hrsg. von Horst Denkler, 1968 [u. ö.], Nr. 8562 [3]) bringen in verdienstvoller Weise eine Reihe von Stücken vor Augen, die fast unzugänglich und kaum vergessen gewesen sind. Indessen führt im Falle der Anthologien die Beschränkung auf deutschsprachige Autoren (mit Ausnahme von Kielland) zu Einschränkungen; die international wie in Deutschland maßgebenden Einakter-Modelle von Strindberg und Maeterlinck sind nicht vertreten. Hinsichtlich des im Wiener Raum nachhaltig wirkenden Schnitzlerschen *Anatol*-Typus liegt die Sammlung der Texte (1970) [u. ö.]; Nr. 8299 [2] gesondert vor. Das Fehlen von Schnitzlers *Wurstel*-Burleske oder Wedekinds *Tod und Teufel* verkürzt das in den Anthologien I und II vertretene Spektrum freilich auf ein gewisses ›Mittelmaß‹, während der prä-expressionistische Bereich in Bd. 3 umfassend repräsentiert ist.

5 Vgl. Hans-Peter Bayerdörfer: Überbrettl und Überdrama. Zum Verhältnis von literarischem Kabarett und Experimentierbühne. In: Literatur und Theater im Wilhelminischen Zeitalter. Festschrift für Hans Schwerte. Hrsg. von H.-P. B., Karl Otto Conrady und Helmut Schanze. Tübingen 1978. S. 292–325.

6 Ein interessantes Indiz für die Zusammengehörigkeit der Bereiche bildet Arthur Schnitzlers Prater-Stück, die ›Burleske‹ *Zum großen Wurstel*, die in ihrer ersten Fassung für Ernst von Wolzogens Überbrettl entworfen worden ist. Auf unmittelbare inhaltliche Entsprechungen zu der Grotesk-Form, wie sie am Grand Guignol beliebt ist, ist ebenso aufmerksam zu machen.

7 Über Sternheims Komödienkonzept und dessen Verhältnis zum Expressionismus vgl. Hans-Peter Bayerdörfer: Carl Sternheim: Die Kassette. In: Die deutsche Komödie. Vom Mittelalter bis zur Gegenwart. Hrsg. von Walter Hinck. Düsseldorf 1977. S. 213–232.

8 Vgl. Ivan Goll: *Methusalem* und die beiden »Überdramen« *Der Unsterbliche* und *Der Ungestorbene*. Carl Sternheim: *Das Fossil*.
Der übereinstimmende Ausgangspunkt von *Die Kleinbürgerhochzeit* und *Trommeln in der Nacht* liegt im Kernmotiv der virgo praegnans, wobei freilich die schwankhaften Implikationen durch das Heimkehrer-Problem in *Trommeln* nicht zur vollen Entfaltung gelangen, wofür gerade die Unterschiede in der analogen Gestaltung der Schlußszene bezeichnend sind.

9 Vgl. zusammenfassend: Jan Knopf: Brecht-Handbuch. Theater. Stuttgart 1980. S. 26 ff.; Peter Christian Giese: Das »Gesellschaftlich-Komische«. Zu Komik und Komödie am Beispiel der Stücke und Bearbeitungen Brechts. Stuttgart 1974. S. 21 ff. Außerdem: Hans Mayer: Brecht und die Tradition. In: H. M.: Brecht in der Geschichte. Drei Versuche. Frankfurt a. M. 1971. (Bibliothek Suhrkamp. 284) S. 7–159.

10 Vgl. Franz Norbert Mennemeier: Modernes deutsches Drama. Kritiken und Charakteristiken. Bd. 1. München 1973. S. 248.

11 Ebd. S. 255.

12 Zur genaueren Analyse vgl. die Aachener Dissertation von Werner Esser: Physiognomie der Kunstfigur oder Spiegelungen. Formen der Selbstreflexion im modernen Drama. Heidelberg 1983. S. 173 ff.

13 Frank Wedekind: Karl Hetmann, der Zwergriese (Hidalla). In: F. W.: Gesammelte Werke. Bd. 4. München 1920. 3. Akt. S. 238.

14 Die nach Brecht-Zitaten in Klammern gesetzten Seitenzahlen beziehen sich auf: Gesammelte Werke in 20 Bänden. werkausgabe edition suhrkamp. In Zsarb. mit Elisabeth Hauptmann. Bd. 7. Frankfurt a. M. 1967. Wird GW und eine Band-Zahl vorangesetzt, so sind andere Bände dieser Ausgabe gemeint. Das Zitat aus der ersten Fassung von *Baal* findet sich in: Baal. Drei Fassungen. Krit. ed. und komm. von Dieter Schmidt. Frankfurt a. M. 1966. (edition suhrkamp. 170.) S. 25.

15 Mennemeier (Anm. 10) S. 256.

16 Giese (Anm. 9) verweist auf die ›Bauernhochzeitsschwänke‹, die um und nach 1300 vielfach belegt sind: *Meier Betz* und *Metzenhochzît* (S. 26).

17 Knopf (Anm. 9) S. 27.

18 Auch *Trommeln in der Nacht* läßt, wenngleich weniger durchgreifend, da auf einen Akt beschränkt, das gleiche Gestaltungsprinzip erkennen. Im Vorspiel zum 4. Akt (*Schnapsdestille*) wird die *Moritat vom toten Soldaten* vorgetragen (GW 1,108).

19 Vgl. Rolf Geißler: Ionesco – Zeitloses Theater? In: Neue deutsche Hefte 60 (1959) S. 339–343.

20 Vgl. Schnetz (Anm. 1) S. 36 ff. u. ö.

21 Werner Deubel: Rezension der Uraufführung. Frankfurt a. M. 1926. In: Monika Wyss: Brecht in der Kritik. Rezensionen aller Brecht-Uraufführungen. München 1977. S. 93.

22 Carl Niessen: Brecht auf der Bühne. Köln (Institut für Theaterwissenschaft) 1959. S. 8.

23 Auf motivliche und gehaltliche Entsprechungen, die in Strindbergs Kammerspielen (vgl. das Finale von *Pelikan/Scheiterhaufen*) bestehen, habe ich an anderer Stelle aufmerksam gemacht (vgl. H.-P. B.: Das Haus Babel. Die Raumkonzeption von August Strindbergs Kammerspielen und ihre gattungsgeschichtliche Tragweite. In: Festschrift für Walter Hinck. Hrsg. von Hans Dietrich Irmscher und Werner Keller. Göttingen 1983. S. 50–65.)

24 Rolf Michaelis: Schwierigkeiten mit dem jungen Brecht. In: Theater heute 4 (1967) S. 33.

25 Die dämonische Ambivalenz von Wedekinds Schluß, der nicht nur den Blaustrumpf, sondern den Bordellhalter und Mädchenhändler in die Katastrophe treibt, findet in Brechts Stück keinerlei Entsprechung.

26 Zur genaueren sprachlichen Analyse dieser sowie weiterer Stellen vgl.: Herbert Knust / Leonie Marx: Brechts »Lux in Tenebris«. In: Monatshefte für deutschen Unterricht. 65 (1973) S. 117–125.

27 Mennemeier (Anm. 10) S. 253.

28 Vgl. Hans Otto Münsterer: Erinnerungen und Gespräche mit Bert Brecht. Mit Briefen und Dokumenten. Zürich 1963. S. 140 f.

29 Mennemeier (Anm. 10) S. 254.

30 Vgl. Giese (Anm. 9) S. 24, unter Berufung auf: Erich Straßner: Schwank. Stuttgart 1968. (Sammlung Metzler. 77.) S. 7 f.

31 Vgl. Odyssee VIII,266–366. – Vgl. zu den Einzelheiten: Herbert Knust: Brechts »Fischzug«. In: Brecht heute. Brecht today. Jahrbuch der Internationalen Brecht-Gesellschaft. Frankfurt a. M. 1971. S. 98–109.

32 Vgl. Ovid, Heroiden 17 und 18; Vergil, Georgica 3,258 ff.

33 Vgl. Mt. 4,18–22; Lk. 5,1–11.

34 Michaelis (Anm. 24) S. 32. – Ebenso: Hellmuth Karasek: Rezension der Uraufführung. Heidelberg 1967. In: Der Spiegel. Nr. 10. 13. Januar 1967. Ebenso in: Wyss (Anm. 21) S. 408.

35 Vgl. Horst Denkler (Anm. 4) S. 17–19.

36 Auf spätere Kurzformen in Brechts Schaffen soll an dieser Stelle nicht weiter verwiesen werden; interessant wäre jedoch die Untersuchung von *Furcht und Elend des Dritten Reiches*, weil Brecht hier offensichtlich auf die Form des Einakter-Zyklus der Jahrhundertwende, wenngleich in weiterentwickelnder Weise, zurückgegriffen hat.

37 Bernhard Diebold: Rezension der Uraufführung. Frankfurter Zeitung vom 13. Dezember 1926. In: Wyss (Anm. 21) S. 64.

ULRICH WEISSTEIN

Von reitenden Boten und singenden Holzfällern:
Bertolt Brecht und die Oper

Tout ce qui touche au théâtre devient corrompu.

Jean Cocteau[1]

Die Notwendigkeit, die neue Dramatik richtig zu
spielen [. . .], wird dadurch abgeschwächt, daß das
Theater *alles* spielen kann: es »theatert« alles
»ein«.

Bertolt Brecht[2]

Im Rahmen eines Gesamtüberblicks über das dramatische Werk Bertolt Brechts
darf ein Kapitel über das Musiktheater und das Verhältnis des Dichters zu den
einzelnen melo-dramatischen Gattungen (Oper, Singspiel, Operette usw.) nicht
fehlen, zumal die zur Sprache kommenden Werke, die eigentlich den Komponisten Kurt Weill, Hanns Eisler und Paul Dessau ›angelastet‹ werden müßten,
ohne ausdrücklich als Libretti bezeichnet zu werden, Aufnahme in die *Versuche*,
Stücke und *Gesammelten Werke* Brechts fanden. Brecht also ein zweiter Hofmannsthal? Nichts dergleichen; denn der literarische Wert der in Frage kommenden Texte ist gering. Dennoch soll auf dieselben im folgenden, vor allem aus
dramaturgischer Sicht, näher eingegangen werden, und zwar unter Hintanstel-
lung des theoretischen Aspekts, der ohnehin in einem besonderen Kapitel dieses
Bandes behandelt wird. Dieser eher pragmatische Ansatz ist auch deshalb
vertretbar, weil Brecht die »Anmerkungen« zu den von ihm mitverfaßten Opern
post festum, d. h. einige Zeit nach deren Fertigstellung und Aufführung, verfaßte, das dort verkündete Programm des Epischen Theaters also ein nachträgli-
ches ist und nur mit Vorbehalt auf die Werke selbst angewendet werden kann.
Wenn wir uns die Forschungslage vergegenwärtigen, so stoßen wir sogleich auf
die bei dem außergewöhnlichen Umfang der Sekundärliteratur zu Brechts Leben
und Schaffen unverständliche Tatsache, daß bislang noch von keiner Seite
versucht worden ist, seine Beziehungen zur Musik in vollem Umfang darzustellen.[3] Es fehlt somit der Rahmen, in den sich dieses Kapitel sinnvoll einfügen
könnte. Soweit mir bekannt ist, gibt es noch keine Studie über Brecht als den an
Wedekind geschulten Komponisten und Interpreten seiner *Hauspostille*. Mehr
oder minder ausführlich behandelt wurden dagegen aus musikwissenschaftlicher
Sicht die kollaborativen Leistungen der »Haus-«Komponisten[4] sowie die Funktion der Lieder, Songs und Moritaten in seinen Stücken.[5] Im Hinblick auf diesen
Mangel und im Wissen darum, daß in Brechts Ästhetik die Musik (genauer

gesagt: das Musikalische) eine ebenso wichtige Rolle spielt wie das Komische, dessen Stellenwert er in jahrzehntelangen Bemühungen zu bestimmen suchte, will ich im Rahmen dieses Beitrags versuchen, vier gegenstandsbezogene Hauptpunkte zu behandeln:

1. Brechts schöpferische Auseinandersetzung mit dem Musiktheater einschließlich der nicht ausgeführten Pläne und der Fragmente.
2. Brechts Ansichten über die Oper, wie sie durch Äußerungen, die drei Jahrzehnte umspannen, dokumentiert werden.
3. Brechts Operntheorien im Kontext der Geschichte der modernen Oper im gesamteuropäischen Raum[6] als Reaktion auf Wagner.
4. Brechts Opernpraxis, wie sie sich an den ausgeführten Werken zeigt.

Bewußt auszusparen waren sowohl die lehrstückartigen Beiträge zum Musiktheater[7] als auch die auf Brecht-Texten basierenden Opern, die ohne sein Zutun zu seinen Lebzeiten oder postum entstanden.[8] (Daß deren Zahl relativ gering ist, erklärt sich zum Teil daraus, daß fast alle reifen Stücke mit Musik versehen sind, die der Dichter selbst in Auftrag gab und sanktionierte.)

Ehe wir uns Brechts verstreut publizierten, schwer zugänglichen und nie systematisch geordneten Äußerungen über die Oper als Kunstform zuwenden, ist es angebracht, kurz über seine nicht realisierten bzw. unvollendet gebliebenen Beiträge zum Musiktheater zu informieren. Dabei wird sich zeigen, daß – abgesehen von dem Lustrum Ende der zwanziger bis Anfang der dreißiger Jahre, in dem sich Brecht intensiv mit Projekten dieser Art befaßte – die Ausbeute ziemlich mager ist. Zunächst war es eine leichtere Muse, die Gattung »Operette«, die ihn wie die anderen Spielarten des volkstümlichen Dramas der offenen Form (Kabarett, Varieté, Bänkelsang) faszinierte. So heißt es in einer undatierten, wohl um 1920 verfaßten Notiz: »Ich liebe die Operette, das Orange der käuflichen Musik, gemixt mit der Flachköpfigkeit des papiernen Zeitalters. [. . .] Was man sieht, ist nicht die große antikische Kunst des Filmes. Nicht das Venenbad des Boxkampfes. Aber man hat die Songs selbst gemacht, man ist unschuldig« (GW 15,73). Und gleichsam als Probe aufs Exempel entwarf er am 9. September 1920 einen Plan[9]:

Man könnte eine Operette schreiben. Schlußeffekt: Ein Mann mit roter Krawatte, Glockenhose angetan, singt mitten auf der Bühne ein Couplet: »Es muß ja bei uns nicht geweint sein. [. . .]« Hierauf schlendern viele Leute auf die Bühne und singen mit, viele, immer mehr, sie füllen die ganze Bühne, mit roten Krawatten, und brüllen, sie könnten ja gar nicht gemeint sein. (Tb 58.)

Aus der Zeit vor 1927, vor dem Beginn der Zusammenarbeit mit Weill also, stammt ferner eine Notiz (Text einer Arie?), die im *Bestandsverzeichnis des literarischen Nachlasses* unter dem Titel »Oper (Groteske)« registriert ist.[10] Als eine Vorstufe zu *Aufstieg und Fall der Stadt Mahagonny* lassen sich andrerseits die Szenen-, Arien- und Ensembleentwürfe zu einer anfangs *Sodom und Gemorrha* (sic!) genannten, dann aber unter dem Titel *Mann aus Manhattan* fixierten Oper aus dem Jahr 1924 einstufen.[11] In diesen Zusammenhang gehören wohl auch Elemente des 1926 skizzierten und teilweise zu Papier gebrachten Hörspiels *Die Geschichte der Sintflut*, vor allem die Texte, die sich auf den Untergang der Metropole Gomorrha bzw. der Paradiesstadt Miami beziehen.[12]

Kurz danach begann die Zusammenarbeit mit Weill, deren Resultat die Vollendung zweier Hauptwerke (*Dreigroschenoper* und *Mahagonny*) und eines musiktheatralischen Nebenwerks (*Happy End*) war und die knapp drei Jahre lang harmonisch verlief. Spannungen traten, wie noch zu zeigen sein wird, vor allem deshalb auf, weil der Dichter-Ideologe Brecht die Musik als Hilfskunst ansah und der politisch weniger stark engagierte Weill seiner Kunst zumindest Gleichberechtigung verschaffen wollte. Zum Eklat, und damit zur vorläufigen Trennung, kam es bei den Proben zur Berliner Erstaufführung von *Mahagonny* im Spätherbst des Jahres 1931. Ernst Josef Aufricht, der auch die *Dreigroschenoper* produziert hatte, berichtet: »Während wir *Mahagonny* probierten, stritt Brecht für die Priorität des Wortes, Weill für die der Musik. Anwälte kamen ins Theater, sie drohten mit einstweiligen Verfügungen. Brecht schlug einem Pressefotografen die Kamera aus der Hand, er hatte ihn mit Weill zusammen aufgenommen. ›Den falschen Richard Strauss werfe ich in voller Kriegsbemalung die Treppe hinunter‹, schrie Brecht hinter Weill her.«[13] Die Feindschaft überdauerte allerdings nicht die Emigration; denn Weill schrieb schon 1933 die Musik für Brechts Ballett *Die sieben Todsünden des Kleinbürgers*, und später planten beide die Oper *Schwejk im Zweiten Weltkrieg*.

In den Jahren, in denen Brecht und Weill künstlerisch so eng liiert waren, daß man sie als Dioskuren des zeitgenössischen deutschen Musiktheaters hätte bezeichnen können, bahnte sich ein produktives Verhältnis zu Paul Hindemith, dem Vater der Gebrauchsmusik, an, das allerdings vorzeitig gelöst wurde. Es lohnt sich, diese wenig bekannte und in ihrem Krisenstadium stürmische Beziehung kurz zu umreißen. Aus der bisher nur zu einem geringen Teil veröffentlichten Korrespondenz Hindemiths mit dem Schott-Verlag geht hervor, daß der Komponist seit Ende 1923 intensiv nach einem Textdichter suchte: »Wenn ich einen Operntext hätte, würde ich in einigen Wochen die größte Oper herstellen. Mir ist das Problem der neuen Oper klar und ich bin sicher, es jetzt sofort restlos lösen zu können – soweit das menschenmöglich ist.«[14] Er bat die Inhaber des Verlags, Ludwig und Willy Strecker, ihm bei der Suche nach einem geeigneten Librettisten behilflich zu sein. Diese regten u. a. eine Zusammenarbeit mit Brecht an, der nach den Aufführungen von *Baal* und *Im Dickicht [der Städte]* als

Enfant terrible des deutschen Theaters galt. Dabei dachten sie an eine Bearbeitung des Faust-Stoffes![15] In Hindemiths Antwortschreiben, in dem der zusätzlich vorgeschlagene Südseestoff als zu exotisch abgelehnt und ein moderner Schauplatz in Erwägung gezogen wird, fällt der Name Brecht nicht, doch wird eine Zusammenarbeit »mit einem der [. . .] genannten Dichter« erwogen.[16] Hindemith muß an Brecht geschrieben haben, denn es heißt in einem Brief an den Schott-Verlag vom 13. Februar 1924, Brecht habe auf das an ihn gerichtete Schreiben nicht reagiert;[17] und im Juni des folgenden Jahres wird die Schlußfolgerung gezogen, der »faule Kopf« Brecht falle gänzlich aus.[18] (Die Wahl fiel schließlich auf Ferdinand Lion, der E. T. A. Hoffmanns Novelle *Das Fräulein von Scudéry* als Textbuch zur Oper *Cardillac* einrichtete, die 1926 unter Otto Klemperers Leitung an der Berliner Staatsoper Premiere hatte.) Noch Anfang 1930 erhoffte sich übrigens Hindemith, dem seine Verleger bereits 1925 nahegelegt hatten, die *Beggar's Opera* neu zu vertonen, bzw. zu bearbeiten, die Mitarbeit Brechts an einem Opernprojekt.

Zur kurzfristigen Zusammenarbeit zwischen Brecht und Hindemith kam es im Jahre 1929 aus Anlaß der »Deutschen Kammermusik« in Baden-Baden, für die der Komponist als prominenter Vorkämpfer der Moderne organisatorisch verantwortlich war.[19] Den Schwerpunkt dieser Veranstaltung sollten pädagogisch-didaktische Werke bilden. Brecht nahm die an ihn ergangene Einladung an und lieferte Texte zum »Radiolehrstück für Knaben und Mädchen« *Der Flug der Lindberghs* sowie zum *Badener Lehrstück vom Einverständnis*.[20] Beim ersten Werk übernahmen Hindemith und Weill zu etwa gleichen Teilen die Vertonung; aber nachdem es wegen des Lehrstücks zu Streitigkeiten zwischen Brecht und Hindemith gekommen war, zog dieser seinen Beitrag zurück und publizierte die Partitur »auf eigene Rechnung«. Weill sprang ein und füllte die Lücken.

Worum ging es bei der schnell zum Bruch führenden Diskussion über *Das Badener Lehrstück*? Kurz gesagt: um das Verhältnis von Kunst und Ideologie und um die für diese Bereiche jeweils gültige Auffassung von Didaktik. »Hindemith«, schreibt John Willett, »wanted his work to be played by any instrumentalists available, and left them free to omit whole sections if they wished. Brecht was concerned with the instructive aspects of the text as a whole. The question at issue was whether ›Gemeinschaftsmusik‹ was to teach the writer's ideas, or to restrict itself to teaching music, plus the simple social pleasure of performing together. It was with this purely musical didacticism that Brecht so disagreed.«[21]

Der Marxist Brecht und der neusachliche Hindemith konnten zusammen nicht kommen, weil kulturpolitisch gesehen das Wasser, das sie trennte, zu tief war. Was war geschehen? Hindemith, der auch an der eingeschobenen Clowns-Szene Anstoß nahm, die bei der Aufführung großes Aufsehen erregte, weigerte sich, Textpartien, die Brecht nachgeliefert hatte, zu vertonen, und veröffentlichte auch diesmal seine Partitur ohne dessen Zutun. Dem Klavierauszug stellte er ein

Vorwort voran, in dem er den Aufführenden anriet, »die Form des Stückes dem jeweiligen Zwecke nach Möglichkeit anzupassen«, d. h. je nach Bedarf Teile wegzulassen oder hinzuzufügen. Brecht wandte sich energisch gegen diese Auffassung und warf seinem apostatischen Mitarbeiter vor, der einzige Schulungszweck, den er im Auge gehabt habe, sei »ein rein musikalisch-formaler gewesen«, mit dem er sich keinesfalls identifizieren könne. Er bedauerte das Mißverständnis, an dem »wohl hauptsächlich seine eigene Bereitwilligkeit, einen unabgeschlossenen und mißverständlichen Textteil [...] zu rein experimentellen Zwecken auszuliefern«, schuld gewesen sei.[22] Beide Künstler verweigerten fortan die Erlaubnis zur Aufführung des *Badener Lehrstücks*, das somit fast ein Vierteljahrhundert lang dem Publikum vorenthalten blieb.[23]

Zum endgültigen Bruch zwischen den beiden in Haßliebe verbundenen Zeitgenossen kam es im Frühjahr 1930, als die Leiter des Musikfestes, das inzwischen von Baden-Baden nach Berlin (an dessen Musikhochschule Hindemith jetzt lehrte) verlegt worden war, darauf bestanden, den Text des von Brecht geschriebenen und von Eisler vertonten Lehrstücks *Die Maßnahme* einzusehen. Brecht reagierte mit einem offenen Brief, in dem er den drei Organisatoren (Heinrich Burkard, Georg Schünemann und Hindemith) vorwarf, sie hätten sich dem Apparat unterworfen, und sie (wie sich herausstellen sollte, vergeblich) zum Rücktritt aufforderte.[24] Die »Tage der Neuen Musik« fanden trotz seines Protestes statt; aber die Aufführung der *Maßnahme* wurde »wegen formaler Minderwertigkeit des Textes« unterbunden.

Nun verschwand Hindemith aus dem unmittelbaren Gesichtskreis Brechts, der in seinen theoretischen Schriften der frühen dreißiger Jahre unermüdlich gegen den Komponisten, der inzwischen zu Gottfried Benn in Beziehung getreten war,[25] polemisierte. Die Emigration und die aus ihr erwachsende antifaschistische Solidarität heilte auch hier manche Wunden, wenn auch nur oberflächlich. So schrieb Brecht Ende 1934 / Anfang 1935 aus Svendborg einen ironisch gehaltenen, wahrscheinlich nie abgeschickten Brief, in dem er Hindemith gegen kürzlich gegen ihn erfolgte Angriffe durch die N.S.-Reichsmusikschaft verteidigt, und zwar unter Bezugnahme auf ihre frühere Zusammenarbeit:

> Ich höre, daß Sie in große Konflikte mit den regierenden Kreisen gekommen sind. Und ich höre, daß man Ihnen früher von Ihnen vertonte Texte vorwirft. Die schlimmsten davon sind von mir. Ich beeile mich, Ihnen zu bestätigen, daß nicht die ›zerstörenden‹ Tendenzen in meinen Arbeiten Sie zu einer Zusammenarbeit mit mir veranlaßt haben. Sie haben mir oft gesagt, daß Sie die sozialistischen Tendenzen nicht für musikalische Angelegenheiten halten können. Ich muß vermuten, daß Sie also lediglich gewisse dichterische Talente bei mir angezogen haben. Es ist mir nicht gelungen, Sie davon zu überzeugen, daß dieses dichterische Talent von jenen sozialistischen Tendenzen absolut nicht zu trennen sei. (B 229 f.)

Anschließend bemerkt er sarkastisch, Hindemith habe schon immer auf dem Standpunkt gestanden, man könne »im Notfall [. . .] auch das Adreßbuch« vertonen, womit seine politische Indifferenz zwar bewiesen, aber gleichzeitig angeprangert wird.

Nachdem Brecht mit Weill und Hindemith gebrochen hatte, verbündete er sich künstlerisch mit dem Schönberg- und Webern-Schüler Hanns Eisler (1898–1962), mit dem er bis zu seinem Tode eng zusammenarbeitete.[26] Für unsere Fragestellung ist freilich diese auf Freundschaft und gegenseitige Achtung beruhende Beziehung von relativ geringem Interesse, da in ihrem Mittelpunkt vor allem Brechts Stücke standen, für die Songs und Bühnenmusik zu schreiben waren. Hinzu kam seit *Kuhle Wampe* vor allem im amerikanischen Exil die Musik für Filme. Das einzige gemeinsam erarbeitete Bühnenwerk, die umstrittene *Maßnahme*, stand am Anfang dieser ergiebigen Partnerschaft; es fällt aber als Lehrstück nicht in unseren Themenbereich. Damit ist allerdings der Fall Eisler/ Brecht noch nicht erledigt; denn abgesehen von den »untergeordneten« Arbeiten, die der Komponist für den Dichter ausführte, gab es ein Projekt, das nie zur Vollendung reifte, sowie einen Opernplan Eislers, an dem Brecht regen Anteil nahm.

Im Brecht-Archiv der Ost-Berliner Akademie der Künste befinden sich zahlreiche Entwürfe, Pläne, Bruchstücke und Arientexte zu einer Oper mit dem Titel *Goliath*, an der die Partner während der Emigration arbeiteten.[27] In einem seiner Gespräche mit Hans-Joachim Bunge erklärte Eisler später sogar, sie hätten »an dem dänischen Sund einen Akt geschrieben, sowohl Text als Musik«.[28] Dies wird durch einen Brief an Bernhard Reich vom 11. März 1937 bestätigt, in dem es heißt: »Ich selber schreibe gerade mit Eisler eine Oper und noch einiges andere« (B 313). Die Arbeit ruhte mehrere Jahre und wurde anscheinend erst im Herbst 1944 wiederaufgenommen. Am 6. November dieses Jahres notierte Brecht: »häufigere gespräche über musik mit eisler (wegen *goliath*-oper) und dessau, der viel weniger entwickelt und festgefahren ist« (AJ 2,701). Da das *Goliath*-Material bisher nicht veröffentlicht worden ist, lassen sich höchstens aus den Titeln der Fragmente Rückschlüsse auf die Beschaffenheit der geplanten Oper ziehen.

Bei dem Plan Eislers handelt es sich um *Johann Faustus*, ein Werk, an dessen Textierung der Komponist spätestens seit 1950 arbeitete. Brecht zeigte großes Interesse an dem Projekt und erklärte sich bereit, bei den Vorbereitungen zur Aufführung alle dem Berliner Ensemble zur Verfügung stehenden Mittel, einschließlich des Personals, einzusetzen.[29] Dabei ließen ihn sowohl die Implikationen einer sowjetrussischen Konferenz über die zeitgenössische Oper[30] als auch die früh einsetzende DDR-Diskussion über die »negative« Gestaltung des Helden[31] ahnen, daß die Sache nicht glatt ablaufen würde. Als das Libretto des *Johann Faustus* 1952 im Aufbau-Verlag erschien, kam es denn auch zu einer lebhaften, auf den Begriff des »klassischen Erbes« zugespitzten Debatte in den führenden Literatur-Organen, in die Brecht mit zwölf »Thesen zur *Faustus-*

Diskussion«[32] eingriff und deren Ergebnis, wie kaum anders zu erwarten, ein Konsensus über die Ablehnung dieses so ganz und gar ungoethischen *Faust* war. Indem er das Fazit aus diesen Vorgängen zog, verzichtete Eisler freiwillig darauf, den Text zu vertonen, wußte er doch, daß die fertiggestellte Oper nie über die Bretter der ostdeutschen Opernhäuser gehen würde. *Johann Faustus* verschwand in der Versenkung, und das völlige Schweigen, das über dieses Werk in den zwischen 1965 und 1967 aufgezeichneten Gesprächen mit Hans-Joachim Bunge herrscht, spricht Bände.[33] Brecht hatte wieder einmal auf die falsche Nummer gesetzt.

Die Zusammenarbeit mit Paul Dessau, der mit Ausnahme des *Galileo* (Musik von Eisler) die Musik zu allen bedeutenden Stücken des reifen Brecht *(Mutter Courage und ihre Kinder, Der gute Mensch von Sezuan, Der kaukasische Kreidekreis)* schrieb, setzte 1935 in Paris ein, als der vierundvierzigjährige ehemalige Kapellmeister die musikalische Einrichtung der Urfassung von *Furcht und Elend des Dritten Reiches* besorgte. Dessau hatte Brecht schon 1927 beim Baden-Badener Musikfest kennengelernt, war ihm aber nicht nähergetreten, weil er wußte, daß es damals für ihn »zu früh war, um mit [ihm] wegen einer Zusammenarbeit an einem Opernstoff zu sprechen«,[34] zumal Weill und Hindemith eine formidable Konkurrenz darstellten. Erst im amerikanischen Exil begann die eigentliche Zusammenarbeit, die sich bis in die Tage des Berliner Ensembles, dem Dessau als Hauskomponist und musikalischer Berater angehörte, erstrecken sollte. Sieht man ab von der Oper *Verhör des Lukullus / Verurteilung des Lukullus*, der Transponierung eines Brechtschen Hörspiels aus dem Jahre 1938, das 1951 zur *cause célèbre* wurde, weil eine politisch stubenreine Neufassung hergestellt werden mußte, an der Brecht beteiligt war,[35] so vereinte die beiden nur ein Opern-Projekt.

Im Jahre 1941 entwarf Brecht den Plan für ein Stück – zunächst noch keine Oper – mit dem Titel *Die Reisen des Glücksgotts*, das, wie der kurze Handlungsabriß im *Arbeitsjournal*[36] beweist, eine Art Fortsetzung bzw. Steigerung des an sich schon opernhaften *Guten Menschen von Sezuan* werden sollte. (In dem 1954 verfaßten Aufsatz »Bei Durchsicht meiner ersten Stücke« brachte der Dichter diesen »Stoff für eine Oper« mit dem Grundgedanken des *Baal* in Verbindung, nämlich daß es unmöglich sei, »das Glücksverlangen der Menschen ganz zu töten«.[37]) Nachdem er 1943 begonnen hatte, Glücksgott-Lieder zu schreiben, die Dessau vertonte, machte er sich im Januar 1945 ernsthaft an die Arbeit,[38] zu der er fünf Jahre später den Komponisten zuzog. Fertiggestellt wurde Dessau zufolge nur das Vorspiel und die erste Szene.[39]

Daß Brecht den Komplex »Oper« auch im letzten Abschnitt seines Lebens nicht völlig abgeschrieben hatte, geht zum Beispiel daraus hervor, daß er sich an der Gestaltung zweier Operntexte der unmittelbaren Nachkriegszeit beteiligte. So beriet er Gottfried von Einem, der ihm bei seinen Bemühungen, die österreichische Staatsbürgerschaft zu erwerben, behilflich war und ihn zur Mitarbeit an den

Salzburger Festspielen, deren Kuratorium er angehörte, aufforderte,[40] bei der sprachlichen Gestaltung seiner Kafka-Oper *Der Prozeß*, die 1953 uraufgeführt wurde. Im Postskriptum zu einem Brief des Komponisten vom 22. April 1949 heißt es: »Ich freue mich einfach, daß ich meine Winke anbringen konnte (nachdem ich mich über die Gide-Bearbeitung in Paris geärgert hatte).«[41] Ebenso großes Interesse zeigte er an einer Oper von Rudolf Wagner-Regeny, *Die Darmwäscher*, zu der Caspar Neher das Textbuch lieferte. Er amtierte als eine Art von play doctor: »Cas und Wagner-Regeny haben vor jahren eine komische oper angefangen mit einer fabel aus 1001 Nacht und finden keinen schluß. [...] wir analysierten das szenario und mathematisierten einen schluß aus. addierten ein paar arien« (AJ 921). Ein erhaltener Brief des Komponisten, in dem konkrete Vorschläge zum Text des vierten Aktes gemacht werden, unterstreicht die Bedeutung dieser Schützenhilfe.[42]

Ehe wir uns Brechts Opernästhetik zuwenden, seien ein paar Hinweise auf sein Verhältnis zur Musik im allgemeinen vorausgeschickt. Daß Brecht musikalisch war, wird niemand leugnen wollen; trotzdem hatte er keinen Zugang zur absoluten Musik und ließ die Tonkunst, von wenigen Ausnahmen abgesehen, nur insofern gelten, als sie in Verbindung mit dem Wort oder als »Misuk« auftrat. So berichtet Hanns Eisler, daß sein Freund eine ganz besondere Abneigung gegen Instrumentalmusik hegte, vor allem gegen Beethovens Symphonien, die ihn, wie er sagte, »immer an Schlachtgemälde« erinnerten.[43] Seine wenigen Äußerungen zu diesem Genre sowie zur Kammermusik sind durchweg abschätzig, und Namen wie Tschaikowsky, Brahms oder Bruckner fehlen in den Registern zu seinen Briefen, Tagebüchern und Schriften zu Kunst und Theater. Im *Arbeitsjournal* findet sich unter dem 16. August 1944 eine aufschlußreiche Aussage, die hier trotz ihrer Länge im vollen Wortlaut zitiert werden soll, weil sie mir einen längeren Kommentar erspart:

abends spielt edward steuermann [ein Schönberg-Schüler] privat ein mozartsches rondo, eine der englischen suiten bachs, variationen schuberts und beethovens hammerklavier-sonate. schon als junge, als ich die matthäuspassion in der barfüßerkirche gehört hatte, beschloß ich, nicht mehr so wo hinzugehen, da ich den stupor verabscheute, in den man da verfiel, dieses wilde koma, und außerdem glaubte, es könne meinem herzen schaden. [...] bach kann ich jetzt, wie ich denke, ungestraft hören, aber den beethoven mag ich immer noch nicht, dieses drängen zum unter- und überirdischen, mit den oft (für mich) kitschigen effekten und der ›gefühlsverwirrung‹, das ›sprengt alle bande‹ wie der merkantilismus, da ist diese innige pöbelhaftigkeit, dieses ›seid umschlungen, millionen‹, wo die millionen den doppelsinn haben (als ginge es weiter, ›dieses coca cola der ganzen welt!‹)   (AJ 676)[44]

Was die Oper anbetrifft, so ergibt sich ein ziemlich ähnliches, im großen ganzen vielleicht um eine Nuance helleres Bild. Als Theaterkritiker für den Augsburger *Volkswillen* war der junge Brecht nur gehalten, über Schauspiele, nicht aber über Werke des Musiktheaters zu referieren, einen Umstand, den er am Schluß seiner »Erwiderung auf den offenen Brief des Personals des Stadttheaters« ausdrücklich betont.[45] (Er nannte übrigens gleich am Anfang seiner Tätigkeit als Rezensent den *Don Carlos* höhnisch »eine schöne Oper« und qualifizierte Posa, Carlos und Philipp als »Opernsänger« ab, die »gratis für Beifall« sängen.[46]) Privatim ging er aber doch häufig in die Oper, um sich seine Freundin und spätere Frau Marianne Zoff als Carmen, Butterfly, Sophie (im *Rosenkavalier*) und Dorabella (in *Così fan tutte*) anzuhören. Was er hierüber seinem Tagebuch anvertraut, bezieht sich jedoch fast ausnahmslos auf ihre Leistung, nicht auf die Werke, in denen sie auftrat.[47]

Weitere Hinweise auf die klassische Oper gibt es von ihm nur ganz vereinzelt. Der von ihm hochgeschätzte Bühnenkomponist Mozart bildet eine Ausnahme. Vor allem der *Don Giovanni*, den eine Eintragung ins *Arbeitsjournal* vom 8. 6. 1943 als »gipfel« bezeichnet, der sich »gleich am beginn« erhoben habe und »nie wieder erreicht« worden sei, hatte es ihm angetan.[48] Auf dieses Meisterwerk beruft er sich in seinen, wohl Mitte der dreißiger Jahre entstandenen Bemerkungen »Über Bühnenmusik«, wo Mozarts Kunst als Muster gestischer, d. h. zugleich plastischer und gesellschaftlich relevanter (und daher antipsychologischer) Gestaltung hingestellt wird: »Wir zogen es vor, zurückzugehen zu den Funktionen, die etwa Mozart in seinem *Don Juan* der Musik zuerteilt hatte. Diese Musik drückte sozusagen die Manieren der Menschen aus – wenn man darunter genug versteht. Mozart drückte die gesellschaftlich belangvollen Haltungen der Menschen aus [...]« (GW 15,486).

Daß es Brecht bei seinen dünn gesäten Reflektionen über die Opernfrage stets um Veränderungen des *status quo* ging, die inhaltlich – nicht thematisch, sondern weltanschaulich – bestimmt sind, beweist einmal mehr, daß er nicht, wie Georg Lukács ihm vorwarf, ein Formalist war. Vor allem im Hinblick auf die seiner Meinung nach in Konventionen erstarrte Oper bestand er darauf, daß es mit einer bloßen Modernisierung der behandelten Stoffe nicht getan sei. Die wichtigste Aussage in dieser Hinsicht, in der er auf Opern Mozarts und Beethovens Bezug nimmt, findet sich im vierten Abschnitt der »Anmerkungen zu *Aufstieg und Fall der Stadt Mahagonny*«.

Die alte Oper schließt die Diskussion des Inhaltlichen absolut aus. Geschähe es etwa, daß der Zuschauer bei der Darstellung irgendwelcher Zustände Stellung nähme, hätte die alte Oper ihre Schlacht verloren, der Zuschauer wäre »drausgekommen«. Die alte Oper enthielt natürlich auch Elemente, die nicht rein kulinarisch waren – man muß die Epoche ihres Aufstiegs von der ihres Abstiegs unterscheiden. *Zauberflöte*, *Figaro*, *Fidelio*, enthielten weltanschauliche, aktivistische Elemente. Jedoch war das Weltanschauliche [. . .] stets so kulinarisch bedingt, daß der *Sinn* der Opern sozusagen ein absterbender war. War der eigentliche *Sinn* abgestorben, hatte die Oper keineswegs nun keinen Sinn mehr, sondern eben einen anderen, nämlich den als Oper. Der Inhalt war in der Oper abgelegt. (GW 17,1013.)

So entscheidend war diese Feststellung für den Dichter, daß er sie in einem zwei Jahrzehnte später mit dem Komponisten Boris Blacher geführten Gespräch zitieren konnte, wobei die Enttäuschung über den Fehlschlag seiner eigenen Versuche auf diesem Gebiet durchscheint:

blacher hat eine oper fertig gemacht und spricht pessimistisch über die zukunft. seit 1912 (*rosenkavalier*) hat keine oper mehr [. . .] fuß gefaßt. das publikum kommt aus mit den älteren werken. ich versuche zu argumentieren, daß diese eben die alte funktion der oper besser erfüllen und eine neue funktion nicht gefunden worden ist. die opern des revolutionären bürgertums (*Don Juan, Zauberflöte, Figaro, Fidelio*) waren aufrührerisch; es gibt keine anstrengung der oper in solcher richtung nach 1912.   (AJ 922.)[49]

Die Schlüsselfigur in der hitzigen Diskussion über die Zukunft der Oper in den zwanziger Jahren war – nicht nur in Deutschland – Richard Wagner. Auch mit ihm und seinem Werk setzte sich Brecht auf seine, alle Systematik verabscheuende Weise auseinander. Im weltanschaulichen Bereich zog er, wie Heinrich Mann und so mancher andere deutsche Schriftsteller vor ihm,[50] eine Parallele zwischen dem Gründer des Zweiten Reiches und dem Erbauer des Festspielhauses auf dem Grünen Hügel[51] und prangerte die »echt nationalistischen Exzesse« an, vermittels derer Wagner »den europäischen und der amerikanischen Metropole die germanische Götterwelt« aufgezwungen hatte.[52] Ihren stärksten Ausdruck fand seine Absage an die ästhetisch verbrämte Ideologie Wagners in einer Eintragung ins Tagebuch vom 28. Oktober 1921. Brecht hatte einer Aufführung des *Rheingold* beigewohnt, an der Marianne Zoff beteiligt war. Seine Reaktion war scharf und seine Kritik unverblümt: »Das Orchester leidet an Knochenerweichung, hier hat alles Plattfüße. Die Göttchen deklamieren zwischen ziemlich sorgfältig ausgeführten Kopien von Versteinerungen der Juraformation, und die Dämpfe aus der Waschküche, in der Wotans schmutzige Herrenwäsche gewaschen wird, machen einem übel« (Tb 170).

Was Brecht ästhetisch gesehen an Wagner mißfiel, war nicht nur der »pathetische Opernstil«[53], der den Zuschauer bzw. -hörer in seinen Bann zwingen und ihm die einfühlende Betrachtungsweise aufoktroyieren sollte, sondern noch entscheidender die Konzeption des Gesamtkunstwerks, die er als romantisches Erbe erneut unter Berufung auf den eisernen Kanzler in seinem Essay »Über Bühnenmusik« verwarf: »Bismarck hatte das Reich, Wagner das Gesamtkunstwerk ge-

gründet; die beiden Schmiede hatten geschmiedet und verschmolzen [. . .]«
(GW 15,486).[54] Wagner war und blieb der Erzfeind; er hatte Brecht zufolge die
Oper in eine Sackgasse getrieben, in der seine Nachfolger und -beter (darunter
Richard Strauss mit seiner *Elektra*, Ernst Křenek mit seiner Jazzoper *Jonny spielt
auf* und selbst noch Carl Orff mit seiner 1949 bei den Salzburger Festspielen
uraufgeführten *Antigonae*)[55] noch immer steckten. Obwohl alle drei Komponi-
sten moderne Kompositionstechniken verwandten, sah er in ihnen Reaktionäre,
weil letztlich auch ihre Dissonanzen dem, was er Kulinarismus nannte, huldigten.
Kein Wunder also, daß er bei einem Gespräch mit Otto Klemperer, der in der
Weimarer Republik als Chefdirigent der Berliner Staatsoper eine entscheidende
Rolle bei der Durchsetzung der Neuen Oper gespielt hatte, kurzerhand »eine
karenzzeit für richard wagner« vorschlug.[56]
Brecht stand mit seiner Polemik gegen Wagner nicht allein. Ganz im Gegenteil:
seine theoretischen Aussagen sind Teil einer Tradition, die mit Nietzsches
Schriften zum Fall Wagner (1888/89) einsetzt und sich, um nur die Hauptstatio-
nen zu nennen, über Cocteaus *Le Coq et l'Arlequin* (1919)[57] bis zu Paul Claudel
hin fortzieht und in der in Deutschland, wo sie erheblich schwächer war, der
recht eigenwillige und in sich selbst widersprüchliche, weil konservative mit
progressiven Ansichten verbindende *Entwurf einer neuen Ästhetik der Tonkunst*
von Weills Lehrer Ferruccio Busoni entsprach.[58] Ich habe diese Zusammenhänge
an anderer Stelle[59] ausführlich dargelegt und darauf hingewiesen, daß dieser
Aspekt des Brechtschen Œuvres nur aus komparatistischer Sicht sinnvoll behandelt werden kann. Hinzufügen möchte ich allerdings die Bemerkung, daß sich
anhand der bisher zugänglich gewordenen Aussagen des Dichters eine Kenntnis
der hier in Frage kommenden Werke und theoretischen Schriften zwar nicht
dokumentieren läßt, aber angenommen werden muß.
Die Praxis des antiwagnerischen Opernschaffens setzt – wiederum in Frankreich – noch recht zaghaft mit Debussys *Pelléas et Mélisande* ein, ein Werk, das
Cocteau mit Recht zur alten Schule rechnet: »La grosse brume trouée d'éclairs de
Bayreuth devient le leger brouillard neigeux du soleil impressioniste.«[60] Erst
Erik Satie und die Gruppe »Les Six«, deren Sprachrohr Cocteau war, brachen
resolut und programmatisch mit dem teutonischen Zauberer. Unter ihnen sollte
Darius Milhaud[61] durch seine Zusammenarbeit mit Claudel eine besonders
wichtige Rolle bei der Herausbildung des epischen Stils in der Oper spielen, der
an Bedeutung nur die von Igor Strawinsky gleichkam, dem Cocteau im Hinblick
auf den *Sacre du Printemps* (1913) noch die Kultivierung einer Art wagnerischen
Russentums vorgeworfen hatte (»Wagner nous cuisine à la longue; Strawinsky
ne nous laisse pas le temps de dire ›ouf‹, mais l'un et l'autre agissent sur nos
nerfs«[62]).
Da John Willett im Kapitel »Brecht and Music« seines Brecht-Buches die
historische Entwicklung auf wenigen Seiten übersichtlich dargestellt hat, wobei
er nicht vergaß, auf die Rezeption der wichtigsten experimentellen Opern des

Auslands im Deutschland der zwanziger Jahre einzugehen, erübrigt sich hier ein ausführlicher Katalog. Erwähnt werden soll und muß jedoch die Tatsache, daß sowohl das Opern-Oratorium *Oedipus Rex* von Cocteau/Strawinsky – in einer Inszenierung von Brechts Freund Jakob Geis – als auch der *Christophe Colomb* von Claudel/Milhaud, über dessen Einfluß auf Brechts frühe Lehrstücke Willett sich Gedanken macht,[63] im Jahre 1930 an der Berliner Staatsoper aufgeführt wurden, und daß die *Histoire du Soldat* von Ramuz/Strawinsky, deren deutsche Erstaufführung Hermann Scherchen 1923 in Frankfurt geleitet hatte, seit 1924 in der Reichshauptstadt bekannt war.

Auf *Oedipus Rex* bezieht sich Brecht ohne Nennung des Namens in den »Anmerkungen« zu *Aufstieg und Fall der Stadt Mahagonny*, und zwar im Hinblick auf seine Ablehnung bloßer Modernisierung (anstatt von Revolutionierung) der Oper am Ende einer Liste, in der vor allem Hindemith als Prügelknabe erscheint. »Die Besseren«, so heißt es da, »verneinen den Inhalt überhaupt und tragen ihn in lateinischer Sprache vor oder vielmehr weg. Das sind Fortschritte, welche nur anzeigen, daß etwas zurückgeblieben ist. Sie werden gemacht, ohne daß sich die Gesamtfunktion ändert, oder vielmehr, nur damit sie sich nicht ändert« (GW 17,1014). Das klingt wie eine Spitze gegen Weill, mit dem er damals wohl schon zerstritten war – als Mitverfasser der »Anmerkungen« zu *Mahagonny* wird nicht er, sondern merkwürdigerweise Peter Suhrkamp genannt. Weill hatte am 16. November 1928 in der Zeitschrift *Funk-Stunde*, deren ständiger Mitarbeiter er war, folgende Lobeshymne auf den latinisierten *Oedipus* angestimmt:

> Dieses Werk bildet unzweifelhaft einen Markstein in der Entwicklung der neuen Oper. Es zeigt am deutlichsten von allen bisherigen Werken die eindeutige Absage an die Form des Musikdramas, die Aufnahme eines rein gesanglichen Opernstils, in dem Handlung, Dramatik und optische Bewegung völlig zurückgedrängt sind zugunsten einer rein musikalischen Formgebung. Die Rolle der Musik in diesem Werk wird dadurch noch erweitert, daß der Text in lateinischer Sprache gehalten und daß der Hörer dadurch auf die Wirkungskraft der Musik allein angewiesen ist.[64]

Weill muß die Partitur des *Oedipus Rex*, der am 30. Mai 1927 in Paris uraufgeführt worden war, sehr gut gekannt haben; denn er bedient sich ähnlicher Mittel sowohl im Finale der *Dreigroschenoper* als verschiedentlich im *Aufstieg und Fall der Stadt Mahagonny*.

Daß Brecht mit der *Histoire du Soldat* und dem ästhetischen Gedankengut, das diesem exemplarischen Stück für Spieler, Sprecher und Tänzer zugrunde lag, vertraut war, läßt sich vermuten und scheint aus einzelnen Stellen der »Anmerkungen« zur *Dreigroschenoper* hervorzugehen. So wird im Abschnitt »Über das Singen der Songs« gesagt, es sei gut für den Schauspieler, »wenn die Musiker während seines Vortrags sichtbar« seien.[65] Die Regiebemerkungen Strawinskys, denen dieser Hinweis entspricht, lauten im französischen Originaltext: »Rideau fermé. Entrée du lecteur et de l'orchestre. L'orchestre s'installe sur l'avancement à gauche, le lecteur sur l'avancement à droite« usw.[66] Diesen Anweisungen folgten Brecht/Weill mit halbem Herzen in der *Dreigroschenoper*, wo das Orchester hinten (statt wie bei Strawinsky vorn) auf der Bühne hinter einer Orgel-attrappe untergebracht war.[67] Weill erwog andrerseits in seinem »Vorwort zum Regiebuch der Oper *Mahagonny*« mit größerer Konsequenz, »das Orchester in der Höhe des Parketts zu postieren und von der Bühne ein Podium in den Orchesterraum hineinzubauen«,[68] ohne freilich diese Absicht bei der Leipziger Uraufführung verwirklichen zu können.

In seiner Autobiographie aus dem Jahre 1936 sollte Strawinsky dann mit dem Verweis auf sein epochemachendes Anti-Gesamtkunstwerk theoretische Konse-quenzen aus dieser Praxis sowohl für die Ausführenden als auch für die Zuschauer ziehen, die Brecht Freude machen mußten:

> I have always had a horror of listening to music with my eyes shut. [. . .] The sight of the gestures and movements of the various parts of the body producing the music is fundamentally necessary for it to be grasped in all its fullness. All music created or composed demands some exteriorization for the perception of the listener. In other words, it must have an intermediary, an executant. That being an essential condition [. . .] why wish to ignore it, or try to do so, [. . .] why shut the eye to this fact which is inherent in the very nature of musical art.[69]

Der eklatante Widerspruch zum Wagnerischen Konzept des unsichtbaren Orche-sters, dem geheimnisvolle Töne entströmen, ist in diesem Passus genauso offen-sichtlich wie die Affinität zu Brechts Auffassung vom Gestus.

Noch auffälliger und fast zwangsläufig auf Strawinskys Praxis in der *Histoire* verweisend ist die Fußnote zum letzten Satz des Unterabschnitts »Musik« im Abschnitt ». . . aber Neuerungen!« der »Anmerkungen« zu *Mahagonny*, in dem von der tönenden Kunst als dem »wichtigsten Beitrag zum Thema« die Rede ist: »Die große Menge der Handwerker in den Opernorchestern ermög-licht nur assoziierende Musik (eine Tonflut ergibt die andere); also ist die Verkleinerung des Orchesterapparates auf allerhöchstens dreißig Spezialisten nötig« (GW 17,1011).

Seit der *Histoire*, bei deren Instrumentierung Strawinsky freilich eher der Not als dem eigenen Trieb gehorchte,[70] war es bei experimentellen Opern üblich gewor-den, bei der Besetzung kammermusikalisch zu verfahren. In Entsprechung zu dieser Praxis setzte Weill, der die *Histoire* besonders schätzte,[71] sowohl beim *Mahagonny-Songspiel* als auch bei der *Dreigroschenoper* ein kleines, aus reprä-sentativen Instrumenten zusammengesetztes, den Jazzcharakter der Werke berücksichtigendes Orchester ein.[72] Für die Originalfassung von *Aufstieg und*

Fall der Stadt Mahagonny, von Weill als Große Oper geplant, war ein mittelgroßes Orchester vonnöten, das für die Berliner Aufführung, die Alexander von Zemlinsky dirigierte, verkleinert wurde.[73]

Mit diesen Hinweisen sind wir zu den beiden Werken gelangt, die – einschließlich ihrer Vorstufen – im Zentrum der Bemühungen Brechts und Weills um das Phänomen »Oper« stehen. Es ist an der Zeit, diese Versuche zu charakterisieren und anhand einzelner ausgewählter Beispiele die Verfahrensweise von Dichter und Komponist, soweit sie uns über das Verhältnis von Text und Musik Aufklärung verschafft, kritisch zu durchleuchten. Dabei werden einige Überlegungen über den Anteil Weills an der literarischen Gestaltung – vor allem der Struktur – der *Dreigroschenoper* und des *Aufstieg und Fall der Stadt Mahagonny*, der erheblich größer ist, als allgemein angenommen wird, anzustellen sein. Der in der Forschung ähnlich gelagerte und erst neuerdings ausreichend geklärte Fall Brecht/Piscator drängt sich als Parallele auf. Auch müßte man der Frage nachgehen, welche theoretischen Positionen Brecht und Weill teilten und wo sich ihre Ansichten widersprachen; solange der Nachlaß des Komponisten gesperrt ist, kann man jedoch nur vorläufige Antworten geben.[74]

Die *Dreigroschenoper* – ursprünglich *Gesindel*, dann *Luden-Oper* genannt und kurz vor der Premiere von Lion Feuchtwanger getauft[75] – greift bekanntlich auf John Gays »Newgate Pastoral« *The Beggar's Opera* aus dem Jahre 1728 zurück[76] und fällt zeitlich nicht von ungefähr in das Jubiläumsjahr, in dem auch die von Göttingen ausgehende deutsche Händel-Renaissance ihren Höhepunkt erreichte.[77] Rein äußerlich gab sie sich von Anfang an als ein vorwiegend literarisches Produkt. Auf dem Titelblatt der ersten Druckfassung der Partitur, dem 1928 bei der Wiener Universal-Edition erschienenen Klavierauszug, heißt es nämlich:

Kurt Weill
Die Dreigroschenoper
Ein Stück mit Musik nach John Gay's *The Beggar's Opera*
von Elisabeth Hauptmann
Deutsche Bearbeitung von
Bert Brecht.[78]

Zunächst ein Wort über die Genese des Werks. Die teils im Typoskript, teils als Bühnenmanuskripte des Verlags Felix Bloch Erben und als Regiebücher im Bertolt-Brecht-Archiv aufbewahrten Zwischenstufen[79] beweisen, daß Brecht Elisabeth Hauptmann zusehends die Zügel aus der Hand nahm und ihre wörtliche Übertragung des englischen Textes mehr und mehr vom Original loslöste. Er konnte also mit gutem Recht die im dritten Heft der *Versuche* publizierte »Fassung letzter Hand« als einen »Versuch im epischen Theater« für sich in Anspruch nehmen. Auch daß er durch die verschämt angebrachte Signatur

»Brecht. Hauptmann. Weill« seinen Mitarbeitern öffentlich Dank zollte, erhebt ihn über den Oxford-Professor, von dem es in einer später hinzugekommenen Textstelle heißt, es käme nie vor, daß er »seine wissenschaftlichen Irrtümer von einem Assistenten zeichnen« ließe.[80]

Während der Arbeit an der *Dreigroschenoper* verlor das Werk zusehends den Charakter einer Übersetzung und Bearbeitung, und zwar zunächst vor allem als Folge der Einbeziehung von Texten Rudyard Kiplings[81] und François Villons[82], von denen letztere strukturell im dritten Akt zum Tragen kommen. In der letzten Phase des Entstehungsprozesses, an der Weill nicht mehr beteiligt war, brachte Brecht – diesmal unter eindeutig ideologischen Vorzeichen – noch einmal Änderungen an seinem Text an, die, Ausdruck seiner verstärkten Hinwendung zu den dogmatischen Positionen des Marxismus, der Absicht dienen »to present the hero as a bourgeois in robber's disguise, rather than as a robber with bourgeois aspirations«.[83] Zu ihnen gehört der auf den *Dreigroschenroman* vorausdeutende Hinweis Macs, es sei nur noch »eine Frage von Wochen«, bis er ganz »in das Bankfach übergehe« (4. Szene), und die in Sichtweite des Galgens geäußerte Klage, die »kleinen bürgerlichen Handwerker, die [...] mit dem biederen Brecheisen arbeiten«, stünden in Gefahr, »von den Großunternehmen, hinter denen die Banken stehen, verschlungen zu werden« (9. Szene).

Übrigens entschärft sich aus der genetischen Perspektive ganz pragmatisch die bislang in der Forschung verbreitete Ansicht, das gesellschaftlich bedingte Phänomen der »split personality«, von dem Brecht in seinen »Anmerkungen« so viel Aufhebens macht, sei als Demonstration der episch-verfremdenden Technik vom Dichter vorprogrammiert.[84] Aitiologisch gesehen wird nämlich aus dem chevalresken Macheath der ersten Stufe zunächst auf Stufe 2 der Textentwicklung der biedermeierlich angehauchte »Bürger als Räuber« und auf Stufe 3 der »Räuber als Bürger«, den Brecht unter Berufung auf Originalzeichnungen zur *Beggar's Opera* als vierzigjährigen, untersetzten Rettichkopf vorstellt. Das Verdienst, einer möglichen Ursache dieser Dreifaltigkeit Macheaths auf die Spur gekommen zu sein, gebührt dem englischen Forscher R. C. Speirs.[85]

Weil auch in der Partitur die *Dreigroschenoper* als ein von John Gay verfaßtes, von Elisabeth Hauptmann übertragenes und von Brecht bearbeitetes Stück bezeichnet wird, zu dem Kurt Weill die Musik schrieb, ist es verständlich, aber zugleich bedauerlich, daß die Literaturwissenschaft die durchaus eigenständige Leistung des Komponisten auch im dramaturgischen Bereich verkannt hat, ganz abgesehen davon, daß seine Musik auch unabhängig vom Text besteht, auf den sie abgestimmt oder sogar eingeschworen zu sein scheint. Das hat schon früh – vielleicht als erster – Theodor W. Adorno erkannt, der in seiner wahrhaft genialen Analyse aus dem Jahre 1929 Weill als Pionier der Neuen Musik sogar in die Nähe von Strawinsky rückt.[86] Die Mißachtung der Partitur durch die Philologen erklärt sich sicher aus ihrer Unwilligkeit, die wechselseitige Erhellung der Künste ernstzunehmen – durch das breite Publikum aus dem Umstand, daß die gängigen Schallplatten-Aufnahmen meist nur eine Auswahl besonders beliebter Stücke bieten, wobei das Klavier die armselige Begleitung übernimmt. Schon die historische Telefunkenplatte mit teilweiser Originalbesetzung, die wie bei der Premiere von der Lewis Ruth Band unter Theo Mackeben bespielt wird, sündigt in dieser Hinsicht; denn die Reihenfolge der vierzehn hier gebotenen Nummern – darunter eine Reprise – ist willkürlich geändert, die Anzahl der Strophen ist stark vermindert, und die Ensembles sind so sehr beschnitten, daß etwa vom dritten Finale nur der Schlußchoral übrigbleibt.[87] Wie soll man sich unter diesen Umständen ein Bild von den wahren Intentionen Weills und damit auch von der wahren melo-dramatischen Gestalt des Werkes machen?

Wer sich einen angemessenen Eindruck von Weills Musik verschaffen will, muß entweder die Orchester-Partitur studieren oder sich der Mühe unterziehen, die relativ werkgetreue Einspielung, die 1979 vom Personal des Frankfurter Opernhauses gemacht wurde,[88] in sich aufzunehmen und beim Wieder-Hören den untergelegten Text aus dem Hörfeld auszuschalten, womit nicht gesagt sein soll, daß man es in der *Dreigroschenoper* mit absoluter Musik zu tun hat. Um die Sache in den Griff zu bekommen, sollte man sich vielleicht die von Otto Klemperer in Auftrag gegebene und von ihm im Januar 1929 aus der Taufe gehobene, rein instrumentale *Dreigroschenmusik* anhören.[89] Bei der Zusammenstellung dieser Suite hat Weill ungefähr ein Drittel der insgesamt dreiundzwanzig Nummern,[90] aus denen sich das Stück zusammensetzt, verwendet und nach rein musikalischen Gesichtspunkten geordnet. Die Brechtschen Texte sind damit verschwunden, doch sind sie dem Afficionado zu vertraut, um sich auf so billige Weise verleugnen zu lassen; er singt oder summt sie unweigerlich mit. Zu welchem Schluß gelangt man nun, wenn man sich auf diese Weise näher mit der aus angewandter in absolute Musik verwandelten Materie befaßt? Wohl zu dem, daß der Symphoniker Weill dort am erfolgreichsten war, wo er rhythmisch, melodisch und harmonisch am freiesten mit seiner Vorlage geschaltet hat, während dort, wo er sich zu eng an das eigene Vorbild anschloß – im Kanonensong etwa – ein peinlicher Eindruck des *déjà entendu* entsteht.

Aber selbst wenn man aus bloßer Dickköpfigkeit Kurt Weills musikalischem Beitrag zur *Dreigroschenoper* keinen oder nur geringen Eigenwert zuerkennt, wird man sich fragen müssen, was ohne Weill aus diesem Stück geworden wäre, das Brecht offenherzig das »Soufflierbuch eines den Theatern völlig überlieferte(n)«[91] Werkes nennt. Man braucht nur an die möglichen Alternativen zu denken, um hier eine klare Antwort zu finden. Die einfachste – und zugleich billigste – Lösung wäre selbstverständlich die gewesen, die von Pepusch in Gays Auftrag besorgten und eingerichteten *airs* zu übernehmen, wie Aufricht anfangs erwog, oder sie allenfalls für das zeitgenössische Publikum aufzumöbeln.[92] Gerade dies hätte aber den Absichten Brechts widersprochen. Ihm konnte so wenig an einer Gay-Renaissance wie Weill an einer Händel-Wiederbelebung gelegen sein.[93]

Noch unabsehbarer wären die Folgen gewesen, wäre Erich Engel, der Regisseur der Uraufführung, mit seinem aus halber Verzweiflung im letzten Stadium der Proben gemachten Vorschlag durchgedrungen, »die ganze Musik zu streichen«.[94] Das Stück wäre sicher durchgefallen und später von Brecht genauso wie das fehlgeborene *Happy End* verleugnet worden. Es erlangte Unsterblichkeit (oder was man dafür hält) allein durch den musikalischen Metatext, den Weill zubrachte und mit dem er sich selbst ›unsterblich‹ machte.

Wer der gängigen Meinung zum Trotz die Zusammenarbeit zwischen Brecht und Weill als eine echte Partnerschaft verstanden und deren historische Notwendigkeit erkannt hat, der wird außerdem eine Reihe von Fragen stellen, die in der Sekundärliteratur bisher kaum aufgetaucht sind, so z. B. die nach dem gattungshaften Status der *Dreigroschenoper*. Daß es sich bei der Fassung, die im Theater am Schiffbauerdamm uraufgeführt wurde, um kein bloßes »Stück mit Musik« mehr handelte, ist offensichtlich. Der Wahrheit näher kommt man, wenn man an den besonders in Deutschland verbreiteten Typus des Singspiels denkt, dessen Nachfahren die Operette und das Musical sind.[95] Hierbei handelt es sich um eine locker strukturierte Form der Nummernoper, in der reine Dialog-Partien mit Gesangsstücken abwechseln (Typ: *Entführung aus dem Serail*). Gesangsstücke gibt es die Hülle und Fülle in der *Dreigroschenoper*, die man als Song-Spiel bezeichnen könnte, wenn nicht neben den ausgesprochenen Songs (Nrn. 4, 7, 9 und 18 der Partitur) auch andere ins Volkstümliche hinüberspielende Nummern wie Lieder, Moritaten und Balladen vorkämen. »Singspiel« ist andrerseits die *Dreigroschenoper* insofern nicht, als es Weill nicht bei der simplen Unterscheidung zwischen gesprochenem und gesungenem Text bewenden ließ, sondern sich der ganzen Skala der dem zeitgenössischen Komponisten zur Verfügung stehenden Zwischenwerte vom Melodram und Gegen-die-Musik-Sprechen über die Sprechstimme bis zum Rezitativ bediente.[96]

Tatsächlich zielten Weills Ambitionen auch hier schon auf die Form der Großen Oper, die Carl Maria von Weber bei Gelegenheit als ein Werk bezeichnete, in dem »die Musikstücke durch fortlaufend instrumentierte Rezitative verbunden sind und wo demnach die Musik als Herrscherin, von allen ihren ununterbrochen in Tätigkeit gesetzten Krondienern umgeben, Hof hält«.[97] So geschah es, daß während der Arbeit an der *Dreigroschenoper* ausgesprochen opernhafte Züge auftraten, wenngleich am Ende Weill resignierend feststellen mußte, dies sei »eine Oper für Schauspieler, nicht für Sänger«.[98] So findet sich neben dem von Gay übernommenen Eifersuchtsduett zwischen Lucy und Polly (Nr. 15), in dem stimmlich »große Sprünge« gemacht werden, eine Arie der Lucy (Anhang, nicht beziffert), die wieder gestrichen werden mußte, weil die Darstellerin ihr stimmlich nicht gewachsen war.[99] Am nachdrücklichsten setzte Weill seinen Willen bei der Gestaltung der Finales durch, für die Brecht auf sein Verlangen den Text geliefert haben muß; denn wie die Vorstufe (Typoskript) beweist, existierte ursprünglich nur das dritte, von Gay entlehnte Dreigroschenfinale.[100] Weill hat also an Schlüsselstellen der Handlung einschneidende dramaturgische Änderungen im Sinne der Opernästhetik durchgesetzt.

Gerade in den opernhaften Partien des Werks verhält sich Weills Musik parodistisch – so in Pollys Lied (Nr. 11a), wo Puccini wieder einmal herhalten muß, und mit besonderem Gusto im dritten Finale (Partitur, S. 116–132), das sich in Brechts gedrucktem Text, wo nur die einleitende Chorstelle »Horch, wer kommt! Des Königs reitender Bote kommt!« und der Schluß-Choral auf musikalische Ausformung hindeuten, recht harmlos ausnimmt, es aber operngeschichtlich »hinter den Ohren« hat, weil es mit Anspielungen auf Verdi, Wagner und Strawinsky gespickt ist.[101] Daß bei Weills zunehmendem Interesse an melodramaturgischen Fragen der eher literarisch ergiebige Aspekt der »Oper in der Oper« zu kurz kam, verwundert nicht. In der *Beggar's Opera* gibt dieser bekanntlich den Rahmen ab, innerhalb dessen sich die eigentliche Handlung abspielt, als Inszenierung einer Hochzeits-Oper getarnt und vom Bettler mit folgenden Worten eingeführt:

> This piece was originally writ for the celebrating the marriage of James Chanter and Moll Lay, two most excellent ballad singers. I have introduced the similes that are in all your celebrated operas [. . .] Besides, I have a prison scene, which the ladies always reckon charmingly pathetic. As to the parts, I have observed such a nice impartiality to our two ladies that it is impossible for either of them to take offense. I hope I may be forgiven that I have not made my opera throughout unnatural like those in vogue; for I have no recitative. Excepting this, as I have consented to have neither prologue nor epilogue, it must be allowed an opera in all its forms.[102]

In dieser Rede wird das ganze Repertoire der Opernkonventionen der Händelzeit durch den Kakao gezogen. Bei Brecht/Weill hingegen fällt der in der Druckfassung gestrichene, aber bei Schallplattenaufnahmen und Rundfunkübertragungen übliche Vorspruch (»Sie werden heute eine Oper für Bettler sehen. Weil die Oper so prunkvoll ist, wie nur Bettler sie sich erträumen können, und weil sie doch so billig sein sollte, daß Bettler sie bezahlen konnten, heißt sie *Die Dreigroschenoper*«) kaum mehr ins Gewicht, und der Rahmen ist gesprengt.[103] Auch über den Aufbau des Werkes, dessen Wildwuchs aus der Genese verständlich wird, könnte man sich Gedanken machen. Ob hier von Anfang an ein Drama der offenen Form geplant war, wie die »Anmerkungen« vermuten lassen, ist zweifelhaft. Brecht hat sich, wie früher beim *Baal*, wahrscheinlich kaum Gedanken über die endgültige Form des im Entstehen begriffenen Werkes gemacht und vieles dem Zufall überlassen. Die Sache war ständig im Fluß, da immer neue Forderungen von seiten der an der Aufführung Beteiligten angemeldet wurden. So strich man, manchmal im letzten Moment, ganze Rollen (Gays Frau Coaxer, die Helene Weigel spielen sollte) oder Szenen (die Lucy/Polly-Szene), weil

284   *Ulrich Weisstein*

Darsteller ausfielen oder der Abend zu lang zu werden drohte. Texte (für Polly = Carola Neher etwa) wurden während der Proben hinzugeschrieben oder (wie im Fall Peachum = Erich Ponto) gekürzt, neue Songs geschaffen (die Moritat für Harald Paulsen, der sie dann doch nicht singen durfte; der Salomon-Song für Lotte Lenya) und überhaupt viel Verwirrung gestiftet.[104]
Die Gesangsnummern, die heute fast stets in der bei der Premiere festgelegten Reihenfolge dargeboten werden, aber nicht unbedingt von den Charakteren, denen sie ursprünglich zugedacht waren,[105] sind oft so locker im Stück verankert, daß dieses sich beim besten Willen nicht als *pièce bien faite* bezeichnen läßt. Einige von ihnen – der Salomon-Song und die Ballade von der sexuellen Hörigkeit – werden vor geschlossenem Vorhang präsentiert, während andere – die Seeräuber-Jenny, der Kanonensong, die Ballade vom angenehmen Leben usw. – unter Songbeleuchtung (»Goldenes Licht. Die Orgel wird illuminiert. An einer Stange kommen von oben drei Lampen herunter«) vorgetragen werden. Das sind äußerliche Modi der Verfremdung, durch welche die Auflösung des Gesamtkunstwerks in seine Bestandteile, von der im Abschnitt »über das Singen der Songs« in den »Anmerkungen« die Rede ist, vor aller Augen stattfindet.
Handlungsmäßig wichtiger ist jedoch der Umstand, daß sie nicht selten der geschilderten Situation oder dem Charakter der Person, die sie vorträgt oder auf die sie bezogen sind, widersprechen. So ist Mackie Messer keineswegs der Mann mit dem schmutzigen Kragen, als den ihn Polly (mit strategischen Absichten?) im Barbara-Song ihren Eltern gegenüber zu apostrophieren scheint; und Jeremiah Peachum, der ewige Klagegeist, steuert selbst die Verhältnisse, denen er schuld am menschlichen Elend gibt. Alles ist mit Ironie durchtränkt; und es ist manchmal schwer zu sagen, wo der Scherz aufhören und der Ernst beginnen soll. Der eigentliche Reiz liegt meines Erachtens vor allem darin, daß so vieles in der Schwebe bleibt und daß Musik und Text sich nicht, wie Weill uns einzureden sucht (»Ich hatte eine realistische Handlung, mußte also die Musik dagegensetzen, da ich ihr jede Möglichkeit einer realistischen Wirkung abspreche«)[106], ergänzen, sondern gegenseitig aufheben. Ein Schuß Provokation, ein Quentchen Unverschämtheit und eine Prise Schmalz würzen die eklektische Suppe, an deren Herstellung viele Köche beteiligt waren. Bei dieser Sachlage ist der Zuhörer, der in seliger Unkenntnis der in den »Anmerkungen« vom Dichter verkündeten Absichten, sich »einfach hin[setzt]«, um sich zu amüsieren, und die *Dreigroschenoper* genießt, ohne seine Zigarre aus dem Futteral zu ziehen, vielleicht besser beraten als der kritische Leser, der »kalt und herzlos« zur Sezierung schreitet und mit dem Mute der Verzweiflung nach den »seven types of ambiguity« fahndet.

Im Gegensatz zur *Dreigroschenoper*, einer literarischen Seifenblase, die dem Tonsetzer zwar eine gewisse »Narren«-Freiheit bei der Gestaltung musikalischer Formen einräumte,[107] ihn aber im übrigen dazu anhielt, »am Text entlang« zu komponieren,[108] war *Aufstieg und Fall der Stadt Mahagonny* von Anfang an so bewußt symphonisch konzipiert, daß Weill an Aufführungen im Konzertsaal denken konnte:

> Bei der Inszenierung der Oper muß stets berücksichtigt werden, daß hier abgeschlossene musikalische Formen vorliegen. Es besteht also eine wesentliche Aufgabe darin, den rein musikalischen Ablauf zu sichern und die Darsteller so zu gruppieren, daß ein beinahe konzertantes Musizieren möglich ist.[109]

Während bei dem vom Komponisten als »Mischgattung aus Schauspiel und Oper« gekennzeichneten Bilderbogen der *Dreigroschenoper* Brecht die Zügel einigermaßen in der Hand behielt, war Weill beim *Mahagonny*-Songspiel die dominierende Persönlichkeit, der sich der Dichter, ob er wollte oder nicht, unterordnen mußte.[110] Das in der edition-suhrkamp-Ausgabe dem Stück vorangestellte Zitat aus der Zeitschrift *Theater heute* (»Der Text der Oper gehört zum Frischesten, Sichersten, was Brecht überhaupt geschrieben hat. In ihm liegt auch heute noch die wirkliche Provokation: in seiner rückhaltlosen Kraft. *Mahagonny* ist ein Sprachkunstwerk hohen Ranges«)[111] mutet daher fast wie ein unfreiwilliger Witz an. Mehr noch als ihr unmittelbarer Vorgänger ist dieses nur mit Vorbehalt in die Werkausgaben aufgenommene Opus[112] ein Soufflierbuch, und zwar ein nicht so sehr dem Theater als vielmehr dem Komponisten »völlig überliefertes«.

Wie die Fassung, die in Heft 2 der *Versuche* – also noch vor der *Dreigroschenoper*, die erst in Heft 3 erschien – zustande kam, kann nur vermutet werden, da die Quellenüberlieferung dürftig ist. Aus einem Brief, den Weill Anfang Mai 1927 an seinen Verleger schrieb, geht hervor, daß schon damals »a subject for a large-scale tragic opera« vorlag.[113] Fest steht ferner, daß Brecht und Weill im Sommer und Frühherbst jenes Jahres intensiv am Libretto bastelten und daß das Werk, dessen Fertigstellung durch die Arbeit an der *Dreigroschenoper* im Sommer 1928 verzögert wurde, im April 1929 abgeschlossen vorlag. Daß die Zusammenarbeit nicht reibungslos verlief, weil Brecht von Zeit zu Zeit an die Kandare genommen werden mußte, bezeugt als bester Kenner der Materie David Drew.

> The bitter experience of his previous full-length opera [*Na und* – mit einem Text von Felix Joachimson] had taught [Weill] the necessity of supervising the literary side as closely as possible. In the present instance there was added the difficulty that Brecht had been persuaded somewhat against his will to embark on a libretto, and needed to be constantly reminded that musical considerations must come first.[114]

Unserer Analyse vorangehen soll wie bei der *Dreigroschenoper* ein Blick auf die Entstehungsgeschichte des Werks. Am Anfang standen die fünf Mahagonny-Gesänge der *Hauspostille* (1927), die, im Anhang mit eigens vom Dichter komponierten Melodien bedacht, die vierte Lektion dieser Sammlung ausmachen, von der in der »Anleitung« gesagt wird, sie sei »das Richtige für die Stunden des Reichtums, das Bewußtsein des Fleisches und der Anmaßung« und käme deshalb »nur für sehr wenige Leser in Betracht«.[115] Die Datierung der drei nicht im Pidgin-Amerikanisch gehaltenen Gedichte ist umstritten, für unsere Betrachtung aber nicht wesentlich. Auch besteht keine Einigkeit darüber, wann und in welchem Zusammenhang das Zauberwort »Mahagonny« in Brechts Vokabular auftaucht und welchem Bedeutungswandel es innerhalb seiner privaten Mythologie unterlag. Dem Verständnis dieses auch für das Amerikabild Brechts wichtigen Komplexes dient ein Kapitel des 1974 erschienenen Buches von Helfried Seliger.[116]

Als Kurt Weill von der Leitung des Baden-Badener Musikfestes gebeten wurde, für die Veranstaltungen des Jahres 1927 eine einaktige Kammeroper zu schreiben, wählte er, nachdem er den Plan, eine Szene aus Shakespeares *King Lear* als *scena* zu vertonen, verworfen hatte, die soeben publizierten Mahagonny-Gesänge[117] und entwarf zusammen mit Neher und Brecht, den beiden Unzertrennlichen, ein Szenarium ohne eigentliche Handlung. Das Ergebnis war das *Mahagonny*-Songspiel, eine Vertonung der fünf Songs in neuer Reihenfolge (Nrn. 1, 4, 2, 5 und 3) und jeweils durch ein Instrumentalstück getrennt.[118] Brecht fügte einen eigens für diesen Zweck geschriebenen Finaltext hinzu (»Aber dieses ganze Mahagonny ist nur, weil alles so schlecht ist, weil keine Ruhe herrscht und keine Eintracht, und weil es nichts gibt, woran man sich halten kann. Denn Mahagonny das ist kein Ort, Mahagonny das ist nur ein erfundenes Wort«), der das Ganze inhaltlich weiter verunsicherte. Das Ganze dauert bei der Aufführung zwanzig Minuten, wird von vier Männer- und sechs Frauenstimmen ausgeführt und von einem aus neun Instrumenten und Schlagzeug bestehenden Mini-Orchester begleitet. Die szenische Realisierung erfolgt in einem boxringartigen Bühnenbild unter Verwendung von Tafeln und Projektionen.

Anscheinend machten sich Brecht und Weill gleich nach Abschluß der Baden-Badener Veranstaltung an die Ausarbeitung der erweiterten Fassung. Daß dabei die Mahagonny-Gesänge das Rückgrat derselben bilden würden, verstand sich von selbst.[119] Das früheste erhaltene Zeugnis von der Hand Brechts ist eine undatierte Skizze im Privatbesitz, die anläßlich der Darmstädter Aufführung von *Aufstieg und Fall der Stadt Mahagonny* im Jahre 1957 in der Hauszeitschrift des dortigen Landestheaters veröffentlicht wurde.[120] Es handelt sich um kurze Charakterisierungen von sechs Phasen in der Geschichte der Gold- und Netzestadt, die nach Vermutung der Herausgeber der *Collected Plays* als Tafelbeschriftungen für die sechs Nummern des Songspiels gedient haben könnten,[121] aber bereits einen Handlungsstrang erkennen lassen.

Die nächste verfügbare Stufe repräsentiert ein Typoskript, das sich im Besitz der Universal-Edition befindet und dessen Text die Herausgeber der *Collected Plays* Szene für Szene mit dem des Klavierauszugs und dem der *Versuche* verglichen haben.[122] Um den Regisseuren und Bühnenbildnern ihre Arbeit zu erleichtern, erarbeiteten Weill und Neher – diesmal ohne Brecht! – außerdem ein Regiebuch, das sich gleichfalls im Archiv des Verlegers befindet; es sollte zusammen mit der Partitur an die Bühnen, die die Aufführungsrechte erworben hatten, verschickt werden, was aber nicht geschah, weil die Autoren inzwischen ihre Meinung geändert hatten.[123] Das Vorwort zu diesem Regiebuch – im Januar 1930 im *Anbruch*, dem Organ der Universal-Edition, publiziert – enthält die wichtigsten bekannten Aussagen Weills über seine Oper. Was die szenische Realisierung von *Mahagonny* anbetrifft, um die es hier vor allem geht, so frappiert die Schluß-bemerkung als Symptom der Abwendung von Wagners Praxis:

> Die solistischen Szenen sollen möglichst nahe an den Zuschauer herange-spielt werden. Daher ist es ratsam, den Orchesterraum nicht zu vertiefen, sondern das Orchester in der Höhe des Parketts zu postieren und von der Bühne ein Podium in den Orchesterraum hineinzubauen, so daß manche Szenen mitten im Orchester gespielt werden können.[124]

Die Uraufführung von *Aufstieg und Fall der Stadt Mahagonny* fand am 9. März 1930 in Leipzig statt, das damals als Hochburg für das zeitgenössische Musikthea-ter galt, und rief einen u. a. durch die Rezension Kurt Tucholskys legendär gewordenen Skandal hervor, dessen Ursachen freilich politischer Art waren. Diese den künstlerischen Vorstellungen Weills entsprechende Fassung machte den Einsatz musikalisch voll ausgebildeter Sänger nötig. Eine gekürzte und mehr auf das Publikum der *Dreigroschenoper* zugeschnittene Version ging in Berlin Ende Dezember 1931 in Szene.[125] Die Oper war jetzt mit kabarettistisch begab-ten Schauspielern (Trude Hesterberg, Harald Paulsen und natürlich Lotte Lenya) besetzt, bei denen gesangliche Abstriche gemacht werden mußten. So wurde das in der Urfassung als *arioso* gedachte Havanna-Lied der fünften Szene ausgeschieden und für Frau Weill neu geschrieben. Intendanten und Regisseure haben demnach die Wahl zwischen zwei Fassungen des Werkes, oder sie kön-nen, wie bei der einzigen vollständigen Aufzeichnung von *Mahagonny*, an deren Realisierung Lotte Lenya beteiligt war, einen »goldenen« Mittelweg ein-schlagen.[126]

Es würde zu weit führen, die zahllosen Modifikationen, die der Text von *Mahagonny* auch nach der Uraufführung über sich ergehen lassen mußte, zu erklären oder auch nur aufzuzählen. Sie ergeben insgesamt ein Bild, dessen Widersprüchlichkeit sich in den gedruckten und gespielten Fassungen niederschlägt. Nur auf einige besonders einschneidende bzw. charakteristische Änderungen soll hingewiesen werden. Hart umstritten war z. B. der Schauplatz der Handlung und, damit zusammenhängend, die Landsmannschaft der handelnden Personen. Waren im Songspiel die nie als Einzelwesen auftretenden Figuren auf neutralem Boden angesiedelt, obwohl sie die stereotypisch amerikanischen Vornamen Jessie, Bessie, Charlie, Billy, Bobby und Jimmy trugen, so hatte Brecht für die Große Oper ein Wildwestmilieu gewählt, das zwar einer Phantasielandschaft glich, aber durch amerikanische Städte-, Provinz- und Personennamen konkretisiert war. Auf Drängen Weills, dem diese groteske Spezifik unbehaglich war und der die Handlung als »Gleichnis« verstanden wissen wollte,[127] einigte man sich schließlich dahingehend, daß zwar der Schauplatz beibehalten werden, die Namen der Charaktere aber den Gepflogenheiten des Landes, in dem *Mahagonny* jeweils aufgeführt wurde, angepaßt werden sollten.[128] Der Held der Leipziger Uraufführung hieß demnach nicht mehr Jimmy Mahonney, sondern Paul Ackermann.

Aus politischen Gründen, wie sie bei der Premiere zutage getreten waren, sahen sich Brecht und Weill – ersterer wohl mit einigem Widerwillen – gezwungen, den dritten Akt (18.–20. Szene) umzuarbeiten und dem Publikum vor allem in der Schlußszene klarzumachen, daß hier keine kommunistische Demonstration stattfand.[129] Im Zuge dieser Umwertung der Werte erschien es außerdem als sinnvoll, das »Testament« Paul Ackermanns umzuschreiben. Aus dem die hedonistische – Brecht würde sagen: kulinarische – Linie weiterführenden, also das sozial unverantwortliche Genußleben bejahenden »Ja, ich wünsche, daß ihr alle euch durch meinen schrecklichen Tod nicht abhalten laßt, zu leben, wie es euch paßt, ohne Sorge. Denn auch ich bereue nicht, daß ich getan habe, was mir beliebt . . .«[130] wird in der von Brecht genehmigten Druckfassung ein Schuldbekenntnis und eine klare Absage an die anarcho-kapitalistische Utopie Mahagonnys: »Jetzt erkenne ich: als ich diese Stadt betrat, um mir mit Geld Freude zu kaufen, war mein Untergang besiegelt« (GW 2,560).

Aus moralischen Gründen wurde außerdem auf Veranlassung des Leiters der Universal-Edition, Dr. Hertzka, die vierzehnte (Liebes-)Szene des Werks von einigen Obszönitäten befreit und der Verlust durch die Einfügung eines romantisch-sentimentalen Liebesduetts zwischen Paul und Jenny »wettgemacht«, was zur Folge hat, daß der Materialismus, auf den es in der Sequenz der Szenen 13–16 (»Erstens, vergeßt nicht, kommt das Fressen / Zweitens kommt der Liebesakt / Drittens das Boxen nicht vergessen / Viertens saufen laut Kontrakt«) ankommt, »Kurzschluß« erleidet.

Beim Handlungsgefüge von *Aufstieg und Fall der Stadt Mahagonny* muß man im Gegensatz zur Struktur der *Dreigroschenoper* sehr deutlich zwischen musikalischem und dramatisch-literarischem Aufbau unterscheiden. Daß der erstere Vorrang hat, beweist vor allem schon die Tatsache, daß der Anteil des gesprochenen Dialogs gegenüber dem »Stück für Musik« erheblich gesunken ist und der

Zuschauer bzw. -hörer sich auf zweieinhalb Stunden fast ununterbrochener Musik gefaßt machen muß. In den »Anmerkungen zu meiner Oper *Mahagonny*« (1930), in denen er das Werk, Brechtschen Jargon verwendend, als »reinste Form des epischen Theaters [. . .], die auch die reinste Form des musikalischen Theaters ist« bezeichnet, betont Weill nachdrücklich den Primat der Ton- über die Wortkunst:

> [*Mahagonny*] ist eine Folge von einundzwanzig abgeschlossenen musikalischen Formen. Jede dieser Formen ist eine geschlossene Szene. [. . .] Die Musik ist also hier nicht mehr handlungstreibendes Element, sie setzt da ein, wo Zustände erreicht sind. Daher ist das Textbuch von Anfang an so angelegt, daß es eine Aneinanderreihung von Zuständen darstellt, die erst in ihrem musikalisch fixierten, dynamischen Ablauf eine dramatische Form ergeben.[131]

Hat Weill im Hinblick auf das Ritual der Aufführungspraxis in der Partitur eine Einteilung der Handlung in drei Akte vorgenommen, so vermeidet die Buchausgabe des Textes diese Artikulation und bringt eine einfache Folge von zwanzig bzw. – wenn man den Benares-Song mit einrechnet – einundzwanzig Szenen, die in der Partitur als Nummern bezeichnet sind, wodurch ihr monadischer Charakter betont wird. Innerhalb dieser Nummern-Szenen gibt es Szenen-Nummern, welche die selbständigen Einheiten in sich artikulieren. So folgen in der 16. Szene auf das einleitende *brindisi* (Trinklied) die ersten zwei Strophen des zweiten Mahagonny-Gesangs, denen sich das sogenannte Tahiti-Lied, das parodierte Seemannslied »Stürmisch die Nacht / Und die See geht hoch« und Jennys Song »Meine Herren, meine Mutter prägte / Auf mich einst ein schlimmes Wort« anschließen, worauf die Szene mit der letzten Strophe des zweiten Mahagonny-Gesangs endet. *Mahagonny* ist also im doppelten Sinne eine Nummernoper.

Die Eigenständigkeit der Szenen, auf welche der Komponist so betont Wert legt, zeigt sich strukturmäßig auf mancherlei Art, so zum Beispiel in Phänomenen, die man Rahmung bzw. Verklammerung nennen könnte. Unter Rahmen wäre die durch obiges Beispiel gekennzeichnete Verfahrensweise zu verstehen, will heißen: Anfang und Ende sind miteinander identisch oder weisen, wie bei der ersten und letzten Strophe eines Gedichts, die gleichen formalen Eigenschaften auf. Als Beispiel für die Verklammerung innerhalb einer Szene, die musikalisch durch simultane Stimmführung erreicht werden kann, sei die 11. Szene von *Mahagonny* erwähnt, die mit der choralartigen, musikalisch an den Auftritt der Zwei Geharnischten im zweiten Akt der *Zauberflöte* erinnernden Mahnung »Haltet euch aufrecht, fürchtet euch nicht / Brüder, erlischt auch das irdische Licht [. . .]« einsetzt, das in ihrem Verlauf dreimal erklingt und auch als Schlußakzent dient. Entscheidend ist hier die Erkenntnis, daß musikalische Formkräfte am Werk sind, denen sich der Text nolens volens unterwerfen muß; denn literarisch wären derartige Reprisen kaum zu vertreten.

Daß die einzelnen Szenen von *Mahagonny*, die sich mitunter in finalartige Ensembles ausweiten und so den Eindruck wirklicher *closure* erwecken, nicht ganz so unabhängig voneinander sind, wie Weill behauptet, erweist die nähere Untersuchung der Makrostruktur dieser ungewöhnlichen Oper. Als roter Faden dient zum Beispiel der schon zitierte Vierzeiler mit dem Refrain »Vor allem aber achtet scharf / Daß man hier alles dürfen darf«, der den handlungsmäßig wichtigen Komplex der Genuß-Szenen leitmotivartig zusammenbindet. Eine dramaturgisch wichtige Funktion übt auch die Collagierung der letzten Szene aus, in der Weill vermittels angehäufter Zitate aus dem Stück die ganze »Zustandsfolge« vor unserem Ohr Revue passieren läßt.

Richtet man sein Augenmerk auf die dramatische – im Gegensatz zur musikalischen – Architektur der Oper, so fällt sofort auf, daß Brecht hier zwei Geschichten erzählt: die Mahagonnys vom Aufstieg (1.–4. Bild) bis zum Fall[132] (20. Bild) und die des Helden Mahonney/Ackermann (5.–19. Bild), die in sie eingebettet und mit ihr verzahnt ist. Wende- und erster Höhepunkt ist das Auftreten des Hurrikans, um den sich das 10.–12. Bild gruppieren. Als Signal der Befreiung aus dem autoritären »du sollst« durch die entfesselte Natur, die ihre eigenen Gesetze mißachtet – der Sturm macht um die Netzestadt einen Bogen –, löst er eine allgemeine Euphorie aus und zeitigt die in der 13.–16. Szene geschilderten Folgen, denen der unvermeidliche Katzenjammer folgt. Das ist das Skelett, das Brecht mit dem Fleisch (und der Haut) seiner Sprache bekleidet und Weill mit dem Blut seiner Musik füllt. Leider zeigt die Obduktion, daß dieses Fleisch so wenig fest und organisch gewachsen ist wie das der Kunigunde von Thurneck; überdies hat sich der Schöpfer in diesem Fall die montierten Stücke aus dem eigenen Fleisch geschnitten. Zusätzlich zu den Mahagonny-Gesängen hat Brecht nämlich als Selbstanleihe acht seiner eigenen Gedichte eingeschmuggelt,[133] so daß insgesamt kaum mehr als die Hälfte seines Textes neu ist. Man kann hier in der Tat von einem mageren Ergebnis sprechen.

Ideologisch gesehen ist *Mahagonny* unstimmig. Brecht hatte zwar, wie Elisabeth Hauptmann berichtet, schon 1926 den Marxismus für sich entdeckt[134] und dessen Botschaft gehört, doch fehlte ihm in den unmittelbar darauf folgenden Jahren wohl noch der Glaube an das eigentliche Dogma. (Dieser sollte erst in den Lehrstücken der Jahre 1930/31 und konsequent in der Bearbeitung von Gorkis *Die Mutter*, die gleichzeitig mit der Neufassung von *Mahagonny* im gleichen Berliner Haus, dem Theater am Kurfürstendamm, geprobt wurde,[135] zum Vorschein kommen.) Mehr als ein leichter Linksdrall, gegen den auch der politisch kaum belastete Weill nichts einzuwenden hatte und der sich im roten Mahagonny-Wimpel manifestiert (am Schluß der 1. Szene ausgerechnet von der Witwe Begbick gehißt), läßt sich, wenigstens in der Druckfassung, kaum feststellen. Ernst Schumacher kämpft also gegen Windmühlen, wenn er Brecht vorwirft, er habe zwar ein »Abbild der atomisierten, anarchischen, kapitalistischen Gesellschaft gegeben«, es aber versäumt, »die Grundlage, die anarchische Produktionsweise« – sprich: freier Wettbewerb – aufzudecken, und sich darüber beschwert, daß »die Laster, die den Kapitalismus auszeichnen«, in dieser Oper »ausgerechnet von [. . .] vier Holzfällern« demonstriert werden.[136] Das hört sich gerade so an, als ob der Dichter einen Traktat habe schreiben wollen.

In Wirklichkeit sieht es so aus, daß, je deutlicher der Held des Stückes erkennt, daß er gegen den gelenkten Wirtschaftsstaat der Witwe Begbick nichts ausrichten kann, weil dort alles am Gelde hängt und nach dem Gelde drängt, er desto größere Sehnsucht nach schrankenloser Freiheit verspürt. Mahagonny, das falsche Utopia, ist bald demaskiert, und auch in Georgia, Benares und wie immer die Wunschbilder heißen mögen, erwartet ihn das gleiche Schicksal. So bleibt nach dem Fehlschlagen der eigenen – wie sich herausstellt genauso falschen – Mahagonny-Utopie nur noch die Flucht in die Illusion, in den Rausch-Traum. Sie findet im 16. Bild statt, und zwar in Gestalt einer imaginären Fahrt nach Alaska – man beachte die Kreisbewegung –, um derentwillen Adorno bereit war, *Mahagonny* zur ersten surrealistischen Oper zu erklären.[137] Das ist literaturgeschichtlich genauso verfehlt wie die etwaige Vermutung, eine kleine weiße Wolke, die in der 9. Szene auftaucht, »von links nach rechts über den Himmel zieht [und] sodann wieder umkehrt«, mache schon den Dadaismus.

Selbst wenn man meint, daß sich in *Mahagonny* der Spieltrieb auslebt und bis an die Grenze des Unsinns vorstößt, wie Brecht selbst offenherzig bekennt,[138] so wird man nicht umhin können zu konstatieren, daß hier doch etwas solider gearbeitet wurde, als es den Anschein hat. Nicht von ungefähr verweist Brecht in einer Fußnote seiner »Anmerkungen« auf Freuds Schrift vom *Unbehagen in der Kultur* und zitiert daraus einige Sätze, in denen von Rauschmitteln aller Art als »Ersatzbefriedigungen« die Rede ist (GW 17,1016). Zu leicht darf man es sich also auch bei der literarischen Analyse von *Aufstieg und Fall der Stadt Mahagonny* nicht machen. Strawinsky äußerte einmal über Weills Partitur: »There are good things everywhere [. . .] only it is not everywhere good.«[139] Das mag mit einigen weiteren Abstrichen auch auf den Text der Oper zutreffen.

Wir sind am Ende unserer kritischen Betrachtungen über »Bertolt Brecht und die Oper« angelangt und müssen versuchen, das Ergebnis unserer Recherchen in ein paar Sätzen zusammenzufassen. Wir hatten eingangs die offensichtlich rhetorische Frage gestellt: »Ist Brecht ein zweiter Hofmannsthal?« Die Antwort lautete entschieden: Nein. Wir können dieses Urteil jetzt bekräftigen. Brecht hätte als Mann des Wortes, aber auch als Mann des Gestus nie sagen können, was Hofmannsthal im Vorwort zur *Ägyptischen Helena* den Dichter (sich selbst) dem Komponisten (Richard Strauss) gegenüber sagen läßt: »Ich liebe es nicht, wenn das Drama sich auf der dialektischen Ebene bewegt. Ich mißtraue dem zweckvollen Gespräch als einem Vehikel des Dramatischen. Ich scheue die Worte, sie bringen uns um das Beste.«[140] Brecht scheute eher die Musik, deren Wirkung er, wie Hanns Eisler berichtet, mit dem Fieberthermometer maß[141] und für die er nur insoweit Verwendung hatte, als er sie brauchen oder gebrauchen konnte.[142] Die kurze Zusammenarbeit mit Weill war gewiß zum Teil Ausdruck seiner Fasziniertheit vom Jazz, bei dem er sich auch deshalb wohlfühlte, weil Synkopen und Dissonanzen auf die von ihm propagierte »epische« Art verfremdend wirken, d. h. »Misuk« sind.[143] *Die Dreigroschenoper* und besonders der *Aufstieg und Fall der Stadt Mahagonny* sind die wider alles Erwarten gelungenen Ergebnisse der Jahre, in denen zwei Zwillingsbrüder unter Dornen weideten. Bleibt nur die Frage, ob die eingebrachten Texte Dramen oder Libretti sind und ob ihnen ein Platz in den *Gesammelten Werken* Brechts zusteht. Sie ist nicht ohne weiteres zu entscheiden.

Anmerkungen

Gesammelte Werke in 20 Bänden. werkausgabe edition suhrkamp. Hrsg. vom Suhrkamp Verlag in Zsarb. mit Elisabeth Hauptmann. Frankfurt a. M. 1967. [Zit. als: GW mit Band- und Seitenzahl.]
Tagebücher 1920–1922. Hrsg. von Herta Ramthun. Frankfurt a. M. 1978. [Zit. als: Tb und Seitenzahl.]
Arbeitsjournal. 1938–1955. Hrsg. von Werner Hecht. Frankfurt a. M. 1973. [Zit. als: AJ und Seitenzahl.]
Briefe. Hrsg. und komm. von Günter Glaeser. 2 Bde. Frankfurt a. M. 1981. [Zit. als: B und Seitenzahl.]

1 Jean Cocteau: »Le Coq et l'Arlequin« (1919). Aus: Le Rappel à l'ordre. In: Œuvres Complètes Bd. 9. Genf 1959. S. 30.
2 GW 17,991 f.
3 Der einzig mir bekannte Versuch stammt von Robert Marx: The Operatic Brecht. In: The American Scholar 46 (1977) S. 285–290.
4 Siehe hierzu vor allem die an der University of Michigan angefertigte Dissertation von Thomas Nadar: The Music of Kurt Weill, Hanns Eisler and Paul Dessau in the Dramatic Works of Bertolt Brecht. Abgedr. in: Dissertation Abstracts International 35 (1975) S. 7319–A [nur Zsfass.], und Fritz Hennenberg: Dessau/Brecht: Musikalische Arbeiten Berlin [Ost] 1963.
5 Siehe hierzu: Sammy K. McLean: The »Bänkelsang« and the Work of Bertolt Brecht. Den Haag 1972, und die Marburger Dissertation von Bernward Thole: Die Gesänge in den Stücken Bertolt Brechts. Göppingen 1973.
6 Der europäische Kontext von Brechts Werk ist bisher fast ausschließlich im Hinblick auf die Bearbeitungen ausländischer Stücke und die frühe Lyrik aus komparatistischer Sicht behandelt worden. Ausnahmen bilden: John Willett: The Music. In: The Theatre of Bertolt Brecht. New York [3]1968. S. 125–142; Ulrich Weisstein: »Cocteau, Stravinsky, Brecht, and the Birth of Epic Opera«. In: Modern Drama 5 (1962) S. 142–153.
7 Vgl. dazu das Radiolehrstück *Der Flug der Lindberghs* (Musik von Weill und Hindemith), *Das Badener Lehrstück vom Einverständnis* (Musik von Hindemith), die Schuloper *Der Jasager* (Musik von Weill) und das Lehrstück *Die Maßnahme* (Musik von Eisler). Auch auf das mißlungene und von Brecht selbst verleugnete Nebenwerk *Happy End*, zu dem Weill die Musik schrieb, kann hier nicht eingegangen werden.
8 Ich denke vor allem an *The Trial of Lucullus* von Roger Sessions (1947), den *Puntila* von Paul Dessau (1959; Urauff. 1966) und Anton Cerhas *Baal* (Urauff. 1981 bei den Salzburger Festspielen).
9 Man denke an Heinrich Manns kurzen Flirt mit dem Genre des Couplets in dem für Trude Hesterberg geschriebenen Schauspiel *Bibi* (1928).
10 Bestandsverzeichnis des literarischen Nachlasses im Bertolt-Brecht-Archiv. Bearb. von Herta Ramthun. Bd. 1: Stücke. Berlin/Weimar 1969. S. 295. Nr. 3345: »aug um auge / zahn um zahn«.
11 Ebd. S. 295 f. Nrn. 3346–54. Den ganzen Komplex behandelt: Helfried W. Seliger: Das Amerikabild Bertolt Brechts. Bonn 1974. S. 61–69.

12 Bestandsverzeichnis (Anm. 10) S. 300 f. (Nrn. 3391–3405).
13 Ernst Josef Aufricht: Erzähle damit Du Dein Recht erweist. Berlin [Ost] 1966. S. 126.
14 Brief vom 4. April 1924 in: Paul Hindemith: Briefe. Hrsg. von Dieter Rexroth. Frankfurt a. M. 1982. S. 119.
15 Im Umkreis der Brechtschen Bemühungen um die Oper spielt der Faust-Stoff eine bedeutende Rolle. So war Weill, der Busoni-Schüler, ein Bewunderer von dessen unvollendet gebliebenem *Doktor Faustus*, und Hanns Eisler schrieb den Text zu einem *Johann Faustus*.
16 Hindemith (Anm. 14) S. 119. Dort heißt es:»Meinethalben könnte eine Oper getrost in einer Fabrik, auf einer Großstadtstraße von heute, in der Eisenbahn oder sonst irgendwo spielen.« Eine Szene der von ihm 1928/29 komponierten Kurzoper *Neues vom Tage* zeigt eine Diva in der Badewanne! Hierauf bezieht sich Brecht, dem diese Art von Modernisierung suspekt vorkam, im Abschnitt »Die Folgen der Neuerungen: Beschädigung der Oper?« seiner »Anmerkungen zur Oper *Aufstieg und Fall der Stadt Mahagonny*« (GW 17,1014) in dem Satz:»Man nimmt neue stoffliche Elemente herein, die ›an dieser Stelle‹ noch nicht bekannt sind [...]. (Lokomotiven, Maschinenhallen, Äroplane, Badezimmer und so weiter dienen als Ablenkung. [...].)«
17 Zit. bei: Giselher Schubert: Hindemith. Hamburg 1981. S. 47.
18 Zit. ebd. Aus einem Brief vom 26. Juni 1925.
19 Die alljährlich stattfindende Veranstaltung war in Donaueschingen gegründet worden und siedelte zwei Jahre später nach Baden-Baden um.
20 Die beiden Texte in der von Brecht autorisierten Fassung erschienen zuerst in Versuche: H. 1: Der Flug der Lindberghs; H. 2: Das Badener Lehrstück. (beide Berlin 1930). Ein Neudruck der Versuche. H. 1–4, mit den vom Verfasser aufgrund der politischen Haltung Lindberghs erfolgten Veränderungen am Text des Radiolehrstücks, das nunmehr *Der Ozeanflug* heißt, erschien 1959 im Suhrkamp-Verlag.
21 Siehe: Willett (Anm. 6) S. 134.
22 Die Anmerkung mit einem längeren Zitat aus Hindemiths Vorwort findet sich in: Versuche. H. 2. S. 141). Zu diesem Vorwort siehe: Reiner Steinweg: Das Lehrstück: Brechts Theorie einer politisch-ästhetischen Erziehung. Stuttgart 1972. S. 12 ff.
23 Willett (Anm. 6) S. 35, katalogisiert mehrere Aufführungen bzw. Übertragungen aus dem Jahre 1934 und merkt an, daß die nächste Aufführung erst im Mai 1958 in New York stattfand.
24 Vgl. Versuche. H. 4. S. 351 (Suhrkamp-Neudr.).
25 Das Resultat war bekanntlich das Oratorium *Das Unaufhörliche*.
26 U. a. wurden von Eisler vertont: *Die Mutter, Leben des Galilei, Tage der Commune, Turandot.*
27 Bestandsverzeichnis (Anm. 10) S. 363–369. Nr. 4141–4212; darunter zwei Stückpläne.
28 Zit. bei: Hans-Joachim Bunge: Fragen Sie mehr über Brecht: Hanns Eisler im Gespräch. München 1970. S. 231.
29 »Was die Oper betrifft, die wirklich von großer Bedeutung sein wird, von der größten, so kannst Du sicher sein, daß ich Dir zuschanze, was da nur ist, vom Neher, wenn Du ihn brauchen kannst, bis zu jedem meiner Schauspieler.« (B 662; an Eisler von Juli/August 1951.)
30 »Ich habe eben durch Zufall einen Bericht über die Dreitagediskussion der Sowjetmusiker mit Shdanow 1948 in die Hände bekommen und machte mir sofort einige Gedanken über Deine Oper. (Ich weiß nicht, wie genau Du die Diskussion kennst.) Angegriffen wird z. B. das Rezitativische: Große Stücke Musik mit lang durchgehaltenem einfachen Thema werden gefordert, wie mir scheint.« (B 662; Brief vom August 1951.)
31 Vgl. B 689 f.; an Hans Mayer vom 22. Februar 1952.
32 Die Thesen erschienen in: Sinn und Form. Doppelheft 3/4 (Juli 1953). Abgedr. in: GW 19,533–537.
33 Das Register in Bunge (Anm. 28) enthält keinerlei Hinweis auf diese Oper.
34 Begegnungen mit Brecht (1963). Abgedr. zus. mit zwanzig anderen »Anmerkungen zu Arbeiten mit Brecht« in: Paul Dessau: Notizen zu Noten. Leipzig 1974; Zitat S. 40.
35 Zum *Lukullus* gibt es eine ziemlich reichhaltige, zum großen Teil polemische Literatur. Hier genüge ein Hinweis auf den Band: Paul Dessau: Die Verurteilung des Lukullus, Puntila, Lanzelot. Hrsg. von Fritz Hennenberg. Berlin [Ost] 1976, der neben dem »endgültigen« Text auch Materialien (S. 32–42) enthält, sowie die Rede von Hans Mayer: Die Verurteilung des Lukullus (Bertolt Brecht und Paul Dessau). In: H. M.: Versuche über die Oper. Frankfurt a. M. 1981. S. 182–201.
36 Vgl. A. 314. Die Eintragung datiert vom 16. 11. 1941.
37 GW 19,947. Zit. bei Paul Dessau: Die Reisen des Glücksgotts (1957). In: P. D. (Anm. 34) S. 51 f.
38 »Beginne mit der Oper *Die Reisen des Glücksgotts*.« (AJ 723.)

39 Stückpläne, Bruchstücke und Notizen siehe: Bestandsverzeichnis (Anm. 10) S. 382–384. Nrn. 4346–72.

40 Brecht arbeitete an einem *Salzburger Totentanz* für die Festspiele.

41 B 606. Den Anmerkungen zufolge »trug er seine Bemerkungen in das Arbeitsexemplar des Komponisten« ein. (Ebd. 1089.).

42 B 642. Brief vom Frühjahr/Sommer 1950. Wagner-Regeny berücksichtigte die vom Dichter unterbreiteten Vorschläge.

43 Hanns Eisler: Bertolt Brecht und die Musik. In: Sinn und Form. 2. Sonderheft Bertolt Brecht (1957) S. 440.

44 Wie Eisler (Anm. 28) S. 18, seinem Gesprächspartner mitteilt, war Brecht davon beeindruckt, »wie großartig Bach Berichte komponieren kann«. An der Musik Schönbergs konnte der Dichter kein gutes Haar finden, und er mokierte sich ständig über sie. So soll er (mit Bezug auf welche Kompositionen?) Eisler gegenüber erklärt haben, sie sei ihm »zu melodiös, zu süßlich«. Aus Eintragungen im *Arbeitsjournal* geht hervor, daß die beiden Künstler, die sich in Kalifornien öfters sahen, auch persönlich nicht sehr gut miteinander auskamen.

45 »Gegen die Behauptung des Betriebsrates, ich mischte mich in das Fach meiner Kollegen von Oper und Operette: Ich habe nie über anderes als Schauspiel geschrieben. Die Initialen sind, schlecht gedruckt, leicht zu verwechseln« (GW 15,34).

46 GW 15,10.

47 Siehe Tb 93, 104, 141, 167.

48 AJ 572.

49 Hier scheint er auch seine eigenen »Anstrengungen« zu verwerfen.

50 In Heinrich Manns *Der Untertan* dient vor allem der *Lohengrin* als Zielscheibe des Spottes. Auch Brecht bezieht sich verschiedentlich auf dieses »treudeutsche« Werk. So wird im Essay »Über Bühnenmusik« von den »unglücklichen Wallstreetbankiers« gesagt, »der Wink, daß der Retter unter keinen Umständen nach seiner Herkunft befragt werden sollte«, habe »in diesen Kreisen Verständnis gefunden« (GW 15,486).

51 Vgl. ebd.

52 Aus der von den Herausgebern »Kosmopolitismus« betitelten Glosse. GW 19,530.

53 Dieses Ausdrucks bedient sich Brecht in seinem Aufsatz »Der Piscatorsche Versuch« (1926; GW 15,135).

54 Man vergleiche hierzu Kurt Weills 1926 (!!) in seinem Aufsatz über »Busonis *Faust* und die Erneuerung der Opernform« unter Berufung auf den *Entwurf einer neuen Ästhetik der Tonkunst* geäußerte, leicht mißverständliche Meinung: »Erst die restlose Verschmelzung aller Ausdrucksmittel der Bühne mit allen Ausdrucksmitteln der Musik ergibt jene Gattung gesteigertsten Theaters, die wir Oper nennen« (Ausgewählte Schriften. Hrsg. von David Drew. Frankfurt a. M. 1975. S. 31). Was für ein langer Weg von hier bis zum Beginn der Zusammenarbeit mit Brecht im folgenden Jahr!

55 »Die heutigen Wagnerianer begnügen sich mit der Erinnerung, daß die ursprünglichen Wagnerianer einen Sinn festgestellt und also gewußt hätten. Bei den von Wagner abhängig Produzierenden wird sogar die Haltung des Weltanschauenden noch stur beibehalten. Eine Weltanschauung, die zu sonst nichts mehr nütze, nur noch als Genußmittel verschleudert wird!« (GW 17,1013.) Von der Sophokles/Hölderlin-Oper des bayerischen Komponisten sagt Brecht in seinen »Bemerkungen zu Orffs *Antigone* (GW 19,490) aus dem Jahre 1949, das Werk verliere schon dadurch alle Bedeutung, daß in ihm »die sakrale Haltung des alten Werks [...] als eine exotische« gestaltet sei. Er verwirft dieses Experiment als rein formalistisch.

56 AJ 670 (Juli 1944).

57 In dieser Sammlung von Aperçus bezieht sich Cocteau direkt auf Nietzsche (»Relisons *Le Cas Wagner* de Nietzsche. Jamais des choses plus légères et plus profondes n'ont été dites«) und plagiiert ihn schamlos.

58 Diese Schrift (verf. 1906, ersch. 1910) ist in der von H. H. Stuckenschmidt besorgten Ausgabe, Wiesbaden 1965. (Insel-Bücherei. 202.), zugänglich.

59 Vgl. Weisstein (Anm. 6).

60 Cocteau (Anm. 1) S. 24.

61 Gottfried Wagner: Weill und Brecht. Das musikalische Zeittheater. München 1977. S. 73 f., zitiert charakteristische Urteile Milhauds aus dessen Autobiographie *Notes sans musique* (Paris 1949).

62 Cocteau (Anm. 1) S. 39.

63 Willett (Anm. 6) S. 115 f., vergleicht zwei Stellen aus Milhauds *Christoph Colomb* und dem *Flug*

der Lindberghs und bemerkt in einer Fußnote: »This peculiar parallel between Brecht and Claudel would be worth a proper study.« Diese Studie ist nach wie vor ein Desideratum der Brecht-Forschung.

64 Weill (Anm. 54) S. 161. Strawinsky hatte Cocteaus Text zum *Oedipus Rex* bekanntlich von Jean Danielou ins Lateinische übersetzen lassen, und zwar aus Gründen, über die er sich in seiner Autobiographie (1936) wie folgt äußert: »What a joy it is to compose music to a language of convention, almost of ritual, the very nature of which imposes a lofty dignity. One no longer feels dominated by the phrase, the literal meaning of the words. Cast in an immutable mold which adequately expresses their value, they do not require any further commentary. The text thus becomes purely phonetic material for the composer« (An Autobiography. New York 1962. S. 128).

65 GW 17,997.

66 Ich zitiere aus der zweisprachigen Ausgabe des Textes (s. Anm. 64), die 1964 im Berner Tschudy-Verlag erschien.

67 Dies berichtet: Aufricht (Anm. 13) S. 71.

68 Weill (Anm. 54) S. 60.

69 Strawinsky (Anm. 64) S. 72 f.

70 Hierzu: Strawinsky: Ebd. S. 71 f.: »I knew only too well that so far as the music was concerned I should have to be content with a very restricted orchestra. [...] So there was nothing for it but to decide on a group of instruments, a selection which would include the most representative types, in treble and bass, of the instrumental families.«

71 Vgl. Weill (Anm. 54) S. 124 und besonders S. 82, der die *Dreigroschenoper* – allerdings erst im Mai 1937 – direkt mit der *Histoire du Soldat* vergleicht.

72 Für die instrumentale Gestaltung des *Mahagonny*-Songspiels werden 13 Ausführende benötigt, während die Besetzung bei der *Dreigroschenoper* flexibel ist. Siehe hierzu die entsprechenden Angaben in der aufgrund des Autographen von H. H. Stuckenschmidt edierten Orchester-Partitur (Wien 1970) und den Kommentar des Herausgebers: »Bezüglich der Besetzung des Orchesters sei in Erinnerung gerufen, daß entsprechend damaliger Praxis im Salon-Orchester und ähnlicher Ensembles die Musiker abwechselnd verschiedene Instrumente gespielt haben. Da dies heute nicht mehr üblich ist, sind in der vorliegenden Partitur diesbezügliche unaktuelle Anweisungen weggelassen worden« (S. IX).

73 Es erfolgte eine Reduzierung auf etwa 35 ausgebildete Jazz-Musiker.

74 Während David Drew, der Herausgeber von Weills *Ausgewählten Schriften* sowie des rekonstruierten Klavierauszugs vom *Mahagonny*-Songspiel, Zugang zu den Materialien hatte und das Archiv einrichten half, klagt Weills Biograph Ronald Sanders über die mangelnde Unterstützung von seiten Lotte Lenyas, der Witwe des Komponisten: »Lotte Lenya, who is [...] the owner of his estate, has not given me her cooperation in my research on the book – except for a single interview [...].« (The Days Grow Short: The Life and Music of Kurt Weill. New York 1980. S. 450.) In der Bibliothek der Musikabteilung der Yale University wird gegenwärtig ein Kurt-Weill / Lotte-Lenya-Archiv eingerichtet, für das Lotte Lenya, die Kurt Weill Foundation in New York und die Universal-Edition, Wien, Materialien beisteuerten. Anfang November 1983 veranstaltete dieses Archiv eine Kurt-Weill-Tagung in New Haven.

75 Vgl. Aufricht (Anm. 13) S. 64 ff.; Lotte Lenya: »Das waren Zeiten!« (1955). In: Bertolt Brechts Dreigroschenbuch: Texte Materialien Dokumente. Hrsg. von Siegfried Unseld. Frankfurt a. M. 1960. S. 220–225.

76 Seit Cäcilie Tolksdorfs Bonner Dissertation aus dem Jahre 1932 (veröff. Rheinberg 1934) ist die *Dreigroschenoper* mit ihrem Vorbild verglichen worden von Ernst Schumacher: Die dramatischen Versuche Bertolt Brechts 1918–1933. Berlin [Ost] 1955. S. 218–241; Werner Hecht: Bearbeitung oder Umgestaltung: Über die *Dreigroschenoper* und ihr Urbild. In: Theater der Zeit. 7. (1958) S. 13–26, Neufass. in: W. H.: Sieben Studien über Brecht. Frankfurt a. M. 1970. S. 73–107; Annarosa Zweifel: La *Beggar's Opera* di John Gay e la *Dreigroschenoper* di Bertolt Brecht. In: Studi e ricerche di letteratura inglese e americana. Hrsg. von Agostino Lombardo. Mailand 1967. S. 75–103; Ulrich Weisstein: Brecht's Victorian Version of Gay: Imitation and Originality in the *Dreigroschenoper*. In: Comparative Literature Studies 7 (1970) S. 314–335. – Dies ist nicht der Ort, das Ergebnis dieser Studien zusammenzufassen oder auszuwerten.

77 Vgl. Schumacher (Anm. 76) S. 218.

78 Zit. nach: Stuckenschmidt (Anm. 72) S. 218.

79 Vgl. Bestandsverzeichnis (Anm. 10) S. 15–19. Nrn. 155–191; darin vor allem Nr. 155 (Bühnen-

manuskript), Nr. 156 (Regiebuch Dr. Halewicz) und Nr. 157 (Regiebuch Erich Engel) – alle aus dem Jahr 1928. Aus dem gleichen Jahr datiert das bei der Universal-Edition erschienene Textbuch. Hier von einem »text which had originally been *published* [meine Unterstreichung; U. W.] in 1929« zu reden, wie dies R. C. Speirs in seinem Aufsatz: A Note on the First Published Version of *Die Dreigroschenoper* and its Relation to the Standard Text. In: Forum for Modern Language Studies 13 (1977) S. 25, tut, scheint mir unangebracht. Die Abweichungen der endgültigen Druckfassung aus dem Jahre 1931 vom Bühnenmanuskript erläutern: Ralph Manheim / John Willett (Hrsg.): *Bertolt Brecht*: Collected Plays. Bd. 2. New York 1977. S. 345–362.

80 Diese Stelle aus der 4. Szene des Stücks fehlt im Text der *Versuche*, muß also später eingefügt worden sein.

81 Zu Kipling vgl.: J. K. Lyon: Brecht's Use of Kipling's Intellectual Property: A New Source of Borrowing. In: Monatshefte 61 (1969) S. 376–386, sowie J. K. L.: Bertolt Brecht und Rudyard Kipling. Frankfurt a. M. 1976. Zu Villon vgl.: Joel Hunt: In: Monatshefte 49 (1957) S. 273–278; und A. J. Harper: In: Forum for Modern Language Studies 1 (1965) S. 191–194. Zum Gesamtkomplex siehe die Magisterthese von: Sara Zimmerman: The Influence of John Gay, François Villon, and Rudyard Kipling on the Songs in Bertolt Brecht's *Dreigroschenoper*. Indiana University 1966. Übersetzungen aus Kipling und Gay, die später aus der *Dreigroschenoper* entfernt wurden, finden sich als lose Blätter unter Nr. 155 (Archivnr. 2106) des Bestandsverzeichnisses (Anm. 10).

82 Macheath-Villon beherrscht die 9. Szene des Stückes, deren Balladen-Potpourri der Blütenlese entspricht, die Gay in III,13 seiner *Beggar's Opera* (Airs 58: »Happy Groves«, bis 67: »Greensleeves«), bietet.

83 Speirs (Anm. 79) S. 25.

84 In den »Anmerkungen« ist allerdings unter dieser Rubrik nicht von Mackie Messer, sondern von Tiger Brown (»er birgt in sich zwei Persönlichkeiten: als Privatmann ist er ganz anders als als Beamter«, GW 17,996) und Polly (»Die Polly ist etwa in einer Liebesszene mit Macheath nicht nur die Geliebte des Macheath, sondern auch die Tochter des Peachum; und immer nicht nur Tochter, sondern auch die Angestellte ihres Vaters«; GW 2,487) die Rede, doch läßt sich ohne weitere die Anwendung auf Mackie Messer machen. Zum Problem der gesellschaftlich bedingten »Schizophrenie bei Brecht« siehe: Walter H. Sokel: Brecht's Split Characters and his Sense of the Tragic. In: Bertolt Brecht: A Collection of Essays. Hrsg. von Peter Demetz. Englewood Cliffs (N. J.) 1963. S. 127–137.

85 Siehe den Abschnitt »Die Hauptpersonen« (GW 17,994 f.). Das will freilich nicht heißen, daß sich Brecht den Helden seines Stückes so vorstellte; jedenfalls spielte Harald Paulsen den Macheath als richtigen Schwerenöter.

86 Theodor W. Adorno: Zur Musik der *Dreigroschenoper*. In: Über Kurt Weill. Hrsg. von David Drew, Frankfurt a. M. 1975. S. 39–44.

87 Die 1929 (?) hergestellte Aufnahme mit teilweiser Originalbesetzung liegt in einer von Capitol Records veranstalteten Neuauflage (P-8117) vor.

88 Es handelt sich um die von Philips (6768 700) produzierte Aufnahme (2 LPs) unter der musikalischen Leitung von Wolfgang Rennert mit Anita Mey, Karin Huebner, Franz Kutschera und Hans Korte.

89 Diese *Dreigroschenmusik* ist gegenwärtig in einer Vox-Turnabout-Aufnahme (TV 34675) aus dem Jahre 1974 im Handel. Es spielt das Music-for-Westchester-Orchester unter der Leitung von Siegfried Landau. Siehe hierzu: Adorno: »Kleine Dreigroschenmusik für Blasorchester« (1929). In: Über Kurt Weill (Anm. 86) S. 49–51.

90 Die Zählung folgt der von Stuckenschmidt (Anm. 72) herausgegebenen Orchester-Partitur und bezieht die Nummern 11a (»Pollys Lied«) und 20a (»Gang zum Galgen«) mit ein.

91 GW 17,991.

92 Eine Aufforderung, Pepuschs Partitur zu modernisieren, war 1925 vom Schott-Verlag an Paul Hindemith ergangen. »Die Art, wie Sie den Foxtrott in Ihrer Kammermusik in das Gebiet der ernsten Musik gezogen haben«, heißt es in einem Brief vom 28. Januar jenes Jahres, »würde auch in diesem Fall das Richtige sein: eine veredelte Gassenhauermusik bzw. deren Karikatur, zugleich eine Persiflage auf die moderne Opernmusik eines d'Albert.« Zit. bei: Schubert (Anm. 17) S. 47. Hindemith ging auf den Vorschlag nicht ein.

93 Die Frage, ob und in welchem Ausmaß die *Dreigroschenoper* parodistisch ist, erfordert eine gesonderte Untersuchung, bei der die literarischen, musikalischen und musik-theatralischen Aspekte, die hier nur angedeutet werden können, ausführlich zu analysieren wären, ehe ein Gesamturteil gefällt wird. Dabei wäre die Frage aufzuwerfen, inwieweit Brecht und Weill, die

standhaft leugneten, irgendwelche parodistischen Ziele verfolgt zu haben, Parodie (die sich stets auf schon vorhandene Kunstwerke bezieht) mit Satire (die im Verhältnis zur Wirklichkeit steht) verwechselten. Bei Gay haben wir es jedenfalls mit einer Satire zu tun, die mit parodistischen Elementen durchsetzt ist. Daß der spezifisch zeitgeschichtliche Bezug in der *Dreigroschenoper* fehlt, hat Ernst Schumacher (Anm. 76), von seinem Standpunkt aus mit Recht, bemängelt.

94 Berichtet von: Aufricht (Anm. 13) S. 72.

95 Weills oft kritisierter Ausspruch »Was wir machen wollten, war die Urform der Oper« (Anm. 54, S. 55) wird von hier aus verständlich.

96 Siehe die von G. Wagner (Anm. 61) S. 242 aufgezählten »musikalischen Hauptkriterien«, besonders Nr. 5.

97 Die Definition stammt aus Carl Maria von Webers Einführung in die Oper *Der Wettkampf zu Olympia*, »frei nach Metastasio« vom Baron von Poissl, die er am 16. März 1820 in Dresden dirigierte. Zit. in: Carl Maria von Weber in seinen Schriften und zeitgenössischen Dokumenten. Hrsg. von Martin Hürlimann. Zürich 1973. S. 83.

98 »Es galt, eine Musik zu schreiben, die von Schauspielern, also von musikalischen Laien, gesungen werden kann.« Weill (Anm. 54) S. 55.

99 Bei der Uraufführung wurde die Szene – ein Teil der sechsten – gestrichen; und in den »Anmerkungen zur *Dreigroschenoper*« bezeichnet Brecht sie als »Einlage für solche Darstellerinnen der Polly, welche die Begabung der Komik besitzen« (GW 2,490). Siehe hierzu auch Weills Glosse »Zu der ›unterdrückten Arie‹ der Lucy«. (Anm. 54, S. 56.)

100 Manheim/Willett (Anm. 79) bemerken hierzu: »But in lieu of the first act finale Polly then sings a translation of Gay's song against lawyers, ›A Fox may steal your Hens, Sir‹« (S. 351) und »there is no second act finale in the script« (S. 356).

101 Die einzige Entsprechung bei Gay ist das *air* No. 20 (»March in [Händel's] *Rinaldo* with Drums and Trumpets«). In *Aufstieg und Fall der Stadt Mahagonny* gibt es zahlreiche parodistische Stellen, so die *Freischütz*-Parodie im Alabama-Song (4. Szene: »Schöner, grüner [. . .]«) und die Anspielung auf den zweiten Akt von *Fidelio* in der 17. Szene (»Paul Ackermann in Fesseln. Es ist Nacht«), ganz zu schweigen von den ironischen Puccini-Reminiszenzen.

102 John Gay: The Beggar's Opera. Hrsg. von Edgar V. Roberts. Lincoln 1969. S. 5.

103 Weill (Anm. 54) S. 55.

104 Einzelheiten bei: Aufricht (Anm. 13) und Lotte Lenya (Anm. 75).

105 Dies trifft besonders auf die weiblichen Rollen (Polly und Jenny) zu und hängt sowohl mit Besetzungsproblemen als auch mit der Tatsache zusammen, daß Lotte Lenya Weills Frau war und gut bedient werden mußte.

106 Weill (Anm. 54) S. 55.

107 Weill, der Bewunderer Alban Bergs, in dessen *Wozzeck*, wie der Komponist in seinem Aufsatz »Ein Wort über *Wozzeck*« (1927) darlegt, jeder Szene eine absolute musikalische Form zugrunde liegt, ließ sich die Gelegenheit nicht entgehen, einzelnen Nummern der Partitur mehr oder weniger handlungsbezogene Tanz- bzw. Jazz-Tempos (aber nicht unbedingt Jazz-Rhythmen) unterzulegen, so in Nr. 2 (Blues-Tempo), Nr. 7 (Foxtrott-Tempo), Nr. 13 (Tango-Tempo) und Nr. 14 (Shimmy-Tempo). G. Wagner (Anm. 61) S. 242 ff., analysiert diese den Gesetzen der absoluten Musik unterworfenen Abweichungen im Detail.

108 Carl Dahlhaus verwendet dieses »Schlagwort« im Titel seines Beitrags zu dem Band: Für und wider die Literaturoper. Hrsg. von Sigrid Wiesmann. Bayreuth 1982.

109 Vorwort zum Regiebuch der Oper *Mahagonny*. In: Weill (Anm. 54) S. 59.

110 »In der *Dreigroschenoper* mußte zwischen den Musiksätzen die Handlung weitergeführt werden; daher ergab sich hier ungefähr die Form der ›Dialogoper‹, einer Mischgattung aus Schauspiel und Oper« (ebd. S. 58). – Zu ähnlichen Ergebnissen kommt auch Kim H. Kowalke: Kurt Weill in Europe 1930–1935. A Study of His Music and Writings. Diss. Yale University 1978. Veröff. UMI Research Press. Ann Arbor (Mich.) 1979. Diss. Abstracts [S. 2]: »Any notion that Weill's contribution to the genesis of epic opera was minimal and that Brecht and Weill spoke through a common mouthpiece (Brecht's) must be abandoned.«

111 *Theater heute* 10 (1962). Zit. gegenüber dem Titelblatt des Stücks der Ausgabe edition suhrkamp. Frankfurt a. M. o. J. (es.21.)

112 Brecht schrieb an Wieland Herzfelde im Hinblick auf die geplante Malik-Verlag-Ausgabe seiner Dramen am 24. August 1937: »Du hast völlig freie Hand. Aber was die Auswahl der Stücke für jeden Band anlangt, so hätte ich das doch noch sehr artistische *Mahagonny* nicht so sehr gern im zweiten Band in unmittelbarer Nähe der *Mutter*« (B 336).

113 Dieses Zitat und viele der im folgenden gemachten Angaben verdanke ich dem höchst informativen Aufsatz: David Drew: The History of *Mahagonny*. In: Musical Times 104 (1963) S. 18–24. Auch Sanders (Anm. 74) Kap. 11. S. 145–158, bin ich verpflichtet.

114 Drew (Anm. 113) S. 19. Über die Gründe des theatralischen Mißerfolgs von *Na und* – spekuliert Sanders (Anm. 74) S. 73–74.

115 *Hauspostille*. Neuausg. Frankfurt a. M. o. J. (Bibliothek Suhrkamp. 4) S. 11. Die Gesangsnoten stehen im Anhang (S. 158–162).

116 Seliger (Anm. 11), vor allem S. 135–139.

117 Ob die Anregung von Weill oder von Brecht ausging, ist umstritten.

118 Zu Text und Musik siehe: Mahagonny-Songspiel. Das kleine Mahagonny. Urfassung 1927. Wiederhergest. und hrsg. von David Drew. Klavierauszug. Wien 1976. Eine ausführliche Analyse der einzelnen Nummern bietet Wagner (Anm. 61) S. 157–182. Eine Aufnahme des Werkchens unter der Leitung des bekannten Komponisten und Dirigenten Lukas Foss zirkuliert seit 1976 unter dem Vox Turnabout »label«.

119 Ob die Einbeziehung der Songs aus der *Hauspostille* von Anfang an geplant war oder erst nach der Baden-Badener Aufführung des Songspiels beschlossen wurde, läßt sich anscheinend nicht mehr mit Sicherheit entscheiden. David Drew (Anm. 113) S. 18 f., behauptet »there is some reason to suppose that the Mahagonnygesänge did not enter the picture until a slightly later stage – either when Brecht added the extra verse which begins to ›interpret‹ them, or even as late as the Baden-Baden performance«.

120 Das neue Forum 7 (1957/58) H. 6. S. 88. Engl. in: Manheim/Willett (Anm. 79) S. 294.

121 Manheim/Willett (Anm. 79) S. 294.

122 Ebd. S. 296–314. Im Typoskript werden übrigens erheblich mehr »Nummern« ausdrücklich als Gesangsstücke bezeichnet, als dies in der Druckfassung geschieht.

123 Engl. in: Ebd. S. 288 f. Der Originaltext ist, soweit ich weiß, bisher nicht veröffentlicht worden.

124 Weill (Anm. 54) S. 60.

125 Siehe hierzu: Aufricht (Anm. 13) S. 124 ff.

126 Die große Fassung wurde 1981 an der Metropolitan Opera in New York aufgeführt. Die 1976 von Columbia Records gemachte Einspielung mit Lotte Lenya steht unter der Leitung von Wilhelm Brückner-Rüggeberg und ist z. T. mit prominenten Opernsängern und -sängerinnen (Gisela Litz als Witwe Begbick) besetzt.

127 Im Vorwort zum Regiebuch nennt Weill (Anm. 54) S. 58, das Werk »ein Gleichnis vom heutigen Leben«.

128 Die Stelle lautet in der Originalausgabe des Librettos, Wien 1927, S. 3: »Da die menschlichen Vergnügungen, die für Geld zu haben sind, einander immer und überall aufs Haar gleichen, da die Vergnügungsstadt Mahagonny also im weitesten Sinne international ist, können die Namen der Helden in jeweils landesübliche geändert werden.«

129 Zit. ebd. S. 20; ohne Quellenangabe.

130 Zit. (aus dem Typoskript?) in: Seliger (Anm. 11) S. 146.

131 Weill (Anm. 54) S. 57.

132 Der Titel bezieht sich auf: Edward Gibbon: Decline and Fall of the Roman Empire (1776–88).

133 Eine Liste derselben bieten: Manheim/Willett (Anm. 79) S. 295 f.

134 Elisabeth Hauptmann: »Notizen über Brechts Arbeit 1926«. In: Sinn und Form. 2. Sonderheft Bertolt Brecht (1957), S. 241–243.

135 »Ich hätte [*Die Mutter*] nicht aufgeführt, aber ein Stück mit soviel Ideologie und mit der Weigel in der zentralen Rolle mußte Brecht faszinieren. Meine Rechnung ging auf. Brecht bevorzugte den Keller und ließ uns oben bei *Mahagonny* in Ruhe« (Aufricht Anm. 13, S. 127).

136 Schumacher (Anm. 76) S. 273, wo auch die anderen »Sünden« Brechts aufgelistet werden.

137 Adorno: *Mahagonny* (1930). In: Über Kurt Weill (Anm. 86) S. 63.

138 »Das Unvernünftige, das hier auftritt, ist nur dem Ort gemäß, an dem es auftritt« (GW 17,1007). Vielleicht sollte man *Aufstieg und Fall der Stadt Mahagonny* überhaupt unter Brechts eigenem Motto »Mehr guten Spaß« betrachten. Zu denken gibt jedenfalls, was Lotte Lenya in einem Interview mit Neal Weaver in der amerikanischen Zeitschrift *After Dark* (Juli 1969) S. 36, von der Arbeit an der Oper sagte: »Recently a friend who remembers that period vividly said to me: ›I wonder if all the critics who are writing such solemn studies of *Dreigroschenoper* and *Mahagonny* have any idea of what fun it all was then!‹« Während hier das Element des Improvisierens betont wird, geht Gunter G. Sehm: Moses, Christus und Paul Ackermann: Brechts *Aufstieg und Fall der Stadt Mahagonny*. In: Brecht-Jahrbuch 1976. Frankfurt a. M. 1976. S. 83–100, von der Vorausset-

zung aus, der Dichter habe eine Bibel-Parodie vorlegen wollen und sei bei deren Gestaltung konsequent verfahren.

139 Zit. bei: Robert Craft: Stravinsky: Chronicle of a Friendship 1948–1971. New York 1973. S. 212.

140 Hugo von Hofmannsthal: Vorwort zur Oper *Die ägyptische Helena* (1928). In: H. v. H.: Gesammelte Werke in zehn Bänden. Frankfurt a. M. 1979. Dramen. Bd. 5. S. 510.

141 »Er hielt das Fieberthermometer für eines der wichtigsten Werkzeuge bei der Beurteilung der Musik.« Bunge (Anm. 28) S. 15.

142 Ebd. S. 214.

143 »Brechts Abneigung gegen gewisse Arten von Musik ging so weit, daß er eine andere Art des Musizierens erfand, die er Misuk nannte.« Eisler (Anm. 43) S. 440.

RAINER NÄGELE

Brechts Theater der Grausamkeit: Lehrstücke und Stückwerke

> Die Menschen handeln nach ihrem Hunger und
> empfangen ihre Belehrung vom Tod.
>
> *Brecht*

> kann die lehre die gewalt zerstören?
> möge die gewalt nicht die lehre zerstören!
>
> *Brecht*

> Zugrunde gehen heißt hier immer: auf den Grund
> der Dinge gehen.
>
> *Walter Benjamin*

1

Nach einer weit verbreiteten Vorstellung gibt es zwei Traditionen des modernen Theaters. Die eine soll sich auf Antonin Artaud berufen, die andere auf Brecht. Jene der Gewalt, dem Exzeß, dem Irrationalen und Absurden verschrieben, stellt sich dem gefühlsdistanzierten, asketischen, politischen und rationalen Theater Brechts entgegen. Der Anschein spricht in dem Maße für eine solche Entgegensetzung, als sie vom Schein lebt. Die Kraft ihrer Überzeugung aber ist die eines insistierenden Wiederholungszwangs in der Vernunft selbst, die mindestens seit der Aufklärung von Kant und Sade über Marx und Nietzsche bis Brecht und Artaud immer wieder neue Paare zum Gegensatz verkuppelt.

Gewiß gab und gibt es auch Versuche, Gemeinsames und Vergleichbares zwischen Artaud und Brecht zu finden. Doch bleibt es, wo die Vergleiche nicht in undifferenzierte Ähnlichkeiten münden, bei der grundsätzlichen Opposition des mythisch Irrationalen gegen das politisch Rationale.[1] Es ist hier nicht der Ort, dem Verhältnis zwischen Brecht und Artaud im einzelnen nachzugehen, aber die Opposition, in deren Namen die Literaturgeschichte sie entgegensetzt, bedarf der Kritik. Diese Kritik vollzieht sich bereits *in* den Stücken und Texten Brechts und Artauds. Nicht zwischen ihnen verläuft der unversöhnliche Widerspruch, sondern immanent in dem, was ihre Namen signieren. Das ist ihre Gemeinsamkeit, ihre Differenz ist die Art und Weise, in der der Konflikt als immanenter sich artikuliert. Nicht erst Dramatiker wie Peter Weiss, Heiner Müller und Edward Bond bringen ›Brecht‹ und ›Artaud‹ zusammen, sie sind vielmehr immer schon bei sich im Konflikt miteinander. Indem aber die Opposition aus einem *Zwischen* ins Innere sich verschiebt, verändert sie sich qualitativ und ist nicht mehr faßbar in Begriffen wie Rationalität und Irrationalität.

Neben der populären Entgegensetzung von rationalem und irrationalem Theater gibt es eine andere, weiterführende: Stimme gegen Körper.[2] Das Theater der Stimme reduziert die Körperlichkeit des theatralischen Schauspiels auf jenes Phänomen, in dem der Körper sich verflüchtigt: aus dem Theater wird dramatischer Dialog; grob gesagt die Geschichte des bürgerlichen Theaters bis an die Schwelle der Moderne. So faßt Szondis *Theorie des modernen Dramas* die Entwicklung seit der Renaissance in der Konzentration auf den Dialog zusammen. Gegen diese Geschichte des Sprechtheaters setzt Artaud wieder den Körper im Bühnenraum. Brechts Theaterrevolution weist in dieselbe Richtung: Zirkus, Sportplatz sind die Beispielmodelle des Theaterraums, Gestus ist das Medium, in dem das Drama sich vollzieht.

Es hat aber eine eigentümliche Bewandtnis mit der Körperlichkeit. Die Nichtidentität des biologischen Körpers mit dem imaginären, erotischen und symbolischen Corpus unterwandert jede einfache Entgegensetzung von sublimiertem Sprechtheater und kreatürlich-naturalistischem Körpertheater. Schon am Brechtschen Gestus läßt sich die Differenz *im* Körper zeigen: er ist Summe von und begründet in den konkreten körperlichen Gesten und Minen, inklusiv Stimme, Tonfall und Rhythmus des Sprechens, ist aber nicht identisch mit diesen, sondern enthält immer schon die Beziehung auf andere Körper und ist strukturiert vom symbolischen Code einer spezifischen gesellschaftlichen Situation. Der Körper hat seine Identität als Ganzes gerade nicht in sich, sosehr er die imaginäre Gestalt des Ganzen abgibt, sondern in der Zerstreuung der symbolischen Verkettung.

Das hat merkwürdige Konsequenzen für ein Theater der Körperlichkeit. Es schließt nicht nur äußerste Gewalttätigkeit gegen den Körper nicht aus, sondern scheint geradezu eine gewisse Körperfeindlichkeit mit Vorliebe zu inszenieren. Das Theater des Körpers ist auch das Theater des zerstückelten und verstümmelten Körpers. Deshalb sind Gegensatz-Paradigmen wie etwa Weinmanns Beckettsches Theater der Stimme und Unkörperlichkeit gegen Artauds theatralische Körperlichkeit fragil (vgl. ebd.). Die Entkörperung auf dem Beckettschen Theater vollzieht sich wesentlich im Medium der Pantomime und clownesker Körperlichkeit, so wie Handkes Sprechstücke keineswegs kategorial den pantomimischen entgegengesetzt sind, sondern diese geradezu hervorbringen. Dennoch ist die Entgegensetzung von Stimme und Körper nicht einfach falsch. Ihre gegenseitige Durchdringung ist Schauplatz eines gewaltsamen Konflikts.

2

Brechts Lehrstücke in einem solchen Zusammenhang zu sehen und zu lesen, ist so ungewöhnlich wie naheliegend, derart augenscheinlich ist in diesen Stücken die grausame Gewalt bis hin zur buchstäblichen Zerstückelung des Körpers in der Clownsszene des »Badener Lehrstücks«. Der Augenschein könnte freilich täuschen, und der Einwand liegt nahe, daß eine solche Lektüre und Sicht das verdrängt, worum es Brecht doch eigentlich geht: das politische Theater. Denn wenn Körper, Gewalt und Grausamkeit augenscheinlich sind in diesen Stücken, so ist doch noch augenscheinlicher die politische Intention der Texte. Diesen Augenscheinlichkeiten in ihrer Verknotung zu folgen ist nicht leicht, um so mehr als es nicht bloß eine Frage von Politik und Gewalt ist, die noch einem traditionellen ideologischen Diskurs zu bequemen wäre. Gewalt ist hier ebenso wesentlich mit dem Ästhetischen und Pädagogischen verknüpft, ja ist das Moment, das die Trinität von Kunst, Lehre und Politik erst ermöglicht, ein explosiver Kitt, wenn das Paradoxon erlaubt ist, der sie zur konfliktgeladenen Einheit bindet.

Diese explosive Bindung zeitigt ihre Wirkungen noch in der Rezeption: sie produziert dort einen Exzeß an Dichotomien, Oppositionen und Trennungen. Die Gegensätze, die das Brechtsche Theater im allgemeinen provoziert, spitzen sich zu in der Diskussion der Lehrstücke. Gegensatzpaare wie abstrakt–konkret, Verstand–Gefühl, Individuum–Masse, Didaktik–Kunstgenuß usw.[3] Zwei für die Lehrstückdiskussion bahnbrechende Arbeiten versuchen, diese binären Oppositionen und Trennungen aufzuheben. Obwohl nicht spezifisch auf die Lehrstücke konzentriert, hat Jan Knopfs polemischer Forschungsbericht zur Brechtforschung wie auch sein *Brecht Handbuch* wesentliche Konsequenzen für das Verständnis der Lehrstücke. Knopf macht sich, was merkwürdigerweise in der Brechtforschung keineswegs für selbstverständlich gilt, einige Gedanken über Dialektik nicht nur als Denkform, sondern auch als Schreibpraxis bei Brecht. Seine Aufarbeitung der Dialektik räumt mit den allzu vertrauten Gegensatzpaaren gründlich auf. Den großen Umschwung in der Lehrstückdiskussion brachte Reiner Steinwegs These vom Lehrstück als dem radikalsten und für Brecht fortgeschrittensten Typus einer politisch-ästhetischen Erziehung, als Form einer großen Pädagogik.[4] Im Einklang mit den revolutionär-avantgardistischen Tendenzen der zwanziger und dreißiger Jahre ging es Brecht darum, nicht nur neue Schreib- und Darstellungsweisen zu finden, sondern das grundsätzliche Verhältnis von Literaturproduktion und Rezeption zu verändern. Aus den passiven Konsumenten sollten aktive Teilnehmer werden. Diesem Ziel kommen nach Steinweg die Lehrstücke am nächsten: sie sollen nicht Theater für Zuschauer, sondern in erster Linie politisch-ästhetische Übungsstücke für die Spielenden sein, Einübungen in Haltungen, dialektisches Denken, gesellschaftliche Verhaltensweisen. Steinwegs Thesen setzen sich ab von der gängigen Vorstellung, wonach die Lehrstücke bloße Übergangsformen zwischen dem frühen und dem ›reifen‹ Brecht sein sollen. Der Einwand, diese Thesen stützten sich auf wenige vereinzelte und taktisch motivierte Äußerungen Brechts, dürfte unterdessen durch Steinwegs erweiterte Dokumentation endgültig obsolet geworden sein.

Die Kritik muß anderswo ansetzen; sie hat schon begonnen in den Lehrstücken selbst. Wenn Jan Knopfs Aufweis der Dialektik bei Brecht die allmählich langweilig gewordenen Dichotomien gründlich überholt hat, und wenn Steinwegs

Rekonstruktion der großen Pädagogik überzeugend diese in den Kontext politisch-künstlerischen Avantgarde gerückt hat, so sind die Lehrstücke doch gleichzeitig auch Testfälle der Dialektik und der Pädagogik, kritische Grenzgänge, die die äußersten Grenzen der Dialektik und Pädagogik abzeichnen – und vielleicht überschreiten.

So verschieden gerichtet die Ansatz- und Zielpunkte Knopfs und Steinwegs sind, so sehr verbindet sie doch ein grundlegender gemeinsamer Zug zu einer harmonisierenden Totalität. Dialektik und Pädagogik stehen bei ihnen unter dem Zwang, alles Antagonistische, Gewaltsame und unaufhebbar Negative in die totalisierende Maschine einzubringen. Indem nun die Lektüre den unaufhebbaren Resten des Todes, der Gewalt, des Leidens folgt, kommt sie scheinbar wieder bei jenen ›bürgerlichen‹ und meist unreflektierten Gegensätzen an, die von Knopf und Steinweg so erfolgreich überwunden schienen. Indessen zeichnet hier die kleine Differenz sich ab, die den Abgrund ausmacht zwischen einem Antagonismus jenseits der Dialektik und den sentimentalen Gegensätzen vor der Dialektik. In einem bemerkenswerten Aufsatz haben bereits Lehmann und Lethen (St 3,302–318) den Weg in Richtung dieser Differenz eingeschlagen. Ihr versuchen wir weiter nachzuspüren.

3

Kritische Spuren führen zu Konfliktstellen der Texte. Nicht nur im Westen, auch in der DDR stieß Steinwegs Lehrstücktheorie auf Widerstand. Die These, daß hier die fortgeschrittenste Form revolutionär-sozialistischen Theaters erreicht war, implizierte, daß Brechts spätere ›reife‹ Stücke Kompromisse mit einer unzulänglichen Kulturpolitik und Realität waren, damit eine indirekte Kritik am realen Sozialismus in der DDR. Insofern hat auch noch die sehr sachlich argumentierende Kritik Werner Mittenzweis (St 2,225–254) Legitimationsfunktion für die DDR-Kulturpolitik. Andererseits legt er durchaus den Finger auf den wunden Punkt, wenn er an Steinwegs Theorie die »schöne Logik« kritisiert, der die »schöne Widersprüchlichkeit« zum Opfer falle (St 2,236). Freilich, indem die Kritik im Namen einer »schönen« Widersprüchlichkeit geführt wird, verdeckt sie nicht weniger andere Wunden einer Gesellschaftsideologie, nach der es keine antagonistischen Widersprüche mehr geben soll.

Steinwegs Interpretation der großen Pädagogik hat zu einer Reihe von praktischen Versuchen geführt, die Form des Lehrstücks pädagogisch auszuwerten.[5] Implizit oder explizit sind solche Versuche aber in den meisten Fällen dem Habermasschen Modell einer gewaltfreien, symmetrischen Kommunikation näher als den von Konflikten und Gewalt zerrissenen Stücken Brechts. Die Konstellation der Lehre ist niemals symmetrisch; darin aber ist sie wiederum nur vorbildlich für Kommunikation jeder Art, nicht zuletzt auch die zwischen Text/Stück und Rezipienten. Brecht inszeniert das: im Spiel zwischen freier Improvi-

sation der Teilnehmenden und der vorgeschriebenen rigorosen Form dominiert die Vorschrift. Brecht weist Hindemiths liberale Auslegung der Improvisationsmöglichkeiten scharf zurück als seichte Harmonisierung (St 2,59). Der Text des Lehrstücks verhält sich zum ›freien‹ Spieler wie die Grammatik der Sprache zum Sprechenden: sie herrscht. Das reibungslose Funktionieren zwischen Regel und Freiheit garantiert noch nicht die dialektische Aufhebung des Konflikts; es könnte ebensogut Symptom einer totalen Verinnerlichung der Regeln sein: die schöne Seele als schönes Sprechen und Handeln, die Anmut der Marionette. Der Versuch, zwischen der Freiheit der Spielenden und dem vorgeschriebenen Text zu vermitteln, zwingt Brecht gelegentlich zu Kompromißformulierungen, die dem Munde jedes konservativen Politikers angemessen wären: Freiheit »innerhalb des rahmens gewisser bestimmungen« (St 2,165). Die Frage wäre, was ist der *bestimmte* Status jener »*gewissen* bestimmungen«? Gewiß ist, was nicht gewiß ist, im Sprachgebrauch, aber eben deshalb um so gewisser; es bezeichnet die Instanz eines Einverständnisses, über das kein expliziter Diskurs mehr nötig, ja nicht einmal erlaubt ist. Sie wissen schon: jene gewissen Dinge, jene gewissen Bestimmungen. Eine »ungeheuere mannigfaltigkeit« sei möglich im Lehrstück, schreibt Brecht, und gibt sogleich ein Beispiel: »bei der aufführung des BADENER LEHRSTÜCKS hielten sich der stückeschreiber und der musikschreiber auf der bühne auf und griffen dauernd ein« (St 2,165). Der dauernde Eingriff jener also, die vorschreiben, garantiert die ungeheuern Möglichkeiten. Gewiß beschränken die Freiheiten sich nicht auf Eingriffe des Autors im engsten Sinne des Wortes. »die form der lehrstücke ist streng, jedoch nur, damit teile eigener erfindung und aktueller art desto leichter eingefügt werden können« (M 252). Unbestimmt bleibt auch hier das konkrete Verhältnis zwischen dem ›eigen‹ (wem eigen?) und der Autorität der strengen Form (wer autorisiert sie auf Grund welcher Legitimation?). Wer bestimmt die Teile, und wer das Ganze?
Unsere Lektüre hat uns offenbar genau auf jene Position gebracht, die wir anfangs kritisch hinter uns zu lassen schienen. Nun haben wir also glücklich oder nicht so glücklich den autoritären Brecht hinter der Maske des freien Spiels hervorgeholt und finden uns dabei leider nicht in bester Gesellschaft. Lassen wir uns also stören vom Unbequemen und verweilen dabei. Öffnet nicht, kaum angeritzt von der kritischen Lektüre, die Theorie sich und gibt den Blick frei auf etwas ganz anderes, das sie verdeckt, nicht erhellt? Das würde jenen Kritikern recht geben, die längst behaupteten, die Lehrstücktheorie sei eine nachträgliche Rationalisierung Brechts, um vom Inhalt der Stücke, die von Gewalt und Tod handeln, abzulenken. Das läßt sich nicht einfach als falsch und nichtig beiseite schieben. Brecht war ein großer Rationalisierer und nicht wenig an den Mißverständnissen beteiligt, die über ihn im Gang sind. Es gilt dies freilich in irgendeiner Weise von jedem Autor und trifft nicht zuletzt den Kritiker selbst, der über Rationalisierung schreibt. Es hilft auch nicht, die Theorie zugunsten der Praxis zu verwerfen. Die Wahrheit ist nicht ›hinter‹ der verdeckenden Nachträglichkeit

der Rationalisierung, sondern sie ist nur in ihr, im Konflikt zwischen Theorie und Praxis, im Prozeß der Verdeckung. So verhalten sich auch die Stücke zur Theorie nicht einfach als ihr Anderes, sondern auch als ihr Doppelt. *Die Maßnahme* ist nicht einfach die Gewalt, die von der Theorie verdeckt wird, sondern selbst die Inszenierung von Rationalisierung als Gerichtsprozeß, und die Theorie ›selbst‹ ist auch Darstellung von Gewalt. Die Kritik, die glaubt, Brecht höhnisch daran aufhängen zu können, bietet ihrerseits das Paradigma rationalisierender Verdrängung, solange sie im Namen des Individuums und der Freiheit sprechend ihre eigene Verschlingung in der autoritären Gewalt verleugnet. Und tatsächlich wendet der Witz der Lehrstücke sich auch gegen die Kritiker, die auch Lehrende sind. Was die Lehrstücke an der Lehre aufdecken, ist das, was die offizielle Lehre gründlich verdrängen will.

Daß Lehrstücke Stücke seien, die Wissen vermitteln, entspricht einer seit der bürgerlichen Aufklärung eingeleiteten Reduktion von Lehre und Lernen auf kognitive Prozesse. Daß es sowohl eine philosophische Tradition von Plato/Sokrates über Pascal bis Nietzsche und Lacan gibt, die ein solches Lehr-Verständnis radikal in Frage stellt,[6] wie auch eine pragmatische Lehre als Einübung in ein Handwerk unter der Leitung des Meisters, wird in der akademischen Diskussion fast völlig ausgespart. Paradoxerweise hat die Frühaufklärung, die in der Lehrdichtung noch einmal eine Blütezeit erlebte, am Prozeß dieser Verdrängung wesentlich teil. Genauer gesagt, handelt es sich nicht so sehr um eine Verdrängung als um Isolieren.[7] Isoliert wird die Lehre von ihren affektiven Verwicklungen, von der Lust einerseits, von der Gewalt andererseits, wäre man versucht zu sagen, hätte nicht das einerseits/andererseits bereits teil an der Rationalisierung, die trennen will, was unentscheidbar ineinander verknotet ist. Die Trennung von Lust und Gewalt ist der erste Schritt zur Abtrennung beider von der Lehre als reiner Erkenntnisvermittlung. Die Gewalt verdeckt sich als objektive Vernunft, die Lust wird zuerst abgewertet als bloßes Mittel für die Schwachen und die Dummen (»Dem, der nicht viel Verstand besitzt, / Die Wahrheit durch ein Bild zu sagen«, heißt es bei Chr. F. Gellert), dann ganz dem ästhetischen Schein übergeben.

Brechts Lehrstücke durchbrechen die Isolierung und verknüpfen die Lehre wieder mit der Praxis und dem Körper (Einübung in Haltungen), mit der Lust und mit der Gewalt. Alle drei Momente, ohnehin nicht reinlich zu scheiden, spielen in Brechts Gesamtdramaturgie eine wesentliche Rolle, ihr Mischungsgrad ist verschieden. Brechts Polemiken der zwanziger Jahre gegen das kulinarische Theater richten sich hauptsächlich gegen die spezifische Form des bürgerlichen Konsumverhaltens und geben bald schon der emphatischen Verknüpfung von Lehre/Lernen mit Vergnügen und Lust Platz. In den Lehrstücken scheint die Lust zugunsten der Gewalt gedämpft; doch spielt sie auch hier als Lust in der Gewalt und als Gewalt in der Lust ihre verlockend-verführerische Rolle. In einem Fragment, das Steinweg dem Fatzer-Komplex zuordnet, thematisiert Brecht ausdrücklich den Zusammenhang von Grausamkeit, Schrecken und sexueller Lust:

> Unrichtig handeln, die dem Lernenden das Geschlechtliche als natürlich hinstellen, als sauber, harmlos und verständlich. Recht haben, die es ihm als unnatürlich beweisen, also als schmutzig, gefährlich und unverständlich [...]. Aber nicht um den Lernenden von der Liebe abzuhalten, soll man ihm die Liebe schmutzig oder unnatürlich schildern, sondern allein um ihm die Wahrheit zu sagen. Nicht um ihm Abscheu zu erregen, sondern um ihm Schrecken zu lehren. Darum ist die beste Art ihm die geschlechtliche Liebe zu lehren, so wie es die Knaben unter sich machen: sie reden lachend und erhitzt vom Geschlechtlichen und zeichnen große und schmutzige Symbole auf die Wände der Häuser, die jenen gleichen, die von den Religionen der Weisesten aller Rassen benützt werden. Und auch dadurch ist diese Art der Belehrung gut, weil sie unter solchen vor sich geht, die sich nicht nur mit Worten sondern ebenso auch mit Händen berühren können.   (St 2,43)

Nur wo die Inszenierung der Lehrstücke diese Obszönität mit ins Spiel bringt, ist sie wahrhaft politisch als Ab-Tritt der gesellschaftlichen Gewalt.
Es ist auch noch eine andere, freilich verwandte Lust im Spiel: die Lust am Mechanischen darin (eine Lust, die in Fellinis *Casanova*-Film auch als sexuelle Lust zelebriert wird): »es gibt eine bestimmte freude am mechanischen, am rechtzeitigen einsatz, am klappen, am teilnehmen an einer mathematischen übung, eine art *stichwortgenuß* jeder von 4 spielern unterwirft sich demselben zahlensystem und jeder bereitet seinen einsatz vor wie der kartenspieler seinen stich wie jeder teil einer maschine seinen bestimmten schlag ausübt usw.« (St 2,62 f.). Stich auf Stich und Schlag auf Schlag arbeitet die Lustmaschine im Lehrstück und produziert ihr Doppelt und Anderes: eine neue Mechanik.
Einübung in Haltungen ist nach Brecht ein Hauptziel der Lehrstücke. Ein Text aus dem Umkreis der *Keuner-Geschichten* verdeutlicht den Begriff der Haltung:

> Oft sehe ich, sagte der Denkende, habe ich meines Vaters Haltung. Aber meines Vaters Taten tue ich nicht. Warum tue ich andere Taten? Weil andere Notwendigkeiten sind. Aber ich sehe, die Haltung hält länger als die Handlungsweise: sie widersteht den Notwendigkeiten.
> Mancher kann nur eines tun, wenn er sein Gesicht nicht verlieren will. Da er den Notwendigkeiten nicht folgen kann, geht er leicht unter. Aber wer eine Haltung hat, der kann vieles tun und verliert sein Gesicht nicht.
>
> (GW 12,410)

Haltung erscheint hier als eine Substanz im wörtlichen Sinne: das was bestehen bleibt unter und in den Veränderungen, Prinzip der Veränderungen,
selbst aber nichts, so wie der Gestus nur als Konstellation von Gesten existiert, als ihr Effekt und ihr Grund. Haltung als substanzlose Substanz vertritt
so auch den Ort des Subjekts und seiner Identität. Wer eine Haltung hat,
»verliert sein Gesicht nicht«. Der Begriff führt auf ein ideologisches Minen-
feld, ist es doch einer der Lieblingsbegriffe des autoritären Charakters. ›Haltung bewahren‹, heißt die Parole; ihr körperlicher Ausdruck ist beispielhaft
die soldatische Achtungsstellung. Brecht sprengt die Minen, stellt einiges auf
die Füße, indem er die strammstehenden Figuren kopfstehen läßt. In der
konservativen Charakterideologie ist die Substanz der innere Charakter, der
die Haltung bewirkt, und die Haltung bewirkt Handlungen. Brecht kehrt das
um: »unsere haltung kommt von unseren handlungen, unsere handlungen
kommen von der not« (St 2,47). Dann freilich folgt eine weitere Wendung, in
der nun die Haltung sekundär zum Prinzip wird: »wenn die not geordnet ist,
woher kommen dann unsere handlungen? wenn die not geordnet ist kommen
unsere handlungen von unserer haltung« (St 2,47). Der Charakter als Substanz
fällt weg. Es bleibt eine umkehrbare Wirksamkeit zwischen Handlung und
Haltung, zwischen Ausdruck und Ausgedrücktem, zwischen Signifikant und
Signifikat:

> so wie stimmungen und gedankenreihen zu haltungen und gesten führen,
> führen auch haltungen und gesten zu stimmungen und gedankenreihen. das
> anspannen der halsmuskeln und anhalten des atems wird als begleiterschei-
> nung des zorns beobachtet. durch anspannen der halsmuskeln und anhalten
> des atems kann aber auch zorn hervorgerufen werden [...]. (St 2,141)

Statt Gestik als Ausdruck des Innern, erscheint die Möglichkeit, daß die Gestik
jenes ›Innere‹ als Effekt erst erzeugt: der Signifikant bringt das Signifikat
hervor.
Der gestische Signifikant hat bei Brecht drei Eigentümlichkeiten: er ist bedeu-
tungslos, körperlich und mechanisch und begründet in dieser dreifachen Eigenschaft Sinn und Subjekte:

> was immer du denkst verschweig es
> geh hinaus mit uns mechanisch!
> geh wie einer grüßt: weils üblich
> vollführ die bewegung die
> nichts bedeutet   (St 2,103)

Brecht setzt eine Zäsur, die eine andere des 18. Jahrhunderts rückgängig macht.
Wenn das 18. Jahrhundert Rhetorik, Poetik und Auswendiglernen verwirft

zugunsten des freien, schöpferischen, eigenen Ausdrucks des Innern,[8] konstituiert Brecht den Sinn wieder in der Körperlichkeit der materiellen Signifikanten und in der Mechanik der symbolischen Maschinerie.

4

Das Verhältnis zum technischen Apparat bildet den Ausgangspunkt von Brechts Lehrstückproduktion. *Der Ozeanflug* (zunächst »Flug der Lindberghs«) experimentiert als Radiolehrstück mit einem neuen technischen Medium und will das Verhältnis zwischen Hörer und Apparat revolutionieren. Das Stück wurde zunächst nicht im Rundfunk, sondern im Rahmen der Musikfestwochen 1929 in Baden-Baden aufgeführt, die Darstellung einer Radiosendung also. Innerhalb des Stückes wird wiederum das Verhältnis Mensch und Apparat zum Thema, diesmal zum Flugapparat. Bei der Aufführung in Baden-Baden standen »auf der linken seite des podiums das rundfunkorchester mit seinen apparaten und sängern, auf der rechten de[r] hörer«. Die Darsteller des »Hörers« singen den Lindbergh-Part. Bei einer eigentlichen Radioübertragung würden idealerweise die Zuhörer den Lindberghtext laut mitsprechen, bzw. mitsingen.

Der Apparat vertritt das Allgemeine, den Staat, den Reichtum des Ganzen, dem der Einzelne nicht gegenübersteht, sondern in das er sprechend sich einübt:

> Im Verfolg der Grundsätze: der Staat soll reich sein, der Mensch soll arm sein, der Staat soll verpflichtet sein vieles zu können, dem Menschen soll es erlaubt sein weniges zu können, soll der Staat, was die Musik betrifft, alles hervorbringen, was besondere Apparate und besondere Fähigkeiten verlangt, aber der einzelne soll eine Übung hervorbringen.   (St 2,64f.)

Die »Aufforderung an Jedermann« am Anfang des Stückes bekräftigt das:

> Das Gemeinwesen bittet euch: Wiederholt
> Die erste Befliegung des Ozeans
> Durch das gemeinsame
> Absingen der Noten
> Und das Ablesen des Textes.   (GW 2,567)

Der Apparat ist also die Stimme des Gemeinwesens. Der einzelne spricht nur, indem er die Sprache des Gemeinwesens wiederholt. Das hat etwas betont Mechanisches an sich: Absingen, Ablesen. Die mitsprechenden Hörer sind also alles andere als ›freie‹, sich ausdrückende Individuen. Indem sie absingend, ablesend mitsprechen, inszenieren sie das symbolische Band, das sie als einzelne Sprechende erst konstituiert. Brecht verweist auf die pädagogische Wirksamkeit, die aus dem Paradox des »gemeinsamen ›Ich‹-Singens« hervorgeht (St 2,69).

Die Aufforderung »Hier ist der Apparat / Steig ein« (GW 2,567) bezieht sich so
nicht nur auf den Flugapparat, sondern auch auf den Radioapparat und den in
ihm verkörperten Sprechapparat. »Ich besteige den Apparat«, antworten *wir*: die
Zuhörer, Ableser, Absinger und Flieger. Das Wort ›besteigen‹ statt ›einsteigen‹
hat einen eigentümlichen stilistischen Effekt (schon vorher war die Rede vom
»Befliegen« des Ozeans): die spezifisch sexuelle Konnotation des Wortes wie
auch die allgemeine Funktion der Vorsilbe »be-« benehmen dem Apparat
einerseits jede imaginäre Innerlichkeit, beladen aber andererseits das ›äußerliche‹, mechanische Verhältnis mit intimer Bedeutung, in der gleichzeitig
bemächtigende Gewalt impliziert ist. Aber wer bemächtigt wen?
Thema scheint die Bemächtigung der Natur durch den Menschen mit Hilfe des
technischen Apparats. Aber nicht nur spricht der Radioapparat den Part der
Natur, auch der Flugapparat ist sowohl Hilfsinstrument als auch Gegner: »Indem
ich fliege / Kämpfe ich gegen mein Flugzeug und / Gegen das Primitive.« Und
dieser Kampf ist auch einer »Gegen mich selber« (GW 2,576). Ziel ist Inkorpora-
tion des und im Andern: »Laßt uns bekämpfen die Natur / Bis wir selber natürlich
geworden sind« (GW 2,573). Damit ist offenbar die marxistische Dialektik der
humanisierten Natur und des naturalisierten Menschen angesprochen, freilich
mit einer Betonung des Bekämpfens, die aufhorchen lassen sollte.
In dieser Dialektik geht *fast* alles auf. Aber es gibt einen kleinen Rest, der
verdeckt werden will. In der 16. Szene läßt der erschöpfte, aber erfolgreiche
Flieger sich in den Schuppen tragen: »Ich bin Derundder. Bitte tragt mich /
In einen dunklen Schuppen, daß / Keiner sehe meine / Natürliche Schwäche«
(GW 2,584). Warum soll die »Natürliche Schwäche« beiseitegeschafft und ins
Dunkel abgeschoben werden? Im Rahmen einer Dialektik macht das keinen
Sinn; sie müßte doch vor dem Negativen verweilen, um es ins Positive umzukeh-
ren, statt es den Blicken zu entziehen. Es gibt scheinbar ein Stück Überschuß an
Negativität, die an der Ökonomie der Dialektik keinen Anteil hat. Der Text geht
darüber hinweg und behauptet, daß die Arbeit »ohne Fehler« war. Aber daß er
immerhin einen Moment des Verdrängens artikuliert, wie kurz und flüchtig auch
immer, zeugt von einem andern Wissen und vom Wissen des Andern.
Es gibt außer der thematisierten noch eine implizite Verdeckung, angesprochen
in der merkwürdigen Formulierung »Ich bin Derundder«. Dieser beliebige
Derundder verdeckt den anfänglich auch noch im Titel genannten Lindbergh.
Brecht begründet die Ausmerzung des Namens mit Lindberghs faschistischen
und Nazi-freundlichen Tendenzen. So heißt es nun statt »Mein Name ist Charles
Lindbergh« (GW 2, Anm. S. 2*) »Mein Name tut nichts zur Sache« und statt »Ich
bin Charles Lindbergh« »Ich bin Derundder«. Wenn aber der Name »nichts zur
Sache« tut, warum dann diese Anstrengung, ihn auszumerzen? Offenbar tut er
doch etwas zur Sache und muß eben deswegen gestrichen werden. Wird aber
nicht, indem er gestrichen wird, die Sache verändert? Müßte nicht eine Dialektik
wiederum, statt das Unbequeme ins Dunkel abzuschieben, gerade daran anset-

zen und sich fragen, was tut es »zur Sache«, wenn der Faschismus an ›meinem‹ Prozeß teil hat?

Einen Tag nach dem *Ozeanflug* wurde in Baden-Baden am 28. Juli das *Badener Lehrstück vom Einverständnis* uraufgeführt. Hier werden zum Teil jene Lücken und Überschüsse der Dialektik inszeniert, die im *Ozeanflug* beiseitegeschafft werden. Es ist einer der unbequemsten und rätselhaftesten Texte Brechts. Was im *Ozeanflug* am Ende erreicht ist, die dialektische Auflösung und der Ausblick ins »Noch nicht Erreichte« (das zunächst noch das »Unerreichbare« hieß), steht jetzt in wörtlicher Wiederholung am Anfang; der Epilog des einen Stücks wird so zum Prolog des andern. Der Prozeß wird neu eröffnet angesichts der gestürzten Flieger, deren Schwäche nun nicht mehr ins Dunkel entzogen wird. Während der *Ozeanflug* den Sieg als gemeinsame Arbeit des Fliegers und der Monteure feiert,[9] spaltet im *Badener Lehrstück* das Kollektiv der vier Flieger unversöhnlich sich zuletzt in die belehrbaren drei Monteure und den unbelehrbaren einzelnen Flieger, der ausgelöscht wird.

Auch formal sind die Beziehungen zum *Ozeanflug* deutlich. Wie dort stehen links der Chor und das Orchester den Fliegern rechts gegenüber; und wenn dort das Einverständnis zwischen Apparat und Hörer eingeübt wird, so hier das Einverständnis der Flieger mit dem »Gelernten Chor«, der das Gemeinwesen vertritt. Wie das Hegelsche ›Wir‹ in der *Phänomenologie des Geistes* ist der Gelernte Chor seinem Namen entsprechend bereits im Wissen, zu dem die Flieger sich erst durcharbeiten müssen. In dieser Konstellation ist das dialektische Modell noch mächtig. Aber es wird an die äußerste Grenze geführt, wenn nicht gesprengt. Was im *Ozeanflug* durch das »Absingen« und »Ablesen« bereits angedeutet wurde, daß nämlich die Kommunikation zwischen Apparat und teilnehmendem Hörer keineswegs symmetrisch zweigleisig ist, formuliert Brecht in bezug aufs *Badener Lehrstück* noch deutlicher. Gegen Hindemiths liberale Auslegung der Improvisationsmöglichkeiten der Teilnehmer heißt es schneidend-scharf:

> Selbst wenn man erwartete, daß der einzelne »sich in irgendwas dabei einordnet« oder daß hier auf musikalischer Grundlage gewisse geistige formale Kongruenzen entstehen, wäre eine solche künstliche und seichte Harmonie doch niemals imstande, den die Menschen unserer Zeit mit ganz anderer Gewalt auseinander zerrenden Kollektivbildungen auf breitester und vitalster Basis auch nur für Minuten ein Gegengewicht zu schaffen.

> (St 2,59 f.)

Die »künstliche und seichte Harmonie« steht gewalttätigen »auseinander zerrenden Kollektivbildungen« gegenüber. Bindung und Zerreißen sind damit aufs engste verknüpft, so daß auch die Gegenbindung notwendig mit gleicher auseinander zerrender Gewalt zu antworten hat. Das inszeniert das *Badener Lehrstück vom Einverständnis* und relegiert jede liberale Theorie vom vernünftigen Konsensus brutal zur Machtlosigkeit und sagt gleichzeitig die darin verdeckte Gewalttätigkeit aus. »Seien wir doch vernünftig!«, spricht in Konfliktsituationen jenes Interesse, das schon in der Machtposition sich befindet:

> L[EHRE]. woran also erkennt man die herrschende art?
> M[ASSE]. daran erkennt man die herrschende art, daß sie sagt, daß es ohne gewalt geht   (St 2,77)

Statt Gewalt zu verleugnen, verdoppelt das Stück sie, wiederholt und intensiviert sie in sich steigernden Szenen der Grausamkeit bis hin zu der grotesken Clownsszene, wo ein Mann im Namen der Hilfe zersägt wird. Da Hilfe, so die Logik des Stücks, nur nötig ist, wo Gewalt ist, machen »Hilfe und Gewalt ein Ganzes« (GW 2,599), und wer hilft, wird zum Komplizen der Gewalt.

Das Lehrstück vom Einverständnis ist auch ein Lehrstück vom Sterben. Es ist ein Versuch, die radikalste Negation in die Ökonomie der Dialektik einzubringen. Sterben wird zur Einübung ins Einverständnis: »Wenn der Denkende den Sturm überwand, so überwand er ihn, weil er den Sturm kannte und einverstanden war mit dem Sturm. Also, wenn ihr das Sterben überwinden wollt, so überwindet ihr es, wenn ihr das Sterben kennt und einverstanden seid mit dem Sterben« (GW 2,602). Mit Recht rügt Jan Knopf die Haltlosigkeit jener Interpretationen, die dieses Einverständnis als »sinnloses Unterwerfen« und bloßen Irrationalismus verstehen (BH 77). Das Einverständnis mit dem Sterben folgt dem Hegelschen Modell, nach dem »nicht das Leben, das sich vor dem Tode scheut und von der Verwüstung bewahrt, sondern das ihn erträgt und in ihm sich erhält« das wahre Leben ist.[10] Die Wahrheit gewinnt nur, »wer in der absoluten Zerrissenheit sich findet«. Einverständnis wird so zur Macht, die »dem Negativen ins Angesicht schaut, bei ihm verweilt«. Deshalb kann Brecht schreiben: »einverstanden sein heißt auch: *nicht* einverstanden sein« (St 2,62).

Einverständnis mit dem andern als Überwinden des andern, mit dem man nicht einverstanden ist, erhält im Brechtschen Beispiel noch eine besondere Note, indem das Beispiel zum Wortspiel wird. Den Sturm überwinden heißt, mit ihm so sehr einverstanden sein, daß man ihn in seiner eigensten Macht, der Macht des Windes, über-windet. Das Wortspiel kondensiert das Brechtsche Verfahren: Wiederholen des Negativen und Steigerung zum Extrem in der Wiederholung. An den vier Fliegern werden das Einverständnis, das Auslöschen, das Sterben und das neue Erheben vorgespielt. Die drei Monteure vollziehen das Einverständnis, der Flieger nicht. An ihm exemplifiziert die Dialektik, daß auch sie ohne Ausschließung nicht auskommt. Dem Einverständnis geht die Austreibung voran. Ausgetrieben wird nicht einfach das Andere, sondern der Andere in der Gestalt des ›uns‹: »Einer von uns / An Gesicht, Gestalt und Gedanken / Uns gleichend durchaus«. Brecht versuchte nachträglich, das Sterbemotiv abzuwerten: »dem Sterben ist im Vergleich zu seinem doch wohl nur geringen Gebrauchswert zuviel Gewicht beigemessen« (St 2,57). Es stört offenbar die Ökonomie.

Im *Jasager* und *Neinsager* nimmt Brecht noch einmal ausdrücklich das Thema vom Einverständnis auf: »Wichtig zu lernen vor allem ist Einverständnis / Viele sagen ja, und doch ist da kein Einverständnis«, singt der große Chor (der jetzt nicht mehr ein ›gelernter‹ ist) zu Beginn der beiden Stücke. Die Situation scheint einfach. Ein Knabe will mit dem Lehrer und einer Gruppe Studenten auf eine Reise über die Berge, um jenseits der Berge Medizin für seine kranke Mutter zu holen. Unterwegs wird er krank. Der große Brauch verlangt, daß Kranke ins Tal zu Tode gestürzt werden. Der Knabe wird gefragt und gibt dem Brauch gemäß sein Einverständnis, im *Neinsager* verweigert er es. Nahe lag deshalb die übliche Interpretation, es gehe wieder um blinde Unterwerfung, bzw. deren Rücknahme im *Neinsager*. Doch schon die zitierten Anfangsverse des Chors sprechen aus, daß Einverständnis nicht identisch mit Jasagen ist. Zudem hat Peter Szondi im Nachwort zur Ausgabe der Fassungen und Materialien gezeigt, daß das Verhältnis zwischen *Jasager* und *Neinsager* sehr viel komplexer ist, als üblicherweise angenommen wird. Es gibt zwei stark unterschiedliche Fassungen des *Jasagers*. In der ersten Fassung ist der Hauptzweck der Reise eine »Forschungsreise« zu den »große[n] Lehrer[n]« (JN 20). Wenn der Knabe krank wird, soll er ins Tal geworfen werden, weil der große Brauch es so vorschreibt. In der zweiten Fassung ist die Situation verändert: das Reiseziel ist jetzt, Medizin zu holen für die ganze Stadt. Und erst nachdem alle Versuche, den kranken Knaben hinüberzutragen, scheitern und durch ihn die ganze Expedition gefährdet ist, soll er sein Einverständnis geben. Der *Neinsager* negiert also eigentlich, wie Szondi richtig bemerkt (JN 105 f.), nur die erste Fassung des *Jasagers*.

Die zweite Fassung unterscheidet sich von der ersten hauptsächlich in der Rationalisierung und Säkularisierung der Motivationen. Sie bildet den Endpunkt einer Kette. Als Vorlage diente ein japanisches No-Stück, das Elisabeth Hauptmann aus Arthur Waleys bearbeiteter englischer Fassung ins Deutsche übersetzte. Die streng ritualisierte Form des No-Theaters berührt sich aufs engste mit der strengen Form der Lehrstücke. Dagegen scheint die religiös-mythische Substanz der No-Stücke dem säkularisierten politischen Lehrstück wiederum ganz entgegengesetzt. In einem Stücktypus, in dem die Darstellungsform so sehr die Substanz ausmacht, bleibt jedoch, was in der Form sedimentiert ist, akut. Der ehemals religiöse Stoff kann nicht, wie Knopf meint (BH 89), aus dem Problemzusammenhang verbannt werden. Der *Jasager/Neinsager*-Komplex enthält nicht nur Säkularisierung und Rationalisierung, sondern er ist die Darstellung dieses Prozesses als Konflikt.

Bereits Waleys Übersetzung eliminiert einen großen Teil der kultisch-religiösen Aspekte und mehr noch die magisch-lyrische Aura des Originals. Das japanische Stück »Der Wurf ins Tal« (JN 83–102) lebt, wie überhaupt das No-Theater,[11] von

der zelebrierenden Strenge ritueller Sprache, lyrischen Invokationen, dem
beschwörenden Zauber lokaler Namen und von sprachspielerischen Effekten.
Das witzig-schlüpfrige Wortspiel, in dem die festen Ränder der Sprache zu
gleiten beginnen und unerwartete Bedeutungen und Verschiebungen aufschei-
nen, sowie die evokative Kraft lokaler Orts- und Eigennamen, die oft in dichten
Sequenzen, fast litaneiartig sich reihen, bilden mit der strengen, festen Allgemeinheit der rituellen Form eine konfliktreiche spannende Konstellation. All das
fällt bei Waley weg.

Elisabeth Hauptmanns Übersetzung hält sich eng an die englische Fassung, und
in großen Zügen folgt ihr Brechts erste Version des *Jasagers*, allerdings mit dem
wesentlich neu problematisierten Motiv des Einverständnisses. Die zweite Fassung bringt dann die genannten Änderungen. Der Tod scheint jetzt ganz in der
Situation begründet, geht es doch um lebensnotwendige Medizin für die ganze
Stadt; die Frage ist: soll einer geopfert werden oder viele. Wenn aber rationale
Motivierung einmal als Legitimationsprinzip eingeführt ist, muß sich alles vor ihr
ausweisen können. Und gerade hier beginnen die Probleme. Während der Wurf
ins Tal im großen Brauch, solange man ihn akzeptiert, seine volle Begründung
hat, bringt die rationale Motivierung Lücken hervor, die sie als umfassend
begründende Instanz in Frage stellen. Frage auf Frage stellt sich ein: Wenn der
Zweck der Reise ist, Medizin zu holen, warum muß der Knabe überhaupt mit?
Können die andern nicht auch die Medizin für die Mutter bringen? Und wenn es
nur, wie es scheint, der Wille des Knaben ist, müßte nicht der ›vernünftige‹
Lehrer, der die Reise und ihre Gefahren kennt, diesen Willen als ›unvernünftig‹
mit etwas mehr Autorität ablehnen? Und wenn der Knabe schon dabei ist,
könnte nicht einer von den Reisenden bei ihm zurückbleiben und der Rest
weitergehen? Und so weiter, und so weiter ... Die Schülerdiskussionen nach der
Aufführung zeigen, daß man mit solchen Fragen endlos weitermachen kann. Die
vernünftige Legitimation findet keinen Halt und keinen Grund, immer nur
vorläufige Gründe. Der »Gebrauchswert« des Sterbens wird gerade hier, wo es
am vernünftigsten scheint, am meisten in Frage gestellt. Dagegen werfen andere
Momente ihre Schatten ins Stück. Ein Schülereinwurf zeigt Gespür dafür: »Man
könnte fast meinen, der Knabe geht auf die Wünsche der Kameraden ein, weil es
auch seine Wünsche sind, die er allerdings nicht ausspricht« (JN 60). Dazu
kommen zwei Motivationsstränge, die hier nur angedeutet werden können, aber
explizit im japanischen und implizit in Brechts Stück von ausschlaggebender
Bedeutung sind: das Verhältnis von Knabe–Mutter und Knabe–Lehrer. In
beiden Fällen geht es um ein kompliziertes Autoritätsverhältnis, das durchsetzt
ist von der ›Liebe‹ nicht nur des Knaben zur Mutter, sondern auch des Lehrers
zum Knaben (eine Liebe und Zärtlichkeit, die im No-Stück den Lehrer fast zum
Abfall vom strengen Ordensgelübde treibt, so daß er von den Schülern ermahnt
werden muß). In Brechts Bearbeitung sind diese Momente nur noch als Spuren
zu erkennen. Aber die Spuren führen zu dem hin, was im dunklen Abseits den

Text und das Verhältnis der Figuren untereinander bewegt. Das Einverständnis hat sein Inneres anderswo, als wo es sich ausspricht.

Wenn im *Neinsager* dem vor- und eingeschriebenen Brauch das Nein entgegengesetzt wird, vollzieht die *Maßnahme* buchstäblich wieder die Einschreibung der Vorschriften. Damit bestätigt sich, daß der *Neinsager* keine Zurücknahme des *Jasagers* war, sondern nur eine Modifikation. Brecht plante die *Maßnahme* zunächst als »Konkretisierung« des *Jasagers* (M 202). Die Grablegungsszene, besonders in der ersten Fassung der *Maßnahme*, nimmt bis in den Wortlaut hinein den Talwurf aus dem *Jasager* wieder auf.

Die Maßnahme ist die Darstellung einer Darstellung. »Stellt dar, wie es geschah« (M 7), singt der Kontrollchor am Anfang. Der Aufforderung zur Darstellung geht ein Einverständnis voraus: »Wir sind einverstanden mit euch.« Aber dieses Einverständnis wird angehalten: »Halt, wir müssen etwas sagen!« Die Darstellung ist also ein Einschnitt ins Einverständnis, eine Bruchstelle in der Kontinuität von Praxis und Theorie. Am Ende findet sich wieder ein Einverständnis ein. Die Darstellung zeigt also den Übergang vom blinden Einverständnis zum reflektierten.

Dieser Übergang ist durch zwei auffallende formale Eigentümlichkeiten gekennzeichnet: Stillstand und Wiederholung. Das »Halt« am Anfang des Stücks markiert einen Moment der Blockierung, den die Ästhetiken des 18. Jahrhunderts als Moment des Erhabenen festhalten.[12] Die natürliche Einbildungskraft, die physische Natur des Menschen gelangen an eine Grenze, wo sie gleichsam im Angesicht der Vernichtung zum Stillstand kommen, bis das Eintreten einer andern, ›höhern‹ Kraft den Wendepunkt bringt und das der Vernichtung ausgesetzte Wesen auf einer andern Ebene neu erstehen läßt. Die Verbindung zu den Lehrstücken ist nicht so weit hergeholt, wie es scheinen mag. Der Begriff des Erhabenen ist der Versuch, etwas zu denken, was im Begriff des Schönen nicht gedacht werden darf: Gewalt und antagonistischer Konflikt. Wenn die schöne Seele die Herrschaft des moralischen Prinzips so sehr verinnerlicht hat, daß sie so tut, als handle sie aus bloßer Natur, öffnet im Erhabenen sich die Kluft und zeigt sich als unnachgiebiger Kampf zweier Mächte um Herrschaft. Brechts Lehrstücke, und die *Maßnahme* im besondern, inszenieren diesen Kampf und kehren den Verinnerlichungsprozeß der Gewalt um, indem sie die verinnerlichte Gewalt theatralisch, gestisch entäußern und vorzeigen. So ist der Übergang vom blinden zum reflektierten Einverständnis gleichzeitig dessen Umkehrung, weil sie den Übergang auch als Verinnerlichung von Gewalt darstellt.

Umkehrung (Inversion) und Wiederholung sind Merkmale des hohen Stils des Erhabenen, dem die Sprachgebung in der *Maßnahme* durchgehend folgt. »Wir werden anerkennen euer Urteil«, heißt es im hohen Stil, statt des mittleren und gewöhnlichen »Wir werden euer Urteil anerkennen«. Nicht zufällig hat Roman Jakobson das Prinzip der Wiederholung in der Grammatik der Poesie und in der Poesie der Grammatik an einem Chorlied aus der *Maßnahme* bis in die einzelne

Buchstäblichkeit aufgezeigt.[13] Wiederholung als Parallelismus und Antagonismus, als Wiederholung des Gleichen in der Inversion ist beherrschendes Prinzip auf allen Ebenen des Textes und der Darstellung. Ein Beispiel mag das verdeutlichen.

Der junge Genosse stellt sich als ein durchaus beschriebenes Blatt vor: »Mein Herz schlägt für die Revolution. Der Anblick des Unrechts trieb mich in die Reihen der Kämpfer. Ich bin für Freiheit. Ich glaube an die Menschheit. Aber ich weiß, daß die klassenlose Gesellschaft nur durch die Diktatur des Proletariats verwirklicht werden kann, und deshalb bin ich für die radikale Durchführung unserer Parolen« (M 8). Die Sequenz der Sätze dieser Selbst-Vorstellung läßt sich als Phänomenologie eines Bewußtseins lesen: »Mein Herz schlägt«. Das erste Subjekt ist ein körperliches Organ, das gleichzeitig als Metapher schon den Übergang vom Sinnlichen zum Sinn bezeichnet. Der Sinn hier ist noch ganz Gefühl. Die Wahrnehmung, der »Anblick« treibt ihn aus sich heraus zu einem Sein für anderes: »Ich bin für . . .«. In diesem Sein spaltet sich Bewußtsein in doppelter und entgegengesetzter Form ab: »Ich glaube«, »Aber ich weiß«, das ins pragmatische Sein zurückwirkt: »deshalb bin ich für die radikale Durchführung«.

Das so beschriebene Blatt wird ausgelöscht mit den andern, damit sie »leere Blätter« werden, »auf welche die Revolution ihre Anweisung schreibt« (M 11). Dieses Einschreiben der Schrift der Revolution zeigt sich bei näherm Hinsehen als ein Wieder-Einschreiben der ausgelöschten Schrift. Jedem Satz des jungen Genossen entspricht eine Szene:

– »Mein Herz schlägt« – Szene 3: »Der Stein«. Es geht um Mitleid, ›spontanes‹ Gefühl (aber Spontaneität ist codiert, nichts stereotyper, als was aus dem Herzen fließt). Das spontane Gefühl tritt in Widerspruch zu sich selbst; seinem Herzen folgend, verrät der junge Genosse sein Herz.

– »Der Anblick des Unrechts« – Szene 4: »Gerechtigkeit«. Vom Anblick des Unrechts getrieben, will der junge Genosse Gerechtigkeit schaffen und vereitelt sie so.

– »Ich bin« – Der selbstbewußten Behauptung des Subjekts »Ich bin« stellt die 5. Szene die kritische Frage entgegen »Was ist eigentlich der Mensch«, und noch einmal am Schluß der Szene »Wer bist du?« (M 25.)

– »Ich glaube« – Dieser Glaube wird in der 6. Szene »Empörung gegen die Lehre« erschüttert. Die dargestellte Erschütterung will den Glauben der Darstellenden festigen. Die dargestellte Auslöschung schreibt das Ausgelöschte den Darstellenden ein.

– »Aber ich weiß« – Szene 7: »Die Zeit der äußersten Verfolgung«, Szene 8: »Analyse«, Szene 9: »Die Grablegung«. Das Wissen konstituiert sich im Äußersten, an der Grenze, indem es die Grenze auflöst (Analyse) und neu setzt (Grablegung). Belehrung empfangen die Menschen nach einem Wort Brechts »vom Tod« (GW 18,46).

Die Wiederholung im Parallelismus ist also gleichzeitig ein Auslöschen des Wiederholten und eine Wiedereinschreibung an anderem Ort. In dieser Verschiebung ändert das Wiederholte seine Qualität. So weit reicht die Dialektik. In der Verschiebung geht etwas unwiederholbar verloren. Das ist das Jenseits der Dialektik. Dies Uneinholbare hat Brecht von ›marxistischer‹ Seite den Vorwurf des Idealismus eingebracht.[14] Brecht machte daraufhin Zugeständnisse inhaltlicher wie stilistischer Art. Der ›erhabene‹ Stil der ersten Fassung wird in den späteren gedämpft. (Man vergleiche etwa den Bericht der Agitatoren in der ersten Fassung – M 7 – mit dem Text der Werkausgabe – M 105 f.) Die Frage ist, ob nicht gerade in den Zugeständnissen die wirkliche Idealisierung beginnt.

Der Konflikt zwischen dem Begehren nach Ganzheit und umfassender Integration, das die Lehrstücke wie alle Lehre treibt, und ihrem todsichern Blick fürs Antagonistische und nicht Integrierbare läßt sie selbst zu Bruchstücken werden. Die Fertigen sind in Brechts Augen nicht fertig; andere, wie das faszinierende Fatzer-Fragment sind im engern Sinne Bruchstücke geblieben; wieder andere wie *Die Ausnahme und die Regel* und *Die Mutter* oszillieren unentschieden zwischen Lehrstück und Schauspiel und stellen so die Gattungsfrage, auch eine Frage von Ganzem und Stück, neu.

Die Ausnahme und die Regel thematisiert das. Das Stück basiert auf einer Regel: daß die Ausnahme die Regel bestätigt. Ausnahme und Regel konstituieren einander wie der Herr und der Knecht. Sie bestätigen einander in einem Kampf um Leben und Tod: die Ausnahme will die Regel widerlegen, die Regel die Ausnahme vernichten; so konstituieren sie das System einer immer umfassenderen Totalisierung. Schiller stellt das im gutbürgerlichen Glauben an die universelle Vernunft in der *Bürgschaft* als rührende Szene der Integration dar. Weil die Vernunft auch noch das Herz einnimmt und rührt, das somit keine Gründe mehr haben darf, die die Vernunft nicht kennt, will auch der Tyrann vom Bund nicht ausgeschlossen sein: Die unerhörte Ausnahme verwandelt den »Wüterich« zum »Menschen«, zum Repräsentanten eines umfassenderen Systems. Was mit der Tyrannis passiert, bleibt ausgespart.

Die ersten sieben Szenen des Brechtschen Stückes haben den balladesken Charakter einer Abenteuergeschichte, die auch einzelne Motive der Schillerschen Ballade inszeniert: die drohende Attacke der Räuber (»Gespräch in einer gefährlichen Gegend«), der reißende Fluß und das Verdursten. Statt daß nun aber die rührende Tat als Ausnahme an die universelle Regel der Menschheit appellieren und damit die partikuläre Regel eines der konkurrierenden Interessen bestätigen kann, blockiert Brechts Stück sie im entscheidenden Moment durch einen gewaltsamen Schuß. Bereits der Titel des Stücks suspendiert durch das neutrale, beiordnende »und« das determinierte Verhältnis zwischen Ausnahme und Regel. Doch ist es damit nicht aufgelöst, sondern überdeterminiert: Die Ausnahme ist das notwendig Ausgeschlossene, das die Regel konstituiert, als solches notwendig. Es geht um die Bestätigung der Vernunft, deren Synthese ohne ein Ausschließen nicht auskommt, das sie um der Synthesis willen gleichzeitig verleugnen muß. Die Gerichtsszene macht ausdrücklich, daß es um *die* Vernunft geht:»Anzunehmen, der Kuli würde mich nicht bei der ersten Gelegenheit niederschlagen, hätte bedeutet anzunehmen, er habe keine Vernunft« (GW 2,819). Furcht als Reaktion der Abwehr und des Ausschließens ist das Zeichen der Vernunft:»Und daß sie Furcht haben, ist ein Beweis von Vernunft« (GW 2,819).

Das Stück zeigt, daß die Vernunft nicht das Ganze ist, sondern die ausschließende Macht eines Teilinteresses, ein Stück, das sich fürs Ganze ausgibt und vom Führer als partikuläres System definiert wird:»In dem System, das sie gemacht haben« (GW 2,820). Damit stellt sich nun freilich auch die ›Rationalität‹ des Brechtschen Theaters in Frage, ohne daß man es jedoch zum Andern der Vernunft erklären könnte. Das Stück gibt einige Regeln zur Verfahrensweise dieser eigenartigen Vernunftkritik:

> Betrachtet genau das Verhalten dieser Leute:
> Findet es befremdend, wenn auch nicht fremd
> Unerklärlich, wenn auch gewöhnlich
> Unverständlich, wenn auch die Regel   (GW 2,793)

Das ist zunächst als eine der vielen Brechtschen Formulierungen des Verfremdungsprinzips zu lesen. Etwas wird aus seinem gewohnten Zusammenhang herausgenommen; das Herausgenommene erscheint dann befremdend, unerklärlich, unverständlich. Es wird unbekannt, kommt aber dadurch zur Kenntlichkeit. Das Prinzip ist bereits in Hegels *Phänomenologie* genau formuliert und zwar als die Arbeit des *Verstandes*. Der Verstand ist im Unterschied zur synthetisierenden Vernunft die auflösende, analytische Kraft; seine Verfahrensweise wird bereits vor Hegel schaudernd, denunzierend, gelegentlich halb bewundernd als »Zergliedern« geschrieben. Erst Hegel freilich wagte es, von der Arbeit des Verstandes als »der verwundersamsten und größten oder vielmehr der absoluten Macht« zu sprechen.[15] Brechts Stücke inszenieren das als Stücke und Zerstückelung, gelegentlich bildlich als Zergliedern. Sie sind also Vernunftkritik durch die auflösende Kraft des Verstandes.

Die Arbeit des Verfremdens ist nicht bloß die des Textes und der Darstellung, sondern mehr noch die der Rezipienten. Ihnen wird die Arbeit zugemutet: »Betrachtet genau«, »Findet es befremdend«. Text und Darstellung können günstige Voraussetzungen dazu schaffen, die eigentliche Arbeit des Verfremdens können sie nicht leisten. Sie verhalten sich zum Zuschauer wie der Analytiker zum Analysanten; es ist der letztere als Analysant, der die Arbeit leisten muß. Mit dieser Analogie stellt sich die Frage der Übertragung. Welches Verhältnis sollen die Zuschauer und Leser zum Stück einnehmen? Die Antwort scheint bei Brecht zumindest negativ klar: keine Identifikation. Klar ist diese Antwort freilich nur, wenn man zu wissen glaubt, was eigentlich Identifikation ist. Trotz der Popularität von Rezeptionstheorien ist aber gerade dieser Prozeß bis heute in der Literaturwissenschaft merkwürdig dunkel und unbestimmt geblieben.[16] Wir können auch hier die Frage nur anschneiden und Umrisse einer Differenzierung andeuten. Der Unterschied zwischen Lehrstück und Schauspiel bei Brecht kann Anhaltspunkte bieten.

Wenn wir mit Brecht die Lehrstücke als Stücke für Spieler sehen, verwandelt sich darin die Rolle der Zuschauer in die von Teilnehmern, die in dieser Teilnahme sich mit dem Stück sozusagen in die darin vorkommenden Verhaltensweisen zerstückeln. Damit scheint nun paradoxerweise gerade in diesen befremdlichsten Produktionen Brechts die verbannte Identifikation in extremster Weise wieder eingeführt. Bei genauerem Hinsehen zeigt sich jedoch sogleich die Differenz. Identifikation, wie sie im allgemeinen in der Theatertradition und sehr ausdrücklich bei Stanislawski verstanden wird, setzt die imaginäre Gestalt des andern als *Ganzes* und als *Innerlichkeit* voraus. Identifizieren heißt dann, ins Innere dieses andern Ganzen einzutreten, sich darin *hinein*zuversetzen und *aus ihm heraus* zu sprechen und zu handeln. Ehe Brecht mit den Versuchen der Lehrstücke begann, hat er in Stücken wie *Im Dickicht der Städte* und *Mann ist Mann* die Voraussetzung solcher Identifikation aufgelöst, indem er auf *innere* Motivation verzichtet und die Figuren im Gegenzug zum »runden« Charakter flach legte. Wenn dabei ein gewisses Interesse für behavioristische Theorien mitspielte, ist dies von geringerer Bedeutung als das Phänomen, daß die Klassiker der Moderne von Kafka bis Beckett in genau dieselbe Richtung arbeiten. Die Aufhebung des Zuschauers in der Teilnahme am Lehrstück bedeutet also nicht ein sich Hineinversetzen in einen Charakter, sondern, wie wir es oben nannten, ein sich Zerstückeln in die Verhaltensweisen des Stückes, oder mit andern Worten: ein sich Ausfalten in die Verkettung der gestischen Rhetorik.

Im Schauspiel bleibt der Zuschauer körperlich vor dem Geschehen und dem Ablauf der gestischen Rhetorik. Die Distanz ist mehr räumlich als zeitlich. Insofern bewegt sich *Die Ausnahme und die Regel* mit ihrer Betonung auf dem »Betrachtet« bereits auf der Grenze zum Brechtschen Schauspiel.

Dasselbe gilt für *Die Mutter*. Brechts eigene Formulierung, sie sei »im Stil der Lehrstücke geschrieben, aber Schauspieler erfordernd« (St. 2,138), rührt an diese Ambivalenz. Was heißt aber hier »im Stil der Lehrstücke«? Ein kurzer Vergleich mit dem späteren Schauspiel *Mutter Courage und ihre Kinder* mag helfen, die schmale Differenz zu finden. Beide Stücke sind geprägt von einer starken Zentralfigur, der Mutter, deren affektive und witzige Dominanz in beiden Stücken, unterstützt von einer langen Tradition von Muttersprache, Mutterwitz und Muttermythos, sich dem Pathos der Distanz entgegensetzt. Es handelt sich um den Topos einer Figur: einen Ort, wo das Delirium der Identifikation eine Urszene findet: zurückzukehren und *ein*zutreten in den Schoß, *aus* dem wir kamen.

Auf unterschiedliche Weise arbeiten die beiden Stücke dem Delirium entgegen, wenn sie es auch, so wenig wie irgendeine ›kommunikative‹ Situation, ganz ausräumen können. In der *Mutter* lernen die Zuschauer und sehen zusammen mit der Hauptfigur; sie befinden sich auf derselben Ebene. Darin zeigt sich der Lehrstückcharakter. In *Mutter Courage* bleibt die Figur blind, die Zuschauer aber, ihre Blindheit sehend, sehen.[17]

So scheint es auch hier, als läge die Identifikation dem Lehrstück näher, und doch sprechen Theater- und Lektüreerfahrung dagegen. Während in der *Mutter Courage* bei aller Distanz zwischen Figur und Zuschauer die duale, spekulative Logik des Sehens des andern Figur und Zuschauer in eins verschlingen will, ist in der *Mutter* die Besetzung auf die »dritte Sache« übertragen, in der Mutter und Sohn sich treffen, ohne einander zu verschlingen. Gleichzeitig nimmt diese dritte Sache eine besondere Form an: sie erscheint als ABC, als das buchstäbliche, das die Mutter lernt, und als das ABC des Klassenkampfs, das der Lehrer lernt, indem er das Buchstäbliche lehrt. Dieses doppelte Buchstabieren durchschneidet und zergliedert die imaginäre Verschlingung der Blicke und ganzen Körper.

Der Bruchstückhaftigkeit, die den Lehrstücken eigen ist, kann auch der Kommentar um so weniger entrinnen, je mehr und genauer er sich auf das Stückwerk einläßt. Es ist dies nicht bloß eine Frage des Umfangs, es ist auch eine prinzipielle Frage des Kommentars und der Interpretation als Lehre über die Lehrstücke. Aktualisierbar ist immer nur ein Stück jener Konstellation, die gerade ›dieses‹ Stück eines Textes mit gerade ›diesem‹ geschichtlichen Moment seiner Rezeption verknüpft. Auf einen Begriff läßt sie sich wiederum nur bruchstücksweise bringen. Wenn ein halbes Jahrhundert nach Brechts Lehrstückproduktion in der Literaturwissenschaft wie in der politischen Auseinandersetzung Rationalismus und Irrationalismus einander entgegengeschleudert werden, ließe unsere Lektüre sich vielleicht am ehesten mit Brechts Kommentar zum Lehrstück teilweise zusammenfassen: »Jedoch zeigt gerade die rationellste Form, das *Lehrstück*, die emotionellsten Wirkungen« (St 2,169). Umgekehrt und gleicherweise spielt Artaud nicht einfach das Emotionelle gegen den Intellekt aus, sondern sucht im Theater der Grausamkeit einen neuen Begriff der Intellektualität: »une intellectualité nouvelle et plus profonde, qui se cache sous les gestes et sous les signes élevés à la dignité d'exorcismes particuliers«.[18] Es wäre dies nicht die schlechteste Charakteristik von Brechts Lehrstücken.

Anmerkungen

Folgende Werke werden abgekürzt im Text zitiert:

GW Bertolt Brecht: Gesammelte Werke. werkausgabe edition suhrkamp. Hrsg. vom Suhrkamp Verlag in Zsarb. mit Elisabeth Hauptmann. Frankfurt a. M. 1967.
M Bertolt Brecht: Die Maßnahme. Kritische Ausgabe mit einer Spielanleitung. Hrsg. von Reiner Steinweg. Frankfurt a. M. 1972.

JN   Bertolt Brecht: Der Jasager und der Neinsager. Vorlagen, Fassungen und Materialien. Hrsg. von Peter Szondi. Frankfurt a. M. 1966.

St 1 Reiner Steinweg: Das Lehrstück. Brechts Theorie einer ästhetischen Erziehung. Stuttgart 1972.

St 2 Reiner Steinweg (Hrsg.): Brechts Modell der Lehrstücke. Zeugnisse, Diskussionen, Erfahrungen. Frankfurt a. M. 1976.

St 3 Reiner Steinweg (Hrsg.): Auf Anregung Bertolt Brechts: Lehrstücke mit Schülern, Arbeitern, Theaterleuten. Frankfurt a. M. 1978.

JK   Jan Knopf: Bertolt Brecht. Ein kritischer Forschungsbericht. Fragwürdiges in der Brechtforschung. Frankfurt a. M. 1974.

BH   Jan Knopf: Brecht Handbuch. Theater. Eine Ästhetik der Widersprüche. Stuttgart 1980.

1 Vgl. etwa Reinhold Grimm: Bertolt Brecht und Antonin Artaud: Some Comparative Remarks. In: Perspectives and Personalities. Studies in Modern German Literature. Hrsg. von Ralph Lay [u. a.]. Heidelberg 1978. S. 118–124. – Grimm besteht bei allen Ähnlichkeiten auf den grundlegenden Differenzen *zwischen* den beiden.

2 Vgl. dazu Heinz Weinmann: peter handke: la fin de la représentation. In: Jeu 6 (1977) S. 80–88.

3 Vgl. die Überblicke zur Forschungslage in St 1,79 ff.; JK 91 ff.

4 St 1. Eine kurze Fassung der Thesen erschien bereits 1971 in: *Alternative* 78/79.

5 Berichte und Diskussionen zu solchen Versuchen finden sich in St 3.

6 Wer sich im Namen aufgeklärter, rationaler Lehrmethoden auf die ›sokratische Methode‹ beruft, hat den platonischen Sokrates schlecht gelesen.

7 Freud unterscheidet »das Ungeschehenmachen und das Isolieren« voneinander wie auch von der Verdrängung im engeren Sinn. Im Fall der Isolierung wird das Erlebnis »nicht vergessen, aber es ist von seinem Affekt entblößt, und seine assoziativen Beziehungen sind unterdrückt oder unterbrochen, so daß es wie isoliert dasteht und auch nicht im Verlaufe der Denktätigkeit reproduziert wird«. Sigmund Freud: Hemmung, Symptom und Angst. In: S.F.: Studienausgabe. Bd. 4. Hysterie und Angst. Frankfurt a. M. 1971. S. 263 f.

8 Vgl. dazu den ausgezeichneten Essay von: Friedrich Kittler: Autorschaft und Liebe. In: Austreibung des Geistes aus den Geisteswissenschaften. Hrsg. von F. K. Paderborn 1980. S. 142–173.

9 Knopf weist auf die wichtige Akzentverschiebung, die Brecht Lindberghs Bericht gegenüber vorgenommen hat. Während Lindbergh das Unternehmen als Gemeinschaftsergebnis von Geldgebern und eigener Leistung versteht, sind es bei Brecht die Arbeiter und Lindbergh, die den Ozean ›befliegen‹.

10 Georg Friedrich Wilhelm Hegel: Werke in zwanzig Bänden. Bd. 3: Phänomenologie des Geistes. Frankfurt a. M. 1970. S. 36.

11 Soweit eine Übersetzung überhaupt einige dieser Aspekte vermitteln kann, gibt die englisch/amerikanische Sammlung von Donald Keene einen guten Eindruck: 20 Plays of the No-Theatre. New York / London 1970.

12 Vgl. dazu: Neil Hertz: The Notion of Blockage in the Literature of the Sublime. In: Psychoanalysis and the Question of the Text. Hrsg. von Geoffrey Hartman. Baltimore 1978. S. 62–85.

13 Vgl. Roman Jakobson: Der grammatische Bau des Gedichts von Bertolt Brecht *Wir sind sie*. In: R. J.: Hölderlin. Klee. Brecht. Zur Wortkunst dreier Gedichte. Frankfurt a. M. 1976. S. 107–128.

14 Vgl. u. a.: M 354, 371, 384.

15 Hegel (Anm. 10) S. 36.

16 Ansätze zu einer Differenzierung finden sich bei: H. R. Jauß: Ästhetische Erfahrung und literarische Hermeneutik. München 1977.

17 Dazu Roland Barthes: Mère Courage aveugle. In: R. B.: Essais critiques. Paris 1964. S. 48–50; Sur la *Mère* de Brecht. In: Ebd. S. 143–146.

18 Antonin Artaud: Œuvres Complètes. Bd. 4. Le Théâtre et son double. Paris 1978 (¹1964). S. 88. – Dt.: »eine neue und tiefere Intellektualität, verborgen hinter den Gebärden und den Zeichen, denen die Würde einer besonderen Geisterbeschwörung zuerkannt wird«.

ALEXANDER VON BORMANN

Gegen die Beschädigung des menschlichen Denkvermögens: Brechts antifaschistische Dramen

Brechts antifaschistische Stücke gelten im allgemeinen als lobenswert, aber langweilig. Die Bewunderung für den analytischen Scharfsinn und politischen Weitblick Brechts ist diesen Werken kaum zugute gekommen – die Überlegenheit und Gültigkeit seiner Faschismustheorie, die konsequent kapitalismuskritisch orientiert ist, wird gern zugegeben; doch die antifaschistischen Dramen erscheinen dann leicht als bloße Exempel der Theorie, ihre didaktische Tendenz (vom Spielgestus des Berliner Ensembles noch verstärkt) macht das Zuschauen eher zu einer Pflichtübung als zur Anteilnahme an einem Schöpferischen, Lebendigen, ja Lebenstrotzenden, unendlich Produktiven (vgl. GW 15,228). Nun ist dieser Eindruck weitgehend den Philologen und den (meisten) Dramaturgen geschuldet: weil die antifaschistischen Stücke es so schwer hatten, sich auf dem Theater zu etablieren, griff man gern auf naheliegende Deutungsmuster zurück. Dazu gehört, die Autorintention aus den theoretischen Äußerungen zu erschließen: Ein Blick in die Karten des Nachbarn, sagt man, erspart jahrelange Bridgeerfahrung – entsprechend muß die Rekonstruktion der Brechtschen Faschismustheorie oftmals die Deutung der Werke abkürzen helfen, die dann zum Belegmaterial herabgesetzt werden. Urteile wie »Brecht hatte falsch kalkuliert« (Frederic Ewen), oder der Vorwurf, die Stücke wichen hier und da von der Wirklichkeit ab (Johannes Goldhahn), verweisen auf diesen Kurzschluß. Auch die umsichtige und selbständige Darstellung von Franz Norbert Mennemeier folgt im Ansatz noch diesem Modell, wenn unter a) Brechts Faschismustheorie exponiert wird, und unter b) dann die Dramenanalyse folgt: »Im folgenden sollen an dem hohen Niveau Brechtscher Faschismustheorie die Dramen gemessen werden, in denen Brecht sich *ebenfalls* mit dem Faschismus auseinandersetzt.«[1] Doch Mennemeier ist zum Glück nicht orthodox genug, er vergißt das ›Messen‹ ein wenig und interpretiert die Dramen nicht nur im Vergleich zur Geschichte und Theorie des Faschismus, sondern vor allem auch unter dem Gesichtspunkt einer operativen Ästhetik, die dem theatralischen Spiel mehr zugesteht, als bloße Illustration von vorfabrizierten Meinungen zu sein. Am günstigsten freilich wäre es, man würde das a + b-Schema ganz aufgeben, zumal Brechts Faschismustheorie vielfach gewürdigt worden ist; sie stimmt übrigens mit Analysen und Theorien von August Thalheimer, Fritz Sternberg, Walter Benjamin, Karl Korsch, Alfred Sohn-Rethel weitgehend überein.[2]
Die These also, Brechts antifaschistische Dramen seien eher Kunstfertigkeit als Kunst, seien eine Umsetzung vorgefertigter Einsichten, wiesen nicht jenen

Überschuß der Signifikanten über das Signifikat aus, der zur grundsätzlichen Vieldeutigkeit von Kunst gehöre, ein solcher Vorwurf (oft auch sympathisierend vorgetragen) ist dem Mißverständnis erlegen, schon das Signifikat zu ›haben‹, sich das Spiel (auch der Deutungen) sparen zu können. Hingegen ist zu betonen, daß Brecht sich kaum jene Vereinfachung gestattete, ›einfach so‹ an die Wirkung von Kunst zu glauben oder zu appellieren, er nahm sie gerade *nicht* (nur) als Propagandamedium für ›richtige‹ Einsichten wahr; Literatur als Denunziation der Barbarei, der faschistischen Greuel – das wäre ein aufklärerisches Modell, das die Wirksamkeit der öffentlichen Anklage, der Veröffentlichung von Erkenntnissen voraussetzt. Brecht betrachtete diese Auffassung als historisch überholt (auch ohne Habermas-Lektüre) und kritisierte die Aussichtslosigkeit dieses Denkens (*Unpolitische Briefe*). Vor allem ärgerte er sich über die Gegenüberstellung von Kultur (Exil) und Barbarei (Nationalsozialismus) – was gewann man schon durch solche Wertungen?

> Denke man von mir, wie man wolle, ich vermißte mehr und mehr bei diesem Denken der Vertriebenen und Bedrohten eine einschneidende Überlegenheit über jenes der Vertreiber und Bedroher. Gut, das eine war die rohe Stimme der Barbarei, sie war roh und dumm, das andere war die Stimme der Kultur, sie war wohltönend, aber auch dumm. Die einen hatten viele Waffen und benutzten sie, die andern hatten nur den Verstand als Waffe und benutzten ihn nicht. (GW 20,187)

Ein wenig ist dieser Vorhalt auch aus der Sicherheit gesprochen, über eine (historisch-materialistische) Theorie zu verfügen, die den Verstand zur Waffe werden läßt. Der Faschismus wird von Brecht als Verfallsform der einstmals großen und revolutionären bürgerlichen Ideologie interpretiert, als Kapitalismus, der sich aller, auch der letzten Hemmungen entledigt und seine eigenen Begriffe »wie Freiheit, Gerechtigkeit, Persönlichkeit, selbst Konkurrenz« längst über Bord geworfen hat. Diese Entwicklung ist, Brecht und seinen theoretischen Gewährsmännern zufolge, dadurch ausgelöst worden, daß der Kapitalismus sich in den Entscheidungskampf mit dem Proletariat eingetreten glaubte. (Brechts antifaschistische Stücke lassen stärker nuancierte Einsichten erkennen.) »Nur mehr in seiner allernacktesten und brutalsten staatlichen Form kann der Kapitalismus versuchen, sich gegen seine nunmehr stabilisierte Krise zu halten« (GW 20,239). Im berühmten Aufsatz *Fünf Schwierigkeiten beim Schreiben der Wahrheit* (1940) betont Brecht gleichfalls die direkte operative Aufgabe der Kunst, »die Wahrheit handhabbar zu machen als eine Waffe«; und die inhaltliche Bestimmung dieses Waffenganges (als Kapitalismuskritik) gibt wiederum der Vermutung Nahrung, Kunst werde nur noch als Vehikel für politische Überzeugungsarbeit angesehen: »Faschismus kann nur bekämpft werden als Kapitalis-

mus, als nacktester, frechster, erdrückendster und betrügerischster Kapitalismus« (GW 18,226 f.).
Daß es sich diese Lesart zu einfach macht, geht schon aus den Reden Brechts für die Internationalen Schriftstellerkongresse ›zur Verteidigung der Kultur‹ (1935/ 1937) hervor. Die Kritik der Barbarei, so meint hier Brecht, verfängt ja nichts bei Leuten, die der Barbarei zustimmen. Brecht findet das moralische Urteil bequem: es verändert nichts und kostet nichts. Die Kalamität der ›Bewältigung‹ des Nationalsozialismus, von W. F. Haug als ›hilfloser Antifaschismus‹ beschrieben, ist damit schon frühzeitig angesprochen:

> Den Hinweis darauf, daß er roh sei, beantwortet der Faschismus mit dem fanatischen Lob der Roheit. Angeklagt, er sei fanatisch, antwortet er mit dem Lob des Fanatismus. Bezichtigt, er verletze die Vernunft, schreitet er wohlgemut zu einer Verurteilung der Vernunft.   (GW 18,243)

Es gehört zum Typus aussichtslosen Denkens, Roheit oder Barbarei als ein Letztes zu setzen, jener Psychologie vergleichbar, die immer, wenn sie nicht weiter weiß, einen Trieb erfindet. Brecht konstatiert:»Ich selbst glaube nicht an die Roheit um der Roheit willen« (ebd. 244). Er greift auf das Beispiel der (anscheinend sinnlosen) Materialvernichtung zurück, für das im *Kuhle-Wampe*-Film der Kaffee stand und wofür nun Schlachtvieh eingesetzt wird; erst ein Einblick in die Verwertungsschwierigkeiten des Kapitals, in die defizitäre Situation der Produktionsökonomie, deren Investitionen den Markt überholt haben, läßt solche Handlungen begreiflich werden:»Die Destruktion von Schlachtvieh und die Destruktion von Kultur haben als Ursache nicht barbarische Triebe« (ebd.).
Die Identität oder (vorsichtiger) Verwechselbarkeit des Denkens der Bedrohten und der Bedroher liegt im mythisierenden Gebrauch solcher Begriffe wie ›Barbarei‹. Dies Beispiel sei eben aufgegriffen, um den Hinweis vorzubereiten, daß Brechts antifaschistische Stücke sehr wesentlich formsemantisch (und nicht nur inhaltlich) dem Nationalsozialismus zu Leibe rücken wollen. Eine der Techniken der nationalsozialistischen Ideologen und Literaten ist als Mythisierung zu beschreiben. Bestimmte Begriffe wie ›Reich‹ oder ›Urzeit‹ und ›Barbarei‹ werden als Ideen entwickelt (mit zahlreichen Traditionsbezügen), doch dann gleich wörtlich genommen: die ästhetische Dimension (der Wahrnehmung und Deutung) wird eingezogen, die Begriffe werden zu Quasi-Subjekten im historischen Prozeß. Am verhängnisvollsten geschah das mit den Begriffen ›Blut‹ und ›Rasse‹; darauf werden wir noch zurückkommen. – Der völkische Ideologe Moeller van den Bruck begrüßt z. B. in seinem Hauptwerk *Das Dritte Reich* (1923) die Rückkehr zur Barbarei:

Und seinen Sinn hat es schon, und sogar einen politischen Sinn, daß es heute Deutsche gibt, die in ihrem Bewußtsein zu der frühen Stufe zurückkehren, auf deren Grundlage sich einst das erste Reich erhob: daß es Deutsche gibt, die im Mittelalterlichen, im Ständischen, aber auch im Mythischen, und noch früher, im Primitiven und Mythischen die Anfänge suchen, bei denen wir wieder einsetzen können: daß es Deutsche gibt, die nach unserer Erfahrung mit Westlertum, mit der Zivilisation und dem Fortschritt ihm die Kulte der Vorzeit und Urzeit vorziehen, daß es Donarbekenner hier unter uns gibt, und Urchristen dort, und daß keine Form inniger geliebt und besser verstanden wird als die fast noch barbarische romanischer Zeit.[3]

Demgegenüber ist der Gestus Brechts, vor der entsprechenden Mythisierung der ›Kultur‹ zu warnen, nur allzu angebracht: als ob die von sich aus etwas vermöchte! »Kameraden, denken wir nach über die Wurzel der Übel!« (GW 18,245.) Der Schlußsatz von Brechts Pariser Rede gibt als diese Wurzel die Eigentumsverhältnisse bekannt und soll, Klaus-Detlef Müller zufolge, die Intention des 1. Schriftstellerkongresses, die Emigranten aller politischer Richtungen zu gemeinsamer Aktion gegen den Faschismus zu verbünden, vereitelt haben – die bürgerlich demokratischen Schriftstellerkollegen fühlten sich vor den Kopf gestoßen.[4] »Kameraden, sprechen wir von den Eigentumsverhältnissen!« (GW 18,246.) Das ist eine recht orthodoxe (beschränkende) Deutung, die Brecht in der Rede von 1937 wiederholt mit der These: »Schon die Bezeichnung der Barbarei bedeutet: sich schlagen« (GW 18,249).

Die inzwischen recht geläufige Brechtkritik hat nicht ganz unrecht: die Kapitalismuskritik scheint in solchen Auslassungen auf einige Formeln zusammengeschnurrt, die ebenfalls einer mythischen Behandlung verdächtig sind. Die gesellschaftliche Verteilung der Produktionsmittel, ihre Kapitalform und die Konsequenzen für den Klassengegensatz, die ökonomische Gesellschaftsformation also wird mit Brechts Umschreibung als »Eigentum des einzelnen, das zur Ausbeutung des Mitmenschen dient und das mit Klauen und Zähnen verteidigt wird« (GW 18,246), kaum ausreichend gefaßt. Freilich würde sich zeigen lassen (Müller, Mennemeier, Lindner u. a. haben das getan), daß Brechts kapitalismuskritische Faschismustheorie weit über einige Formeln und Lehrsätze hinausgeht. Und dann sind vor allem seine Thesen stets doppelt zu lesen: die Bezeichnung der Barbarei als Barbarei schließt auch die *vorher* ausgesprochene Verurteilung der bloß-moralischen Attitüde mit ein, der Kultur und Barbarei zu unhintergehbaren Begriffen werden. Die orthodoxen Züge in Brechts antifaschistischen poetischen und theoretischen Arbeiten sind unverkennbar (und ausreichend kritisiert). Hier interessieren nun deren weiterreichende Momente, Ansatzpunkte, die über dieser Kritik verlorenzugehen drohen. Es geht ja zur Zeit in der Wissenschaft fast so schnell wie auf dem literarischen Markt: ganz lange brauchte man, um die Reichweite der Brechtschen Einsichten überhaupt nachvollziehen zu können.

Kaum gelang das einigermaßen, indem die Faschismusdiskussion für knappe zehn Jahre einige Aufmerksamkeit auf sich ziehen konnte, so wurde ein solches Literaturkonzept bereits als langweilig empfunden, und man wandte sich den ›undialektischen Elementen in der Dialektik‹ zu: »eine radikale Heterogenität im Subjekt dem Begriff gegenüber« betonend, »die von keiner Dialektik verschlungen werden kann«.[5] Dieser Befund wird nicht geschmälert, wenn wir konstatieren, daß die orthodoxen (formelhaften) Momente der Brechtschen Faschismuskritik noch nicht mit dieser identisch sind, so daß diesen Stücken erneut nachzufragen ist.

Kritik der mythisierenden Denkform: *Die Rundköpfe und die Spitzköpfe*

Nach dem Vorbild von Karl Kraus entwirft Brecht die Figur des ›Denkenden‹, der sich »in Zeiten, wo die Täuschung gefordert und die Irrtümer gefördert werden«, bemüht, »alles, was er liest und hört, richtigzustellen«. Der Aufsatz (von 1934) heißt *Über die Wiederherstellung der Wahrheit.* Brecht geht von einer Göring-Rede aus, die er nach der *Basler Nationalzeitung* zitiert, und druckt links deren Wortlaut, rechts die »Wiederherstellung der Wahrheit«. Als Ziel wird genannt: der Denkende »wünscht die Art der Täuschung und des Irrens zu gewinnen« (GW 20,191). Das entspricht dem bedeutenden Lob, das Brecht Karl Kraus zollt (und das die poetischen Auseinandersetzungen nicht widerrufen):

> Die Kritik der Sprache erschöpfte sich im allgemeinen in der Kritik derer, die sich schlecht ausdrücken. [...] Vergewaltigung der Sprache mag an sich auf gewisse moralische Schäden hindeuten, aber in großem Maßstab fruchtbar wird die kritische Prüfung der Sprache, wenn sie als Werkzeug der Schädigung angewendet betrachtet wird. (GW 19,431 f.)

Dieser Hinweis ist nicht als beiläufig zu nehmen, er führt ins Zentrum der künstlerischen antifaschistischen Arbeit Brechts (die von der theoretischen zu unterscheiden ist), nämlich auf die Frage, wie sich der Erfahrung des ›eingreifenden Denkens‹ als des Eingriffs ins Denken begegnen läßt. In der *Plattform für die linken Intellektuellen* nimmt Brecht noch einmal auf das vorgeschlagene »Unterscheidungsmerkmal barbarisch und human« Bezug:

> Wir lehnen dieses Unterscheidungsmerkmal ab, weil es keine organisierende Kraft hat. Wir ziehen vor, anzunehmen, daß sowohl das Barbarische als auch das Humane etwas vom Menschen Erzeugbares, Organisierbares ist. (GW 20,236)

Der von Brecht mitgetragene Kult der Moderne, der »Habitus des Einverständnisses, der in allen Kunstsparten zu einem Ausgleich von künstlerischen Ideenbildern mit der industriell bestimmten Pragmatik des Alltags führen soll«,[6] der ›behavioristische Blick‹ (H. Lethen), zeigt hier seine Kehrseite. Es war fortschrittlich gemeint, wenn der ›Amerikanismus‹, der ›Konstruktivismus‹ schließlich auch den Umbau des Menschen ins Auge nahm. Brecht 1933: »Das Operieren mit bestimmten Gesten / kann deinen Charakter verändern / Ändere ihn« (GW 8,377).

In den dreißiger Jahren wird Brecht mit der Erfahrung konfrontiert, daß diese Einsicht nicht auf das ›fortschrittliche‹ Lager beschränkt geblieben ist. In der *Rede über die Widerstandskraft der Vernunft* (1937) hebt Brecht die Kehrseite des ›human engineering‹ hervor: »Tatsächlich kann das menschliche Denkvermögen in erstaunlicher Weise beschädigt werden. Dies gilt für die Vernunft des einzelnen wie der ganzer Klassen und Völker« (GW 20,252). Diese Beschädigung der Vernunft wird von Brecht dann sehr konkret beschrieben:

> Sie muß verkrüppelt sein. Es muß eine regulierbare, jeweils mehr oder weniger mechanisch vergrößer- oder verkleinerbare Vernunft sein. Sie muß weit und schnell laufen können, aber zurückpfeifbar sein. Sie muß imstande sein, sich selber zu destruieren.   (Ebd. 253)

Brecht untersucht, was das heißen kann, am Beispiel eines Physikers, eines Arztes, des Kopfarbeiters allgemein. In den Zusammenhang dieser Fragestellung ist auch (versuchsweise) das Brechtsche Parabelspiel von den Rundköpfen und den Spitzköpfen einzubringen. Der von Klaus-Detlef Müller etwas allgemein gekennzeichnete »Widerstand gegen eine historisch gewordene Entfremdung des Menschseins« läßt sich so vermutlich konkreter darstellen, meint die Parabelform doch mehr als den Versuch, das Besondere auf seine allgemeine Struktur zurückzuführen (Historisierung, Abstraktion).[7]

Brechts Vorspiel auf dem Theater macht die orthodoxe Lesart stark: das Stück gibt sich als eine Parabel zu erkennen, die Wahrheit (den Unterschied zwischen arm und reich) und Ideologie (den Unterschied der Schädel) durcheinander mischt, doch die Lösung schon vorausschickt. Wozu dann das Spiel? Mennemeier hat die Mängel des Stücks sicher zutreffend hervorgehoben. Als Intention Brechts gibt er an: »Der Nationalsozialismus mit seiner abstrusen, unwissenschaftlichen Ideologie soll vom Zuschauer als läppisch, anachronistisch durchschaut werden.«[8] Das Problem ist nur, daß die Ideologie kaum vorkommt, bis auf die Einführung der Rassenlehre. Die Aufmerksamkeit auf die ›Basisverfremdung‹ (Lindner), den fiktiven Feudalstaat Jahoo und die Trennung des Volks in Tschuchen (Rundköpfe) und Tschichen (Spitzköpfe), hat vielleicht zu wenig bemerkbar werden lassen, wie genau die Funktion dieser Ideologie bestimmt wird. Nicht ihr abstruser Gehalt steht im Mittelpunkt der dramatischen Untersuchung, sondern ihre gesellschaftliche Wirksamkeit. Brecht zielt nicht aufs Aufdecken, hat kein räsonierendes (sich idealiter selbst bestimmendes) Publikum vor Augen, sondern eines, das Beschädigungen ausgesetzt ist, von denen es zu wenig weiß. (Die Uraufführung fand 1936 in Kopenhagen statt.)

Brechts Parabelstück setzt mit einer ökonomischen Argumentation ein, wie sie in dieser Deutlichkeit erst kürzlich durch die Analysen Alfred Sohn-Rethels wieder in die Diskussion eingebracht wurde. Danach drückt der Übergang zum Faschismus in Deutschland den Sieg der defizitären Teile der Bourgeoisie aus, die in der sogenannten Harzburger Front gesammelt waren: also jener Kapitalfraktion, die nicht mehr konkurrenzfähig war und die Marktökonomie außer Kraft zu setzen suchte. Die Hitlerbewegung und die mit ihr in Aussicht stehende Rüstungshausse schienen das zu gewährleisten. Die korporative Wirtschaftsverfassung des Dritten Reiches erzwang die Konzentration der Bourgeoisie auf der faschistischen Linie, was auch heißt: der defizitäre Kapitalismus siegt über den regulären.[9] Brechts Überlegungen im *Arbeitsjournal* gehen in die gleiche Richtung. *Die Rundköpfe und die Spitzköpfe* freilich betonen vor allem den instrumentalen Charakter der faschistischen Herrschaft; die Konstruktion, daß der Vizekönig die Macht behält und der faschistische Führer Iberin sie nur geliehen erhält, mußte »zur Unterschätzung des Nazi-Terrors und der partiellen (nicht essentiellen) Autonomie der faschistischen Strukturen verführen«.[10] Doch läßt sich Brechts Parabel auch etwas anders lesen: der unmittelbar politischen Deutung ist eine texttheoretische Lektüre vorzulagern, die Brechts Intentionen zumindest *auch* entspricht.

Die Szenen »Gasse der Altstadt« (2) und »An einem dörflichen Ziehbrunnen« (3) etwa zeigen die Beschädigung des menschlichen Denkvermögens, wie sie Brecht als fundamentales Problem der faschistischen (die Kleinbürgermentalität radikalisierenden) Herrschaft diagnostizierte. Die Lehre vom Unterschied der Tschichen und Tschuchen ist kaum eingeführt, da wird sie auch schon – gegen alle traditionellen Bindungen – für bare Münze genommen: der Tschiche wird im Volk zum Volksfeind, weil das zugleich Probleme löst. Die Lebensmittelhändlerin wird ihre Konkurrenz los, die Pachtherren und die Pächter stellen sich auf neue Zeiten ein, die proletarische Solidarität verfällt: »Durch unsere Not bisher vereint / Sind wir durch unseres Kopfes Form uns nunmehr Feind.« Brecht zeigt, wie beliebig diese Einführung, diese Erfindung ist: Iberin, der neu bestallte Führer, hat sich eines Tages »entschlossen, das Volk / Neu einzuteilen in Rund- und Spitzkopf«. Der Pächter Lopez reagiert darauf: »Das sind wieder nur Worte! Sie erfinden alle nasenlang etwas anderes« (GW 3,939). Das Vorspiel muß ausführlich den Gleichnischarakter betonen, die Schauspieler wählen sich die Kleider und die Kopfformen »auf Wunsch Herrn Bertolt Brechts« (GW 3,912), damit nur ja nicht eine ›naturale‹ Lesart möglich wird, als sei der Unterschied der Schädel wirklich gegeben. Er wird in der Form des Dekrets eingeführt: »Der eine ist spitz, der andre ist rund. / Der ist krank. Der ist gesund« (GW 3,911).

Was Brecht dann vorführt, ist das ›Vergessen‹ der ästhetischen Dimension, das Vergessen der Künstlichkeit dieser Unterscheidung. Die beiden Pächterfamilien Lopez und Callas haben bislang alles Leid miteinander geteilt und einander ausgeholfen. Kaum hat Iberin die neue Feinddefinition (Tschichen) ausgegeben, beginnt sie schon zu wirken (bei jenen, die einen Vorteil erhoffen können): »Frau Callas ist zurückgekehrt. Sie sieht die Lopez nicht an und gruppiert ihre Kinder enger um sich« (GW 3,939). Etwas später äußert sie sich entsprechend: »In dieser Minute bewegt uns eine Hoffnung, die Sie, Herr Lopez, nicht verstehen können. Sie sind vielleicht eine andere Art Mensch, ich sage nicht, eine schlechtere« (GW 3,940). Wenig später brennt das Haus der Familie Lopez, und die Callas werden sich weigern, die Kinder der bisherigen Nachbarn zu verstecken.

Mit diesem Lehrbeispiel einer Falsifizierung des politischen Interessenbewußtseins der nichtmonopolistischen Schichten, wie es im Jargon der kapitalismuskritischen Faschismustheorie heißt,[11] einer »Fremdbestimmung ihres politischen Denkens durch ein anderes, ihnen gegenläufiges Interesse«,[12] nähert sich Brecht seiner zentralen Frage, *wie* es zur Beschädigung des menschlichen Denkvermögens kommen kann. Eine und zwar die wirksamste (weil fast unmerkliche) Art ist die Mythisierung.

Alfred Rosenberg hat das in seiner Programmschrift *Der Mythus des 20. Jahrhunderts* (1930) regelrecht (und fast selbstvergessen) als Technik vorgeführt. Die nationalsozialistische Bewegung deutet Rosenberg als Revolution der sich bedroht fühlenden nordisch-germanischen Rassenseele. Sehr bewußt wird das nordische Blut als geschichtliche und kulturelle Macht installiert: »Nordisches Blut dichtete und schuf jene Tonwerke, die wir als unsere größten Offenbarungen verehren. Nordisches Blut gestaltete vor allem anderen auch deutsches Leben. [...] Deutsch ist nordisch [...].« Erstaunlich ist, daß Rosenberg die Funktion dieses Mythos nicht allein kalkuliert, sondern seine Kalkulation auch vorführt:

> Dieses Hervorheben der nordischen Rasse bedeutet kein Säen des »Rassenhasses« in Deutschland, sondern, im Gegenteil, das bewußte Anerkennen eines blutvollen Bindemittels innerhalb unseres Volkstums. Ohne dieses Bindemittel, wie es unsere Geschichte geformt hat, wäre Deutschland nie ein Deutsches Reich geworden, nie wäre germanische Dichtung entstanden, nie hätte die Idee der Ehre Recht und Leben beherrscht und veredelt. An dem Tage, da das nordische Blut restlos versiegen sollte, würde Deutschland zerfallen, in einem charakterlosen Chaos untergehen.[13]

Brechts zynisch-satirische Darstellung trifft ins Schwarze: gutes Blut und fremdes Blut werden plötzlich unterschieden, man braucht den Mythos von der Besonderheit des tschuchischen Blutes, um die Volksgemeinschaft zu erzwingen, ohne daß der Terror von allen erfahren wird. Die Sprache wirkt hierbei mit, indem sie Begriffen einen Subjektstatus erteilt, der diesen keineswegs zukommt. Rosenberg, der das Blut als brauchbares, als benötigtes ›Bindemittel‹ einführt, vergißt diese Erfindung sozusagen im selben Augenblick und glaubt daran. Noch auf derselben Seite wird das Verfehlen der Blut- und Rassenordnung als »Weg der Blutschande« beschrieben und genaue Gesetze angeregt, die das nordische Blut vor seiner ›Mulattisierung‹ durch z. B. die Ausrottung der Juden schützen müssen. Der texttheoretische ›Fehler‹, Metaphern plötzlich dinglich-wörtlich zu nehmen, zeigt hier schaurige Konsequenzen. Bei Kurt Eggers heißt es im Roman *Ulrich von Hutten*:

> Das Blut ist das wahre Sakrament der Deutschen. Nichts ist heiliger, nichts ist bindender, nichts ist verpflichtender.
> Das Gesetz des Blutes ist unabänderlich, und sein Recht ist nicht zu deuten und nicht umzubiegen, weil sich die Gottheit nicht dem Menschenwillen beugt. Es zwingt das Volk zum Staat und das Reich zur Tat, es zwingt den Glauben zum Kult und wacht mit dem Schwerte über der Nation!
> Das Blut![14]

Die Bedeutung, die Brecht den Fahnen, der Rasse, dem Marschtritt der Bataillone zumißt, ist als Externalisierung beschrieben:[15] als Entäußerung eigener Gefühle, die nun dem Subjekt als Fremdinstanzen begegnen. Die Grammatik bildet den psychischen Vorgang ab. Der Fahnenschwur oder das Trommelsignal können als Beispiel gelten: man gibt einen Teil seines Willens ab, der geht auf das Symbol über, das nun mit eigener Kraft begabt erscheint. Die Radikalisierung dieser Technik liegt nun darin, daß sozusagen ›vergessen‹ wird, woher diese Symbole ihre Macht empfingen: durch eine gesellschaftliche Übereinkunft nämlich. In der nationalsozialistischen Dichtung werden die Symbole zu Signalen, die – wie bei den Pawlovschen Hunden – ein bestimmtes Verhalten provozieren sollen, ohne daß dieses weiter befragt, problematisiert oder legitimiert werden müßte. Wo die dichterische Symbolbildung mit der gesellschaftlichen Symbolbildung zusammentrifft, entsteht die kritische Aufgabe, den Prozeß, in dem solche Bedeutungen sich herstellen, bewußt zu halten. Brechts Parabelstück zielt sehr wesentlich auf solche Zusammenhänge, die sich heute sozialisationstheoretisch und texttheoretisch beschreiben lassen; es ist nicht banal aufklärerisch eingesetzt, um »die Wahrheit durch ein Bild zu sagen«. Die Sprache als »Werkzeug der Schädigung« meint vor allem diese gründliche (eben nicht nur grammatische) Enteignung des Subjekts: die Symbole werden zu geschichtsmächtigen Subjekten, denen man seine Entscheidungsgewalt abgegeben hat, ohne sich dessen bewußt zu sein – ein gründlicherer Enteignungsprozeß ist kaum denkbar![16] Ein vielgesungenes Nazilied beginnt:

Wo wir stehen, steht die Treue,
unser Schritt ist ihr Befehl.
Wir marschieren nach der Fahne,
so marschieren wir nicht fehl.

Hans Baumann

Zunächst ist die Treue noch an die Position des »Wir« gebunden: sie steht »wo
wir stehen«. Doch alsbald, schon in der folgenden Zeile, wird sie zur allegori-
schen Figur und dem »Wir« vorgelagert: *sie* entscheidet nun über den Weg,
»unser Schritt ist ihr Befehl«. Das Ich ist im Wir aufgehoben, und das Wir in dem
(externalisierten) Subjekt ›Treue‹. Damit wird auch die Entfremdung unfühlbar
gemacht, die in der Abgabe des eigenen Willens an ein Signal steckt.
Auf diese vor allem die ästhetische Erziehung/Bildung/Kultur betreffende Prägung der Wahrnehmung bezieht sich meiner Ansicht nach Brechts antifaschistische künstlerische Arbeit. Die Erfindung der Schädelformen wird wie bei
Rosenberg als funktional notwendig vorgeführt, und ebenso der sogleich einsetzende Glaube daran: das ›Vergessen‹ der semiotischen Praxis, mit der Bereitschaft gepaart, »sich selber zu destruieren«.
Mennemeier kritisiert mit Recht die Fabelkonstruktion, welche »eines der häu-
figsten ›Greuelmärchen‹ der Nazis, daß nämlich die reichen Juden mit Vorliebe
die einfachen, arischen Mädchen ›schändeten‹, [...] seinerseits auftischt«.[17]
Aber auch die Wahl der Schädelformen ist nicht unproblematisch. Klaus-Detlef
Müller beschrieb sehr nuanciert die Leistungen der Parabel für Brecht; aber
vermutlich geht er einen Schritt zu weit, wenn er konstatiert: »Das Gleichnis
eröffnet im Bild einen ganz neuen und durch die Logik des bildlichen Vorgangs
zwingenden Deutungshorizont.«[18] Die vielen Einzelzüge des Werks, welche die
Erfahrungsrealität aufklären, also ›wahr‹ in einem vielfältigen Sinne sind, bauen
einen Erwartungshorizont auf, der sich eben auf das Gleichnis *nicht* als auf das
ganz Neue richtet. So wird zwar die mythisierende Technik ›verraten‹; aber die
Bildwahl Rundköpfe und Spitzköpfe erlaubt kaum eine rein metaphorische
Lesart; beide Schädeltypen sind als Abweichungen bekannt, der Oxycephalus
(Spitzkopf) durch Verwachsung der Lambdanaht oder auch der Kranz- und
Pfeilnaht, der Trochocephalus (Rundkopf) durch teilweise Verwachsung der
Kranznaht und der benachbarten Nähte. Die Ironie, beide als ›entartet‹ zu
denunzieren, trägt nicht weit (ebensowenig wie das ›Greuelmärchen‹); das Wort
der Frau Callas: »Sie sind vielleicht eine andere Art Mensch«, wird durch die
Bühnenwirklichkeit gerade nicht widerrufen und als absurd kenntlich – es stimmt
einfach. Darin liegt eine gewisse Ironie: just in dem Moment, da Brecht eine
»rein inhaltsbezogene Position«[19] verläßt, stellt ihm die Inhaltlichkeit seiner
Metaphorik (oder: die Verwechslung von Metapher und Metonymie) ein Bein.

Kritik der Führerideologie

Eine ähnliche Kritik ließe sich dem Parabelstück *Der aufhaltsame Aufstieg des Arturo Ui* (1941) gegenüber anbringen. Brecht führt darin Hitler als Gangsterboß (nach dem Vorbild Al Capone) vor, und gewiß läßt sich wiederum konstatieren: »Die geschichtlichen Realitäten waren komplizierter.«[20] Die Eigenständigkeit der faschistischen Bewegung wird deutlicher als früher betont, das ›Faustlangertum‹ Hitlers und der Seinen tritt oft genug erschreckend in die Szene. Der Handlungsentwurf – Ui will ins große Geschäft einsteigen – folgt dem kapitalismuskritischen Ansatz, und die Phasen der nationalsozialistischen Machtgewinnung werden recht treulich ausgebildet: Hitlers Politik einer ›legalen‹ Revolution, der Osthilfe-Skandal, der Ausgleich mit Hindenburg, der Reichstagsbrand und die Verfolgungen, die Liquidierung der SA, die Ermordung von Dollfuß und der Anschluß Österreichs, diese und viele weitere historische Ereignisse sind durchaus wiederzuerkennen. Auch die Namen sind oft nur leicht verfremdet. So entsteht wiederum die Neigung beim Zuschauer, das Parabelstück vor allem inhaltlich aufzunehmen, d. h. sich die Personen und Geschehnisse rückzuübersetzen. Burkhardt Lindner hat in seiner sehr sorgfältigen und überlegten Interpretation einen stärker nuancierten Umgang mit dem ›Parabelmodell‹ vorgeschlagen. Selbstverständlich bleibt *Ui* im Sinne Brechts ein Modell. Brecht begründet diesen fundamentalen Ansatz für alles Theater mit dem Erfahrungsbegriff (und ist damit ganz in Lessings Nähe): Erfahrungen sind an die Phantasietätigkeit, an das Vorstellungsvermögen gebunden – frühere und gegenwärtige Ereignisse müssen nebeneinander gehalten werden können; wird das Vorstellungsvermögen überschritten (oder unterschritten), fällt auch die Erfahrungsmöglichkeit dahin. Brecht bezieht diese Erfahrung auf den Faschismus und die Situation der Exilanten, welche die Abstumpfung ihrer (neuen) Umwelt durch die Massenhaftigkeit der Greuel miterleben müssen:

> Wenn die Leiden unerträglich werden, hört man die Schreie nicht mehr. Ein Mensch wird geschlagen, und der zusieht, wird ohnmächtig. Das ist nur natürlich. Wenn die Untat kommt, wie der Regen fällt, dann ruft niemand mehr halt. (GW 18,242)

Doch solche allgemeinen Formulierungen bieten kaum Anlaß genug, den Modellbegriff *coûte que coûte* auf den *Ui* anzuwenden. Lindner findet es geradezu »irreführend, von einem Modell zu sprechen, das in verkleinerter Form die historische Realität abbildet«.[21] Alle Entschlüsselungen und Übersetzungsversuche, die das Drama Zug um Zug mit historischen Figuren und Vorgängen in Beziehung bringen möchten, schlagen fehl. So schlägt Lindner vor: »Die Beziehung zur historischen Realität ist deshalb nicht die einer modellhaften Repräsentanz, sondern die der *Anspielung*.«[22] Und er fordert für die Interpreten: »Gerade

das Mehrdeutige und Artifizielle der ›Parabel‹ muß zum Gegenstand der kritischen Auseinandersetzung gemacht werden, wenn sie nicht unterhalb ihres Gegenstandes bleiben soll.«[23] Für die Inszenierung ergibt sich dann der Vorschlag: »Die Diffusion der Metapher gegen die Eindeutigkeit der Parabel zu inszenieren, erscheint als besondere Aufgabe des Stücks.«[24] Damit sind die vielen Schwierigkeiten, die sich bei einer wörtlichen (historiographischen) Lektüre einstellen, etwas entschärft. Die Wahl des Gangsterbosses erfolgt ja nicht, um Hitler als Gangster zu denunzieren; das wäre ein wohlfeiler Triumph. Brechts Frage gilt der Organisierbarkeit der Barbarei (GW 20,236), damit aber wird ein Formmoment berührt. Brecht mißtraut der dokumentarischen Verfügbarkeit.[25] Die Schwierigkeit im Stück, daß die Erzählung von den Gangstern entlastend wirken muß – wer kann sich schon dagegen wehren –, wird durch Brecht gemildert, indem er den Führer Ui gemäß dem Vorbild Hitlers in Wartestellung setzt: es zeigt sich, wie wenig Widerstandskraft letztlich die Vernunft hat. Brecht zeigt das wiederum als Formmoment. Das mythisierende Verfahren wird regelmäßig ausgestellt. Ui porträtiert sich als »einfacher Sohn der Bronx und Arbeitsloser / Dem Ruf der Vorsehung folgend«, der nichts als den Frieden will, und seine Schlußverse zeigen, daß er das beinahe selber glaubt (GW 4,1834). Die Herstellung der Volksgemeinschaft wird als Herrschaftsgewinnung durchsichtig gemacht, der Terror kaum verschleiert; so enthüllen sich die ›guten‹ Worte als leer: Pflicht, Dienen, Vertrauen, Glauben – die Rede von Arturo Ui in der 10. Szene weist allen diesen Begriffen einen Gegensinn zu. Pflicht ist unbedingter Gehorsam ohne jede Wertbezogenheit; Dienen muß das Verdienen verdecken (die Löhne werden gesenkt); das Vertrauen wird in einer Szene berufen, da sich die Intimi des Führers mit gezückten Revolvern gegenüberstehen; der Glauben an die Berufung muß den Terror vergessen machen. Vor allem ist es das Führerprinzip, das sich als Thema dieses Stückes durchsetzt. Brecht griff hier auf die nationalsozialistische Führerideologie zurück, die deshalb in unsere Betrachtung einbezogen werden soll. (Brechts Kritik der Tuis, der Intellektuellen, steht ebenfalls in diesem Zusammenhang – ihr Anspruch auf eine höhere Bewußtheit restaurierte das alte, längst brüchig gewordene Elitebewußtsein der Geistigen.)[26]
Die nationalsozialistische Führerideologie schließt eng an das expressionistische dichterische Sendungsbewußtsein an,[27] deren zentrale Ansprüche sie übernimmt. Dazu gehörte vor allem die Überzeugung, im Chaos des gesellschaftlichen und ideologischen Kampfgetümmels eine einigende und verpflichtende Sinnperspektive anbieten zu können. Das Geheimnis ist nun, daß diese nie inhaltlich konkretisiert werden darf, sondern sozusagen nur als Prinzip vorkommt – und so wirkt sie auch. Paul Ernst, der schon recht früh seine Vorliebe für die neue Bewegung bekannt hatte, führte 1932 zu diesem Zusammenhang aus:

Zu den wichtigsten Führern gehören die Dichter. Es drückt sich in ihnen Art und Schicksal des Führers aus: Der Führer führt dahin, wohin die Gefährten gehen wollen; das Wollen des Volkes, das dumpf und unbewußt ist, kommt in ihnen zu Klarheit und Bewußtheit; aber Klarheit und Bewußtheit gelten nur für das Wollen, und nicht für das Ziel, dem sich, da es den Menschen ewig unbekannt sein wird, im Bewußtsein gewöhnlich falsche Ziele vorschieben.[28]

Paul Ernsts Anspruch auf die (Mit-)Führerschaft der Dichter arbeitet mit jenem Mechanismus, dem Brecht die regulierbare, die verkrüppelbare Vernunft zuordnete. Die Verständigung über Inhalte, die gesellschaftliche Diskussion von Zielsetzungen wird nicht zugelassen. Paul Ernst schmettert sie mit dem Gewaltspruch »ewig unbekannt« ab. Auf diese Weise entsteht eine Leerstelle. Die Dichter versuchen, diesen blinden Fleck, diesen prinzipiellen Erkenntnisverzicht durch die Setzung von Zeichen (die Entwertung von Symbolen zu Signalen) auszufüllen. Doch ist die Konsequenz festzuhalten, auf die Paul Ernst im überheblichen Bewußtsein hinweist, ihn könne es nicht treffen: daß sich, wo die Erkenntniskritik außer Kurs gesetzt ist, dem Bewußtsein gewöhnlich falsche Ziele vorschieben. Brecht stellt diese dichterische Technik als politische Herrschaftsform aus. Das meint noch etwas anderes als die von Walter Benjamin beschriebene Ästhetisierung der Gewalt. Die Kritik alles Bürgerlichen als »Verfälschung der deutschen Substanz« (Ernst von Salomon)[29] und die entsprechende Glorifizierung des Krieges gehört gewiß zu den zentralen Themen des Stückes (was Lindner auch folgerichtig für die *Ui*-Interpretation in Anspruch genommen hat). Aber Brechts Ansatz ist noch spezifischer, etwa dem Muster (und den Gefahren) von Klaus Manns ›Roman einer Karriere‹ *Mephisto* vergleichbar.
Die nationalsozialistische Führerideologie läßt sich als dichterisches Verfahren beschreiben, so wie sich aus historisch-politischen Analysen Hinweise für die Funktion von dichterischen Techniken gewinnen lassen. Das mythisierende Verfahren (Ui: »Ich bin ein milder Mann«, GW 4,1796) leistet ja eine Entwirklichung der Erfahrungsgehalte (die es zugleich voraussetzt); letztlich wird ununterscheidbar, ob der Denkinhalt eine Idee oder ein Wahn sei. Brechts didaktischer Ansatz, seine Angst vor Verführung, verhindert, daß seine Stücke diesen Weg auch nur einen Schritt weit mitgehen. Doch Uis Berufung auf seinen Glauben macht dieses Prinzip gleichwohl vor:

Euch fehlt der Glaube! Und wenn dieser fehlt
Ist alles aus. Warum konnt ich das alles
Schaffen, was meint ihr? Weil ich den Glauben hatte!
Weil ich fanatisch glaubte an die Sache.

Und mit dem Glauben, nichts sonst als dem Glauben
Ging ich heran an diese Stadt und hab
Sie auf die Knie gezwungen. Mit dem Glauben kam ich
Zum Dogsborough, und mit dem Glauben trat ich
Ins Stadthaus ein. In nackten Händen nichts
Als meinen unerschütterlichen Glauben!   (GW 4,1797)

Der Zuschauer aber war vorher Zeuge der Brandstiftungen und politischen
Morde: er weiß, daß dieser Glauben mehr hatte als sich selber. Aber die Rede
bildet den mythisierenden Gestus ab: der Dichter/Redner schafft eine Wirklichkeit, die zugleich mit dem Anspruch ausgestattet ist, diesen Akt zu übersteigen.
(Das meint das ›Vergessen‹ des schöpferischen, des erfinderischen Aktes.) Nun
hat man zeigen können, daß die entsprechenden Leerstellen zwar für die
nationalsozialistische Ideologie, aber analog auch für den nationalsozialistischen
Staatsaufbau von zentraler Bedeutung sind. Die Führererwartung nach dem
Ersten Weltkrieg verband sehr heterogene Gruppen; die zum Teil chaotisch
anmutenden organisatorischen Strukturen, die widerstreitenden Kompetenzen
und zahlreichen Konflikte, welche die Wirklichkeit des Parteiaufbaus prägen,
werden von Wolfgang Horn als Technik erläutert, den Führer als unbedingte,
d. h. aber auch unberechenbare, nicht an Normen gebundene Machtquelle zu
erhalten, als Mythos, wenn man will.[30]
Entsprechend fordert Ui: »Wer nicht / Mir blind vertraut, kann seines Wegs
gehn« (GW 4,1796). Und von seinen Leuten verlangt er den unbedingten
Glauben: »Glauben müßt ihr, glauben! / Daß ich das Beste will für euch und
weiß / Was dieses Beste ist. Und damit auch / Den Weg ausfind, der uns zum Sieg
führt« (GW 4,1797). Brechts *Ui*-Drama zeigt die Zurüstungen, die zu einer
regulierbaren Vernunft führen. In der »Rede über die Widerstandskraft der
Vernunft« gab Brecht das Beispiel des Physikers, der gelernt hat, »Vorgänge für
ihn gefährlichster Art in seiner nächsten Nähe, sagen wir an seiner Universität,
nicht zu sehen« (GW 20,254). Entsprechend »sehen« die Gemüsehändler im *Ui*
nicht, daß Petroleumkannen an ihre Speicher getragen werden; und die Nachbarn in *Rundköpfe* »sehen« nicht, daß die für sie jeweils günstigen Lösungen die
Ausmerzung des Konkurrenten voraussetzen und einander sogar ausschließen.
Wie die widersprüchlichsten Erwartungen an den Führer dessen Stellung stärken, ja definieren, hat Brecht in der 2. Szene gezeigt und in der anschließenden
»Hymne des erwachenden Jahoo« (»Bittet den Iberin«; vgl. Hitler-Choral II,
GW 9,444) ausgearbeitet. Das Lied endet:

Lobet den Führer, den jeder durch Mark und Bein spürt!
Dort ist der Sumpf
Und hier erwarten wir dumpf
Daß uns ein Führer hineinführt!   (GW 3.930)

Intertextualität: Der große Stil

Im Prolog zum *Ui* verspricht der Ansager, daß keine Kosten gescheut würden, um »alles im großen Stile aufzuführen« (GW 4,1722). Im *Hinweis für die Aufführung* besteht Brecht noch einmal darauf: »Das Stück muß, damit die Vorgänge jene Bedeutung erhalten, die ihnen leider zukommt, im großen Stil aufgeführt werden; am besten mit deutlichen Reminiszenzen an das elisabethanische Historientheater, also etwa mit Vorhängen und Podesten« (GW 4,1837). Dieser Hinweis wird oft vergessen; zu nahe liegt die Versuchung, die karikaturalen, grotesken Elemente herauszuspielen. Doch damit rutschen die großen Gebärden ins Nichts: sie sollen ja jeglicher Glaubwürdigkeit den Garaus machen, wie das zum Formprinzip der Shakespeareschen Königsdramen (*Richard der Dritte* wird genannt: GW 4,1722) gehört. Weder die Übertreibung ins Groteske noch der parabolische Rückbezug auf Zeitgeschichte fassen diese Vorschrift nach ihrem Sinne auf.

Als Beispiel kann das Gespräch Uis mit Frau Dullfeet nach der Beerdigung ihres Mannes dienen. Beide sprechen mit hohem Pathos: Ui wirbt um die Trustherrin, deren Mann er hat ermorden lassen; diese antwortet aus tiefster Empörung. Dem Zuschauer ist Uis Mischung aus Glaube und Berechnung, aus (brutaler) Naivität und Kalkulation schon bekannt. Uis Klage: »Ich werde angespuckt, wo ich fanatisch werbe!« (GW 4,1822), wird entsprechend aufgenommen. Wenn er betont: »Ich spreche, wie ich fühle«, kann ihm Betty Dullfeet überzeugend sarkastisch entgegnen: »Ich glaub's! / Ihr Morden kommt von Herzen! Ihr Verbrechen / Ist tiefgefühlt wie andrer Menschen Wohltat!« (GW 4,1823.) Die Irritation dieser Szene 13 liegt nun in Brechts (Shakespeare abgeschauter) Technik, *alle* Rede zu doppeln: auch Bettys Gefühl wird sich nicht halten; im hohen, auf das Problem der Souveränität zentrierten Historiendrama kommt Rede als Gefühlsausdruck nicht vor, jede Äußerung hat einen Stellenwert, meint einen Zug im Schachspiel um die Macht. Entsprechend desavouiert Brecht Betty Dullfeets Anklagen; in Szene 15 schon tritt sie als neues Mitglied des Karfioltrusts vor die Öffentlichkeit und rät zum »Vertrauen in Herrn Ui« (GW 4,1833). Damit übertreibt Brecht aber seine zynische kapitalismuskritische Darstellung, und er überzieht die vom ›großen Stil‹ ermöglichten Lizenzen. Die Beschimpfungen Uis durch die ›geschändete Witwe‹ (ein Motiv schon der *Dreigroschenoper*) stimmen ja:

Sie glauben an Verrat wie wir an Treue!
Unwandelbar sind Sie für Wankelmut!
Durch keine edle Wallung zu bestechen!
Beseelt für Lüge! Ehrlich für Betrug!
Die tierische Tat entflammt Sie! Es begeistert
Sie, Blut zu sehn! Gewalt? Sie atmen auf!

Vor jeder schmutzigen Handlung stehen Sie
Gerührt zu Tränen. Und vor jeder guten
Zutiefst bewegt von Rachsucht und von Haß!   (GW 4,1823 f.)

Das ist nicht als taktische Redeweise wahrnehmbar, Der große Stil geht hier in
echtes Pathos über; dann aber wird das (auch nicht andeutungsweise motivierte)
Umfallen Bettys ganz unverständlich. Der Verzicht auf Psychologie gehört zum
großen Stil, doch muß dann die Doppelung der Rede auch erkennbar durchge-
halten werden. Auch in der Zwischenszene (14), die Ui in schweren Träumen
zeigt, ist Shakespeare das Vorbild: Wie dem Mörder Macbeth Banquos Geist
erscheint (*Macbeth* III,4), so kehrt der ermordete Roma dem Ui wieder, mit dem
Vorhalt: »Du schlugst dich selbst, als du mich schlugst, Arturo.« Und die
Weissagung beruft zugleich den Formtyp des Trauerspiels, der Märtyrertragödie
des Barock, die den Wechsel der Herrschaft auf die Gewalt der Herrschaftsgewinnung gründet:

Verrat bracht dich hinauf, so wird Verrat
Dich auch hinunterbringen. Wie du mich verrietst
Den Freund und Leutnant, so verrätst du alle.
Und so, Arturo, werden alle dich
Verraten noch.   (GW 4,1827)

Auch diese Passage verlangt ein Absehen von Psychologie (man weiß: auch
Roma war ein Schlächter), ohne daß die Textgestaltung das ausreichend erlaubt:
die politische Pädagogik, auf die Brechts ›Jahrmarktshistorie‹ abzielt, verträgt
sich zu wenig mit jener ästhetischen Wahrnehmung, auf die (inzwischen) ein
Shakespeare-Drama trifft. Die Forderung des Epilogs: »Ihr aber lernet, wie man
sieht statt stiert« (GW 4,1835), nimmt ja Brechts Unterscheidung von Sensualis-
mus (wo »man zum Beispiel ›alles‹ riechen, schmecken, fühlen kann«) und
Realismus auf: »den gesellschaftlichen Kausalkomplex aufdeckend« sowie »konkret und das Abstrahieren ermöglichend« sind solche Anweisungen (GW 19,326)
fürs Sehen. Doch Brechts Hitler-Deutung sperrt sich dagegen.
Im *Arbeitsjournal 1938 bis 1942* (1974) geht Brecht (unter dem 27. und 28. 2.
1942) auf Gespräche mit Feuchtwanger über das Phänomen Hitler ein, mit
dem man nicht »fertig werden« könne (ein vertrauensseliger Ausdruck), wenn
man das Phänomen ›herrschendes Kleinbürgertum‹ nicht sehe. Brecht will das
›Hampelmännertum‹ Hitlers nicht zu einfach gedeutet haben: Er sei ein ›bloßer Schauspieler‹, also nur als Charge (Gallionsfigur) gestaltbar – »das wäre
aber unzulänglich«, gilt nur für seine Rolle in den Klassenauseinandersetzungen, nicht innerhalb des Kleinbürgertums: »sein schicksal ist ein echtes, wenn
man ihn an die grenzen der kleinbürgerlichen möglichkeiten prallen läßt,
dabei wird er plötzlich eine ›figur‹ und hauptrolle« (GW Suppl. I,265).

Brecht heißt Hitler durchaus als großen Mann willkommen, »dh daß mir eine revision der bürgerlichen vorstellung von großem mann (also von bürgerlicher größe, von dem, was ein großer bürgerlicher politiker ist oder sein kann) akut zu sein scheint« (ebd. 266). Wiederum ist der Stil der Farce, Burleske, Groteske, Clownerie abgewehrt; doch wird dem großen Stil nicht zuviel zugemutet? Macbeth deutete die Weigerung der Tafelgäste, auf seine Gesichte einzugehen, als Demontage seiner Person: »Ihr entfremdet mich meinem eigenen Selbst« (*Macbeth* III,4), was die Idee eines substantiellen Selbst voraussetzt. Brechts Hitlerdeutung ist auf den ›gesellschaftlichen Kausalkomplex‹, auf das Kleinbürgertum als Objekt der großbürgerlichen Politik bezogen. Das läßt sich durch ein solches Formzitat, läßt sich intertextuell vermutlich nicht mehr vermitteln. Die gereimten Szenenschlüsse, der Blankvers, Prolog und Epilog sowie auch die zahlreichen Anspielungen (z. B. auf die Garten-Szene in Goethes *Faust I*, die sich im Blumenladen des Givola wiederholt; Szene 12) sind als ebenso viele Hinweise für den großen Stil zu interpretieren: der immerhin das Grundthema abbildet – das Versagen der Vernunft und die (auch den Terror einschließende) Zurüstung des (kleinbürgerlichen) Bewußtseins auf eine einigende ›Sinnperspektive‹, wie widersprüchlich die auch ausfallen mag.

Widerstand als Form

Es ist von Bedeutung, daß Brecht Hitler-Choräle dichtet: der Choral meint den Nachvollzug einer Frömmigkeitshaltung, die politisch zur Ein- und Unterordnung disponiert. Die Parodie macht das Ungenügen an vergangener Formtradition produktiv zum Thema. Brecht greift mit dem Reimwort »spürt/führt« die heikelste Stelle des Tedeum auf. In Joachim Neanders Lied von 1680 lautet die zweite Strophe:

> Lobe den Herren, der alles so herrlich regieret,
> der dich auf Adelers Fittichen sicher geführet,
> der dich erhält,
> wie es dir selber gefällt;
> hast du nicht dieses verspüret?

Die Prüfung der eigenen Erfahrung wird aufgerufen, und der letzte Vers kann dann – im Kontext des Dritten Reiches und der Reichskirche – auch als Provokation empfunden werden. Die Parodie schreibt den Vers um, indem sie die Form beibehält – und schreibt sich auf diese Weise in eine bereits konditionierte Wahrnehmung ein und erneuert so die Möglichkeit, Erfahrungen zu machen.

Diese Arbeit mit den historisch-ideologischen Besetzungen von ästhetischen Formen, von ästhetisch geprägter Wahrnehmung zeichnet in hohem Maße Brechts antifaschistische Textproduktion aus. Das ist um so verwunderlicher, als ja keineswegs deutlich war, wie diese Texte an ein Publikum gelangen sollten. Man wird gut daran tun, den Publikumsbezug nicht ausschließlich konkret und traditionell auszulegen. Der Hinweis auf die nationalsozialistischen Texte und Textstrategien sollte die Aufmerksamkeit dafür erhöhen helfen, wie sehr Brechts Textarbeit auch als Forschungsarbeit zu verstehen ist: mit der Leitfrage, wie es zu einer Vernunft kommen kann, die bereit ist, »sich selber zurückzupfeifen, gegen sich selber einzuschreiten, sich selber zu destruieren«.

Unter diesem Gesichtspunkt ist auch das wenig günstig beurteilte Stück *Die Gewehre der Frau Carrar* (1937) zu sehen. Die Frau Carrar, in der Pariser Uraufführung von Helene Weigel gespielt, bildet das Zögern einer spanischen Mutter aus dem Volke aus, die ihre Söhne nicht dem Bürgerkrieg gegen Franco zur Verfügung stellen will. Erst als ihr ältester Sohn beim unschuldigen Fischen auf dem Meere (in Abseitsstellung) erschossen wird, gibt sie die versteckten Gewehre heraus und zieht mit dem jüngsten Sohn und dem Bruder ins Feld. Die inhaltliche Deutung geht schnell ihrem Ende zu; so gesehen bleibt es eine Agitpropschnulze, wenn sie auch von Brecht mit schönen und starken Zügen ausgestattet wurde. Eine Forminterpretation sollte hier allerdings eine andere und weitere Dimension sichtbar machen können.

Brecht – so ist unsere Hypothese – arbeitet fast alle literarischen Formen im Exil durch, um der »Art der Vernunft, die hier [d. h. im Nationalsozialismus] benötigt wird«, und ihrer Genese auf die Spur zu kommen. So legt er diesem Stück die Tradition der Tragödie zugrunde. Die Tragödie vergegenwärtigt den Opfertod, der als notwendig erfahren werden muß, damit die Sinngebung, die anders nicht erreichbar ist, überzeugt. Für die Nationalsozialisten und ihre Ordnung zum Tode war diese Form ganz unerläßlich; sie ist für die Wiederbelebung des fraglosen Heroismus gewiß so wichtig wie die Kampflieder gewesen. Brecht reflektiert den sozialisationstheoretischen Ansatz in »Der Faschismus und die Jugend«: »Das Bewußtsein der deutschen Jugend wird vom nationalsozialisti-schen Staat mit allen Mitteln planmäßig gestaltet, niemand kann ihn daran hindern« (GW 20,223). Die Sonderstellung der Jugend, noch nicht in der Produktion zu stehen, wird von Brecht mitverantwortlich für die Verführbarkeit gemacht.

In diesem Drama nun werden Typen vorgeführt: der Junge, die Mutter, der Arbeiter, der Padre, die Fischer. Brecht zitiert die Form der Tragödie, z. B. im unschuldigen Tod des jungen Fischers, aber er nimmt sie nicht auf: der Tod wird nicht (inhaltlich) gerechtfertigt, dagegen wohl formal; er löst die Mutter aus der Isolierung und läßt sie zur Tat finden. Die im gleichen Jahr verfaßte »Rede zum II. Internationalen Schriftstellerkongreß zur Verteidigung der Kultur« gibt einen Hinweis auf die Veränderung des Kulturbegriffs, auf seine Materialisierung (»ein und derselbe gewalttätige Eingriff kann den Völkern die Butter *und* das Sonett entziehen«), und auf die Erfahrung: »Denn ihre Kriege hören ja schon nicht mehr auf.« Die Tragödie erscheint dann auch zu Unrecht angeeignet, ihr Thema, die Rechtfertigung der Gewalt, gehört zugleich der anderen Seite: »Diesen Kriegen wie jenen anderen Kriegen, von denen wir sprachen, muß der Krieg erklärt werden, und dieser Krieg muß als Krieg geführt werden« (GW 8,250). Das berührt die Grundform der Tragödie, ihre historische Semantik: daß der Gemeinschaft eine Zukunft nur durch den Untergang hochgemuter Einzelner hindurch zugesprochen werden kann. Brecht hatte diese Lesart bereits in der *Maßnahme* ausprobiert; hier wird sie gegen die Bemächtigung durch den Nationalsozialismus verteidigt, wobei die Anlehnung an die Lehrstückform (z. B. in der Typisierung greifbar) beeinträchtigend wirkt.

Das unter Mitarbeit von Lion Feuchtwanger entstandene Widerstandsdrama *Die Gesichte der Simone Machard* entfaltet das gleiche Grundmodell, mit zahlreichen satirischen Zügen versetzt. Der Widerstand gegen den Faschismus ist so gering, weil die herrschende Klasse (Frankreichs) nicht so viel gegen diese klassenspezifische Herrschaftsform haben kann. Wie im Märchen ist es nur ein Kind, Simone Machard, das die Wahrheit begreift und das Leben für sie einsetzt. Wiederum bringt Brecht die Reflexion auf ästhetische Konditionierung mit ein (Simone bildet sich durch Jeanne-d'Arc-Lektüre), doch die Agitprop-Züge überwiegen (»der Himmel beginnt sich zu röten«). Gleichwohl reicht die Aktualisierung der Tragödie (Simones Einkerkerung *ist* ein Untergang) über die Aufforderung zum Widerstand hinaus. Sie läßt den Anteil dieser Form, die den großen Einzelnen privilegiert, an der Reglosigkeit des Volkes erkennen: Die Träume des Kindes sind nicht *nur* wahr, sondern sie stehen auch zugleich für jene Kinderträume, die ein erwachsenes Handeln so blockieren, daß Kinderträume dafür eintreten, Wirklichkeit werden müssen.

Das Drama vom geschlossenen Formtyp schließt letztlich die Wirklichkeit des Dritten Reiches aus, wie sich an der Widerstandsdramatik unschwer ablesen läßt.[31] Es scheint sich deshalb eine formsemantische Interpretation anzubieten. Die Szenenfolge *Furcht und Elend des Dritten Reiches* ist demgegenüber ganz anders durchlässig für die so grundlegend veränderte Wirklichkeit, ohne daß es nun gerechtfertigt wäre, die Kategorien von Lukács diesem Stück zu unterlegen. Mit einem Stichwort aus der allgemeinen Poetik läßt sich Brechts Entwerfen von vieldeutigen Bildern, die stets wieder aus dem Rahmen treten, als metonymisch kennzeichnen. Nach Roman Jakobson gehören Kombination und Kontextbildung zur Metonymie (Selektion und Substitution zur Metapher).[32] Die Szenen entwickeln dieses aufregende Spiel zwischen Zeichen und Wirklichkeit, wie es in *Das Kreidekreuz* sogar explizit reflektiert wird. Das Kreuz, das der SA-Mann dem politisch verdächtigen Arbeiter denunziatorisch auf die Schulter schlägt, ist ein wirkliches Kreidezeichen, das den Betroffenen verraten soll; zugleich gewinnt es über eine ausführliche Kontextbildung zusätzliche Dimensionen: das

Kreuz steht fürs unschuldige Opfer, der vertraulich-verräterische Schulterschlag für die Handlung des Judas; zugleich klärt sich das Verhältnis der Brautleute, der autoritäre Gestus des SA-Mannes schließt auch Eigennutz ein; das Dienstmädchen hört beim Geldgespräch das vorige Gespräch noch mit, die Wahrnehmungen überlagern sich: »ich möchte Sie gerade bitten, mir auf der Schulter nachzusehen, ob da nicht auch ein Kreuz drauf ist!« (GW 3,1096).

Der Verrat der Nachbarn (2) kommt über einem zerbrochenen Geländer und einer zerrissenen Jacke zu sich selber. Der Streit der linken Parteien geht im KZ weiter (4); für die Unterschiede steht der Zigarettenbesitz, für die endliche ›Einheit‹ der Bunker. Das Terrorsystem und seine Stufungen werden als gestufte Auspeitschung ins Bild gebracht (5). Daß der Amtsrichter keine Gerichtsakten mehr braucht, sondern bereit ist, unterschiedslos alle zu verurteilen, die man ihm vorführt, drückt sich in der Verwechslung von Aktenmappe und Adreßbuch aus (6). Anhand von Ärzten und Physikern wird das Nicht-sehen-üben vorgeführt, den Sinn der Szenen organisieren jedoch die Wunden und die Formeln. Der Aufstand einer Frau (23) tritt aus dem Gefühl in spontanen Protest hinüber, als ihr vom eigenen Mann das Tragen der schwarzen Trauerkleidung (um den Bruder) als unliebsam verwehrt wird.

Brechts ästhetisch-politische Hoffnungen waren eine Zeitlang auf diese Bildform gerichtet, die zugleich Realität und Zeichen ist und auf diese Weise die Übergänge erfahrbar macht. Dann ist aber die Verselbständigung der Symbole, das Ausklinken der Bedeutungen aus dem gesellschaftlichen Kommunikationsprozeß viel schwerer möglich als bei der Metaphernbildung. Brecht vertraute zugleich auf die Erfordernisse des technischen Zeitalters, die auch für die Faschisten gelten:

> Sie sind *gezwungen*, große Quantitäten Vernunft bestehen zu lassen, ja selber auszubilden. [...] Sie benötigen zur Aufrechterhaltung ihrer Herrschaft ebensoviel Vernunft bei den Massen, als zur Beseitigung dieser Herrschaft nötig ist.   (GW 20,255)

Dieses Vertrauen wurde gewiß enttäuscht, das Denkvermögen hat sich als stärker beschädigbar erwiesen, als Brecht angenommen hatte. Heiner Müller zog daraus die Konsequenz, Brechts Gestaltungsweise zu übernehmen, sie jedoch völlig trostlos zu halten. In seinen Brechts *Furcht und Elend* nachgebauten ›Szenen aus Deutschland‹ *Die Schlacht* (1951/74) setzt er auf die metonymische Bildform. *Die Nacht der langen Messer* zeigt den Verräter-Bruder, dem in den Folterkellern der Gestapo ein Hakenkreuz in die Brust geschnitten worden ist; zugleich wurde er ›umgedreht‹: »Ich bin der eine und der andre ich« (S. 8)[33], eine Erfahrung, die sich nicht mehr in der Trauerspielform ausdrücken läßt. In der Szene *Ich hatt einen Kameraden* wird das schwächste Glied, ironisch »eine Gefahr für den Endsieg«, erschossen und gegessen: »Jetzt aus Kameradschaft /

Verstärkt er unsre Feuerkraft« (S. 9). In der *Kleinbürgerhochzeit* steigt Hitler aus dem Hitlerbild; in *Fleischer und Frau* wird das Töten von Feinden zum wörtlichen Kleinhacken; in *Das Laken oder die unbefleckte Empfängnis* wird das Laken (die Friedensfahne) zum Auslöser absurd realistischer Handlungen.

Diese semiotische Technik ist von den Brechtschen Szenen übernommen: die Realität (z. B. Hitler) geht in ein Bild ein, das sie *nicht* zu halten vermag, das folgerichtig destruiert wird. In *Die jüdische Frau* z. B. reicht der arische Mann seiner nach Amsterdam flüchtenden Frau den Pelzmantel; sein dazu gesprochener Trost »Schließlich sind es nur ein paar Wochen« (GW 3,1133) wird vom Bild ebenso entwertet, wie dieses seine Bedeutung verliert (bürgerlichen Schutz und männliche Fürsorge anzuzeigen). In *Arbeitsdienst* (S. 12) sind es die Zigaretten des Studenten, welche die Rede von der Volksgemeinschaft entwerten. Brechts Versuch, die Zeichen wieder mit Realität zu füllen, ist präziser auf die Zeichenpraxis des Dritten Reiches zu beziehen, als bislang in der Forschung üblich: trifft er doch ins Zentrum faschistischer Bewußtseinsmanipulation, die über die Verselbständigung (Externalisierung) von Bedeutungen, die Entleerung von Zeichen zu Signalen läuft. Das wiegt schwerer als sein gelegentlich demonstrierter Glaube an die »Vernunft bei den Massen« und ist als ästhetische ›Vorsorge‹ wahrnehmbar, in seine antifaschistischen Stücke Fragestellungen und poetische Verfahrensweisen einzubringen, die nicht an diesen Optimismus gebunden sind, sondern eher schon damit zu rechnen scheinen, daß die Vernunft nicht ohne weiteres »durch die Zeiten der gegenwärtigen schweren Verfolgung durchkommen wird« (GW 20,252).

Anmerkungen

Brecht wird zitiert nach: Gesammelte Werke in 20 Bänden. werkausgabe edition suhrkamp. Hrsg. vom Suhrkamp Verlag in Zsarb. mit Elisabeth Hauptmann. Frankfurt a. M. 1969, als: GW, Band- und Seitenzahl.

1 Franz-Norbert Mennemeier: Modernes deutsches Drama. Kritiken und Charakteristiken. Bd. 2: 1933 bis zur Gegenwart. München 1975. S. 54.
2 Ebd.
3 Arthur Moeller van den Bruck: Das Dritte Reich. Hamburg 1923. S. 238.
4 Vgl. Klaus-Detlef Müller: Die Funktion der Geschichte im Werk Bertolt Brechts. Tübingen 1972. S. 72.
5 Hans-Thies Lehmann / Helmut Lethen: Ein Vorschlag zur Güte. Zur doppelten Polarität des Lehrstücks. In: Auf Anregung Bertolt Brechts. Hrsg. von Reiner Steinweg. Frankfurt a. M. 1978. (edition suhrkamp. 929.) S. 309.
6 Vgl. auch zum folgenden: Helmut Lethen: Neue Sachlichkeit. In: Deutsche Literatur – eine Sozialgeschichte. (1918–1945). Hrsg. von Alexander v. Bormann und Horst Albert Glaser. Bd. 9. Reinbek b. Hamburg 1983. S. 168 ff.
7 Klaus-Detlef Müller (Anm. 4) S. 72.
8 Mennemeier (Anm. 1) S. 57.
9 Vgl. dazu: Alfred Sohn-Rethel: Ökonomie und Klassenstruktur des deutschen Faschismus. Frankfurt a. M. 1973.

10 Mennemeier (Anm. 1) S. 59.
11 Reinhard Opitz: Über die Entstehung und Verhinderung von Faschismus. In: Das Argument 87 (1974) S. 589.
12 Ebd. S. 603.
13 Alfred Rosenberg: Der Mythus des 20. Jahrhunderts. München 1930. S. 22 f.
14 Kurt Eggers: Hutten. Roman eines Deutschen. Berlin 1934. [Zit. nach: Neudr. Dortmund 1942. S. 219 f.]
15 Horst E. Richter: Lernziel Solidarität. Reinbek bei Hamburg 1974. S. 115 ff.
16 Vgl. Alexander v. Bormann: Das nationalsozialistische Gemeinschaftslied. In: Die deutsche Literatur im Dritten Reich. Hrsg. von Horst Denkler und Karl Prümm. Stuttgart 1976. S. 256–280.
17 Mennemeier (Anm. 1) S. 59.
18 Klaus-Detlef Müller: Das Ei des Kolumbus? Parabel und Modell als Dramenformen bei Brecht, Dürrenmatt, Frisch, Walser. In: Interpretationen zu Bertolt Brecht. Hrsg. von Theo Buck. Stuttgart 1979. (LGW 41) S. 202.
19 Jost Hermand: Zwischen Tuismus und Tümlichkeit. Brechts Konzept eines ›klassischen‹ Stils. In: Brecht-Jahrbuch 1975. Frankfurt a. M. 1975. (edition suhrkamp. 797.) S. 23.
20 Mennemeier (Anm. 1) S. 76.
21 Burkhardt Lindner: Bertolt Brecht »Der aufhaltsame Aufstieg des Arturo Ui«. München 1982. S. 44.
22 Ebd. S. 47.
23 Ebd. S. 80.
24 Ebd. S. 69.
25 Vgl. ebd. S. 140.
26 Vgl. Hermand (Anm. 19) S. 14 f.
27 Vgl. dazu: Heinz Kindermann (Hrsg.): Des deutschen Dichters Sendung in der Gegenwart. Leipzig 1933.
28 Paul Ernst: Das deutsche Volk und der Dichter von heute. In: Kindermann (Anm. 27) S. 19 ff.
29 Ernst von Salomon: Die Gestalt des deutschen Freikorpskämpfers. Zit. nach: Ernst Loewy: Literatur unterm Hakenkreuz. Frankfurt a. M. 1969. S. 81.
30 Vgl. Wolfgang Horn: Führerideologie und Parteiorganisation in der NSDAP. 1919–1933. Düsseldorf 1972.
31 Vgl. dazu: Alexander v. Bormann: »Wohltönend, aber dumm«? Die Stimme der Kultur im Widerstand. In: Amsterdamer Beiträge zur neueren Germanistik. Bd. 1/1972, S. 149–172; Franz Norbert Mennemeier/Frithjof Trapp: Deutsche Exildramatik 1933–1950. München 1980.
32 Roman Jakobson: Der Doppelcharakter der Sprache. Die Polarität zwischen Metaphorik und Metonymik. In: Literaturwissenschaft und Linguistik. Ergebnisse und Perspektiven. Hrsg. von Jens Ihwe. Bd. I/1971. S. 323–333.
33 Heiner Müller: Die Schlacht. Szenen aus Deutschland . . . In: H. M.: Die Umsiedlerin. Berlin 1975. (Rotbuch. 134.) S. 7–16.

WOLFGANG WITTKOWSKI

Aktualität der Historizität:
Bevormundung des Publikums in Brechts Bearbeitungen

> Der moderne Zuschauer [...] wünscht nicht,
> bevormundet [...] zu werden.
> *Bertolt Brecht* (GW 15,221)

Die ›Dialektik von Aktualität und Historizität‹ gehört zu den Formeln, zu denen sich heute die meisten germanistischen Arbeiten in beiden Teilen Deutschlands bekennen. Die Formel kennzeichnet ein Denk- und Kunstverfahren,

> das den vergangenen und den gegenwärtigen Zustand [der Geschichte] so miteinander verknüpft, daß im Geschichtlichen die Gegenwart zu einem vertieften Verständnis ihrer selbst und zugleich zu einem Ungenügen an sich selbst gelangt, aber auch zu einem Bild oder zur Ahnung möglicher Zukunft.[1]

So weiß es der bekannte Brechtforscher Walter Hinck in seinem Sammelband *Geschichte als Schauspiel* von 1981. Man spürt das Nachwirken von Widerspiegelungs-, Wirkungs- und Rezeptionsästhetik im verantwortungsbewußten politischen Ausgriff über das Kunstwerk hinaus auf die Geschichte damals und jetzt. Bertolt Brechts Theatertheorie und -praxis verbindet bereits all das, bevor es Bestandteil der Literatur- und Theaterdiskussion wurde. Nur wenige erkennen ihn jedoch als den Urheber des Inhalts dieser Formel an. Gewiß, Herbert Ihering, Erwin Piscator, Fritz Sternberg, Walter Benjamin haben Brecht hier angeregt, ermutigt. Die folgenreiche Nachwirkung indessen ging von ihm aus. Zwischen Theater und Gesellschaft, Kunst und Politik, Kunst und Geschichte vermittelt Brecht so einfach und gut lesbar, daß die ungeduldig werdende Studentengeneration der sechziger Jahre seine Provokation der Literaturgeschichte dankbar aufnahm. Heute findet man sie allerdings wissenschaftlich längst nicht mehr so zitierbar wie etwa die gelehrte Schrift, der Hans Robert Jauß 1970 jenen wirkungssicheren Titel gab.

Brecht entwickelte seine Theorie als Theaterpraktiker, der gegen die Inszenierungen des klassischen Repertoires, gegen diese »Tradition der Schädigung der klassischen Werke«[2], seinen eigenen, aktuellen Aufführungsstil durchsetzen wollte. Das gilt von seinen Anfängen als Regisseur seit 1923 bis zu seiner Arbeit mit dem Berliner Ensemble seit seiner Rückkehr aus dem Exil im Jahre 1948. Würdigungen Brechts nach seinem Tode, wie die von Hans Egon Holthusen und

Benno von Wiese,[3] behandelten die literarischen Meisterwerke, die zugleich großes Theater sind, und ignorierten die Bearbeitungen. Ausnahmen waren damals Hinck[4] und Marianne Kesting[5]. Hans Mayer wertete sogar »Brechts rastlose Tätigkeit des Bearbeitens« als »den wesentlichen, vielleicht den entscheidenden Teil seines Werkes überhaupt«.[6] Gleichzeitig lenkten Reinhold Grimm und einige angelsächsische Dissertationen die Aufmerksamkeit auf die Bearbeitungen.[7] 1972 rückte Werner Mittenzwei sie wie vorher schon Mayer in den Rahmen von *Brechts Verhältnis zur Tradition* und nachdrücklich in den Rahmen der Dialektik von Aktualität und Historizität, die die Erbetheorie der DDR inzwischen von Brecht übernommen und ausgebildet hatte.[8]

Schwerlich treffen Vergangenheit und Gegenwart irgendwo unmittelbarer aufeinander als in der Bearbeitung älterer Werke. Und das »Bearbeiten« ist ein so wichtiger Bestandteil von Brechts Schaffen überhaupt, daß Bearbeitung, Neudichtung und Gegenentwurf manchmal kaum voneinander zu unterscheiden sind, wie z. B. in der *Dreigroschenoper*. *Die Rundköpfe und die Spitzköpfe* gingen, unter Rückgriff auf Kleists *Kohlhaas*[9], aus einer Bearbeitung von Shakespeares *Measure for Measure* hervor und laden durchaus zum Vergleich mit der Vorlage ein. Brecht stellt das Stück jedoch zu Recht nicht mehr als Werk Shakespeares vor, sondern als sein eigenes. Die Bearbeitungen im engeren Sinn geben sich als adaptierte Werke anderer Autoren. Allerdings kam es hier ebenfalls zu Überschneidungen. Ich schließe im folgenden Grenzfälle durchaus mit ein. Es geht mir vor allem darum, die Absicht und das Ergebnis dieses Verfahrens und dessen Beweiskraft für jene Theorie einer Aktualität der Historizität zu skizzieren. Dem Gegenstand entsprechend, verfahre ich zunächst historisch, d. h. chronologisch.

I

Brechts Bearbeitungen gingen aus seinen Theaterinteressen hervor, aus seinen Überlegungen als Dramaturg, vor allem aus seiner Leidenschaft, ja Besessenheit als Regisseur. Bezeichnenderweise wählte er eine Bearbeitung für seine erste Inszenierung (zusammen mit Lion Feuchtwanger an den Münchener Kammerspielen): *Leben Eduards des Zweiten von England. Historie* (nach Marlowe; 1923/24). Brecht konnte die Schauspieler selbst aussuchen und beliebig viel proben. Die Aufführung sollte, so schrieb er 1954, »mit der Shakespearetradition der deutschen Bühnen brechen«, mit »jenem gipsig monumentalen Stil, der den Spießbürgern so teuer ist« (GW 17,951). »Während der Proben«, berichtet Klaus Völker, »entdeckte der Regisseur die Schwächen des Dramatikers. Brecht änderte, schrieb neuen Text. Er paßte sich den Bedürfnissen und Fähigkeiten seiner Schauspieler an«,[10] verlangte ihnen aber, wie Ihering ergänzt, »den objektiven, den epischen Stil« ab.[11] Wenn »sie die schwer lesbaren, ›holprigen‹ Verse der alten *Schlegel-Tieckschen* Shakespeare-Übertragung anstelle der neuen, glatten *Rotheschen* sprachen«: »Wieviel stärker kam da das Ringen der

Gedanken in den großen Monologen zum Ausdruck! [...] und es enthüllten sich in diesen Synkopen besser die widersprüchlichen Gefühle des Sprechers« (GW 19,396 f.).

Mit Motiven und Szenen aus Schiller, vor allem aber aus Shakespeares *Richard II, Richard III, Macbeth* ersetzte Brecht etwa fünf Sechstel von Marlowes *The Troublesome Reign and Lamentable Death of Edward the Second.* Das Stück wurde aus dieser Version ins Englische rückübersetzt und in London erfolgreich aufgeführt. Brecht vereinfachte Handlung wie Personenstand und verdeutlichte die Thematik. Die wirtschaftlichen Beweggründe (aus *Richard III*) beließ er noch im Hintergrund bei diesem historischen Exempel für die überzeitlich-ewigen »Unstimmigkeiten im gesellschaftlichen Leben« (GW 19,397) und die verhängnisvollen Schwächen Einzelner.[12] Die »Darstellung gewisser Interferenzen«, ungleichmäßiger Entwicklungen menschlicher Schicksale, des Hin und Her historischer Vorgänge, der ›Zufälligkeiten‹ und der »Versuch, die Vorgänge zwischen Menschen als widerspruchsvolle, kampfdurchtobte, gewalttätige zu zeigen«, führten den zeigenden Gestus aus den ersten Stücken, also zunächst in der Form elisabethanischen Theaters auf die Bühne und damit zur Schaffung des epischen Theaters (GW 17,951). Szenentitel mit den Geschichtsdaten, die Brecht dann stets historiographisch sorglos handhabte, trugen da noch am wenigsten zur Verfremdung bei.

Marlowes Stück veränderte sich allerdings zur Unkenntlichkeit. Es diente schon jetzt, wie Brecht später sagt, als bloßes »Material«. »Historie« bezeichnet die »Erzählweise der elisabethanischen Stückeschreiber« (GW 17,951), die Brecht weiter episiert, sowie den Gattungstyp des Originals und hat noch nichts zu tun mit »Historisieren«, wie Grimm meint.[13]

1928 – nach der Bekehrung zum Marxismus und nach der noch zu erörternden Klassiker-Debatte – inszenierte Brecht am Berliner Schiffbauerdammtheater, das fortan seinen Experimenten zur Verfügung stand, *Die Dreigroschenoper*, eine wieder sehr freie Bearbeitung von John Gays *The Beggar's Opera* (1728). Diese englische »Oper für den Bettler« war keineswegs, wie Brecht schreibt – im historiographischen Detail war er selten zuverlässig –, »in England durch zwei Jahrhunderte [...] in allen englischen Theatern gespielt« (GW 17,989), sondern gerade zum 200. Geburtstag wiederentdeckt und in London mit viel Erfolg aufgeführt worden. War sie eine Satire auf die Händel-Mode und auf das Gaunertum der höchsten Regierungskreise, so entlarvte auch Brecht das Gaunertum, das die bürgerliche Gesellschaft praktiziert, begünstigt und verbirgt. »Wie vor zweihundert Jahren haben wir eine Gesellschaftsordnung, in der ziemlich alle Schichten der Bevölkerung, allerdings auf die allerverschiedenste Weise, [...] nicht in Moral, sondern natürlich von Moral leben« (GW 17,990). Ein überzeitliches, allgemeinmenschliches Phänomen, dessen antiquierter Stoff der Historisierung entraten konnte, ohne unhistorisch oder unwirksam zu werden. Wie bei Gay entlarven und verhöhnen die Figuren sich selbst naiv. Kurt

Weill verwendet Gays Händel-Parodie besonders am Ende, das auch Molières *Tartuffe* ironisiert. Jazz unterstreicht und verspottet den verlogenen Schmalz von Schlager und Operette. Brecht nutzt Gays Stilmittel epischer Verfremdung, macht die Handlung abwechslungsreicher, fügt Szenen und Figuren hinzu, ferner Songs von und nach Villon. Auf Alfred Kerrs öffentlichen Vorwurf des Plagiats antwortete er im Stil der »Dreigroschen«-Frivolität mit dem Bekenntnis einer »grundsätzlichen Laxheit in Fragen geistigen Eigentums« (GW 18,100).

Die umfangreichen Anmerkungen zu dieser ersten Oper Brechts definieren das epische Theater des zeigenden Gestus, des verfremdenden Erzählens. Ferner bezeugen sie Brechts Neigung, sich bei der mimischen Durcharbeitung seinerseits in ›epische Details‹ zu verlieren, die mitzuteilen kaum möglich oder auch bloß sinnvoll ist: z. B. das allgemeinmenschliche Kuriosum, »daß die Braut sehr wenig ißt«, oder die These, daß »in unserer Zeit [...] das Geschlechtsleben [...] in einem Widerspruch zu dem gesellschaftlichen Leben« steht, und das sei »komisch, weil [...] historisch, d. h. durch eine andere Gesellschaftsordnung lösbar« (GW 2,488 f.). Der Theoretiker verallgemeinert das im Stück Gezeigte fortan immer wieder im Rahmen der marxistischen Endzeit-Utopie, wie er sie auslegte. Wer sich da auskennt, übersieht zu leicht, wie wenig davon auf der Bühne deutlich wird, es sei denn in direkten Aussagen. Ohnehin erwies sich der gesellschaftliche Wirkungs-Anspruch als theoretische Fehlspekulation. Die verfremdende Ausarbeitung von Szenentiteln, Dialog und Songs zielte auf »Literarisierung des Theaters«, d. h. auf »Durchsetzen des ›Gestalteten‹ mit ›Formuliertem‹«, auf »Anschluß an andere Institute für geistige Tätigkeit« (GW 17,992), mit anderen Worten: auf Theorie, auf Ideologisierung. Der theoretisch aufwendige Anlauf zur Eroberung eines marxistischen Einfluß- und Herrschaftsfeldes von oben, von einer geistigen Elite her, schlug fehl. Das überwiegend bürgerliche Publikum genoß die Satire auf das Bürgertum und machte sie zum größten Theatererfolg der zwanziger Jahre. Die »Literarisierung des Theaters« triumphierte rein ästhetisch. Denn Brecht meinte und beabsichtigte damit zugleich ihr Gegenteil: »das absolute Primat des Theaters über die dramatische Literatur« (GW 17,991).

Das läßt sich freilich nicht für alle Stücke Brechts reklamieren. Doch hatte er stets von vornherein die Verlebendigung des Textes durch die Aufführung mit im Sinn. Jeder Text galt ihm wie seine *Dreigroschenoper* als »Soufflierbuch« (ebd.), Regiebuch, Bühnenfassung und erlaubte jederzeit die Neubearbeitung. Nicht anders dachte Brecht von Stücken anderer Autoren. Zu dieser Leidenschaft des »Machens« gesellte sich seit der Oper der wissenschaftliche Ehrgeiz oder Gestus in Form von Fußnoten und Anmerkungen. Sie bevorzugen die sozialphilosophisch gezielte Assoziation vor dem für alle Möglichkeiten offenen, neugierigen Erforschen und Abwägen der Tatsachen und Dokumente. Mit alledem will Brecht das »komplexe Sehen« üben, freilich nur innerhalb eines festgemauerten ideologischen Grenzbereichs. So erzwingt er genau das, was er bekämpfen zu wollen glaubt: die »Manier, alles einer Idee unterzuordnen, die Sucht, den Zuschauer in eine einlinige Dynamik hineinzuhetzen, wo er nicht nach rechts und links, nach unten und oben schauen kann« (GW 17,992).

Unverhüllt ist das die Manier der *Lehrstücke*, die nun folgen. Statt den Zuschauer zum »Betrachter« zu machen und dadurch seine »Aktivität« zu wecken, wie es das epische Theater auch für die neue Oper forderte, »verwikkelt« das Lehrstück ihn noch intensiver als im »dramatischen« Theater »in eine Aktion«, nämlich als Mitspielenden (GW 17,1009): Hier soll er, so heißt es in der *Theorie des Lehrstücks*, »durch die Durchführung bestimmter Handlungsweisen, Einnahme bestimmter Haltungen, Wiedergabe bestimmter Reden und so weiter gesellschaftlich beeinflußt werden [...] Die geistige Beherrschung des ganzen Stücks ist unbedingt nötig« (GW 17,1024). »Rezepte für politisches Handeln« soll man nicht entnehmen, es sei denn in »Kenntnis des Abc des dialektischen Materialismus« (GW 17,1033). Die Lehrstücke zählen nicht wie *Eduard II.* und *Dreigroschenoper* bloß ästhetisch als Texte oder (so laut Völker[14]) als Inszenierungen zum epischen Theater, sondern unter allen Umständen auch ideologisch. In anderen Stücken vermag die epische Distanzierung zu reiner Spielfreiheit zu führen. Die Lehrstücke verhindern das auf Kosten des Kunstvergnügens und der davon unlösbaren Freiheit persönlichen Urteils. Brecht, der von früh an seine Umwelt bestimmen und seinen Zwecken dienstbar machen, also beherrschen wollte, bedient sich jetzt dazu des Marxismus. Wohl mehr als irgendein bedeutender deutscher Schriftsteller vor ihm wurde er das, was er selbst so haßte und für die deutsche Misere hauptverantwortlich machte: ein Schulmeister.

Die Schulopern *Der Jasager* und *Der Neinsager* (1929/30; Musik Kurt Weill) schließen sich eng an das japanische No-Spiel *Taniko* an mit seiner streng stilisierten Form und kargen, klaren Handlung. Im Original beteiligt sich auf eigenen Wunsch ein Junge zur Rettung seiner kranken Mutter an einer rituellen Gebetsreise, erkrankt und wird »dem Brauch gemäß«, der auch sein »Einverständnis« fordert, umgebracht. Diese »neue Einheit von Freiheit des einzelnen und Diszipliniertheit des Gesamtkörpers« (GW 17,1032) – also die freiwillige Unterwerfung des Einzelwillens unter den des Kollektivs – ist Programm und Thema der Lehrstücke und bei anderen mehr oder weniger »durch die Blume« (GW 17,1026). Meist aber kann man dieses Thema ex negativo als Utopie interpretieren, oder Brecht propagiert die selbständige Entscheidung gegen die Autorität feudaler, bürgerlicher, militärischer Disziplin. Die Kollision beider Tendenzen spitzte sich in der *Maßnahme* (1931) derartig zu, daß Grimm von einer »Tragödie« sprach.[15] Brecht übertünchte sie in der *Stücke*-Bearbeitung von 1955, indem er die Menschlichkeit des »jungen Genossen« kurzerhand durch Dummheit denunzierte.[16] Ähnlich gewaltsam und unglaubwürdig bearbeitete er den *Jasager*.

Die erste Fassung des *Jasager* tilgte lediglich die religiöse Substanz des Originals. Dadurch wurden die Figuren zu marionettenhaften Instrumenten eines säkularisierten Dogmas und Rituals. Einwände jugendlicher Spieler veranlaßten eine zweite Fassung und den *Neinsager*. Im zweiten *Jasager* – und eben erst hier – entspricht »der Brauch« einer »Notwendigkeit«: die Reise gilt der Rettung der gesamten Stadt. Brecht verändert die Situation, um Einwände gegen seine vorgefaßte Lehre zu entkräften und um die Harmonie zu sichern mit dem *Neinsager* und seinem neuen Brauch, »in jeder Lage neu nachzudenken«. Es ist nun »nicht heldenhaft«, aber »vernünftig«, daß der Junge den Tod ablehnt. Denn diesmal geht es wieder ausschließlich um die Mutter, doch einzig der Knabe reist wegen ihrer Rettung; um sie ist es geschehen, sobald er nicht weiterreisen kann. Der traditionelle Brauch, den Ermatteten ins Tal zu werfen, fordert ein zusätzliches Opfer, das niemandem nützt. Merkwürdigerweise kann niemand anders die Reise, die der Mutter helfen soll, für den Knaben fortsetzen. Wieder manipuliert Brecht eine Voraussetzung, kehrt aber zugleich seine ursprüngliche Konsequenz um – um durch solche Anpassung die Autorität seiner Lehre und das »Einverständnis« mit ihr zu sichern. Daß das »Nein« des Jungen die Begleiter bewegt, ihn zurückzubringen, erweist die Menschen als belehrbar, die Verhältnisse als »handhabbar« (GW 17,1027). Das gilt unverändert ebenso für die zeitgenössische *Maßnahme* wie für die zwei altertümlich gehaltenen Stückchen vom *Ja-* und *Neinsager*. Das faszinierende Thema gilt ihm offenkundig als überzeitliche, ewig gültige Wahrheit. Darum bedurfte es hier keiner Historisierung, so sehr der epische Gestus des Zeigens einer parabolisch-historisierenden Gestaltung entgegenkam.

Trotz aller Umarbeitungen sind die Lehrstücke keine produktiven Experimente, wie der Komponist Paul Hindemith irrtümlich glaubte (ebd.), sondern, milde ausgedrückt, »Versuche der Selbstverständigung eines lernenden Marxisten«, der »Veränderungen« ausschließlich im Rahmen »kommunistischer Ethik« anerkannte[17] – das heißt mit »Lenin«, einer »Sittlichkeit [...] aus den Interessen des proletarischen Klassenkampfes« (GW 17,1033). Noch unbedingter beanspruchten Brechts Anmerkungen zur *Mutter* (1932), der Kommunismus stelle die einzig »objektive«, »höchstentwickelte, am weitesten fortgeschrittene« (GW 17,1071) Wissenschaftsposition dar und sei daher gegen alle anderen durchzusetzen. Maxim Gorkis gleichnamiger Roman (1906) ist noch heute als Muster einer kommunistischen Lehrdichtung beliebt. Pathos und Gefühl entspringen hier persönlichem Erlebnis. Brechts »Nachdichtung« im Stil der Lehrstücke (»keine Bearbeitung«) macht dagegen Lehre und Belehrung der Heldin rational, abstrakt und direkt. Die Aufführung hielt Kostüm und Dekoration allgemein, und damit auch die Vorgänge – obwohl sie als russische erkennbar blieben; sie konnten als »Gleichnisse« für vergleichbare Situationen und Ereignisse anderswo dienen (GW 17,1070 f.). Als »historisches Stück« dagegen, »als dichterische Darstellung einer schon klassisch gewordenen Epoche« inszenierte das Berliner Ensemble das Stück 1951, um »die Sowjetunion liebenswert zu machen« (GW 17,1065–80). Das war wohl episch, dank dem ideologischen Einverständnis aber nicht historisierend.

Gleiches gilt für die zweite Bearbeitung eines Romans: *Die Abenteuer des braven Soldaten Schweik während des Weltkrieges* von Jaroslav Hašek, deutsch 1927. Brecht half 1927 mit, eine bereits hergestellte Bühnenfassung nochmals für Piscator zu bearbeiten. In enger Anlehnung an sie, Szene um Szene, allerdings dem Gegenstand entsprechend »erheblich schärfer« (AJ 373), schuf er 1943 im amerikanischen Exil das ebenso liebenswürdige wie makabre Lustspiel *Schweyk im zweiten Weltkrieg*, das erst postum aufgeführt wurde. Einlagen definieren das Thema: die Nazigrößen versichern dem besorgten Hitler, der kleine Mann werde sein Werk unterstützen; dafür sei gesorgt. Die kleinen Leute lassen es sich im Gasthaus »Zum Kelch« bei gegenseitiger Achtung (Lied vom Kelch) so gutgehen, wie die Zeitläufte es erlauben, denen sie sich anzupassen wissen. Früher oder später raffen sie sich auf zu entschiedenerem Widerstand. Bei Schweyk beginnt es mit dem Geschäftlichen. Lieber brät er den gestohlenen Rassespitz, als ihn dem SS-Scharführer unentgeltlich auszuliefern. Betulich beflissen übertreibt er in der Maske der Einfalt die Unterwürfigkeit bis zum Hohn auf die Unterdrücker. Der »opportunist der winzigen opportunitäten« (AJ 371) nutzt witzig die Gelegenheit, dem Feind zu schaden, folgt aber auch dem Appell zum riskanten Einsatz für den Mitmenschen. »Sein opponierendes Mitläufertum«[18] »macht ihn zum unerschöpflichen objekt des mißbrauchs und zugleich zum nährboden der befreiung« (AJ 371).
In der »historischen Begegnung« mit Hitler arriviert er gleichsam zum Weltgeist. Er pfeift den Diktator wie einen Hund zurück aus jeder Richtung, in der er dem Untergang entgehen will. Untergang und zugleich den unaufhaltsamen Fortgang des Lebens mag es bedeuten, wenn Schweyk auf dem Weg nach Stalingrad im Kreise geht. Visionen der Mitmenschen im »Kelch«, dem Vor-Schein einer freundlichen Welt, halten ihn am Leben. Mitbetroffen wird er vom Kälberlied, einer Parodie des Horst-Wessel-Lieds, weniger vom »Deutschen Miserere«, dessen Kehrreim »Gott bewahr uns« zunächst die von den Eroberungen provozierte Nemesis beschwört und endlich kleinlaute Hilflosigkeit ausdrückt. Ganz seiner Haltung entspricht das »Lied von der Moldau«, das in der Krise (Bild 6) und am Ende erklingt. Die Mischung der Natur- und Geschichtsbilder erhebt das Thema vom Überleben des kleinen Mannes ins Überzeitliche: der Wechsel der Zeiten bringt zwar auch wieder Krieg und Unterdrückung, aber zunächst einmal deren Ende, »da hilft kein' Gewalt«.[19]

II

Die Wende zum Historisieren in Brechts Bearbeitungsverfahren erfolgt um 1930, und zwar anhand von Stoffen, die eine ideologische Distanzierung möglich machten. Theoretisches Vorspiel war die Klassiker-Debatte von 1926–29. Auf eine Rundfrage »Wie soll man heute Klassiker spielen?« erklärte Brecht, er sei am »Untergang [...] des vorrevolutionären Theaters« »in prominenter Weise beteiligt«. »Ganze Stoffkomplexe«, »ein ganze fertige Psychologie und beinahe alles Weltanschauliche wurden [...] einfach ungenießbar gemacht« durch seine eigenen und andere zeitgenössische Produktionen, ferner durch Klassiker-Inszenierungen wie 1926 die berühmt-berüchtigte der *Räuber* durch Piscator. Von den alten Stücken, die immer noch das Repertoire beherrschten und dessen traditionellen Aufführungsstil bestimmten, sei allenfalls ihr Stoff als »Materialwert« zu gebrauchen, dann aber mit Hilfe der »zeitgenössischen [...] politischen« Gesichtspunkte zu neuer Gestalt und Wirksamkeit zu bringen. Das dürfe freilich nicht mechanisch-äußerlich erfolgen und erfordere viel Geduld (GW 15,111–113). Ein fiktives *Gespräch über Klassiker* mit Ihering nennt als bahnbrechend vor Piscators *Räubern* Brechts *Leben Eduards des Zweiten*. Weitere Versuche, Shakespeares *Coriolan* und *Cäsar* »als reine Materialgrube« zu nützen, habe er aufgegeben. »Der Nutzen der Klassiker ist zu gering.« Sie sind »gestorben«. Brecht verdeutlicht das am Beispiel einer Klassiker-Aufführung im Stil der Lehrstücke durch Kinder (GW 15,176–182) und macht es sich damit wieder einmal zu leicht.

Dennoch kam es erneut zu »vandalistischen« Material-Bearbeitungen, wie er sie dort rechtfertigte (GW 15,179). Anders als im Falle Marlowes gesellte sich zum Protest gegen die Tradition und Konvention der Klassiker-Aufführungen ein regelrechter Haß gegen die Klassiker, vor allem die deutschen. Der frischgebakkene Marxist lernte rasch, diese seine überragenden Rivalen auf der Bühne zu denunzieren als Repräsentanten und Verlängerer deutscher Misere. Nicht einmal Shakespeare, das anerkannte Vorbild seines epischen Theaters, blieb verschont. Die nichterhaltenen Rundfunkbearbeitungen von *Macbeth* (1929) und *Hamlet* (1931), Rodney Symington zufolge die ersten Hörspiele »nach epischen Grundsätzen«[20], empörten die Kritik durch »die fanatische und ehrfurchtslose Absicht, das Dichterwerk in den Dienst kleinlicher und zersetzender Parteipropaganda zu stellen«. Symington dagegen meint: »Das heißt, Brecht sein gesellschaftliches Bewußtsein und seine Bemühungen um Gesellschaftsreform im Namen der Menschlichkeit abzustreiten.«[21] So ungut die Melodie jener Kritik heute klingt, das ideologisch-moralische Gesinnungsargument widerlegt sie in der Sache nicht, ist freilich symptomatisch für die affirmative Brechtexegese, auch wo sie die Rationalisierungen hegelisch-marxscher Dialektik bemüht.

Symington weiß übrigens durchaus, daß Brecht den Werken Shakespeares nicht gerecht wird und sich in seinen zahlreichen Äußerungen über ihn widerspricht.[22] Die *Vorrede zu Macbeth* (1927) rügt Shakespeares überholte »Mordpsychologie« und vor allem die »Unlogik der Vorgänge«: Sie »ist unserm Theater nicht eigen« – »nur dem Leben«. Diese »Wahrheit«, »den philosophischen Gehalt«, kann allein »der epische Stil« »zur Wirkung« bringen. »Es gibt nichts Dümmeres, [als] Shakespeare so aufzuführen, daß er klar ist«, und dazu seine Handlungen »zu ordnen um eine Idee, die nur ein Vorurteil sein kann«. Genau das aber tat er dann selbst, indem seine epische Inszenierung die Vorgänge »durchrationalisierte«, wie er es im Falle der *Antigone* nannte. Er erklärt nämlich bald für unerläßlich, was er hier ablehnt: »eine Umwertung der wesentlichsten Ideenkomplexe«. Sie allein verschaffe Shakespeare »Existenzmöglichkeit« vor den Augen einer »Generation, die gut getan hat, die ganze Klassik aus ihrem Gedächtnis auszutilgen« (GW 15,116–119). Töne, die noch kürzlich an das Verhältnis des Theaters zur Klassik in der BRD erinnern konnten.[23]

Der Messingkauf (1937–51) führt diese Linie weiter und entwickelt als den Kern der Brechtschen Theorie des Bearbeitens die Kategorie des »Historisierens«. »Für Zuschauer ohne jeden historischen Sinn kann man diese mittelalterlichen Stücke sowieso nicht aufführen. Das wäre nur Dummheit.« Ergänzt man indessen berichtend ihr reiches »Rohmaterial« aus ihrer »Zeit«, so vermag man sie »historisch zu spielen, und das heißt, sie in kräftigen Gegensatz zu unserer Zeit setzen« (GW 16,592 f.). Der Anti-Klassiker-Affekt gibt sich hier als bewußte proletarische Parteilichkeit. Im Sinne der Widerspiegelungstheorie argumentiert Brecht gegen die Klassiker als Repräsentanten einer feudalabsolutistischen bzw. rückständigen bürgerlichen Gesellschaft, von der sich die marxistische Bewegung kritisch distanziert und in solcher Distanzierung definiert.

Revolutionäres Denken, so betont Walter Sokel[24] in diesem Zusammenhang, allerdings ohne die Problematik aufzubrechen, bedarf ja der Tradition; allein von dort bezieht es seine Vorbilder und Gegner. Um Tradition, Geschichte geht es hier aber ausdrücklich im Geist ideologischer Parteilichkeit. Darüber kommt notwendigerweise das unparteiische Bemühen um Objektivität, um informierte und gerecht abwägende Würdigung zu kurz. In den siebziger Jahren hat sich die Literatur- und Theaterwissenschaft jener Brechtschen »Dialektik zwischen Historizität und Aktualität«, wie man sein »Historisieren« in dieser Zeit nannte, mit bewußter Überzeugung in die Arme geworfen und gemeint, damit zugleich besonders wissenschaftlich zu verfahren. Käthe Rülicke, Brechts langjährige enge Mitarbeiterin, beschreibt das Modell: Marx und Engels verlangten von Lassalle, in seinem *Sickingen*-Drama »den historischen Inhalt bewußt und mit den wissenschaftlichen Erkenntnissen der Zeit übereinstimmend zu gestalten, die modernen Ideen in ihrer naivsten Form sprechen zu lassen.«[25] Brecht verstand seinen Theaterauftrag auf ähnliche Weise:

> Um die gesellschaftliche Totalität der dargestellten Ereignisse sichtbar zu machen, muß der Bezug zwischen der dargestellten Gesellschaft und der Gegenwart ebenso hergestellt werden, wie die historische Bedingtheit und Begrenztheit der Ereignisse im Stück zu zeigen sind und dem Zuschauer Folgerungen für seine Zeit ermöglicht werden müssen. [Entscheidend ist,] daß die gesellschaftliche Wahrheit vom Standpunkt des fortgeschrittensten Teils der Gesellschaft aus, mit dem höchsten Grad an sozialer und politischer Einsicht, das heißt vom Standpunkt der sozialistischen Parteilichkeit aus erzählt, sichtbar wird und damit die Perspektive der Entwicklung.[26]

Dieser »Gesichtswinkel der proletarischen Parteilichkeit«, der nach Brecht die Inszenierung seiner Stücke ausschließlich Marxisten vorbehält,[27] erklärt sein schroffes Urteil über *Macbeth*. Gleiches gilt für *Lear* und andere Stücke. Die Rundfunkinszenierung des *Hamlet* ersetzt »das Schlußblutbad« (GW 16,588) durch die allein erhaltenen Schlußzeilen: Hamlet beweise hier sein wahrhaft königliches Potential. Sein Amoklauf zeige ihn »endlich ledig / Seiner so menschlichen und vernünftigen Hemmung« (GW 7,3016 f.). Das klingt ebenso witzig wie überraschend; wir lassen uns das gerne gefallen, schmeichelt es doch unserer sozialen Fortschrittlichkeit und Humanität. Der Revolutionär Georg Büchner war in dieser Hinsicht entweder anfechtbarer oder ehrlicher.[28] Nicht zuletzt der Marxismus-Leninismus verwies Brechts Moralismus wenig später ins historische Museum und ins Reich utopischen Wunschdenkens.

Zugleich aber bringen die überholte, überwundene Geschichtsphase Shakespeares und die Klassenzugehörigkeit seiner Figuren die Stücke, auf diese Weise inszeniert, ebenfalls ins Museum, wohin Brecht ohnedies alle Klassiker verbannt sah und verbannen wollte, obwohl er sich andererseits anheischig machte, sie daraus zu erlösen. Er hat beides abwechselnd betont, in der DDR natürlich nur das letztere. Die Unsicherheit in dieser Frage hat sich inzwischen weit verbreitet. Und man wird schwerlich eine Lösung finden, solange man wie Brecht die überzeitlichen allgemeinmenschlichen Lebensphänomene als ideologische »Ewigkeitswerte« abtut, die nur den Herrschaftsanspruch einer Klasse stützen sollen. Wir erkennen in alten Werken Vorgänge, Eigenschaften und motivierende Werte, die in verschiedenen Situationen und Epochen in verwandter Form immer wieder konkret werden können. Nur sofern sie allgemeingültige menschliche Situationen veranschaulichen, sprechen solche Phänomene über die Jahrhunderte hinweg mehr oder weniger unmittelbar zu uns. Historisches Wissen wird sie im Kontext historisch gewordener und vergangener Verhältnisse genauer fassen und damit die fortdauernde Aktualität ihrer überzeitlichen, weil allgemeinmenschlichen Elemente zusätzlich begründen.

Brecht stellt Literaturgeschichte neben die technische Geschichte, in der jede Neuerung alles Bisherige tatsächlich überholt und bestenfalls ins Museum abschiebt. Das gilt nicht für die ethischen und unethischen Verhaltensweisen, die über die Zeit hinweg interessieren. Marx, von dem Brecht ja die Reduktion des Menschen auf seine sozio-ökonomischen Voraussetzungen übernahm, wunderte sich über die anhaltende Wirkung Homers und erklärte sie angestrengt mit dem Interesse der Menschheit an ihrer Kindheit. Brecht spricht statt dessen womöglich noch bemühter von der nostalgischen Erinnerung an soziale »Umwälzungen«, »Kämpfe« und »Verluste« (GW 19,549 f.). Theoretisch klammert er sich an die lineare Dimension, an ein Fortleben der Probleme von einer Epoche zur anderen. Praktisch empfand er gleichwohl ohne Schwierigkeit, ja, geradezu naiv unbeschwert, die nur überzeitlich zu verstehende, fortdauernde Aktualität alter asiatischer (Lehr-)Dichtung.

Das Allgemeinmenschliche hat – wie oft schon in der Klassik (vgl. Schillers Vorrede zur *Braut von Messina*) – nichts zu tun mit der seit Brecht so gefürchteten Vorbildlichkeit, Vollkommenheit. Nichtsdestoweniger setzt gerade dieses Allgemeinmenschliche auch Brecht voraus, wenn er, wie Käthe Rülicke testiert, auf der Bühne eine alte Szene durch »historisch neuen Inhalt in ihrer Begrenztheit wie in ihrer Allgemeingültigkeit« zeigt und sie verfremdet. Mit Gozzi und Schiller fand er nur eine begrenzte Zahl möglicher Handlungsmomente zwischen Menschen. Sie »existieren als Konflikte in allen Gesellschaftsformationen, spielen sich aber unter jeweils anderen gesellschaftlichen und individuellen Bedingungen ab«.[29] Meist hat Brecht das Gegenteil behauptet, weil seine Theorie den Menschen nicht als Charakter, sondern als Produkt der Verhältnisse und die Verhältnisse als historisch-einmalig definierte. Theoretisch gab er allenfalls die Vermischung alter und neuer Konflikte zu. Praktisch aber schuf er Menschen – und ließ sich immer wieder von der unerwarteten Reaktion des Publikums verblüffen, obgleich doch kaum ein Autor und Regisseur die Wirkung seiner Stücke gründlicher kalkuliert haben dürfte als er.

Die Ursache muß im ideologischen Selbstzweck der Theorie stecken. An den Meisterwerken, die Brecht allesamt in nichtmarxistischen Ländern schrieb, hat man stets empfunden, daß die Theorie der Praxis in den Rücken fällt. Die große Wirkung beruht auf allgemeinmenschlichen Qualitäten und der Spielfreiheit ihrer verfremdenden Darbietung. Ein ideologisch unverdächtiger Zeuge, Ernst Schumacher, stellt zu dem historischen Drama *Galilei* zusammenfassend fest, daß der historische »Galilei nicht den sozialen Verrat begangen hat, wie ihn Brecht in der Neufassung seines Galilei-Stückes und vor allem in den Anmerkungen zu diesem Stück unterstellte«[30] – und zwar mit dem Anspruch historisch-historiographischer Objektivität.

III

Ein neues produktives Verhältnis zur dramatischen Weltliteratur der Vergangenheit schien sich anzukündigen, als Brecht, aus dem amerikanischen Exil zurückkehrend, Zwischenstation in der Schweiz machte. 1948 inszenierte er seine Bearbeitung der *Antigone des Sophokles* (1947) in Chur. »Die Antigone des Sophokles ist die betonte Absage an die Tyrannei und die Hinwendung zur Demokratie. Es ist ein Drama, das kämpferisch in die damaligen griechischen Zeitgeschehnisse eingreift.« Brecht strich diesen sachlich zutreffenden Satz und behauptete statt dessen fälschlich, obwohl Sophokles keineswegs anders dachte,[31] er habe den antiken Schicksalsglauben »durch die Meinung ersetzt, daß das Schicksal des Menschen der Mensch selber ist«.[32] Die »Staatsaktion« zeige nun »die Rolle der Gewaltanwendung bei dem Zerfall der Staatsspitze«. Das Vorspiel »Berlin. April 1945« – zwei Schwestern erleben akustisch die Abschlachtung ihres Bruders durch die SS mit – bestätigt jene »gewisse Aktuali-

tät« (GW 17,1212), welche erlaubt, das Werk zu einem Stück »über den Zu-
sammenbruch des Dritten Reiches« zu machen. Der Wächter redet Kreon mit
»Führer« an; und dieser mobilisiert die letzten moralischen Reserven für den
Endsieg seines Angriffskrieges. Andererseits habe die Heldin »allzulange vom
brot gegessen, das im dunkeln gebacken ward« (AJ 509), d. h., sie hat die
Gewalttaten ihrer Partei geduldet, solange sie die Früchte davon mitgenoß.[33]
Erst als ihr persönliches Interesse schwer getroffen werde, leiste sie Widerstand
und beschränke zudem ihre »moralische kontribution« darauf, »dem feind zu
helfen«. Sie »repräsentiert« daher keineswegs diejenigen »Kämpfer des deutschen Widerstands, die uns am bedeutendsten erscheinen müssen« – gemeint
sind im Unterschied zur Gruppe des 20. Juli die proletarischen Genossen, die es
viel mehr verdienten, »in Erinnerung« gebracht zu werden. »Daß von ihnen
auch hier nicht die Rede ist, wird nicht jedem ohne weiteres klar sein«
(GW 17,1212 f.). Damals beginnt Brecht, die Schwierigkeit zu beklagen, sich
dem Publikum verständlich zu machen. Die Schwierigkeit kehrt wieder beim
heutigen Regietheater und hat ihren Grund in Brechts Gewohnheit, seine Stücke
zwar bedeutungsschwer zu kommentieren, die Bedeutung aber nicht sinnfällig zu
machen. Wie seinerzeit bei Shakespeare liefert Brecht die fehlende »Durchratio-
nalisierung« nach. Sie ergibt eine als objektiv verstandene Distanz von genauer
Aktualität: die Negation der eben zu Ende gebrachten Hitlerzeit und der Antike.
Die »barbarischen Kriegskultpfähle«, mit denen Caspar Neher das »Spielfeld«
(GW 17,1217) markierte, bezeichneten demgemäß das Barbarische am gegenwärtig »immer noch [...] vergötzten staat der klassenkämpfe«, natürlich am
Dritten Reich, aber vor allem auch am geschichtlichen »ort des alten gedichts«
und an ihm selbst: »die ganze ANTIGONE gehört auf die barbarische pferde-
schädelstätte« (AJ 504). Und die »Skelette von Pferdeschädeln (GW 17,1216)
fordern dazu auf, »im griechentum« nicht mehr Kultur, »als sei's das höchst-
maß«, zu verehren, sondern eine Barbarei zu kritisieren wie im Faschismus
(AJ 509).
Eine derartige Denunzierung ist historisch unhaltbar,[34] wird indessen mit gleicher Leichtfertigkeit vom westdeutschen Regietheater unserer Tage betrieben.[35]
Dessen Hochblüte in den Jahren 1978/79 erhob Brechts *Antigone des Sophokles*,
»was Häufigkeit und Resonanz« ähnlich orientierter »Inszenierungen angeht, zur
Kandidatin auf das ›Stück der Saison‹«.[36] Mit der Erbepolitik der DDR freilich
war Brechts Verfahren unvereinbar. Für die Aufführung 1951 in Greiz schlug er
eine »neue Tonart« an: »Die ›Antigone‹ des Sophokles gehört zu den größten
Dichtungen des Abendlandes.« Bewegt »durch tiefe Menschlichkeit«, vollführt
Antigone eine »große sittliche Tat«.[37] An die Stelle des schockierenden Vorspiels trat ein wohltemperierter Prolog. Er verweist begütigend auf die unge-
wohnte »hohe Sprache« – es ist diejenige Hölderlins (sie steigert auf der Bühne
die Verfremdung zur Unverständlichkeit) –, auf die Ferne von Stoff und Schauplatz, »wo einst unter den / Tierschädeln barbarischen Opferkults / Urgrauer

Zeiten die Menschlichkeit / Groß aufstand« (GW 6,2328 f.). Von der Rückstän-
digkeit Antigones, 1948 noch unabdingbare Voraussetzung angemessenen Verstehens, kein Wort mehr. Brecht praktiziert auf seine bekannte Weise und nicht
eben in Übereinstimmung mit seiner Theorie, was er unter Geschichtlichkeit
versteht und was sie für ihn aktuell macht: Veränderbarkeit, Anpassung.
Brecht hatte dafür gesorgt, daß sich solche Wandlungen mit dem Antigonemodell vertrugen, das die Inszenierung von 1948 festhielt: nicht nämlich, um
»die Aufführungsweise zu fixieren. Im Gegenteil: [. . .] Änderungen sollen provoziert und wahrnehmbar gemacht werden« als »Schöpfungsprozesse mit
schritt- oder sprunghaften Änderungen« (GW 17,1215) – freilich wieder nur
innerhalb seiner Konzeption. Denn es »kann die neue Bearbeitung nicht in
der üblichen Weise den Theatern zur freien Gestaltung übergeben werden«
(GW 17,1214). Nur innerhalb des Rahmens also, in dem man hier eben doch
»ein verpflichtendes Aufführungsmodell« (ebd.) anerkennt, braucht man die
»Arbeit an Modellen [. . .] nicht mit mehr Ernst zu betreiben, als zu jedem Spiel
nötig ist« (GW 17,1220). Will Brecht vorsätzlich verschleiern, ob und wo Text
und Modell Grenzen setzen? Die Dialektik zwischen Beharren und Verändern ist
hier reiner Gestus ohne Inhalt und dient offenbar dem Zweck, ideologisch fest
und zugleich wandlungsbereit zu erscheinen – in totalitären Systemen sicher eine
Überlebensnotwendigkeit, schwerlich indessen ein Indiz für die theoretisch
zuverlässige Grundlage des Verfahrens.
Schwierigkeiten bietet in dieser Hinsicht auch das Propagandastück *Die Tage der
Commune* (1948/49). Ursprünglich sollte das Berliner Ensemble am Schiffbauerdamm mit der Vorlage für dieses Stück debütieren, mit Nordhal Griegs *Niederlage* (der Kommunisten in Spanien), die in deutscher Übersetzung 1947 erschienen war. Brechts »Gegenentwurf« verlegt die Handlung zurück in die Anfänge
der Bewegung, ins Paris von 1871. Weniger ersetzt er das spontane, improvisierte
Handeln der Späteren durch ein klares politisches Bewußtsein und methodisches
Vorgehen[38] der legendär verklärten Urgemeinde als vielmehr Griegs romantisch-
rhetorischen Überschwang durch lakonische Trockenheit und den bemühten
Witz der einzelnen durch das heroische Pathos der Quellen und die Geschäfts-
ordnungssprache der kompetent Regierenden. Spielte Grieg den Heroismus der
Masse gegen die Fehler der Führer aus, so stellt Brecht sie Schulter an Schulter
als klar unterschiedene Teile eines Ganzen. Darin und indem er der Darstellung
von Marx folgt, bewahrt Brecht, so meint Hans Kaufmann,[39] die wahrhaft
aktuelle »Einsicht in die Geschichte« (wie sie sein sollte). Brecht hätte sogar
weitergehen und die historische Notwendigkeit der Revolution und ihres späteren Endsieges zur Sprache bringen können. In der Tat fordert die Figur des
weisen »Papa« zwar in Szene 4 wiederholt den Marsch auf Versailles, versichert
aber dann der Nachwelt, die »Größe« des Tages liege mit darin, daß die
»Vertreter des Volkes« keinen »Bürgerkrieg gewollt« hätten (GW 5,2137).
In der DDR war diese Darstellung zu brisant. Brecht eröffnete mit *Puntila* und

suchte mit dem *Hofmeister* von Lenz zu provozieren. Längst schätzte er das Stück des Stürmer und Drängers als Parabel für die deutsche Misere und deren Ursachen: den Untertanengeist der Lehrer und ihrer Zöglinge. Die Kritik an Kirche und Adel ist heute überholt, es sei denn, man versteht sie als repräsentativ für überzeitliche Probleme. Brecht jedenfalls behielt sie bei. Er bezog dagegen Kant und indirekt Lenz selber – »Des Dichters Stimme bricht, wenn er's erzählt«[40] – mit ein in die Satire auf die Selbstentmannung der Intellektuellen, wofür er im Stück und ausdrücklich in Prolog und Epilog den deutschen Schulmeister verantwortlich macht. »Der Hofmeister selbst erntet unser Mitgefühl, da er sehr unterdrückt wird, und unsere Verachtung, da er sich so sehr unterdrücken läßt« (GW 17,1221). Auf diesen Nenner reduziert Brecht die Figuren nahezu ganz. Bei Lenz ist die Selbstverstümmelung ein Akt religiöser Reue, eine extreme Reaktion auf die extreme Selbstverzärtelung des »galonierten Müßiggängers«. Der Geheimrat und der Major, die Studenten Fritz und Pätus und andere Figuren haben alle ihre Schwächen, zugleich aber die im bürgerlichen Trauerspiel allein rettende Fähigkeit zum uneigennützigen Vergeben – eine zentrale Tugend der deutschen Aufklärung, die Brecht aufgrund seiner Klassenkampfideologie haßte und hier ausmerzt. Alle Tugenden entlarvt er als verkappte Schwächen. So ebnet er die »Hintergründigkeit« der Individuen, nicht nur der Titelfigur, zur Mechanik gelenkter Puppen ein, desgleichen »die vielfältigen Realitätsperspektiven« der offenen Form des Originals in die geschlossene Form handfester Lehre.[41]

Auf den Vorwurf der Erbe-Verwalter, das Stück sei negativ, entgegnete Brecht: Als satirisches Bild jener historischen Situation könne es »durchaus als ein Beitrag zu der großen Erziehungsreform gelten, die eben jetzt in der Republik durchgeführt wird« (GW 17,1250). Die Botschaft war kaum mißverständlich. Der Epilog schließt:

> Gebrochen ist sein Rückgrat. Seine Pflicht
> Ist, daß er nun das seiner Schüler bricht.
> Der deutsche Schulmeister, erinnert ihn nur:
> Erzeugnis und Erzeuger der Unnatur!
> Schüler und Lehrer einer neuen Zeit
> Betrachtet seine Knechtseligkeit
> Damit ihr euch davon befreit!   (GW 6,2394)

Das ist, nebenbei bemerkt, auch die Forderung der klassisch-idealistischen Tradition, die Brecht ablehnte, wenn immer er ideologisch reflektierte. Es ist die Forderung, der Mensch solle sich ändern, damit die Verhältnisse sich änderten oder lebenswert würden. Im post-revolutionären Sozialismus mußte diese Forderung wohl logischerweise wiederkehren. So bezeugte denn in einer öffentlichen Diskussion Ernst Schumacher, daß Brechts Mahnung nichts von ihrer Aktualität verloren habe. »Der Schullehrer scheint nämlich in den Augen der Zuschauer immer noch derselbe Typ zu sein.« Gleichzeitig findet er Brechts Anregung, »nachzudenken« über die »Funktion« der »deutschen Schulmeister in der deutschen Geschichte« »nützlich« genug, daß man auf Lenz ebenso verzichten könne wie auf eine weitere Bearbeitung.[42] Dieser Gedanke schwang schon mit in der nicht veröffentlichten Version der eben zitierten Schlußverse: »Beseht euer Erbe mit Heiterkeit / Damit ihr euch davon befreit.«[43]

Solcher Befreiung vom Erbe ›Lenz‹ leistete Brecht Vorschub, indem er das Stück des Stürmer und Drängers korrigierte, kritisierte und damit ins historische Museum abschob. Erst die bearbeitete Fassung spiegelt ja jene verflossene Epoche so, daß sie samt ihrer fortdauernden Nachwirkung gültig erkennbar und darum aktuell sein kann. Freilich werden dabei die Aussagen des historischen Lenz wesentlich eliminiert; außerdem verlängert Brecht die verhängnisvolle Rolle des Lehrers während der wilhelminischen Ära fälschlich ins deutsche 18. Jahrhundert zurück.[44] Der Anspruch auf Geschichtlichkeit stellt sich damit breitbeinig vor eine leichtfertige, destruktive Geschichtsfälschung. Parteigänger Brechts und seiner Ideologie bestreiten das geflissentlich[45] oder setzen so wie Schumacher das marxistische Geschichtsbewußtsein mit wissenschaftlicher Geschichtserkenntnis gleich.[46]

Nicht ganz berechtigt ist jedoch Hinderers Schlußfolgerung,[47] Brecht habe für den artistischen Reiz weniger getan, als er, gerade um der politischen Wirkung willen, theoretisch forderte (GW 17,1239 f.). Im Gegenteil: in neun Wochen intensiven Probens versah Brecht die Aufführung mit unzähligen gestischen Feinheiten, die das Modellbuch *Theaterarbeit*[48] (vgl. GW 17,1221–1251) beschreibt und begründet. Ob »derlei Subtilitäten dem Publikum auffallen« und in dem gemeinten Sinn verständlich werden, muß man – und nicht nur hier – bezweifeln. Brecht tat indes die Frage als »unwürdig« ab, habe er doch »mit den fortschrittlichen Teilen der Bevölkerung«,[49] dem Proletariat, zu tun. Dieses erwartete zwar, wie Käthe Rülicke[50] bezeugt, nur handfeste Rezepte zum Handeln und ließ sich so gut wie gar nicht im Theater sehen; dennoch rechnete Brecht bei ihm wie bei einer bürgerlichen Theaterelite mindestens mit einem »zweiten Sehen des Stücks« (GW 17,1241). Ja, er muß wohl zuweilen mit der Kenntnis der Vorlage gerechnet haben – und mit großen Schwierigkeiten, das Publikum von der Bühne her zu erreichen.

So dienen die Ausführungen in *Theaterarbeit* wie die beigefügten »leitartikel«, zu denen er Zuflucht nehmen zu müssen glaubt (AJ 507), samt der Dokumentation primär zur Erklärung dessen, was die Aufführung nicht klarmachen kann; und diese Dokumentation eines aufwendig verhüllten Kunstdebakels wurde – in gleicher Funktion – zum Modell für die materialreichen Programmhefte des heutigen Regietheaters. Die »neue Spielweise« und das Tischlern an einem vorliegenden Text von fremder oder eigener Hand fesselten das Interesse des Regisseurs, der hier wie dort stets ein Bearbeiter war, mindestens ebensosehr wie das Bedürfnis, damit das Urteil des Zuschauers zu dirigieren. Letzteres gelang zumindest bei einem Teil des gebildeten Publikums. Doch selbst so erfolgreiche Inszenierungen wie die der *Mutter Courage* zeitigten zunächst nicht die gewünschte Aufnahme; und die seines *Hofmeisters* löste weniger ästhetisches Vergnügen aus als die Lektüre des – als Bühnenstück schwachen – Originals. Ähnliches stellte die Kritik fest für die Gerhart-Hauptmann-Bearbeitung *Biberpelz und roter Hahn* (1951). Der Pelz wird jetzt auf der Szene gestohlen. Wehrhahn soll am Ende den Versicherungsschwindel durchschauen und mit der Sünderin im augenzwinkernden Einverständnis sein. Die Komik des *Biberpelz* und die satirische Ironie beider Stücke Hauptmanns weichen dem humorlosen Hohn des Lehrstücks.[51] Durch den Liberalismus und die Skepsis von Dr. Fleischer und Dr. Boxer spricht Hauptmann; während der erste nun lächerlich gemacht wird, wird der zweite durch Rauert ersetzt, den hochgemuten Sozialisten und Repräsentanten der »Arbeiterbewegung«.

Die Dokumente des Programmhefts stellen den Zuschauer im voraus ein auf das, »worauf es bei der Bearbeitung« und »worauf es in der Wirklichkeit ankommt«; sie rufen die »heroische Periode der deutschen Sozialdemokratie« und damit »die Erinnerung an revolutionäre deutsche Tradition wach«. Historisch richtig ist indessen, daß »die revolutionäre Epoche der Sozialdemokratie«[52] zur Zeit des *Roten Hahns* dem kompromißbereiten Revisionismus Platz gemacht hatte, wie die beigefügte Zeittafel[53] es richtig – und Brecht widerlegend – anführt.[54]

Unzutreffend ist auch Brechts Erklärung, daß Hauptmann, dessen *Weber* bekanntlich die Leute von den Sitzen rissen, »die Arbeiterbewegung [...] nahezu völlig« übersehe (GW 17,1269). »Die Wahrheit ist« vielmehr, schreibt Oskar Seidlin, daß »der Proletarier Ede«, der am Schluß zu dem Geschäftemacher Schmarowski überläuft, »Brecht offenkundig nicht genehm sein konnte«.[55] Brecht hat die »ideologische Lösung des sozialen Konflikts hinzugefügt«, die Hauptmann »ahnte« und »aussprechen wollte«, und nur wegen seiner »klassenmäßigen und individuellen Grenzen« nicht formulieren konnte. Aber dieses hochmütig-wohlwollende Vorgehen ändert nichts daran, daß Hauptmanns »Gestaltungsabsicht umgebogen und an ganz entscheidenden Punkten ernstlich entstellt« wurde.[56] Wie jeder Dramatiker von Rang opferte Brecht die exakten Daten seines Materials dem auf, was er historisch-philosophisch für wichtig hielt. Gemessen aber an seinem Anspruch auf »Kenntnis des historisch Wesentlichen« (GW 17,1269) muß man sagen, daß er subjektives Meinen und Wunschdenken als objektive Wissenschaft ausgibt. Sein Umgang mit geistigem Eigentum verfällt weiter dem einst zugestandenen Verdikt der »grundsätzlichen Laxheit« (GW 18,100); und Gleiches gilt von seinem Umgang mit Geschichte.

Drängt sich dem Zuschauer des *Hofmeisters* ein Lächeln über den Ober-Schulmeister Brecht auf, der als das fortgeschrittenste Bewußtsein von der Bühne herab die Gesellschaft »unten«[57] belehren zu müssen glaubt, so erinnert der Pakt der Schmarotzer mit der Obrigkeit in Hauptmanns Stück an die Korruption im

Sozialismus, aber auch an den theaterbesessenen Regisseur, der seinem Institut die lukrativsten Subventionen und das Privileg einer *L'art pour l'art*-Freiheit sicherte inmitten allgemeinen Mangels, obwohl dieses Theater doch den neuen Menschen und die neue Welt schaffen sollte: eine Aufgabe, die dem Theater noch »nie gestellt worden« sei.[58] Er scheint hier Lessing, Schiller und Goethe vergessen zu haben, die freilich skeptischer waren und keine so »großen Begriffe« bemühten.[59]

Wieviel Selbstkritik verbarg sich wohl in folgendem Urteil über Molières *Don Juan*: »Der Glanz des Parasiten interessiert uns weniger als das Parasitäre seines Glanzes« (GW 17,1260). Zudem schüttelte Brecht nie die Vorbehalte gegen die DDR ab. Weder wurde er Staatsangehöriger der DDR oder Mitglied der SED, noch gab er sein Schweizer Konto auf, auf das die Erträge der Aufführungen und Veröffentlichungen im Westen flossen. Wie so viele seiner Figuren sind die Helden seiner Berliner Bearbeitungen – Läuffer, Mutter Wolffen, Don Juan, Faust, Coriolan – allesamt Abtrünnige, und die drei letzten werden samt ihren angeblich mit ihnen solidarischen Autoren in theologisch bestimmten Zusammenhängen gerichtet. Geheime Selbstbezichtigung und ihre Tarnung stecken vielleicht auch in der Behandlung des angehenden Proletariats. Wie im *Biberpelz und roten Hahn* treten in allen weiteren Bearbeitungen unhistorische, anachronistische Repräsentanten eines proletarischen Bewußtseins auf. Gehorsam befolgt Brecht die Anweisung, welche die ›Klassiker‹ des Marxismus, Marx und Engels, seinerzeit Lassalle für dessen *Sickingen*-Tragödie erteilten: im historischen Stoff »den historischen Inhalt bewußt und mit den wissenschaftlichen Erkenntnissen der Zeit übereinstimmend zu gestalten, die modernen Ideen in ihrer naivsten Form sprechen zu lassen«.[60] Zugleich kommt es zu kritischer Darstellung des Proletariats.

Die letzte abgeschlossene Bearbeitung, George Farquhars *The Recruiting Officer* (1706) unter dem Titel *Pauken und Trompeten* (1955), behält »die leichte Schreibweise«[61] des Originals bei und ersetzt zwei Drittel des Dialogs, um die sozialkritische Tendenz zu verstärken. Die Unterdrückung und Ausbeutung durch die Obrigkeit kehrt in allen Schichten wieder. Captain Plume, das Alter ego des Werbeoffiziers Farquhar, verliert dessen charmante Freude am Soldatsein und wird »der plebejische« Emporkömmling ohne »Tischmanieren«, Imitator der Aristokratie, Ausbeuter des Feindes und der eigenen Zivilbevölkerung. Sein Happy-End wird zur bloßen materiellen Transaktion. Auch die neuen Figuren aus der niederen Klasse beuten einander aus, ihre Ausbeutung durch andere erregt daher kein Mitgefühl. Nur »der Breitschultrige« und sein Mädchen brechen aus diesem Schema aus, verdeutlichen den Unsinn, daß Engländer dieselbe Gesellschaft bekämpfen, die sie wünschen, die in Amerika entsteht und die Brecht verfälschend idealisiert. Er verschweigt die geschichtliche Ähnlichkeit der amerikanischen Besitzgesellschaft mit der englischen und hält sich allein an das abstrakte Programm der Unabhängigkeitserklärung. Die Verlegung der

Handlung in diese Zeit begleitet er mit weiteren Anachronismen. Hatte der Engländer seine Kritik an den Rekrutierungsmethoden durch Komödienheiterkeit gemildert und seiner Komödientheorie gemäß für mehr Freiheit, Humanität und Toleranz geworben,[62] so prangert Brecht die Laster einer vergangenen Epoche an. Der Gegenwart kann das zur Lehre dienen, nicht indessen zur historischen Belehrung.

Brechts Bearbeitung von Molières *Don Juan* (1952) – und Gleiches gilt für alle seine Bearbeitungen – strafft, stellt um, schafft zwischen den lose gereihten Episoden den rational einsichtigen Kausalzusammenhang,[63] episiert durch verfremdende Brüche und Kontraste im Verhalten der Figuren. Don Juan wird in der Perspektive der allein fortschrittlichen kleinen Leute von unten her bloßgestellt und doch von allen – außer den angeschmierten Ruderern – akzeptiert. Das Ende versammelt lauter Stützen und korrupte Mitläufer der verrotteten Gesellschaft. Don Juans Vater verurteilt den Sohn nicht mehr aus menschlich-sittlichen Gründen, sondern nur des Rufes wegen. Im Gegensatz zu seiner romantischen Dämonisierung (durch E.T.A. Hoffmann) wird der Held um Tapferkeit, Witz und menschliche Weite gebracht. Aus einem imponierenden Träger hochironischer Gesellschaftssatire wird er eine abstoßend-lächerliche Figur, Gegenstand einer Feudalismuskritik, die abseitig und museal wirkt. Ohne Charme und Finesse tritt er plump als »sexuelle Großmacht« auf. Er macht unverschämten Gebrauch von den Mitteln seiner Stellung und »benutzt jedes Argument – ohne eines davon zu glauben –, das die Dame legt, wie jedes, das ihn von der Dame befreit« (GW 17,1258).[64]

Sein »Atheismus« ist nicht »fortschrittlich«, sondern Ausflucht vor »den elementaren sittlichen Anforderungen«. Wie »die herrschende Clique« setzt er sich gleichfalls »über den staatlich konzessionierten und befohlenen Glauben« hinweg (GW 17,1261). Molière bestraft ihn dafür. Das Gericht des Himmels demonstriert, daß es in »einer Gesellschaftsordnung wie dieser [...] keine Instanz [gibt], die dem Parasiten Einhalt gebieten könnte« (GW 17,1262). Der Himmel, diese dubiose »Einrichtung zur Abtötung der Lebensfreude«, verspottet aber auch den Autor Molière. »Dieser votiert für Don Juan; der Epikuräer (und Gassendischüler) für den Epikuräer.« Brecht: »Wir befinden uns nicht auf der Seite Molières« (GW 17,1258).

Der historisierende Bearbeiter spielt sich als Weltenrichter auf und macht sich anheischig, den geschichtlichen Sinn des Stückes über den Autor hinweg erst herzustellen (vgl. GW 17,1259–61). Und abermals zeigt Brecht sich gerade in geschichtlicher Hinsicht uninformiert. Molières Stück lief ironisch Sturm gegen die Kirche, die prompt die Aufführung verbot. Die von Brecht heruntergespielte religiöse Heuchelei Don Juans war ja das satirische Motiv, um dessentwillen schon der *Tartuffe* verboten wurde. Diesen ganzen Aspekt satirisch-provokativer Ironie vernichtet Brecht. Ferner war Molière als Gassendi-Schüler Epikuräer gerade nicht im populären Sinne Brechts, sondern – wie ja sein ganzes Œuvre zeigt – im Sinne des historischen Epikur, d. h. Ethiker des Maßes und Feind spekulativer Theorie.[65] Brechts lehrstückhafter Moralismus, der sogar die Transzendenz halbwegs rehabilitiert, entstellt Molière. Brecht selbst erkennt an ihm ganz richtig: »Er wendet sich nach allen Seiten mit Gelächter, verlacht Atheisten und Theisten, wenn sie komisch sind [...], ohne Verantwortungsgefühl. Deshalb wollen wir diese Gegensätze nicht zu sehr auf eine Formel bringen.«[66] Genau das aber tat er. Die Bearbeitung ist nicht nur formal »geschlossen«, sondern auch weltanschaulich. Brecht praktiziert in Kommentar und Praxis Wort für Wort das Gegenteil seiner eigenen schönen Theorie: Keine »Versuche der herrschenden Klasse, sich durch eine selbstgefällige und selbstherrliche ›Interpretierung‹ von Meisterwerken [zu vergnügen]«; statt dessen Wiederentdeckung ihrer »Stärken« durch die »marxistische Betrachtungsweise« »nach möglichst genauer Prüfung des Textes unter Berücksichtigung der Dokumente von Molières Zeit und seiner Stellung zu seiner Zeit [...]. Das heißt, man darf ihn nicht verdrehen, verfälschen, schlau ausdeuten; man darf nicht spätere Gesichtspunkte über die seinen stellen und so weiter« (GW 17,1257).

Das ist bereits der Musterschüler- und Oberlehrerton der *Einschüchterung durch die Klassizität* (1954). Getreu der offiziellen Erbepolitik wettert Brecht (als hätte er es schon mit den Nachfolgern seiner Regiebühne zu tun) gegen den Brauch, daß man – schlimmer als bei den traditionsgebundenen Aufführungen – durch »sensationelle Effekte« »Inhalt und Tendenz des klassischen Werks [...] direkt verfälscht«. Dessen »ursprüngliche Frische«, »Leidenschaftlichkeit«, »kämpferischen Geist« (GW 17,1275) und »ursprünglichen Ideengehalt« müsse man »neu« zeigen. Man müsse »seine nationale und damit seine internationale Bedeutung fassen« und dazu »die geschichtliche Situation [...] sowie die Stellungnahme [...] des klassischen Autors studieren« (GW 17,1276).

»Dieses Studium hat seine eigenen Schwierigkeiten«, fügt Brecht hinzu, »über die oft gesprochen wurde und noch lange gesprochen werden wird.« Er will jedoch »im Augenblick nicht [darauf] eingehen« (ebd.). Er hat es nie getan. Nie hat er die Frage »durchrationalisiert«, durchreflektiert. Im Rahmen seiner Ideologie war das überflüssig oder schwierig. Sie usurpierte ja mit religiöser Autorität die objektive Wahrheit und verwaltete sie mit allen ihren Wandlungen, deren weltgeschichtliche Notwendigkeit Brecht für seine Einfälle beansprucht: »jetzt kann man nicht mehr ...; heute muß man ...«. Auch das zentrale Prinzip der Dialektik hielt nicht zum konsequenten Denken an. Mit dem Satz des Widerspruchs versinkt jede Wahrheit in der ominösen Einheit der Widersprüche und dem »Fluß der Dinge« (GW 18,237).[67]

Einfach lagen die Dinge beim *Prozeß der Jeanne d'Arc zu Rouen 1431*, denn das Hörspiel von Anna Seghers hielt sich bereits eng an die historischen Dokumente. Die Bühnenfassung (1953) unterstrich die ideologische Grundrichtung, die Brecht ja teilte. Er schrieb etwa die Hälfte der Szenen neu. Für die »Letzte Volksszene« schildert er (GW 17,1256) die schrittweise Bewußtseinserhellung des Volks. An der Heldin war ihm der Zusammenbruch wichtig: ihre Isolierung vom Volk und ihre Verlassenheitsgefühle; endlich ihr reuevoller »Zorn gegen sich selbst. Weil sie nicht an das Volk geglaubt hatte« (GW 17,1255).

Mit verwandten Argumenten sekundierte Brecht seinem Freund und Mitarbeiter Hanns Eisler bei der Debatte um dessen *Faust*-Oper 1953. Im Bauernkrieg läuft »Faust, eines Bauern Sohn«, zu den Herren und Bauernschindern über, vermag aber »den Verrat nicht vollständig zu vollziehen«, daher auch weder »seine Persönlichkeit zu entfalten« noch »seine ehrgeizigen Pläne [. . .] auszuführen«. Er erkennt seinen Fehler, bekennt und bricht zusammen. Es ist das Thema des Renegaten, des Verrats an Glauben, Partei und Herkommen. Brecht muß vor einem derartigen Los geschaudert haben.

Am *Urfaust* des von ihm angeblich »wutschäumend« gehaßten Reaktionärs Goethe[68] ließ er 1953 herausarbeiten, daß das »ganze Unterfangen« des Gelehrten und des Liebenden auf Grund des Teufelspaktes etwas Übles, »Illegales, Verrottetes und Abtrünniges« hat (GW 17,1284). Faust ist nicht wie üblich darzustellen, sondern wie Don Juan als »Parasit«.[69] »Er wird erfahren, daß man nicht ernten kann, wenn man nicht gesät hat« (BBA 1370/29). Gegenüber der »gleichnishaften Öffnung der Sprache« in *Faust I* stellt der Knittelvers den *Urfaust* in eine volkstümliche Tradition, deren Fortsetzung nun »Brechts soziale und geschichtliche Position« markieren soll. Sogar den *Urfaust* stutzte er noch auf den »engen Nexus der Vorgänge« zu, und für den Schluß erwog er eine versifizierte »rein marxistische Moral«. Mit alledem aber »verändere« er ganz bewußt das Werk »bis zum Grundgehalt«: »Wenn ich kritisch ein Werk analysiere, heißt das, ich bringe das Werk in eine Krise« (BBA 1340/61).

In gleicher Weise historisierte Brecht den *Coriolan* von Shakespeare. Die elisabethanische Tragödie faszinierte ihn schon 1925 in der Inszenierung Erich Engels. Der Bearbeitung von 1952 fehlten noch die Schlachtszenen. Sie sollten sich bei den Proben ergeben, die kurz vor seinem Tod begannen. Die Aufführung des Berliner Ensembles 1962 in Frankfurt nahm einiges zurück und wirkte matt. In der ersten Szene – Brecht erörterte sie 1954 als Lehrer-Autorität mit seinen Mitarbeitern exemplarisch für *Die Dialektik auf dem Theater* (GW 16,869–888) – sind die Plebjer nun nicht mehr von Anfang an einsichtig und revolutionsbereit, sondern sie werden es erst allmählich. Man strich außerdem den Schluß: die Volkstribunen wiesen hier diktatorisch den Antrag zurück, daß die Familie öffentlich Coriolans gedenken dürfe. Selbst für das Ensemble – oder hatte sich in den sechs Jahren, wie Brecht es auszudrücken liebte, die historische Situation bereits wieder gewandelt? – hatte der Meister Volk und Tribunen allzusehr idealisiert.[70]

Coriolan fällt, weil er sich für unersetzlich hält und weil »eine solche Deutung das Stück für uns erst aktuell macht, da wir derlei auch bei uns vorfinden und die Kämpfe, die sich daraus ergeben, als tragisch empfinden«, heißt es in jenem Gespräch.[71] Man bezog das Motiv auf Hitler und auf Stalin.[72] Schwerlich schloß

Brecht sich selber aus.[73] Wie bei Shakespeare ist Coriolan kriegstüchtig, Patriot, zugleich aber leidenschaftlicher Verächter der Masse. Seine Provokationen machen ihn als Konsul auch für den Senat untragbar. Der Verbannte verbündet sich mit dem Landesfeind Aufidius und wird von ihm ermordet, weil er sich von seiner Mutter bewegen läßt, sich nicht an Rom zu rächen. Bei Brecht handelt Aufidius einzig aus Taktik und Neid, ohne Respekt und Trauer, ohne Meditation über die seelischen Wurzeln der Macht.[74] Coriolan wird es zum Verhängnis, daß er seiner Mutter nachgibt. Bei Brecht tut er es nicht mehr aus Sohnesliebe, sondern weil ihre Warnung vor dem Plebejer-Rom ihn einschüchtert. Daß die Mutter schon bei Shakespeare kraftlos rede, wie Brecht nachweisen zu können glaubt, stimmt freilich nicht.[75] Hemmungsloser als in *Einschüchterung durch die Klassizität* und bei Gelegenheit des *Don Juan* besteht er jetzt auf seinem Recht, ebenso wie die Bourgeoisie »kräftig interpretieren, d. h. parteiisch vorgehen« zu dürfen, »um so mehr als man damit die Partei des Volkes nehmen kann«,[76] und zwar auf Grund der »heutigen Einsicht in die Geschichte«. Shakespeare dagegen »begriff die historische Entwicklung nicht« und ebensowenig sein Coriolan, der deshalb stürzt.[77] Beide nahmen auf Grund ihrer Klassenzugehörigkeit gegen die Plebejer Partei.
Der Text und die historischen Umstände ergeben ein anderes Bild. Shakespeare hatte ein sehr zeitgemäßes Interesse am Wandel eines talentierten Fürsten zum Tyrannen. Bei aller Kritik am Pöbel und dessen Anführern machte er sich Sorgen, wie der Staat fortbestehen sollte, wenn Adel und Regierung die Not der Armen ignorierten. Als er 1607/08 am *Coriolan* schrieb, kam es zu Aufständen hungernder Bauern. Die Schwarz-Weiß-Zeichnung, die Brecht Shakespeare unterstellt, hat er selbst erst »herausgelesen und hineingelesen« (GW 16,888) und in seine Fassung eingeführt. Vertiefte Shakespeare, ohne die Staatsreform zu erörtern, den politischen Stoff menschlich, so hat Brecht den menschlichen politisch zum Lehr- und Propagandastück verflacht[78] und ein Werk der Kunst zerstört. Nichts Geringeres wirft ihm Günter Grass vor, der ferner zeigt, wie Brecht auf die Quellen Plutarch und Livius zurückgreift und auch von daher Shakespeares Zeit verkennt.[79] Grass nennt sein eigenes Drama *Die Plebejer proben den Aufstand* (1966) »ein deutsches Trauerspiel«, weil in seiner Mitte Brecht am 17. Juni 1953 (wirklich geprobt wurde damals das DDR-Stück *Katzgraben* von Erwin Strittmatter) den Aufstand der Arbeiter ästhetisch für sein Römerstück auswertet, anstatt verantwortlich handelnd einzugreifen, was er doch als den Zweck der ästhetischen Erziehung durch sein Theater angab. Er war letzten Endes eben doch eine »ungetrübte Theaternatur«.[80] Das ist gewiß keine erschöpfende Erklärung. Grass schließt sein Stück mit dem Brechtwort: »Ihr Unwissenden! Schuldbewußt klag ich euch an.«[81]
Darin stecken Selbstbezichtigung und -rechtfertigung des vorübergehend Abtrünnigen vor der Autorität, deren Loyalitätsforderungen konkret auseinandergetreten waren und deren idealer Einheit er sich quasi religiös verpflichtet

fühlte. Statt von politischer Theologie[82] wird man bei ihm besser von theologischer Politik reden. »Theologisch« heißt dabei: der kritische Verstand unterwirft sich dienstfertig der pseudoreligiösen, emotional-spekulativen politischen Idee. Das wirkte ebenso auf Brechts Theaterschriften, auf seine allzu selbstherrlich entfaltete Theorie[83] wie auch auf die Brechtforschung ein. Subiotto und Symington beschreiben zwar ausführlich, wie Brecht Shakespeare verfälscht, aber verteidigen ihn gleichzeitig gegen solche Verdächtigungen und nehmen ihn gegen den Vorwurf in Schutz, er wolle Shakespeare verdrängen.[84] Beides erledige sich von selbst, vergleiche man nur Bearbeitung und Original als verschiedene Behandlungen des gleichen Stoffes. Das wäre indes Verschleierung der ausdrücklichen Absicht Brechts und seiner Ansicht: erst bei »stärkerer Entwicklung des Gefühls für Geschichte« könne man die Stücke aufführen, wie sie sind, und dem Publikum das Interpretieren überlassen. Bis dahin halte er »die Aufdeckung der historischen Zusammenhänge« durch Bearbeiten durchaus »für notwendig«.[85]

Brecht versteht seine Versionen demnach als die allein kompetenten und uns nötigen Analysen. Selbstsicher verändert er die Stücke zu Spiegeln der Geschichte, dergestalt freilich, daß er weder literarisch noch historisch ein zutreffendes Bild des Werkes und des Verhältnisses zu seiner Zeit herstellt. Er geht überzeugt parteiisch vor auf dem Boden einer Ideologie, die ihn dazu ermutigt, daß er die ›objektive‹ Dimension vereinnahmt für die ›subjektive‹ seiner Ideologie und auf sie hin verkürzt: »Bei der Historisierung wird ein bestimmtes Gesellschaftssystem vom Standpunkt eines anderen Gesellschaftssystems aus betrachtet« (GW 16,653). Das alte Werk wird dabei nicht einfach vernichtet. Verurteilt als rückständig oder begnadigt als Vorläufer, wandert es in ein politisch zweckmäßig ausstaffiertes, unhistorisches Museum geschminkter Leichen, mumifizierter Fälschungen. Darüber und über die Wahrheit täuscht also die Bearbeitung den Zuschauer, der meist nicht mit dem Original vergleicht oder das im Sinne und an Hand von Brechts Kommentaren tut. Dem Publikum begegnen die Bearbeitungen als das, was ihr Urheber gerade vermeiden, ja bekämpfen zu wollen vorgab und glaubte: als »autoritäre« Belehrung, als Bevormundung. Der aktuell historisierende Blick in die Geschichte, den Brecht vorschreibt, soll nichts Geringeres vermitteln als, um mit Schiller zu reden, das Urteil der »Weltgeschichte«, also das »Weltgericht«. Urteilt diese indessen über das »Wort des Dichters« der Vergangenheit, so nicht minder über das Wort seines Bearbeiters. Auch sein Wort ist, mit Brecht zu reden (GW 17,1218), »nicht heiliger, als es wahr ist«.

Anmerkungen

Brecht wird zitiert mit GW, Band- und Seitenzahl aus: Bertolt Brecht: Gesammelte Werke in 20 Bänden. werkausgabe edition suhrkamp. Hrsg. vom Suhrkamp Verlag in Zsarb. mit Elisabeth Hauptmann. Frankfurt a. M. 1967. Dazu 2 Supplementbände: Arbeitsjournal (AJ, Seite); Bertolt-Brecht-Archiv (BBA, Mappe/Seite).

1 Walter Hinck (Hrsg.): Geschichte als Schauspiel. Frankfurt a. M. 1981. S. 14 und Rückseite des Schutzumschlags.
2 »Einschüchterung durch die Klassizität« (GW 17,1275).
3 Hans Egon Holthusen: Versuch über Brecht. In: H. E. H.: Kritisches Verstehen. München 1961. S. 7–137; Benno von Wiese: Der Dramatiker Bertolt Brecht. Politische Ideologie und dichterische Wirklichkeit. In: B. v. W.: Zwischen Utopie und Wirklichkeit. Düsseldorf 1963. S. 254–275.
4 Walter Hinck: Die Dramaturgie des späten Brecht. Göttingen 1959. (Palaestra. 229.)
5 Marianne Kesting: Bertolt Brecht in Selbstzeugnissen und Dokumenten. Reinbek b. Hamburg 1959.
6 Hans Mayer:»Bertolt Brecht und die Tradition« (1961). Jetzt in: H. M.: Brecht in der Geschichte. Drei Versuche. Frankfurt a. M. 1971. S. 16.
7 Reinhold Grimm: Brecht und die Weltliteratur. Nürnberg 1961. Die Dissertationen sind verzeichnet bei: Reinhold Grimm: Brecht und die Weltliteratur. Stuttgart ³1971; ferner bei: Werner Mittenzwei: Brechts Verhältnis zur Tradition. Berlin [Ost] 1972; Arrigo Subiotto: Bertolt Brecht's Adaptations for the Berliner Ensemble, London 1975; Rodney T. K. Symington: Brecht und Shakespeare. Bonn 1970.
8 Z. B. Robert Weimann: Gegenwart und Vergangenheit in der Literaturgeschichte. In: Methoden der deutschen Literaturwissenschaft. Hrsg. von Viktor Žmegač. Frankfurt a. M. 1971. S. 340 bis 372.
9 Vgl. Siegfried Mews: Brechts ›dialektisches Verhältnis zur Tradition‹. Die Bearbeitung des *Michael Kohlhaas*. In: Brechtjahrbuch 1975. S. 63–78.
10 Klaus Völker: Bertolt Brecht. Eine Biographie. München 1976. S. 84.
11 Zit. ebd. S. 84.
12 Vgl. hierzu: Symington (Anm. 7) S. 53–68.
13 Grimm (Anm. 7) S. 30.
14 Völker (Anm. 10) S. 145.
15 Reinhold Grimm: Ideologische Tragödie und Tragödie der Ideologie. In: Zeitschrift für deutsche Philologie 78 (1959) S. 394–424 [u. ö.].
16 Joachim Kaiser: Brechts *Maßnahme*. In: Drama und Theater im 20. Jahrhundert. Festschrift Walter Hinck. Hrsg. von Hans-Dietrich Irmscher und Werner Keller. Göttingen 1983. S. 169–176.
17 Völker (Anm. 10). S. 157 f.; GW 17,1033.
18 Herbert Knust: Brechts Dialektik vom Fressen und von der Moral. In: Jahrbuch der Internationalen Brechtgesellschaft 3 (1973) S. 221–250; hier: S. 249.
19 Diese Ohnmacht der bösen Gewalt bedeutet keine Ohnmacht oder die Erledigung revolutionärer Gewalt. Brechts Verfremdungsparadox wird so mißverstanden in dem sonst nützlichen Aufsatz von Charles W. Hoffmann und John B. Fuegi: Brecht, Schweyk und Commune-ism. In: Festschrift für Detlev W. Schumann. Hrsg. von Albert R. Schmitt. München 1970. S. 337–349; hier S. 346.
20 Symington (Anm. 7) S. 95.
21 Ebd. S. 89.
22 Ebd. S. 94.
23 Vgl. Wolfgang Wittkowski: Zerstört das Regietheater die Literatur? In: Drama und Theater im 20. Jahrhundert (Anm. 16). S. 469–482.
24 Walter Sokel: Brechts marxistischer Weg zur Klassik. In: Die Klassik-Legende. Hrsg. von Reinhold Grimm und Jost Hermand. Frankfurt a. M. 1971. S. 176–199; hier: 179 f.
25 Käthe Rülicke-Weiler: Die Dramaturgie Brechts. Theater als Mittel der Veränderung. Berlin [Ost] ²1968. S. 121 f.
26 Ebd.
27 Ebd. S. 117.
28 Vgl. Wolfgang Wittkowski: Georg Büchner. Heidelberg 1978. S. 35–53, 206–225.
29 Rülicke-Weiler (Anm. 25) S. 191.
30 Ernst Schumacher: Drama und Geschichte. Bertolt Brechts »Leben des Galilei« und andere Stücke. Berlin [Ost] 1965. S. 168.

31 Bertolt Brecht: Die Antigone des Sophokles. Materialien zur »Antigone«. (Zsgetr. von Werner Hecht. Frankfurt a. M. 1965. (edition suhrkamp. 134.) S. 118; Wolfgang Rösler: Zweimal »Antigone«: griechische Tragödie und episches Theater. In: Der Deutschunterricht 31 (1979) S. 42–58; hier: S. 56.

32 Hecht (Anm. 31) S. 119.

33 GW 6,2312. Hecht (Anm. 31) S. 102 (Antigone-Legende).

34 Rösler (Anm. 31) S. 58.

35 Wittkowski (Anm. 23).

36 Theater heute 20 (1979) H. 5. Titelblatt und S. 8 f.; Rösler (Anm. 31) S. 43.

37 Hecht (Anm. 31) S. 118.

38 Grimm (Anm. 7) S. 40 f.

39 Hans Kaufmann: Geschichtsdrama und Parabelstück. Berlin 1962. S. 69–87.

40 Vgl. »Über das bürgerliche Trauerspiel *Der Hofmeister* von Lenz« 1940 (GW 9,610).

41 Walter Hinderer: Lenz, Der Hofmeister. In: Die deutsche Komödie. Hrsg. von Walter Hinck. Düsseldorf 1977. S. 66–88; hier: S. 86 ff.

42 Ernst Schumacher in der Diskussion zu: Hans-Dietrich Dahnke: Brecht und Lenz. Erbeaneignung und aktuelle Literaturfunktion im Spiegel des Hofmeister-Stückes. In: Brecht. Dokumentation. 1978: Kunst und Politik. Brecht-Dialog 1978. Dokumentation. Berlin [Ost] 1979. S. 109–115; hier: S. 114 f.

43 Zit. bei: Subiotto (Anm. 7) S. 38.

44 Vgl. Rolf Christian Zimmermann: Marginalien zur Hofmeister-Thematik und zur ›Teutschen Misere‹ bei Lenz und Brecht. In: Drama und Theater im 20. Jahrhundert (Anm. 16) S. 213 bis 227.

45 Z. B. Karl-Heinz Schoeps: Zwei moderne Lenz-Bearbeitungen. In: Monatshefte 67 (1975) S. 437–451. Subiotto (Anm. 7) nimmt wie Symington (Anm. 71) keinen Anstoß, obwohl beide die Änderungen entstellend finden. Noch affirmativer schreibt Klaus-Detlev Müller: Die Funktion der Geschichte im Werk Bertolt Brechts. Studien zum Verhältnis von Marxismus und Ästhetik. Tübingen 1969.

46 Vgl. Dahnke (Anm. 42), Hinderer (Anm. 41), Zimmermann (Anm. 44).

47 Hinderer (Anm. 41) S. 88.

48 Theaterarbeit. 6 Aufführungen des Berliner Ensembles. Hrsg. von Helene Weigel. Düsseldorf o. J.

49 »Vorrede zur Antigone«, GW 17,1211.

50 Vgl. Rülicke-Weiler (Anm. 25) S. 43.

51 Vgl. Subiotto (Anm. 7) S. 63.

52 Theaterarbeit (Anm. 48) S. 225.

53 Ebd. S. 210.

54 Vgl. William H. Rey: Der offene Schluß der *Weber*. Zur Aktualität Gerhart Hauptmanns in unserer Zeit. In: German Quarterly 60 (1982) S. 141–163; hier: S. 141–146.

55 Oskar Seidlin: Zu Gerhart Hauptmanns Doppeldrama der Mutter Wolffen. In: Deutsche Vierteljahrsschrift 43 (1969) S. 126–146; hier: S. 141 f.

56 Hans Joachim Schrimpf: Der Schriftsteller als öffentliche Person. Berlin 1977. S. 265.

57 BBA 23/60. Zit. bei: Rülicke-Weiler (Anm. 25) S. 39.

58 Theaterarbeit (Anm. 48) S. 8.

59 Das deutet kaum an Gudrun Schulz, die den Begriff »Bearbeitung« weiter faßt als ich. G. S.: Die Schillerbearbeitungen Bertolt Brechts. Tübingen 1972.

60 Rülicke-Weiler (Anm. 25) S. 121. Vgl. Peter Demetz: Marx, Engels und die Dichter. Stuttgart 1959. S. 173 f.; Walter Hinderer: *Sickingen*-Debatte. Ein Beitrag zur marxistischen Literaturtheorie. Darmstadt-Neuwied 1974.

61 Hierzu und zum folgenden: Subiotto (Anm. 7).

62 Vgl. ebd. S. 112 f.

63 Vgl. Grimm (Anm. 7) S. 43 f.

64 »Den Stückeschreiber störte es, wenn andere Männer mit den Frauen, die er liebte, intim waren.« Die »Intendantin« Helene Weigel stellte das notfalls »klar«. 1954 forderte er Harich auf, für ihn seine Frau freizugeben: »[...] heiraten Sie sie in ungefähr zwei Jahren noch einmal«. In einer Keunergeschichte erläuterte er »seine Art von flüchtiger Liebe und von Anhänglichkeit« (Völker, Anm. 10, S. 388, 386).

65 Subiotto (Anm. 7) S. 82.

66 BBA 1579/11. Zit. bei: Subiotto (Anm. 7) S. 107.

67 »Das systematische Denken lag ihm nicht. [. . .] Ich sagte ihm einmal: ›Sie denken nicht in geraden Linien, Sie denken im Rösselsprung. Sie denken in Assoziationen, auf die sonst kaum jemand käme‹.« Fritz Sternberg: Der Dichter und die Ratio. Göttingen 1963. S. 12, bestätigt damit m. E., daß Brecht sein von Anfang an geübtes Kunstverfahren der epischen Verfremdung, des überraschenden Rösselsprungs, auch beim Theoretisieren und allerdings zu dessen Schaden anwandte.

68 Werner Mittenzwei: (Anm. 7) S. 168. Vielleicht um seine historisierende Bearbeitung zu rechtfertigen, versteigt Brecht sich zu folgender wahrhaft ›historischer‹ Fehleinschätzung von Werk und Publikum: »Wie sollte der heutige junge Zuschauer Gretchen nicht einfach für die Mörderin ihres Kindes halten, wenn nicht die neue gesellschaftliche Situation den Gesichtspunkt liefert, daß es damals für sie keinen anderen Ausweg gab?« (BBA 124/63. Zit. bei: Rülicke-Weiler, Anm. 25, S. 179.)

69 Die folgenden Zitate zur *Urfaust*-Bearbeitung entstammen: Gudrun Schulz: Klassikerbearbeitungen Bertolt Brechts. In: Text und Kritik. Bertolt Brecht 2 (1973) S. 138–151; hier: S. 144–146.

70 Vgl. die Darstellungen von: Symington, Subiotto (beide Anm. 7) und Friedrich Dieckmann: Die Tragödie des Coriolan. Shakespeare im Brecht-Theater. In: Sinn und Form 17 (1965) S. 463–489. Dort ist ein Hinweis (dem nachzugehen wäre) auf die Schlußszene als säkularisiertes Lob »des Herrn«, nunmehr des Volkes und, so darf man ergänzen, als Züchtigung des Abtrünnigen, der sich für unersetzlich hielt, durch eine geheiligte Instanz!

71 GW 16,886 f. Aktualität überzeitlicher allgemeinmenschlicher Eigenschaften. Ebenso besänftigt der Meister die Zweifler an der Allgemeinverständlichkeit der Dialektik der Geschichte: »Selbst in den Panoramen der Jahrmarktsschaubuden und in den Volksballaden lieben die einfachen Leute, die so wenig einfach sind, die Geschichte vom [immer wiederkehrenden?! Vf.] Aufstieg und Sturz der Großen, vom ewigen Wechsel, von der List der Unterdrückten, von den Möglichkeiten der Menschen. Und sie suchen die Wahrheit, das ›was dahinter ist‹« (GW 16,888). Eine vollkommen klassische Perspektive.

72 Dieckmann (Anm. 70) und Subiotto (Anm. 7) denken an Hitler, an Stalin denkt Darko Suvin: Brecht's »Coriolan«, or Stalinism retracted: the city, the hero, the city that does not need a hero. In: Fiction and Drama in Eastern and Southeastern Europe. Hrsg. von Henrik Birnbaum. Los Angeles 1980. S. 415–428.

73 Vgl. das Gedicht »Ich benötige keinen Grabstein« (GW 10,1029). Das Neben- und Gegeneinander von Demut und Stolz, Arroganz und Bescheidenheit, hinter dem man auch Selbstbezichtigung und Aufbegehren wittern mag, demonstriert Philip Thomson: »Exegi Momentum«: The fame of Bertolt Brecht. In: The German Quarterley 53 (1882) S. 337–347. Vgl. S. 363 im vorliegenden Aufsatz das Zitat aus »Böser Morgen« (GW 10,1010) am Schluß des Stücks von Günter Grass (Anm. 81).

74 Vgl. auch zum folgenden: Subiotto (Anm. 7) S. 156.

75 Mayer (Anm. 6) S. 121.

76 BBA 93/25.: Zit. bei: Subiotto (Anm. 7) S. 164. Vgl. auch folgenden vielzitierten selbstbewußten Ausspruch Brechts: »Ich glaube nicht, daß die neue Fragestellung Shakespeare davon abgehalten hätte, einen ›Coriolan‹ zu schreiben. Ich glaube, er hätte ungefähr in der Weise, wie wir es taten, dem Geist der Zeit Rechnung getragen, vermutlich mit weniger Überzeugung, aber mit mehr Talent« (GW 17,1253). Symington (Anm. 7) S. 204, findet das »ganz bescheiden«. Und Brecht: »Wir möchten den Spaß haben und vermitteln, ein Stück durchleuchteter Geschichte zu behandeln. Und Dialektik zu erleben« (GW 16,888).

77 Rülicke-Weiler (Anm. 25) S. 147 f., 150. Müller (Anm. 45) S. 51, suggeriert unter Berufung auf unmetaphysische Eigentlichkeit die Überzeugungskraft des Arguments: »Das Werk wird aus seinem eigenen Zentrum – der unantastbaren Gestalt – heraus überstiegen, um den ihm eigenen, aber nicht formulierten Wahrheitskern, die gesellschaftliche Wirklichkeit, sichtbar zu machen.«

78 Subiotto (Anm. 7) S. 159.

79 Günter Grass: Vor- und Nachgeschichte der Tragödie des Coriolanus von Livius und Plutarch über Shakespeare bis zu Brecht und mir. In: Akzente 3 (1963) S. 194–221.

80 Ebd. S. 220.

81 Günter Grass: Die Plebejer proben den Aufstand. Neuwied/Berlin 1966. S. 107. (Vgl. GW 10,1010.)

82 So Hans Pabst: Brecht und die Religion. Graz 1977.

83 Brecht war nicht ganz ohne Ahnung davon. Er spricht einmal von seiner Leidenschaft, »Traktate« zu schreiben, und gibt zu: »Meine ganzen Theorien sind überhaupt viel naiver, als man denkt und – als meine Ausdrucksweise vermuten läßt.« Dort beschuldigt er sich übrigens auch, fast

nur seine Neuerungen und »kaum je« die »unverändert bleibenden Regeln« erwähnt zu haben (GW 16,815).

84 Subiotto (Anm. 7) zitiert das zutreffende Urteil von Jan Kott: Shakespeare our Contemporary. London 1964, Brecht biete unauthentische Geschichte bloß aus dem Lehrbuch, verteidigt Brecht aber gegen Dieckmann (Anm. 70), der auf die Geschichte, wie sie war, zurückgreift und meint, Brecht wolle Shakespeare verdrängen. Symington (Anm. 7) S. 203, erkennt, daß Brechts Stück mit dem von Shakespeare fast nichts zu tun hat, verteidigt es aber gegen den Vorwurf der Verfälschung durch Johannes Kleinstück: Bertolt Brecht – am Coriolan gescheitert. In: Die Welt der Literatur 5 (1968) S. 9, und zwar mit Brechts eigenem Argument, er bekämpfe die zeitgenössische Bühne – womit Symington gerade das begründet, was er widerlegen will. – Ähnliche Rettungen bzw. Rechtfertigungen zugegebener Entstellung bei: Kaufmann (Anm. 39) S. 200 f.; Peter Witzmann: Antike Tradition im Werk Bertolt Brechts. Berlin 1964. ²1965. Dagegen messen Rainer Pohl: Strukturelemente und Entwicklung von Pathosformen in der Dramensprache Bertold (!) Brechts. Bonn 1969, und Albrecht Schöne: Theatertheorie und dramatische Dichtung. In: Euphorion 52 (1958) S. 272–296, die Bearbeitung am Original. Ich halte mich diesseits von Schönes wichtigen Argumenten und verweise auf meine Untersuchung der Bearbeitungen des *Amphitryon*-Stoffes und von *Amphitryon*-Dramen: Wolfgang Wittkowski: Heinrich von Kleists »Amphitryon«. Materialien zur Rezeption und Interpretation. Berlin 1978.

85 Manuskriptdruck Berliner Ensemble 1952. Zit. bei: Rülicke-Weiler (Anm. 25) S. 147. Vgl. GW 16,922.

CHRISTIANE BOHNERT

Daten zu Leben und Werk

Die folgenden Daten berücksichtigen aus Gründen der Übersichtlichkeit vor allem die vollende-
ten Stücke bzw. die in den *Gesammelten Werken* (GW) enthaltenen Bearbeitungen und
Stückfragmente. Außerdem sind die Premieren des Berliner Ensembles verzeichnet, da die
Inszenierung fremder Stücke für Brechts Entwicklung seines neuen Theaters charakteristisch ist.
Für die Vielzahl von Plänen, die Brecht im Laufe seines Lebens entwickelte, vgl. Klaus Völkers
Übersicht in *Bertolt Brecht II* (Sonderband »Text + Kritik«). Die angegebenen Daten sind
anhand der Ausgabe von Brechts *Briefen* (B), hrsg. von Günter Gläser, den *Tagebüchern* (Tb),
dem *Arbeitsjournal* (AJ), James K. Lyon, *Brecht in America* (L), und anderen Quellen
erarbeitet worden. Klaus Völkers *Brecht-Chronik* wurde vergleichend herangezogen. Die
angeführte Literatur findet sich in der Auswahlbibliographie ausführlich verzeichnet.

AUGSBURG

10. Februar 1898		Eugen Berthold Friedrich Brecht in Augs-burg geboren.
1913		Beiträge für die Schülerzeitschrift *Die Ernte* unter dem Pseudonym Berthold Eugen.
Januar 1914	*Die Bibel*	Brechts erstes Drama erscheint in *Die Ernte*.
August 1914		Brecht beginnt Beiträge für die literarische Beilage der *Augsburger Neuesten Nachrichten* zu liefern.
30. Juni 1915		Mit dem Gedicht »Französische Bauern« kündigt sich, nach patriotischen Anfängen, Brechts spätere Ablehnung des Krieges an. Publikation des Gedichts in der München-Augsburger *Abendzeitung*.
Frühjahr 1917		Brecht absolviert das Notabitur.
2. Oktober 1917		Brecht immatrikuliert sich an der Philoso-phischen Fakultät der Ludwig-Maximilian-Universität in München.

AUGSBURG/MÜNCHEN

1917/1918	Beträchtliche lyrische Produktion.
30. März 1918	Brecht sieht *Der Einsame* von Hanns Johst in den Münchner Kammerspielen.

März 1918		Brecht erwähnt in einem Brief an Caspar Neher die Absicht, ein Stück »über François Villon« zu schreiben (B 32).
1. Mai 1918	*Baal*	»Die halbe Komödie *Baal* ist schon fertig« (B 37, an Hanns Otto Münsterer). Brecht erwähnt in einem Brief vom 5. Mai an Münsterer als möglichen Titel des *Baal*: »Baal frißt! Baal tanzt! Baal verklärt sich!!!« (B 38.)
Mitte Juni 1918	*Baal*	Brechts erstes Stück liegt als Typoskript vor.
1. Oktober 1918		Brecht wird eingezogen als Sanitätssoldat.
Mitte Januar 1919	*Spartakus*	Brecht arbeitet an der ersten Fassung von *Trommeln in der Nacht*.
13. Februar 1919	*Spartakus*	Caspar Neher gratuliert Brecht zur Beendigung des Stückes (vgl. *Brecht in Augsburg*, S. 152).
März 1919	*Baal* und *Spartakus*	Brecht besucht Lion Feuchtwanger, zeigt ihm das Stück *Spartakus* und auf Feuchtwangers Begeisterung hin auch den *Baal* und empfängt von Feuchtwanger Anregungen für eine weitere Bearbeitung.
Ende April 1919	*Baal*	Brecht arbeitet den »Urbaal« stark um und gestaltet ihn dadurch »überhaupt erst aufführbar« (B 55 f. an Jacob Geis). Caspar Neher entwirft Bilder dazu. – Etwa zu dieser Zeit finden auch die Kämpfe zwischen den »weißen« Truppen und den Anhängern der bayerischen Räterepublik statt. Brecht sympathisiert mit letzteren (vgl. *Brecht in Augsburg*, S. 164–172). Brecht übergibt das überarbeitete Manuskript dem Musarion-Verlag, bei dem Feuchtwanger sich für Brecht verwendet hat. Im Juli erteilt der Musarion-Verlag Brecht eine Absage.
Januar – Oktober 1919	*Die Hochzeit* (späterer Titel: *Die Kleinbürgerhochzeit*) und *Der Bettler oder Der tote Hund* und *Er treibt einen Teufel aus* und *Lux in Tenebris* und *Der Fischzug* und *Die Prärie*	Brecht verfaßt fünf Einakter nach dem Vorbild von und aus Verehrung für Karl Valentin, dazu eine einaktige Oper, *Die Prärie*, nach Hamsuns Novelle *Zachäus*, die im Bertolt-Brecht-Archiv als Manuskript erhalten ist. Die ersten vier Einakter reicht Brecht einem Verlag ein, zur Veröffentlichung kommt es jedoch nicht.
Januar/Februar 1920	*Baal*	Umarbeitung. Brecht ändert die Passagen, die an Johst erinnern. Der Georg-Müller-Verlag bietet eine Buchausgabe an.

21. Februar 1920		Brecht reist nach Berlin und ist beeindruckt von der Großstadtatmosphäre. An Jakob Geis schreibt er: »Der Schwindel Berlin unterscheidet sich von allen andern Schwindeln durch seine schamlose Großartigkeit. [...] Ich liebe Berlin, aber m. b. H.« (B 61).
13. März 1920		Kapp-Putsch. Brecht fährt noch am Abend nach München zurück.
April 1920		Brecht beginnt für die Augsburger Zeitung *Volkswillen* Theaterkritiken zu schreiben.
16. Juni 1920	*Baal*	Das Münchner Nationaltheater hatte bereits im Februar die Uraufführung angekündigt – es gab höchstwahrscheinlich einen Vertrag –, die jedoch vom neuen Intendanten, Dr. Karl Zeiß, hintertrieben wird (vgl. *Brecht in Augsburg*, S. 197). »Zeiß will *Baal* nicht aufführen, angeblich weil er Skandal fürchtet. [...] Gutherz bestellt mich und fertigt mich auf dem Gang ab. Es ist möglich, daß er überlastet ist, aber ich bin kein Weinreisender. Damit fällt die Sensation des Winters in sich zusammen« (Tb 11).
27. Juni 1920	*Galgei*	Brecht erwähnt ein neues Projekt *Galgei*, das ihm aber nicht recht von der Hand gehe, da er »im Sommer [...] nie gut arbeiten« könne (Tb 13). Kurz darauf heißt es: »Langsam arbeite ich wieder am *Galgei*. Ich habe viele Ideen. Zu einem Stück über Jesus, zu einem Stück über Bi [seine Freundin Paula Banholzer, von der er seit dem 30. Juli 1919 einen Sohn Frank hat].« (Tb 15; 1. Juli 1920.)
Ende Juli 1920	*Trommeln in der Nacht*	Das Stück *Spartakus* hat seinen endgültigen Titel erhalten, und Brecht schreibt einen abschließenden 4. Akt, den er sofort wieder umarbeitet.
Oktober/November 1920		Nach vereinzelten Versuchen rezensiert Brecht jetzt sämtliche Aufführungen des Augsburger Stadttheaters für die USPD-Zeitung *Volkswillen*.
Dezember 1920	*Baal*	Der Georg-Müller-Verlag lehnt aus Angst vor einem Gerichtsverfahren ab, den bereits im Umbruch vorliegenden *Baal* auch zu drucken.

Januar 1921	*Galgei*	Brecht nimmt die Arbeit an dem Stück über einen Fleischklotz, »der maßlos wiehert« und »in jede Richtung wuchert« (Tb 132) wieder auf. Brecht besucht die Universität kaum noch, versäumt zu belegen und wird am 29. November 1921 exmatrikuliert. – Brecht versucht an *Galgei* zu arbeiten inmitten privater Probleme: Die Beziehung zu »Bi« besteht noch, vor allem durch den Sohn, gleichzeitig erwartet die Opernsängerin Marianne Zoff ein Kind von ihm.
September 1921	*Im Dickicht der Städte*	Brecht denkt an »ein Kampfstück, östlich-westlich, mit einem unterirdischen Austrag, [. . .]«. Als Inspiration dient ihm auch die Dschungel-Thematik Kiplings und – auf die Stadt übertragen – Upton Sinclairs. Als Titel erwägt er: *Hinterwelt, Der Wald, Die Feindseligen, George Garga, Dickicht.*

BERLIN

7./8. November 1921		Brecht fährt, um Verträge mit Verlagen und Theatern abschließen zu können, nach Berlin: »Es ist eine graue Stadt, eine gute Stadt, ich trolle mich so durch. Da ist Kälte, friß sie!« (Tb 174; 12. November 1921.)
24. November 1921	*Im Dickicht der Städte*	Das Manuskript liegt vor.
Ende Januar 1922		Brecht wird wegen Unterernährung in die Charité gebracht, nachdem er einen Vertrag über den Buch- und Bühnenvertrieb seiner Werke mit dem Erich-Reiß-Verlag abgeschlossen hatte.
April 1922		Brecht, der Arnolt Bronnens Stück *Vatermord* an der Berliner Jungen Bühne inszenieren will, legt nach heftigem Streit mit den Schauspielern, vor allem Heinrich George, die Regie nieder, die Berthold Viertel weiterführt. Brecht hat Bronnen im Dezember 1921 kennengelernt. Die beiden befreunden sich und werden – Brecht gleicht um diese Zeit seinen Vornamen dem Bronnens an – zu »Arnolt und Bertolt«, den beiden »Fasolten« der deutschen Literatur, wie Karl Kraus sagt.

AUGSBURG/MÜNCHEN

26. April 1922		Brecht kehrt nach München zurück.
Mitte Juni 1922	*Trommeln in der Nacht*	Otto Falckenberg sagt nach mehrmaligem Zögern die Uraufführung in den Münchner Kammerspielen zu.
Ende Juni 1922	*Im Dickicht der Städte*	Brecht kann durch Vermittlung von Erich Engel und Jakob Geis mit dem Residenztheater einen Vertrag über die Uraufführung abschließen.
September 1922	*Trommeln in der Nacht*	Zufolge einer Notiz Herbert Jherings im *Börsen-Courier* zeigt das Lessing-Theater in Berlin Interesse an dem Stück.
29. September 1922	*Trommeln in der Nacht*	Premiere des von Brecht nochmals umgearbeiteten Stückes an den Münchner Kammerspielen. Zu der Premiere kommt auf die Bitte Brechts hin auch Jhering, dessen Kritik im *Börsen-Courier* enthusiastisch ausfällt.
9.–14. Oktober 1922	*Hannibal* und *Baal*	Brecht in Berlin. – Er plant ein Drama in Anlehnung an Grabbes *Hannibal*, entfernt sich bei der Ausarbeitung jedoch von seinem Vorbild. Brecht verhandelt mit dem Deutschen Theater über die Aufführung des *Baal* und des *Hannibal*. Kiepenheuer hat den *Baal* in einer Auflage von 800 Exemplaren herausgebracht.
Oktober 1922	*Hannibal*	Brecht arbeitet in Augsburg weiter an *Hannibal* und schließt einen Dramaturgenvertrag mit den Münchner Kammerspielen.
	Trommeln in der Nacht	Am Deutschen Theater in Berlin wird' die Aufführung von *Trommeln in der Nacht* vorbereitet. Brechts Wunsch, selbst Regie zu führen, wird abgeschlagen; man einigt sich auf Otto Falckenberg als Regisseur.
22. Oktober 1922	*Hannibal*	Herbert Jhering teilt Brecht mit, daß sich die geplante Aufführung verzögern wird.
3. November 1922		Brecht heiratet Marianne Zoff.
13. November 1922		Brecht bekommt den »Kleist-Preis«, die angesehenste Auszeichnung für junge Dramatiker, zuerkannt, den er Ende November in Berlin entgegennimmt.
20. Dezember 1922	*Trommeln in der Nacht*	Berliner Premiere im Deutschen Theater mit Alexander Granach, Blandine Ebinger, Heinrich George. – Jherings Hochschätzung des Stücks provoziert Alfred Kerrs Abwertung.

Januar 1923	*Im Dickicht der Städte*	Brecht überarbeitet das Stück im Hinblick auf die Uraufführung im Residenztheater (München). Der Probenbeginn verschiebt sich auf März.
	Leben Eduards des Zweiten	Brecht plant die Bearbeitung von Marlowes Stück im Hinblick auf eine Aufführung in den Kammerspielen.
12. März 1923		Geburt von Brechts und Marianne Zoffs Tochter Hanne, heute unter dem Namen Hanne Hiob eine bekannte Schauspielerin.
9. Mai 1923	*Im Dickicht der Städte*	Uraufführung im Residenztheater unter der Regie von Erich Engel und der Mitarbeit des dortigen Dramaturgen Jakob Geis. Es kommt zu Protesten, Geis wird entlassen, die Aufführung insgesamt nur sechsmal gezeigt.
Juni/Juli 1923	*Gösta Berling*	Brecht arbeitet an einer Dramatisierung des Romans von Selma Lagerlöf, auf der Grundlage der Dramatisierung von Ellyn Karin. Frau Karin ist von Selma Lagerlöf autorisiert. Brecht hat im Juli zwei Akte – drei soll das Stück haben – und ein Vorspiel fertig und bittet Bronnen um Vermittlung. Dieser soll mit Ellyn Karin reden, »da es bestimmt ein Kuhhandel wird«, und »die Karin ist ein mit allen Wassern gewaschenes Rindfleisch« (B 94). Brecht erhält die Autorisation nicht, das Stück bleibt Fragment; das Vorspiel wird veröffentlicht in *Das Kunstblatt 8* (1924).
August 1923		Brecht bearbeitet in Berlin zusammen mit Bronnen *Pastor Ephraim Magnus* von Hans Henny Jahnn. Das Stück hat am 23. August Premiere mit Jo Lhermanns und Emil Szittyas »Das Theater«. – Etwa zu dieser Zeit vermittelt Bronnen die erste Begegnung Brechts mit Helene Weigel.
September 1923	*Leben Eduards des Zweiten*	Brecht arbeitet gemeinsam mit Feuchtwanger an dem Stück, das erst im Dezember, dann am 20. Januar 1924 Premiere haben soll. Brecht lernt in diesem Herbst Carl Zuckmayer kennen, der ebenfalls als Dramaturg in München arbeitet.
8. Dezember 1923	*Baal*	Uraufführung in Leipzig im Alten Theater, nachdem es bei Kiepenheuer bereits die zweite Auflage als Buch erlebt hatte.

Januar – März 1924	*Leben Eduards des Zweiten von England*	Brecht probt sein Stück an den Münchner Kammerspielen, wie späterhin auch noch während der Proben den Text ändernd, entweder weil ihm ein Schauspieler kongenial erscheint, der dann mehr Text haben soll, oder weil sich eine Passage plötzlich als unspielbar erweist.
18. März 1924	*Leben Eduards des Zweiten von England*	Uraufführung u. a. mit Oskar Homolka.
Juli/August 1924	*Galgei*	Brecht nimmt den *Galgei* wieder auf und hat schließlich »vier Akte im Rohbau« (B 105; an Helene Weigel).

BERLIN

Anfang September 1924		Endgültige Übersiedelung Brechts nach Berlin, wo er zusammen mit Carl Zuckmayer für ein Jahr Dramaturg am Deutschen Theater unter Max Reinhardt wird (vgl. Zuckmayer, S. 388–391).
29. Oktober 1924	*Im Dickicht der Städte*	Berliner Premiere. – Die gespielte Fassung heißt einfach *Dickicht*. Regie führt Erich Engel; u. a. wirkt Fritz Kortner mit. Das Bühnenbild stammt von Brechts Jugendfreund Caspar Neher.
3. November 1924		Geburt von Stefan, Sohn Brechts und Helene Weigels.
4. Dezember 1924	*Leben Eduards des Zweiten von England*	Berliner Premiere in der Inszenierung von Jürgen Fehling, mit dem Brecht während der Proben heftigen Streit um die Regiekonzeption hatte.
Ende 1924	*Mann ist Mann*	Brecht hat für den *Galgei* jetzt mit Elisabeth Hauptmann, die Brecht im November kennengelernt hat, mit Emil Burri, Bernhard Reich und Caspar Neher einen Mitarbeiterstab, ein neues Konzept und den endgültigen Titel.
25. Juli 1925		In einem Artikel im *Börsen-Courier* huldigt Brecht dem Dramatiker George Bernard Shaw zum 70. Geburtstag.
Herbst 1925	*Mann ist Mann*	Fertigstellung des Lustspiels. – Die namhaftesten jüngeren deutschen Autoren schließen sich zur »Gruppe 1925« zusammen, u. a. zählen dazu: Becher, Brecht, Klabund, Kisch, Rudolf Leonhard und Tucholsky.

Januar 1926	*Baal*	Nochmalige Umarbeitung. »Baal« soll als ›dramatische Biographie‹ unter Brechts Regie an der Jungen Bühne aufgeführt werden. – Brechts Freundschaft mit dem Boxer Samson-Körner trägt literarische Früchte. Brecht wendet, was er im Sportpalast sieht, auf seine Theatertheorie an. Er verurteilt die traditionellen Aufführungsweisen mit dem Hinweis, »daß ein einziger Mann mit einer Zigarre im Parkett einer Shakespeare-Aufführung den Untergang der abendländischen Kunst herbeiführen könnte« (GW 15, 77).
14. Februar 1926		Berliner Premiere unter dem Titel *Lebenslauf des Mannes Baal*, u. a. mit Oskar Homolka, Blandine Ebinger, Helene Weigel. Bühnenbild: Caspar Neher.
April 1926		Brecht hat bei der Jungen Bühne Marieluise Fleißers Stück *Die Fußwaschung* durchgesetzt, das er bearbeitet. Premiere hat es unter dem Titel *Fegefeuer in Ingolstadt*.
Ende April 1926	*Mann ist Mann*	Brecht baut das Stück unter dem Gesichtspunkt der Handlungswahrscheinlichkeit nochmals um.
8. Juni 1926	*Joe Fleischhacker*	Brecht beginnt mit Vorarbeiten zu einem Stück über die Vorgänge an der Chicagoer Weizenbörse. Auch Börsenspezialisten gelingt es nicht, die Vorgänge an der Weizenbörse hinreichend verständlich zu machen. Brecht liest über Nationalökonomie und entwickelt Vorstellungen betreffs eines »epischen Theaters«, das die Darstellung der Vorgänge ermöglichen soll. Die unerwartete Problematik der wirtschaftlichen Zusammenhänge führt Brecht nach eigener Aussage zur ersten Marx-Lektüre.
25. September 1926	*Mann ist Mann*	Uraufführung in Darmstadt unter der Regie von Jakob Geis. – Kurz danach schreibt Brecht an Elisabeth Hauptmann, daß er intensiv *Das Kapital* lese. »Ich muß das jetzt genau wissen [. . .]« (*Erinnerungen an Brecht*, S. 52).
11. Dezember 1926	*Die Hochzeit*	Uraufführung des Einakters am Frankfurter Schauspielhaus.

Anfang 1927		Brecht ist vom Kiepenheuer-Verlag zu Propyläen gewechselt, nachdem der erstere auf Druck eines Aktionärs die *Hauspostille* nur ohne die »Ballade vom toten Soldaten« veröffentlichen wollte. Nach der *Hauspostille* erscheinen dort auch *Im Dickicht der Städte* und *Mann ist Mann*.
18. März 1927	*Mann ist Mann*	Radio Berlin sendet eine Hörspielfassung unter der Regie von Alfred Braun.
Mai 1927		Die Bekanntschaft mit dem Soziologen Fritz Sternberg führt Brecht zu einer Vertiefung seiner marxistischen Studien.
Frühjahr 1927	*Mahagonny*	Kurt Weill möchte von Brecht einen Text zu einer Komposition, mit der er für das Deutsche Kammermusikfest in Baden-Baden beauftragt ist. Auf der Grundlage der »Mahagonny-Gesänge« in der *Hauspostille* entsteht ein Songspiel.
17. Juli 1927	*Mahagonny*	Uraufführung in Baden-Baden unter Brechts Regie. »Ein großer Regieerfolg! 15 Minuten Skandal!« (B 124; an Helene Weigel.)
August 1927		Ein dramaturgisches Kollektiv – u. a. J. R. Becher, Kurt Kläber, E. E. Kisch, Walter Mehring, Erich Mühsam, Kurt Tucholsky und Brecht – konstituiert sich an der ersten Piscatorbühne, dem Theater am Nollendorfplatz.
	Untergang des Egoisten Johann Fatzer	Brecht arbeitet in Augsburg am *Fatzer* und bittet Helene Weigel, ihm »alle marxistische Literatur« zu schicken, besonders »die neuen Hefte der Revolutionsgeschichte« (B 128).
Herbst 1927	*Joe Fleischhacker*	Piscator kündigt das Stück, dem der Roman *Weizen* von Frank Norris zugrunde liegt, unter dem Titel *Weizen* für die Spielzeit 1927/28 an.
14. Oktober 1927		Radio Berlin sendet den *Macbeth* in der dramaturgischen Einrichtung und mit einer Vorrede von Brecht. Regie: Alfred Braun.
2. November 1927		Scheidung von Marianne Zoff.
10. Dezember 1927	*Im Dickicht der Städte*	Erstaufführung der Buchfassung des *Dickicht* in Darmstadt.

16. Dezember 1927		Brecht begründet seine Nichtabgabe einer Steuererklärung. Er lebe von Vorschüssen der Verlage, da er »mit den Stücken *vorläufig* beinahe nichts einnehme« und habe also »bis über den Hals« Schulden. »Ich wohne in einem kleinen Atelier in der Spichernstraße 16 und bitte Sie, wenn Sie Reichtümer bei mir vermuten, mich zu besuchen« (B 131).
5. Januar 1928	*Mann ist Mann*	Berliner Aufführung in der Volksbühne mit Heinrich George und Helene Weigel; Regie: Erich Engel; Bühnenbild: Caspar Neher.
23. Januar 1928		Premiere der Dramatisierung von Hašeks Roman *Die Abenteuer des braven Soldaten Schweyk* an der Piscatorbühne, an der Brecht neben Piscator, Felix Gasberra und Leo Lania mitgewirkt hat.
Frühjahr 1928	*Dreigroschenoper*	Elisabeth Hauptmann übersetzt für Brecht John Gays *The Beggar's Opera*, die er bearbeiten will. Ernst Josef Aufricht bestellt die *Dreigroschenoper* zur Eröffnung seines Theaters am Schiffbauerdamm.
	Joe Fleischhacker	Daraufhin stellt Brecht die Arbeit an dem *Weizen*-Stück zurück.
15. April 1928		Gespräch im Berliner Rundfunk zwischen Brecht, Kerr und Richard Weichert über »Die Not des Theaters«.
August 1928	*Dreigroschenoper*	Proben im Theater am Schiffbauerdamm. Das Stück wurde von Brecht und Weill während eines Aufenthalts in Le Levandou, Südfrankreich, im Mai/Juni und in Berlin fertiggestellt. Der berühmteste Song der Oper, der »Mackie-Messer-Song«, wird während der Proben erst von Brecht und Weill verfaßt, um die Bösartigkeit Macheaths stärker ins Licht zu rücken. Regie führt Erich Engel unter Mitarbeit von Brecht, Weill und Caspar Neher. – Wegen des Todes von Klabund am 14. August scheidet dessen Frau, Carola Neher, aus der Besetzung aus, und Roma Bahn übernimmt kurzfristig die Rolle der Polly.
31. August 1928	*Dreigroschenoper*	Uraufführung mit Harald Paulsen als Macheath. Außerdem wirken mit Erich Ponto, Kurt Gerron, Ernst Busch und Lotte Lenya, Kurt Weills Frau.

September/Oktober 1928	*Untergang des Egoisten Johann Fatzer*	Brecht in Augsburg. Arbeit am *Fatzer*. Als sein stärkstes Leseerlebnis bezeichnet Brecht in der Zeitschrift *Die Dame* die Bibel.
November 1928	*Trommeln in der Nacht*	Am 18. und 24. November dramaturgische Gespräche mit Piscator und Sternberg im Hinblick auf eine Neuinszenierung durch Piscator, die auch auf die Veränderungen eingehen müßte, die seit 1920 entstanden sind (vgl. B 146).
	Untergang des Egoisten Johann Fatzer	Der »Fatzer« ist vorläufig nicht realisierbar.
10./11. Januar 1929		Rundfunkgespräch in Köln mit Ernst Hardt, Herbert Jhering und Fritz Sternberg über »Neue Dramatik«.
März/April 1929		Zusammen mit Jakob Geis inszeniert Brecht im Theater am Schiffbauerdamm das zweite Stück Marieluise Fleißers *Pioniere in Ingolstadt*.
10. April 1929		Brecht heiratet Helene Weigel.
Frühjahr 1929	*Dreigroschenoper*	Bei Kiepenheuer erscheinen *Die Songs der Dreigroschenoper*. Daß Brecht nicht neben Villon auch auf die Villon-Übersetzung K. L. Ammers verweist, trägt ihm von Alfred Kerr den Vorwurf des Plagiats ein. Brecht erklärt dies mit Vergeßlichkeit, die auf seine »grundsätzliche Laxheit in Fragen geistigen Eigentums« zurückgehe. Ammer wird in späteren Auflagen als Quelle genannt.
1. Mai 1929		Brecht sieht, wie die Polizei auf Anweisung des SPD-Polizeipräsidenten auf Arbeiter schießt, die sich trotz Verbots zu einer Maidemonstration versammeln. Sternberg, der dabei ist, berichtet, daß dies auf Brecht einen furchtbaren Eindruck macht.
Ende Mai / Juni 1929		Arbeit an einigen Lehrstücken und der Oper *Happy End* mit E. Hauptmann, Emil Burri, Slatan Dudow und Kurt Weill.
Juli 1929	*Der Flug der Lindberghs* und *Das Badener Lehrstück vom Einverständnis*	Uraufführung beider Lehrstücke – ersteres heißt später *Der Ozeanflug* – in Baden-Baden. Die Musik stammt von Kurt Weill und Paul Hindemith. Die Aufführung des *Badener Lehrstücks vom Einverständnis* am 28. Juli ruft einen Skandal hervor. Es folgte eine Auseinandersetzung Brechts mit Hindemith, die den Kontakt auf Dauer stört.

August 1929	*Happy End*	Proben im Theater am Schiffbauerdamm. Engel und Aufricht möchten an den Erfolg der *Dreigroschenoper* anknüpfen, Brecht und E. Hauptmann wollen ihre marxistischen Erkenntnisse einbringen, wofür aber die Story zu leichtgewichtig ist. Brecht zieht darauf seinen Namen zurück und erfindet das Pseudonym »Dorothy Lane«, muß aber auf Weills Insistieren hin wenigstens für die Songs verantwortlich zeichnen.
31. August 1929	*Happy End*	Uraufführung mit Carola Neher, Helene Weigel, Oskar Homolka, Peter Lorre, Theo Lingen und Kurt Gerron. Das Stück wird ein Mißerfolg.
Oktober/November 1929	*Die heilige Johanna der Schlachthöfe* und *Der Brotladen*	Brecht mit E. Hauptmann in Augsburg. Aus der Absicht, an den Projekten *Aus nichts wird nichts*, *Daniel Drew*, *Fatzer*, *Joe Fleischhacker* zu arbeiten, entwickelt sich das *Brotladen*-Fragment, in das Brecht außerdem die auf einer Novelle E. Hauptmanns beruhende Heilsarmeegeschichte aus *Happy End* mit einbezieht. Aus dem gesamten Materialkomplex kristallisiert sich schließlich das Stück *Die heilige Johanna der Schlachthöfe* heraus. Der *Happy End*-Mißerfolg veranlaßt Brecht, seine Produktion noch kritischer zu sichten.
9. März 1930	*Aufstieg und Fall der Stadt Mahagonny*	Uraufführung der aus dem Songspiel von 1927 hervorgegangenen Oper in Leipzig. Bühnenbild und Projektionen: Caspar Neher. Von den vielen Skandalen bei Brechts Uraufführungen ist dieser einer der heftigsten. Die Oper wird ein Mißerfolg, die in Heft 2 der *Versuche* – die Reihe beginnt 1930 bei Kiepenheuer zu erscheinen – abgedruckten »Anmerkungen« zu der Oper enthalten erste zusammenhängende Überlegungen zur Theorie des »epischen Theaters«. Brecht schreibt sie zusammen mit Peter Suhrkamp, Lektor bei Kiepenheuer, den er seit Ende 1919 kennt.
Frühjahr 1930	*Die Maßnahme*	Brecht arbeitet zusammen mit Hanns Eisler und Slatan Dudow an dem Lehrstück im Hinblick auf eine Aufführung im Rahmen der »Neuen Musik Berlin 1930«. Diese wird jedoch wegen politischer Bedenken – offiziell »wegen formaler Minderwertigkeit des

Frühjahr 1930	*Die Maßnahme*	Textes« – von den Leitern des Musikfestes, Heinrich Burkhard, Paul Hindemith und Georg Schünemann, abgelehnt.
Mai/Juni 1930	*Die heilige Johanna der Schlachthöfe* und *Die Ausnahme und die Regel*	Mit E. Hauptmann und Emil Burri arbeitet Brecht in Le Lavandou, Südfrankreich.
August 1930	*Die Dreigroschenoper*	Als Brecht in seinem Drehbuch zum *Dreigroschenfilm* – »Die Beule« – eine neue Sicht des Stoffes präsentiert, lehnt die Nero-Filmgesellschaft dies ab und dreht einen Film aus dem Originalstoff. Brecht führt daraufhin den »Dreigroschenprozeß«, der in der Öffentlichkeit großes Aufsehen erregt und von ihm als soziologisches Lehrstück ausgebaut wird.
Herbst 1930	*Der Jasager und Der Neinsager*	Als Reaktion auf die falsche Interpretation der Schuloper *Der Jasager* (Urauff. 23. Juni 1930; zusammen mit E. Hauptmann und Kurt Weill verfaßt) schreibt Brecht das Stück aufgrund von Erfahrungen und Diskussionen bei einer Einstudierung an der Karl-Marx-Schule in Neukölln neu und ordnet ihm *Der Neinsager* zu mit der Anweisung, möglichst immer beide Stücke zusammen aufzuführen.
18. Oktober 1930		Geburt von Barbara, Tochter Brechts und Helene Weigels.
13. Dezember 1930	*Die Maßnahme*	Uraufführung in der Philharmonie Berlin mit Helene Weigel, Alexander Granach, Ernst Busch und dem Arbeiterchor von Groß-Berlin.
Mitte Dezember 1930	*Die Dreigroschenoper*	Brecht schließt einen Vergleich im Dreigroschenprozeß, wonach er nach zwei Jahren das Recht zur Neuverfilmung erhält.
Januar 1931	*Mann ist Mann*	Brecht überarbeitet und inszeniert das Stück im Berliner Staatstheater. – Der sowjetische Dramatiker Sergej Tretjakow ist längere Zeit in Berlin.
31. Januar 1931		Radio Berlin sendet *Hamlet*, dramaturgisch eingerichtet von Brecht, unter der Regie von Alfred Braun.
6. Februar 1931	*Mann ist Mann*	Premiere mit Peter Lorre, Helene Weigel, Alexander Granach, Theo Lingen und Wolfgang Heinz; Bühnenbild: Caspar Neher.

Herbst 1931	*Die Mutter*	Brecht schreibt das Stück nach Gorkis gleichnamigem Roman zusammen mit Slatan Dudow, Hanns Eisler und Günther Weisenborn.
November 1931	*Die Rundköpfe und die Spitzköpfe*	Brecht will zunächst Shakespeares *Maß für Maß* bearbeiten, entwirft dann jedoch ein eigenes Stück, das er aber zugunsten der *Mutter* zurückstellt.
12. Januar 1932	*Die Mutter*	Erste von mehreren geschlossenen Aufführungen, aufgrund derer das Stück gemäß den Publikumsreaktionen täglich verändert wird. Das Publikum besteht aus Vertretern von Betrieben und Arbeiterorganisationen.
17. Januar 1932	*Die Mutter*	Uraufführung des Stückes im Komödienhaus am Schiffbauerdamm durch die »Gruppe Junger Schauspieler« und die Aufricht-Produktion. – Spätere Aufführungen finden im Lustspielhaus in der Friedrichstraße statt. – Beginn der Freundschaft Brechts mit Margarete Steffin, die in der *Mutter* das Dienstmädchen spielt.
29. Februar 1932	*Die Mutter*	Eine Aufführung zugunsten der Internationalen Arbeiterhilfe in Moabit soll durch feuerpolizeiliche Auflagen unmöglich gemacht werden, findet aber doch statt trotz mehrerer Unterbrechungen.
31. März 1932		Die Filmprüfstelle verbietet den Film *Kuhle Wampe*, was eine Protestwelle in der kommunistischen und bürgerlichen Presse auslöst. Nach erheblichen Strichen erst wird der Film am 21. April schließlich freigegeben.
11. April 1932	*Die heilige Johanna der Schlachthöfe*	Rundfunksendung unter der Regie von Alfred Braun, mit Fritz Kortner als Mauler. Außerdem sprechen Carola Neher (Johanna Dark), Helene Weigel, Paul Bildt, Peter Lorre und Friedrich Gnaß.
Mitte Mai 1932	*Die Dreigroschenoper*	Zur sowjetischen Premiere von *Kuhle Wampe* reisen Brecht und Dudow nach Moskau. Von Tairows *Dreigroschenoper*-Inszenierung ist Brecht wenig begeistert.
August 1932		Brecht erwirbt ein Landhaus in Utting am Ammersee, das er nach der Emigration erst auf seinen Vater, später auf seine Tochter Hanne überschreibt.

August 1932	*Die Rundköpfe und die Spitzköpfe*	Brecht stellt »die *Maß-für-Maß*-Bearbeitung« fertig. Sie ist »ganz gut (unaufführbar) geworden. Ich hoffe, Sie werden einer der drei Leser sein, die das Werk (unter Anwendung der gebotenen Vorsichtsmaßregeln) lesen. Und auch das war als zu melkende Kuh gedacht! O Vergänglichkeit!« (B 157; an Eisler.)
November 1932		In der Karl-Marx-Schule in Neukölln findet ein »Studienzirkel Kritischer Marxismus« statt. Karl Korsch hält bis Februar 1933 acht Vorlesungen über »Lebendiges und Totes im Marxismus«. In Brechts Wohnung trifft sich in Ergänzung dazu eine Arbeitsgemeinschaft zum Thema materialistische Dialektik. Dabei sind u. a. Korsch, Döblin, Bernard von Brentano, Dudow und E. Hauptmann. Im Anschluß an behandelte Texte von Hegel, Marx und Lenin legen vor allem Korsch und Brecht »Thesen« mit aktuellen Anwendungen vor.
Anfang 1933	*Die Rundköpfe und die Spitzköpfe*	Das Stück soll in Heft 8 der *Versuche* erscheinen, das noch umbrochen, aber nicht mehr gedruckt werden kann.

EXIL

28. Februar 1933		Brecht, am Tage des Reichstagsbrandes im Krankenhaus, fährt mit Helene Weigel und Sohn Stefan nach Prag; Tochter Barbara – bei Brechts Vater in Augsburg zu Besuch – wird kurze Zeit später von einer Engländerin aus Deutschland herausgeschmuggelt. – Die Brechts fahren nach Wien, wo Helene Weigels Verwandte leben. Brecht berät sich dort mit Hanns Eisler, Fritz Sternberg, Peter Suhrkamp, sowie in Zürich mit Alfred Döblin, Anna Seghers, Bernard von Brentano und Kurt Kläber. Die teuren Preise treiben Brecht nach Lugano, wo er Feuchtwanger treffen und Wohnmöglichkeiten erkunden will. »Ich sehe jetzt, daß Wohnungsuchen eine ziemliche Arbeit war!« (B 163; an Helene Weigel.)
April 1933		Auf Einladung Kurt Kläbers und seiner Frau Lisa Tetzner wohnen Brecht und Helene Weigel, die von Wien nachgekommen ist, in deren Haus in Carona am Luganer See.

Mai 1933	*Die sieben Todsünden der Kleinbürger*	Brecht reist nach Paris und schreibt dort mit Kurt Weill das Ballett für eine Aufführung durch »Les Ballets 1933«. – Margarete Steffin trifft ebenfalls in Paris ein.
7. Juni 1933	*Die sieben Todsünden der Kleinbürger*	Uraufführung mit Lotte Lenya und Tilly Losch; Bühnenbild: Caspar Neher.
10. Juni 1933	*Die Rundköpfe und die Spitzköpfe*	Brecht verhandelt in Paris mit Ernst Josef Aufricht über eine Aufführung, während seine Familie auf Einladung von Karin Michaelis inzwischen in Thurö (Fünen) eingetroffen ist.
Ende Juni 1933		Brecht fährt ebenfalls nach Thurö. In einem Brief an Felix Bloch Erben (vgl. B 168–170) versucht Brecht Nachteilen bei der Verwertung seiner Stücke im Ausland entgegenzuwirken, die sich aus seinem fortbestehenden Vertrag ergeben könnten.
11. Juli 1933	*Mann ist Mann*	Brecht bittet Tretjakow, ihm das in seinem Besitz befindliche Schreibmaschinenexemplar des Stückes zu schicken, da er »keine andere Abschrift mehr auftreiben« könne (B 172).
20. Juli 1933		Auch in einem Brief an Kesten schneidet Brecht die Frage an, welche Rechte die deutschen Verlage noch hätten auf Werke, »die durch [sie] jetzt nicht oder kaum mehr vertrieben werden« (B 175). Kesten war Lektor bei dem Amsterdamer Verlag Allert de Lange geworden, der sich der Emigrantenliteratur geöffnet hatte. Brecht schließt mit dem Verlag über den *Dreigroschenroman* einen Vertrag. Er meldet sich und seine Familie in Svendborg polizeilich an.

DÄNEMARK

9. August 1933		Brecht kauft ein Haus in Skovbostrand bei Fünen. Der Kaufpreis wird je zur Hälfte von den Vätern Brecht und Weigel erlegt.
Herbst 1933		Im September ist Brecht wieder in Paris, um Möglichkeiten für sich und Helene Weigel zu erkunden; er fährt auch nach Sanary-sur-Mer, wo er Feuchtwanger und Heinrich Mann trifft.

Ende Dezember 1933	*Die Mutter*	Brecht lernt Ruth Berlau kennen, die in Kopenhagen die Anna in *Trommeln in der Nacht* gespielt hatte und nun Brecht um *Die Mutter* bittet, die sie übersetzen und mit dänischen Arbeiterschauspielern einstudieren will. Sie macht Brecht in Kopenhagen mit dänischen Schauspielern bekannt. – Margarete Steffin kommt von Paris nach Dänemark.
März 1934	*Die Rundköpfe und die Spitzköpfe*	Nochmalige Umarbeitung zusammen mit Hanns Eisler und Margarete Steffin. Das Stück heißt jetzt *Die Rundköpfe und die Spitzköpfe oder Reich und Reich gesellt sich gern. Ein Greuelmärchen.*
Sommer 1934		Walter Benjamin in Skovbostrand. – Brecht führt Gespräche mit Per Knutzon, der *Die Rundköpfe und die Spitzköpfe* in Kopenhagen aufführen will.
Herbst 1934		Brecht in London. Er verhandelt u. a. mit Wieland Herzfelde über eine Ausgabe *Gesammelte Werke* im Malik-Verlag. Am 10. Oktober erklärt sich George Grosz bereit, die Ausgabe zu illustrieren.
Frühjahr 1935		Reise nach Moskau. Brecht schätzt aufgrund der – außer Carola Neher – schlechten Qualität der Schauspieler und weil ihm bei seinen Projekten dieselben Leute Schwierigkeiten machen, die auch schon in Berlin seine Gegner waren, die Chancen für ein deutsches Theater in der Sowjetunion gering ein, ist aber beeindruckt von den Aufbauleistungen der Sowjets.
8. Juni 1935		Aberkennung der deutschen Staatsbürgerschaft Brechts. Brecht hatte – offenbar in Voraussicht dieses Aktes – schon im November 1934 seine Frau gebeten, sich in Wien umzuhören, ob es stimme, daß man tschechischer Staatsbürger werden könne (vgl. B 224).
2. Junihälfte 1935		Brecht ist in Paris und nimmt dort vom 21.–25. Juni am Ersten Internationalen Schriftstellerkongreß zur Verteidigung der Kultur teil. Er hält einen Vortrag und treibt ansonsten Studien für seinen *Tui-Roman.*

August/September 1935	*Die Mutter*	Brecht erhält die Übersetzung und Bearbeitung der *Mutter*, die in New York von der KP-geförderten »Theatre Union« aufgeführt werden soll. Er ist entsetzt über die naturalistischen Tendenzen der Bearbeitung und setzt seine und Eislers Einladung zu den Proben durch.
	Die Horatier und die Kuratier	Brecht arbeitet zur gleichen Zeit an einem neuen Lehrstück. Er kann Eisler nicht zur Zusammenarbeit gewinnen. Die Musik schreibt Kurt Schwaen 1958 zur Uraufführung. Anfang September meldet Brecht, das Stück sei »im Rohen fertig« (B 264).
Oktober 1935	*Die Mutter*	Kurz vor der Kopenhagener Premiere der *Mutter* in der Einstudierung Ruth Berlaus mit dänischen Arbeiterschauspielern, die unter Beratung Brechts und Helene Weigels 1934/35 stattfand, reist Brecht nach New York, wo er Ende Oktober ankommt und sofort sich bemüht, seine originale Version wiederherzustellen.
November 1935	*Die Mutter*	Brecht und Eisler haben Probleme, da die Amerikaner die Härte der politischen Haltung des Stücks stört. Brecht resümiert gegenüber Piscator: »[. . .] nur nichts zu tun haben mit den sogenannten linken Theatern. Die [. . .] haben die übelsten Producer-Manieren des Broadway ohne dessen Fachkenntnisse, die nicht sehr hoch sind, aber immerhin« (B 278 f.).
19. November 1935	*Die Mutter*	Premiere der »Theatre-Union«-Version im Civic Repertory Theatre.
Dezember 1935	*Die Rundköpfe und die Spitzköpfe*	Brecht verhandelt in New York u. a. über eine amerikanische Aufführung, trifft mit Grosz und Weill zusammen.
Ende Januar 1936		Brecht wieder in Skovbostrand.
Seit April 1936		Brecht in London, Mitarbeit an einem Film auf Vermittlung Fritz Kortners. Brecht wird jedoch ausgezahlt, ohne daß man seine Ratschläge annimmt.
August 1936		Nachdem schon Karl Korsch seit Januar in Skovbostrand ist, trifft jetzt auch Walter Benjamin ein.
4. November 1936	*Die Rundköpfe und die Spitzköpfe*	Uraufführung im Riddersalen in Kopenhagen in dänischer Sprache; Regie: Per Knutzon. Brecht hat seit etwa Oktober an den

4. November 1936	*Die Rundköpfe und die Spitzköpfe*	Proben teilgenommen und starken Einfluß ausgeübt. Die Vorstellung wird freundlich aufgenommen, aber unmittelbar anschließend setzt eine Pressekampagne gegen den Kommunisten Brecht ein.
12. November 1936	*Die sieben Todsünden der Kleinbürger*	Seit Monaten geplante Premiere im Königlichen Theater in Kopenhagen. Wiederum ein Erfolg, aber die Hetze rechtsorientierter Zeitungen geht weiter. Die bereits anläßlich des Stückes *Die Rundköpfe und die Spitzköpfe* aufgeheizte Stimmung verschärft sich, der ›Fall Brecht‹ kommt vor den Justizminister, und obwohl dieser sich liberal verhält, kann Brecht mit einigem Recht feststellen: »Ich mußte doch recht froh sein, daß nach den *Rundköpfen* meine Aufenthaltserlaubnis erneuert wurde« (B 302; an Karl Korsch). Ende November waren beide Stücke abgesetzt; es scheint, als sei neben der Pression seitens der dänischen konservativen Presse auch deutscher Druck im Spiel gewesen (vgl. Engberg, S. 175).
März 1937		Brecht konzipiert eine »Diderot-Gesellschaft«, die bei Veröffentlichungen behilflich sein und als Zusammenschluß von Künstlern dazu dienen soll, Theorie und Praxis des Theaters im wissenschaftlichen Zeitalter zu bestimmen. Brecht denkt an Auden, Isherwood, Doone; Burian; Gerelik, MacLeish; Moussignac, Renoir; Knutzon, Grieg, Lindberg; Eisenstein, Ochlopkow, Tretjakow; sowie Piscator und Eisler. (Vgl. B 317–319.)
	Die Rundköpfe und die Spitzköpfe	In Moskau hat Julius Hay eine nach Brechts Meinung an Invektiven, aber nicht an Substanz reiche Kritik verfaßt, die Brecht aus *Das Wort* heraushalten will, da sie ihm keine sachlichen Diskussionspunkte bietet. Die Kritik richtet sich im wesentlichen gegen die ›unrealistische‹ Tarnung, mit der Brecht in dem Stück den Faschismus attackiert. (Vgl. B 312–315.)
24. März 1937	*Die Gewehre der Frau Carrar*	Die erste Fassung unter dem Titel *Generäle über Bilbao* ist fertig. Mitarbeit: Margarete Steffin. Das Stück bezieht sich direkt auf den spanischen Bürgerkrieg. Dudow hatte in einem Brief vom 4. September 1936 einen entsprechenden Vorschlag gemacht (vgl. B II,994).

August 1937	*Furcht und Elend des Dritten Reiches*	Die beiden Szenen »Der Spitzel« – das erste Werk Brechts, das Lukács positiv rezensiert – und »Das Kreidekreuz« sind fertig.
September 1937	*Die Dreigroschenoper*	Brecht kümmert sich in Paris um die französische Neuinszenierung. Produktion: Ernst Josef Aufricht; Regie: Francesco von Mendelssohn. Premiere: 28. September.
Oktober 1937	*Die Gewehre der Frau Carrar*	Brecht nimmt an den Proben teil. Dudow inszeniert das Stück in Paris mit deutschen Emigranten; in der Hauptrolle: Helene Weigel.
16. Oktober 1937	*Die Gewehre der Frau Carrar*	Uraufführung. Helene Weigel spielt die Rolle der Carrar bis Ende des Jahres in Paris und Prag.
19. Dezember 1937	*Die Gewehre der Frau Carrar*	Premiere in Kopenhagen. Carrar: Dagmar Andreasen, die auch schon die *Mutter* spielte; Regie: Ruth Berlau.
März 1938	*Gesammelte Werke*	Die ersten beiden Bände der *Gesammelten Werke* Brechts erscheinen in London (tatsächlicher Verlagssitz: Prag) im Malik-Verlag Wieland Herzfeldes, der die Ausgabe seit August 1937 vorbereitete.
	Der Spitzel	Die Zeitschrift *Das Wort* veröffentlicht zuerst eine von den inzwischen 27 fertigen Szenen aus dem Komplex, der später *Furcht und Elend des Dritten Reiches* heißt.
Mai 1938	*Furcht und Elend des Dritten Reiches*	In Paris inszeniert Dudow acht Szenen unter dem Titel *99%*, eine Anspielung auf die Wahlergebnisse der Nazis. Die Hauptrolle spielt – soweit möglich – Helene Weigel; Brecht nimmt an den Proben teil. Uraufführung: 21. Mai 1938.
Juli/August 1938		Die Moskauer Stellungnahmen zum Thema »Realismus« werden für Brecht immer stärker zum Problem. Es entstehen jene Studien, die Brechts – unveröffentlichter – Beitrag zur »Brecht-Lukács-Debatte« werden.
November 1938	*Leben des Galilei*	Brecht schreibt in »drei Wochen« dieses Stück und meldet am 23. November 1938 die Fertigstellung dieser 1. Fassung (vgl. AJ. I,27).
Dezember 1938	*Leben des Galilei*	Auf die Nachricht von der erfolgreichen Atomkernspaltung durch Hahn und seine Mitarbeiter nimmt Brecht noch einige Korrekturen vor, bevor er das Stück an Herzfel-

Dezember 1938	*Leben des Galilei*	de schickt. Es soll noch in Bd. 3 der Malik-Ausgabe der *Gesammelten Werke*, der – schon ausgedruckt – im Zuge der national-sozialistischen Besetzung von Teilen der ČSR verlorengeht.
	Furcht und Elend des Dritten Reiches	Der Band enthält neben Gedichten auch als Erstdruck das Stück *Furcht und Elend des Dritten Reiches*.
Februar 1939		Brecht erwähnt die Möglichkeit, in die USA auszuwandern, da es in Dänemark »unge-mütlich« werde. Ein Visum über »die Quo-te« schätzt er als »hoffnungslos« ein und fragt Korsch, ob dieser eine Chance wisse, »irgendeine formelle Berufung als Lehrer« zu bekommen. Nur so sei die Quote zu vermeiden (B 386 f.).
25. Februar 1939	*Leben des Galilei* und *Die Gewehre der Frau Carrar* und *Brotladen-Fragment* und *Fatzer-Fragment*	Brecht empfindet die beiden neueren Stük-ke als zu »opportunistisch«, zu viele Konzes-sionen machend; die Fragmente seien »der höchste standard technisch« (AJ I,32).
März 1939		Brecht bemüht sich um Visa für Schweden. Auf der Grundlage des in Berlin begonne-nen Stückes *Die Ware Liebe* beginnt er am
	Der gute Mensch von Sezuan	15. März 39 mit der Arbeit zu *Der gute Mensch von Sezuan*. »ich kann dabei die epische technik entwickeln und so endlich wieder auf den standard kommen. für die schublade braucht man keine konzessionen« (AJ I,34).
23. April 1939		Mit Hilfe einer Einladung vom Reichsver-band der Amateurtheater, die ihm vor allem der Schriftsteller Henry Peter Matthis ver-schafft hat, erhalten Brecht und seine Fami-lie schwedische Visa und reisen nach Stock-holm.

SCHWEDEN

Mai 1939		Brecht zieht nach Lidingö in das Haus der schwedischen Bildhauerin Ninan Santesson.
2. Juni 1939	*Dansen* und *Was kostet das Eisen?*	Unter dem Pseudonym »John Kent« – da er sich nicht politisch betätigen darf – schreibt Brecht zwei Einakter, die er Hermann Greid für von diesem organisierte proletari-sche Spieltruppen versprochen hat. *Was ko-stet das Eisen?* wird übersetzt und einstu-diert.

1. September 1939		Kriegsausbruch. – Mittags gibt der Oberbürgermeister von Stockholm einen »lunch im stadthaus für thomas mann«, an dem Brecht teilnimmt (AJ I, S. 44).
Juli – September 1939	*Der gute Mensch von Sezuan* *Mutter Courage und ihre Kinder*	Hauptarbeit ist *Der gute Mensch von Sezuan*. Am 11. September gerät die Arbeit jedoch ins Stocken (vgl. AJ I, S. 49). Am 27. September beginnt Brecht ein neues Stück, das inspiriert wird durch die Figur der Marketenderin Lotta Svärd in *Fähnrich Stahls Erzählungen* (1848–60) von Johann Ludvig Runeberg.
29. Oktober – 3. November 1939	*Mutter Courage und ihre Kinder*	Fertigstellung des Stücks, das von Etti Svantesson sofort ins Schwedische übersetzt wird; eine geplante Aufführung mit Helene Weigel als stummer Kattrin kommt nicht zustande.
7. November 1939	*Das Verhör des Lukullus*	Brecht hat »sehr schnell« mit M. Steffin ein Hörspiel zur Vertonung von Hilding Rosenberg geschrieben. Der Stockholmer Rundfunk tritt dann aber von der geplanten Sendung zurück. – Das Stück erreicht »so ziemlich die grenze dessen [. . .], was noch gesagt werden darf« (AJ I,52).
7. Dezember 1939	*Das Verhör des Lukullus*	»eine kleine deutsche arbeitertruppe studiert den LUKULLUS ein! sie fanden ihn lustig und wollen ihn mit schatten auf eine leinwand geworfen aufführen« (AJ I,54).
Januar 1940	*Übungsstücke für Schauspieler*	Für den Unterricht, den Helene Weigel an Naima Wifstrands Schauspielschule gibt, schreibt Brecht *Übungsstücke*.
17. April 1940		Nach dem Einmarsch der Nationalsozialisten in Dänemark und Norwegen verläßt Brecht mit seiner Familie Schweden und geht nach Finnland. Er hatte zuvor Hella Wuolijoki um eine Einladung gebeten, die ihm für den Fall, »daß wir hier nicht mehr lange bleiben können«, den Zugang zu einem Visum erleichtern sollte (B 408).

FINNLAND

Mai 1940	*Der gute Mensch von Sezuan*	Brecht hat die Arbeit an dem Stück »ernstlich« wiederaufgenommen. »das stück ist in berlin begonnen, in dänemark und schweden aufgenommen und beiseitegelegt worden. ich hoffe es hier fertigzubekommen«

Mai 1940	*Der gute Mensch von Sezuan*	(AJ I,74). – Finnland ist nur noch Transitstation. Die Brechts warten auf die US-Visa. Piscator hat Brecht einen Lehrauftrag an der New School in New York vermittelt (L 23–27).
20. Juni 1940	*Der gute Mensch von Sezuan*	»im großen und ganzen fertig [. . .]. der stoff bot große schwierigkeiten, und mehrere versuche, ihn zu meistern, seit ich ihn vor etwa 10 jahren angriff, schlugen fehl« (AJ I,94).
Ende Juni – August 1940	*Der gute Mensch von Sezuan*	Brecht feilt weiter daran, hält es aber für »unmöglich, ohne die bühne ein stück fertig zu machen. the proof of the pudding . . .« (AJ I,97).
27. August 1940	*Herr Puntila und sein Knecht Matti*	Brecht beginnt mit Hella Wuolijoki »ein volksstück für einen finnischen wettbewerb [. . .]. abenteuer eines finnischen gutsbesitzers und seines schofförs. er ist nur menschlich, wenn er betrunken ist, weil er dann seine interessen vergißt« (AJ I,127).
19. September 1940	*Herr Puntila und sein Knecht Matti*	Brecht hat seine Umarbeitung von Hella Wuolijokis halbfertiger Komödie *Die Sägespäneprinzessin* zum *Puntila* beendet. Der Ton ist nicht »original«, sondern »hašeks ton im *schwejk*, den ich auch schon in der COURAGE benutzte«. Es ist »mehr landschaft drin als in irgendeinem meiner stücke, ausgenommen vielleicht BAAL« (AJ I,134).
20. November 1940		Die US-Visa stehen in Aussicht, Brecht plant die Reise über Wladiwostok (vgl. B 425).
Januar 1941	*Der gute Mensch von Sezuan*	Brecht arbeitet das Stück um.
10. März – 12. April 1941	*Der aufhaltsame Aufstieg des Arturo Ui*	Brecht schreibt das Stück mit M. Steffin zur Aufführung in den USA.
19. April 1941	*Mutter Courage und ihre Kinder*	Uraufführung in Zürich. Regie: Leopold Lindtberg; Bühnenbild: Teo Otto; Mutter Courage: Therese Giehse.
15. Mai 1941		Brecht verläßt Finnland mit seiner Familie sowie Ruth Berlau und M. Steffin, die in Moskau an Tbc stirbt.
13. Juni 1941		Abfahrt von Wladiwostok. (Hitlers Überfall auf die UdSSR beginnt am 22. Juni!)

USA

21. Juli 1941

Ankunft in San Pedro, dem Hafen von Los Angeles. Auf Feuchtwangers Rat hin bleibt Brecht in Kalifornien, da das Leben dort billiger ist als in New York.

August –
Dezember 1941

Brecht versucht in der Filmindustrie und beim Theater Fuß zu fassen. Kontakte mit vielen Emigranten.

9. Dezember 1941

Brecht bietet Archibald MacLeish die Mitarbeit an antifaschistischen, nach Deutschland ausgestrahlten Radiosendungen an (vgl. B 446).

17. Dezember 1941   *Die Gesichte der Simone Machard*

Brecht entwirft eine *Jeanne d'Arc 1940* (AJ I,239).

19. Dezember 1941   *Die Gesichte der Simone Machard*

»DIE STIMMEN. ich habe 9 szenen, davon 4 träume« (AJ I,240).

16. Februar 1942

Brecht wird als Kriegsdienstpflichtiger und ›enemy alien‹ registriert.

Anfang Juni 1942   *Furcht und Elend des Dritten Reiches*

New Yorker Premiere von vier Szenen in deutscher Sprache durch die Tribüne für freie Deutsche Literatur und Kunst. Regie: Berthold Viertel (L 102 f.).

Juli – August 1942

Brecht arbeitet mit Lang an einer Story über das tschechische Dorf Lidice, das zum Symbol der nationalsozialistischen Brutalität wurde, nachdem die SS es als Vergeltung für die Ermordung Reinhard Heydrichs am 10. Juni 1942 vollkommen zerstört hatte. Die Männer des Dorfes waren erschossen, die Frauen ins Konzentrationslager und die Kinder ins ›Germanisierungslager‹ verschleppt worden. Daraus entsteht der Film *Hangmen also die*. Die Arbeit läßt Brecht, vor allem aufgrund der Produktionsgesetze des US-Films, unbefriedigt, sichert ihn aber zunächst finanziell.

30. Oktober 1942   *Die Gesichte der Simone Machard*

Nach der Diskussion mehrerer Stückpläne entscheiden Brecht und Feuchtwanger sich für die Zusammenarbeit an *Die Stimmen*.

November 1942 –
Januar 1943   *Die Gesichte der Simone Machard*

»regelmäßige arbeit an dem jeanne d'arc-stück, jetzt DIE VISIONEN DER SIMONE MACHARD, 11–2 in f[euchtwangers] haus am sunset.« Beide streiten sich heftig um die Frage der Wahrscheinlichkeit der Hand-

November 1942 – Januar 1943	*Die Gesichte der* *Simone Machard*	lung. »f[euchtwanger] ist ziemlich versöhnt, als ich in der zweiten woche – hauptsächlich, weil ich den patriotismus der simone nicht begründen kann – vorschlage, sie zum kind zu machen« (AJ II,360).
4. Februar 1943	*Der gute Mensch von* *Sezuan*	Uraufführung in Zürich. Regie: Leonard Steckel; Bühnenbild: Teo Otto; Shen Te / Shui Ta: Maria Becker.
8. Februar 1943		Brecht bricht zu einem längeren Aufenthalt nach New York auf, der ihm jetzt finanziell möglich geworden ist.
6. März 1943		Brecht verabredet künftige Zusammenarbeit mit Paul Dessau.
März – Mai 1943	*Schweyk im Zweiten* *Weltkrieg*	Neben anderen Plänen für den Broadway verabredet Brecht mit Weill ein *Schweyk*-Stück.
26. Mai 1943	*Die Gesichte der* *Simone Machard* und *Schweyk im Zweiten* *Weltkrieg*	Brecht zurück in Santa Monica. Bis Anfang Juni überarbeitet er noch die *Simone*, denkt aber auch schon an den *Schweyk* (vgl. AJ II,371 f.; B 458). Eisler schreibt die Musik zur *Simone*.
9. Juni 1943	*Schweyk im Zweiten* *Weltkrieg*	Erster Akt beendet.
24. Juni 1943		»im großen den SCHWEYK beendet. ein gegenstück zur MUTTER COURAGE.« Er empfindet das Stück gemäß den gewandelten Bedingungen als erheblich »schärfer« als die »montage aus dem roman«, die er um 1927 für Piscator schrieb (AJ II, 373).
1. August 1943		Erklärung zur Gründung des »Nationalkomitees Freies Deutschland« in der Sowjetunion durch Kriegsgefangene und Intellektuelle. Brecht, Th. Mann, H. Mann, Feuchtwanger, Bruno Frank, L. Marcuse und Reichenbach unterzeichnen. Als Th. Mann am nächsten Tag seine Unterschrift zurückzieht, entsteht eine Auseinandersetzung zwischen ihm und Brecht, die sich vor allem auf die Kollektivschuld-These konzentriert.
12. August 1943	*Schweyk im Zweiten* *Weltkrieg*	Weill distanziert sich, obwohl es schon Vertragsentwürfe gibt, vorsichtig von der geplanten Aufführung am Broadway. Brecht läßt das Stück dennoch von Alfred Kreymborg übersetzen (vgl. B 472).

9. September 1943	*Leben des Galilei*	Uraufführung der Fassung von 1938 in Zürich. Regie: Leonard Steckel; Bühnenbild: Teo Otto; Galilei: L. Steckel.
18. September 1943	*Schweyk im Zweiten Weltkrieg*	Weill steht nicht mehr zur Verfügung, die Musik schreibt Eisler. (Vgl. B 480.)
13. November 1943		Brechts Sohn Frank (von Paula Banholzer) als deutscher Soldat in Rußland gefallen.
19. November 1943 – März 1944	*Die Herzogin von Malfi*	Brecht in New York. Arbeit mit H. R. Hays und Elisabeth Bergner an der Bearbeitung von Websters *Duchess of Malfi*, die Brecht schon während seines letzten Besuchs in New York für E. Bergner ins Auge gefaßt hatte. Das Projekt bleibt jedoch unabgeschlossen wegen Filmverpflichtungen E. Bergners.
	Der kaukasische Kreidekreis	Brecht skizziert das Sujet noch in New York.
	Die Gesichte der Simone Machard	Feuchtwanger hat einen auf der gemeinsamen Arbeit basierenden Roman an MGM verkaufen können. Brecht erhält die Hälfte des Honorars.
22. März 1944	*Der kaukasische Kreidekreis*	Rückfahrt Brechts nach Santa Monica. Er beginnt sofort mit der Bearbeitung des *Kreidekreis*.
5. Juni 1944	*Der kaukasische Kreidekreis*	Brecht hat das Stück beendet; Auden soll es übersetzen für eine Broadway-Aufführung (vgl. B 496 f.).
Juni – August 1944	*Der kaukasische Kreidekreis*	Brecht ist unzufrieden mit der Figur der Grusche, auch Feuchtwanger ist sie »zu heilig«. Die Umarbeitung kostet Brecht drei Wochen (vgl. AJ II,421, 427 f.).
1. September 1944	*Der kaukasische Kreidekreis*	»schrieb die neufassung des vorspiels und des (adlibitum-)nachspiels zum KREIDEKREIS fertig« (AJ II,433).
10. September 1944	*Leben des Galilei*	Die zweite Fassung entsteht. »arbeite mit laughton nun systematisch an der übersetzung und bühnenversion des LEBEN DES PHYSIKERS GALILEI« (AJ II,446).
14. Mai 1945	*Leben des Galilei*	Wiederaufnahme der durch Filmverpflichtungen Laughtons unterbrochenen Arbeit.
12. Juni 1945	*Furcht und Elend des Dritten Reiches*	Premiere von *The Private Life of the Masterrace* in New York mit Albert und Else Bassermann, Elisabeth Neumann, Ludwig

12. Juni 1945	*Furcht und Elend des Dritten Reiches*	Roth. Regie: Berthold Viertel. Brecht ist bei den Proben und der Premiere anwesend. Das Stück wird gleichzeitig im neugegründeten Aurora-Verlag Wieland Herzfeldes erstgedruckt.
Anfang Juli 1945	*Die Herzogin von Malfi*	Brecht beendet das Stück in Vermont bei Elisabeth Bergner.
18. Juli 1945	*Leben des Galilei*	Brecht zurück in Santa Monica, wo er sofort mit Charles Laughton an die Weiterarbeit der Übersetzung und Bearbeitung geht.
Ende August 1945	*Leben des Galilei*	Die englische Fassung ist fertig. Der Abwurf der Atombombe wird jedoch Anlaß zu einer Textrevision, die Brecht am 1. Dezember beendet hat (vgl. AJ II,474).
Ende 1945 / Anfang 1946		Brecht schickt Suhrkamp eine Verhandlungsvollmacht, steht aber Aufführungen seiner Stücke ablehnend gegenüber. Zum Teil haben sie eine Umarbeitung erfahren, zum Teil möchte er sie stilistisch überwachen. (Vgl. B 518.)
April 1946		Brecht tritt mit Caspar Neher in Verbindung, der für in Deutschland geplante Aufführungen und – wenn möglich – auch für den *Galilei* und die *Herzogin von Malfi* in New York das Bühnenbild machen soll.
Mai/Juni 1946		Brecht bemüht sich, so viele seiner Werke wie möglich für Aufführungen und Schallplattenaufnahmen ins Englische übersetzt zu bekommen. Außerdem soll eine Ausgabe von Brechts Dramen auf englisch, betreut von Eric Bentley, erscheinen, was aber schließlich doch nicht realisiert wird.
September – Dezember 1946	*Leben des Galilei*	Brecht in New York. U. a. Verhandlungen über die Aufführung des *Galilei*. Arbeit mit Ferdinand Reyher am Text.
15. Oktober 1946	*Die Herzogin von Malfi*	New Yorker Premiere. Brecht hat jedoch seinen Namen zurückgezogen, so daß nur W. H. Auden als »adaptor« auf dem Programmzettel steht. (vgl. B II,1039 und L 145–148). In der Hauptrolle: Elisabeth Bergner.
März 1947		Brecht, Helene Weigel und Tochter Barbara erhalten Ausreise- und Wiedereinreiseerlaubnis. Die Ausreise – seit 1944, zum Zeitpunkt der absehbaren Niederlage Hit-

März 1947		lers, geplant – soll nun zunächst in die Schweiz gehen. Brecht sieht bereits im Dezember 1946 die Reise für Juni 1947 vor und berichtet schon über Angebote aus Berlin, die das Theater am Schiffbauerdamm als gelegentliche Spielstätte in Aussicht nehmen (vgl. B 544).
31. Juli 1947	*Leben des Galilei*	Premiere der zweiten (›amerikanischen‹) Fassung in Los Angeles. Regie: Joseph Losey unter Mitarbeit von Brecht; Galilei: Charles Laughton (vgl. L 195–199).
30. Oktober 1947		Brecht fährt in Begleitung von Joseph Losey und T. Edward Hambleton, dem Produzenten des *Galilei*, nach Washington, um vor dem »House Committee on Un-American Activities« auszusagen. Gemäß dem Rat der Anwälte jener »Hollywood Ten«, die die Aussage verweigern, sagt Brecht so geschickt aus – und hat, im Gegensatz zu Eisler, den Vorteil, nicht Mitglied der KP zu sein –, daß es nicht zur Anklageerhebung kommt.
31. Oktober 1947		Brecht verläßt die USA. Als einziger der Familie bleibt Stefan Brecht, der US-Bürger geworden ist, in den Vereinigten Staaten.
5. November 1947		Nach einem Zwischenaufenthalt in Paris – Anna Seghers hat ihm dort die Situation in Berlin geschildert – Ankunft in Zürich und Wiedersehen mit Caspar Neher.

SCHWEIZ

November 1947	*Leben des Galilei*	Brecht arbeitet an der Übertragung der zweiten Fassung ins Deutsche.
November/Dezember 1947	*Die Antigone des Sophokles*	Brecht benutzt zu seiner Bearbeitung die Übertragung Hölderlins. »Seit dem *Edward* ist es mein zweiter Versuch, aus gegebenen klassischen Elementen eine erhöhte Bühnensprache zu entwickeln« (B 561; an Stefan Brecht).
7. Februar 1948	*Die Antigone des Sophokles*	Nach der Lösung einiger Probleme, vor allem der Besetzung des Kreon, erklärt Brecht jetzt die Proben für öffentlich, um Zuschauerreaktionen zu testen.
11. Februar 1948	*Die Antigone des Sophokles*	Ruth Berlau fotografiert das gesamte Stück. Später stellt sie mit Brecht daraus das Buch *Antigone-Modell* zusammen.

15. Februar 1948	*Die Antigone des Sophokles*	Premiere in Chur. Es finden noch drei Wiederholungen statt, aber das Stück ist kein Erfolg.
April 1948		»eben gerade jetzt« möchte Brecht sich nicht für dauernd in Deutschland niederlassen (B 564). Seine Papiere sind abgelaufen, und er bemüht sich um Schweizer Reisepapiere. Er erwägt, sich in Österreich anzusiedeln, wo ihm Gottfried von Einem eine Mitarbeit bei den Salzburger Festspielen angeboten hat (vgl. B 566).
Juli 1948		Brecht arbeitet an »Kleines Organon für das Theater«.
20. September 1948		Nachdem er eigentlich schon im Juni nach Salzburg kommen wollte, hat Brecht erst jetzt seine Reisepapiere zusammen. Geplante Route: Salzburg – München – Berlin, wo er eine *Courage*-Inszenierung machen will.
17. Oktober 1948		Brecht und Helene Weigel müssen aber über Prag fahren, da Brecht kein Visum für die amerikanische Zone erhalten hat.
November/Dezember 1948	*Mutter Courage und ihre Kinder*	In Berlin inszeniert Brecht zusammen mit Erich Engel die *Courage* mit Helene Weigel in der Hauptrolle. Außerdem bespricht er mit Wolfgang Langhoff und Oberbürgermeister Ebert sowie Vertretern der SED sein Projekt eines eigenen Theaters, das zwar gutgeheißen, aber noch nicht endgültig zugesagt wird.
11. Januar 1949	*Mutter Courage und ihre Kinder*	Berliner Premiere.
18. Januar 1949	*Die heilige Johanna der Schlachthöfe*	Brecht schreibt an Gründgens: »Sehr geehrter Herr Gründgens! Sie fragten mich 1932 um die Erlaubnis, *Die heilige Johanna der Schlachthöfe* aufführen zu dürfen. Meine Antwort ist ja« (B 579). Die Uraufführung des Stückes kommt aber erst am 30. April 1959 zustande unter der Regie von Gustaf Gründgens mit Hanne Hiob als Johanna und dem Bühnenbild von Neher.
Ende Januar – März 1949		Brecht engagiert u. a. Therese Giehse für sein geplantes Theater, spricht mit Steckel und Viertel, schreibt Piscator an.

Ende Februar 1949	*Die Tage der Commune*	Brecht liest Nordahl Griegs Stück *Die Niederlage* wieder – das erste Mal hatte er es 1937 gelesen; Margarete Steffin hatte es für *Das Wort* ins Deutsche übersetzt (ersch. 1938) – und will es für eine Aufführung an seinem Theater bearbeiten. Er arrangiert mit Peter Suhrkamp die Weiterführung der 1933 unterbrochenen *Versuche*.
27. April 1949	*Die Dreigroschenoper*	Münchner Premiere einer, vor allem bezüglich der Songs. geänderten Fassung unter der Regie von Harry Buckwitz; Bühnenbild: C. Neher; Macheath: Hans Albers.
18. Mai 1949		Der offizielle Beschluß über die Gründung des Berliner Ensembles wird Brecht mitgeteilt.
April/Mai 1949	*Die Tage der Commune*	Das aus der Absicht der ›Bearbeitung‹ hervorgegangene Stück ist fertig. Die Musik soll Eisler schreiben, da er auch die zum Bestandteil des Stückes gewordenen Gedichte »Keiner oder alle« und »Resolution« – letzteres heißt erst jetzt »Resolution des Kommunarden« – vertont hat. (Vgl. B 601, 597.)

BERLIN

2. Juni 1949		Das Berliner Ensemble ist für die erste Spielzeit zusammengestellt. Brecht und Helene Weigel reisen nach Berlin ab und beziehen ein Haus in Weißensee. Aus Stockholm treffen Möbel und Bücherkisten, aus Moskau der Manuskriptkoffer Margarete Steffins ein.
1. Juli 1949		»Lieber Peter Huchel, ich habe Ihnen für das ausgezeichnete Sonderheft [*Sinn und Form*, 1. Sonderheft Bertolt Brecht] zu danken, es ist eigentlich die erste Publikation, die mich mit den Deutschen zusammenbringt, meine eigenen Bemühungen abgerechnet. – Eine Art Aufnahmegesuch in die Literatur« (B 613).
12. Oktober 1949	*Salzburger Totentanz*	Brecht arbeitet an einem Stück, das die Österreicher davon überzeugen soll, daß er Salzburg »als [. . .] ständigen Wohnsitz« betrachte und sich »einen künstlerischen Aufgabenkreis in Österreich« verschaffen wolle (B 620).

12. November 1949	*Herr Puntila und sein Knecht Matti*	Premiere des Berliner Ensembles.
22. Dezember 1949	*Der Hofmeister*	*Die Tage der Commune* muß zurückgestellt werden, Brecht macht daraufhin »schnell eine bearbeitung des lenz'schen HOFMEISTERS«. Es ist »die früheste – und sehr scharfe – zeichnung der deutschen misere« (AJ II,559).
23. Dezember 1949	*Wassa Schelesnowa*	Premiere mit einem Stück von Maxim Gorki. Regie: Berthold Viertel; Bühnenbild: Teo Otto; Hauptrolle: Therese Giehse.
2. Januar 1950	*Der Ozeanflug*	Mit Bezug auf Lindberghs faschistische Aktivitäten gestattet Brecht dem Süddeutschen Rundfunk, Stuttgart, die Sendung nur, wenn der Name konsequent ausgemerzt werde. Im Stück müsse es »der Flieger« heißen, Titel sei *Der Ozeanflug*. Die Sendung kommt dann aber nicht zustande. (Vgl. B 629.)
12. April 1950		Brecht erhält die österreichische Staatsbürgerschaft.
15. April 1950	*Der Hofmeister*	Premiere im Berliner Ensemble. Bühnenbild: Caspar Neher; in der Hauptrolle: Hans Gaugler. Das Presseecho ist positiv.
August – Oktober 1950	*Biberpelz und Roter Hahn*	Brecht bearbeitet die beiden Stücke Hauptmanns für einen Abend.
2. September – 10. Oktober 1950	*Mutter Courage und ihre Kinder*	Brecht hält sich in München auf. Am 8. Oktober Premiere des Stückes mit Therese Giehse als Courage.
7. Januar 1951	*Salzburger Totentanz*	Brecht arbeitet noch an der Handlung des Stückes (vgl. B 649).
10. Januar 1951	*Die Mutter*	Premiere (geschlossene Vorstellung) im Deutschen Theater mit Helene Weigel in der Titelrolle.
15. Januar 1951	*Das Verhör des Lukullus*	Die aus dem Hörspiel entstandene Oper von Brecht und Dessau stößt, als die Proben schon begonnen haben, im Rahmen der ›Formalismus‹-Diskussion auf Bedenken des Volksbildungsministeriums. Insbesondere wird dem Stück eine ›pazifistische‹ Aussage unterstellt.
12. März 1951	*Das Verhör des Lukullus*	Brecht schreibt an Ulbricht, der Text sei von 1937[!], die Musik von 1944. Er lehnt die nur gegen die Musik erhobenen Vorwürfe ab, da die Oper ein Ganzes sei (vgl. B 650).

17. März 1951	*Das Verhör des Lukullus*	Geschlossene Vorstellung an der Deutschen Staatsoper als Test der Publikumsreaktion. In den nächsten Tagen noch weitere Diskussionen, in denen Brecht gegenüber wiederum der Vorwurf des »Pazifismus« erhoben wird.
25. März – Anfang Juni 1951	*Das Verhör des Lukullus*	Brecht nimmt daraufhin zusammen mit Dessau kleine Änderungen vor, um die Aussage auch der vermuteten Zweideutigkeiten zu entkleiden. (Vgl. B 653 f.)
27. März 1951	*Biberpelz und Roter Hahn*	Premiere der Bearbeitung; Regie: Egon Monk; Mutter Wolffen: Therese Giehse. Nach vierzehn Aufführungen auf Einspruch der Erben Hauptmanns abgesetzt.
5. Mai 1951	*Coriolan*	Brecht beschäftigt sich mit der Bearbeitung. »wohl der einzige halbwegs aktuale shakespeare, den wir halbwegs besetzen können« (AJ II,572).
21. Mai 1951		Brecht wird Autor des Suhrkamp-Verlages.
Juni/Juli 1951	*Das Verhör des Lukullus*	»Es gab einiges Hin und Her mit dem *Lukullus* wegen der angeblichen Unverständlichkeit der Musik, aber die Oper wird jetzt im September doch aufgeführt, und im ganzen war der Disput erfrischend und lehrreich« (B 661; an B. Viertel).
Juni 1951	*Mutter Courage und ihre Kinder*	Brecht und Ruth Berlau sind mit einem *Courage-Modellbuch* beschäftigt, das dann aber erst 1958 im Henschelverlag erscheint.
3. Juli 1951	*Herrnburger Bericht*	Brecht schreibt den Text zu einer »kantate dessaus [...] zu den weltjugendfestspielen« (AJ II,577). Auch dabei gibt es zunächst Schwierigkeiten von ›oben‹.
7. Oktober 1951		Brecht erhält den Nationalpreis I. Klasse.
12. Oktober 1951	*Das Verhör des Lukullus*	Uraufführung in der Deutschen Staatsoper. Regie: Wolfgang Völker; Bühnenbild: Caspar Neher.
November/Dezember 1951	*Coriolan*	Bearbeitung des Stückes.
2. Februar 1952	*Urfaust*	Besprechung im Berliner Ensemble. Neher soll das Bühnenbild, Monk die Regie machen. Mitte Februar beginnen die Proben.
Ende Februar 1952		Brecht fährt zur Vorbereitung einer Gastspielreise nach Warschau.

März/April 1952	*Urfaust*	Proben.
23. April 1952	*Urfaust*	Premiere. Musik: Paul Dessau; Faust: Johannes Schmidt / Paul Albert Krumm.
Juli/August 1952	*Coriolan* *Katzgraben*	Neben dem *Coriolan* spricht Brecht in seinem Urlaub in Buckow auch mit Erwin Strittmatter, dessen Stück *Katzgraben* Brecht mit Strittmatter zusammen bearbeiten und inszenieren will.
16. September 1952	*Die Gewehre der Frau Carrar*	Premiere im Berliner Ensemble mit Helene Weigel als Carrar.
November 1952	*Der Prozeß der Jeanne d'Arc zu Rouen 1431*	Proben und Premiere (23. November) des Stückes von Anna Seghers in der Bearbeitung von Brecht und Benno Besson.
13.–16. November 1952	*Der gute Mensch von Sezuan*	Brecht in Frankfurt, um die letzten Proben zu Buckwitz' Inszenierung zu sehen und der Aufführung »zu deutlichkeit und leichtigkeit zu verhelfen« (AJ II,590).
Dezember 1952	*Coriolan*	Gastspielreise des Berliner Ensemble nach Polen. – Arbeit am *Coriolan*.
4. März 1953		»unsere aufführungen in berlin haben fast kein echo mehr« (AJ II,596).
23. Mai 1953	*Katzgraben*	Premiere unter Brechts Regie. Es spielen u. a. Angelika Hurwicz, Helene Weigel, Ekkehard Schall.
17. Juni 1953		Mehrere Betriebsversammlungen im Theater, an denen Brecht teilnimmt (Helene Weigel ist in Budapest). Brecht vertritt die Auffassung, daß bei unleugbaren ernsten Fehlern der SED diese doch letztlich von »faschistischem und kriegstreiberischem Gesindel«, das die Situation ausnutzte, angegriffen worden sei (B 697; an Peter Suhrkamp).
Juli – September 1953	*Turandot oder der Kongreß der Weißwäscher*	Brecht schreibt in Buckow unter dem Eindruck der Ereignisse des 17. Juni.
17. September 1953	*Turandot oder der Kongreß der Weißwäscher*	Brecht schickt das Stück an Suhrkamp im Hinblick auf einen Abdruck in den *Versuchen*.
15.–30. Oktober 1953	*Die Mutter*	Brecht inszeniert das Stück mit Helene Weigel in der Hauptrolle in Wien.
November 1953		*Erste Stücke* erscheinen im Suhrkamp-Verlag (Bd. 1 und 2).

16. November 1953	*Don Juan*	Premiere der Bearbeitung von Molières Stück durch Brecht, Benno Besson, Elisabeth Hauptmann. Regie: Benno Besson; Don Juan: Erwin Geschonnek; Musik: Jean-Baptiste Lully, eingerichtet von Paul Dessau.
ab 17. November 1953	*Der kaukasische Kreidekreis*	Proben für die Aufführung mit Ernst Busch als Azdak, Angelika Hurwicz als Grusche, Helene Weigel als Natella Abaschwili.
2. Februar 1954	*Die Winterschlacht*	Brecht stellt J. R. Becher die Bearbeitung und Aufführung seines Stückes am Berliner Ensemble in Aussicht, nachdem ihm an einer Aufführung in Leipzig das »hohle Pathos und die generelle Unmenschlichkeit« aufgefallen war (B 715).
Frühjahr 1954	*Turandot oder der Kongreß der Weißwäscher*	Proben.
Ende Juni 1954		Brecht in Amsterdam, Brügge und Paris, wo das Berliner Ensemble mit der *Courage* gastiert.
7. Oktober 1954	*Der kaukasische Kreidekreis*	Premiere. Regie: Brecht; Musik: Dessau.
Anfang Oktober 1954	*Die Winterschlacht*	Probenbeginn. Die Musik soll Hanns Eisler schreiben. Mit Bechers Einverständnis wurden »umfängliche Striche gemacht« (B 722 f.). Emil Burian soll als Gastregisseur wirken, muß dann aber absagen. Statt dessen übernehmen Brecht und Manfred Wekwerth die Regie.
21. Dezember 1954		Brecht wird der Stalin- (heute: Lenin-)Friedenspreis zuerkannt.
12. Januar 1955	*Die Winterschlacht*	Premiere. Hauptrolle: Ekkehard Schall.
Anfang Mai 1955	*Pauken und Trompeten*	Brecht bereitet die Aufführung des von ihm, B. Besson und E. Hauptmann bearbeiteten Stücks von George Farquhar *The Recruiting Officer* (1706) vor.
25. Mai 1955		Brecht wird in Moskau der Stalin-Friedenspreis überreicht.
14. Juni 1955		Brecht und Helene Weigel fahren nach Paris. Vom 20.–24. Juni gastiert dort das Berliner Ensemble.
19. September 1955	*Pauken und Trompeten*	Premiere. Regie: Benno Besson; Musik: Rudolf Wagner-Régeny.

Anfang Dezember 1955		Brecht kümmert sich um die Inszenierung von Alexander Ostrowskis *Die Ziehtochter* durch Angelika Hurwicz. Die Aufführung fremder Stücke ist für Brecht Programm, »um zu zeigen, daß unsere Spielweise nicht auf meine Stücke beschränkt ist« (B 755).
12. Dezember 1955		Premiere der *Ziehtochter*. Hauptrollen: Helene Weigel, Ekkehard Schall.
	Leben des Galilei	Gleich danach beginnt Brecht mit den Proben zu *Galilei* mit Ernst Busch, an die er aus gesundheitlichen Gründen »nicht recht heran« gewollt hatte (B 765; an Ruth Berlau). Geplant ist eine dritte Fassung, welche die mit Laughton erarbeitete ablösen soll. Regie: Brecht und Erich Engel; Bühnenbild: Caspar Neher.
6.–13. Februar 1956	*Die Dreigroschenoper*	Brecht fährt mit E. Hauptmann nach Mailand zur Premiere im Teatro Piccolo. Regie: Giorgio Strehler. Brecht ist begeistert.
Ende März 1956	*Leben des Galilei*	Nach einer erneuten Erkrankung Brechts übernimmt Erich Engel vorläufig die Regie.
30. April 1956	*Leben des Galilei*	Brecht muß wegen fortdauernder Krankheit die Proben endgültig aussetzen. – Auch die geplante Modellmappe mit Fotos von Laughtons und Buschs *Galilei* bleibt liegen (vgl. B 780 f.; an Bruno Henschel).
Anfang August 1956		Brecht nimmt soweit möglich noch an den Vorbereitungen für das dreiwöchige Gastspiel des Berliner Ensemble in London teil (Beginn am 27. August).
14. August 1956		Tod Brechts.

POSTUME DATEN

17. November 1956	*Die Tage der Commune*	Uraufführung durch das Städtische Theater Karl-Marx-Stadt. Regie: B. Besson und M. Wekwerth; Bühnenbild: C. Neher.
15. Januar 1957	*Leben des Galilei*	Premiere. Regie: Erich Engel; Galilei: Ernst Busch.
17. Januar 1957	*Schweyk im Zweiten Weltkrieg*	Uraufführung durch das Polnische Armee-Theater Warschau in polnischer Sprache.
8. März 1958	*Die Gesichte der Simone Machard*	Uraufführung an den Städtischen Bühnen, Frankfurt a. M. Regie: H. Buckwitz; Bühnenbild: T. Otto.

10. November 1958	*Der aufhaltsame Aufstieg des Arturo Ui*	Uraufführung am Württembergischen Staatstheater Stuttgart. Regie: Peter Palitzsch; Ui: Wolfgang Kieling.
26. April 1958	*Die Horatier und die Kuratier*	Uraufführung am Theater der Jungen Garde Halle durch das Institut für Musikwissenschaft der Universität Halle.
30. April 1959	*Die heilige Johanna der Schlachthöfe*	Uraufführung am Schauspielhaus Hamburg. Regie: G. Gründgens; Bühnenbild: C. Neher; Johanna: Hanne Hiob.
22. September 1962	*Coriolan nach Shakespeare*	Uraufführung: Schauspielhaus Frankfurt a. M.; Regie: H. Koch; Coriolan: H. Laubenthal.
25. September 1964	*Coriolan nach Shakespeare*	Uraufführung der Bühnenfassung des Berliner Ensemble. Regie: Manfred Wekwerth / Joachim Tenschert; Musik: P. Dessau; Coriolan: E. Schall.
5. Februar 1969	*Turandot oder der Kongreß der Weißwäscher*	Uraufführung am Schauspielhaus Zürich. Regie: B. Besson.

CHRISTIANE BOHNERT

Auswahlbibliographie zu Bertolt Brecht und seinem dramatischen Werk

Die vorliegende Bibliographie verzeichnet Erstdrucke, soweit es sich um die Veröffentlichung geschlossener Texte handelt, nach dem Jahr ihrer Entstehung; außerdem Gesamtausgaben der Dramen in Auswahl sowie kritische Ausgaben einzelner Stücke. Die Sekundärliteratur ist alphabetisch angeordnet mit Ausnahme des Abschnitts II. Aufsätze aus Sammelbänden sind mit dem betreffenden Titel angegeben, der unter Abschnitt IV *Sammelbände* bzw. unter dem betreffenden Abschnitt vollständig verzeichnet ist.»WZ« steht für die wissenschaftlichen Zeitschriften der Universitäten der DDR, z. B.»WZ Jena«: Wissenschaftliche Zeitschrift der Friedrich-Schiller-Universität Jena. Gesellschafts- und sprachwissenschaftliche Reihe.

Stand: Sommer 1983

I. *Erstdrucke. Ausgaben. Selbstzeugnisse. Zeugnisse*

1. Erstdrucke

Die *Stücke* und *Versuche* Brechts sind vollständig unter I,2 *Ausgaben* nachgewiesen. Das Heft 8 der *Versuche* konnte noch umbrochen, aber wegen der nationalsozialistischen Machtergreifung nicht mehr ausgeliefert werden. Es liegt nur in dem Nachdruck der *Versuche* von 1959 vor.

Die Bibel. Drama in drei Scenen. [Pseudonym: Bertold Eugen.] In: Die Ernte [Schülerzeitschrift des Kgl. Bayr. Realgymnasiums, Augsburg] (Januar 1914) H. 6.
Baal. Potsdam: Kiepenheuer, 1922. [Enth. die 3. Fassung. – Dass. auch in B. B.: Stücke. Bd. 1. 1. Aufl. Frankfurt a. M.: Suhrkamp, 1953. – Die 5. Fassung in: B. B.: Stücke. Bd. 1. Berlin: Aufbau-Verlag, 1955. – Dass. in allen späteren Auflagen auch des Suhrkamp Verlages und in: B. B.: Gesammelte Werke. Bd. 1. 1967.]
Trommeln in der Nacht. München: Drei-Masken-Verlag, 1923. [Letzte überarb. Fassung in: B. B.: Stücke. Bd. 1. Berlin: Aufbau-Verlag, 1955; und in späteren Ausgaben.]
Die Kleinbürgerhochzeit. In: Spiele in einem Akt. 15 exemplarische Stücke. Hrsg. von Walter Höllerer in Zsarb. mit Marianne Heyland und Norbert Miller. Frankfurt a. M.: Suhrkamp, 1961.
Lux in Tenebris. In: B. B.: Stücke. Bd. 13. 1966.
Der Fischzug. In: B. B.: Stücke. Bd. 13. 1966.
Er treibt einen Teufel aus. In: B. B.: Stücke. Bd. 13. 1966.
Der Bettler oder Der tote Hund. In: Wer zuletzt lacht. Eine Auswahl heiterer Stücke für Laienspielgruppen. Hrsg. von Carl-Ernst Teichmann und Rosemarie Zimmermann. Berlin: Henschelverlag, 1965.
Prärie. Oper nach Hamsun. Ungedr. BBA 455/1–25.
Leben Eduards des Zweiten von England. Potsdam: Kiepenheuer, 1924.
Im Dickicht der Städte. Berlin: Propyläen, 1927. [Gegenüber den 1923/24 gespielten Fassungen veränd.]
Mann ist Mann. Lustspiel. Berlin: Propyläen, 1926. [Veränd. Fassungen in: B. B.: Gesammelte Werke. Bd. 1. London: Malik-Verlag, 1938; und in: B. B.: Stücke. Bd. 2. 1954.]

Die Dreigroschenoper. Nach John Gay's The Beggar's Opera. In: B. B.: Versuche. H. 3. 1931.
Der Lindberghflug. Worte von Brecht, Musik von Hindemith und Weill. In: Deutsche Kammer-
musik Baden-Baden, 25.–28. Juli. Berlin 1929. [Veränd. Fassung u. d. T.: Der Flug der
Lindberghs. Ein Radiolehrstück für Knaben und Mädchen. In: B. B.: Versuche. H. 1. 1930. –
Der Neudr. von 1959 macht die Änderung des Titels in *Der Ozeanflug* und die Streichung des
Namens Lindbergh typographisch sichtbar.]
Das Badener Lehrstück vom Einverständnis. In: B. B.: Versuche. H. 2. 1930.
Aufstieg und Fall der Stadt Mahagonny. Oper. In: Versuche. H. 2. 1930. [Partitur: Wien:
Universal-Edition, 1929.]
Die heilige Johanna der Schlachthöfe. Schauspiel. In: B. B.: Versuche. H. 5. 1932. [Veränd.
Fassung in: B. B.: Gesammelte Werke. London: Malik-Verlag, 1938. Bd. 1.]
Der Jasager. Schuloper. In: Sonderdr. aus Versuche. H. 4. 1930.
Der Jasager und Der Neinsager. Schulopern. In: B. B.: Versuche. H. 4. 1931.
Die Maßnahme. Lehrstück. In: Sonderdr. aus Versuche. H. 4. 1930. [Text der Uraufführung:
»9. Versuch«.]
Die Maßnahme. In: B. B.: Versuche. H. 4. 1931. [Geänd. Fassung: »12. Versuch«.]
Die Ausnahme und die Regel. Lehrstück für Schulen. In: B. B.: Versuche. H. 8. 1933. [Erste
Veröff. in: Internationale Literatur (Moskau) 7 (1937) H. 9.]
Die Mutter. Leben der Revolutionärin Pelagea Wlassowa aus Twer. Nach dem Roman Maxim
Gorkis. In: B. B.: Versuche. H. 7. 1933.
Die Spitzköpfe und die Rundköpfe. In: B. B.: Versuche. H. 8. 1933. [1. Fassung. – Die
2. Fassung u. d. T.: Die Rundköpfe und die Spitzköpfe oder Reich und Reich gesellt sich
gern. Ein Greuelmärchen. In: B. B.: Gesammelte Werke. Bd. 2. London: Malik-Verlag,
1938.]
Les Sept Péchés Capitaux. Spectacle sur des poèmes de Bert Brecht. Musique de Kurt Weill.
Décor et Costumes de Caspard [!] Neher. [Die sieben Todsünden der Kleinbürger. Deutscher
Text.] In: Programmheft zur Uraufführung im Théâtre des Champs-Elysées. Paris 1933.
[Auch: Die sieben Todsünden der Kleinbürger. Frankfurt a. M.: Suhrkamp, 1959.]
Furcht und Elend des Dritten Reiches. In: B. B.: Gesammelte Werke. Bd. 3. London: Malik-
Verlag, 1939. [Konnte nicht ausgeliefert werden. – Teildr.: 13 Szenen. Moskau: Meždunarod-
naja Kniga, 1941. – Vollst.: 24 Szenen. New York: Aurora-Verlag, 1945. Dieselben Szenen
wie in: GW Bd. 3. – 4 Szenen bisher ungedr.]
Die Gewehre der Frau Carrar. In: B. B.: Gesammelte Werke. London: Malik-Verlag, 1938.
Leben des Galilei. In: Versuche. H. 14. 1955. [3., ›Berliner‹ Fassung. – 2., ›amerikanische‹
Fassung: Galileo. Transl. by Charles Laughton. In: From the modern repertoire. Bd. 2. Ed.
by Eric Bentley. Denver (Colo.): Denver University Press, 1952. – Dass.: New York: Grove
Press, 1966.]
Dansen. In: B. B.: Stücke. Bd. 13. 1966.
Was kostet das Eisen? In: B. B.: Stücke. Bd. 13. 1966.
Mutter Courage und ihre Kinder. Eine Chronik aus dem Dreißigjährigen Krieg. In: B. B.:
Versuche. H. 9. 1949.
Das Verhör des Lukullus. Hörspiel. In: Versuche. H. 11. 1951. [2. Fassung, »bildet die Grund-
lage für die Oper ›Die Verurteilung des Lukullus‹« (Vorbemerkung). – Die 1. Fassung –
gesendet von Radio Beromünster – in: Internationale Literatur 10 (1940) H. 3. – 4. Fassung:
Die Verurteilung des Lukullus. Berlin: Aufbau-Verlag, 1951. – Eine 5. Fassung enth. die
Ausg.: Leipzig: Reclam, 1961.]
Der gute Mensch von Sezuan. Parabelstück. In: B. B.: Versuche. H. 12. 1953.
Herr Puntila und sein Knecht Matti. Volksstück. In: B. B.: Versuche. H. 10. 1950.
Der aufhaltsame Aufstieg des Arturo Ui. Parabelstück. In: Sinn und Form. 2. 1957.
Die Gesichte der Simone Machard. In: Sinn und Form 8 (1956) H. 5 und 6.
Schweyk im zweiten Weltkrieg. In: B. B.: Stücke. Bd. 10. 1957.

The Duchess of Malfi. (Engl.) In: B. B.: Collected Plays. Ed. by Ralph Manheim and John Willett. Bd. 7. New York: Random House, 1975.

Der Kaukasische Kreidekreis. In: Sinn und Form. 1. 1949. [Auch in: B. B.: Versuche. H. 13. 1954.]

Die Antigone des Sophokles. Nach der Hölderlinschen Übertragung für die Bühne bearbeitet. In: Antigonemodell 1948. Von B. B. und Caspar Neher. Red. von Ruth Berlau. Berlin: Gebr. Weiss, 1949. – Lizenzausg.: Berlin: Henschelverlag, 1949. ²1955.

Die Tage der Commune. In: B. B.: Versuche. H. 15. 1957.

Der Hofmeister. Von Jakob Michael Reinhold Lenz. Bearbeitung. In: B. B.: Versuche. H. 11. 1951.

Coriolan von Shakespeare. Bearbeitung. In: Spectaculum. Bd. 8. Frankfurt a. M.: Suhrkamp, 1965. [Bühnenfassung des Berliner Ensembles. (Red.: Joachim Tenschert.) – Buchfassung in: B. B.: Stücke. Bd. 11. 1959.]

Herrnburger Bericht. Szenische Kantate. In: B. B.: Gesammelte Werke. Suppl.-Bd. zur Werkausg. 4. Frankfurt a. M.: Suhrkamp, 1982. [Als Klavierauszug auch: Sonderdr. des Zentralrats der FDJ. Berlin 1951.]

Der Prozeß der Jeanne d'Arc zu Rouen. Nach dem Hörspiel von Anna Seghers. In: B. B.: Stücke. Bd. 12. 1959.

Don Juan von Molière. Bearbeitung. In: B. B.: Stücke. Bd. 12. 1959.

Turandot oder Der Kongreß der Weißwäscher. In: Spectaculum 10. Sieben moderne Theaterstücke. Frankfurt a. M.: Suhrkamp, 1967. [Auch in: B. B.: Stücke. Bd. 14. 1967.]

Pauken und Trompeten. [Bearb. des Stücks *The Recruiting Officer* von George Farquhar.] In: B. B.: Stücke. Bd. 12. 1959.

2. Ausgaben

Brecht, Bertolt: Versuche. 1–15. 4 Bde. Frankfurt a. M.: Suhrkamp, 1977. [Erstdr.: B. B.: Versuche. 1–8. Berlin: Kiepenheuer, 1930–33. – Nachdr. Berlin / Frankfurt a. M.: Suhrkamp, 1959 / Berlin: Aufbau-Verlag, 1963. Versuche. 9–15. Berlin: Suhrkamp / Berlin: Aufbau-Verlag, 1949–56.]

Brecht, Bertolt: Gesammelte Werke. London: Malik-Verlag, 1938. [Nur 2 Bde. ersch. – Enth. die Stücke aus der Weimarer Republik und der ersten Zeit des Exils.]

Brecht, Bertolt: Stücke. 14 Bde. Frankfurt a. M.: Suhrkamp, 1953–67. – Dass.: Berlin: Aufbau-Verlag, 1953–67.

Brecht, Bertolt: Schriften zum Theater. 7 Bde. Frankfurt a. M.: Suhrkamp, 1963–64. – Dass.: Berlin/Weimar: Aufbau-Verlag, 1963–64.

Brecht, Bertolt: Gesammelte Werke in 20 Bänden. werkausgabe edition suhrkamp. Hrsg. vom Suhrkamp-Verlag in Zsarb. mit Elisabeth Hauptmann. Frankfurt a. M.: Suhrkamp, 1967. [Auch als Dünndruckausg. in 8 Bdn. ersch. – Textgleich mit dieser Ausgabe ›letzter Hand‹: B. B.: Die Stücke in einem Band. Frankfurt a. M.: Suhrkamp, 1978, sowie die als nichtkritische Leseausgaben in der »edition suhrkamp« erhältlichen Texte.]

Brecht, Bertolt: Collected Plays. Ed. by Ralph Manheim and John Willett. Bd. 1–9. New York: Random House, 1971 ff. [Bisher ersch.: Bd. 1, 2, 5, 6, 7, 9.] – Dass.: London: Eyre Methuen, 1977 ff. [Bisher ersch.: Bd. 1, 2, 5, 6, 7.]

Brecht, Bertolt: Théâtre complet. Nouvelle édition. 5 vols. Paris: L'Arche, 1974–76.

Brecht, Bertolt: Teatro. A cura die Emilio Castellani. Introd. di Hans Mayer. 3 vols. Torino: Einaudi, 1975.

Brecht, Bertolt: Dramaty. Opracował Konrad Gajek. Wrocław: Zakład Narodowy im. Ossolińskich, 1976. [Enth. polnische Übers. der *Dreigroschenoper*, *Leben des Galilei*, *Mutter Courage*, *Der kaukasische Kreidekreis*.]

Brecht, Bertolt: Baal. Drei Fassungen. Krit. hrsg. und komm. von Dieter Schmidt. Frankfurt a. M.: Suhrkamp, 1966. [Enth. die 1., 2. und 4. Fassung von 1918, 1919 und 1926.]
– Baal. Der böse Baal, der asoziale. Texte, Varianten, Materialien. Krit. ed. und komm. von Dieter Schmidt. Frankfurt a. M.: Suhrkamp, 1968. [Enth. die 5. Fassung von 1955, das Lehrstück-Fragment von 1930 und Varianten zur 3. Fassung von 1922.]
– Der Jasager und der Neinsager. Vorlagen, Fassungen und Materialien. Hrsg. und mit einem Nachw. vers. von Peter Szondi. Frankfurt a. M.: Suhrkamp, 1966 [u. ö.].
– Die heilige Johanna der Schlachthöfe. Bühnenfassung, Fragmente, Varianten. Krit. hrsg. von Gisela E. Bahr. Frankfurt a. M.: Suhrkamp, 1971.
– Die Maßnahme. Krit. Ausg. mit einer Spielanleitung von Reiner Steinweg. Frankfurt a. M.: Suhrkamp, 1972.
– Die Rundköpfe und die Spitzköpfe. Bühnenfassung, Einzelszenen, Varianten. Hrsg. von Gisela E. Bahr. Frankfurt a. M.: Suhrkamp, 1979.
– Im Dickicht der Städte. Erstfassung und Materialien. Hrsg. und komm. von Gisela E. Bahr. Frankfurt a. M.: Suhrkamp, 1968.
– Leben Eduards des Zweiten von England. Verlage, Texte und Materialien. Hrsg. von Reinhold Grimm. Frankfurt a. M.: Suhrkamp, 1968 [u. ö.].
– Mutter Courage und ihre Kinder. Vier Fassungen. Hist.-krit. Ausg. von Jan-Esper Olsson. Lund: Liber Läromedel, 1981.

3. Selbstzeugnisse

Brecht, Bertolt: Arbeitsjournal. 1938–1955. Hrsg. von Werner Hecht. Frankfurt a. M.: Suhrkamp, 1973. [Suppl. zur Werkausg. 1974.] – Dass.: Mit einem Nachw. von Werner Mittenzwei: Berlin/Weimar: Aufbau-Verlag, 1977.
Brecht, Bertolt: Tagebücher 1920–1922. Autobiographische Aufzeichnungen 1920–1954. Hrsg. von Herta Ramthun. Frankfurt a. M.: Suhrkamp, 1978.
Brecht, Bertolt: Briefe. Hrsg. und komm. von Günter Glaeser. 2 Bde. Frankfurt a. M.: Suhrkamp, 1981. – Dass.: Berlin/Weimar: Aufbau-Verlag, 1982.

Bertolt Brecht – Ferdinand Reyher Correspondence. In: Lyon, James K.: Bertolt Brecht's American Cicerone. With an Appendix Containing the Complete Correspondence between Bertolt Brecht and Ferdinand Reyher. Bonn: Bouvier, 1978. S. 160–218.
Der Briefwechsel zwischen Bertolt Brecht und der New Yorker Theatre Union. Hrsg. von James K. Lyon. In: Brecht-Jahrbuch 1975. S. 136–155.
Briefwechsel Brecht–Korsch, 1934–1947. In: Alternative 18 (1975) S. 242–258.
Briefwechsel zwischen Walter Benjamin und Bertolt Brecht. In: Zur Aktualität Walter Benjamins. Hrsg. von Siegfried Unseld. Frankfurt a. M.: Suhrkamp, 1972. S. 31–44.
Tretjakow, Sergej: Briefe an Bertolt Brecht (1933–1937). In: Mierau, Fritz: Erfindung und Korrektur. Tretjakows Ästhetik der Operativität. Berlin: Akademie-Verlag, 1976. S. 258–272.

Brecht in Augsburg. Erinnerungen, Dokumente, Texte, Fotos. Eine Dokumentation von Werner Frisch und K. W. Obermeier. Vorw. von Werner Mittenzwei. Berlin/Weimar: Aufbau-Verlag, 1975. – Dass.: Frankfurt a. M.: Suhrkamp, 1976.
Bertolt Brecht, 1898–1956. Zeit, Leben, Werk. Eine Bildmappe. Hrsg. von Werner Hecht und Karl-Heinz Drescher. Berlin: Henschelverlag, 1978.
Bertolt Brecht. Sein Leben in Bildern und Texten. Hrsg. von Werner Hecht. Vorwort von Max Frisch. Frankfurt a. M.: Suhrkamp, 1978. – Dass.: Berlin/Weimar: Aufbau-Verlag, 1978.
Bertolt Brecht. Sein Leben und Werk in Daten und Bildern. Mit autobiographischen Texten, einer Zeittafel und einem Essay hrsg. von Lion Feuchtwanger. Frankfurt a. M.: Insel, 1979. – Dass.: Leipzig/Weimar: Kiepenheuer, 1981.

Bertolt Brecht vor dem Ausschuß für unamerikanische Tätigkeit. Repräsentantenhaus 80. Kongreß. 1. Sitzungsperiode 20.–30. Oktober 1947. Ein historisches Dokument. Live-Aufnahmen mit zusätzlichem Kommentar. Vorgest. von Eric Bentley. Dortmund: Verlag »pläne«, 1978. [Langspielplatte und Textbeilage.]

Eisler und Brecht. Verhöre vor dem Ausschuß für unamerikanische Tätigkeit. In: Alternative 15 (1972) S. 233–297. [Brechts Verhör auch in: Brecht im Gespräch. Diskussionen, Dialoge, Interviews. Hrsg. von Werner Hecht. Frankfurt a. M.: Suhrkamp, 1975. S. 57–78.]

Bertolt Brecht. Gespräch auf der Probe. Mit Szenenbildern von Brechts eigenen Inszenierungen. Zürich: Sanssouci, 1961.

»Da sind überall Schwierigkeiten.« Brecht diskutiert mit Greifswalder Studenten. Ein Gespräch im Berliner Ensemble am 28. März 1954. In: Weimarer Beiträge 19 (1973) H. 2. S. 10–26.

Brecht im Gespräch. Diskussionen, Dialoge, Interviews. Hrsg. von Werner Hecht. Frankfurt a. M.: Suhrkamp, 1975. – Dass.: Berlin: Henschelverlag, 1977. [2]1979.

4. Zeugnisse

Anders, Günther: Bert Brecht. Gespräche und Erinnerungen. Zürich: Arche, 1962.

Aufricht, Ernst Josef: Erzähle damit Du Dein Recht erweist. Berlin: Propyläen, 1966. – Lizenzausg.: München: Deutscher Taschenbuch Verlag, 1969.

Brecht, Bertolt: Nordseekrabben. Geschichten und Gespräche. Hrsg. von Gerhard Seidel. Berlin: Eulenspiegel-Verlag, 1979.

Bronnen, Arnolt: Tage mit Bertolt Brecht. Die Geschichte einer unvollendeten Freundschaft. München: Desch, 1960. – Neuausg. mit einem Vorw. von Klaus Völker: Darmstadt/Neuwied: Luchterhand, 1976.

Bunge, Hans: Ein Interview mit Brechts Lai-tu. Ruth Berlau erzählt. (1959.) In: Dialog 75. Positionen und Tendenzen. Red.: Benno Slupianek. Berlin: Henschelverlag, 1975. S. 82–93.

Eisler, Hanns: »Fragen Sie mehr über Brecht.« Gespräche mit Hans Bunge. Übertr. und erl. von Hans Bunge. München: Rogner & Bernhard, 1976. [Erstdr.: Bunge, Hans: Fragen Sie mehr über Brecht. Gespräche mit Hanns Eisler. München: Rogner & Bernhard, 1970.]

Erinnerungen an Brecht. Skizzen und Aufsätze. Zsgest. von Hubert Witt. Leipzig: Reclam, 1964. [2]1966. [Veränd. engl. Ausg.: Brecht, as they knew him. Hubert Witt, ed. John Peel, transl. Berlin: Seven Seas Publishers, 1974.]

Feuchtwanger, Marta: Nur eine Frau. Jahre – Tage – Stunden. München/Wien: Langen-Müller, 1983.

Geschichten vom Herrn B. 99 Brecht-Anekdoten. Aufgeschrieben von André Müller und Gerd Semmer. Frankfurt a. M.: Insel, 1967.

Geschichten vom Herrn B. Hundert neue Brecht-Anekdoten. Aufgeschrieben von André Müller und Gerd Semmer. München: Kindler, 1968. [Gekürzte Ausgaben: Leipzig: Reclam, 1977. [2]1980. – Dass.: Frankfurt a. M. / Berlin / Wien: Ullstein, 1980.]

Giehse, Therese: »Ich hab nichts zum Sagen.« Gespräche mit Monika Sperr. Reinbek bei Hamburg: Rowohlt, 1976. [Erstdr.: München: Bertelsmann, 1973.]

Haas, Willy: Bertolt Brecht. Berlin: Colloquium Verlag, 1958. [4]1968. – Engl. Ausg.: New York: Ungar, 1970.

Kortner, Fritz: Aller Tage Abend. München: Deutscher Taschenbuch Verlag, [5]1976. [Erstdr.: München: Kindler, 1959.]

Lacis, Asja: Revolutionär im Beruf. Berichte über proletarisches Theater, über Meyerhold, Brecht, Benjamin und Piscator. Hrsg. von Hildegard Brenner. München: Rogner & Bernhard, 1971.

Münsterer, Hanns Otto: Bert Brecht. Erinnerungen aus den Jahren 1917–1922. Zürich: Arche, 1963. – Dass.: Berlin/Weimar: Aufbau-Verlag, 1966. [2]1977.

Reich, Bernhard: Im Wettlauf mit der Zeit. Erinnerungen aus fünf Jahrzehnten deutscher Theatergeschichte. Berlin: Henschelverlag, 1970.

Roscher, Achim: Auskunft über Brecht. Gespräch mit Alexander Abusch. In: Neue Deutsche Literatur 26 (1978) H. 1. S. 85–108.

Soviel wie eine Liebe. Erinnerungen und Gespräche. Hrsg. von Axel Poldner und Willibald Eser. München: Universitas, 1981. [Enth. Beiträge von Paula Banholzer, Marianne Zoff-Brecht-Lingen, Herbert Greuel und Karl Lieffen.]

Sternberg, Fritz: Der Dichter und die Ratio. Erinnerungen an Bertolt Brecht. Göttingen: Sachse & Pohl, 1963.

Viertel, Salka: Das unbelehrbare Herz. Ein Leben in der Welt des Theaters, der Literatur und des Films. Reinbek bei Hamburg: Rowohlt, 1979. [Erstdr.: Hamburg/Düsseldorf: Claassen, 1970. – Orig.-Ausg. S. V.: The Kindness of Strangers. New York: Holt, Rinehart & Winston, 1969.]

Weiss, Peter: Arbeitsgespräche mit Brecht in Lidingö. In: Kürbiskern (1978) H. 3. S. 10–26.

Wekwerth, Manfred: Brecht? Berichte, Erfahrungen, Polemik. München/Wien: Hanser, 1976.

Zuckmayer, Carl: Als wär's ein Stück von mir. Horen der Freundschaft. Frankfurt a. M.: Fischer, 1966.

II. *Zeitschriften. Bestandsverzeichnisse. Bibliographien. Zur Edition*

1. Zeitschriften

Brecht heute / Brecht today. Jahrbuch der Internationalen Brecht-Gesellschaft. 3 Bde. Frankfurt a. M.: Athenäum, 1971–1974.

Communications from the International Brecht Society. Columbus (Oh.) 1971 ff.

Brecht-Jahrbuch. Hrsg. von John Fuegi, Reinhold Grimm, Jost Hermand in Verb. mit [...] und der Internationalen Brecht-Gesellschaft. Frankfurt a. M.: Suhrkamp, 1975–80. [Der Bd. 1980 ersch. 1981.]

Notate. Informations- und Mitteilungsblatt des Brecht-Zentrums der DDR. Berlin 1978 ff. [Ersch. zweimonatl.; hier finden sich u. a. bibliographische Hinweise auf Neueingänge des Bertolt-Brecht-Archivs.]

Brecht-Journal. Hrsg. von Jan Knopf. Frankfurt a. M.: Suhrkamp, 1983. [Wird fortgesetzt.]

2. Bestandsverzeichnisse

Bertolt-Brecht-Archiv. Bestandsverzeichnis des literarischen Nachlasses. Bearb. von Herta Ramthun. Berlin/Weimar: Aufbau-Verlag. Bd. 1: Stücke. 1969. Bd. 2: Gedichte. 1970. Bd. 3: Prosa, Filmtexte, Schriften. 1972. Bd. 4: Gespräche, Notate, Arbeitsmaterialien. 1973.

3. Bibliographien

Nellhaus, Gerhard: Brecht-Bibliogaphie. In: Sinn und Form. 1. 1949. S. 259–264.

Nubel, Walter: Bertolt Brecht Bibliographie. In: Sinn und Form. 2. 1957. S. 481–628.

Suvin, Darko / Spalter, Max / Schotter, Richard: A Selected Brecht Bibliography. In: Drama Review 12 (1967) H. 1. S. 156–169.

Petersen, Klaus-Dietrich: Bertolt-Brecht-Bibliographie. Bad Homburg: Gehlen, 1968.

Grimm, Reinhold: Bertolt Brecht. 3., völlig neu bearb. Aufl. Stuttgart: Metzler, 1971.

Petersen, Klaus-Dietrich: Kommentierte Auswahlbibliographie. In: Bertolt Brecht I. 1972. S. 142–163.

Völker, Klaus: Verzeichnis sämtlicher Stücke, Bearbeitungen und Fragmente zu Stücken von Bertolt Brecht. In: Bertolt Brecht II. 1973. S. 210–225.
Knopf, Jan: Bertolt Brecht. Ein kritischer Forschungsbericht. Fragwürdiges in der Brecht-Forschung. Frankfurt a. M.: Athenäum-Fischer, 1974.
Seidel, Gerhard: Bibliographie Bertolt Brecht. Titelverzeichnis. Berlin/Weimar: Aufbau-Verlag, 1975 ff. Bd. 1: Deutschsprachige Veröffentlichungen aus den Jahren 1913–1972. Werke von Brecht, Sammlungen, Dramatik. 1975. [Wird fortgesetzt.]
Lyon, James K. / Fuegi, John: Bertolt Brecht. Bibliographie und quellenkundlicher Bericht. In: Deutsche Exilliteratur seit 1933. T. 2. 1976. S. 155–161.
Brecht-Bücher der DDR. Eine Bibliographie aus Anlaß des 80. Geburtstages von Bertolt Brecht. Bearb. von Maritta Rost. Leipzig: Deutsche Bücherei, 1977.
Bock, Stefan: Brecht, Bertolt. Auswahl- und Ergänzungsbibliographie. Bochum: Brockmeyer, 1979.

4. Zur Edition

Hecht, Werner: Probleme der Edition von Brecht-Texten. In: W. H.: Aufsätze über Brecht. Berlin: Henschelverlag, 1970. S. 147–184.
Unseld, Siegfried: Schwierigkeiten bei der Edition eines »klassischen« Autors. In: Festschrift für Friedrich Beißner. Hrsg. von Ulrich Gaier und Werner Volke. Bebenhausen: Rotsch, 1974. S. 447–464.
Seidel, Gerhard: Datenspeicher Bertolt Brecht. Bibliographie als Prozeß und System. In: Brecht-Jahrbuch 1975. S. 112–135.
– Bertolt Brecht – Arbeitsweise und Edition. Das literarische Werk als Prozeß. Stuttgart: Metzler, 1977. – Dass.: Berlin: Akademie-Verlag, 1977. – Neuausg. von: G. S.: Die Funktions- und Gegenstandsbedingtheit der Edition. Stuttgart: Metzler, 1970.
– An den Quellen der Brechtforschung. In: Sinn und Form 31 (1979) S. 178–185.
– Klassifikation Bertolt Brecht. Formal- und Sacherschließung in der Personalbibliographie. Berlin: Akademie der Künste der DDR, 1980.
– Das Bertolt-Brecht-Archiv der Akademie der Künste der DDR – ein kollektives Gedächtnis der Forschung. In: Zeitschrift für Germanistik 2 (1981) S. 121–125.

III. *Biographien und Gesamtdarstellungen*

Arendt, Hannah: Der Dichter Bertolt Brecht. In: Die neue Rundschau 61 (1950) S. 53 bis 67.
Banu, Georges: Bertolt Brecht. Le petit contre le grand. Paris: Aubier-Montaigne, 1981.
Baumgart, Reinhard: Bertolt Brechts Leben in der dritten Person. In: R. B.: Die verdrängte Phantasie. Darmstadt/Neuwied: Luchterhand, 1973. S. 213–225.
Chiarini, Paolo: Bertolt Brecht. Bari: Laterza, 1959. – Neuausg.: P. C.: Bertolt Brecht. Saggi sul teatro. Bari: Laterza, 1967.
Christiansen, Annemarie: Brecht. Einführung in sein Werk. Stuttgart: Klett-Cotta, 1976.
Cook, Bruce: Brecht in exile. New York: Holt, Rinehart & Winston, 1983.
Demange, Claude: Bertolt Brecht. Paris: Seghers, 1967.
Des Pres, Terrence: Into the mire: the case of Bertolt Brecht. In: The Yale Review 70 (1980/81) S. 481–499.
Desuché, Jacques: Bertolt Brecht. Paris: Presses Universitaires de France, 1963.
Dort, Bernard: Lecture de Brecht. Paris: Editions du Seuil, 1960. ³1972.
Engberg, Harald: Brecht auf Fünen. Exil in Dänemark 1933–1939. Wuppertal: Hammer, 1974. [Dän. Orig.-Ausg.: H. E.: Brecht på Fyn. Odense: Andelsbogtrykkeriet, 1966.]

Esslin, Martin: Brecht. A choise of evils. A critical study of the man, his work an his opinions. 4th, rev. ed. London: Eyre Methuen, 1983. [Erstdr.: London: Eyre & Spottiswoode, 1959.] – Dt. Ausg.: M. E.: Das Paradox des politischen Dichters. Frankfurt a. M.: Athenäum, 1962. [Überarb. Fassung: München: Deutscher Taschenbuch Verlag, 1969.]
– Brecht. The man and his work. New rev. ed. Garden City (N. Y.): Anchor Books, 1971. [Erstdr.: Garden City (N. Y.): Doubleday, 1960.]
Etkin, Efim G.: Bertol't Brecht. Leningrad: Proveščenie, 1971.
Ewen, Frederic: Bertolt Brecht. His life, his art, and his times. New York: Citadel Press, 1967. – Dass.: London: Calder & Boyars, 1970. – Dt. Ausg.: F. E.: Bertolt Brecht. Sein Leben, sein Werk, seine Zeit. Hamburg/Düsseldorf: Claassen, 1970. [Auch u. d. T.: Bertolt Brecht. Sein Leben und seine Zeit. Frankfurt a. M.: Suhrkamp, 1973.]
Fetscher, Iring: Bertolt Brecht. In: Literarische Profile. Deutsche Dichter von Grimmelshausen bis Brecht. Hrsg. von Walter Hinderer. Königstein i. Ts.: Athenäum, 1982. S. 365–379.
Fradkin, Ilja: Bertolt Brecht. Weg und Methode. Leipzig: Reclam, 1974. [Russ. Orig.-Ausg. Bertolt Brecht – Put'i metod. Moskau: Izdatel'stvo »Nauka«, 1965. – Für die dt. Ausg. vom Autor überarb. Enth. Bibliographie der sowjetischen Brecht-Literatur 1930–73.] 2., verb. Aufl. Frankfurt a. M.: Röderberg, 1977.
Fritz, Axel: Vom widerspruchsvollen Bertolt Brecht oder »Brecht on Brecht«. In: Moderna sprak 70 (1976) S. 323–328.
Gilman, Sander L.: »Man schenkte mir große Aufmerksamkeit.« Notes to the FBI-file on Bertolt Brecht. In: German Life and Letters 29 (1975/76) S. 322–329.
Gray, Ronald Douglas: Brecht. Edinburgh/London: Oliver & Boyd, 1961.
– Brecht the dramatist. Cambridge [u. a.]: Cambridge University Press, 1976.
Grevenius, Herbert: Brecht – liv och teater. Halmstad: Sveriges radios förlag, 1965. [Basiert auf einer Serie über Brecht im schwedischen Rundfunk 1964/65.]
Hayman, Ronald: Brecht: a biography. London: Weidenfeld & Nicolson, 1983.
Hecht, Werner / Bunge, Hans-Joachim / Rülicke-Weiler, Käthe: Bertolt Brecht. Leben und Werk. Berlin: Volk und Wissen, 1969. – Dass.: Berlin: Das europäische Buch, ²1976.
Hill, Claude: Bertolt Brecht. München: Francke, 1978. [Basiert auf: C. H.: Bertolt Brecht. Boston (Mass.): Twayne, 1975.]
Högel, Max: Bert Brecht. Ein Porträt. Augsburg: Verlag der Schwäbischen Forschungsgemeinschaft, 1962.
Holthusen, Hans Egon: Versuch über Brecht. In: H. E. H.: Kritisches Verstehen. Neue Aufsätze zur Literatur. München: Piper, 1961. S. 7–137.
Jens, Walter: Protokoll über Brecht. Ein Nekrolog. In: Merkur 10 (1956) S. 943–965.
– Poesie und Doktrin. Bertolt Brecht. In: W. J.: Statt einer Literaturgeschichte. Pfullingen, Neske, 1957. ⁷1980. S. 227–258.
Klotz, Volker: Bertolt Brecht. Versuch über das Werk. Wiesbaden: Athenaion, ⁶1980. [Erstdr.: Darmstadt: Gentner, 1957.]
Knopf, Jan: Brecht-Handbuch. Theater. Eine Ästhetik der Widersprüche. Stuttgart: Metzler, 1980.
– Brecht-Handbuch. Lyrik, Epik, Schriften. Eine Ästhetik der Widersprüche. Stuttgart: Metzler, 1984.
Kopelev, Lev Z.: Brecht. Moskva: Molodaja Gvardija, 1966.
Lazzari, Arturo: L'età di Brecht. Con presentazione di Paolo Grassi e pref. di Carlo Fontana. Milano: Rizzoli, 1977.
Ludwig, Karl-Heinz: Bertolt Brecht. Tätigkeit und Rezeption. Von der Rückkehr aus dem Exil bis zur Gründung der DDR. Kronberg i. Ts.: Scriptor, 1976.
Lüthy, Herbert: Vom armen Bert Brecht. In: Der Monat 44 (1952) S. 115–144. [Auch u. d. T.: Fahndung nach dem Dichter Bertolt Brecht. In: H. L.: Nach dem Untergang des Abendlandes. Köln: Kiepenheuer & Witsch, 1964. S. 131–185.]

Lyon, James K.: Brecht's American Cicerone. With an Appendix Containing the Complete Correspondence between Bertolt Brecht and Ferdinand Reyher. Bonn: Bouvier, 1978.
– Das FBI als Literaturhistoriker. Die Akte Bertolt Brecht. In: Akzente 27 (1980) S. 362–383. [Zuerst Vortrag in engl. Sprache auf dem V. Internationalen Brecht-Kongreß. College Park (Md.) 1979.]
– Bertolt Brecht in America. Princeton (N. J.) / Guildford: Princeton University Press, 1980.
Lyon, James K. / Fuegi, John B.: Bertolt Brecht. In: Deutsche Exilliteratur seit 1933. T. 1. Bern/ München: Francke, 1976. S. 268–298.
Lyons, Charles R.: Bertolt Brecht. The despair and the polemic. With a preface by H. T. Moore. Carbondale/Edwardsville: Southern Illinois University Press, 1968.
McDowell, W. Stuart: Actors on Brecht: the Munich years. In: The Drama Review 20 (1976) H. 3. S. 101–116.
Milfull, John: »Mühen der Gebirge, Mühen der Ebene«. Probleme des Heimkehrers Brecht. In: Bernd Hüppauf (Hrsg.): »Die Mühen der Ebenen«. Kontinuität und Wandel in der deutschen Literatur und Gesellschaft 1945–1949. Heidelberg: Winter, 1981. S. 233–248.
Morley, Michael: A student's guide to Brecht. London: Heinemann Educational Books, 1977.
Müller, Joachim: Die Aufzeichnungen des Bertolt Brecht. In: Universitas 31 (1976) S. 799–809.
Needle, Jan / Thomson, Peter: Brecht. Chicago: The University of Chicago Press / Oxford: Blackwell, 1981.
Nellhaus, Gerhard: Bertolt Brecht. The development of a dialectical poet-dramatist. Diss. Cambridge (Mass., Harvard University) 1946.
Neureuter, Hans-Peter: Zur Brecht-Chronik. April 1940 bis Mai 1941. In: Mitteilungen aus der Deutschen Bibliothek. Helsinki. Nr. 7 (1973) S. 475–477.
Oehme, Walter: Brecht in der Emigration. In: Neue Deutsche Literatur 11 (1963) H. 6. S. 180–185.
Pilling, John: Bertolt Brecht. In: J. P.: Fifty modern European poets. London: Heinemann, 1982. S. 284–291.
Rohse, Eberhard: Der frühe Brecht und die Bibel. Studien zum Augsburger Religionsunterricht und zu den literarischen Versuchen des Gymnasiasten. Göttingen: Vandenhoeck & Ruprecht, 1983.
Sauter, Willmar: Brecht i Sverige. Stockholm: Akademilitteratur, 1978.
Schmidt, Günter: Bertolt Brechts schwedisches Exil. In: WZ Jena 30 (1981) H. 1. S. 55–64.
Schoeps, Karl-Heinz: Bertolt Brecht. New York: Ungar, 1977.
Schumacher, Ernst und Renate: Leben Brechts in Wort und Bild. Berlin: Henschelverlag, 1978. 3., durchges. und erw. Aufl. 1981. – Auch: Frankfurt a. M.: Suhrkamp, 1979.
Serreau, Geneviève: Bertolt Brecht. Paris: L'arche, 1955. ²1960.
Speirs, Ronald: Brecht in the German Democratic Republic. In: Brecht in perspective. S. 175 bis 189.
– The Poet and ›die dritte Sache‹: Brecht's letters. In: German Life and Letters. N. S. 36 (1983) S. 374–396.
Thiele, Dieter: Bertolt Brecht. Selbstverständnis, Tui-Kritik und politische Ästhetik. Frankfurt a. M. / Bern: Lang, 1981.
Töteberg, Michael: Porträt einer Mitarbeiterin. In: Merkur 30 (1976) S. 695–700. [Zu Margarete Steffin.]
Völker, Klaus: Brecht-Chronik. Daten zu Leben und Werk. München: Hanser, 1971. ²1973. – Engl. Ausg.: V. K.: Brecht Chronicle. Introd. by Carl Weber. New York: Seabury Press, 1975.
– Bertolt Brecht. Eine Biographie. München/Wien: Hanser, 1976. – Dass.: München: Deutscher Taschenbuch Verlag, 1978. – Engl. Ausg. Brecht: a biography. New York: Seabury Press, 1978.

Voigts, Manfred: 100 Texte zu Brecht. Materialien aus der Weimarer Republik. München: Fink, 1980.
Vormweg, Heinrich: Ein bestimmtes Lernen. Brecht in Ostberlin. In: L 76 (1977) Nr. 4. S. 37–57.
Weideli, Walter: Bertolt Brecht. Paris: Editions universitaires, 1961. – Amerikan. Übers.: W. W.: The Art of Bertolt Brecht. New York: New York University Press, 1963.
Weisstein, Ulrich: Brecht in America. A preliminary survey. In: Modern Language Notes 78 (1963) S. 373–396.
– Die Lehren des Exils. In: Die deutsche Exilliteratur 1933–1945. S. 373–397.
Wirth, Andrzej: Der Amerika-Gestus in Brechts *Arbeitsjournal*. In: Die USA und Deutschland. Wechselseitige Spiegelungen in der Literatur der Gegenwart. Zum zweihundertjährigen Bestehen der USA am 4. Juli 1976. Hrsg. von Wolfgang Paulsen. Bern/München: Francke, 1976. S. 52–60.

IV. *Sammelbände*

Aktualisierung Brechts. Hrsg. von Wolfgang Fritz Haug, Klaus Pierwoß und Karen Ruoff. Berlin: Argument-Verlag, 1980. [Enth. u. a. Beiträge zu *Baal*, *Die Ausnahme und die Regel*, *Der gute Mensch von Sezuan* und *Der aufhaltsame Aufstieg des Arturo Ui* sowie zur Theatertheorie.]
Bentley, Eric: The Brecht Commentaries. 1943–1980. New York: Grove Press / London: Eyre Methuen, 1981. [Enth. Beiträge des Autors aus Zss. und Monographien; z. T. gekürzt.]
Bertolt Brecht. Aspekte seines Werkes, Spuren seiner Wirkung. Hrsg. von Helmut Koopmann und Theo Stammen. München: Vögel, 1983.
Bertolt Brecht. Damals und heute. Meinung und Gegenmeinung. München: Dobbeck, 1962. [Vorträge und Diskussionsbeiträge einer Veranstaltung der Akademischen Arbeitsgemeinschaft »Wissenschaft und Gesellschaft« und des Sozialistischen Deutschen Studentenbundes, u. a. von Hans-Joachim Bunge, Wolfgang Plat, Ernst Schumacher.]
Bertolt Brecht I. Sonderband der Zeitschrift Text + Kritik. München: Boorberg, 1972. 2. Aufl. München: Edition Text und Kritik, 1978.
Bertolt Brecht II. Sonderband der Zeitschrift Text + Kritik. München: Boorberg, 1973.
Bertolt Brecht: political theory and literary praxis. 4th Congress of the International Brecht Society, 17.–20. September 1976 in Austin (Tex.). Ed. by Betty Nance Weber and Hubert Heinen. Manchester: Manchester University Press / Athens: The University Press of Georgia, 1980.
Brecht. A collection of critical essays. Ed. by Peter Demetz. Englewood Cliffs (N. Y.): Prentice Hall, 1962. [Aufsätze zu Brechts Theatertheorie, deren zeitgenössischem Kontext und den Stücken *Mann ist Mann*, *Die Heilige Johanna der Schlachthöfe*, *Der Kaukasische Kreidekreis* von Eric Bentley, Oscar Büdel, Ernst Schumacher, Hans Egon Holthusen, Walter H. Sokel, Ronald Gray, John Willett, Martin Esslin, Ilja Fradkin.]
Brecht. W oczach krytyki światowej. Wyboru dokonal Roman Szydłowski. Warszawa: Państwowy Instytut Wydawniczy, 1977. [Mit Beiträgen von Roland Barthes, Walter Benjamin, Reinhold Grimm u. a.]
Brecht auf deutschen Bühnen. Bertolt Brechts dramatisches Werk auf dem Theater in der Bundesrepublik Deutschland. Brecht-Aufführungen in Frankfurt a. M. – Brecht-Aufführungen im Theater am Schiffbauerdamm, Berlin. Brecht-Ausgaben und Brecht-Studien. Hrsg. von Hermann Beil. Bad Godesberg: Inter Nationes, 1968.
Brechtdiskussion. Von Joachim Dyck [u. a.]. Kronberg i. Ts.: Scriptor, 1974.
Brecht in perspective. Critical studies. Ed. by Graham Bartram and Anthony Waine. London: Longman, 1982.

Brecht oggi. Saggi di Cesare Cases [u. a.]. Introd. di Adelio Ferrero. Milano: Longanesi, 1977.

Brechts Tui-Kritik. Aufsätze, Rezensionen, Geschichten. Hrsg. von Wolfgang Fritz Haug. Beiträge von Urs Bircher [u. a.]. Karlsruhe: Argument-Verlag, 1976.

Das epische Theater. Hrsg. von Reinhold Grimm. Köln: Kiepenheuer & Witsch, 1966. ²1970. [Beiträge von Reinhold Grimm, Ulrich Weisstein, Werner Hecht, Walter Benjamin, Joachim Müller, Peter Szondi, Marianne Kesting, Walter Hinck, Volker Klotz u. a.]

Deutsche Exilliteratur seit 1933. Bd. 1: Kalifornien. T. 1.2. Hrsg. von John M. Spalek und Joseph Strelka. Bern/München: Francke, 1976.

Deutsches Exildrama und Exiltheater. Akten des Exilliteratur-Symposiums der University of South Carolina 1976. Hrsg. von Wolfgang Elfe [u. a.]. Bern / Frankfurt a. M. / Las Vegas: Lang, 1977.

Die deutsche Exilliteratur 1933–1945. Hrsg. von Manfred Durzak. Stuttgart: Reclam, 1973.

Epic theatre. Medieval epic to the »Epic theatre« of Brecht. Essays in comparative literature. Ed. by Rosario P. Armato and John M. Spalek. Los Angeles: University of Southern California Press, 1968.

Essays on Brecht. Theater and politics. Ed. by Siegfried Mews and Herbert Knust. Chapel Hill: University of North Carolina Press, 1974.

Grimm, Reinhold: Brecht und Nietzsche. Fünf Essays und ein Bruchstück. Frankfurt a. M.: Suhrkamp, 1979.

Hecht, Werner: Aufsätze über Brecht. Berlin: Henschelverlag, 1970. [Eine fast identische Slg. ersch.: W. H.: Sieben Studien über Brecht. Frankfurt a. M.: Suhrkamp, 1972. – Um einen Abschnitt über die Brecht-Rezeption im Ausland erw.Ausg.: W. H.: Vielseitige Betrachtungen. Berlin: Henschelverlag, 1978.]

Mayer, Hans: Anmerkungen zu Brecht. Frankfurt a. M.: Suhrkamp, 1965 [u. ö.].

– Brecht in der Geschichte. Drei Versuche. Frankfurt a. M.: Suhrkamp, 1971.

Mittenzwei, Werner: Kampf der Richtungen. Strömungen und Tendenzen der internationalen Dramatik. Leipzig: Reclam, 1978.

Schumacher, Ernst: Brecht. Theater und Gesellschaft im 20. Jahrhundert. 21 Aufsätze. Berlin: Henschelverlag, 1973. ²1975.

Sinn und Form. [1.] Sonderheft Bertolt Brecht. Berlin: Rütten & Löning, 1949.

Sinn und Form. 2. Sonderheft Bertolt Brecht. Berlin: Rütten & Löning, 1957.

Theaterarbeit. 6 Aufführungen des Berliner Ensembles. Red.: Ruth Berlau, Bertolt Brecht, Claus Hubalek, Peter Palitzsch, Käthe Rülicke. Hrsg. vom Berliner Ensemble. (Ltg.: Helene Weigel.) Dresden: Dresdner Verlag, 1952. 2., durchges. und erw. Aufl. Berlin: Henschelverlag, 1961. 3., durchges. und erw. Aufl. 1967. – Neuausg.: Frankfurt a. M.: Suhrkamp, 1961.

Weimarer Beiträge 14 (1968) Brecht-Sonderheft. Berlin/Weimar: Aufbau-Verlag, 1968.

Wekwerth, Manfred: Theater in der Veränderung. Berlin: Aufbau-Verlag, 1960.

– Schriften. Arbeit mit Brecht. Dem 75. Geburtstag Bertolt Brechts. Hrsg. von Ludwig Hoffmann. Berlin: Henschelverlag, 1973. ²1975.

Wer war Brecht? Wandlung und Entwicklung der Ansichten über Brecht im Spiegel von *Sinn und Form*. Hrsg. von Werner Mittenzwei. Berlin: Das europäische Buch, 1977.

Zu Bertolt Brecht. Parabel und episches Theater. Hrsg. von Theo Buck. Stuttgart: Klett-Cotta, 1979. ²1983.

V. *»Brecht und die Weltliteratur«*

Allemann, Beda: Brecht und Kleist. In: Drama und Theater im 20. Jahrhundert. Festschrift für Walter Hinck. Hrsg. von Hans Dietrich Irmscher und Werner Keller. Göttingen: Vandenhoeck & Ruprecht, 1983. S. 204–212.

416   *Christiane Bohnert*

Baum, Ute: Brechts Verhältnis zu Shakespeare. Berlin: Brecht-Zentrum der DDR, 1982.
Berg-Pan, Renata: Brecht and China. Bonn: Bouvier, 1979.
Best, Otto F.: Bertolt Brecht. Weisheit und Überleben. Frankfurt a. M.: Suhrkamp, 1982. [Über Brechts Verhältnis zur »Moralistik«, u. a. Spinoza und Montaigne.]
Buehler, George: Brechts Wendung zum epischen Theater: Erwin Piscators Einfluß. In: Maske und Kothurn 23 (1977) S. 122–129.
– Bertolt Brecht, Erwin Piscator. Ein Vergleich ihrer theoretischen Schriften. Bonn: Bouvier, 1978.
Buonacorsi, Eugenio: Brecht e Stanislavskij. Due concezioni del teatro a confronto. In: Brecht oggi. S. 161–197.
Calandra, Denis: Karl Valentin and Bertolt Brecht. In: Drama Review 18 (1974) H. 1. S. 86–98.
Chiarini, Paolo: Lessing und Brecht. Einiges über die Beziehungen von Epik und Dramatik. In: Sinn und Form. 2. S. 188–203
Crockett, Roger Alan: Nestroy and Brecht: Aspects of Modern German Folk Comedy. Diss. Urbana-Champaign (University of Illinois) 1979.
Crowhurst-Bond, Griseldis W.: Utopische Intention und Ideologie: Kipling und Brecht. In: Acta Germanica 13 (1980) S. 125–135.
DiNapoli, Thomas: Bertolt Brecht and the Nô. A comparison of two theaters. In: The Comparatist (University of Tennessee at Martin) (May 1981) S. 30–46.
Dort, Bernard: Brecht devant Shakespeare. In: Revue d'Histoire du Théâtre 17 (1965) S. 69–83.
Dukore, Bernard Frank: Money & Politics in Ibsen, Shaw and Brecht. Columbia/London: University of Missouri Press, 1980.
Eaton, Katherine Rebecca Bliss: The Theater of Meyerhold and Brecht. Diss. Madison (University of Wisconsin) 1979.
Ehrlich, Lothar: Zur Tradition des epischen Theaters. Brecht und Grabbe. In: Weimarer Beiträge 24 (1978) H. 2. S. 148–160.
Fradkin, Ilja: Brecht, die Bibel, die Aufklärung und Shakespeare. In: Sowjetwissenschaft. Kunst und Literatur 13 (1965) S. 156–175.
Fuegi, John: The form and the pressure: Shakespeare's haunting of Bertolt Brecht. In: Modern Drama 15 (1972) S. 291–303.
Germanou, Maro: Brecht and the English theatre. In: Brecht in perspective. S. 208–224.
Grimm, Reinhold: Bertolt Brecht und die Weltliteratur. Nürnberg: Carl, 1961.
– Brecht, Artaud und das moderne Theater. In: R. G.: Nach dem Naturalismus. Essays zur modernen Dramatik. Kronberg i. Ts.: Athenäum, 1978. S. 185–201. [Erstdr. in: Studi Tedeschi 19 (1976) S. 1 ff.]
Heller, Heinz-B.: Untersuchungen zur Theorie und Praxis des dialektischen Theaters. Brecht und Adamov. Bern / Frankfurt a. M.: Lang, 1975.
Hoffmeier, Dieter: Voll Bewunderung und Kritik. Arbeitsbeziehungen Brechts zu Shakespeare. In: Shakespeare-Jahrbuch 115 (1979) S. 7–24.
Kesting, Marianne: Wagner/Meyerhold/Brecht oder Die Erfindung des »epischen« Theaters. In: Brecht-Jahrbuch 1977. S. 111–130.
Knust, Herbert: Piscator and Brecht: affinity and alienation. In: Essays on Brecht. S. 44–78.
– Grosz, Piscator und Brecht: Notizen zum Theater im Exil. In: Deutsches Exildrama und Exiltheater. S. 56–66.
Kopelew, Lew: Verwandt und verfremdet. Brecht und die russische Theaterrevolution. In: L. K.: Verwandt und verfremdet. Frankfurt a. M.: Fischer, 1976. S. 7–38, 148–151. [Erstdr. in: Brecht heute 3 (1973/74) S. 19–38.]
Krusche, Dietrich: Brecht und das NO-Spiel. Zu den Grundlagen interkultureller Literaturvermittlung. In: Alois Werlacher (Hrsg.): Fremdsprache Deutsch. Grundlagen und Verfahren

der Germanistik als Fremdsprachenphilologie. Bd. 2. München: Fink, 1980. S. 340–357. [Erstdr. in: Jahrbuch Deutsch als Fremdsprache 2 (1976) S. 78–90.]

Kussmaul, Paul: Bertolt Brecht und das englische Drama der Renaissance. Vorw. von Hans Reiss. Bern / Frankfurt a. M.: Lang, 1974.

Lee, Sang-Kyong: Das Lehrtheater Bertolt Brechts in seiner Beziehung zum japanischen Nô. In: Modern Language Notes 93 (1978) S. 448–478.

– Auswirkungen des japanischen Nô auf das Lehrtheater Bertolt Brechts. In: Archiv für das Studium der neueren Sprachen und Literaturen 216 (1979) S. 246–279.

Lyon, James K.: Brecht's Use of Kipling's Intellectual Property: A new Source of Borrowing. In: Monatshefte 61 (1969) S. 376–386.

– Bertolt Brecht und Rudyard Kipling. Frankfurt a. M.: Suhrkamp, 1976. [Engl. Orig.-Ausg.: Bertolt Brecht and Rudyard Kipling. A marxist's imperialist mentor. Den Haag / Paris: Mouton, 1975.]

Mayer, Hans: Brecht und die Tradition. Pfullingen: Neske, 1961. – Dass.: München: Deutscher Taschenbuch Verlag, 1965.

Mierau, Fritz: Sergej Tret'jakov und Bertolt Brecht. In: Zeitschrift für Slawistik 20 (1975) S. 226–241.

Mittenzwei, Werner: Brechts Verhältnis zur Tradition. Berlin: Akademie-Verlag, 1972. ⁴1976. – Auch: München: Damnitz, 1974.

– Über den Sinn der Tradition im weltrevolutionären Prozeß. Brechts Verhältnis zur Tradition. In: W. M.: Kampf der Richtungen. Leipzig: Reclam, 1978. S. 172–196. [Erstdr. in: Weimarer Beiträge 18 (1972) H. 12.]

Murphy, Ronald G.: Brecht and the bible. A study of religious nihilism and human weakness in Brecht's drama of mortality and the city. Chapel Hill: University of North Carolina Press, 1980.

Muschg, Walter: Von Trakl zu Brecht. Dichter des Expressionismus. München: Piper, 1961.

Rorrison, Hugh: Brecht and Piscator. In: Brecht in perspective. S. 145–159.

Rouse, John: Shakespeare and Brecht: The Perils and Pleasures of Inheritance. In: Comparative Drama 17 (1983) S. 266–280.

Schesswendter, Rudolf: Die Bühne als politisches Forum in Theorie und Praxis bei George Bernard Shaw und Bertolt Brecht. 2 Tle. Diss. Wien 1968.

Schoeps, Karl-Heinz: Bertolt Brecht und Bernard Shaw. Bonn: Bouvier, 1974.

– Epic structure in the plays of Bernard Shaw and Bertolt Brecht. In: Essays on Brecht. S. 28–43.

Schürer, Ernst: Georg Kaiser und Bertolt Brecht. Über Leben und Werk. Frankfurt a. M.: Athenäum, 1970.

Schulz, Gudrun: Die Schiller-Bearbeitungen Bertolt Brechts. Eine Untersuchung literarhistorischer Bezüge im Hinblick auf Brechts Traditionsbegriff. Tübingen: Niemeyer, 1972.

Schumacher, Ernst: Brecht und die deutsche Klassik. In: E. S.: Schriften zur darstellenden Kunst. Berlin: Henschelverlag, 1978. [Erstdr. in: WZ Berlin 18 (1969) H. 1. S. 77–92.]

Sokel, Walter H.: Brechts marxistischer Weg zur Klassik. In: Die Klassik-Legende. Hrsg. von Reinhold Grimm und Jost Hermand. Frankfurt a. M.: Athenäum, 1971. S. 176–199.

Song, Yun-Yeop: Bertolt Brecht und die chinesische Philosophie. Bonn: Bouvier, 1978.

Symington, Rodney: Brecht und Shakespeare. Bonn: Bouvier, 1970.

Tatlow, Anthony: The mask of evil. Brecht's response to the poetry, theatre and thought of China and Japan. Bern / Frankfurt a. M.: Lang, 1977.

Tracy, Gordon: Bertolt Brecht und die chinesische Philosophie. In: Universitas 30 (1975) S. 745–756.

Völker, Klaus: Brecht-Kommentar. Bd. 3: Zum dramatischen Werk. München: Winkler, 1983.

Whall, Helen M.: The case is altered: Brecht's use of Shakespeare. In: University of Toronto quarterly 51 (1981) S. 127–148.

Witzmann, Peter: Antike Tradition im Werk Bertolt Brechts. Berlin: Akademie-Verlag, 1964. ²1965.
Wulbern, Julian Harrison: Brecht and Ionesco. Commitment in Context. Chicago/London: University of Illinois Press, 1971. [Basiert auf: J. H. W.: Brecht und Ionesco. Aspects of engagement. Diss. Evanston (Ill., Northwestern University) 1967.]

VI. *Zur Funktion der Musik*

Allihn, Ingeborg: Die Musik Hanns Eislers zu Ṣtücken von Bertolt Brecht. 2 Bde. Diss. Berlin (Humboldt-Universität) 1979.
Betz, Albrecht: Musik einer Zeit, die sich eben bildet. München: Edition Text und Kritik, 1976. [Zu Hanns Eisler.]
Hacks, Peter: Über Lieder zu Stücken. In: Sinn und Form 14 (1962) S. 421–425.
Hennenberg, Fritz: Dessau – Brecht. Musikalische Arbeiten. Berlin: Henschelverlag, 1963.
Kuhnert, Heinz: Zur Rolle der Songs im Werk von Bertolt Brecht. In: Neue Deutsche Literatur 11 (1963) S. 77–100.
Lucchesi, Joachim: Praktikable Musik. In: Neue Deutsche Literatur 29 (1981) H. 2. S. 62–67.
Martinotti, Sergio: Brecht da Weill a Dessau. In: Brecht oggi. S. 75–89.
Mittenzwei, Johannes: Brechts Kampf gegen die kulinarische Musik. In: J. M.: Das Musikalische in der Literatur. Ein Überblick von Gottfried von Straßburg bis Brecht. Halle (Saale): Verlag Sprache und Literatur, 1962. S. 427–462.
Morley, Michael: ›New Tunes for old‹: Brecht, Weill, and the language of music in four unpublished songs. In: German Life and Letters 35 (1982) S. 241–252.
Nadar, Thomas Raymond: The Music of Kurt Weill, Hanns Eisler and Paul Dessau in the Dramatic Works of Bertolt Brecht. Diss. Ann Arbor (University of Michigan) 1975.
Schebera, Jürgen: Hanns Eisler im USA-Exil. Zu den politischen, ästhetischen und kompositorischen Positionen des Komponisten 1938–1948. Berlin: Akademie-Verlag, 1978. – Dass.: Meisenheim am Glan: Hain, 1978.
Schmidt-Garre, Helmut: Bert Brecht als Musiker. In: Universitas 36 (1981) S. 947–950.
Schneider, Anneliese: Hanns Eisler: Musikkultur im Übergang in theoretischer Sicht; Lieder im Exil nach Gedichten von Bertolt Brecht. 2 Bde. Diss. Berlin (Humboldt-Universität) 1981.
– Zum Wesen des Gestischen im Liedschaffen von Hanns Eisler. In: Weimarer Beiträge 29 (1983) S. 208–223.
Thole, Bernward: Die »Gesänge« in den Stücken Bertolt Brechts. Zur Geschichte und Ästhetik des Liedes im Drama. Göppingen: Kümmerle, 1973.
Wagner, Gottfried: Brecht und Weill. Das musikalische Zeittheater. München: Kindler, 1977.
Willett, John: Brecht. The music. In: Brecht. A collection of critical essays. S. 157–170.

VII. *Zur Theorie und zu den Dramen allgemein*

Albers, Jürgen: Das Prinzip der »Historisierung« in der Dramatik Bertolt Brechts. Diss. Saarbrücken 1977.
Angermeyer, Christoph: Zuschauer im Drama. Brecht – Dürrenmatt – Handke. Frankfurt a. M.: Athenäum, 1971.
Arendt, Hannah: Quod licet Jovi ... Reflexionen über den Dichter Brecht und sein Verhältnis zur Politik. In: Merkur 23 (1969) S. 527–542; 625–642.
Backes, Dirk: Die erste Kunst ist die Beobachtungskunst. Bertolt Brecht und der sozialistische Realismus. Berlin: Kramer, 1981.

Bartram, Graham: Literature and commitment. In: Brecht in perspective. S. 83–106.

Bathrick, David: Brecht's marxism and America. In: Essays on Brecht. S. 209–225.

Benjamin, Walter: Was ist das epische Theater? Eine Studie zu Brecht. In: Zu Bertolt Brecht. S. 8–23. [Erstdr. in: Maß und Wert 2 (1939) S. 831–837. – Zwei Fassungen des Aufsatzes publiziert in: W. B.: Versuche über Brecht. Frankfurt a. M.: Suhrkamp, 1966. S. 7–33.]

Bergstedt, Alfred: Das dialektische Darstellungsprinzip des »Nicht – Sondern« in neueren Stücken Bertolt Brechts. Literaturästhetische Untersuchungen zur »politischen Theorie des Verfremdungseffekts«. Diss. Potsdam 1963.

[Bertolt Brecht – Entwicklung des epischen Theaters.] Hrsg. von Masaru Okuda, Mitsunori Yoshiyasu und Hiroshi Yagi. Osaka: »Quelle«, 1980. [Jap.]

Bielefeld, Claus-Ulrich: ›Das aufgebrauchte Chaos‹. Brechts frühe Stücke. Von der Rebellion gegen das gesellschaftliche Chaos zur Aufdeckung seiner Bewegungsgesetze. Diss. Berlin (Freie Universität) 1975.

Bock, Stefan: Brechts Vorschläge zur Überwindung der »Deutschen Misere« (1948–1956). In: Deutsche Misere einst und jetzt. Die deutsche Misere als Thema der Gegenwartsliteratur. Das Preußensyndrom in der Literatur der DDR. Hrsg. von Paul Gerhard Klußmann und Heinrich Mohr. Bonn: Bouvier, 1982. S. 49–67.

Böckmann, Paul: Provokation und Dialektik in der Dramatik Bert Brechts. Krefeld: Scherpe, 1961.

Brandt, Helmut: Der Kampf ums Brot als Thema und Motiv im Werke Bertolt Brechts. In: WZ Jena 20 (1971) S. 425–442.

Brecht, die Dialektik und der Genuß. Gespräch mit Manfred Wekwerth. In: Einheit 33 (1978) S. 157–163.

Brecht 83. Brecht und der Marxismus. Dokumentation der Brecht-Tage 1983 (9.–12. Februar). Hrsg. vom Brecht-Zentrum der DDR. Berlin: Henschelverlag, 1983.

Brenner, Hildegard / Haarmann, Hermann: Brecht-Korsch-Diskussion. Positionen der Literaturwissenschaft. In: Alternative 18 (1975) S. 260–279.

Bronsen, David: »Die Verhältnisse dieses Planeten« in Brechts frühen Stücken. In: Festschrift für Bernhard Blume. Aufsätze zur deutschen und europäischen Literatur. Hrsg. von Egon Schwarz, Hunter G. Hannum und Edgar Lohner. Göttingen: Vandenhoeck & Ruprecht, 1967. S. 348–366.

Brown, Thomas K.: »Verfremdung« in action at the Berliner Ensemble. In: German Quarterly 46 (1973) S. 525–539.

Brüggemann, Heinz: Literarische Technik und soziale Revolution. Versuche über das Verhältnis von Kunstproduktion, Marxismus und literarischer Tradition in den theoretischen Schriften Bertolt Brechts. Reinbek bei Hamburg: Rowohlt, 1973.

Buck, Theo: Brecht und Diderot oder über Schwierigkeiten der Rationalität in Deutschland. Tübingen: Niemeyer, 1971.

Buono, Franco: Die drei Kongresse der Tuis. In: Brechts Tui-Kritik. S. 53–89.

Busch, Walter: Cäsarismuskritik und epische Historik. Zur Entwicklung der politischen Ästhetik Bertolt Brechts 1936–40. Frankfurt a. M. / Bern: Lang, 1982.

Calandra, Denis: *Mother Courage & The Caucasian Chalk Circle*. Notes, incl. introduction, critical analysis, character analysis [...]. Consulting ed.: James L. Roberts. Lincoln (Nebr.): Cliffs Notes, 1975.

Cases, Cesare: Dal secondo al primo Brecht. In: Brecht oggi. S. 21–41.

Castri, Massimo: Per un teatro politico. Piscator, Brecht, Artaud. Torino: Einaudi, 1973.

Chiarini, Paolo: Brecht e la dialettica del paradosso. Milano/Varese: Istituto Ed. Cisalpino, 1969.

Claas, Herbert: Die politische Ästhetik Bertolt Brechts vom *Baal* zum *Caesar*. Frankfurt a. M.: Suhrkamp, 1977.

Conrady, Karl-Otto: Realismus bei Brecht. Eine Einführung für Studenten. In: K. O. C.: Literatur und Germanistik als Herausforderung. Skizzen und Stellungnahmen. Frankfurt a. M.: Suhrkamp, 1974. S. 186–214.

Coutinho e Castro, José Manuel: Brechts Faschismusanalyse in seinen theoretischen Schriften (1920–1945). Diss. Rostock 1980.

Dahmer, Helmut: Brecht and Stalinism. In: Telos 22 (1974/75) S. 96–105.

Debiel, Gisela: Das Prinzip der Verfremdung in der Sprachgestaltung Bertolt Brechts. Untersuchungen zum Sprachstil seiner epischen Dramen. Diss. Bonn 1960.

Dial, Joseph: Brecht in den USA. Zur Stellung der New Yorker Aufführung der *Mutter* (1935) und des *Galilei* (1947) in der Geschichte des epischen Theaters. In: Weimarer Beiträge 24 (1978) H. 2. S. 160–172.

Dickson, Keith A.: Of masks and men. An aspect of Brecht's theatrical technique. In: New German Studies 1 (1973) S. 1–14.

– Brecht's doctrine of nature. In: Brecht heute 3 (1973/74) S. 106–121.

– Towards *Utopia*. A study of Brecht. Oxford: Clarendon Press, 1978.

Eddershaw, Margaret: Acting methods. Brecht and Stanislavskij. In: Brecht in perspective. S. 128–144.

Ekmann, Björn: Gesellschaft und Gewissen. Die sozialen und moralischen Anschauungen Bertolt Brechts und ihre Bedeutung für seine Dichtung. Kopenhagen: Munksgaard, 1969.

Fahs, Ingeborg Gievers: A comparative study of Aristotle's theory of tragedy and Bertolt Brecht's theory of drama. Diss. Tallahassee (The Florida State University) 1979.

Fenn, Bernard: Characterization of women in the plays of Bertolt Brecht. Frankfurt a. M. / Bern: Lang, 1982.

Fetscher, Iring: Bertolt Brecht and Politics. In: Bertolt Brecht: political theory and literary practice. S. 11–17.

Fiebach, Joachim: Von Craig bis Brecht. Studien zu Künstlertheorien in der ersten Hälfte des 20. Jahrhunderts. Berlin: Henschelverlag, 1975. ²1977.

– Brechts »Straßenszene«. Versuch über die Reichweite eines Theatermodells. In: Weimarer Beiträge 24 (1978) H. 2. S. 123–147.

Fischbach, Fred: L'évolution politique de Bertolt Brecht: les années du grand ›retournement‹ (1926–29). In: Brecht heute 3 (1973/74) S. 122–155.

– L'évolution politique de Bertolt Brecht de 1913 à 1933. Lille: Université de Lille, 1976.

Fischer, Gerhard: Brechts Dramen 1948–1950. In: Bernd Hüppauf (Hrsg.): »Die Mühen der Ebenen.« Kontinuität und Wandel in der deutschen Literatur und Gesellschaft 1945–1949. Heidelberg: Winter, 1981. S. 271–306.

Flashar, Hellmut: Aristoteles und Brecht. In: Poetica 6 (1974) S. 17–37.

Fuegi, John: The essential Brecht. Los Angeles: Hennessy & Ingalls, 1972.

– Interview mit Manfred Wekwerth. In: Brecht-Jahrbuch 1978. S. 120–128.

– Meditations on *mimesis*: the case of Brecht. In: Drama and mimesis. Ed. by James Redmond. Cambridge [u. a.]: Cambridge University Press, 1980. S. 103–112.

– The alogical in the plays of Brecht. In: Alogical modern drama. Essays by Edith Kern [u. a.]. Ed. by Kenneth S. White. Amsterdam: Rodopi, 1982. S. 13–24.

Gaede, Friedrich Wolfgang: Figur und Wirklichkeit im Drama Bertolt Brechts. Mit einer Untersuchung allegorischer Phänomene. Diss. Freiburg i. Br. 1963.

Gehrke, Hans: Bertolt Brecht. *Der gute Mensch von Sezuan. Leben des Galilei.* Hollfeld i. Ofr.: Beyer, 1973. 4., veränd. Aufl. 1981.

Giese, Peter Christian: Das »Gesellschaftlich-Komische«. Zu Komik und Komödie am Beispiel der Stücke und Bearbeitungen Brechts. Stuttgart: Metzler, 1974.

Gilli, Marita: Problèmes de structure et d'interprétation dans deux pièces de Brecht: *Maître Puntila et son valet Matti* et *La vie de Galilée*. In: Recherches en linguistique étrangère. Avant-propos de Georges Brunet. Paris: Les belles Lettres, 1973. S. 117–150.

Glicksberg, Charles Irving: Bertolt Brecht: the prophet of commitment. In: C. I. G.: The literature of commitment. Lewisburg (Pa.): Bucknell University Press / London: Associated University Press, 1976.

Goergen, Peter: »Produktion« als Grundbegriff der Anthropologie Bertolt Brechts und seine Bedeutung für die Theologie. Frankfurt a. M.: R. G. Fischer, 1982.

Goldhahn, Johannes: Bertolt Brecht über den Genuß und das Genießen der »Künste in der Umwälzung«. In: Arbeiten zur deutschen Philologie 12 (1978) S. 101–114.

– Vergnügungen unseres Zeitalters – Bertolt Brecht über Wirkungen künstlerischer Literatur. Berlin: Brecht-Zentrum der DDR, 1980.

Grimm, Reinhold: Bertolt Brecht. Die Struktur seines Werkes. Nürnberg: Carl, 1959. ⁶1972.

– Verfremdung. Beiträge zu Ursprung und Wesen eines Begriffs. In: Revue de Littérature Comparée 35 (1961) S. 207–236.

– Das Huhn des Francis Bacon. In: Zu Bertolt Brecht. S. 67–83. [Erstdr. in: R. G.: Strukturen. Essays zur deutschen Literatur. Göttingen: Sachse & Pohl, 1963. S. 198–225.]

– Die ästhetischen Anschauungen Bertolt Brechts. Notizen zu einem Buch von Helge Hultberg. In: Zeitschrift für deutsche Philologie 84 (1965) Sonderheft. S. 90–111.

– Porträt mit biblischen Zügen. In: R. G.: Brecht und Nietzsche. S. 77–105. [Erstdr. in: Deutsche Dichter der Moderne. Hrsg. von Benno v. Wiese. Berlin: Erich Schmidt, 1965. S. 561 ff.]

– Brechts Anfänge. In: R. G.: Brecht und Nietzsche. S. 55–76. [Zuerst engl. in: The Drama Review 12 (1967) H. 1. S. 22 ff. – Dt. in: Aspekte des Expressionismus. Hrsg. von Wolfgang Paulsen. Heidelberg: Stiehm, 1968. S. 133 ff.]

– Spiel und Wirklichkeit in einigen Revolutionsdramen. In: Basis 1 (1970) S. 49–93.

– Nach dem Naturalismus. Essays zur modernen Dramatik. Kronberg i. Ts.: Athenäum, 1978. [Enth. u. a. Aufs. zur Dramenstruktur, Drama der zwanziger Jahre, Komödie 1918–33.]

– Castri oder die Güte des Puddings. Eine Polemik in Moll. In: Brecht-Jahrbuch 1979. S. 131–144. [Auch engl.: R. G.: A pudding without proof. Notes on a book on modern political theatre. In: New German Critique 16 (winter 1979) S. 135–143.]

– Dionysus and Socrates. Nietzsche and the concept of a new political theater. In: Neohelicon 7 (1979/80) H. 1. S. 147–169.

Grimm, Reinhold / Hermand, Jost (Hrsg.): Geschichte im Gegenwartsdrama. Mit Beiträgen von Ulrich Weisstein [u. a.]. Stuttgart/Berlin/Köln/Mainz: Kohlhammer, 1976.

Hartung, Günther: Einleitung in Brechts Ästhetik. In: Weimarer Beiträge 28 (1982) H. 6. S. 70–81.

Hecht, Werner: Brechts Weg zum epischen Theater. Beitrag zur Entwicklung des epischen Theaters 1918–1933. Berlin: Henschelverlag, 1962. – Neuausg.: Berlin: Das europäische Buch, 1976.

– Theaterarbeit am Berliner Ensemble. Bemerkungen zur Methode Brechts. In: W. H.: Aufsätze über Brecht. S. 76–109.

Heidsieck, Arnold: Psychologische Strukturen im Werk Bertolt Brechts bis 1932. In: Ideologiekritische Studien zur Literatur. Essays II. (Von Lawrence Bacon [u. a.].) Bern / Frankfurt a. M.: Lang, 1975. S. 29–71.

Heinrichs, Hans-Jürgen: Methodendiskussion mit Brecht. In: Bertolt Brecht II. S. 171–191.

Hermand, Jost: Utopisches bei Brecht. In: Brecht-Jahrbuch 1974. S. 9–33.

– Zwischen Tuismus und Tümlichkeit. Brechts Konzeption eines ›klassischen‹ Stils. In: Brecht-Jahrbuch 1975. S. 9–34.

Hermann, Hans Peter: Von *Baal* zur *Heiligen Johanna der Schlachthöfe*. Die dramatische Produktion des jungen Brecht als Ort gesellschaftlicher Erfahrung. In: Poetica 5 (1972) S. 191–211.

Hermassi, Karen: Policy and theater in historical perspective. Berkeley / Los Angeles / London: University of California Press, 1977. [Zu Brecht: S. 153–211.]

Hernadi, Paul: The actor's face as the author's mask. On the paradox of Brechtian staging. In: Literary criticism and psychology (1976) S. 125–136.

Hinck, Walter: Die Dramaturgie des späten Brecht. Göttingen: Vandenhoeck & Ruprecht, 1959. ⁶1977.

Holthusen, Hans Egon: Dramaturgie der Verfremdung. Eine Studie zur Dramentechnik Bertolt Brechts. In: Moderne Dramentheorie. Hrsg. von Aloysius van Kesteren und Herta Schmid. Kronberg i. Ts.: Scriptor, 1975. S. 143–166. [Erstdr. in: Merkur 15 (1961) S. 520–542.]

Hütt, Wolfgang: Bertolt Brechts episches Theater und Probleme der bildenden Kunst. In: WZ Halle-Wittenberg 7 (1957/58) S. 821–842.

Hultberg, Helge: Die ästhetischen Anschauungen Bertolt Brechts. Kopenhagen: Munksgaard, 1962.

Hye, Allen Edward: Das Bild des Menschen bei Bertolt Brecht. Diss. Storrs (University of Connecticut) 1972.

Iwamoto, Tadao: Vertiefungsprozeß des Realismus in Brechts Dramen, mit dem Wendepunkt *Furcht und Elend des Dritten Reiches*. In: Doitsubungaku-Rônko 22 (1980) S. 39–58. [Jap. mit dt. Zsfassung.]

Jakobs, Jürgen: Brecht und die Intellektuellen. In: Neue Rundschau 80 (1969) S. 241–258.

Jarvis, Ursula L.: Theories of Illusion and Distance in the Drama. Diss. New York (Columbia University) 1961.

Jendreiek, Helmut: Bertolt Brecht. Drama der Veränderung. Düsseldorf: Bagel, 1969. ²1973.

Jennrich, Wolfgang: Bemerkungen zu den Anfängen des Stückeschreibers Brecht. In: Weimarer Beiträge 14 (1968) Brecht-Sonderheft. S. 101–122.

Jhering, Herbert: Bertolt Brecht und das Theater. Berlin: Rembrandt-Verlag, 1959. ²1962.

Jost, Roland: »Er war unser Lehrer«. Bertolt Brechts Lenin-Rezeption am Beispiel der *Maßnahme*, des *Me-Ti / Buch der Wandlungen* und der *Marxistischen Studien*. Köln: Pahl-Rugenstein, 1981.

Kaes, Anton: Brecht und der Amerikanismus. Zum Verhältnis von Theater und Massenkultur in den 20er Jahren. In: Akten des V. Internationalen Germanisten-Kongresses Cambridge 1975. Bern / Frankfurt a. M. / München: Lang, 1976. T. 3. S. 439–449.

Kaiser, Wolf / Peitsch, Helmut: Brechts *Fünf Schwierigkeiten beim Schreiben der Wahrheit* im literaturgeschichtlichen Kontext. In: Diskussion Deutsch 13 (1982) S. 379–399.

Karasek, Hellmuth: Bertolt Brecht. Der jüngste Fall eines Theaterklassikers. München: Kindler, 1978.

Karnick, Manfred: Brecht und Calderón. Bemerkungen zum *Leben des Galilei* und zum *Guten Menschen von Sezuan*. In: Mittelalter-Rezeption. Gesammelte Vorträge des Salzburger Symposiums »Die Rezeption mittelalterlicher Dichter und ihrer Werke in Literatur, Bildender Kunst und Musik des 19. und 20. Jahrhunderts«. Hrsg. von Joachim Kühnel, Hans-Dieter Mück, Ulrich Müller. Göppingen: Kümmerle, 1979. S. 365–379.

Kaufmann, Hans: Zum Tragikomischen bei Brecht und anderen. In: H. K.: Analysen, Argumente, Anregungen. Berlin: Akademie-Verlag, 1973. S. 137–155. [Erstdr. in: Studien zur Literaturgeschichte und Literaturtheorie. Hrsg. von Hans-Günther Thalheim und Ursula Wertheim. Berlin: Rütten & Löning, 1970. S. 272–290.]

Kelling, Hans W.: ›Aristotelian‹ versus ›non-Aristotelian‹ drama. The epic theater of Bertolt Brecht. In: Sprache und Literatur. Festschrift für Arval L. Straedbeck zum 65. Geburtstag. Hrsg. von Gerhard P. Knapp und Wolff A. von Schmidt. Bern / Frankfurt a. M. / Las Vegas: Lang, 1981. S. 81–87.

Kellner, Douglas: Brecht's Marxist Aesthetic: The Korsch Connection. In: Bertolt Brecht: political theory and literary practice. S. 29–42.

Kesting, Marianne: Das epische Theater. Zur Struktur des modernen Dramas. Stuttgart: Kohlhammer, 1959. ²1962.

– Brecht und Diderot oder Das »paradies artificiel« der Aufklärung. In: Euphorion 64 (1970) S. 412–422.

Kljujev, Viktor G.: Teatral'no-esteticeskie vzgljady Brechta. Opyt estetiki Brechta. Moskva: Nauka, 1966.

Klotz, Volker: Geschlossene und offene Form im Drama. München: Hanser, 1960. ²1962.

Knopf, Jan: Bertolt Brecht und die Naturwissenschaften. Reflexionen über den Zusammenhang von Natur- und Geisteswissenschaft. In: Brecht-Jahrbuch 1978. S. 13–38.

Knust, Herbert: Brechts Dialektik vom Fressen und von der Moral. In: Brecht heute 3 (1973/74) S. 221–250.

Koch, Gerd: Lernen mit Bert Brecht. Brechts politisch-kulturelle Pädagogik. Hamburg: Verlag Association, 1979.

Koller, Gerold: Der mitspielende Zuschauer. Theorie und Praxis im Schaffen Brechts. Zürich/ München: Artemis, 1979.

Kostić, Predrag: Drama i pozorište Bertolta Brechta. [Drama und Theater Bertolt Brechts.] Sarajevo: Svjetlost, 1976.

Laboulle, Louise J.: Dramatic Theory and Practice of Bertolt Brecht. With Particular Reference to the Epic Theatre. Diss. Leicester 1961.

Lachaud, Jean-Marc: Bertolt Brecht, Georg Lukács. Questions sur le réalisme. Paris: Edition anthropos, 1981.

Lassek, Herbert: Begriff und Funktionswandel der Literatur bei Bertolt Brecht. Diss. Berlin (Humboldt-Universität) 1971.

Lehmann, Hans-Thies / Lethen, Helmut: Verworfenes Denken. Zu Reinhold Grimms Essay Brecht und Nietzsche. In: Brecht-Jahrbuch 1980. S. 149–170.

Leiser, Peter: Bertolt Brecht. *Mutter Courage und ihre Kinder, Der kaukasische Kreidekreis.* Hollfeld i. Ofr.: Beyer, 1973. ⁴1982.

Ley, Ralph: Brecht as thinker. Studies in literary marxism and existentialism. Ann Arbor (Mich.): Applied Literary Press, 1979. [Basiert auf: R. L.: The Marxist Ethos of Bertolt Brecht and its relationship to existentialism. A study of the writer in the Scientific Age. Diss. New Brunswick (Rutgers University) 1963.]

Lindner, Burckhardt: Avantgardistische Ideologiezertrümmerung. Theorie und Praxis des Brechtschen Theaters am Beispiel der Faschismusparabeln. In: Arbeitsfeld materialistische Literaturtheorie. Beiträge zu einer Gegenstandsbestimmung. Hrsg. von Klaus-Michael Bogdal und Gerhard Plumpe. Frankfurt a. M.: Athenäum-Fischer, 1975. S. 229–266.

Ludwig, Karl-Heinz: Bertolt Brecht. Philosophische Grundlagen und Implikationen seiner Dramentheorie. Bonn: Bouvier, 1975.

Luthardt, Theodor: Vergleichende Studien zu Brechts »Kleines Organon für das Theater«. Versuch einer Interpretation, als Beitrag zur zeitgenössischen Theatersituation gedacht. Diss. Jena 1955.

Macris, Peter J.: Untersuchungen zum Begriff des »Helden« in den Stücken Bertolt Brechts. Diss. New York (New York University) 1968.

Mahal, Günther: Auktoriales Theater – Die Bühne als Kanzel. Autoritäts-Akzeptierung des Zuschauers als Folge dramatischer Persuasionsstrategie. Tübingen: Narr, 1982.

Manacorda, Giorgio: Straniamento e finizione. In: Brecht oggi. S. 91–119.

Mayer, Hans: Bertolt Brecht oder Die plebejische Tradition. In: H. M.: Anmerkungen zu Brecht. S. 7–23. [Erstdr. in: Sinn und Form. 1. S. 42–51.]

– Dramaturgische Positionen oder Der Messingkauf. In: Zu Bertolt Brecht. S. 113–126.

Mazilli, D.: La satira sociale nell'opera di Bertolt Brecht. Diss. Bari 1960.

McGowan, Moray: Comedy and the ›Volksstück‹. In: Brecht in perspective. S. 63–82.

McLean, Sammy K.: The »Bänkelsang« and the Work of Bertolt Brecht. Den Haag / Paris: Mouton, 1972. [Basiert auf: S. K. M.: Aspects of the Bänkelsang in the Work of Bertolt Brecht. Diss. Ann Arbor (University of Michigan) 1962.]

McLean, Sammy K.: Messianism in Bertolt Brechts *Der gute Mensch von Sezuan* and *Der kaukasische Kreidekreis*. In: Seminar 14 (1978) S. 268–284.

Mennemeier, Franz-Norbert: Bertolt Brechts Faschismustheorie und einige Folgen für die literarische Praxis. In: Literaturwissenschaft und Geschichtsphilosophie. Festschrift für Wilhelm Emrich. Hrsg. von Helmut Arntzen [u. a.]. Berlin / New York: de Gruyter, 1975. S. 561–574.

Mennemeier, Franz Norbert / Trapp, Frithjof: Deutsche Exildramatik 1933–1950. München: Fink, 1980.

Michalec, Slavomir: Zur Konzeption und Entwicklung des Uslovnyj-Theaters Meyerholds. Eine Analyse unter besonderer Berücksichtigung seiner Auswirkungen auf das epische Theater Bertolt Brechts. Diss. Köln 1982.

Milfull, John: From Baal to Keuner. The »second optimism« of Bertolt Brecht. Bern / Frankfurt a. M.: Lang, 1974.

Mitkova, Rosa: Zu Rolle und Funktion der Gerichtsszene bei Bertolt Brecht. In: WZ Rostock 29 (1980) H. 3/4. S. 17–19.

Mittenzwei, Werner: Bertolt Brecht. Von der *Maßnahme* zu *Leben des Galilei*. Berlin: Aufbau-Verlag, 1962. ⁴1977. – Auch: Berlin: Das europäische Buch. 1976.

– Brecht – Die ästhetischen Folgen des Funktionswechsels. In: Funktion der Literatur. Aspekte, Probleme, Aufgaben. Hrsg.-Kollektiv: Dieter Schlenstedt [u. a.]. Berlin: Akademie-Verlag, 1975. S. 348–355, 420 f.

– Brecht und die Schicksale der Materialästhetik. Illusion oder versäumte Entwicklung einer Kunstrichtung? In: Dialog 75. Positionen und Tendenzen. Berlin: Henschelverlag, 1975. S. 9–44. [Auch in: Brechts Tui-Kritik. S. 175–212; und in: Wer war Brecht? S. 695 bis 731.]

Momo, Arnaldo: Brecht, Artaud e le avanguardie teatrali: teatro divertimento – teatro gioco. Venezia: Marsilio, 1979.

Moody, S. G.: The concept of tragedy in Brecht's theoretical writings and in relation to certain mature plays. Diss. London (University College) 1978.

Müller, Joachim: Dramatisches und episches Theater. Zur ästhetischen Theorie und zum Bühnenwerk Bertolt Brechts. In: WZ Jena 8 (1958/59) S. 365–382.

Müller, Klaus-Detlef: Die Funktion der Geschichte im Werk Bertolt Brechts. Studien zum Verhältnis von Marxismus und Ästhetik. Tübingen: Niemeyer, 1967. 2., erw. Aufl. 1972.

– Der Philosoph auf dem Theater. Ideologiekritik und ›Linksabweichung‹ in Bertolt Brechts *Messingkauf*. In: Bertolt Brecht I. S. 45–71. [Auch in: Zu Bertolt Brecht. S. 45–71.]

– Das Ei des Kolumbus? Parabel und Modell als Dramenformen bei Brecht, Dürrenmatt, Frisch, Walser. In: Zu Bertolt Brecht. S. 200–221. [Erstdr. in: Beiträge zur Poetik des Dramas. Hrsg. von Werner Keller. Darmstadt: Wissenschaftliche Buchgesellschaft, 1976. S. 432–461.]

– Utopische Intention und Kritik der Utopien bei Brecht. In: Literatur ist Utopie. Hrsg. von Gerd Ueding. Frankfurt a. M.: Suhrkamp, 1978. S. 335–367.

Müller-Waldeck, Gunnar: Vom Tui-Roman zu Turandot – Zur Entwicklung der Kritik des Intellektuellen im Schaffen Bertolt Brechts. Berlin: Brecht-Zentrum der DDR, 1981.

– Zur Kritik und Gestaltung des Intellektuellen im Schaffen Brechts. Die Intellektuellenkritik in den Stücken *Der kaukasische Kreidekreis, Leben des Galilei, Tage der Commune*. In: Greifswalder germanistische Forschungen 2 (1980) S. 27–37.

Müssener, Helmut: ›Was ist Wahrheit?‹ Zu Wolf Kaisers und Helmut Peitschs Aufsatz: »Brechts *Fünf Schwierigkeiten beim Schreiben der Wahrheit* im literaturgeschichtlichen Kontext«. In: Diskussion Deutsch 13 (1982) S. 399–403.

Murphy, G. Ronald: Brecht and the Bible. A study of religious nihilism and human weakness in Brecht's drama of mortality and the city. Chapel Hill: University of North Carolina Press, 1980.

Nemoto, Motoko: (Lehre über den Tuismus in Brechts *Tuiroman* und *Turandot*. [Jap. mit dt. Zsfassung, S. 119 f.] In: Doitsubungaku Rônko 69 (1982) S. 111–120.]

Nielsen, Erik: Glo ikke så romantisk. Aspekter af Brechts receptionsæstetiske teori. Odense: Odense Universitetsferlag, 1982.

Nieschmidt, Hans-Werner: Glücksrad und Wasserrad. Produktive Rezeption einer Motivtradition im Drama Bertolt Brechts. In: Köpf, Gerhard (Hrsg.): Rezeptionspragmatik. Beiträge zur Praxis des Lesens. München: Fink, 1981. S. 149–166.

Parmalee, Patty Lee: Brecht's America. With a foreword by John Willett. [Columbus:] Published for Miami University by the Ohio State University Press, 1981. [Basiert auf: Dass. Diss. Irvine (University of California) 1974.]

Rasch, Wolfdietrich: Bertolt Brechts marxistischer Lehrer. Zu Bertolt Brechts ungedrucktem Briefwechsel mit Karl Korsch. In: W. R.: Zur deutschen Literatur seit der Jahrhundertwende. Gesammelte Aufsätze. Stuttgart: Metzler, 1967. S. 243–273. [Erw. Fassung von: Dass. In: Merkur 17 (1963) S. 988–1003.]

Regnaut, Maurice: Théâtre et dualité chez Brecht. Eléments pour une axiomatique théâtrale. In: Recherches Germaniques 4 (1974) S. 131–141.

Reitz, Leonhard: The historical dramas of Brecht. Diss. Austin (University of Texas) 1970.

Riedel, Manfred: Brecht und die Philosophie. In: Neue Rundschau 82 (1971) S. 65–85.

Rischbieter, Henning: Bertolt Brecht. Bd. 1: Daten, Zeit und Werk. Frühe Stücke, Opern, Lehrstücke, antifaschistische Stücke. München: Deutscher Taschenbuch Verlag, 1976. Bd. 2. München: Deutscher Taschenbuch Verlag, ²1978. [Erstdr.: 2 Bde. Velber bei Hannover: Friedrich, 1966.]

Ritchie, J]ames] M[cpherson]: Brecht and cabaret. In: Brecht in perspective. S. 160–174.

Roudinesco, Elizabeth [u. a.]: Théories. In: Bertolt Brecht. Dir. par. Bernard Dort et Jean-François Peyret. [Sonderh. der Zs. *L'Herne*.] Paris: Editions de l'Herne, 1979. S. 79–156.

Rülicke-Weiler, Käthe: Die Dramaturgie Brechts. Theater als Mittel der Veränderung. Berlin: Verlag Das europäische Buch, 1976. [Erstdr.: Berlin: Henschelverlag, 1966. ²1968.]

Schaefer, Heinz: Der Hegelianismus der Bert Brecht'schen Verfremdungstechnik in Abhängigkeit von ihren marxistischen Grundlagen. Diss. Stuttgart 1957.

Schärer, Bruno: Bertolt Brechts Theater. Sprache und Bühne. Zürich: Juris Verlag, 1964.

Schlaffer, Hannelore: Dramenform und Klassenstruktur. Eine Analyse der dramatis persona »Volk«. Stuttgart: Metzler, 1972.

Schöne, Albrecht: Bertolt Brecht. Theatertheorie und dramatische Dichtung. In: Zu Bertolt Brecht. S. 35–58. [Erstdr. in: Euphorion 52 (1968) S. 272–296.]

Schumacher, Ernst: Die dramatischen Versuche Bertolt Brechts 1918–1933. Berlin: Rütten & Löning, 1955. [Mit Nachw. und Anh. des Verf.s: Berlin: Das europäische Buch, 1977.]

– Drama und Geschichte. Bertolt Brechts *Leben des Galilei* und andere Stücke. Berlin: Henschelverlag, 1965. ²1968.

Seliger, Helfried W.: Das Amerikabild Bertolt Brechts. Bonn: Bouvier, 1974.

Seeck, Gustav Adolf: Aristotelische Poetik und Brechtsche Dramentheorie. In: Gymnasium 83 (1976) S. 389–404.

Siebenmann, Otto R.: The Relations of the Individual to Society in the Plays of Bertolt Brecht. Diss. Columbus (Ohio State University) 1968.

Singerman, Boris: Das Brecht-Theater. In: Sowjetwissenschaft. Kunst und Literatur 9,1 (1961) S. 523–536, 626–641.

Sokel, Walter H.: Figur–Handlung–Perspektive. Die Dramentheorie Bertolt Brechts. In: Deutsche Dramentheorien. Hrsg. von Reinhold Grimm. Bd. 2. Frankfurt a. M.: Athenäum, 1971, S. 548–577.

Sorensen, Otto M.: The Political Aspects in the Dramatic Works of Bertolt Brecht. Diss. Seattle (University of Washington) 1966.

Speidel, Erich: The individual and society. In: Brecht in perspective. S. 45–62.

Speirs, Ronald C.: Brecht's plays of the Weimar period. In: Weimar Germany: writers and politics. Ed. by Alan F. Bance. Edinburgh: Scottish Academic Press, 1982. S. 138–152.
– Brecht's early plays. London: Macmillan, 1982.
Strelka, Joseph: Bertolt Brecht. Die Realisation von Ideenparabeln. In: J. S.: Brecht, Horvath, Dürrenmatt. Wege und Abwege des modernen Dramas. Wien: Forum, 1962. S. 5–70.
Styan, J. L.: Epic theatre in Germany: early Brecht. In: J. L. S.: Modern drama in theory and practice. Bd. 3. Cambridge: Cambridge University Press, 1981. S. 139–150.
– Epic theatre in Germany: later Brecht. In: J. L. S.: Modern drama in theory and practice. Bd. 3. Cambridge University Press, 1981. S. 150–164.
Subik, Christof: Einverständnis, Verfremdung und Produktivität. Versuche über die Philosophie Bertolt Brechts. Wien: Verlag des Verbandes der Wissenschaftlichen Gesellschaften Österreichs, 1982.
Subiotto, Arrigo: Epic theatre. A theatre for the scientific age. In: Brecht in perspective. S. 30–44.
Surkov, Evgenij D.: Amplituda spora. Stat'i o Brechte, Ibsene, Rozove, Cuchrae, fil'me »Pedsedatel«. Maoizm i iskusstvo socialisticesko realizma. Moskva: Iskusstvo, 1968.
Suvin, Darko: The Mirror and the Dynamo. On Brecht's aesthetic point of view. In: The Drama review 12 (1967) H. 1. S. 56–67. [Auch in: Munk, Erika (Ed.): Brecht. A selection of critical pieces from the *Drama Review*. New York: Bantam Books, 1972.]
Tarot, Rolf: Ideologie und Drama. Zur Typologie der untragischen Dramatik in Deutschland. In: Typologia Litterarum. Festschrift für Max Wehrli. Hrsg. von Stefan Sonderegger, Alois M. Haas und Harald Burger. Zürich: Atlantis Verlag, 1969. S. 351–366. [Zur Beziehung von Marxismus und epischem Theater unter Heranziehung anderer Epochen zum Vergleich.]
Thiele, Dieter: Brecht als Tui oder Der Autor als Produzent? In: Brechts Tui-Kritik. S. 213–233.
Thomas, Linda L.: Ordnung und Wert der Unordnung bei Bertolt Brecht. Bern / Frankfurt a. M. / Las Vegas: Lang, 1979.
Ungvári, Tamás: Brecht szinhazi forradalma. [Brechts Theaterrevolution.] Budapest: Akadémiai Kiadó, 1978.
– The origins of the theory of »Verfremdung«. In: Neohelicon 7 (1979/80) S. 171–232.
Voigts, Manfred: Brechts Theaterkonzeptionen. Entstehung und Entfaltung bis 1931. München: Fink, 1977.
Voigts, Manfred / Groth, Peter: Die Entwicklung der Brechtschen Radio-Theorie. Dargest. unter Benutzung zweier unbekannter Aufsätze von Brecht. In: Brecht-Jahrbuch 1976. S. 9–42.
Volckmann, Silvia: Brechts Theater zwischen Abbild und Utopie. In: Handbuch des deutschen Dramas. Hrsg. von Walter Hinck. Düsseldorf: Bagel, 1980. S. 440–452, 574–576.
Vormweg, Heinrich: Zur Überprüfung der Radiotheorie und -praxis Bertolt Brechts. In: Drama und Theater im 20. Jahrhundert. Festschrift für Walter Hinck. Hrsg. von Hans-Dietrich Irmscher und Werner Keller. Göttingen: Vandenhoeck & Ruprecht, 1983. S. 177–189.
Wagner, Frank Dietrich: Hitler und die Theatralik des Faschismus. Brechts antifaschistischer Diskurs. In: Zeitschrift für Deutsche Philologie 101 (1982) S. 561–583.
Wandruszka, M. L.: Brechts Umfunktionierung verhaltenswissenschaftlicher Theorien. In: Studi germanici 12 (1974) S. 41–68.
Weisstein, Ulrich: From the dramatic novel to the epic theatre. A study of the contemporary background of Brecht's theory and practice. In: The Germanic Review 38 (1963) S. 257–271. [Auch dt.: U. W.: Vom dramatischen Roman zum epischen Theater. In: Das epische Theater. S. 36–49.]
– Die Komödie bei Brecht. In: Die deutsche Komödie im 20. Jahrhundert. 6. Amherster Kolloquium zur modernen deutschen Literatur. Hrsg. von Wolfgang Paulsen. Heidelberg: Stiehm, 1976. S. 134–153.

Wekwerth, Manfred: Auffinden einer ästhetischen Kategorie. In: M. W.: Theater in der Veränderung. S. 25–36.

White, Alfred D.: Bertolt Brecht's great plays. London/Bassingstoke: Macmillan, 1978. [Zu: *Leben des Galilei, Der gute Mensch von Sezuan, Herr Puntila und sein Knecht Matti, Der kaukasische Kreidekreis*.]

Wiese, Benno von: Der Dramatiker Bertolt Brecht. Politische Ideologie und dichterische Wirklichkeit. In: B. v. W.: Zwischen Utopie und Wirklichkeit. Studien zur deutschen Literatur. Düsseldorf: Bagel, 1963. S. 254–275.

Willett, John: The Theatre of Bertolt Brecht. A study from eight aspects. London: Methuen, 1959. ³1967. Neuaufl.: 1977. – Amerikan. Ausg.: Norfolk (Conn.): New Directions, 1959. 3rd, rev. ed. New York: New Directions, 1968. – Dt. Ausg.: Das Theater Bertolt Brechts. Eine Betrachtung. Reinbek bei Hamburg: Rowohlt, 1964.

– Brecht in context. Comparative approaches. London / New York: Methuen, 1983.

Williams, Raymond: A rejection of tragedy: Brecht. In: R. W.: Modern tragedy. 2nd rev. Ed. London: Verso Edition, 1979. S. 190–204.

Wirth, Andrzej: Über die stereometrische Struktur der Brechtschen Stücke. Übers. von Alois Hermann und Joachim Tenschert. In: Sinn und Form. 2. S. 346–387. [Auch in: Episches Theater. S. 197–230.]

– Brecht: writer between ideology and politics. In: Essays on Brecht. S. 199–208.

Wöhrle, Dieter: Bertolt Brechts »Dreigroschenprozeß«. Selbstverständigung durch Ideologiezertrümmerung. In: Sprachkunst 11 (1980) S. 40–62.

Žmegač, Victor: Zum Realismusbegriff bei Brecht und Lukacs. In: Neohelicon 9 (1982) H. 1. S. 31–43.

Zwerenz, Gerhard: Aristotelische und Brechtsche Dramatik. Versuch einer ästhetischen Wertung. Rudolstadt: Greifenverlag, 1956.

VIII. *Zu den einzelnen Dramen und Werkgruppen*

1. *Baal*

Bentley, Eric: Bertolt Brecht's first play. In: The Kenyon Review 26 (1964) H. 1. S. 83–92. [Auch in: E. B.: The Brecht Commentaries. S. 25–36.]

Daphinoff, Dimiter: *Baal*, die frühe Lyrik und Hanns Johst. Noch einmal über die literarischen Anfänge Bertolt Brechts. In: Jahrbuch der Deutschen Schiller-Gesellschaft 19 (1975) S. 324–343.

Günther, Vincent-Joachim: Hofmannsthal und Brecht. Bemerkungen zu Brechts *Baal*. In: Untersuchungen zur Literatur als Geschichte. Festschrift für Benno von Wiese. Berlin: E. Schmidt, 1973. S. 503–513.

Lyons, Charles R.: Bertolt Brecht's *Baal*. The Structure of Images. In: Modern Drama 8 (1965) S. 311–323.

Muschg, Walter: Brechts erstes Stück. In: W. M.: Pamphlet und Bekenntnis. Aufsätze und Reden. Ausgew. und hrsg. von Peter André Bloch in Zsarb. mit Elli Muschg-Zollikofer. Olten / Freiburg i. Br.: Walter, 1968. S. 367–370.

Nelson, Gordon Eugene: *Baal*. The Foundation of Brecht's Style. Diss. New Haven (Conn., Yale University) 1968.

Norris, David: The rise and fall of the individual in the early Bertolt Brecht 1918–1932. An examination of the *Baal* plays. Diss. New York (Columbia University) 1971.

Rothstein, Paula: Brechts *Baal* und die moderne Aggressionsforschung. Authorized facsimile. Ann Arbor (Mich.) / London: University Microfilms International, 1977.

Sauerland, Karol: »Die Grundannahme des Stückes ist mir heute kaum noch zugänglich.« In: Germanica Wratislaviensica 22 (1975) S. 57–69.

Schmidt, Dieter: *Baal* und der junge Brecht. Eine textkritische Untersuchung zur Entwicklung des Frühwerks. Stuttgart: Metzler, 1966.

Steer, W. A. J.: *Baal*: A Key to Brecht's Communism. In: German Life and Letters. N. S. 19 (1965/66) S. 40–51.

2. *Trommeln in der Nacht*

Bathrick, David R.: The dialectic and the early Brecht: an interpretative study of *Trommeln in der Nacht*. Stuttgart, Heinz, 1975. [Basiert auf: Dass. Diss. Chicago (University of Chicago) 1970.]

– »Anschauungsmaterial« for Marx: Brecht returns to *Trommeln in der Nacht*. In: Brecht heute 2 (1972) S. 136–148.

Feilchenfeldt, Konrad: Bertolt Brecht: *Trommeln in der Nacht*. München: Hanser, 1976.

Kaufmann, Hans: Drama der Revolution und des Individualismus. Brechts *Trommeln in der Nacht*. In: H. K.: Analysen, Argumente, Anregungen. Aufsätze zur deutschen Literatur. Berlin: Akademie-Verlag, 1973. S. 117–136.

Lehnert, Herbert: Die Fragwürdigkeit geistiger Politik. Brechts *Trommeln in der Nacht* und Tollers *Hinkemann*. In: Akten des VI. Internationalen Germanisten-Kongresses Basel 1980. Hrsg. von Heinz Rupp und Hans-Gert Roloff. Bern / Frankfurt a. M. / Las Vegas: Lang, 1980. T. 4. S. 104–111.

Mayer, Hans: Brecht's *drums*, a dog, and Beckett's *Godot*. In: Essays on Brecht. S. 71–78. [Erstdr. in dt. Spr. in: Theater heute 13 (1972) H. 6. S. 25–27.]

Steinlein, Rüdiger: Expressionismusüberwindung. Restitution bürgerlicher Dramaturgie oder Beginn eines neuen Dramas? Bemerkungen und Materialien zur theaterkritischen Ersatzrezeption des frühen Brecht (am Beispiel von *Trommeln in der Nacht* / 1922). In: Brechtdiskussion. S. 7–51.

Stern, Guy: *Trommeln in der Nacht* als literarische Satire. In: Monatshefte 61 (1969) S. 241–259.

3. *Im Dickicht der Städte*

Bahr, Gisela E.: *Im Dickicht der Städte*. Ein Beitrag zur Bestimmung von Bertolt Brechts dramatischem Frühstil. Diss. New York (New York University) 1966.

Kahn, Ludwig W.: Dialektisches Drama: einige Gedanken zu Brechts *Im Dickicht der Städte*. In: Perspectives and Personalities. Studies in Modern German Literature Honoring Claude Hill. Hrsg. von Ralph Ley [u. a.]. Heidelberg: Winter, 1978. S. 176–180.

Lyons, Charles R.: Two Projections of the Isolation of the Human Soul: Brecht's *Im Dickicht der Städte* and Albee's *The Zoo Story*. In: Drama Survey 4 (1965) S. 121–138.

Mews, Siegfried / English, Raymond: Im amerikanischen Dickicht: Brecht und Zuckmayer. *Pankraz erwacht – Im Dickicht der Städte*. In: Carl Zuckmayer. Ein Jahrbuch. Frankfurt a. M.: Fischer, 1978. S. 181–207.

Mickel, Karl: Brechts *Dickicht*. In K. M.: Gelehrtenrepublik. Halle (Saale): Mitteldeutscher Verlag, 1976. S. 86–101. [Erstdr. in: Sinn und Form 26 (1974) S. 1052–64.]

4. *Mann ist Mann*

Brechts *Mann ist Mann*. Hrsg. von Carl Wege. Frankfurt a. M.: Suhrkamp, 1982.

Kesting, Marianne: Die Groteske vom Verlust der Identität: Bertolt Brechts *Mann ist Mann*. In: Das deutsche Lustspiel. Bd. 2. Hrsg. von Hans Steffen. Göttingen: Vandenhoeck & Ruprecht, 1969. S. 180–199.

Klotz, Volker: Engagierte Komik. Zu Bertolt Brechts *Mann ist Mann*. In: Das neue Forum (1958/59) S. 193–199.

Lyon, James K.: Kipling's *Soldiers three* and Brecht's *A man's a man*. In: Essays on Brecht. S. 99–113.

Patterson, Michael: Brecht's epic theatre: the challenge to reality. Brecht's production of *Mann ist Mann* (*Man equals Man*) in 1931. In: M. P.: The Revolution in German Theatre, 1900–1933. Boston/London/Henley: Routledge & Kegan Paul, 1981. S. 149–187.

5. *Die heilige Johanna der Schlachthöfe*

Berendsohn, Walter A.: Bertolt Brecht, *Die heilige Johanna der Schlachthöfe*. Struktur- und Stilstudie. In: Colloquia Germanica (1970) S. 46–61.

Herrmann, Hans Peter: Wirklichkeit und Ideologie. Brechts *Heilige Johanna der Schlachthöfe* als Lehrstück bürgerlicher Praxis im Klassenkampf. In: Brechtdiskussion. S. 52–120.

Klotz, Volker: Klassik als Köder – Linkes politisches Theater anno 1931 (von Brecht und Wangenheim). In: Weimars Ende. Im Urteil der zeitgenössischen Literatur und Publizistik. Hrsg. von Thomas Koebner. Frankfurt a. M.: Suhrkamp, 1982. S. 247–259. [Zur *Heiligen Johanna der Schlachthöfe* und Gustav von Wangenheims *Mausefalle*.]

MacLean, H.: Brecht's *Die Heilige Johanna der Schlachthöfe* and the fall. In: Seminar 13 (1977) S. 29–41.

Müller, Gerd: Brechts *Heilige Johanna der Schlachthöfe* und Schillers *Jungfrau von Orleans*. Zur Auseinandersetzung des modernen Theaters mit der klassischen Tradition. In: Orbis litterarum 24 (1969) S. 182–200.

Neuland, Brunhild: Bemerkungen zur Funktion der Parodie in Bertolt Brechts Stück *Die heilige Johanna der Schlachthöfe*. In: WZ Jena 23 (1974) S. 119–123.

Rülicke, Käthe: Bertolt Brecht: *Die heilige Johanna der Schlachthöfe*. In: Das deutsche Drama vom Expressionismus bis zur Gegenwart. Interpretationen hrsg. von Manfred Brauneck. Bamberg: Buchner, 1977. S. 144–154. [Erstdr. in: Sinn und Form 11 (1959) S. 429–444. – Auch in: Wer war Brecht? S. 260–275.]

Suvin, Darko: *Saint Joan of the Slaughterhouses*: structures of a slaughterhouse world. In: Essays on Brecht. S. 114–140.

6. *Leben des Galilei*

Aufbau einer Rolle. Galilei. Hrsg. von der Deutschen Akademie der Künste. [Modellbuch.] Berlin: Henschelverlag, 1958. [Enth. den Text des Stückes, Brechts Essay über Charles Laughtons Galilei 1947 und Eislers zu Ernst Buschs Galilei 1956.]

Bentley, Eric: *Galileo*. In: E. B.: The Brecht commentaries. S. 183–214.

Beyerdorff, Peter: Bertolt Brechts *Leben des Galilei*. Zur Problematik des Stoffes. Hollfeld i. Ofr.: Beyer, 1977.

Borchardt, Frank K.: Marx, Engels and Brecht's Galileo. In: Brecht heute 2 (1972) S. 149–163.

Brechts *Leben des Galilei*. [Materialien.] Hrsg. von Werner Hecht. Frankfurt a. M.: Suhrkamp, 1981.

Buck, Theo: Dialektisches Drama, dialektisches Theater. Anmerkungen zu Brechts *Leben des*

Galilei. In: Zu Bertolt Brecht. S. 127–139. [Erstdr. in: Etudes Germaniques 33 (1978) S. 414–427.]

Buehler, George: Brecht's *Life of Galileo*: From Hero to Anti-Hero for the Sake of Progress. In: University of Dayton Review 14 (Spring 1980) S. 39–45.

Cohen, M. A.: History and Moral in Brecht's *The Life of Galileo*. In: Contemporary Literature 11 (1979) S. 80–97.

Deghaye, Pierre: Galilée marxiste et le mysticisme astral. Essai sur la *Vie de Galilée* de Bertolt Brecht. Paris: Editions de la différence, 1977.

Dengle, Rejendra: Die Galilei-Problematik. In: German Studies in India 6 (1982) S. 122–126.

Dieckmann, Friedrich: Wissenschaft und Politik. Zu Brechts *Galilei.* In: F. D.: Streifzüge, Aufsätze und Kritiken. Berlin/Weimar: Aufbau-Verlag, 1977. S. 126–132, 353 f.

Erck, Alfred: Über die Beziehungen zwischen Naturwissenschaft, Moral und Kunst. Vergleichende Untersuchungen zu Bertolt Brechts *Leben des Galilei.* 3 Tle. Diss. Leipzig 1966.

Fehn, Ann Clark: Vision and blindness in Brecht's *Leben des Galilei.* In: Germanic Review 53 (1978) S. 27–34.

Hafen, Hans: Bertolt Brechts *Leben des Galilei.* In: Der Deutschunterricht 13 (1961) H. 4. S. 71–92.

Heinz, Wolfgang: Meine Arbeit an Brechts *Galileo Galilei.* In: W. H.: Die Kunst der Menschendarstellung. Beiträge zur Einheit von Kunst und Politik auf dem Theater (1960–1979). Berlin: Verband der Theaterschaffenden der Deutschen Demokratischen Republik, 1979. S. 74 bis 85.

Kästner, Helga: Brechts *Leben des Galilei.* Zur Charakterdarstellung im epischen Theater. Diss. München 1968.

Knust, Herbert: Brecht, *Leben des Galilei.* Frankfurt a. M.: Diesterweg, 1982.

Kraemer, Hans-Alfred: Brechts *Leben des Galilei.* Versuch einer Interpretation für die Schule. In: Deutschunterricht 12 (1959) H. 5. S. 262–293.

Lauterbach, Konstanze / Kartheus, Bernhard: Beziehungen zu Shakespeare in Brechts *Galilei.* In: Shakespeare-Jahrbuch 115 (1979) S. 83–86.

Ley, Ralph J.: Francis Bacon, *Galileo*, and the Brechtian theater. In: Essays on Brecht. S. 174–189.

Lyons, Charles R.: *The Life of Galileo*: The Focus of Ambiguity in the Villain Hero. In: Germanic Review 41 (1966) S. 57–71.

Materialien zu Brechts *Leben des Galilei.* Zsgest. von Werner Hecht. Frankfurt a. M.: Suhrkamp, 1963 [u. ö.].

Materiali per *Vita de Galileo.* A cura del Teatro Stabilo di Torino. Milano: Mursia, 1972. [Mit Beiträgen von Emilio Castellani, Sebastiano Timpanaro u. a.]

Mayer, Hans: Galilei und die Folgen. In Festschrift für E[ric] W. Herd. Ed. by August Obermayer. Dunedin (New Zealand): Department of German, University of Otago, 1980. S. 167–179.

Müller, Joachim: Verantwortung im Drama. Brechts *Galilei* und Dürrenmatts *Physiker.* In: J. M.: Epik, Dramatik, Lyrik. Halle (Saale): Mitteldeutscher Verlag, 1974. S. 369–377, 450. [Erstdr. in: Universitas 20 (1965) S. 1247–58.]

Müller, Klaus-Detlef: Bertolt Brechts *Leben des Galilei.* In: Geschichte als Schauspiel. Deutsche Geschichtsdramen. Interpretationen. Hrsg. von Walter Hinck. Frankfurt a. M.: Suhrkamp, 1981. S. 240–253.

Nägele, Rainer: Zur Struktur von Brechts *Leben des Galilei.* In: Deutschunterricht 23 (1971) H. 1. S. 86–99.

Ogan, Bernd: Alle Fragen weiterhin offen. Bertolt Brecht: *Leben des Galilei.* In: Tribüne 17 (1978) S. 154–158.

Ries, Wolfgang: Schemel oder Priap. Schemel oder Tisch. Produktive Horaz-Lektüre in Brechts *Galilei.* In: Gymnasium 83 (1976) S. 415–422.

Rohrmoser, Günter: Bertolt Brecht: Das *Leben des Galilei*. In: Das deutsche Drama. Hrsg. von Benno von Wiese. Bd. 2. Düsseldorf: Bagel, 1958. S. 401–414.

Rülicke, Käthe: Brechts *Galilei*. Bemerkungen zur Schlußszene. In: Sinn und Form. 2. S. 269–321. [Auch in: Wer war Brecht? Berlin: – Gekürzt in: Materialien zu Brechts *Leben des Galilei*. Zsgest. von Werner Hecht. Frankfurt a. M.: Suhrkamp, 1963.]

Sławinska, Ireba: La structure temporelle du drame Brechtien. *La vie de Galilée*. In: Zagadnienia rodzajów lit. 19 (1976) H. 2. S. 35–48.

Stern, Guy: The plight of the exile. A hidden theme in Brecht's *Galileo Galilei*. In: Brecht heute 1 (1971) S. 110–116.

Szczesny, Gerhard: *Das Leben des Galilei* und der Fall Bertolt Brecht. Frankfurt a. M. / Berlin / Wien: Ullstein, 1973.

Trevico, Rosa Giannetta: *Galileo* il cielo negato. Contributo sociologico all'analisi della *Vita di Galileo* di Bertolt Brecht. Milano: Editione D'Ars, 1980.

Weber, Betty Nance: *The Life of Galileo* and the Theory of Revolution in Permanence. In: Bertolt Brecht: political theory and literary practice. S. 60–78.

White, Alfred D.: Brecht's *Leben des Galilei*. Armchair theatre? In: German Life and Letters. N. S. 27 (1973/74) S. 124–132.

Yoon, Si-Hyang: (Brechts Auffassung der Geschichte in *Leben des Galilei*.) [Koreanisch mit dt. Zsfassung.] In: Koreanische Zeitschrift für Germanistik (1980) H. 25. S. 72–93.

Zimmermann, Werner: Brechts *Leben des Galilei*. Interpretation und didaktische Analyse. Düsseldorf: Schwann, 1965.

7. *Mutter Courage und ihre Kinder*

Berger, Manfred: Gedanken zum Begriff der Verfremdung in der Theaterauffassung Bertolt Brechts. (Dargestellt am Stück *Mutter Courage und ihre Kinder*.) [Bernau:] Hochschule der deutschen Gewerkschaften ›Fritz Heckert‹, 1964.

Bergstedt, Alfred: Das dialektische Darstellungsprinzip des ›Nicht – Sondern‹ in Bertolt Brechts Stück *Mutter Courage und ihre Kinder*. In: WZ Potsdam 9 (1965) S. 71–77.

Blau, Herbert: Brecht's *Mother Courage*: The Rite of War and the Rythm of Epic. In: Educational Theatre Journal 9 (March 1957) S. 1–10.

Boeddinghaus, Walter: Bestie Mensch in Brechts *Mutter Courage*. In: Acta Germanica 2 (1968) S. 81–88.

Bohnen, Klaus: ».. . schrieb ich mein Stück für Skandinavien.« Eine historisch-kritische Ausgabe von *Mutter Courage* und ein auf deutsch unveröffentlichter Kommentar Brechts zu seinem Stück. In: Text & Kontext 9 (1981) H. 1. S. 145–156.

Mutter Courage und ihre Kinder. Text, Aufführungen, Anmerkungen. Hrsg. von der Deutschen Akademie der Künste. [Umschlagtitel: Brecht: Courage-Modell 1949. Enth. jedoch den Text der Buchfassung und Fotos späterer Aufführungen.] Berlin: Henschelverlag, 1958.

Brechts *Mutter Courage und ihre Kinder*. [Materialien.] Hrsg. von Klaus-Detlef Müller. Frankfurt a. M.: Suhrkamp, 1982.

Dumazeau, Henri: *Mère Courage*. Analyse critique. Paris: Hatier, 1972.

Eversberg, Gerd: Bertolt Brecht. *Mutter Courage und ihre Kinder*. Beispiel für Theorie und Praxis des epischen Theaters. Hollfeld i. Ofr.: Beyer, 1976.

Geißler, Rolf: *Mutter Courage und ihre Kinder*. In: Zur Interpretation des modernen Dramas. Brecht, Dürrenmatt, Frisch. Hrsg. von R. G. unter Mitarb. von Therese Poser und Wilhelm Ziskoven. Frankfurt a. M. / Berlin / München: Diesterweg, 1981. S. 24–39.

Hebel, Franz: Bert Brecht im Deutschunterricht der Oberstufe. *Mutter Courage und ihre Kinder*. In: Pädagogische Provinz 11 (1957) S. 372–384.

Holthusen, Hans Egon: Bertolt Brecht: *Mutter Courage* – oder das Prinzip der nächsten Dinge. In: Das deutsche Drama vom Expressionismus bis zur Gegenwart. Hrsg. von Manfred

Brauneck. Bamberg: Buchner, 1977. S. 180–188. [Erstdr. in: H. E. H.: Kritisches Verstehen. Neue Aufsätze zur Literatur. München: Piper, 1961.]

Knight, Kenneth: *Simplicissimus* und *Mutter Courage*. In: Daphnis 5 (1976) S. 699–705.

Lehmann, Hans-Thies: »Asche in den Augen, Erde im Mund.« Zur Materialität des Imaginären. In: Alternative 24 (1981) H. 137. S. 105–113.

Lupi, Sergio: Il Drama *Mutter Courage und ihre Kinder* di Bertolt Brecht. In: Studi Germanici 3 (1965) S. 39–80.

Luthardt, Theodor: Der Song als Schlüssel zur dramatischen Grundkonzeption in Bertolt Brechts *Mutter Courage und ihre Kinder*. In: WZ Jena 7 (1957/58) S. 119–122.

Materialien zu Brechts *Mutter Courage und ihre Kinder*. Hrsg. von Werner Hecht. Frankfurt a. M.: Suhrkamp, 1969 [u. ö.].

Mayer, Hans: Anmerkungen zu einer Szene aus *Mutter Courage*. In: Zu Bertolt Brecht. S. 140–144. [Erstdr. in: Theaterarbeit. S. 249–253. – Auch in: H. M.: Anmerkungen zu Brecht. Frankfurt a. M.: Suhrkamp, 1971. S. 46–55.]

Mennemeier, Franz-Norbert: *Mutter Courage und ihre Kinder*. In: Zu Bertolt Brecht. S. 145–160. [Erstdr. in: Das deutsche Drama vom Barock bis zur Gegenwart. Hrsg. von Benno v. Wiese. Bd. 2. Düsseldorf: Bagel, 1958. S. 383–400.]

Obermayer, August: Die dramaturgische Funktion der Lieder in Brechts *Mutter Courage und ihre Kinder*. In: Festschrift für E[ric] W. Herd. Ed. by A. O. Dunedin (New Zealand): Departement of German, University of Otago, 1980. S. 200–213.

Parmet, Simon: Die ursprüngliche Musik zu *Mutter Courage*. Meine Zusammenarbeit mit Brecht. In: Schweizerische Musikzeitung 97 (1957) S. 465–468.

Reisinger, Alfred: Bertolt Brechts *Mutter Courage und ihre Kinder*. Ein Beitrag zur Erkenntnis der ästhetischen Struktur des literarischen Kunstwerks. Diss. Wien 1974.

Schäfer, Walter E.: War der Weg über die Lieder ein Umweg? Bertolt Brecht: *Mutter Courage und ihre Kinder*. In: Wirkendes Wort 14 (1964) S. 407–413.

Wölfel, Friedrich: Das Lied der Mutter Courage. In: Hirschenauer, Rupert / Weber, Albrecht: Wege zum Gedicht. Bd. 2. München/Zürich: Schnell & Steiner, [7]1968. S. 537–549.

8. *Der gute Mensch von Sezuan*

Bräutigam, Kurt: Bertolt Brecht: *Der gute Mensch von Sezuan*. Interpretation. München: Oldenbourg, 1966.

Brechts *Guter Mensch von Sezuan*. [Materialien.] Hrsg. von Jan Knopf. Frankfurt a. M.: Suhrkamp, 1982.

Dodds, Dinah: Brecht's *Der gute Mensch von Sezuan*: is goodness female? In: Proceedings. Pacific Northwest Council on Foreign Languages 28 (1977) H. 1. S. 58–60.

Franklin, James C.: Alienation and the retention of the self: the heroines of *Der gute Mensch von Sezuan*, *Abschied von gestern*, and *Die verlorene Ehre der Katharina Blum*. In: Mosaic 12 (1978/79) H. 4. S. 87–98.

Fuegi, John: The alienated woman: Brecht's *The good person of Setzuan*. In: Essays on Brecht. S. 190–196.

Geißler, Rolf: *Der gute Mensch von Sezuan*. In: Zur Interpretation des modernen Dramas. Brecht, Dürrenmatt, Frisch. Hrsg. von R. G. unter Mitarb. von Therese Poser und Wilhelm Ziskoven. Frankfurt a. M. / Berlin / München: Diesterweg, 1981. S. 39–49.

Giese, Peter Christian: *Der gute Mensch von Sezuan*. Aspekte einer Brechtschen Komödie. In: Brechts *Guter Mensch von Sezuan*. S. 221–234.

Grimm, Reinhold: *Der gute Mensch von Sezuan*. In: Zu Bertolt Brecht. S. 161–167. [Erstdr. in: Germanistik in Forschung und Lehre. Hrsg. von Rudolf Henß und Hugo Moser. Berlin: E. Schmidt, 1965. S. 184–191.]

Knopf, Jan: Brecht, *Der gute Mensch von Sezuan*. Frankfurt a. M.: Diesterweg, 1982.

Koller, Gerold: Parabolischer Realismus. In: Brechts *Guter Mensch von Sezuan*. S. 235–267. [Erstdr. in: G. K.: Der mitspielende Zuschauer. Theorie und Praxis im Schaffen Brechts. München/Zürich: Artemis, 1979.]

Loeb, Ernst: Sartre's *No Exit* and Brecht's *The Good Woman of Setzuan*: A Comparison. In: Modern Language Quarterly 22 (1961) S. 283–291.

Materialien zu Brechts *Der gute Mensch von Sezuan*. Zsgest. von Werner Hecht. Frankfurt a. M.: Suhrkamp, 1968 [u. ö.].

Swaffar, Janet K.: The Ethics of Exploitation: Brecht's *Der gute Mensch von Sezuan*. In: University of Dayton Review 13 (Spring 1979) S. 65–70.

9. Herr Puntila und sein Knecht Matti

Berckman, Edward M.: Comedy and parody of comedy in Brecht's *Puntila*. In: Essays in Literature 1 (1974) S. 248–260.

Bohnen, Klaus: Naivität bei Brecht? Aus Anlaß der Kopenhagener Erstaufführung von *Herr Puntila und sein Knecht Matti*. In: Brecht-Jahrbuch 1980. S. 189–200.

Brechts *Puntila* i öst och väst. Av Viveka Hagnell u. a. Redigerad av Viveka Hagnell. Trondheim: Tapir Verlag, 1980. [Enth. Beiträge zu Brechts Theorie, zur Entstehungsgeschichte und Rezeption von *Herr Puntila und sein Knecht Matti*.]

Deschner, Margareta N.: Hella Wuolijokis *Puntila*-Geschichte. Ein Vor-Brechtsches Dokument. In: Brecht-Jahrbuch 1978. S. 87–95. [Text S. 96–106.]

– Wuolijoki's and Brecht's politization of the Volksstück. In: Bertolt Brecht: political theory and literary practice. S. 115–128.

Hermand, Jost: *Herr Puntila und sein Knecht Matti*. Brechts Volksstück. In: Zu Bertolt Brecht. S. 175–191. [Erstdr. in: Brecht heute 1 (1971) S. 117–136.]

Martini, Fritz: Bertolt Brecht: *Herr Puntila und sein Knecht Matti*. Das Volksstück als komisches Spiel. In: F. M.: Lustspiele – und das Lustspiel. Stuttgart: Klett, 1974. S. 236–256. [Erw. Fassung von: Dass. In: Deutschunterricht 5 (1953) H. 5. S. 73–100.]

Mayer, Hans: Herrschaft und Knechtschaft. Hegels Deutung, ihre literarischen Ursprünge und Folgen. In: Jahrbuch der Deutschen Schiller-Gesellschaft 15 (1971) S. 251–279. [Geht u. a. ein auf den *Puntila*.]

Mews, Siegfried: *Herr Puntila und sein Knecht Matti*. Frankfurt a. M.: Diesterweg, 1975.

Neureuter, Hans Peter: *Herr Puntila und sein Knecht Matti*. Bericht zur Entstehungsgeschichte. In: Mitteilungen aus der Deutschen Bibliothek. Helsinki. Nr. 9 (1975) S. 7–42.

– Vom Konversationsstück zum Volksstück. Aus der Entstehungsgeschichte des *Puntila*. In: Gebrauchsliteratur. Interferenz. Kontrastivität. Beiträge zur polnischen und deutschen Literatur- und Sprachwissenschaft. Hrsg. von Bernhard Gajek und Erwin Wedel. Frankfurt a. M.: Lang, 1982. S. 173–192.

Poser, Hans: Brechts *Herr Puntila und sein Knecht Matti*. Dialektik zwischen Volksstück und Lehrstück. In: Theater und Gesellschaft. Hrsg. von Jürgen Hein. Düsseldorf: Bertelsmann Universitätsverlag, 1973. S. 187–200.

Semrau, Richard: Brecht und Finnland. In: Nordeuropa 8 (1975) S. 107–124.

– Die Komik des *Puntila*. Berlin: Brecht-Zentrum der DDR, 1982.

Völker, Klaus: *Herr Puntila und sein Knecht Matti*. In: Zu Bertolt Brecht. S. 168–174. [Erstdr. in: K. V.: Bertolt Brecht. Eine Biographie. München/Wien: Hanser, 1976. S. 303–312.]

White, Alfred D.: Plot and narrative elements in Brecht's *Herr Puntila und sein Knecht Matti*. In: Modern Language Review 76 (1981) S. 880–888.

10. *Der kaukasische Kreidekreis*

Badura, Peter: Die Gerechtigkeit des Azdak. In: Bertolt Brecht I. S. 100–106.

Bentley, Eric: The *Caucasian Chalk Circle*. In: E. B.: The Brecht commentaries. S. 165 bis 182.

Berg-Pan, Renata: Mixing old and new wisdom. The »Chinese« sources of Brecht's *Kaukasischer Kreidekreis* and other works. In: German Quarterly 48 (1975) S. 204–228.

DiNapoli, Thomas John: Bertolt Brecht's *Der Kaukasische Kreidekreis*: a study of form and content. In: Literatur in Wissenschaft und Unterricht 14 (1981) S. 206–213.

Dort, Bernard: Brecht: ›Un Monde tel qu'il Devient‹. In: Les Temps Modernes 11 (1955/56) Nr. 116 S. 163–171.

Eaton, Katherine B.: »Die Pionierin« und »Feld-Herren« vom *Kreidekreis*. Bemerkungen zu Brecht und Tretjakow. In: Brecht-Jahrbuch 1979. S. 19–29.

Fuegi, John: The *Caucasian Chalk Circle* in performance. In: Brecht heute 1 (1971) S. 136–149.

Geißler, Rolf: Versuch über Brechts *Kaukasischen Kreidekreis*. Klassische Elemente in seinem Drama. In: Zu Bertolt Brecht. S. 192–199. [Erstdr. in: Wirkendes Wort 9 (1959) S. 93–99.]

Hill, Linda: The love of life, justice and scandal: Azdak in Brecht's *Der kaukasische Kreidekreis*. In: German Studies Review 2 (1979) S. 317–330.

Holmes, Thomas M.: Descrying the dialectic: a heterodox line on the prologue to Brecht's *Der kaukasische Kreidekreis*. In: Journal of European Studies 7 (1977) S. 95–106.

Hsiá, Adrian: Eindeutschung des Kreidekreis-Motivs. In: Ein Theatermann – Theorie und Praxis. Festschrift für Rolf Badenhausen. Hrsg. von Ingrid Nohl. München: [Selbstverlag I. Nohl,] 1977. S. 131–142. [Auch zu Klabund und J. v. Günther.]

Hurwicz, Angelika: Brecht inszeniert. *Der kaukasische Kreidekreis*. Velber bei Hannover: Friedrich, 1964.

Jakobs, Jürgen: Die Rechtspflege des Azdak. Zu Brechts *Der kaukasische Kreidekreis*. In: Euphorion 62 (1969) S. 421–424.

Khanna, Pankaj: Structural Unity in Brecht's *The Caucasian Chalk Circle*. In: Literary Criterion 14 (1979) H. 3. S. 30–39.

Materialien zu Brechts *Der kaukasische Kreidekreis*. Zsgest. von Werner Hecht. Frankfurt a. M.: Suhrkamp, 1966 [u. ö.].

Mendelson, Edward: *The Caucasian Chalk Circle* and *End Game*. In: Homer to Brecht. The European epic and dramatic tradition. Ed. by Michael Seidel and E. M. New Haven (Conn.) / London: Yale University Press, 1977. S. 336–352.

Mews, Siegfried: Bertolt Brecht, *Der kaukasische Kreidekreis*. Frankfurt a. M. / Köln / München: Diesterweg, 1980.

Michelsen, Peter: »Und das Tal den Bewässerern . . .« Über das Vorspiel zum *Kaukasischen Kreidekreis*. In: Drama und Theater im 20. Jahrhundert. Festschrift für Walter Hinck. Hrsg. von Hans Dietrich Irmscher und Werner Keller. Göttingen: Vandenhoeck & Ruprecht, 1983. S. 190–203.

Müller-Michaels, Harro: Bertolt Brecht: *Der kaukasische Kreidekreis*. In: Deutsche Dramen. Interpretationen zu Werken von der Aufklärung bis zur Gegenwart. Hrsg. von H. M.-M. Bd. 2. Königstein i. Ts.: Athenäum, 1981. S. 68–84.

Ritchie, James MacPherson: Georgian names in Bertolt Brecht's *Der kaukasische Kreidekreis*. A note. In: New German Studies 3 (1975) S. 48–52.

– Brecht: *Der kaukasische Kreidekreis*. London: Arnold, 1976.

– The roots of chaos: an Egyptian source for the *Caucasian Chalk Circle*. In: German Life and Letters. N. S. 31 (1977/78) S. 87–96.

Springfield, Asalean: Bertolt Brecht's *The Caucasian Chalk Circle* and Pierre-Joseph Proudhon's political philosophy. Diss. Washington (D. C., The American University) 1976.

Suvin, Darko: Brecht's *Caucasian Chalk Circle* and marxist figuralism: open dramaturgy as open history. In: Weapons of criticism. Marxism in America and literary criticism. Ed. by Norman Rudich. Palo Alto (Cal.): Ramparts Press, 1976. S. 341–357.

Tscharchalaschwili, Surab: *Der kaukasische Kreidekreis* – seine Geschichte und die Verfremdungstheorie von Bertolt Brecht. In: Weimarer Beiträge 14 (1968) Brecht-Sonderheft. S. 171–184.

Weber, Betty Nance: Bertolt Brecht's *Der kaukasische Kreidekreis* and the Gap of Fascism. In: Deutsches Exildrama und Exiltheater. S. 94–102.

– Brechts Kreidekreis, ein Revolutionsstück. Eine Interpretation. Mit Texten aus dem Nachlaß. Frankfurt a. M.: Suhrkamp, 1978.

11. *Die Tage der Commune*

Brechts *Tage der Commune*. [Materialien.] Hrsg. von Wolf Siegert. Frankfurt a. M.: Suhrkamp, 1983.

Conard, Robert C.: Brecht's *Tage der Commune* und ihre Bedeutung für die Ereignisse im September 1973 in Chile. In: Brecht-Jahrbuch 1975. S. 35–42.

Fischer, Gerhard: The Paris Commune on the stage: Valles, Grieg, Brecht, Adamov. Frankfurt a. M. / Bern: Lang, 1981.

Hartung, Günther: Brechts Stück *Die Tage der Commune*. In: Weimarer Beiträge 18 (1972) H. 2. S. 106–144.

Kaufmann, Hans: Bertolt Brecht. Geschichtsdrama und Parabelstück. Berlin: Rütten & Löning, 1962. [Bes. zu: *Die Tage der Commune*.]

Wekwerth, Manfred: Die *Tage der Commune* von Bertolt Brecht. In: M. W.: Notate. Über die Arbeit des Berliner Ensembles 1956–1966. Frankfurt a. M.: Suhrkamp, 1967 / Berlin/Weimar: Aufbau-Verlag, 1967. S. 88–110. [Auch in: M. W.: Schriften. Arbeit mit Brecht. S. 179–196.]

12. Die Einakter

Knust, Herbert: Brechts *Fischzug*. In: Brecht heute / Brecht today 1 (1971) S. 98–109.

Knust, Herbert / Marx, Leonie: Brechts *Lux in Tenebris*. In: Monatshefte 56 (1973) S. 117–125.

Loomis, Emerson Robert: A Reinterpretation of Bertolt Brecht: The Moral Choice in *Die sieben Todsünden*. In: University of Kansas City Review 27 (October 1960) S. 51–56.

Scher, Steven Paul: *Die sieben Todsünden der Kleinbürger*. Emblematic structure as epic spectacle. In: Studies in the German drama. A Festschrift in honor of Walter Silz. Ed. by Donald H. Crosby and George C. Schoolfield. Chapel Hill: University of North Carolina Press, 1974. S. 235–252.

Vinçon, Inge: Die Einakter Bertolt Brechts. Königstein i. Ts.: Forum Academicum in der Verlagsgruppe Athenäum, Hain, Scriptor, Hanstein, 1980.

13. Opern und Songspiele

Cotterill, Rowland: In defence of *Mahagonny*. In: Bullivant, Keith (Ed.): Culture and society in the Weimar Republic. Manchester: Manchester University Press / Totowa (N. J.): Rowman and Littlefield, 1977. S. 190–200.

Drew, David: The History of *Mahagonny*. In: Musical Times 104 (1963) S. 18–24.

– Über Kurt Weill. Frankfurt a. M.: Suhrkamp, 1975.

Frey, Daniel: Les ballades de François Villon et le *Dreigroschenoper*. In: Etudes de Lettres 4 (1961) S. 114–136.

Harper, A. J.: Further Thoughts on Some *Dreigroschenoper* Songs. In: Forum for Modern Language Studies 1 (1965) S. 191–194.

Hecht, Werner: *Die Dreigroschenoper* und ihr Urbild. In: W. H.: Aufsätze über Brecht. S. 26–48. [Erw. Fassung in: W. H.: Sieben Studien über Brecht. S. 73–107.]

Hunt, Joel A.: Bertolt Brecht's *Dreigroschenoper* and Villon's *Testament*. In: Monatshefte 49 (1957) S. 273–278.

Kocks, Klaus: Brechts literarische Evolution. Untersuchungen zum ästhetisch-ideologischen Bruch in den Dreigroschen-Bearbeitungen. München: Fink, 1981.

König, Irmtrud: John Gay y Bertolt Brecht: Dos visiones del mundo. Valparaíso: Editorial Universitaria, 1970.

Marx, Robert: The Operatic Brecht. In: The American Scholar 44 (1974/75) S. 283–290.

Mayer, Hans: Brechts Hörspiel *Das Verhör des Lukullus*. In: H. M.: Vereinzelt Niederschläge. Kritik – Polemik. Pfullingen: Neske, 1973. S. 218–227.

– *Die Verurteilung des Lukullus*. Bertolt Brecht und Paul Dessau. (1975.) In: H. M.: Versuche über die Oper. Frankfurt a. M.: Suhrkamp, 1981. S. 182–224.

Sanders, Ronald: Kurt Weill. Aus dem Amerikanischen von Leonore Germann. München: Kindler, 1980. – Engl. Ausg.: R. S.: The Days Grow Short: The Life and Music of Kurt Weill. New York: Holt, Rinehart & Winston, 1980.

Sehm, Gunter G.: Moses, Christus und Paul Ackermann. Brechts *Aufstieg und Fall der Stadt Mahagonny*. In: Brecht-Jahrbuch 1976. S. 83–100.

Singermann [!], Boris: Brechts *Dreigroschenoper*. Zur Ästhetik der Montage. In: Brecht-Jahrbuch 1976. S. 61–82.

Speirs, Ronald C.: A note on the first published version of *Die Dreigroschenoper* and its relation to the standard text. In: Forum for Modern Language Studies 13 (1977) S. 25–32.

Taylor, Ronald: Opera in Berlin in the 1920s: *Wozzeck* and *The Threepenny Opera*. In: Bullivant, Keith (Ed.): Culture and society in the Weimar Republic. Manchester: Manchester University Press / Totowa (N. J.): Rowman and Littlefield, 1977. S. 183–189.

Tolksdorff, Cäcilie: John Gays *Beggar's Opera* und Bert Brechts *Dreigroschenoper*. Rheinberg: Sattler & Koss, 1934.

Voßkamp, Wilhelm: Zwischen Utopie und Apokalypse. Die Diskussion utopischer Glücksphantasien in Brechts *Aufstieg und Fall der Stadt Mahagonny*. In: Drama und Theater im 20. Jahrhundert. Festschrift für Walter Hinck. Hrsg. von Hans Dietrich Irmscher und Werner Keller. Göttingen: Vandenhoeck & Ruprecht, 1983. S. 157–168.

Weisstein, Ulrich: Cocteau, Stravinsky, Brecht, and the Birth of Epic Opera. In: Modern Drama 5 (1962) S. 142–153.

– Brecht's Victorian Version of Gay: Imitation and Originality in the *Dreigroschenoper*. In: Comparative Literature Studies 7 (1970) S. 314–335.

Zweifel, Annarosa: La *Beggar's Opera* di John Gay e la *Dreigroschenoper* di Bertolt Brecht. In: Studi di ricerche di letteratura inglese e americana. Hrsg. von Agostino Lombardo. Mailand: Editoriale Cisalpino, 1967. S. 75–103.

14. Die Lehrstücke

Berenberg-Gossler, Heinrich / Müller, Hans-Harald / Stosch, Joachim: Das Lehrstück. Rekonstruktion einer Theorie oder Fortsetzung eines Lernprozesses? Eine Auseinandersetzung mit Reiner Steinweg, »Das Lehrstück. [...]« In: Brechtdiskussion. S. 121–171.

Beyersdorf, Peter: Bertolt Brecht: *Die Heilige Johanna der Schlachthöfe. Der Jasager – Der Neinsager* und andere Lehrstücke. Anmerkungen und Untersuchungen. Hollfeld i. Ofr.: Beyer, 1975.

Bormann, Alexander von: Nämlich der Mensch ist unbekannt: Ein dramatischer Disput über Humanität und Revolution (*Masse-Mensch, Die Maßnahme, Mauser*). In: Wissen aus Erfahrungen. Werkbegriff und Interpretation heute. Festschrift für Herman Meyer zum 65. Geburtstag. Hrsg. von A. v. B. Tübingen: Niemeyer, 1976. S. 851–880.

Brecht-Materialien I. Zur Lehrstückdiskussion. Beiträge von Hermann Haarmann, Dagmar Walach, Jürgen Baumgarten, Günter Stack, Günter Glaeser und Hildegard Brenner. (Alternative 16, 1973, Nr. 91.)

Brechts Modell der Lehrstücke. Zeugnisse, Diskussion, Erfahrungen. Hrsg. von Reiner Steinweg. Frankfurt a. M.: Suhrkamp, 1976. [Enth. u. a. Beiträge von Jürgen Hoffmann, John Milfull, Werner Mittenzwei, Hermann Haarmann, Dagmar Walach.]

Der Ozeanflug von Bertolt Brecht. Mit »Vorschlägen zur besseren Verwendung der Apparate«. Hrsg. von Siegfried Zielinski [u. a.]. In: Kürbiskern (1978) H. 3. S. 148–152.

Feingold, Michael: The difficulty of *Einverständnis*: A note on *Der Jasager* and Brecht's didactic plays. In: Yale Theater 6 (1975) H. 2. S. 35–43.

Grimm, Reinhold: Ideologische Tragödie und Tragödie der Ideologie. Versuch über ein Lehrstück von Brecht. In: Zeitschrift für deutsche Philologie 78 (1959) S. 394–424. [Zur *Maßnahme.*]

– Bertolt Brecht: *Die Maßnahme* – zwischen Tragik und Ideologie. In: Das deutsche Drama vom Expressionismus bis zur Gegenwart. Hrsg. von Manfred Brauneck. Bamberg: Buchner, 1977. S. 155–165. [Erstdr. in: R. G.: Strukturen. Göttingen: Sachse & Pohl, 1963. S. 248–271.]

Große und kleine Pädagogik. Brechts Modell der Lehrstücke. (Alternative 14, 1971, Nr. 78/79.)

Höger, Alfons: Reiner Steinweg: Das Lehrstück. [Rez.] In: Text & Kontext 2 (1974) H. 3. S. 100–124.

Horn, Peter: Die Wahrheit ist konkret. Bertolt Brechts *Maßnahme* und die Frage der Parteidisziplin. In: Brecht-Jahrbuch 1978. S. 39–65.

Howard, Roger: A measure for *The measures taken*: Zenchiku, Brecht and idealist dialectics. In: Praxis 3 (1976) S. 164–172.

Jaretzki, Reinhold: Die Diskussion um die Lehrstücktheorie Bertolt Brechts. In: Diskussion Deutsch 12 (1981) S. 75–87.

Kaiser, Joachim: Brechts *Maßnahme* – und die linke Angst. Warum ein Lehrstück so viel Verlegenheit und Verlogenheit provozierte. In: Neue Rundschau 84 (1973) S. 96–127.

Kamath, Rekha: Brechts Lehrstück-Modell als Bruch mit den bürgerlichen Theatertraditionen. Frankfurt a. M. / Bern: Lang, 1983.

Karachouli, Achmad Adel: Das Lehrstück *Die Ausnahme und die Regel* und die arabische Brecht-Rezeption. Eine Auseinandersetzung mit einigen Mißverständnissen und Fehlinterpretationen in der arabischen Rezeption von Brechts Methode des epischen Theaters. Diss. Leipzig 1970.

Kramer, Jürgen: Brechts Lehrstücke. Zur organisierenden Funktion von Theorie-Praxis-Manövern. In: Projekt Deutschunterricht 6: Kritischer Literaturunterricht – Dichtung und Politik. Hrsg. von Heinz Ide und Bodo Lecke. Stuttgart: Metzler, 1974. S. 127–141.

Kroetz, Franz-Xaver: Über die *Maßnahme* von Bertolt Brecht. In: Kürbiskern (1975) H. 4. S. 99–110.

Krusche, Dieter: Dialektik des Wissens. Die Lehr- und Lerngedichte Bertolt Brechts. In: Deutschunterricht 23 (1971) H. 1. S. 21–35.

Lazarowicz, Klaus: Die rote Messe. Liturgische Elemente in Brechts *Maßnahme*. In: Literaturwissenschaftliches Jahrbuch 16 (1975) S. 203–220.

Lehmann, Hans-Thies / Lethen, Helmut: Ein Vorschlag zur Güte. Zur doppelten Polarität der Lehrstücke. In: Auf Anregung Bertolt Brechts: Lehrstücke mit Schülern, Arbeitern, Theaterleuten. Hrsg. von Reiner Steinweg. Frankfurt a. M.: Suhrkamp, 1978. S. 302–318.

Lehrstücke in der Praxis. Zwei Versuche mit Bertolt Brechts *Die Ausnahme und die Regel, Die Horatier und die Kuratier*. Hrsg. von Joachim Lucchesi und Ursula Schneider. Berlin: Akademie der Künste der DDR [Henschelverlag in Komm.], 1979.

Materialien zu Bertolt Brechts *Die Mutter*. Zsgest. und red. von Werner Hecht. Frankfurt a. M.: Suhrkamp, 1969.

McLachlan, Ian: Ironic tension and production techniques: *The Measures Taken*. In: Bertolt Brecht: political theory and literary practice. S. 100–105.

Mittenzwei, Werner: Die Spur der Brechtschen Radiotheorie. In: Brechts Modell der Lehrstücke. S. 225–252.

Nelson, G[ordon] E[ugene]: The birth of tragedy out of pedagogy. Brecht's »Learning play« *Die Maßnahme*. In: German Quarterly 46 (1973) S. 566–580.

Nordhaus, Jean F.: The »Laienspiel«Movement and Brecht's »Lehrstücke«. Diss. New Haven (Conn., Yale University) 1968.

Pasche, Wolfgang: Die Funktion des Rituellen in Brechts Lehrstücken *Der Jasager* und *Der Neinsager*. In: Acta Germanica 13 (1980) S. 137–150.

Rey, William: Brechts *Maßnahme* – ein Stein des Anstoßes. In: Sprachkunst 8 (1977) S. 202–222.

Rhie, Won-Yang: (Das Lehrstück. Brechts Lehrstücktheorie und -praxis.) [Koreanisch mit dt. Zsfassung.] In: Koreanische Zeitschrift für Germanistik (1981) H. 26. S. 110–129.

Sander, Hans Dietrich: *Die Maßnahme*, rechtsphilosophisch betrachtet. Carl Schmitt – Karl Korsch – Bertolt Brecht. In: Deutsche Studien 17 (1979) S. 135–154.

Schachtsiek-Freitag, Norbert: Bertolt Brechts Radiolehrstück *Der Ozeanflug*. In: Bertolt Brecht II. S. 131–137.

Schmidt-Hansen, Ina: *Die Maßnahme*. Ein Modell für das Theater ohne Publikum. In: Aspects de la civilisation germanique. Saint-Etienne: Centre Interdisciplinaire d'Etude et de Recherche sur l'Expression Contemporaine (Université de Saint-Etienne), 1975. S. 221–234.

Steinweg, Reiner: Das Lehrstück. Theorie einer politisch-ästhetischen Erziehung. Stuttgart: Metzler, 1972. ²1976.

– *Das Badener Lehrstück vom Einverständnis*. Mystik, Religionsersatz oder Parodie? In: Bertolt Brecht II. S. 109–130.

– Brechts *Die Maßnahme* – Übungstext, nicht Tragödie. In: Das deutsche Drama vom Expressionismus bis zur Gegenwart. Hrsg. von Manfred Brauneck. Bamberg: Buchner, 1977. S. 166–179. [Kürzer zuerst in: Alternative 14 (1971) Nr. 78/79.]

Szondi, Peter: Brechts »Jasager« und »Neinsager«. In: Brecht, Bertolt: *Der Jasager* und *Der Neinsager*. Vorlagen, Fassungen und Materialien. Hrsg. und mit einem Nachw. vers. von P. S. Frankfurt a. M.: Suhrkamp, 1966. S. 103–112. [Auch in: P. S.: Lektüren und Lektionen. Hrsg. von Jean Bollack. Frankfurt a. M.: Suhrkamp, 1973; und in: P. S.: Schriften. Bd. 2. Frankfurt a. M.: Suhrkamp, 1978.]

Tatlow, Antony: »Viele sind einverstanden mit Falschem« – Brechts Lehrstücke und die Lehrstücktheorie. In: Akten des V. Internationalen Germanisten-Kongresses Cambridge 1975. Bern / Frankfurt a. M. / München: Lang, 1976. T. 3. S. 376–383.

Theater der Kollektive. Proletarisch-revolutionäres Berufstheater in Deutschland 1928–1933. Stücke, Dokumente, Studien. Hrsg. von Ludwig Hoffmann. Berlin: Henschelverlag, 1980. [Zu *Die Maßnahme* und *Die Mutter* S. 363–421.]

Thomas, Emma Lewis: Bertolt Brecht's Drama *Die Mutter*: A Case of Double Adaption. Bloomington (University of Indiana) 1972.

– The Stark-Weisenborn adaption of Gorky's *Mutter*: its influence on Brecht's version. In: Brecht heute 3 (1973/74) S. 57–105.

VonBawey, Petermichael: Dramatic structure of revolutionary language – tragicomedy in Brecht *The Mother*. In: Clio 10 (1980) H. 1. S. 21–33.

– Rhetorik der Utopie. Eine Untersuchung zum ästhetischen Aufbau und argumentativen Zusammenhang der Lehrstücke Brechts. München: Fink, 1981.

15. Antifaschistische Stücke

Albers, Jürgen: *Die Gesichte der Simone Machard.* Eine zarte Träumerei nach Motiven von Marx, Lenin, Schiller. In: Brecht-Jahrbuch 1978. S. 66–86.

Allen, Grace M.: *Senora Carrar's rifles*: dramatic means and didactic ends. In: Essays on Brecht. S. 156–173.

Bahr, Gisela E.: *Roundheads and peakheads*: the truth about evil times. In: Essays on Brecht. S. 141–155.

Barasch, Monique: War Arturo Uis Aufstieg aufhaltsam? In: The University of South Florida language quarterly 20 (1981/82) H. 3/4. S. 21 f., 31.

Bathrick, David: Ein Ui kommt nach Cicero. In: Brecht-Jahrbuch 1975. S. 159–163.

Bentley, Eric: *The Private Life of the Master Race.* In: E. B.: The Brecht commentaries. S. 23–37.

Beyerchen, Alan D.: The basis for political dictatorship as revealed in three works by Bertolt Brecht. In: German Life and Letters. N. S. 25 (1971/72) S. 354–359.

Bohnen, Klaus: *Die Gewehre der Frau Carrar.* Beobachtungen zum Stück und zu einer dänischen Aufführung. In: Brecht-Jahrbuch 1976. S. 131–141.

– Produktionsprozeß bei Brecht. Zur Entstehung von *Die Gewehre der Frau Carrar.* In: Text & Kontext 7 (1979) H. 2. S. 123–150. [Auch in: Brechts *Gewehre der Frau Carrar.* S. 167 bis 194.]

Brechts *Aufhaltsamer Aufstieg des Arturo Ui.* [Materialien.] Hrsg. von Raimund Gerz. Frankfurt a. M.: Suhrkamp, 1983.

Brechts *Gewehre der Frau Carrar.* [Materialien.] Hrsg. von Klaus Bohnen. Frankfurt a. M.: Suhrkamp, 1982.

Busch, Walter: Brecht, *Furcht und Elend des Dritten Reiches.* Frankfurt a. M.: Diesterweg, 1982.

Douglas, Donald Brett: Bertolt Brechts development of minor Shakespearian motif in *Die Rundköpfe und die Spitzköpfe.* In: Journal of the Australasian Universities Language and Literature Association (1982) H. 57. S. 40–50.

Emmerich, Wolfgang: ›Massenfaschismus‹ und die Rolle des Ästhetischen. Faschismustheorie bei Ernst Bloch, Walter Benjamin, Bertolt Brecht. In: Antifaschistische Literatur. Programme – Autoren – Werke. Hrsg. von Lutz Winckler. Bd. 2. Kronberg i. Ts.: Scriptor, 1977. S. 223–290.

Feuchtwanger, Lion: Zur Entstehungsgeschichte des Stückes *Simone.* In: Neue Deutsche Literatur 5 (1957) H. 6. S. 56–58.

Gerz, Raimund: Bertolt Brecht und der Faschismus: in den Parabelstücken *Die Rundköpfe und die Spitzköpfe, Der aufhaltsame Aufstieg des Arturo Ui* und *Turandot oder der Kongreß der Weißwäscher.* Rekonstruktion einer Versuchsreihe. Bonn: Bouvier, 1983.

Goldhahn, Johannes: Das Parabelstück Bertolt Brechts als Beitrag zum Kampf gegen den deutschen Faschismus, dargestellt an den Stücken *Die Rundköpfe und die Spitzköpfe* und *Der aufhaltsame Aufstieg des Arturo Ui.* Rudolstadt: Greifenverlag, 1961.

Hartung, Günther: *Furcht und Elend des Dritten Reiches* als Satire. In: Erworbene Tradition. Studien zu Werken der sozialistischen deutschen Literatur. Hrsg. von G. H., Thomas Höhle und Hans-Georg Werner. Berlin/Weimar: Aufbau-Verlag, 1977. S. 57–118.

Humble, M. E.: The stylisation of history in Bertolt Brecht's *Der aufhaltsame Aufstieg des Arturo Ui.* In: Forum for Modern Language Studies 16 (1980) S. 154–171.

Klingmann, Ulrich: »Die Realität gegen die Ideologien führen«: Brechts Tui-Kritik heute. In: Acta Germanica 12 (1980) S. 143–162.

Knust, Herbert: Brechts braver Soldat Schweyk. In: Publications of the Modern Language Association of America 88 (1973) H. 2. S. 219–232.

– Schwejk und kein Ende. In: Germano-Slavica (1973) No. 1. S. 65–85.

Kostić, Predrag: Politicko-satiricni komadi Bertolta Brechta. Diss. Belgrad 1965.

– *Turandot* – das letzte dramatische Werk Bertolt Brechts. In: Weimarer Beiträge 14 (1968) Brecht-Sonderheft. S. 185–194.

Lindner, Burckhardt: Bertolt Brecht: *Der aufhaltsame Aufstieg des Arturo Ui.* München: Fink, 1982.

Lippuner, Heinz / Mettler, Heinz: Das Horst-Wessel-Lied und Brechts *Kälbermarsch.* Ein Schulbeispiel für das Zusammenwirken von Rhetorik und Ideologie. In: Akten des VI. Internationalen Germanisten-Kongresses Basel 1980. Hrsg. von Heinz Rupp und Hans-Gert Roloff. Bern / Frankfurt a. M. / Las Vegas: Lang, 1980. T. 4. S. 92–103.

Lyon, James K.: Zur New Yorker Aufführung von Brechts *Furcht und Elend des Dritten Reiches.* In: Deutsches Exildrama und Exiltheater. S. 67–76.

Materialien zu Bertolt Brechts *Schweyk im Zweiten Weltkrieg.* Vorlagen [Bearbeitungen], Varianten, Fragmente, Skizzen, Brief- und Tagebuchnotizen. Hrsg. und komm. von Herbert Knust. Frankfurt a. M.: Suhrkamp, 1974.

Mennemeier, Franz Norbert: Materialien zu *Der aufhaltsame Aufstieg des Arturo Ui.* Zsgest. von Friedrich Dieckmann. Frankfurt a. M.: Suhrkamp, 1971.

– Modernes Deutsches Drama. Kritiken und Charakteristiken. Bd. 2: 1933 bis zur Gegenwart. München: Fink, 1975. [Enth. neben Dramenanalysen eine nützliche Darstellung von Brechts ›Faschismustheorie‹. S. 42–54. Zu *Furcht und Elend des Dritten Reiches*: S. 60–65.]

Mews, Siegfried: the horse trader revisited: Brecht's adaption of Kleist's *Michael Kohlhaas.* In: Studies in 19th century and early 20th century German literature. Essays in honor of Paul K. Whitaker. Ed. by Norman H. Binger and A. Wayne Wonderley. Lexington (Ky.): Academical & Professional Research Ass. Press, 1974. S. 102–115. [Zu: *Die Rundköpfe und die Spitzköpfe.*] – Dt. Ausg.: Brechts »dialektisches Verhältnis zur Tradition«. Die Bearbeitung des *Michael Kohlhaas.* In: Brecht-Jahrbuch 1975. S. 63–78.

Mittenzwei, Werner: *Die Gewehre der Frau Carrar.* In: Brechts *Gewehre der Frau Carrar.* S. 144–166.

Müller, Klaus-Detlef: »Das Große bleibt groß nicht . . .«. Die Korrektur der politischen Theorie durch die literarische Tradition in Bertolt Brechts *Schweyk im Zweiten Weltkrieg.* In: Wirkendes Wort 23 (1973) S. 26–44.

Müller-Waldeck, Gunnar: »Denn wer was weiß, der macht auch seinen Schnitt«. Zu Brechts *Turandot oder Der Kongreß der Weißwäscher.* In: Zeitschrift für Germanistik 1 (1980) S. 417–429.

Münch, Alois: Bertolt Brechts Faschismustheorie und ihre theatralische Konkretisierung in den *Rundköpfen und den Spitzköpfen.* Frankfurt a. M. / Bern: Lang, 1982.

Pache, Walter: *Measure for measure* und *Die Rundköpfe und die Spitzköpfe*: Zur Shakespeare-Rezeption Bertolt Brechts. In: Canadian review of comparative literature 3 (1976) S. 173–196.

Perimer, Edouard: Brecht et la parodie: *Arturo Ui.* In: Etudes Germaniques 26 (1971) S. 73–88.

Rus, Vladimir: Brecht's *Schweyk im Zweiten Weltkrieg* und Hašeks *Good Soldier Schweik.* A study. Diss. New York (New York University) 1963. [Ein in Knopfs Bibliographie erwähntes Erscheinen: Den Haag: Mouton, 1972, konnte nicht nachgewiesen werden.]

Schürer, Ernst: Revolution from the Right: Bertolt Brecht's American Gangster Play, *The Resistible Rise of Arturo Ui.* In: Perspectives on Contemporary Literature 2 (November 1976) S. 24–46.

Streller, Siegfried: Hašeks *Švejk* und Brechts *Schweyk im Zweiten Weltkrieg.* In: Zeitschrift für Slawistik 25 (1980) S. 422–430.

Torre Barron, Arcelia de la: Die literarische Widerspiegelung des spanischen Bürgerkrieges in Pablo Nerudas *España en el Corazón* und Bertolt Brechts *Die Gewehre der Frau Carrar.* Ein Beitrag zum Verhältnis von Kunst und Politik. Diss. Berlin (Freie Universität) 1982.

Wächter, Hans Christof: Theater im Exil. Sozialgeschichte des deutschen Exiltheaters 1933–1945. Mit einem Beitrag von Louis Naef: Theater der deutschen Schweiz. München: Hanser, 1973. [U. a. zu den Exilaufführungen von Brechts Stücken.]

Weisstein, Ulrich: Two Measures for One: Brecht's *Die Rundköpfe und die Spitzköpfe* and its Shakespearian Model. In: Germanic Review 43 (1968) S. 24–39.

16. Bearbeitungen

Allen, Grace M.: The role of adaption in the work of Bertolt Brecht as illustrated by *Leben Eduards des Zweiten von England*. Diss. Berkeley (University of California) 1970.

Beckley, R[ichard] J.: Some Aspects of Brecht's Dramatique Technique in the Light of his Adaptions of English Plays. Diss. London (King's College) 1961.

Bentley, Eric: *Edward II*. In: E. B: The Brecht commentaries. S. 139–156.

Bertolt Brecht: *Die Antigone des Sophokles*. Materialien zur *Antigone*. Zsgest. von Werner Hecht. Frankfurt a. M.: 1965 [u. ö.]. [Enth. u. a. den Text des »Modells« von 1948.]

Brown, Thomas K.: *Die Plebejer* and Brecht: an interview with Günter Grass. In: Monatshefte 65 (1973) S. 5–13. [Zu Grass' Rezeption von Brechts Haltung zum 17. Juni 1953 anhand der *Coriolan*-Bearbeitung.]

Brunkhorst, Martin: Shakespeares *Coriolanus* in deutscher Bearbeitung. Sieben Beispiele zum literarästhetischen Problem der Umsetzung und Vermittlung Shakespeares. Berlin / New York: de Gruyter, 1973.

Bunge, Hans-Joachim: *Antigonemodell* 1948 von Bertolt Brecht und Caspar Neher. Zur Praxis und Theorie des epischen (dialektischen) Theaters. Diss. Greifswald 1957.

Canaris, Volker: *Leben Eduards des Zweiten von England* als vormarxistisches Stück Bertolt Brechts. Bonn: Bouvier, 1973.

Dahnke, Hans-Dietrich: Brecht und Lenz – Erbeaneignung und aktuelle Literaturfunktion im Spiegel des *Hofmeister*-Stückes. In: Brecht. Dokumentation. 1978: Kunst und Politik. (Red.: Karl-Claus Hahn.) Berlin: Henschelverlag, 1979. S. 109–115.

Dieckmann, Friedrich: Die Tragödie des Coriolan. Shakespeare im Brecht-Theater. In: Sinn und Form 17 (1965) S. 463–489.

Ferran, Peter Wigglesworth: Brecht and Farquhar: The Critical Art of Dramatic Adaption. Diss. Ann Arbor (University of Michigan) 1972.

Fuegi, John B.: The radical renaissance. Los Angeles: University of Southern California Press, 1970. [Basiert auf: J. B. F.: The Artful Artificer, Bertolt Brecht: A study of six *Bearbeitungen*. Los Angeles (University of Southern California) 1967.]

– Whodunit. Brecht's adaption of Molière's *Don Juan*. In: Comparative Literature Studies (1974) S. 159–172.

Gebhardt, Peter: Brechts *Coriolan*-Bearbeitung. In: Jahrbuch der Deutschen Shakespeare-Gesellschaft (West) (1972) S. 113–135.

Grass, Günter: Vor- und Nachgeschichte der Tragödie des Coriolanus von Livius und Plutarch über Shakespeare bis zu Brecht und mir. In: Akzente 3 (1963) S. 194–221.

– Die Plebejer proben den Aufstand. Ein deutsches Trauerspiel. Neuwied: Luchterhand, 1966.

Grathoff, Dirk: Dichtung versus Politik. Brechts *Coriolan* aus Günter Grassens Sicht. In: Brecht heute 1 (1971) S. 98–109.

Kässens, Wend / Töteberg, Michael: »... fast schon ein Auftrag von Brecht.« Marieluise Fleißers Drama *Pioniere in Ingolstadt*. In: Brecht-Jahrbuch 1976. S. 101–119.

Kitching, Laurence Patrick Anthony: *Der Hofmeister*: a critical analysis of Bertolt Brecht's adaption of Jakob Michael Reinhold Lenz's drama. München: Fink, 1976.

Löb, Ladislaus / Lerner, Laurence: Views of Roman history: *Coriolanus* and *Coriolan*. In: Comparative Literature 29 (1977) S. 35–53.

Materialien zu Bertolt Brechts *Urfaust*-Inszenierung. Hrsg. von Peter Schmitt. Erlangen: Palm und Enke, 1981.

McCann, David R.: Shakespeare in Brecht's dialectical theatre: a study of the *Coriolanus* adaption. Diss. Berkeley (University of California) 1970.

Mews, Siegfried: An Anti-Imperialist View of the American Revolution: Brecht's Adaption of Farquhar's *The Recruiting Officer*. In: University of Dayton Review 14 (Spring 1980) S. 154–171.

Redmond, James: Günter Grass and »der Fall Brecht«. In: Modern Languages Quarterly 32 (1971) S. 387–400.

Rösler, Wolfgang: Zweimal *Antigone*: griechische Tragödie und episches Theater. In: Der Deutschunterricht 31 (1979) H. 6. S. 42–58.

Schmitt, Peter: Faust und die »Deutsche Misere«. Studien zu Brechts dialektischer Theaterkonzeption. Erlangen: Palm und Enke, 1980. [Zu Brechts *Urfaust*-Inszenierung.]

Schoeps, Karl-Heinz: Zwei moderne Lenz-Bearbeitungen. In: Monatshefte 67 (1975) S. 437–451.

Schulz, Gudrun: Klassikerbearbeitungen Bertolt Brechts. Aspekte zur »revolutionären Fortführung der Tradition«. In: Bertolt Brecht II. S. 138–151.

Subiotto, Arrigo Viktor: Bertolt Brecht's adaptions for the »Berliner Ensemble«. London: The Modern Humanities Research Association, 1975.

Vigliero, Consolina: Un rifacimento Brechtiano. *Pauken und Trompeten*. In: Annali dell' Istituto Universitario Orientale di Napoli Sezione Germanica Studi Tedeschi 18 (1975) S. 81–97.

Weisstein, Ulrich: Imitation, stylization, and adaption. The language of Brecht's *Antigone* and its relation to Hölderlin's version of Sophocles. In: German Quarterly 46 (1973) S. 581–604.

Wertheim, Albert: Bertolt Brecht and George Farquar's *The Recruiting Officer*. In: The Comparative Drama 7 (1973) S. 179–190.

Wittkowski, Wolfgang: Zerstört das Regietheater die deutsche Literatur? In: Drama und Theater im 20. Jahrhundert. Festschrift für Walter Hinck. Hrsg. von Hans Dietrich Irmscher und Werner Keller. Göttingen: Vandenhoeck & Ruprecht, 1983. S. 469–482.

Zimmermann, Rolf Christian: Marginalien zur *Hofmeister*-Thematik und zur ›Teutschen Misere‹ bei Lenz und Brecht. In: Drama und Theater im 20. Jahrhundert. Festschrift für Walter Hinck. Herausgegeben von Hans Dietrich Irmscher und Werner Keller. Göttingen: Vandenhoeck & Ruprecht, 1983. S. 213–227.

17. Fragmente

Babruskinas, Jaime: Bertolt Brechts *Der Brotladen*. Seine Inszenierung am Berliner Ensemble 1967. Diss. Berlin (Humboldt-Universität) 1967.

Bock, Stephan: Chronik zu Brechts *Garbe-Büsching*-Projekt und Käthe Rülickes Bio-Interview *Hans Garbe erzählt* sowie zu anderen Bearbeitungen des Garbe-Stoffes (Eduard Claudius, Karl Grünberg, Maximilian Scheer) von 1949 bis 1954. In: Brecht-Jahrbuch 1977. S. 81 bis 99.

Hörnigk, Therese: Bertolt Brecht. Das *Brotladen*-Fragment. Der Platz dieses Werkes im Schaffen Brechts, untersucht an der Darstellung des Verhältnisses von Individuum und Gesellschaft. Diss. Berlin (Humboldt-Universität) 1972.

Klöhn, Eckhardt: Das *Ruhrepos*. Dokumentation eines gescheiterten Projekts. In: Brecht-Jahrbuch 1977. S. 52–80.

Mantle, Rodney: Bertolt Brecht's *Galgei* – an early dramatic fragment. In: Monatshefte 63 (1971) S. 380–385.

Nieschmidt, H. W.: Weniger Gips. Zum Schlußakt in Brechts *Hannibal*-Fragment. In: Modern Language Notes 89 (1974) S. 849–861.

Storch, Wolfgang: Political Climate and Experimental Staging: The Decline of the Egoist Johann Fatzer. In: Bertolt Brecht: political theory and literary practice. S. 106–112.
Wirth, Andrzej: Brecht's *Fatzer*: Experiments in discourse making. In: The Drama Review 22 (1978) H. 4. S. 55–66.

IX. *Zur Rezeption*

Barraza, Eduardo: Bertold[!] Brecht y el desarollo de las fuerzas productivas artisticas. Revista mexicana de sociologia 41 (1979) H. 3. S. 879–908.
Bertolt Brecht in Britain. Comp. and ed. by Nicholas Jacobs and Prudence Ohlsen to accompany an exhibition at the National Theatre, London. Introd. by John Willett. London: Publication Theatre quarterly, 1977.
Brecht-Dialog. Politik auf dem Theater. Dokumentation 9.–16. Februar 1968. Hrsg. vom Sekretariat des Brecht-Dialogs. Zusammenstellung und Red. Werner Hecht. Berlin: Henschelverlag, 1968. – Auch: München: Rogner & Bernhard, 1969.
Brecht. Dokumentation. Brecht-Woche der DDR, 9.–15. Februar 1973. Hrsg. von Werner Hecht. Berlin: Henschelverlag, 1973.
Brecht. Dokumentation. 1978: Kunst und Politik. Brecht-Dialog, 10.–15. Februar 1978. Red. Karl-Claus Hahn. Berlin: Henschelverlag, 1979.
Brecht 80. Brecht in Afrika, Asien und Lateinamerika. Dokumentation. [Verantwortlich für diesen Bd.: Elifius Paffrath.] Berlin: Henschelverlag, 1980.
Brecht 81. Brecht in sozialistischen Ländern. Dokumentation. Protokoll der Brecht-Tage 1981, 1.–9. Februar; nationale Berichte, Dialog, Theatrographie, Bibliographie. [Verantwortlich für diesen Bd.: Karl-Claus Hahn.] Berlin: Henschelverlag, 1981.
Brecht in der Kritik. Rezensionen aller Brecht-Uraufführungen sowie ausgewählter deutscher und fremdsprachiger Premieren. Eine Dokumentation von Monika Wyss. Mit einf. und verb. Texten von Helmut Kindler. München: Kindler, 1977.
4th Congress of the International Brecht Society. In: German Quarterly 50 (1977) S. 309–313.
5th Congress of the International Brecht Society. In: German Quarterly 53 (1980) S. 348–351.
Gajek, Konrad: Bertolt Brecht na scenach polskich (1929–1969). Wrocław: Prace Wrocławskiego Towarzystwa Naukowego, 1974. [Zsfassung dt.]
Grimm, Reinhold: The »Brecht industry«: a polemical assessment. In: Monatshefte 69 (1977) S. 337–346.
– Kreuzzug gegen Brecht? [1963.] In: Theatrum mundi. Essays on German Drama and German Literature. Dedicated to Harold Lenz [...]. Ed. by Edward R. Haymes. München: Fink, 1980. S. 136–144.
– Falladah in Ankara 1979: Begegnungen mit (und zwischen) Brecht und den Türken. In: Monatshefte 75 (1983) S. 6–24.
Hahnloser-Ingold, Margit: Das englische Theater und Bert Brecht. Die Dramen von W. H. Auden, John Osborne, John Arden in ihrer Beziehung zum epischen Theater von Bert Brecht und den gemeinsamen elisabethanischen Quellen. Bern: Francke, 1970.
Hamburger, Michael: Brecht and his successors. In: M. H.: Art as second nature. Occasional pieces 1959–74. Cheadle: Carcanet, 1975. S. 112–130. – Dt. Ausg.: M. H.: Brecht und seine Nachfolger. In: M. H.: Literarische Erfahrungen. Hrsg. von Harald Hartung. Darmstadt/Neuwied: Luchterhand, 1981. S. 106–126.
Hill, Victoria Williams: Bertolt Brecht and postwar French drama. Stuttgart: Heinz, 1978.
Hohnhauser, Josef: Brecht und der kalte Krieg. Materialien zur Brecht-Rezeption in der BRD. In: Bertolt Brecht II. S. 192–203.
Hsiá, Adrian: Bertolt Brecht in China and His Impact on Chinese Drama: A Preliminary Examination. In: Comparative Literature Studies 20 (1983) S. 231–245.

Hüfner, Agnes: Brecht in Frankreich 1930–1963. Verbreitung, Aufnahme, Wirkung. Stuttgart: Metzler, 1968.

Ihekweazu, Edith: Brecht-Rezeption in Afrika: die Adaption von Lehrstück und Parabelstück im zeitgenössischen afrikanischen Theater. In: Monatshefte 75 (1983) S. 25–45.

Jäger, Manfred: Zur Rezeption des Stückeschreibers Brecht in der DDR. In: Bertolt Brecht I. S. 107–118.

Jhering, Herbert: Von Reinhardt bis Brecht. Vier Jahrzehnte Theater und Film. 3 Bde. Berlin: Aufbau-Verlag, 1958–61. [Teilausg. in 1 Bd.: Reinbek bei Hamburg: Rowohlt, 1967.]

– Bert Brecht hat das dichterische Antlitz Deutschlands verändert. Gesammelte Kritiken zum Theater Brechts. Hrsg. von Klaus Völker. München: Kindler, 1980.

Karasek, Hellmuth: Brecht ist tot. In: Zu Bertolt Brecht. S. 223–227. [Erstdr. in: Der Spiegel 32 (1978) Nr. 9.]

Kerr, Alfred: Theaterkritiken. Hrsg. von Jürgen Behrens. Stuttgart: Reclam, 1971 [u. ö.].

Kroetz, Franz-Xaver: Zu Bertolt Brechts 20. Todestag. In: Kürbiskern (1977) H. 1. S. 91–100.

Lahrmann-Hartung, Beate: Sean O'Casey und das epische Theater Bertolt Brechts. Frankfurt a. M. / Bern / New York: Lang, 1983.

Material Brecht. Kontradiktionen 1968–1976. Erfahrungen bei der Arbeit mit den Stücken von Bertolt Brecht. Ausstellung und Broschüre aus Anlaß des 4. Kongresses der Internationalen Brecht-Gesellschaft vom 17.–20. November 1976 in Austin (Texas). Vorgelegt von Wolfgang Storch. Berlin: [Selbstverlag W. Storch,] 1977.

Mayer, Hans: Brecht und Dürrenmatt oder Die Zurücknahme. In: Das deutsche Drama vom Expressionismus bis zur Gegenwart. Hrsg. von Manfred Brauneck. Bamberg: Buchner 1977. S. 212–223. [Erstdr. in: H. M.: Anmerkungen zu Brecht. Frankfurt a. M.: Suhrkamp, 1971. S. 56–83.]

Mittenzwei, Werner: Der Realismus-Streit um Brecht. Grundriß der Brecht-Rezeption in der DDR 1945–1975. Berlin/Weimar: Aufbau-Verlag, 1978.

Müller, André: Kreuzzug gegen Brecht. Die Kampagne in der Bundesrepublik 1961/62. Berlin: Aufbau-Verlag, 1962. – Dass.: Darmstadt: Progress-Verlag, 1964.

Nägele, Rainer: Brecht und das politische Theater. In: Literatur nach 1945. [Hrsg.] von Jost Hermand. Bd. 1. Wiesbaden: Athenaion, 1979. S. 117–156.

Nagavajara, Chetana: Brecht's reception in Thailand: the case of *Die Ausnahme und die Regel.* In: Monatshefte 75 (1983) S. 46–54.

Rnjak, Dušan: Bertolt Brecht in Jugoslawien. Marburg: Elwert, 1972.

Rosenthal, Erwin Theodor: Brecht aus brasilianischer Sicht. In: Drama und Theater im 20. Jahrhundert. Festschrift für Walter Hinck. Hrsg. von Hans Dietrich Irmscher und Werner Keller. Göttingen: Vandenhoeck & Ruprecht, 1983. S. 228–241.

Roßmann, Andreas: Reibungsverluste beim Umgang mit Brecht. Zur Situation des »Berliner Ensembles« anläßlich zweier Premieren. In: Deutschland-Archiv 14 (1981) S. 807–811.

Schlenker, Wolfram: Brecht hinter der Großen Mauer. Zu seiner Rezeption in der Volksrepublik China. In: Brecht-Jahrbuch 1980. S. 43–137.

Schneider, Michael: Bertolt Brecht – ein abgebrochener Riese. Zur ästhetischen Emanzipation von einem Klassiker. In: Literaturmagazin 10. Vorbilder. Reinbek bei Hamburg: Rowohlt, 1979. S. 25–66.

Schumacher, Ernst: Brecht als Objekt und Subjekt der Kritik. Der junge Brecht als Theaterkritiker. In: Weimarer Beiträge 19 (1973) H. 2. S. 46–77.

– Brecht-Kritiken. Hrsg. von Christa Neubert-Herwig. Berlin: Henschelverlag, 1977.

Stütz, Hannes: Mit Bertolt Brecht. In: Kürbiskern (1978) H. 2. S. 138–148.

Toro, Fernando de: Brecht en el teatro hispanoamericano contemporaneo. Philadelphia (Pa.): Benjamins, 1983.

Vuille, E.: Notes sur Brecht en Suisse romande. In: Etudes de lettres 10 (1977) Nr. 4. S. 85–111.

Wysling, Hans: Bertolt Brecht und die Dramatiker von heute. – Aspekte des gegenwärtigen Theaters. In: Universitas 31 (1976) S. 123–136.

Yagi, Hiroshi: Brecht in Japan und Japan in Brecht. In: Doitsubungaku-Rônko 20 (1978) S. 103–120.

Youssef, Magdi: Brecht in Ägypten. Versuch einer literatur-soziologischen Deutung unter besonderer Berücksichtigung der Rezeption des Stückes *Herr Puntila und sein Knecht Matti*. Bochum: Brockmeyer, 1976.

Yuill, William E.: The art of vandalism: Bertolt Brecht and the English drama. An inaugural lecture. London: Bedford College, 1977.

Die Autoren der Beiträge

Gisela E. Bahr

Geboren 1923. Studium der Germanistik, Philologie und Musikwissenschaft in Berlin und New York. Dr. phil. Professor für deutsche Sprache und Literatur an der Miami University, Oxford (Ohio).

Publikationen:

Bertolt Brecht. Im Dickicht der Städte. Erstfassung und Materialien (Hrsg., mit Komm., Anm., Nachw.). Frankfurt a. M. 1968. (edition suhrkamp. 246.) – Bertolt Brecht. Die heilige Johanna der Schlachthöfe. Bühnenfassung, Fragmente, Varianten (Hrsg., mit Komm., Anm., Nachw.). Frankfurt a. M. 1971. (edition suhrkamp. 427.) – Bertolt Brecht. Die Rundköpfe und die Spitzköpfe. Bühnenfassung, Einzelszenen, Varianten (Hrsg., mit Komm., Anm., Nachw.). Frankfurt a. M. 1979. (edition suhrkamp. 605.) – Brecht in den siebziger Jahren – Themen und Thesen. In: Brecht Heute / Brecht Today 2. Frankfurt a. M. 1972. – Roundheads and Peakheads: The Truth About Evil Times. In: Essays on Brecht. Theater and Politics. Chapel Hill 1974. – Aufsätze zur Literatur der DDR.

Hans-Peter Bayerdörfer

Geboren 1938. Studium der Germanistik, Philosophie und Evangelischen Theologie in Tübingen, Hamburg, Berlin und New York. Dr. phil. STM. Professor für Neuere deutsche Literaturgeschichte an der Rheinisch-Westfälischen Technischen Hochschule Aachen.

Publikationen:

Poetik als sprachtheoretisches Problem. Tübingen 1967. (Studien zur deutschen Literatur. 8.) – Franz Dingelstedt: Lieder eines kosmopolitischen Nachtwächters. Studienausg. mit Komm. und Einl. Tübingen 1978. (Deutsche Texte. 49.) – Strindberg auf der deutschen Bühne. Eine exemplarische Rezeptionsgeschichte der Moderne in Dokumenten (1890 bis 1925). Zus. mit Hans Otto Horch und Georg-Michael Schulz. Neumünster 1983. (Skandinavistische Studien. Beiträge zur Sprache, Literatur und Kultur der nordischen Länder. 17.) – Aufsätze zur Literatur- und Theatergeschichte des 19. und 20. Jahrhunderts.

Christiane Bohnert

Geboren 1955. Studium der Germanistik, Geschichte und Philosophie in Mainz. Forschungsaufenthalt in La Jolla (University of California at San Diego). Dr. phil. Verlagsredakteurin.

Publikation:

Brechts Lyrik im Kontext. Zyklen und Exil. Königstein i. Ts. 1982.

Alexander von Bormann

Geboren 1936. Studium der Germanistik, klassischen Philologie und Philosophie in Tübingen, Göttingen und Berlin (FU). Dr. phil. Professor für deutsche Sprache und Literatur (Neuere Literaturgeschichte) an der Universität von Amsterdam.

Publikationen:

Natura loquitur. Naturpoesie und emblematische Formel bei Joseph von Eichendorff. Tübingen 1968. – Vom Laienurteil zum Kunstgefühl. Texte zur deutschen Geschmacksdebatte im 18. Jahrhundert (Hrsg., mit einer Einf.). Tübingen 1974. – Gegengesänge – Parodien – Variationen (Hrsg.). Frankfurt a. M. 1975. – Wissen aus Erfahrungen. Festschrift Herman Meyer (Mithrsg.). Tübingen 1976. – Heinrich von Kleist: Der zerbrochne Krug (Hrsg., mit Erl. und Nachw.). München 1983. – Heinrich von Kleist: Prinz Friedrich von Homburg (Hrsg., mit Erl. und Nachw.). München 1983. – Ludwig Tieck: Erzählungen und Märchen (Hrsg., Nachw.). Zürich 1983. – Deutsche Literatur. Eine Sozialgeschichte. Bd. 9: 1918–1945 (Hrsg., mit Horst Albert Glaser). Reinbek bei Hamburg 1983.– Aufsätze zur Literatur des 16.–20. Jahrhunderts; Rundfunkarbeiten zur Gegenwartsliteratur.

Theo Buck

Geboren 1930. Studium der Germanistik, Romanistik und Geschichte an der Universität Tübingen. Dr. phil. Mehrjähriger Auslandsaufenthalt für den Deutschen Akademischen Austauschdienst. 1973–79 Professor für Neuere deutsche Literatur an der Universität Göttingen. Gastprofessuren an den Universitäten Paris III (Sorbonne Nouvelle, Asnières) und Paris IV (Sorbonne, Grand Palais) sowie am Middlebury College (Vermont, USA). Seit 1979 Professor an der Rheinisch-Westfälischen Technischen Hochschule Aachen.

Publikationen:

Die Entwicklung des deutschen Alexandriners. Diss. Tübingen 1957. – Brecht und Diderot oder Über die Schwierigkeiten der Rationalität in Deutschland. Tübingen 1971. – Franz Mehring: Anfänge der materialistischen Literaturtheorie in Deutschland (Hrsg., zsgest. und eingel.) Stuttgart 1973. – Interpretationen zu Bertolt Brecht (Mithrsg.). Stuttgart 1979. – Zahlreiche Aufsätze. Mitherausgeber der Reihe »Literaturwissenschaft – Gesellschaftswissenschaft« (LGW) sowie verschiedener Sammelbände zur Gegenwartsliteratur.

Wolfgang Frühwald

Geboren 1935. Studium der Germanistik, Geschichte, Geographie und Philosophie an der Universität und der Technischen Hochschule München. Dr. phil. Professor an der Universität München.

Publikationen u. a:

Der St. Georgener Prediger. Studien zur Wandlung des geistlichen Gehalts. Berlin 1963. – Ruhe und Ordnung. Literatursprache – Sprache der politischen Werbung. München 1976. – Das Spätwerk Clemens Brentanos (1815–1842). Romantik im Zeitalter der Metternichschen Restauration. Tübingen 1977. – Eichendorff-Chronik. Daten zu Leben und Werk. München 1977. – Der Fall Toller. Komm. und Mat. München 1979. – Clemens Brentano: Sämtliche Werke und Briefe. Hist.-krit. Ausg. (Mithrsg.). Stuttgart 1975 ff. – Ernst Toller: Gesammelte

Werke. München 1978. – Adalbert Stifter: Werke und Briefe. Hist.-krit. Gesamtausg. Stuttgart 1979 ff. – Zahlreiche Aufsätze, Artikel und Rezensionen zur deutschen Literatur vom Mittelalter bis zur Gegenwart.

Reinhold Grimm

Geboren 1931. Studium der Germanistik, Philosophie und Theaterwissenschaft in Erlangen und Boulder (Colorado). Dr. phil. Vilas Research Professor of Comparative Literature and German an der University of Wisconsin (Madison).

Publikationen:

Gottfried Benn. Die farbliche Chiffre in der Dichtung. Nürnberg 1958. – Bertolt Brecht. Die Struktur seines Werkes. Nürnberg 1959. – Bertolt Brecht. Stuttgart 1961. – Bertolt Brecht und die Weltliteratur. Nürnberg 1961. – Evokation und Montage (mit Heinz Otto Burger). Göttingen 1961. – Strukturen. Essays zur deutschen Literatur. Göttingen 1963. – Episches Theater (Hrsg.). Köln 1966. – Zur Lyrik-Diskussion (Hrsg.). Darmstadt 1966. – Deutsche Romantheorien (Hrsg.). Frankfurt a. M. 1968. – Die sogenannten Zwanziger Jahre (Hrsg., mit Jost Hermand). Bad Homburg 1970. – Deutsche Dramentheorien (Hrsg.). Frankfurt a. M. 1971. – Die Klassik-Legende (Hrsg., mit Jost Hermand). Frankfurt a. M. 1971. – Exil und innere Emigration (Hrsg., mit Jost Hermand). Frankfurt a. M. 1972. – Popularität und Trivialität (Hrsg., mit Jost Hermand). Frankfurt a. M. 1974. – Deutsches utopisches Denken im 20. Jahrhundert (Hrsg., mit Jost Hermand). Stuttgart 1974. – Wesen und Formen des Komischen im Drama (Hrsg., mit Klaus L. Berghahn). Darmstadt 1975. – Realismustheorien (Hrsg., mit Jost Hermand). Stuttgart 1975. – Geschichte im Gegenwartsdrama (Hrsg., mit Jost Hermand) Stuttgart 1976. – Deutsche Feiern (Hrsg., mit Jost Hermand). Wiesbaden 1977. – Nach dem Naturalismus. Essays zur modernen Dramatik. Kronberg i. Ts. 1978. – Karl Marx und Friedrich Nietzsche (Hrsg., mit Jost Hermand). Kronberg i. Ts. 1978. – Brecht und Nietzsche oder Geständnisse eines Dichters. Frankfurt a. M. 1979. – Arbeit als Thema in der deutschen Literatur vom Mittelalter bis zur Gegenwart (Hrsg., mit Jost Hermand). Königstein i. Ts. 1979. – Faschismus und Avantgarde (Hrsg., mit Jost Hermand). Königstein i. Ts. 1980. – Von der Armut und vom Regen. Rilkes Antwort auf die soziale Frage. Königstein i. Ts. 1981. – Natur und Natürlichkeit. Stationen des Grünen in der deutschen Literatur (Hrsg., mit Jost Hermand). Königstein i. Ts. 1981. – Zwischen Satire und Utopie (mit Walter Hinck). Frankfurt a. M. 1982 (suhrkamp taschenbuch. 839.) – From Kafka and Dada to Brecht and Beyond (Hrsg., mit Peter Spycher und Richard Zipser). Madison/London 1982. – Vom Anderen und vom Selbst. Beiträge zu Fragen der Biographie und Autobiographie (Hrsg., mit Jost Hermand). Königstein i. Ts. 1982. – Hrsg. der Zeitschrift *Monatshefte*; Mithrsg. u. a. der Zeitschrift *Text und Kontext* sowie verschiedener wissenschaftlicher Reihen. – Aufsätze, Rundfunkbeiträge, Rezensionen und Übersetzungen.

Walter Hinck

Geboren 1922. Studium der Germanistik, Philosophie, Soziologie und Kunstgeschichte in Göttingen. Dr. phil. Professor für Neuere deutsche Sprache und Literatur an der Universität Köln.

Publikationen u. a.:

Die Dramaturgie des späten Brecht. Göttingen 1959. ⁶1977. – Das deutsche Lustspiel des 17. und 18. Jahrhunderts. Stuttgart 1965. – Die deutsche Ballade von Bürger bis Brecht. Göttingen 1968. ³1978. – Das moderne Drama in Deutschland. Vom expressionistischen zum dokumentarischen Theater. Göttingen 1973. – Neues Handbuch der Literaturwissenschaft. Bd. 11: Europäische Aufklärung. T. 1 (Hrsg.). Frankfurt a. M. 1974. – Die deutsche Komödie. Vom Mittelalter bis zur Gegenwart (Hrsg.). Düsseldorf 1977. – Textsortenlehre – Gattungsgeschichte (Hrsg.). Heidelberg 1977. – Von Heine zu Brecht – Lyrik im Geschichtsprozeß. Frankfurt a. M. 1978. – Ausgewählte Gedichte Brechts mit Interpretationen (Hrsg.). Frankfurt a. M. 1978. – Sturm und Drang. Ein literaturwissenschaftliches Studienbuch (Hrsg.). Kronberg i. Ts. 1978. – Geschichte im Gedicht (Hrsg.). Frankfurt a. M. 1979. – Handbuch des deutschen Dramas (Hrsg.). Düsseldorf 1980. – Rolf Hochhuth – Eingriff in die Zeitgeschichte (Hrsg.). Hamburg 1981. – Geschichte als Schauspiel (Hrsg.). Frankfurt a. M. 1981. – Zwischen Satire und Utopie. Zur Komiktheorie und zur Geschichte der europäischen Komödie (mit Reinhold Grimm). Frankfurt a. M. 1982. (suhrkamp taschenbuch. 839.) – Goethe – Mann des Theaters. Göttingen 1982. – Gedichte und Interpretationen. Bd. 6: Gegenwart (Hrsg.). Stuttgart 1982. – Germanistik als Literaturkritik. Frankfurt a. M. 1983.

Walter Hinderer

Geboren 1934. Studium der Germanistik, Philosophie, Anglistik und Geschichte in Tübingen und München. Dr. phil. Professor für Neuere deutsche Literatur an der Princeton University.

Publikationen:

Hermann Brochs *Tod des Vergil*. Diss. München 1961. – Börne: *Menzel der Franzosenfresser* und andere Schriften (Hrsg.). Frankfurt a. M. 1969. – Wieland: Hann und Gulpenheh, Schach Lolo (Hrsg.). Stuttgart 1970. – Moderne amerikanische Literaturtheorien (Mithrsg.). Frankfurt a. M. 1970. – Deutsche Reden (Hrsg.). Stuttgart 1973. – Sickingen-Debatte. Ein Beitrag zur materialistischen Literaturtheorie (Hrsg.). Darmstadt/Neuwied 1974. – Elemente der Literaturkritik. Kronberg i. Ts. 1976. – Büchner-Kommentar zum dichterischen Werk. München 1977. – Geschichte der politischen Lyrik in Deutschland (Hrsg.). Stuttgart 1978. – Schillers Dramen. Neue Interpretationen (Hrsg.). Stuttgart 1979. ²1983. – Der Mensch in der Geschichte. Ein Versuch über Schillers *Wallenstein*. Königstein i. Ts. 1980. – Goethes Dramen. Neue Interpretationen (Hrsg.). Stuttgart 1980. – Über deutsche Literatur und Rede. Historische Interpretationen. München 1981. – Kleists Dramen. Neue Interpretationen (Hrsg.). Stuttgart 1981. – Heinrich von Kleist. Plays (Hrsg.). New York 1982. – Literarische Profile: Deutsche Dichter von Grimmelshausen bis Brecht (Hrsg.). Königstein i. Ts. 1982. – Friedrich Schiller. Plays (Hrsg.). New York 1983. – Geschichte der deutschen Lyrik vom Mittelalter bis zur Gegenwart (Hrsg.). Stuttgart 1983. – Aufsätze, literaturkritische Arbeiten und Rezensionen.

Uwe-K. Ketelsen

Geboren 1938. Studium der Germanistik und Geschichte in Göttingen, Berlin (FU) und Kiel. Dr. phil. Germanist an der Ruhr-Universität Bochum.

Publikationen:

Heroisches Theater. Untersuchungen zur Dramentheorie des Dritten Reichs. Bonn 1968. – Von heroischem Sein und völkischem Tod. Zur Dramatik des Dritten Reiches. Bonn 1970. – Die

Naturpoesie der norddeutschen Frühaufklärung. Stuttgart 1974. – Völkisch-nationale und nationalsozialistische Literatur in Deutschland. 1890–1945. Stuttgart 1976. – Textausgaben zur Barockkomödie, zu Gottsched, Drollingen und Klopstock. – Aufsätze zur deutschen Literatur des 17.–20. Jahrhunderts.

Jan Knopf

Geboren 1944. Studium der Deutschen Philologie, Philosophie und Geschichte in Göttingen. Dr. phil. 1972. Habilitation 1977. Lebt als Publizist in Karlsruhe; lehrt auch an der dortigen Universität.

Publikationen:

Geschichten zur Geschichte. Kritische Tradition des »Volkstümlichen« in den Kalendergeschichten Hebels und Brechts. Stuttgart 1973. – Bertolt Brecht. Ein kritischer Forschungsbericht. Fragwürdiges in der Brecht-Forschung. Frankfurt a. M. 1974. – Konkrete Reflexion. Festschrift für Hermann Wein (Hrsg., mit Jan M. Broekman). Den Haag 1975. – Friedrich Dürrenmatt. München 1976. ³1980. – Frühzeit des Bürgers. Erfahrene und verleugnete Realität in den Romanen Wickrams, Grimmelshausens, Schnabels. Stuttgart 1978. – Brecht-Handbuch Theater. Eine Ästhetik der Widersprüche. Stuttgart 1980. – Brechts *Guter Mensch von Sezuan*. Frankfurt a. M. 1982. (suhrkamp taschenbuch materialien. 2021.) – Alltages-Ordnung. Ein Querschnitt durch den alten Volkskalender. Aus Kalendern des 17. und 18. Jahrhunderts zsgest. und erl. Tübingen 1982–83. – Bertolt Brecht: Der gute Mensch von Sezuan. Frankfurt a. M. 1982. (Grundlagen und Gedanken zum Verständnis des Dramas.) – Die deutsche Kalendergeschichte. Ein Arbeitsbuch. Frankfurt a. M. 1983. – Brecht-Handbuch Lyrik, Prosa, Schriften. Eine Ästhetik der Widersprüche. Stuttgart 1983. – Herausgeber des *Brecht-Journal*. Bd. 1. Frankfurt a. M. 1983. (edition suhrkamp. 1191.) – Aufsätze, Beiträge zur Literatur und Philosophie. – Freier Theaterkritiker (Mitarb. u. a. bei *Theater heute*, Süddeutscher Rundfunk). – Mitherausgeber der geplanten Brecht-Klassiker-Ausgabe in 16 Bdn. (Deutscher Klassiker-Verlag) [ab 1988].

Klaus-Detlef Müller

Geboren 1938. Studium der Germanistik, Romanistik und Philosophie in Köln, Tübingen, Clermont-Ferrand. Dr. phil. Professor für Neuere deutsche Literaturwissenschaft an der Universität Kiel.

Publikationen:

Die Funktion der Geschichte im Werk Bertolt Brechts. Studien zum Verhältnis von Marxismus und Ästhetik. Tübingen 1967. ²1972. – Karl Philipp Moritz: Anton Reiser (Hrsg., mit Nachw.). München 1971. – Autobiographie und Roman. Studien zur literarischen Autobiographie der Goethezeit. Tübingen 1976. – Bertolt Brecht – Kommentar zur erzählenden Prosa. München 1980. – George Lillo: Der Kaufmann von London oder Begebenheiten Georg Barnwells. Krit. Ausg. der Übers. von H. A. Bassewitz (1752) mit Mat. und einer Einf. Tübingen 1981. – Bürgerlicher Realismus. Grundlagen und exemplarische Interpretationen (Hrsg.). Königstein i. Ts. 1981. – Brechts *Mutter Courage und ihre Kinder* (Hrsg.). Frankfurt a. M. 1982. (suhrkamp taschenbuch materialien. 2016.) – Aufsätze zur Literatur des 17. bis 20. Jahrhunderts.

Rainer Nägele

Geboren 1943. Studium der Germanistik, Philosophie und Geschichte in Innsbruck, Göttingen und an der University of California, Santa Barbara. Ph. D. Professor of German an der Johns Hopkins University, Baltimore (Maryland).

Publikationen:

Heinrich Böll. Einführung in das Werk und die Rezeption. Frankfurt a. M. 1976. – Literatur und Utopie. Versuche zu Hölderlin. Heidelberg 1978. – Peter Handke. München 1978. – Uneßbarer Schrift gleich. Zur Konstellation von Text, Geschichte und Subjekt in Hölderlins Dichtung [i. Vorb.]. – Aufsätze über Goethe, Hölderlin, Hofmannsthal, Kafka, Brecht, Martin Walser, Handke, Freud, Habermas, Lacan sowie zur allgemeinen Literaturtheorie.

Gerd Sautermeister

Geboren 1940. Studium der Germanistik und Romanistik in Tübingen, Wien, Paris und München. Dr. phil. Professor für Neuere deutsche Literatur an der Universität Bremen.

Publikationen:

Idyllik und Dramatik im Werk Friedrich Schillers. Zum geschichtlichen Ort seiner klassischen Dramen. Stuttgart 1971. – Literatur als Geschichte. Dokument und Forschung (Mithrsg.). München 1972–75. – Schwerpunkte Germanistik (Hrsg.). Wiesbaden 1975–80. – Louis-Ferdinand Céline: Kanonenfutter (Mithrsg. und Übers.). Reinbek bei Hamburg 1977. – Thomas Mann: Mario und der Zauberer. München 1981. – Text und Geschichte. Modellanalysen zur deutschen Literatur (Mithrsg.). München 1979ff. – Neue Bremer Beiträge (Mithrsg.). Heidelberg 1983ff. – Sozialgeschichte der deutschen Literatur. Restauration und Revolution. 1815–1848 (Hrsg., in Vorb.). – Literaturwissenschaftliche Aufsätze, Lexikonartikel zur deutschen und französischen Literatur.

Gert Ueding

Geboren 1942. Studium der Germanistik, Philosophie, Rhetorik und Kunstgeschichte in Köln und Tübingen. Dr. phil. Professor für Allgemeine Rhetorik an der Universität Tübingen.

Publikationen:

Schillers Rhetorik. Tübingen 1971. – Glanzvolles Elend. Versuch über Kitsch und Kolportage. Frankfurt a. M. 1973. – Ernst Bloch: Ästhetik des Vor-Scheins (Hrsg.). 2 Bde. Frankfurt a. M. 1974. – Einführung in die Rhetorik. Geschichte, Technik und Methoden. Stuttgart 1976. – Wilhelm Busch. Das 19. Jahrhundert en miniature. Frankfurt a. M. 1977. – Literatur ist Utopie (Hrsg.). Frankfurt a. M. 1978. – Materialien zu Hans Mayer: Außenseiter (Hrsg.). Frankfurt a. M. 1978. – Hoffmann und Campe – Ein deutscher Verlag. Hamburg 1981. – Wilhelm Busch: Aus alter Zeit (Hrsg.). Stuttgart 1982. – Wilhelm Buschs geheimes Lustrevier (Hrsg.). Berlin 1982. – Wilhelm Busch: Sämtliche Bilderbogen (Hrsg.). Frankfurt a. M. 1983. – Aufsätze zur Literaturtheorie, Rhetorik und Geschichte der deutschen Literatur vom 18. Jahrhundert bis zur Gegenwart, Literaturkritik.

Ulrich Weisstein

Geboren 1925. Studium der Anglistik, Germanistik und Kunstgeschichte in Frankfurt a. M., University of Iowa und Indiana University. Dr. phil. Professor der Germanistik und Vergleichenden Literaturwissenschaft an der Indiana University (Bloomington).

Publikationen u. a.:

Heinrich Mann. Eine historisch-kritische Einführung in sein dichterisches Werk. Tübingen 1962. – The Essence of Opera. New York 1964. – Max Frisch. New York 1967. – Einführung in die Vergleichende Literaturwissenschaft. Stuttgart 1968. – Expressionism as an International Literary Phenomenon (Hrsg.). Budapest/Paris 1973. – Proceedings of the IXth Congress of the International Comparative Literature Association. Innsbruck 1979. – Vergleichende Literaturwissenschaft: Ein Forschungsbericht 1968–1977. Bern / Frankfurt a. M. 1982. – Aufsätze, literaturkritische Arbeiten und Rezensionen.

Wolfgang Wittkowski

Geboren 1925. Studium der Germanistik und Philosophie in Göttingen und Frankfurt a. M. Dr. phil. Professor of German an der Staatsuniversität von New York in Albany.

Publikationen:

Der junge Hebbel (1955). Berlin 1969. – Georg Büchner. Persönlichkeit. Weltbild. Werk. Heidelberg 1978. – Kleists *Amphitryon*. Materialien zur Rezeption und Interpretation. Berlin 1978. – Friedrich Schiller. Kunst, Humanität und Politik in der späten Aufklärung. Ein Symposium (Hrsg.). Tübingen 1982. – Goethe im Kontext. Ein Symposium (Hrsg.). Tübingen 1984. – Herausgeber von Schillers *Maria Stuart* und *Demetrius*. – Aufsätze zur Literaturtheorie, zur Literatur des 18. und 19. Jahrhunderts, zu Sarah Kirsch, Molière und Hemingway.

Werkregister

Das Register verzeichnet die Titel der im Text, in den Anmerkungen (A) und in der Auswahlbibliograpie (B) behandelten oder erwähnten Stücke, Bearbeitungen, Entwürfe, Prosatexte und Schriften sowie der wesentlichsten Gedichte und Songs. Für die interpretierten Werke werden zusätzlich die Fundstellen in der Zeittafel und in der Auswahlbibliographie gegeben. Titelvarianten stehen in Klammern. Sammlungstitel erscheinen *kursiv*.

Stücke und Bearbeitungen

Antigonemodell 1948 (s. a. Die Antigone des Sophokles) 355

Aufstieg und Fall der Stadt Mahagonny 12, 75, 104 A, 254, 268, 277, 278 f., 285–291, 292, 297 f. A, 380, 435 f. B

Baal 33–47, 68 f., 80, 248, 249 f., 252, 260, 263, 265 A, 268, 272, 283, 370 f., 374, 376, 427 f. B

Biberpelz und roter Hahn. Bearbeitung 358, 399 f.

Coriolan von Shakespeare. Bearbeitung 350, 362–364, 367 A, 400 f., 404

Dansen (s. a. Was kostet das Eisen?) 389

Das Badener Lehrstück vom Einverständnis 90, 269 f., 292 f. A, 301, 304, 310–312, 379

Das Elefantenkalb 194

Das kleine Mahagonny (Mahagonny Songspiel) 268, 278, 286, 295 A, 377

Das Verhör des Lukullus (s. a. Die Verurteilung des Lukullus) 213 A, 272, 293 A, 390, 399 f., 436 B

Der aufhaltsame Aufstieg des Arturo Ui 118, 331–337, 391, 404

Der Bettler oder Der tote Hund 249, 256–258, 370

Der Fischzug 248, 258–261, 370

Der Flug der Lindberghs s. Der Ozeanflug

Der gute Mensch von Sezuan 17, 20, 178–193, 213 f. A, 272, 389, 390 f., 393, 401, 432 f. B

Der Hofmeister von Jakob Michael Reinhold Lenz. Bearbeitung 99, 172, 356–358, 359, 399

Der Jasager und Der Neinsager 292 A, 312 bis 314, 347 f., 381

Der kaukasische Kreidekreis 20, 25 f., 194–216, 229, 272, 394, 402, 434 f. B

Der Ozeanflug (Der Flug der Lindberghs) 269, 292 f. A, 294 f. A, 308–310, 379, 399

Der Prozeß der Jeanne d'Arc zu Rouen 1431. Nach dem Hörspiel von Anna Seghers 361, 401

Die Antigone des Sophokles nach der Hölderlinschen Übertragung für die Bühne bearbeitet 351, 353–355, 396 f.

Die Ausnahme und die Regel 24, 316–318, 381

Die Bibel 369

Die Dreigroschenoper 110, 168, 170, 251, 263, 268, 277 f., 279–284, 285 f., 287 f., 292, 295 A, 296 f. A, 298 A, 335, 344, 345 f., 347, 378 f., 381 f., 388, 398, 403, 435 f. B

Die Gesichte der Simone Machard 339, 392 f., 394, 403

Die Gewehre der Frau Carrar 338 f., 387 f., 389, 401

Die heilige Johanna der Schlachthöfe 53, 106 bis 124, 380 f., 382, 397, 404, 429 B

Die Hochzeit s. Die Kleinbürgerhochzeit

Die Horatier und die Kuratier 386, 404

Die Kleinbürgerhochzeit (Die Hochzeit) 66 A, 248, 249–253, 263, 264 A, 341, 370, 376

Die Maßnahme 104 A, 270 f., 292 A, 305, 314 bis 316, 339, 347 f., 380 f.

Die Mutter 297 f. A, 316, 318 f., 382, 385 f., 399, 401

Die Prärie 370

Die Rundköpfe und die Spitzköpfe 325–330, 334, 344, 382 f., 384 f., 386 f.

Die sieben Todsünden der Kleinbürger 12, 18, 268, 384, 387

Die Tage der Commune 214 A, 217–243, 355, 398, 403, 435 B

Die Verurteilung des Lukullus (s. a. Das Verhör des Lukullus) 272

Don Juan von Molière. Bearbeitung 359, 360 f., 363, 402

Er treibt einen Teufel aus 253 f., 370

Furcht und Elend des Dritten Reiches 265 A, 272, 339–341, 388 f., 392, 394

Hamlet von Shakespeare. Rundfunkbearbeitung 350–352

Happy End [Komödie von Elisabeth Hauptmann] 111 f., 268, 282, 292 A, 380

Herr Puntila und sein Knecht Matti 18, 164, 176, 221, 391, 399, 433 B

Herrnburger Bericht 400

Im Dickicht der Städte 43, 62 f., 67–88, 91 f., 268, 318, 372 f., 374 f., 377, 428 B

Leben des Galilei 17, 19, 28, 40, 125–161, 213 f. A, 272, 353, 388 f., 394 f., 396, 403, 429–431 B

Leben Eduards des Zweiten von England 88 A, 344 f., 347, 350, 374 f.

Lux in tenebris 254–256, 370

Personenregister

Das Register verzeichnet alle im Kontext relevanten Personen, die im Text und in den Anmerkungen (A) erwähnt sind.

Seghers, Anna 151, 361
Sehm, Gunter K. 298 A
Seidel, Gerhard 122 A
Seidlin, Oskar 358
Seliger, Helfried W. 87 A, 286, 292 A
Semmer, Gerd 31 A
Sessions, Roger 292 A
Shakespeare, William 11, 17, 114, 194, 223, 286, 335 f., 344 f., 350–352, 354, 362–364, 367 f. A
Shaw, George Bernard 11, 111
Shelly, Percy Bysshe 11
Siegert, Wolf 240 A
Sinclair, Upton 68, 70, 111
Singermann, Boris 241 A
Skalweit, Stephan 32 A
Šklovskij, Viktor 23
Sohn-Rethel, Alfred 321, 327
Sokel, Walter H. 296 A, 351
Sokrates 37, 305, 320 A
Sophokles 353
Spangenberg, Eberhard 123 A
Speirs, R. C. 280, 296 A
Sperr, Martin 176 f.
Stahl, Rolf 163
Stalin, Josef W. 22, 205, 362, 367 A
Stanislawski, Konstantin 11
Stanzel, Franzel K. 20
Staudte, Wolfgang 174, 177 A
Steffin, Margarete 162, 220, 240 A
Steinlein, Rüdiger 66 A
Steinweg, Reiner 123 A, 293 A, 302 f., 305, 320 A
Stern, Guy 65 A
Stern, James 214 A
Sternberg, Fritz 103, 321, 343, 367 A
Sternberger, Dolf 185 f.
Sternheim, Carl 248, 264 A
Steuermann, Edward 273
Stifter, Adalbert 178
Straßner, Erich 265 A
Strauss, Richard 276, 291
Strawinsky, Igor 276–278, 280, 283, 291, 295 A
Strecker, Ludwig 268
Strecker, Willy 268
Strehler, Giorgio 32 A
Strindberg, August 12, 35, 246 f., 261, 264 f. A
Strittmatter, Erwin 363
Stuckenschmidt, Hans Heinz 294 f. A, 296 A
Šubik, Christof 32 A
Subiotto, Arrigo 364, 365 A, 367 f. A
Suhrkamp, Peter 48, 65 A, 203, 277
Suvin, Darko 367 A
Symington, Rodney T. K. 350, 364, 365 f. A, 367 f. A
Szczesny, Gerhard 159 A
Szondi, Peter 264 A, 300, 312, 320 A

Tenschert, Joachim 214 A, 241 A
Thalheimer, August 321
Thiers, Adolphe 217, 224, 230
Thole, Bernward 292 A
Thomson, Philip 367 A
Tolksdorf, Cäcilie 295 A
Toller, Ernst 34 f.
Trapp, Frithjof 342 A
Tretjakow, Sergej 24
Tschaikowski, Peter I. 273
Tschechow, Anton 11
Tucholsky, Kurt 287

Ueding, Gert 178–193, 452
Ungvári, Tamás 32 A
Unseld, Siegfried 32 A, 295 A

Valentin, Karl 37, 42, 47 A, 247 f.
Verdi, Giuseppe 283
Verlaine, Paul 34, 37, 39
Villon, François 33, 37, 280, 296 A, 346
Völker, Klaus 46 A, 84, 86 A, 88 A, 123 A, 214 f. A, 344, 347
Voigts, Manfred 105 A, 123 f. A
Voit, Friedrich 65 A
Vormweg, Heinrich 124 A

Wagner, Gottfried 294 A, 297 f. A
Wagner, Richard 27, 39 f., 57–59, 66 A, 267, 275 f., 283, 287, 294 A
Wagner-Regeny, Rudolf 273, 294 A
Waley, Arthur 312 f.
Weaver, Neal 298 A
Weber, Betty N. 196, 212, 213 A, 214 f. A
Weber, Carl Maria von 282, 297 A
Wedekind, Frank 35, 37, 39, 45, 46 A, 249, 254, 256, 260, 264 f. A, 266
Weichert, Richard 263
Weigel, Helene 165, 170, 220, 283, 338, 366 A
Weill, Kurt 12, 266, 268 f., 271 f., 276, 277–292, 293 A, 294 f. A, 297 f. A, 346 f.
Weimann, Robert 365 A
Weinert, Erich 221
Weinmann, Heinz 301, 320 A
Weiss, Peter 300
Weisstein, Ulrich 266–299, 453
Wekwerth, Manfred 177 A, 217 f., 220
Whitman, Walt 249
Wiegler, Paul 111
Wiese, Benno von 344
Wilhelm II. (dt. Kaiser) 104 A, 115, 124 A
Willett, John 31 A, 242 A, 269, 276, 292 f. A, 294 A, 296 A
Winkler, Michael 264 A
Wittkowski, Wolfgang 343–368, 453
Witzmann, Peter 368 A
Wolzogen, Ernst von 264 A
Wysling, Hans 46 A
Wyss, Monika 87 A, 122 A, 240 A

464   *Personenregister*